PAPIERS SECRETS
ET
CORRESPONDANCE
DU
SECOND EMPIRE

Réimpression complète de l'édition de l'Imprimerie Nationale, annotée
et augmentée de
nombreuses pièces publiées à l'étranger, et recueillies par

A. POULET-MALASSIS

Avec fac-simile d'autographes de l'Empereur, de l'Impératrice, de Mlle Marguerite Bellanger, de Joséphine Bonaparte, etc., etc.

CINQUIÈME ÉDITION

PARIS
AUGUSTE GHIO, ÉDITEUR
41, QUAI DES GRANDS-AUGUSTINS, 41
—
1875
Tous droits réservés.

EN VENTE CHEZ LE MÊME ÉDITEUR :

Carte des environs de Metz. Exécutée au Dépôt de la Guerre, d'après les levés des officiers du corps d'état-major, pour servir à l'intelligence du *Procès du maréchal Bazaine*. Carte coloriée indiquant les positions des armées françaises et allemandes pendant le siége de Metz. 80 cent.

Vue panoramique du théâtre de la guerre pour suivre le procès du maréchal Bazaine. .... 60 cent.

Plans reliefs de Metz :
    Au $\frac{1}{10\,000}$, lavé à l'effet (sous verre).............. 20 fr. »
    Au $\frac{1}{20\,000}$, colorié.............................. 6 fr. »
    Au $\frac{1}{40\,000}$, colorié.............................. 3 fr. »
    Au $\frac{1}{80\,000}$, colorié.............................. 1 fr. 50

Portraits du Président et des membres du Conseil de guerre siégeant à Trianon. Tirés sur papier de Chine....... 75 cent.
Les mêmes avec la légende en allemand............... 75 cent.
Les mêmes avec la légende en anglais................ 75 cent.

La guerre franco-allemande de 1870. Rédigée par la section historique du grand état-major prussien, sous la direction du feld-maréchal comte de Moltke. Traduction par E. Costa de Serda, capitaine d'état-major français.
— Première livraison : Événements du mois de juillet. 1 vol. in-8, avec cartes... 4 fr.
— Deuxième livraison : Événements militaires jusqu'à la veille des batailles de Wœrth et de Spicheren. 1 vol. in-8, avec 3 cartes, dont 2 tirées en couleur.. 4 fr. 50
— Troisième livraison : Batailles de Wœrth et de Spicheren. 1 vol. in-8, avec 2 cartes tirées en couleur et 3 croquis dans le texte........ 5 fr.
— Quatrième livraison : Marche de la 3ᵉ armée allemande sur la Moselle. Événements militaires jusqu'au soir du 14 août. 1 vol. in-8, avec 1 carte tirée en couleur et 7 croquis dans le texte.............. 4 fr. 50
    L'ouvrage formera environ 20 livraisons qui paraîtront successivement.

Travaux d'investissement exécutés par les armées allemandes autour de Paris. Relevés par un ancien élève d'une école spéciale. L'ouvrage formera 8 parties publiées en 8 livraisons, composées chacune d'un volume grand in-8 et d'un atlas 1/2 jésus.
    La livraison : 5 fr.; l'ouvrage complet : 40 fr.
    Les trois premières parties sont en vente.
    1ʳᵉ partie : De la Marne vers Gournay au ruisseau du Marbras.
    2ᵉ partie : Du ruisseau du Marbras à la Seine vers Villeneuve-Saint-Georges.
    3ᵉ partie : De la Seine vers Choisy-le-Roi à la vallée de la Bièvre.
    Les parties suivantes comprendront :
    4ᵉ partie : De la vallée de la Bièvre à la Seine vers Sèvres (plateau de Châtillon, etc.).
    5ᵉ partie : de la Seine vers Sèvres à la Seine vers Bougival (la Malmaison, Buzenval, Montretout, etc.).
    6ᵉ partie : De la Seine vers Chatou au marais de Dugny (Butte Pinson, Épinay, Stains, etc.).
    7ᵉ partie : Des marais de Dugny au canal de l'Ourcq (le Bourget, etc.).
    8ᵉ partie : Du canal de l'Ourcq à la Marne vers Chelles (plateau d'Avron, le Raincy, etc.).

PAPIERS SECRETS

CLICHY. — Imprimerie PAUL DUPONT, rue du Bac-d'Asnières, 12.

PAPIERS SECRETS

ET

CORRESPONDANCE

DU

SECOND EMPIRE

Réimpression complète de l'édition de l'Imprimerie Nationale, annotée
et augmentée de
nombreuses pièces publiées à l'étranger, et recueillies par

A. POULET-MALASSIS

Avec fac-similé d'autographes de l'Empereur, de l'Impératrice, de Mlle Marguerite
Bellanger, de Joséphine Bonaparte, etc., etc.

CINQUIÈME ÉDITION

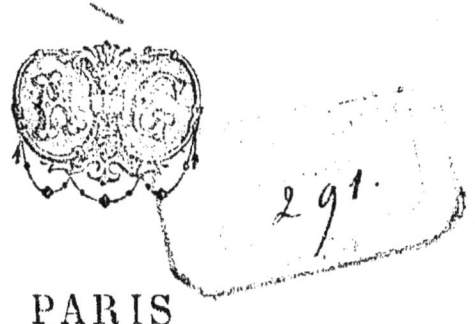

PARIS
AUGUSTE GHIO, ÉDITEUR
41, QUAI DES GRANDS-AUGUSTINS, 41

1875

Tous droits réservés.

PRÉFACE

DE LA PREMIÈRE ÉDITION.

La Commission chargée de réunir, classer et publier les papiers *saisis aux Tuileries*, a été instituée par un décret inséré le 7 septembre 1870 au *Journal officiel*.

Avant même d'avoir commencé à fonctionner, cette Commission se voyait privée de trois de ses membres, dont M. de Kératry, son président, empêché par ses fonctions de préfet de police.

On ne crut pas devoir procéder à une reconstitution immédiate. Avec l'approbation de M. le Ministre de l'intérieur, le vice-président, M. André Lavertujon, devint président; M. Gagneur prit le titre de directeur des travaux, se réservant plus particulièrement le classement des papiers; un Comité de publication fut institué, et l'on se mit à l'œuvre.

Le 24 septembre, un premier fascicule était livré au public. Depuis lors, leur nombre s'est élevé à vingt-cinq; la publication, interrompue depuis le mois de mars, ne semble pas devoir être continuée.

Les seize premiers fascicules sont dus à la première Commission, qui a fonctionné jusqu'au 12 octobre. A cette date, sur la proposition de M. André Lavertujon, président, M. le Ministre de l'intérieur l'a complétée par l'adjonction de trois nouveaux membres, MM. Taxile Delord, Laurent Pichat et

Ludovic Lalanne. Cette reconstitution était rendue nécessaire par l'accumulation des papiers saisis chez M. Rouher et chez d'autres personnages importants.

Plusieurs de ces nouvelles pièces, dont on a eu soin d'indiquer la provenance, ont été utilisées. Elles justifient le titre de *Papiers secrets et Correspondance du second Empire*, substitué ici à celui de *Papiers et Correspondance de la Famille impériale*, que porte la publication originale de Paris, Imprimerie nationale.

Notre réimpression, faite dans des conditions d'extrême bon marché, contient, sans retranchement, toutes les pièces données dans cette édition originale, et de plus, de nombreuses notes et pièces en réplique, recueillies dans divers journaux, surtout de l'étranger; ces pièces sont précédées d'un astérisque à la table des matières. Il suffira de citer une série de lettres éminemment curieuses de MM. F. Piétri, secrétaire particulier de Napoléon III, et Ch. Thélin, son trésorier particulier, sur la fortune mobilière de l'ex-empereur, et sur l'emploi de ses vingt-sept millions de liste civile.

Bruxelles, 20 août 1871.

PAPIERS SECRETS
ET
CORRESPONDANCE
DU
SECOND EMPIRE.

PIÈCES TROUVÉES AUX TUILERIES.

I.

Affaires du Mexique.

Lettre de M. J. B. Jecker à M. Conti, chef du cabinet de l'Empereur.

M. Jecker explique dans la pièce qui suit les causes de l'expédition mexicaine.

Paris, 8 décembre 1869.

MONSIEUR,

Ne trouvez pas étrange que je m'adresse à vous de préférence, ayant à vous entretenir d'une affaire qui regarde particulièrement l'Empereur.

Vous aurez assez entendu parler de mon affaire des Bons pour la connaître un peu. Eh bien, je trouve que le Gouvernement la considère avec trop d'indifférence, et que, s'il n'y fait pas attention, elle pourrait amener des suites fâcheuses pour l'Empereur.

Vous ignorez sans doute que j'avais pour associé dans cette affaire M. le duc de Morny, qui s'était engagé, moyennant 30 p. c. des bénéfices de cette affaire, à la faire respecter et payer par le Gouvernement mexicain, comme elle avait été faite dès le principe. Il y a là-dessus une correspondance volumineuse d'échangée avec son agent, M. de Marpon.

En janvier 1861, on est venu me trouver à Mexico de la part de ces messieurs pour traiter cette affaire.

Cet arrangement s'est fait lorsque ma maison se trouvait déjà en liquidation, de sorte que tout ce qui la regarde appartient exclusivement à celle-ci.

Aussitôt que cet arrangement fut conclu, je fus parfaitement soutenu par le Gouvernement français et sa légation au Mexique. Celle-ci avait même assuré à mes créanciers, au nom de la France, qu'ils seraient entièrement payés, et avait passé des notes très-fortes au Gouvernement mexicain sur l'accomplissement de mon contrat avec lui, au point que l'ultimatum de 1862 exigeait l'exécution pure et simple des décrets. Depuis cette époque, j'ai été constamment exposé à la haine du parti exalté, qui m'a jeté en prison, ensuite m'a banni, me confisquant mes biens.

L'affaire en resta là jusqu'à l'occupation du Mexique par les Français. Sous l'empire de Maximilien, et aux instances du Gouvernement français, on s'occupa de nouveau du règlement de mon affaire. En avril 1865, je parvins, aidé des agents français, à faire une transaction avec le Gouvernement mexicain.

A la même époque, M. le duc de Morny vint à mourir, de sorte que la protection éclatante que le Gouvernement français m'avait accordée cessa complétement. Le Ministère des finances français permit bien qu'on payât les premières traites que le Gouvernement mexicain m'avait données sur Paris pour couvrir une partie de ce qu'on me devait, mais les agents français au Mexique s'opposèrent, d'après les instructions qu'ils avaient reçues, qu'on me délivrât les traites pour 10 millions de francs solde de ma transaction, malgré que que j'en eusse parfaitement rempli les conditions, et que le Gouvernement mexicain était disposé à me payer, se trouvant avoir à Paris, à cette époque, plus de 30 millions de francs.

Comme le Gouvernement français avait déclaré dans les Chambres qu'il s'était opposé à l'exécution de ce contrat et qu'il s'était appliqué ce qu'on aurait dû me payer, je fus obligé, comme liquidateur de ma maison et après avoir épuisé les voies de conciliation, de lui intenter un procès devant le Conseil d'État. Malheureusement cette démarche n'a eu aucun résultat, car ce tribunal vient de se déclarer incompétent, d'après l'indication que m'en a faite le Ministre des finances dans sa défense.

J'étais aussi un des plus forts indemnitaires mexicains. La Commission mixte établie à Mexico m'avait reconnu une somme de 6 millions de francs environ, qui a été réduite par celle-ci à 500,000 francs à peu près. Je suis en instance pour la différence auprès du Ministre des affaires étrangères, qui n'a pas encore daigné me répondre là-dessus. Mais à l'avance je m'attends à la réponse négative que m'a donnée le Ministre des finances pour l'affaire des Bons.

Quelques créanciers, voyant que je n'obtenais rien du Gouvernement pour mes principales réclamations, ont mis saisie-arrêt à la Caisse des dépôts et consignations sur ce que j'ai à recevoir de ces 500,000 francs, de sorte que je n'ai pu disposer que d'une faible somme pour les besoins pressants de ma maison.

Complétement ruiné par suite de l'expédition au Mexique, n'ayant plus rien à faire ici et ne pouvant rien y faire, je suis obligé de retourner là-bas pour rendre compte à mes créanciers de ma gestion.

Malgré que je n'aie rien négligé pour tâcher de payer la totalité de ce que je leur dois, comme je n'ai pu y parvenir par suite de circonstances extraordinaires qu'il m'a été impossible d'éviter, ils ne tiendront pas compte des sacrifices énormes que j'ai faits pour y arriver et me traiteront sans considération aucune.

Ils voudront savoir le motif qui avait porté, en 1861, M. de Saligny, alors ministre au Mexique, à leur promettre au nom de la France qu'ils seraient payés de ce que ma maison leur devait, et pourquoi, en 1863, cette protection extraordinaire m'a été si brusquement retirée par le Gouvernement français.

Quoique, jusqu'à présent, j'aie gardé le plus grand secret sur cette affaire, malgré qu'on m'ait fortement engagé à la publier, je serai obligé de me défendre pour ne pas me voir jeté en prison pour dettes; je serai forcé de dire à mes créanciers ce qui s'est passé, en leur délivrant tout ce que j'ai là-dessus qu'ils réclameront d'ailleurs comme appartenant à ma liquidation. Le Gouvernement mexicain sera enchanté de connaître cette affaire à fond pour sa conduite ultérieure avec la France.

Je prévois bien l'effet qu'une confession semblable produira dans le public et le mauvais jour qu'elle jettera sur le Gouvernement de l'Empereur, surtout dans les circonstances critiques où nous vivons; mais je ne puis l'éviter, à moins qu'on ne me facilite les moyens de faire une proposition à mes créanciers en les empêchant, par ce moyen, d'exiger que je leur rende compte de ma liquidation. Cela me serait d'autant plus facile que, parmi les propriétés que le Gouvernement mexicain n'a pu saisir, à cause de l'intervention de mes créanciers, qui ont réclamé comme appartenant à la liquidation de ma maison ce qui est sa propriété, elle possède encore des mines et des forges qu'elle n'a pu exploiter dernièrement à cause de la pénurie où elle se trouve, mais qui, avec des fonds suffisants, laisseraient de beaux bénéfices et seraient à même de couvrir ce qu'elle doit, surtout à présent qu'on vient de perfectionner en Allemagne des appareils à concentrer le minerai qui permettraient de réduire le pauvre, qui est toujours très-abondant, et d'en retirer des bénéfices qu'elles n'auraient pas pu donner autrefois, avec l'ancien système encore employé au Mexique.

Ne doutant pas que, dans l'intérêt que vous portez à l'Empereur, vous n'ayez l'obligeance de lui faire part de ces justes observations, je vous prie Monsieur, d'agréer l'assurance de ma considération distinguée.

J. B. JECKER.

Dans une lettre en date du 6 octobre 1870, adressée au *Journal de Bruxelles*, le secrétaire de Napoléon III, M. Conti, a cru bon de faire, à propos de la pièce précédente, une observation personnelle que voici :

« Je n'ai qu'un mot à dire sur la lettre de M. Jecker. Ce monsieur est venu me l'apporter lui-même ; et, après l'avoir parcourue en sa présence, voyant qu'elle contenait une demande d'argent, sous menace, en cas de refus, de divulguer des pièces diffamatoires, je le menaçai à mon tour de le déférer à la justice comme coupable du délit *de chantage*, et l'invitai à repasser le seuil de mon bureau. Depuis, je ne l'ai plus revu. »

Bien que, du vivant de M. de Morny, M. Conti eût sans doute contenu ce mouvement d'indignation, il est beau ; mais il n'infirme en rien les révélations de la lettre Jecker sur les intrigues d'argent qui ont précédé et suivi l'expédition du Mexique.

II.

Copie d'une lettre du général Ducrot au général Trochu.

Cette copie se trouvait dans le cabinet de l'Empereur, qui sans doute n'a jamais eu l'original entre les mains.

La copie a été prise, selon toute probabilité, par les employés du cabinet noir. — La note qui se trouve en tête et qui indique : 1° que la lettre n'est pas datée; 2° qu'elle est arrivée à Paris le vendredi matin, 7 décembre 1866, laisse peu de doutes à cet égard.

Extrait d'une lettre du général Ducrot au général Trochu.

Cette lettre n'était pas datée : elle porte le timbre de Strasbourg et elle est arrivée vendredi matin, 7 décembre 1866, à Paris.

Puisque tu es en train de faire entendre de bonnes vérités aux illustres personnages qui l'entourent, ajoute donc ceci : Pendant que nous délibérons pompeusement et longuement sur ce qu'il conviendrait de faire pour avoir une armée, la Prusse se propose tout simplement et très-activement d'envahir notre territoire. Elle sera en mesure de mettre en ligne 600,000 hommes et 1,200 bouches à feu, avant que nous ayons songé à organiser les cadres indispensables pour mettre au feu 500,000 hommes et 600 bouches à feu.

De l'autre côté du Rhin, il n'est pas un Allemand qui ne croie à la guerre dans un avenir prochain. Les plus pacifiques, qui, par leurs relations de famille ou par leurs intérêts, sont plus Français, considèrent la lutte comme inévitable et ne comprennent rien à notre inaction. Comme il faut chercher une cause à toutes choses, ils prétendent que notre Empereur est tombé en enfance.

A moins d'être aveugle, il n'est pas permis de douter que la guerre éclatera au premier jour. Avec notre stupide vanité, notre folle présomption, nous pouvons croire qu'il nous sera permis de choisir notre jour et notre heure, c'est-à-dire la fin de l'Exposition universelle, pour l'achèvement de notre organisation et de notre armement.

En vérité, je suis de ton avis et je commence à croire que notre gouvernement est frappé de démence. Mais si Jupiter a décidé de le perdre, n'oublions pas que les destinées de notre patrie et que notre propre sort à tous est lié à ses destinées, et, puisque nous ne sommes pas encore atteints par cette funeste démence, faisons tous nos efforts pour arrêter cette pente fatale qui conduit droit à des précipices.

Voici un nouveau détail sur lequel j'appelle ton attention, parce qu'il est de nature à faire ouvrir les yeux les moins clairvoyants.

Depuis quelque temps, de nombreux agents prussiens parcourent nos départements de la frontière, particulièrement la partie comprise entre la Moselle et les Vosges; ils sondent l'esprit des populations, agissent sur les protestants, qui sont nombreux dans ces contrées et sont beaucoup moins Français qu'on ne le croit généralement. Ce sont bien les fils et les petits-fils de ces mêmes hommes qui, en 1815, envoyaient de nombreuses députations au quartier général ennemi pour demander que l'Alsace fît retour à la patrie allemande. C'est un fait bon à noter, car il peut être avec raison considéré comme ayant pour but d'éclairer les plans et la campagne de l'ennemi. Les Prussiens ont procédé de la même façon en Bohême et en Silésie trois mois avant l'ouverture des hostilités contre l'Autriche.

III.

Existence du cabinet noir.

Le gouvernement déchu a toujours nié l'existence de ce *cabinet noir* où les lettres des particuliers étaient décachetées et lues. La lettre suivante de M. de Persigny prouve l'existence de ce cabinet, qui avait, comme on l'a vu, pris connaissance de la lettre du général Ducrot au général Trochu.

Le cabinet s'inquiétait même des affaires de famille. La Commission a trouvé, par exemple, copie d'une lettre intime, adressée par Mme de Rémusat à M. de Rémusat.

Sire,

Permettez-moi d'adresser directement à Votre Majesté un exemplaire d'un ouvrage qui vient d'être publié par mes compatriotes du Forez et qui forme un recueil des principales choses que j'ai faites, dites ou écrites.

Je prends la liberté de faire quatre marques au livre. Si vous voulez bien lire trois courtes allocutions faites par moi dans mon pays, vous verrez dans quel esprit s'exerce l'influence que je puis avoir dans ma province. Je signale en outre un exposé succinct de mon système des Pyramides, qui résume, je crois, très-clairement toute la question.

Je n'ai pas provoqué cette publication. Elle a été préparée à mon insu, et ce n'est qu'au dernier moment qu'elle m'a été communiquée… Bavoux, le conseiller d'État, m'avait longtemps sollicité de la faire faire dans un sentiment napoléonien, et n'avait pu triompher de mon indifférence. Mais aujourd'hui je ne suis pas fâché qu'elle ait été faite.

Sire, à cause de la question des titres, je n'ai pu vous dire mon impression sur la réduction de l'armée; mais je ne crois pas qu'on ait fait faire depuis longtemps une faute plus grave à Votre Majesté. Quand on veut réduire l'armée et arrêter l'avancement dans tous les corps, on invoque de grandes considérations de politique européenne. Si l'armée se voit blessée dans ses intérêts, elle est du moins forcée de s'incliner devant de grandes raisons. L'intérêt public et son patriotisme lui imposent la résignation. Mais n'alléguer que des raisons vulgaires d'économie pour gagner douze à treize millions dans un budget de près de deux milliards, blesser à ce point l'armée, en vérité, c'est payer bien cher une économie de bouts de chandelle. Puis annoncer au monde que le pays est tellement obéré qu'il ne peut pas payer son armée, en vérité, je le regrette, cela me paraît être le comble de l'imprudence politique et financière. Décidément ces deux hommes d'affaires, Fould et Rouher, par leur absence complète de sens politique, semblent conjurer votre perte.

J'aurais voulu vous parler aussi d'un sujet délicat. J'ai reçu des révélations au sujet du service de ce qu'on appelle *le Cabinet noir*, par le chef de bureau. Cet homme a besoin de son pain; il ne faut donc pas révéler à ses chefs les observations qu'il m'a faites. Elles intéressent le service de Votre Majesté. Si Votre Majesté venait à Paris, je la prierais de me faire donner une audience; mais pas à Compiègne, parce que cela fait trop de tapage dans le Gouvernement.

Je suis avec respect, Sire, de Votre Majesté le très-humble et très-dévoué serviteur et sujet,

PERSIGNY.

(Sans date.)

Les serviteurs de l'Empire se dénonçaient volontiers entre eux. A propos de M. de Persigny, l'extrait suivant d'un rapport émanant du *cabinet du Préfet de police*, et daté du 28 novembre 1869, donne à Napoléon le renseignement suivant :

« Il y a quelques jours à peine, dans un restaurant de Paris, M. de Persigny (je crois pouvoir garantir le fait), mettait sa main dans celle de Glais-Bizoin : l'un contre l'Empire, l'autre contre M. Rouher, je le veux bien; mais M. de Persigny s'exprimait sur la situation dans les termes les plus alarmants. N'est-ce point un signe du temps?

» *Le Préfet de police,*

» J. M. PIÉTRI. »

IV.

Extrait d'une lettre de M. de Persigny.

Il prévoit la chute de l'Empire.

Chamarande, 15 décembre 1867.

SIRE,

Je prie Votre Majesté de lire cette lettre avec attention...

(Quatre pages in-8° sur un projet de loi sur la presse, puis cette appréciation de la situation générale de l'Empire à la fin de 1867.)

Et maintenant, Sire, que j'ai fini ce sujet, je n'y reviendrai pas, car, je l'avoue, je n'ai plus la liberté d'esprit nécessaire pour traiter des sujets relativement secondaires en présence des grosses questions qui s'agitent aujourd'hui, quand l'Empire semble crouler de toutes parts; quand cette lutte acharnée, implacable, que vous font ceux qui, sous prétexte d'établir le régime parlementaire, ont juré votre perte, se poursuit de succès en succès; quand enfin chaque victoire oratoire de vos ministres est une défaite pour Votre Majesté. J'ai suivi les derniers débats; j'ai vu d'un côté la haine la plus atroce, et quelque chose encore de plus que la haine, s'attaquant à vous, et à vous seul : le ton, le geste, tout traduisait aux yeux de tous une pensée implacable; et de l'autre, votre Gouvernement, forcé peut-être à cette attitude par la situation des choses, s'inclinant devant vos ennemis, demandant humblement à des adversaires acharnés de retirer leurs interpellations, abandonnant d'un trait toute la politique suivie depuis quatorze ans, entre l'extrême droite et l'extrême gauche; enfin, faisant d'un acte énergique, d'une victoire de Votre Majesté, l'occasion d'un triomphe pour vos ennemis. Et maintenant, entre ce qui n'est plus l'Empire et ce qui n'est pas encore le régime parlementaire, faut-il s'étonner du désarroi public et du trouble des esprits? Pour moi, je le répète, je n'ai plus le courage de poursuivre des études abstraites au milieu d'une pareille anarchie morale. Si Votre Majesté ne voit pas le mal, à quoi bon faire des plans d'amélioration pour une maison qui brûle, et, si elle le voit, pourquoi s'isoler de ses plus dévoués serviteurs? pourquoi ne mettre personne dans la confidence de ses préoccupations, afin de rechercher le moyen de changer cet état de choses?

Je suis avec respect, Sire, de Votre Majesté le très-humble et très-dévoué serviteur et fidèle sujet.

PERSIGNY.

V.

Napoléon était depuis longtemps averti du danger que pouvait faire courir à la France une Allemagne unifiée et organisée militairement entre les mains de la Prusse. La lettre qui suit, adressée par la reine de Hollande à M. d'André lors de la guerre de 1866, se trouvait dans les papiers de M. Conti. La note mise en tête est de l'écriture de Napoléon.

Copie d'une lettre de la Reine de Hollande à M. d'André.

18 juillet 1866.

Vous vous faites d'étranges illusions ! Votre prestige a plus diminué dans cette dernière quinzaine qu'il n'a diminué pendant toute la durée du règne. Vous permettez de détruire les faibles ; vous laissez grandir outre mesure l'insolence et la brutalité de votre plus proche voisin ; vous acceptez un cadeau, et vous ne savez pas même adresser une bonne parole à celui qui vous le fait. Je regrette que vous me croyiez intéressée à la question et que vous ne voyiez pas le funeste danger d'*une* puissante Allemagne et d'*une* puissante Italie. C'est la *dynastie* qui est menacée, et c'est elle qui en subira les suites. Je le dis parce que telle est la vérité, que vous reconnaîtrez trop tard. Ne croyez pas que le malheur qui m'accable dans le désastre de ma patrie me rende injuste ou méfiante. La Vénétie cédée, il fallait secourir l'Autriche, marcher sur le Rhin, imposer vos conditions ! Laisser égorger l'Autriche, c'est plus qu'un crime, c'est une faute. Peut-être est-ce ma dernière lettre. Cependant je croirais manquer à une ancienne et sérieuse amitié si je ne disais une dernière fois *toute* la vérité. Je ne pense pas qu'elle soit écoutée, mais je veux pouvoir me répéter un jour que j'ai tout fait pour prévenir la ruine de ce qui m'avait inspiré tant de foi et tant d'affection.

Cette lettre est, comme on voit, écrite pendant la guerre de Bohême et au lendemain de la cession de la Vénétie à la France.

VI.

Projet d'annexion de la Belgique.

(Sans date.)

Si la France se place hardiment sur le terrain des nationalités, il importe d'établir, dès à présent, qu'il n'existe pas une nationalité belge et de fixer ce point essentiel avec la Prusse. Le cabinet de Berlin semblant d'autre part disposé à entrer avec la France dans les arrangements qu'il peut convenir à la France de prendre avec lui, il y aurait lieu de négocier un acte secret qui engagerait les deux parties. Sans prétendre que cet acte fût une garantie parfaitement sûre, il aurait le double avantage de compromettre la Prusse et d'être en même temps pour elle un gage de la sincérité de la politique ou des intentions de l'Empereur. Il convient de ne pas se dissimuler, quand on connaît le caractère du roi de Prusse et celui de son premier ministre, que les derniers incidents diplomatiques, comme les dispositions actuelles du sentiment public en France, ont dû les raffermir dans la conviction que nous n'avons pas renoncé à revendiquer la frontière du Rhin. Pour être certain de trouver à Berlin une confiance qui est nécessaire au maintien d'une entente intime, nous devons nous employer à dissiper les appréhensions qu'y a toujours entretenues cette éventualité, appréhensions qui ont été réveillées et même surexcitées par nos dernières communications. Ce résultat ne peut être obtenu par des paroles, il faut un acte, et celui qui consisterait à régler le sort ultérieur de la Belgique de concert avec la Prusse, en prouvant à Berlin que l'Empereur cherche décidément ailleurs que sur le Rhin l'extension nécessaire à la France depuis les événements dont l'Allemagne vient d'être le théâtre, nous vaudra du moins une certitude relative que le gouvernement prussien ne mettra pas d'obstacle à notre agrandissement dans le Nord.

Dans la première édition des *Papiers*, cette note était donnée comme écrite par M. Conti, sous la dictée de l'Empereur.

Le secrétaire de Napoléon III protesta contre cette attribution dans une lettre au *Journal de Bruxelles*, en date du 6 octobre 1870, déjà citée à propos de la lettre Jecker.

« La note relative à la Belgique, que l'on prétend m'avoir été dictée par l'Empereur, y disait-il, ne peut être de mon écriture ; jamais Sa Majesté n'a dicté une note semblable. Le papier sans date et sans signature dont on a fait tant de bruit est très-probablement un de ces nombreux mémoires comme il en arrivait au cabinet, tous les jours et de toutes mains, sur des questions de politique intérieure, extérieure, financière, commerciale, etc. Avec un peu de bonne foi, il eût été facile de s'en convaincre. »

Après un nouvel et minutieux examen, la Commission a en effet reconnu que cette note n'était pas de la main de M. Conti. Mais à part la satisfaction de prendre en défaut des littérateurs peu experts en écritures privées, la rectification est de peu d'importance.

Depuis la première divulgation, dans le *Times* du 25 juillet 1870, du projet d'annexion transmis de Berlin, remontant au printemps de 1867, et écrit tout entier par le comte Benedetti, sur le papier même de l'ambassade française, les vues du second empire sur la Belgique ont eu assez de publicité.

Les pièces diplomatiques relatives à cette intrigue ont même été réunies en brochure par l'historiographe attitré du gouvernement belge, M. Théodore Juste : *Napoléon III et la Belgique. — Le Traité secret d'après des documents nouveaux*; in-8°. Bruxelles, 1870, Merzbach, éditeur.

VII.

Dépêche à Napoléon.

(Signature autographe.)

Nous publierons par la suite la correspondance télégraphique relative à la présente guerre. La dépêche suivante nous montre Napoléon commandant toujours, malgré ses échecs successifs et son ignorance militaire, en maintenant, malgré la pression de l'opinion et malgré les avis, le général de Failly à la tête de son corps.

A Paris, comme à Châlons, la conviction absolue est que le général de Failly n'a pas été à la hauteur du commandement qui lui a été confié. Le Conseil supplie l'Empereur de prendre une résolution nécessaire, quoique pénible.

Je vous fais savoir que le général Wimpfen est mandé pour un commandement de corps d'armée à Paris. Vous pourriez, si vous en aviez besoin, l'appeler près de vous.

(Sans date.) EUGÉNIE.

VIII.

Note trouvée dans un carnet-agenda de 1865.

La note est de la main de M. Conti, secrétaire de l'Empereur, qui tenait registre des paroles de Sa Majesté. Il est nécessaire de faire remarquer que Charras n'a succombé que le 23 janvier, mais sa mort avait été annoncée le 16 par les journaux.

17 janvier, Mardi, S. Antoine.

Nouvelle de la mort du colonel Charras.
C'est un grand débarras.

Mot dit sans doute pour être répété.

Charras était également détesté de Napoléon III et de ses complices.

Avant sa fameuse *Histoire de la campagne de 1815*, il avait publié à Bruxelles des biographies de Saint-Arnaud, Magnan, Castellane, Espinasse, Canrobert, de Cotte, avec cette épigraphe de Corneille :

<blockquote>
Un tas d'hommes perdus de dettes et de crimes,
Que *pressaient* de nos lois les ordres légitimes.
</blockquote>

IX.

Note sur l'organisation de la presse en vue des élections.

La pièce qu'on va lire a été rédigée par un des chefs de bureau du Ministère de l'intérieur, division de la presse. Quoiqu'elle soit un peu longue, nous la reproduisons *in extenso* parce qu'elle donne une idée exacte de la façon dont le Gouvernement impérial maniait le suffrage universel et préparait l'opinion à l'aide des journaux subventionnés.

5 avril 1869.

L'organisation de la presse en vue des élections générales n'a pu être commencée véritablement qu'il y a un peu plus de deux mois. Le temps était court et la tâche urgente. Le Ministre pourra s'en convaincre par les chiffres et les faits qui vont être placés sous ses yeux.

La tâche était urgente, surtout dans les départements; on n'avait, sauf dans un nombre restreint de cas, rien préparé en vue de la publicité électorale, ni dans les préfectures, ni dans le bureau spécial du Ministère, tandis que l'opposition, par un jeu contraire, poursuivait des efforts vraiment extraordinaires pour la meilleure organisation ou la création de journaux hostiles. Il fallait avant tout réorganiser le bureau de la presse départementale lui-même. Le rapport ci-joint de M. le chef du bureau de la presse départementale explique le détail des progrès accomplis. Ils se résument ainsi :

1° Transformation de la section de lecture et d'examen des journaux ; introduction d'un système de lecture comparatif des journaux de l'opposition et du gouvernement par un seul et même lecteur, de façon à pouvoir suivre exactement les phases de la lutte politique par département ; relevé quotidien de tous les faits électoraux, professions de foi, etc., qui peuvent intéresser le bureau spécialement chargé des élections.

Ce travail est communiqué chaque jour à M. Fleury après avoir passé sous les yeux de M. le Directeur général, et on y joint toutes les pièces nécessaires ; il donne lieu en même temps à un correspondance active avec les préfets au point de vue des rectifications et des communiqués.

2° Création de toutes pièces d'une section de publicité départementale.

Un certain nombre de rédacteurs y préparent chaque jour une série de correspondances, des cadres d'articles, d'inspirations diverses, de renseignements, etc. On peut dire que, dans cette section, les résultats ont presque dépassé les espérances. Un fait obtenu récemment en donnera la portée. L'insertion et le commentaire de la Lettre à un électeur, dans plus de quatre-vingts journaux, ont été réalisés en moins de trois jours. Le Ministre est, dès à présent, en mesure de provoquer telle publication ou telle polémique qui lui conviendra et partout où il lui conviendra, dans un délai très-court et selon un ensemble déterminé de cent cinquante journaux au moins.

La réorganisation accomplie au Ministère de l'intérieur ne pouvait avoir d'efficacité que si elle était accompagnée d'une transformation correspondante dans les journaux mêmes des départements, que si on lui assurait un point de jonction et d'impulsion en même temps que des conditions de propagande suffisantes.

Cette transformation devait s'opérer par le concours des préfets. Chacun de ces fonctionnaires ayant dans son département la direction et la responsabilité des élections, le rôle du service de la presse était nettement tracé : provoquer l'attention de chaque préfet avec insistance sur la situation relative des organes du Gouvernement et de l'opposition ; lui signaler les points faibles et lui demander quelles mesures lui semblaient propres à pourvoir aux lacunes ; mettre à sa disposition et les hommes et les ressources nécessaires, cela dans les limites du budget.

C'est ce plan même qui est en cours d'exécution et dont on soumet en ce moment les résultats au Ministre.

Un chiffre préalablement exposé commentera avec force l'absolue nécessité d'agir rapidement et vigoureusement qui s'impose à l'administration.

Depuis le 1er janvier 1869, c'est-à-dire depuis le jour où l'approche des élections a fait sentir à l'opposition la nécessité de contre-balancer l'influence des journaux attachés aux préfectures, elle a fondé dans les départements, sans compter les imprimeries spéciales au nombre de quatorze, quarante-six journaux nouveaux, tous créés en vue de la polémique, véritables armes de guerre maniées avec une grande résolution et souvent une extrême violence. En outre, elle a réorganisé la plupart de ceux qui existaient déjà.

Il est vrai que, malgré ces chiffres considérables, la supériorité numérique des feuilles dévouées n'en reste pas moins écrasante (cent quatre-vingts journaux de plus), mais c'est une supériorité de nombre plutôt que de force.

La presse gouvernementale en province compte une foule de journaux d'annonces, d'agriculture, de faits locaux, excellents en temps ordinaire dans leur rôle d'utilité négative, suffisant en somme aux besoins des populations et fermant l'accès aux journaux de parti. Mais ce ne sont pas là des auxiliaires électoraux. Les feuilles mêmes qui s'occupent de politique sont rarement militantes. Leur caractère officieux, leurs relations plus ou moins avouées avec la préfecture leur ont imposé et appris la réserve. La rédaction en est très-souvent incomplète, quelquefois même tout à fait nulle, et cette insuffisance s'accroît encore en présence de l'attitude agressive et de l'activité électorale que les candidats et les comités de l'opposition impriment à leurs feuilles soit anciennes, soit de récente formation.

Pour combler ces lacunes, on a procédé méthodiquement. Un dossier a été fait pour chaque département. Le préfet a été consulté sur toutes les questions d'ensemble et de détail; on a contrôlé ses réponses avec les renseignements fournis par les informations du bureau, les déclarations des députés et la lecture quotidienne de la presse locale.

Tous ces dossiers sont en ordre et complets, et le service est en mesure de présenter au Ministre, à toute réquisition, la situation de la presse dans chaque département.

A la suite de ces correspondances, il a été adopté quatre ordres de mesures variant d'après les circonscriptions :

1° Subventions destinées à assurer soit l'existence, soit le dévouement des journaux ;

2° Subventions destinées à accroître leur publicité, c'est-à-dire à envoyer des numéros gratuits pendant la période électorale, pour contre-balancer le même système que l'opposition a adopté dans une large proportion ;

3° Subventions destinées à renforcer la rédaction au moyen de l'adjonction de rédacteurs nouveaux ;

4° Choix et envoi de rédacteurs, soit aux frais des candidats, soit à ceux des propriétaires des journaux.

Ce système, qui répond aux exigences de la situation signalée par les préfets, a immédiatement reçu un commencement d'application proportionnel aux ressources dont disposait le service.

Pour ménager le plus possible ces ressources, une entente a été établie avec les préfets, les propriétaires de journaux, les députés et les candidats. Grâce aux sacrifices qu'on a obtenus d'eux et à quelques légères subventions prélevées sur la réserve de 50,000 francs, on a pu assurer dans les départements la réorganisation de vingt-sept journaux et renforcer leur rédaction avec trente-trois écrivains envoyés de Paris. Un tableau ci-annexé donne le détail de ces résultats. Ce tableau a ceci de remarquable que le Bas-Rhin (9,000 francs), la Côte-d'Or (6,000 francs) et les Bouches-du-Rhône (5,000 francs) ont absorbé à eux trois 20,000 francs sur les 34,000 francs dépensés.

Les vingt-quatre autres journaux ont donc été pourvus avec 14,000 francs seulement, plus le concours des députés et des candidats.

Mais sur d'autres points, où les exigences à satisfaire étaient plus grandes et où elles rendaient inévitable la participation de l'Administration, il reste un grand nombre de besoins en souffrance auxquels il est urgent de pourvoir. Tel est le but de la présente note. Avant d'engager les dernières réserves, on a cru devoir laisser en suspens les demandes qui arrivaient de toutes parts, pour les réunir toutes, après un examen minutieux, dans un état collectif que l'on a l'honneur de placer sous les yeux du Ministre. Cet état présente à la fois un exposé complet de la situation de la presse départementale et, en résumant les résultats constatés, signale les besoins à satisfaire.

L'examen de ce tableau indique donc une dépense de 94,100 francs, à laquelle il faut ajouter une somme éventuelle pour les réserves faites par certains départements et les imprévus inévitables.

Il reste donc disponible sur le premier crédit de 50,000 francs une somme de 15,920 francs. En accordant un crédit nouveau de 100,000 francs au budget de la presse départementale, il restera, pour faire face aux besoins qui se révéleront, un excédant de 21,820 francs, chiffre qui n'offre évidemment rien d'exagéré.

Il n'existe pas, dès lors, un seul département dont la situation n'ait été l'objet d'un examen minutieux, où les propositions du préfet n'aient été provoquées, et où tout, ou du moins la portion acceptable de ces propositions, n'ait reçu satisfaction.

CORRESPONDANCES.

On ne pouvait se borner cependant à limiter l'action de l'Administration uniquement aux journaux dévoués. Il était essentiel de s'assurer une influence indirecte sur les feuilles d'opposition.

Les moyens de les atteindre se réduisent à deux : s'assurer dans une proportion pratique du concours de quelques correspondants départementaux; user de l'espèce de monopole acquis à la maison Havas pour la dépêche télégraphique, dont elle fait le service dans tous les départements et également pour les journaux de toutes les opinions.

Sur le premier point, en dehors de la correspondance Pharaon, une sorte de compromis a été conclu avec la correspondance Cahot, qui sert vingt-sept journaux, en général de la nuance du tiers-parti. M. Cahot viendra chaque jour, pendant la période électorale, prendre les indications du Ministère. Il s'est engagé à introduire dans ses envois aux journaux tout ce qui sera compatible avec leur ligne politique, sans découvrir ses relations gouvernementales.

La correspondance Havas est de tout temps en relations quotidiennes avec le Ministère. Chaque fois qu'un démenti ou une rectification, ou une nouvelle utile doit être mise en circulation à bref délai, elle la condense sous la forme télégraphique, et la répand dans toute la France. On s'est entendu avec elle pour que ce service atteigne un plus haut degré d'intensité, et remplace toutes les communications qu'on ne jugera pas convenable de faire directement. On peut juger de l'importance capitale de ce moyen de publicité rapide par ce fait que M. Havas sert trois cent sept journaux.

Enfin, toutes les fois que cela est jugé nécessaire, notes ou correspondances trouvent place dans le journal belge *le Nord*. Le service néglige de mentionner les autres relations établies avec les feuilles allemandes et anglaises, leur intérêt étant pécuniaire pendant la période à traverser. Ces relations s'étendent à près de vingt journaux, *dont plusieurs* de premier ordre.

PRESSE PARISIENNE.

L'action de la presse locale assurée, il y avait lieu de se préoccuper sérieusement du rôle que la presse de Paris s'efforce de jouer dans les départements.

Pour bien constater les faits matériels, on a eu recours à la statistique; on a demandé aux préfets un état de tous les journaux de Paris qui pénètrent dans chaque arrondissement. Cet état, qui n'avait jamais été dressé, a révélé que, déduction faite du *Journal officiel*, le chiffre des abonnés aux journaux de l'opposition dépasse de beaucoup celui des abonnés aux journaux du gouvernement.

L'opposition ne recule pas, en effet, devant des sacrifices importants pour répandre dans les cercles, dans les petits centres, et surtout dans les cabarets, des feuilles démocratiques, particulièrement *le Siècle* et *le National* à 5 centimes. Cette propagande redoublera certainement au moment des élections. Nous savons déjà que *la Tribune* et *l'Électeur* se sont entendus avec certains comités dans ce but. Il a paru important de rétablir l'équilibre d'influence, et tout au moins de ne pas laisser la place libre à l'action des adversaires.

Le tableau dressé, en révélant le chiffre considérable d'exemplaires du *Petit Journal officiel* qui pénètrent dans les départements, démontre en même temps l'extrême importance qu'il y aurait à se servir de ce puissant instrument de publicité. Il a été déjà convenu avec le Ministère d'État qu'une place serait réservée dans le *Petit Officiel* à une sorte de compte-rendu des faits électoraux. On en usera, il est vrai, avec toute la discrétion qu'exige le caractère de ce journal ; mais c'est un auxiliaire qu'il n'est pas permis de négliger. On avait pensé qu'il serait possible d'y joindre, dans une certaine mesure, le *Moniteur des communes*. L'avantage qu'il a d'être placardé peut le rendre utile, et une note à ce sujet a déjà été remise au Ministre.

A côté de la publicité officielle, le plan d'action devait naturellement embrasser tous les moyens d'action sur l'opinion publique. *Le Petit Journal* qui tire à 250,000 exemplaires, n'est pas politique, il est vrai, mais il pénètre dans les classes populaires. M. Millaud, son directeur, d'accord avec le service de la presse, a commencé à publier un certain nombre de portraits personnels des ministres, des membres principaux de la majorité, etc. Ces portraits, très-habilement faits, côtoient la politique sans l'aborder. Ce journal prépare, en outre, la publication d'un roman militaire du premier Empire, conçu dans un sens opposé aux déclamations et aux romans politiques de l'opposition dirigés contre l'armée. Ce roman doit nous être donné par le cabinet de l'Empereur. Enfin M. Millaud étudie les moyens de donner les lithographies des divers candidats à un prix des plus minimes. Nous les ferons répandre par le moyen du colportage qui est également organisé et qui vend en ce moment, sans débours pour le Ministère, la Lettre de l'Empereur au Ministre d'État, avec un tirage de près de 100,000 exemplaires.

Aucun de ces moyens de propagande populaire, non plus que toutes les publications qui pourront paraître utiles, celles sur les réunions publiques, par exemple, ne sera donc négligé; mais à ces auxiliaires il convient d'ajouter les feuilles de polémique pour soutenir la discussion quotidienne, et le choix s'est porté sur *le Peuple* et *la Patrie*.

Ces deux journaux se sont engagés à réserver chaque jour une place importante à la chronique électorale des départements. Cette chronique sera alimentée par les soins du Ministère, qui fournira les renseignements et les articles; un groupe de rédacteurs, composé dès à présent de MM. Behaghel, Vitu, et éventuellement de MM. Aurélien Scholl et Adrien Marx, seront chargés de mettre en œuvre les éléments qui leur seront confiés. Une circulaire a été adressée à cet égard aux préfets pour réclamer d'eux l'envoi régulier de ces informations. La rédaction se trouve ainsi constituée à Paris.

Restaient les voies et les moyens de publicité.

Une autre circulaire a été également adressée aux préfets pour préparer l'envoi des exemplaires de Paris; sur la demande qui leur a été faite, ils ont dressé pour chaque arrondissement la liste des personnes ou des établissements auxquels ces distributions leur ont paru pouvoir être utilement envoyées. Par ce système, les exemplaires partiront directement des bureaux de chaque journal, et le ministère ni la préfecture n'apparaîtront auprès du public. C'est là exactement le procédé de l'opposition, et il a l'avantage de dégager le gouvernement.

La plupart de ces listes sont déjà parvenues, et l'on a commencé à en faire usage dans les départements de Seine-et-Oise et Seine-et-Marne.

Quel est maintenant le chiffre des journaux qui devront être expédiés par cette voie? Le journal *le Peuple*, dont le bon marché facilite l'achat, offre d'envoyer du 1er mai au 1er juin 18,000 exemplaires par jour, aux adresses indiquées, moyennant 60,000 francs.

La Patrie, avec laquelle il n'est pas nécessaire de faire un autre accord qu'un accord politique, enverra le nombre d'exemplaires qu'on lui demandera, sous une forme intermittente et suivant les besoins de la polémique, moyennant 125 francs le mille. La différence de prix avec *le Peuple* est considérable, et c'est pour cette raison qu'on a principalement traité avec le premier journal.

Il est difficile de chiffrer cette seconde dépense.

Il est plus difficile encore de prévoir le détail de celles qui seront imposées pour la presse parisienne au fur et à mesure que la lutte électorale va se développer. Mais l'ensemble de toutes ces dépenses, qui comporteront les indemnités aux rédacteurs indiqués plus haut, outre les frais, l'utilité de certaines publications ou même certaines réimpressions, comme il s'en présente tous les jours, ne nécessitera pas une dépense de moins de 40,000 francs.

C'est donc une seconde somme de 100,000 francs qui, avec la plus stricte modération dans les évaluations, paraît indispensable pour le concours à donner par la presse parisienne dans la lutte électorale sous toutes ses formes.

Ce chiffre total de 200,000 francs pourra paraître considérable ; mais il est bien inférieur, en réalité, aux sacrifices que la passion politique et les ambitions personnelles déterminent en ce moment de la part des candidatures et des comités hostiles. La publicité joue dès à présent et jouera un rôle si important dans les prochaines élections générales, que les imprimeries de Paris peuvent à peine suffire aux travaux qui leur sont commandés. Le parti conservateur montre en face de cette activité hostile son indolence ordinaire. Il s'en remet au gouvernement du soin de le défendre. L'action toujours si difficile sur la presse parisienne, action qui s'appuie avant tout sur les bons rapports, a besoin d'une sanction, et cette sanction, c'est la certitude que le gouvernement est disposé à faire des sacrifices en faveur de ceux qui le servent. L'idée d'un concours matériel ajoute beaucoup, par le temps qui court, à l'influence morale, et bien des défections et des désertions peuvent être évitées en donnant satisfaction à quelques intérêts ou à quelques besoins personnels.

Si cette dernière assertion avait besoin de confirmations on en trouverait la preuve dans l'accord même qui a été conclu avec *le Figaro*. Cet accord, dont le Ministre lui-même a suivi et dirigé les phases, promet de donner des résultats utiles. Il a été, comme le sait Son Excellence, une des préoccupations importantes du service, et l'attitude des écrivains qui dirigent ce journal est telle, qu'il était à peine permis de l'espérer.

Avec *la France, le Peuple, la Patrie, le Messager de Paris, le Constitutionnel, le Public, le Pays* et *le Dix-Décembre,* le gouvernement se présente aux élections à la tête d'un grand nombre d'organes, divers par l'esprit qui les anime et par l'influence qu'ils exercent, mais tous attachés fermement aux principes dynastiques. Des relations quotidiennes sont entretenues avec eux ; chaque jour huit ou dix rédacteurs viennent prendre des instructions au Ministère, et pendant la période électorale, le service se déclare en mesure de faire publier à Paris, aussi bien que dans les départements, tout ce qui pourra convenir au Ministre. Les instruments sont prêts ; ils obéiront sans peine à une impulsion supérieure.

MINISTÈRE DE L'INTÉRIEUR.

ÉTAT *de la situation de la Presse départementale et des crédits demandés.*

DÉPARTEMENTS.	OBSERVATIONS.	CRÉDITS demandés
Ain	Le préfet se déclare satisfait.	
Aisne	Situation délicate, mais le préfet pense qu'il n'y a rien à faire.	
Allier	S'assurer le concours de *L'Hebdomadaire* (M. Denière); répandre les feuilles de Moulins dans la circonscription.	1,000
Alpes (Basses-)	La campagne électorale est faite par *Le Peuple*.	
Alpes (Hautes-)	Le préfet se déclare satisfait.	
Alpes-Maritimes	Idem. M. Masséna a créé un journal.	
Ardèche	Le préfet demande un rédacteur et 2,500 francs en dehors pour distribution; il n'a pas encore répondu aux dernières observations du 4 avril; lettre de rappel.	3,500
Ardennes	Le préfet se déclare satisfait.	
Ariége	1° un rédacteur; 2° changement de périodicité d'un journal; le préfet n'a pas encore répondu; la somme à prévoir est de.	1,500
Aube	Rien. Des subventions ont déjà été données pour la création d'un journal.	
Aude	Augmentation de périodicité; distribution; le préfet demande.	1,000
Aveyron	Le préfet se déclare satisfait.	
Bouches-du-Rhône	Organisation spéciale de journaux.	15,000
Calvados	Distribution gratuite de journaux.	1,000
Cantal	Le préfet se déclare satisfait.	
Charente	Idem.	
Charente-Inférieure	Distributions gratuites.	1,000
Cher	Le préfet se déclare satisfait.	
Corrèze	Le préfet ne demande rien. M. Mathieu, député, fait des réserves; il demande une subvention pour distributions ou un rédacteur.	1,000
Corse	Le préfet se déclare satisfait.	
Côte-d'Or	Le préfet demande pour *Le Châtillonnais* (distributions).	1,500
Côtes-du-Nord	Le député prête son concours financier, et le journal est incertain; il importe de se l'assurer; il y a des éventualités réservées pour ce département. Le rédacteur envoyé; rien pour le moment; réserves possibles.	
Creuse	Le préfet est satisfait.	
Dordogne	Idem.	
Doubs	M. de Marmier donne son concours à une subvention de 1,000 francs pour distributions gratuites; la subvention est donnée.	
	A reporter.	26,500

DÉPARTEMENTS.	OBSERVATIONS.	CRÉDITS demandés.
	Report....	26,500
Drôme............	Rien. Les députés assurent la situation.	
Eure..............	Rien. Les rédacteurs ont été choisis.	
Eure-et-Loir.......	La situation est assurée.	
Finistère..........	Le préfet n'a pas encore répondu aux observations, mais il y a lieu de prévoir une subvention considérable ; la presse est complétement désorganisée...	10,000
Gard..............	Le préfet est satisfait de son nouveau rédacteur.	
Garonne (Haute-)....	Distributions gratuites. (Lutte très-vive.)........	2,500
Gers..............	Distribution des feuilles locales................	1,000
Gironde............	Subvention au *Journal de Bordeaux* (Demandé par le préfet..	4,000
Hérault............	Le préfet demande 500 francs pour un rédacteur économique....................................	500
Ille-et-Vilaine.......	Le préfet est satisfait.	
Indre..............	Idem.	
Indre-et-Loire.......	Idem.	
Isère..............	Demande verbale pour distributions.............	1,200
Jura...............	Une subvention a assuré la réorganisation.	
Landes............	Le préfet est satisfait.	
Loir-et-Cher........	Réserves à faire.	
Loire..............	Le préfet demande pour distributions gratuites....	2,000
Loire (Haute-)......	Le préfet demande pour distributions gratuites et pour rédacteurs...............................	2,000
	Le concours des députés est en dehors de cette subvention.	
Loire-Inférieure.....	Le préfet est satisfait.	
Loiret.............	Demande du préfet pour distributions............	1,500
Lot...............	Rédacteur ; distributions gratuites et s'assurer le concours d'un journal douteux.....................	4,000
Lot-et-Garonne.....	Le préfet est satisfait.	
Lozère............	Idem.	
Maine-et-Loire.....	Idem.	
Manche............	La situation est délicate, mais le préfet ne veut rien faire.	
Marne.............	Idem.	
Marne (Haute-).....	Subvention au journal de Langres...............	1,500
Mayenne...........	Attitude incertaine du journal ; le rédacteur demande 6,000 francs ; le préfet ne veut lui en donner que..	2,500
Meurthe...........	Création d'un journal ; concours des particuliers ; l'affaire est latente, mais on peut compter sur....	2,500
Meuse.............	Le préfet est satisfait.	
Morbihan..........	Idem.	
Moselle............	Le préfet fait ses réserves pour fortifier la presse locale ou demander des feuilles de Paris.	
Nièvre.............	Le concours des députés a assuré la bonne organisation.	
Nord..............	Le préfet ne demande plus rien.	
Oise..............	Le préfet trouve la situation suffisante.	
	A reporter.....	61,700

DÉPARTEMENTS.	OBSERVATIONS.	CRÉDITS demandés.
	Report.....	61,700
Orne..............	Quoique la situation soit médiocre, le préfet mande qu'il n'y a rien à faire.	
Pas-de-Calais.......	Contribution au payement d'un rédacteur à Boulogne.	700
Puy-de-Dôme.......	Le préfet demande pour l'organisation de la presse dans l'arrondissement de Thiers.............	500
Pyrénées (Basses-)...	Rien. On a agi près de M. O'Quin.	
Pyrénées (Hautes.)...	Le préfet est satisfait.	
Pyrénées-Orientales...	Idem.	
Rhin (Bas-).........	Payement de la subvention supplémentaire de 30,000 francs (complément)...................	15,000
Rhin (Haut-)........	Le préfet n'est pas assuré ; subvention à prévoir.	
Rhône.............	Le préfet ne demande rien.	
Saône (Haute-)......	Le préfet est satisfait.	
Saône-et-Loire......	Rédaction et distributions ; les feuilles gouvernementales sont très-médiocres, et la presse d'opposition est forte....................	5,000
Sarthe.............	Le préfet ne demande rien.	
Savoie.............	Idem.	
Savoie (Haute-)......	Idem.	
Seine..............	Idem.	
Seine-Inférieure.....	Demande du préfet	3,000
Seine-et-Marne......	Rien. Envoi du *Peuple* effectué.	
Seine-et-Oise.......	Concours des députés ; envoi du *Peuple*.	
Sèvres (Deux-)......	Le préfet est satisfait.	
Somme	La situation est assurée.	
Tarn...............	Rédacteur pour le *Journal du Tarn*	1,000
Tarn-et-Garonne.....	Renforcer la rédaction	1,000
Var................	Le préfet est satisfait	
Vaucluse...........	Pour *Le Méridional* (distributions)............	1,200
Vendée	Complément du traitement du rédacteur.........	1,000
Vienne.............	Le préfet est satisfait.	
Vienne (Haute-)......	Réserves à faire. *Courrier du Centre*...........	1,500
Vosges.............	Le préfet est satisfait.	
Yonne..............	Pour le journal de Joigny.................	1,000
Ministère...........	....	1,500
	TOTAL GÉNÉRAL..	94,100

Crédit demandé : 100,000 francs.

Vu et approuvé :
Le Ministre de l'Intérieur,

MINISTÈRE DE L'INTÉRIEUR.

Liste des rédacteurs envoyés par le Ministère.

DÉPARTEMENTS.	NOMS DES RÉDACTEURS.
Ain.	M. de Courmaceul.
Alpes-Maritimes.	M. Dupeuty.
Aube.	M. Pellerin.
Bouches-du-Rhône.	MM. Pelvey et Bosc.
Charente-Inférieure.	M. Doublat.
Côte-d'Or.	M. Cormont.
Côtes-du-Nord.	M. Bourgogne.
Doubs.	Un correspondant.
Drôme.	M. Delero.
Eure.	Deux rédacteurs.
Eure-et-Loire.	M. Maussart.
Gard.	M. Valleton.
Gers.	M. P. de Léoni. — M. de Montferrand.
Hérault.	M. Dhormoys.
Isère.	M. Hardy. — M. Debillemont.
Jura.	M. Gravot.
Loire (Haute-).	M. Sten. — M. Ludow-Vigé.
Lot-et-Garonne.	M. Desolmes.
Marne.	M. de Malarec.
Meurthe.	M. Rigaud.
Nièvre.	M. d'Audigier.
Nord.	M. Ribeyre à Douai. — M*** à Cambrai.
Pas-de-Calais.	M. Grasset.
Puy-de-Dôme.	M. Duchemin.
Saône-et-Loire.	M. de Rodays.
Sarthe.	M. Chauvet.
Seine-et-Marne.	Un correspondant.
Vendée.	M. Fraissinaud.
Vienne (Haute-).	M. Laharanne.

M. Henry d'Audigier a écrit à la commission qu'à la vérité il avait soutenu, dans le *Journal de la Nièvre*, la cause de M. de Bourgoing, candidat officiel, mais de son chef, en vertu de sympathies privées, et sans avoir reçu de mission ministérielle.

M. Dupeuty (Alpes-Maritimes) a protesté énergiquement contre celle des allégations de cette note qui le touche. Il affirme « n'avoir jamais, à aucune époque de sa vie, reçu de mission de ce genre, ni même d'ouverture, et surtout de rémunération pécuniaire ou autre. »

MINISTÈRE DE L'INTÉRIEUR.

DIRECTION GÉNÉRALE DU PERSONNEL ET DU CABINET. — PRESSE.

État actuel du crédit alloué :

50,000 Francs.

PRESSE DÉPARTEMENTALE.
SUBVENTIONS.

Courrier du Gers	2,600
Journal de Saône-et-Loire	1,000
Journal de Montbéliard	500
La Côte-d'Or	6,000
Courrier populaire de Lille	1,200
Phare de Marseille	5,000
Gers (frais de voyage d'un rédacteur)	200
Aube (service de la presse)	5,000
Journal de la Corse	600
Journal de Seine-et-Oise	480
Doubs (service de la presse) (500 francs par mois, du 1er février au 1er juillet	2,500
Bas-Rhin (service de la presse)	9,000
	34,080
Réserve accordée par Son Excellence	50,000
Total des sommes allouées sur cette réserve	34,080
Somme disponible	15,920

X.

Affaire Sandon.

Lettre de M. de Persigny à M. Conti (1).

Mon cher Conti,

Voici une affaire grave qu'il importe d'étouffer. La conduite de M. Billault a été inouïe. L'homme qui a été victime à ce point est sur le point de se laisser entraîner dans les mains des partis. Nous pouvons avoir un scandale affreux. Il

---

(1) On se rappelle le scandale causé par l'affaire de M. Sandon. La lettre de cachet était remise en usage et l'on faisait des maisons d'aliénés autant de bastilles.

M. Sandon venait de faire réimprimer, à Bruxelles, son plaidoyer contre les médecins Tardieu, Blanche, Parchappe, Foville, Baillarger et Mitivié, prononcé à Paris, devant la première chambre, le 9 mai 1865.

paraît qu'avec une vingtaine ou trente mille francs, que M. Conneau se chargerait de prendre sur les fonds, on pourrait tout arranger.

Il y a d'ailleurs là une iniquité épouvantable : il importe de la réparer.

Mille compliments.

PERSIGNY.

Paris, 29 mars 1866.

XI.

Lettre de M. Sandon.

Monsieur,

Le docteur Conneau m'a fait connaître hier la réponse de l'Empereur.

Voici les faits :

1° Un ministre *responsable devant l'Empereur* seul me fait arrêter dix-sept fois, et mettre à Charenton pendant vingt mois.

2° Un sénateur *irresponsable* me diffame odieusement, illégalement, et tue ma mère.

3° Un ministre de l'intérieur *irresponsable* adresse aux journaux des communiqués diffamatoires.

L'Empereur a dit au docteur Conneau qu'il y avait des juges, que je pouvait plaider. C'est une erreur.

En déchargeant chacun de responsabilité, l'Empereur l'a assumée tout entière. C'est lui qui me doit justice. Il m'a pris ma mère, ma fortune, mon honneur ; il ne me reste que ma vie, et dans ces conditions je puis en faire le sacrifice.

L'empereur me doit justice. Il doit savoir que, quand une illégalité étouffe, on en sort pour entrer dans le droit.

Je désire et espère être entendu. On n'accule pas, on ne désespère pas un homme ainsi.

Je désire vous voir, et daignez me croire votre très-humble et respectueux serviteur.

Léon SANDON, avocat.

Rue des Moulins, n° 26, hôtel de la Côte-d'Or.

Paris, vendredi.

XII.

Dépêches des derniers jours de l'Empire.

Les dépêches du maréchal Bazaine établissent qu'à l'heure où M. de Palikao faisait au Corps législatif des communications rassurantes, il en recevait au contraire d'attristantes. Ces dépêches montrent en outre que Napoléon, malgré les déclarations du ministre de la guerre, commandait toujours.

THÉATRE DE LA GUERRE.

L'Impératrice à la princesse Mathilde, à Saint-Gratien.

7 août, 12 h. 35.

J'ai de mauvaises nouvelles de l'Empereur. L'armée est en retraite. Je rentre à Paris, où je convoque le conseil des ministres.

EUGÉNIE.

A S. M. l'Empereur, au camp de Châlons.

Camp de Fort-Plappeville, 18 août 1870, 8 h. 20 du soir.

J'ignore l'importance de l'approvisionnement de Verdun. Je crois qu'il est nécessaire de n'y laisser que ce dont a besoin la place.

J'arrive du plateau. L'attaque a été très-vive. En ce moment, 7 heures, le feu cesse. Nos troupes constamment restées sur leurs positions. Un régiment, le 60°, a beaucoup souffert en défendant la ferme de Saint-Hubert.

Maréchal BAZAINE.

Le Maréchal Mac-Mahon au Ministre de la guerre.

Camp de Châlons, 20 août 1870, 8 h. 45 m.

Les renseignements parvenus semblent indiquer que les trois armées ennemies sont placées de manière à intercepter à Bazaine les routes de Briey, de Verdun et de Saint-Mihiel. Ne sachant la direction de la retraite de Bazaine, bien que je sois dès demain prêt à marcher, je pense que je vais rester au camp jusqu'à connaissance de la direction prise par Bazaine, soit au nord, soit au sud.

Maréchal DE MAC-MAHON.

Ministre de la guerre au Maréchal Mac-Mahon, au camp de Châlons.

De Paris au camp de Châlons, le 20 août 1870,
5 h. 40 du soir.

J'ai reçu votre dépêche de 8 heures 45 minutes ; le seul renseignement que je puisse vous donner est le suivant : le 18 au soir, Bazaine occupait comme position la ligne de Amanvillers à Sussy.

Ministre de la guerre au Maréchal Mac-Mahon, au camp de Châlons.

De Paris au quartier impérial, le 21 août 1870,
à 10 h. 15 du soir.

M. de Bouville télégraphie de Vienne, le 20 : « On mande par une voie sûre, du quartier général du prince royal de Prusse : « Le choléra et le typhus font

« de nombreuses victimes. Il sera impossible de donner des soins aux
« malades et aux blessés. On ne sait ce qui arrivera si la guerre se pro-
« longe. »

Ministre de la guerre à Sa Majesté l'Empereur, au camp de Châlons. (1)

Quartier impérial de Paris, le 21 août 1870, à 10 heures.

Il y a deux partis à prendre : ou dégager promptement Bazaine, dont la position est des plus critiques, en se portant en toute hâte sur Montmédy ; ou marcher contre le prince royal de Prusse, dont l'armée est nombreuse et qui a la mission d'entrer dans Paris, où il serait proclamé empereur d'Allemagne. Dans ce dernier cas, je puis envoyer le 13e corps d'armée, général Vinoy, 27,000 hommes, occuper la Ferté-sous-Jouare, où il serait le pivot d'un mouvement tournant de l'armée de Mac-Mahon, qui marcherait vigoureusement sur le flanc de l'armée prussienne, soit qu'elle prenne la route de Vitry, Champaubert et Montmirail, soit qu'elle se dirige par Wassy, Montiérender et Brienne.

Les Inspecteurs délégués de l'état-major à Colonel d'état-major Stoffel, attaché près de Son Exc. le Maréchal Mac-Mahon, à Reims.

Longwy, 22 août, 4 h. 50 m.

Inspecteurs délégués font connaître que le maréchal Bazaine adresse à S. Exc. le maréchal Mac-Mahon : « J'ai dû prendre position près de Metz pour donner du repos aux soldats et les ravitailler en vivres et munitions. L'ennemi grossit toujours autour de moi, et je suivrai probablement pour vous joindre la ligne du nord, et vous préviendrai si marche peut être entreprise sans compromettre l'armée. »

Général commandant supérieur de Verdun à l'Empereur, au camp de Châlons, et au Ministre de la guerre à Paris.

Verdun, 22 août, 8 h. 5 m. du matin.

Enfin nous avons nouvelles du maréchal Bazaine par gardes forestiers qui apportent dépêche suivante :

Ban Saint-Martin, le 19 août 1870.

Le Maréchal Bazaine à S. M. l'Empereur, au camp de Châlons.

L'armée s'est battue hier toute la journée sur les positions de Saint-Privat et de Rozereuilles et les a conservées. Les 4e et 6e corps seulement ont fait, vers 9 heures du soir, un changement de front, l'aile droite en arrière, pour parer à un mouvement tournant par la droite que les masses ennemies tentaient d'opérer à l'aide de l'obscurité. Ce matin, j'ai fait descendre de leurs

---

(1) A l'heure où il annonçait à la tribune que Napoléon ne commandait plus, M. de Palikao lui envoie cette dépêche.

positions les 2e et 3e corps, et l'armée est de nouveau groupée sur la rive gauche de la Moselle, de Longueville au Sansonnet, formant une ligne courbe passant par le haut du Ban Saint-Martin, derrière les forts de Saint-Quentin et Plappeville. Les troupes sont fatiguées de ces combats incessants, qui ne leur permettent pas les soins matériels, et il est indispensable de les laisser reposer deux ou trois jours. Le roi de Prusse était ce matin avec M. de Moltke à Rezonville, et tout indique que l'armée prussienne va tâter la place de Metz. Je compte toujours prendre la direction du nord et me rabattre ensuite par Montmédy sur la route de Sainte-Menehould et Châlons, si elle n'est pas fortement occupée. Dans ce cas, je continuerai sur Sedan et même Mézières pour gagner Châlons. Il y a dans la place de Metz 700 prisonniers qui deviendraient un embarras pour la place en cas de siège ; je vais proposer un échange à général de Moltke pour pareil nombre d'officiers et de soldats français.

(Donner à Mac-Mahon.)

Le Ministre de la guerre à l'Empereur, à Reims.

Paris, 22 août, 1 h. 5 m. du soir.

Le sentiment unanime du Conseil, en présence des nouvelles du maréchal Bazaine est plus énergique que jamais. Les résolutions prises hier soir devraient être abandonnées. Ni décret, ni lettre, ni proclamation ne devraient être publiés (1). Un aide de camp du Ministre de la guerre part pour Reims avec toutes les instructions nécessaires.

Ne pas secourir Bazaine aurait à Paris les plus déplorables conséquences. En présence de ce désastre, il faudrait craindre que la capitale ne se défende pas.

Votre dépêche à l'Impératrice nous donne la conviction que notre opinion est partagée.

Paris sera à même de se défendre contre l'armée du prince royal de Prusse Les travaux sont poussés très-promptement ; une armée nouvelle se forme à Paris. Nous attendons une réponse par le télégraphe.

L'Empereur au Ministre de la guerre.

Courcelles, le 22 août, 4 h.

Reçu votre dépêche. Nous partons demain pour Montmédy. Pour tromper l'ennemi, faire mettre dans le journal que nous partons avec 150,000 hommes pour Saint-Dizier. J'accepte Wimpfen à la place de de Failly. Maissiat ne peut pas continuer ; vous nommerez Lacretelle à sa place. Supprimerez les décrets que vous a portés Rouher, mais exécutez les conclusions pour l'appel des anciens soldats.

---

(1) Ces décrets et la proclamation dont il est question ont été trouvés, le 22 septembre, dans le cabinet de M. Rouher. Ces pièces figurent dans une des livraisons suivantes.

Maréchal Bazaine à l'Empereur.

Ban Saint-Martin, 20 août 1870.

Mes troupes occupent toujours les mêmes positions. L'ennemi paraît établir des batteries qui doivent lui servir à appuyer son investissement ; il reçoit constamment des renforts. Le général Marguerite a été tué le 16. On les croyait disparus. Nous avons dans la ville de Metz au delà de 16,000 blessés.

Pour copie conforme :
Le 21 août 1870.
Commandant place Thionville.

Maréchal Bazaine pour Ministre Guerre, Paris.

22 août, 1 h. 7 m.
(Sans date de la transmission de Mézières.)

Nous sommes sous Metz, nous ravitaillant en vivres et en munitions. L'ennemi grossit toujours et paraît commencer à nous investir. J'écris à l'Empereur, qui vous donnera communication de ma dépêche. J'ai reçu la dépêche de Mac-Mahon, auquel j'ai répondu ce que je crois pouvoir faire dans quelques jours.

Maréchal Mac-Mahon au Ministre de la guerre, Paris.

Courcelles, 22 août 1870, 11 h. 30 m.

Le maréchal Bazaine a écrit du 19 qu'il comptait toujours opérer son mouvement de retraite par Montmédy.

Par suite, je vais prendre des dispositions.

Maréchal MAC-MAHON.

Maréchal Mac-Mahon au Général commandant à Verdun; au Commandant supérieur de Montmédy ; au Maire de Longuyon.

Envoyez au maréchal Bazaine la dépêche ci-après, très-importante. Faites-la-lui parvenir par cinq ou six émissaires différents, auxquels vous remettrez les sommes, quelles qu'elles soient, qui leur seraient nécessaires pour accomplir leur mission.

Maréchal MAC-MAHON.

Mac-Mahon à Bazaine.

Reçu votre dépêche du 19. Suis à Reims; me porte dans la direction de Montmédy. Serai après-demain sur l'Aisne, d'où j'agirai selon les circonstances pour vous venir en aide. Traitez marché de vos nouvelles.

Ministre de guerre à Maréchal Mac-Mahon.

Betheniville, par Reims.

Les deux batteries fournies par l'artillerie de marine appartiennent à la 1re division du 12e corps.

Ministre de guerre à l'Empereur.

De Paris à Courcelles, le 23 août 1870, à 4 h. 20 m. du soir.

Wimpfen est prévenu. Lacretelle est nommé. Les décrets donnés à Rouher sont supprimés. Je demande de nouveau des cadres pour l'infanterie et la cavalerie. 4es régiments à 6 compagnies. Nous avons déjà 26 régiments de marche.

Empereur à S. Exc. le Ministre de la Guerre, Paris.

Courcelles, le 23 août 1870, 8 h. 45 m

Il est bien essentiel de diriger sur Reims, qui doit être diversion, tête de ligne de chemin de fer, une force assez respectable pour que des coureurs ennemis ne viennent pas interrompre nos communications.

NAPOLÉON.

Maréchal Mac-Mahon au Ministre de la guerre.

Quartier général à Rethel, 24 août, 9 h. 45 du soir

Je crains de rencontrer encore dans les Ardennes grandes difficultés pour nourrir l'armée par le pays, difficultés qui seront insurmontables si nous parvenions à joindre Bazaine. Je demande donc à ce qu'il soit dirigé sur Mézières des convois considérables de biscuit, soit près de deux millions de rations.

Maréchal MAC-MAHON.

EXTRAIT DES DÉPÊCHES DU 4 SEPTEMBRE 1870.

(Jour de la République.)

—

A M. Conti, chef cabinet de l'Empereur, 184, rue Rivoli, Paris.

De Libramont, 1 h. 45, le 4 septembre 1870.

Préfet police est-il aux Tuileries de sa personne?

Réponse.

Il n'est pas aux Tuileries. Ne transmettez pas cette dépêche.
Il y a un monsieur dans le cabinet à côté.

—

Alors ne remettez rien. Le nouveau directeur général envoie quelqu'un dans une demi-heure.

2 h. 30.

Recevez-vous les dépêches pour l'Impératrice?

Réponse.

Non.

Le palais est donc envahi ?

Réponse.

Non.

Alors, je vous donne quand même la dépêche de Madrid.

(Suit une dépêche de la comtesse Montijo à sa fille.)

DERNIÈRE DÉPÊCHE EXPÉDIÉE DES TUILERIES DANS LA JOURNÉE DU 4.

Paris, 2 h. 50 m.

DUPERRÉ,
à Maubeuge.

Filons sur Belgique.

FILON.

(Cette dépêche est signée de M. Filon, précepteur du prince, qui transmettait la plupart des dépêches de l'Impératrice.)

—

XIII.

Cassette particulière.

Juin 1867, n° 14.

Reçu de M. Thélin la somme de trois cent cinquante francs pour déjeuner du prince royal de Prusse à Compiègne et faux frais divers.

Les Tuileries, le 14 juin.

Le Général aide de camp de l'Empereur,

Cte REILLE.

350 francs.

—

XIV.

Cassette particulière de l'Empereur.

Palais des Tuileries, le janvier 1867, n° 20.

Reçu de M. Thélin la somme de dix mille francs pour solde des trente mille francs alloués par l'Empereur pour l'ameublement de M. le baron Jérôme David.

31 décembre 1866.

WILLIAMSON,
Administrateur du mobilier de la Couronne.

Fr. 10,000.

XV.

Campagne de 1870.

Napoléon s'inquiétait surtout, en entrant en campagne, des soins matériels à donner à sa maison particulière et à sa table. Les instructions qui suivent appartiennent à l'histoire.

MAISON DE L'EMPEREUR.

SERVICE DU GRAND MARÉCHAL.

Note sur le service de MM. les aides de camp et officiers d'ordonnance auprès de l'Empereur en campagne.

MM. les aides de camp et officiers d'ordonnance feront le service par jour et par ancienneté.

Il y aura chaque jour un aide de camp et un officier d'ordonnance de service.

Il y aura toujours deux tables, soit au bivouac, soit pendant les séjours, afin de laisser à l'Empereur la faculté de faire des invitations en plus ou moins grand nombre.

A la table de l'Empereur mangeront l'aide de camp de service et le premier écuyer (si l'Empereur l'ordonne ainsi).

La seconde table sera présidée par l'adjudant général et sera composée de MM. les aides de camp, des officiers d'ordonnance, des écuyers, des officiers attachés aux aides de camp de l'Empereur et, s'il y a lieu, des secrétaires du cabinet.

Pour simplifier ce rouage très-compliqué à première vue, toutes les cantines de la bouche, qui doivent former un total de 20 à 24, devront être divisées en deux parties égales, représentant chacune un service : celui de l'Empereur ; celui de l'adjudant général, chacun avec maître d'hôtel, cuisiniers et aides embrigadés.

Le service des valets de chambre de l'Empereur bivouaquera ou campera sous des tentes-abris portées par les fourgons mêmes de Sa Majesté.

Les valets de chambre de l'Empereur, les maîtres d'hôtel et le piqueur seront seuls nourris par la bouche de Sa Majesté.

Les valets de chambre de MM. les aides de camp et officiers d'ordonnance toucheront les vivres de campagne, et s'arrangeront entre eux pour s'installer une cuisine indépendante du service de la bouche.

Ils feront à tour de rôle le service de la table de leurs maîtres ; à cet effet, le maréchal des logis en tiendra un contrôle.

Le cavaliers de remonte se grouperont aussi et vivront comme les soldats avec leurs vivres de campagne. Il leur sera donné pour tous un mulet, qui portera leurs ustensiles de cuisine. Les cavaliers de remonte seront sous le commandement d'un maréchal des logis et d'un brigadier, qui sera responsable de la discipline.

Les bagages de l'Empereur seront escortés par un brigadier et six gendarmes de l'escadron de la Garde. Ces bagages ou fourgons seront toujours sous le commandement d'un courrier de l'Empereur.

Palais de Saint-Cloud, le 18 juillet 1870.

L'Adjudant général du Palais.

MAISON DE L'EMPEREUR.
SERVICE DU GRAND MARÉCHAL.

Note sur l'organisation des équipages de MM. les aides de camp et officiers d'ordonnance de l'Empereur, et sur leur tenue de campagne

Il sera alloué, à titre d'indemnité d'entrée en campagne, à MM. les aides de camp désignés pour accompagner l'Empereur, 20,000 francs, et à MM. les officiers d'ordonnance, 15,000 francs.

Les premiers devront avoir quatre chevaux de selle à leur rang, et les derniers trois. Ces messieurs devront se les procurer dans le plus bref délai possible. L'état signalétique de ces chevaux devra être envoyé, par ordre de l'Empereur, à l'adjudant général du Palais, qui les fera inscrire sur un contrôle spécial tenu dans ses bureaux.

Il sera accordé facultativement à MM. les aides de camp deux cavaliers de remonte non montés pour conduire et panser leurs chevaux, et un cavalier à chaque officier d'ordonnance.

Ces messieurs pourront emmener chacun un valet de chambre.

Chaque aide de camp ou officier d'ordonnance devra avoir deux harnachements complets, afin de pouvoir changer instantanément de monture.

MM. les aides de camp et officiers d'ordonnance porteront pour la campagne la tunique sans broderie, le chapeau et le pantalon écarlate avec houzioux, ou pantalon à tige, à volonté.

Il sera fourni, par ordre de l'adjudant général, à chacun de ces messieurs, une paire de cantines avec ferrures, afin que ces cantines puissent être indistinctement chargées soit dans les fourgons, soit à dos de mulet, ainsi que le lit-cantine qui en fait partie intégrante. Un certain nombre de fourgons et des brigades de mulets seront désignés à cet effet par ordre du premier écuyer. Des tentes, à raison d'une par deux aides de camp et d'une pour quatre officiers d'ordonnance, seront chargées sur des fourgons pour servir en cas de besoin.

Les cavaliers de remonte et les valets de chambre devront être munis de petites tentes-abris à l'instar de celles de la troupe.

En dehors du strict bagage contenu dans les cantines, il sera porté par les fourgons du gros bagage du Quartier impérial une cantine en plus des deux dont il a été parlé pour chacun de ces messieurs, avec étiquette nominative, pour contenir les effets de rechange, etc.; ces cantines ne rejoindront ces messieurs que pendant les séjours prolongés dans les villes ou dans les cantonnements, les fourgons des gros bagages marchant avec l'arrière-garde.

MM. les aides de camp et officiers d'ordonnance devront se munir, pour leurs chevaux, de moyens d'attache, soit cordes, soit entraves, suivant ce qui leur paraîtra le plus convenable. Ces objets devront naturellement être portés par leurs chevaux de main, comme leurs ustensiles de sellerie et d'écurie.

Palais de Saint-Cloud, le 18 juillet 1870.

L'Adjudant général du Palais.

XVI.
Projets de proclamations et décret.

Les pièces suivantes ont été trouvées dans les papiers de M. Rouher. On sait que l'ex-président du Sénat s'était rendu à Reims auprès de Napoléon. Là furent rédigés les projets de décret et de proclamations que nous publions. Au dernier moment, on abandonna ce plan pour marcher sur les Ardennes et finir, en laissant la capitale sans armée de secours, par le désastre de Sedan.

A l'heure où Napoléon signait le décret qui suit, le ministère déclarait hautement que l'Empereur ne commandait plus.

Décret nommant le Maréchal Mac-Mahon général en chef de l'armée de Châlons.

(L'original est de la main de M. Rouher, la signature est de Napoléon.)

Napoléon, par la grâce de Dieu et la volonté nationale, Empereur des Français,

A tous présents et à venir, salut ;

Avons décrété et décrétons ce qui suit :

ARTICLE PREMIER

Le maréchal Mac-Mahon, duc de Magenta, est nommé général en chef de toutes les forces militaires composant l'armée de Châlons et de toutes celles qui sont ou seront réunies sous les murs de Paris ou dans la capitale.

Notre Ministre de la guerre est chargé de l'exécution du présent décret.

Fait à Reims, le 24 août 1870.

NAPOLÉON.

Pour l'Empereur :
Le Ministre de la guerre.

Projet d'une lettre de Napoléon au Maréchal Mac-Mahon.

(De la main de M. Rouher.)

MARÉCHAL,

Nos communications avec le maréchal Bazaine sont interrompues. Les circonstances deviennent difficiles et graves. Je fais appel à votre patriotisme et à votre dévouement, et je vous confère le commandement général de l'armée de Châlons et des troupes qui se réuniront autour de la capitale et dans Paris.

Vous aurez, Maréchal, la plus grande gloire, celle de combattre et de repousser l'invasion étrangère.

Pour moi, qu'aucune préoccupation politique ne domine autre que celle du salut de la patrie, je veux *être votre premier soldat* (1), combattre et vaincre ou mourir *à côté de vous* (2) au milieu de mes soldats.

CABINET DE L'EMPEREUR. LE SECRÉTAIRE PARTICULIER.

Premier projet d'une proclamation du Maréchal Mac-Mahon.

Quartier impérial, le   18 .

SOLDATS,

L'Empereur me confie le commandement en chef de toutes les forces militaires qui, avec l'armée de Châlons, vont se réunir autour de la capitale.

Mon désir le plus ardent aurait été de me porter au secours du maréchal Bazaine; mais, après un mûr examen, j'ai reconnu cette entreprise impossible dans les circonstances où nous nous trouvons. *Nous ne pourrions nous rapprocher de Metz avant plusieurs jours. D'ici à cette époque le maréchal aura dû briser les obstacles qui l'arrêtent; notre marche directe sur Metz n'aurait se* (3).

Pendant notre marche vers l'Est, Paris aurait été découvert et une armée prussienne nombreuse pouvait arriver sous ses murs. Après les revers qu'elle avait subis sous le premier Empire, la Prusse a créé une organisation militaire qui *lui permet d'armer rapidement son peuple et de mettre en quelques jours sous les armes sa population entière; elle dispose donc de forces considérables. Les fortifications de Paris arrêteront le flot ennemi; elles nous donneront le temps et les moyens* (4) lui a permis de mettre en mouvement des armées considérables. Les fortifications de Paris arrêteront *le flot* (5) l'ennemi et nous donneront le temps *d'organiser* (6) d'utiliser à notre tour toutes les forces militaires du pays. L'ardeur nationale est immense, la Patrie est debout; j'accepte avec confiance le commandement que l'Empereur me confère. Soldats, je compte sur votre patriotisme, sur votre valeur, et j'ai la conviction *qu'avec de la persévérance* (7) que nous vaincrons l'ennemi et le chasserons de notre territoire.

Deuxième projet d'une proclamation du Maréchal Mac-Mahon.

(Ce projet est écrit de la main de M. Rouher.)

Napoléon se proposait d'expédier à la fois au maréchal et sa lettre personnelle et la proclamation que le maréchal devait adresser à ses soldats.

SOLDATS,

L'Empereur me confie les fonctions de général en chef de toutes les forces

---

(1) Les mots en italiques sont rayés sur la pièce originale.
(2) Rayé.
(3) Les phrases en italiques sont rayées sur l'original.
(4) Rayé.
(5) Rayé.
(6) Rayé.
(7) Rayé sur l'original.

militaires qui, avec l'armée de Châlons, se réuniront autour de Paris et dans la capitale. *Mon vif désir et ma première pensée* (1). Mon désir le plus ardent était de me porter au secours du maréchal Bazaine; mais cette entreprise était impossible. Nous ne pouvions nous rapprocher de Metz avant plusieurs jours; d'ici à cette époque, le maréchal Bazaine aura sans doute brisé les obstacles qui l'arrêtent; d'ailleurs, pendant notre marche directe sur Metz, Paris restait découvert et une armée prussienne nombreuse pouvait arriver sous ses murs.

Le système des Prussiens consiste à concentrer leurs forces et à agir par grandes masses.

Nous devons imiter leur tactique; je vais vous conduire sous les murs de Paris, qui forment le boulevard de la France contre l'ennemi.

Sous peu de jours, l'armée de Châlons sera doublée. Les anciens soldats de 25 à 35 ans rejoignent de toutes parts. L'ardeur nationale est immense; toutes les forces de la Patrie sont debout.

J'accepte avec confiance le commandement que l'Empereur me confère.

Soldats, je compte sur votre patriotisme, sur votre valeur; *j'ai l'espoir de vaincre* (2), et j'ai la conviction qu'avec de la persévérance et du temps nous vaincrons l'ennemi et le chasserons de notre territoire.

XVII.

Napoléon, après ses deux premières défaites, avait eu l'idée de revenir à Paris. Le fait est prouvé par cette dépêche de l'Impératrice, dépêche qu'on a déchirée et que la Commission a retrouvée en morceaux.

L'IMPÉRATRICE A L'EMPEREUR.

Je reçois *une* dépêche *de* Pietri. — Avez-vous *réfléchi à* toutes les consé-quences qu'amènerait votre rentrée à Paris sous *le* coup de deux *revers?* Pour *moi,* je n'ose prendre *la* responsa*bilité* d'un conseil. — Si vous *vous* y *décidez,* il faudrait au moins *que* la me*sure* fût présentée au pays comme *provisoire :* l'empereur revenant à *Paris* réorganiser la deuxième armée et confiant provi-soirement le commandement en chef de l'armée du Rhin à Bazaine.

<small>(Les mots ou fragments de mots soulignés appartiennent à trois morceaux qui n'ont pas été retrouvés.)</small>

XVIII.

Lettres de Mlle Marguerite Bellanger.

Ces deux lettres ont été découvertes dans les papiers particuliers de Napoléon. Elles

(1) Rayé.
(2) Rayé sur l'original.

étaient mises ensemble dans une enveloppe cachetée au chiffre N couronné, et avec cette suscription de la main de Napoléon : *Lettres à garder.*

MONSIEUR,

Vous m'avez demandé compte de mes relations avec l'Empereur, et, quoi qu'il m'en coûte, je veux vous dire toute la vérité. Il est terrible d'avouer que je l'ai trompé, moi qui lui dois tout ; mais il a tant fait pour moi que je veux tout vous dire : je ne suis pas accouchée à sept mois, mais bien à neuf. Dites-lui bien que je lui en demande pardon.

J'ai, Monsieur, votre parole d'honneur que vous garderez cette lettre.

Recevez, Monsieur, l'assurance de ma considération distinguée.

M. BELLANGER.

CHER SEIGNEUR,

Je ne vous ai pas écrit depuis mon départ, craignant de vous contrarier ; mais, après la visite de M. Devienne, je crois devoir le faire, d'abord pour vous prier de ne pas me mépriser, car sans votre estime je ne sais ce que je deviendrais ; ensuite pour vous demander pardon. J'ai été coupable, c'est vrai, mais je vous assure que j'étais dans le doute. Dites-moi, cher Seigneur, s'il est un moyen de racheter ma faute, et je ne reculerai devant rien ; si toute une vie de dévouement peut me rendre votre estime, la mienne vous appartient, et il n'est pas un sacrifice que vous me demandiez que je ne sois prête à accomplir. S'il faut, pour votre repos, que je m'exile et passe à l'étranger, dites un seul mot et je pars. Mon cœur est si pénétré de reconnaissance pour tout le bien que vous m'avez fait, que souffrir pour vous serait encore du bonheur. Aussi la seule chose dont à tout prix je ne veux pas que vous doutiez, c'est de la sincérité et de la profondeur de mon amour pour vous. Aussi, je vous en supplie, répondez-moi quelques lignes pour me dire que vous me pardonnez. Mon adresse est : Mme Bellanger, rue de Launay, commune de Vilbernier, près Saumur. En attendant votre réponse, cher Seigneur, recevez les adieux de votre toute dévouée, mais bien malheureuse.

MARGUERITE.

La lettre suivante de M. Devienne à M. Conti a-t-elle rapport à cette affaire ?

Cour impériale de Paris. Cabinet du premier Président.

Paris, le 19 février 1868.

MONSIEUR LE CONSEILLER D'ÉTAT,

Je vous serai très-reconnaissant si vous voulez bien remettre ma lettre ci-jointe à Sa Majesté.

Veuillez agréer, avec mes excuses, l'expression de mes sentiments de haute considération.

Le premier Président,

DEVIENNE.

la publication de ces pièces scandaleuses fut suivie d'un décret inséré au *Journal officiel* :

Le gouvernement de la défense nationale,

Considérant que, de documents d'une nature probante et devenus publics, il résulte que M. Devienne, premier Président de la Cour de cassation, aurait gravement compromis la dignité du magistrat dans une négociation d'un caractère scandaleux ; considérant que M. Devienne, mandé pour donner des explications, ne s'est pas rendu à l'invitation qui lui a été adressée ; considérant que, placé à la tête du premier corps judiciaire de la république, M. Devienne est absent de Paris à l'heure du péril national ;

DÉCRÈTE :

M. le premier Président Devienne est déféré disciplinairement à la Cour de cassation, qui statuera conformément aux lois.

Fait à Paris, le 23 septembre 1870.

Pour le Garde des sceaux, ministre de la justice,
Par délégation :
Le membre du gouvernement de la défense nationale,
EMMANUEL ARAGO.

M. Devienne, réfugié à l'étranger, écrivit d'abord à M. le garde des sceaux Crémieux, ensuite à son délégué. Dans ses lettres il promet, mais ne donne pas des explications qu'il pouvait pourtant fournir bien complètes. Durant la publication de cette correspondance, les journaux de Bruxelles constataient l'assiduité au théâtre royal de la Monnaie, de ce magistrat inattendu.

A MONSIEUR LE GARDE DES SCEAUX.

29 septembre 1870.

MONSIEUR LE GARDE DES SCEAUX,

J'accepte avec empressement la décision que vous avez prise par votre arrêté du 23 de ce mois. Elle me donne un moyen légitime et régulier d'expliquer toute ma conduite et de détruire les imputations dont je suis l'objet.

Je serai le premier à solliciter une décision quand cela sera possible. Mes explications ne seront ni longues, ni difficiles. Elles démontreront que les allégations et interprétations que les journaux ont répandues sont à mon égard absolument erronées. Je suis certain de n'avoir pas mis en oubli le soin de ma dignité dans une occasion où j'ai rempli ce que je considérais et considère encore comme un devoir.

Recevez, Monsieur le Garde des sceaux, l'assurance de ma haute considération.

DEVIENNE.

A MONSIEUR ETIENNE ARAGO.

Bruxelles, 2 octobre 1870.

MONSIEUR,

Les journaux officieux et officiels du gouvernement ont tellement multiplié contre moi leurs attaques que j'y ai trouvé d'abord un arrêté sous la signature de M. le Garde des sceaux, puis un second rendu par vous.

J'ai répondu hier à M. Crémieux avec la déférence qui est due à sa situation hiérarchique. Mais avec vous, je n'ai pas les mêmes raisons pour contenir mon indignation.

Vous livrez à la publicité et aux commentaires de la plus violente de vos feuilles officieuses, des documents qui, suivant vous, établiraient l'indignité du premier magistrat de votre pays. Vous les mettez au jour sans hésitation, que dis-je, avec empressement, et le lendemain, vous appuyant sur le scandale que vous avez ainsi fait vous-même, vous décrétez d'accusation un vieillard honoré jusque-là. Il ne vous est donc pas venu seulement à la pensée que vous pouviez vous tromper ?

Quand la situation du pays permettra une discussion loyale et régulière, je prouverai que je n'ai pu compromettre ma dignité dans des négociations d'un caractère scandaleux auxquelles j'ai toujours été complétement étranger ; que votre police, vos journaux et vous-même, entraînés par le plaisir de frapper un adversaire politique, vous m'avez aveuglément diffamé, à l'occasion d'un fait tout autre que ceux que vous voulez m'imputer.

Vous faites appel à l'exécution des lois ; je l'invoque à mon tour bien plus énergiquement. Le jour de la justice arrivera, et c'est avec impatience que je l'attends.

Recevez, monsieur, l'assurance de ma considération.

DEVIENNE.

Mlle Marguerite Bellanger a aujourd'hui son roman et même ses légendes, ainsi qu'il convenait après de semblables révélations.

Dans son roman, elle n'est pas plus accouchée à neuf qu'à sept mois ; elle s'est tout bonnement prêtée à une intrigue de cœur, nouée par M. Mocquard, et a endossé le fruit des amours de Napoléon III avec l'une des deux filles de M. H....., baron, et haut fonctionnaire de l'Empire. (*Les Courtisanes de l'Empire. — Marguerite Bellanger* ; sans nom d'auteur ; in-8°. Bruxelles, 1871.)

Dans la première de ses légendes, à laquelle le journal *le Pays* a donné naissance, elle languit d'amour en Allemagne, les yeux fixés sur Wilhelmshœhe, comme Clytie tournée vers le Soleil, jusqu'à ce que la Providence, la prenant en pitié, mette fin à sa passion par une bonne petite-vérole.

La seconde légende, plus courante, la montre faisant une fin avec cet Anglais, tantôt lord, tantôt officier, épouseur à tour de rôle des drôlesses signalées, des bonnes manquées par Dumolard et des veuves d'assassins célèbres.

XIX.

Lettres de Pierre Bonaparte à Napoléon.

SIRE,

Je ne puis que m'incliner devant les décisions de Votre Majesté ; mais Elle me permettra de Lui observer que mes enfants cesseraient d'être naturels, du moment que je les légitimerais. Il n'entrait pas dans mes intentions immédiates d'épouser leur mère ; mais comme il n'y aurait pas d'autre moyen de les légitimer, je serais disposé à l'employer. Je viens donc demander à Votre Majesté l'autorisation que le statut du 21 juin 1853 rend nécessaire ; et je fais encore un appel à votre bon cœur, Sire, et à votre esprit d'équité.

Qu'il me soit permis d'exprimer une pénible réflexion. Par le fait, la situation exceptionnelle que le statut impose aux membres de la famille de l'Empereur me place dans une espèce d'interdiction des droits civils et politiques. Si on veut me nommer député, Votre Majesté s'y oppose. Je suis frappé d'une sorte d'inhabileté, de non-participation forcée au service du pays et de Votre Majesté. L'accomplissement des vœux les plus légitimes, des devoirs les plus sacrés, paraît rencontrer des obstacles. Et tout cela, certainement, sans aucune compensation suffisante.

Poser ces questions, c'est être convaincu qu'elles seront prises en considération, si l'opinion que j'ai toujours eue de la grandeur d'âme de Votre Majesté ne me fait pas défaut.

Je prie Votre Majesté d'agréer le nouvel hommage de mon profond respect et de mon attachement inviolable.

De Votre Majesté, Sire, le très-dévoué cousin,

PIERRE-NAPOLÉON BONAPARTE.

Paris, le 19 mars 1867.

2.

SIRE,

Ma réponse à la lettre de Votre Majesté a été dictée par un sentiment auquel je ne puis faillir. Depuis lors, la situation que j'ai pris la confiance d'esquisser s'est encore accentuée par une circonstance qui m'oblige à renoncer définitivement à la Corse. M. le Ministre de l'intérieur, sollicité par M. Benedetti, a nommé un parent de celui-ci sous-préfet de Calvi, arrondissement de ma résidence. Le bon accueil fait par Votre Majesté à ma demande en faveur du docteur Bartoli a été inutile !

Frustré de tout crédit, de toute participation aux affaires, de toute chance d'améliorer mon état, j'espère que Votre Majesté voudra me venir en aide. Si vous vouliez, Sire, m'acheter ma propriété de Corse, je pourrais compléter mon modeste établissement des Ardennes. Cette propriété de Corse serait très-bien située pour y établir une ferme-modèle, une caserne de gendarmerie ou toute autre fondation administrative. Je devrai la mettre en vente, et je n'espère pas en retirer grand'chose, à moins que Votre Majesté n'agrée ma proposition. Ce serait un bienfait que je n'oublierais jamais.

De Votre Majesté, Sire, le dévoué cousin.

PIERRE-NAPOLÉON BONAPARTE.

Paris, 25 mars 1867.

3.

Lettre de Napoléon à M. Pierre Bonaparte.

(L'original, trouvé en brouillon, est de la main de M. Conti.)

Je ne puis, quoi qu'il m'en coûte, accueillir favorablement vos nouvelles demandes. Les considérations qui s'opposent à la reconnaissance de vos enfants font également obstacle à l'union que vous désirez contracter. Quand on a l'honneur de porter votre nom, il est des convenances dont il faut avoir le respect. La gêne qu'elles imposent n'est, après tout, que la faible compensation d'avantages partout enviés et auxquels, je suppose, vous ne voudriez pas renoncer.

Je regrette de ne pouvoir pas non plus me rendre acquéreur des biens que vous possédez en Corse et dont vous désirez vous défaire. Ces propriétés ne sauraient recevoir aucune affectation utile et me seraient à charge. Mon budget est trop grevé pour que je m'impose de pareils sacrifices.

4.

Sire,

Je ne puis laisser sans réplique la lettre d'hier de Votre Majesté. Je crois fermement qu'il y aurait plus d'inconvenance à faillir au devoir sacré de reconnaître mes enfants qu'à contracter un mariage avec leur mère, d'une naissance modeste, mais d'une conduite irréprochable. Si c'est d'une mésalliance que Votre Majesté veut parler, elle serait moindre, eu égard surtout aux positions respectives, que d'autres mésalliances contractées dans la famille.

Je ne saisis pas bien quels sont les avantages que Votre Majesté dit partout enviés. S'il s'agit de titres qui ne sont pas mêmes ceux qui me seraient dus sous l'Empire, et que n'accompagne pas d'ailleurs la situation d'usage, je n'y tiens guère et j'en ai voté la suppression quand j'avais l'honneur de siéger à l'Assemblée nationale constituante. S'il s'agit de mon nom, je ne le dois qu'à ma naissance, à mon père, qui, certes, ne m'a pas donné l'exemple de la défection aux sentiments qui m'inspirent. S'il s'agit enfin de l'allocation que Votre Majesté m'octroie, elle ne représente qu'une très-faible partie des biens dont les Bourbons nous ont frustrés *par une spoliation inique*, pour me servir des propres expressions de Votre Majesté dans un document officiel que j'ai entre les mains.

Pour me résumer, Sire, je ne faillirai pas, coûte que coûte, à mes devoirs paternels, et, s'il le faut, je saurai, moi qui, pendant quatre ans passés à la représentation nationale, n'ai pas déposé un vote, un seul vote contraire à la liberté des autres, reprendre la route de l'exil et demander plus d'équité à un peuple libre.

Je n'en suis pas moins, avec respect, Sire, de Votre Majesté le très-humble et très-obéissant serviteur.

Pierre-Napoléon Bonaparte.

Paris, 25 avril 1867.

5.

Sire,

J'ai dû entretenir de ma situation Monseigneur l'Archevêque de Paris, et ce digne prélat désire en parler à Votre Majesté. Je viens vous prier, Sire, de vouloir bien l'entendre et d'agréer l'hommage de mon respectueux attachement.

Pierre-Napoléon Bonaparte.

Paris, 25 avril 1867.

XX.

Les trois lettres qui suivent se rapportent au procès de Tours. La lettre au témoin Natal, dont on se rappelle les affirmations devant la Haute Cour, jette sur cette affaire un jour nouveau.

CABINET DE L'EMPEREUR.
(Minute n° 9.)

A. S. Exc. M. le Ministre des affaires étrangères.

Palais des Tuileries, le 22 février 1870.

Monsieur le Ministre,

L'Empereur me charge de transmettre à Votre Excellence la lettre ci-jointe, qui m'a été adressée par le prince Pierre Bonaparte. Votre Excellence verra, par le contenu de cette lettre, que le prince désire obtenir de la cour de Rome une attestation des véritables motifs, purement politiques, qui détruise une allégation calomnieuse de *La Marseillaise*, relative aux motifs de la mesure prise par le Gouvernement romain, en 1836, contre lui et son frère, et que le prince voudrait produire en justice ; elle paraît de nature à ne pouvoir être refusée par la cour de Rome.

L'Empereur prie donc Votre Excellence de vouloir bien écrire à l'ambassadeur de France à Rome pour qu'il fasse les démarches nécessaires à l'obtention de cette pièce.

Veuillez agréer, etc.

(Minute n° 4.)

A Monsieur Natal, 11, rue Charey, Auteuil près Paris.

Palais des Tuileries, le 8 janvier 1870.

Monsieur,

M. Conti, chef du cabinet de l'Empereur, a reçu votre lettre du 28 janvier 1870, demandant une audience de Sa Majesté, et votre lettre plus récente renfermant une supplique à l'adresse de S. A. le Prince Impérial. M. Conti me charge de vous informer que les demandes d'audience de l'Empereur doivent être envoyées à S. Exc. le duc de Bassano, grand chambellan, et les requêtes à l'adresse du Prince Impérial au gouverneur de Son Altesse, le général Frossard.

Agréez, Monsieur, l'assurance, etc.

Pour le Chef du cabinet,
L'Attaché au secrétariat.

PARQUET DE LA COUR IMPÉRIALE DE PARIS.
CABINET DU PROCUREUR GÉNÉRAL.

Lettre de M. Grandperret, Procureur général, à M. Conti.

Paris, le 29 mars 1870.

Monsieur le Sénateur,

Je reçois avec une joie profonde la lettre par laquelle vous me faites savoir que Sa Majesté a daigné m'accorder son approbation. Ce témoignage d'une auguste bonté sera l'honneur de ma vie et le sujet d'une éternelle reconnaissance. Toute mon âme et toutes mes forces sont vouées au service de l'Empereur.

Veuillez agréer, Monsieur le Sénateur, l'assurance de ma respectueuse considération. GRANDPERRET.

(Cette lettre de M. Grandperret a été écrite au lendemain du réquisitoire de la cour de Tours, affaire Victor Noir.)

XXI.
Budget de la famille Impériale.
Lettre de M. Achille Murat à Napoléon

Demande d'argent. — Une note donnant un total de sommes versées au prince Achille Murat était attachée à l'original de cette lettre. Nous la reproduisons plus bas.

SIRE,

Je m'empresse d'informer Votre Majesté de mon retour à Paris, où j'ai été contraint de revenir, appelé par mes affaires. Je viens donc me mettre aux ordres de Votre Majesté, l'assurant que je n'ai rien de plus à cœur que de Lui prouver mon sincère désir de m'y conformer entièrement.

Après huit mois de séjour au Caucase, Sire, je suis revenu pour rejoindre en Afrique le nouveau régiment dans lequel, à la demande de mon frère, Votre Majesté a daigné me placer, persuadé que les arrangements faits pendant mon absence me permettraient de reprendre mon service et d'effacer alors, par ma conduite, de l'esprit de Votre Majesté, mes fautes passées. Malheureusement, Sire, rien ou presque rien n'est changé dans ma triste situation. Jusqu'à présent, les fonds employés ont servi à éteindre à peine les dettes contractées sur parole, celles dans lesquelles l'honneur de mon nom était engagé, de sorte que tous les ennuis, tout le scandale dont j'étais menacé avant mon départ me menacent encore. En Afrique comme à Paris, ma présence va réveiller l'acharnement de mes créanciers ; j'y serai poursuivi, traqué, saisi, exposé tous les jours à des réclamations incessantes, menaçantes, dont la malveillance ne manquera pas de s'emparer, et Votre Majesté est trop juste pour vouloir que, dans de telles conditions, j'aille rejoindre mon régiment, dans lequel toute la déconsidération dont je serais entouré m'enlèverait l'estime de mes camarades et rendrait mon existence et mon service au milieu d'eux complétement impossibles.

Je n'ose supplier Votre Majesté de vouloir bien me permettre d'aller Lui soumettre en quelques mots ma situation *véritable*, et les moyens d'en aplanir les difficultés, car la situation qu'on Lui a présentée a été très-exagérée, j'ignore dans quel but ; mais je La supplie de croire et d'être persuadée que je tiens avant tout à reconquérir son affection, et que pour y parvenir je suis prêt à faire tout ce qui est dans mon pouvoir.

De Votre Majesté le très-obéissant neveu et sujet,

ACHILLE MURAT.

30 septembre 1869.

En marge, au crayon, de la main de Napoléon :

Refus. — L'Empereur ne veut pas se mêler de ses affaires.

Napoléon s'était fait présenter, avant de refuser, le total des sommes allouées de 1852 à 1866 à la famille Murat ; ce total est assez respectable.

Le prince Achille Murat.

1864.	Juillet. Reçu de S. M. l'Empereur	32,000 00
	Août. *Idem.*	10,000 00
	Septembre. *Idem.*	10,000 00
	Octobre. *Idem.*	3,000 00
	Novembre. *Idem.*	23,000 00
1865.	Avril. *Idem.*	4,959 45
	Novembre. *Idem.*	248 00
		83,207 45

XXII.

Subventions annuelles accordées aux membres de la famille Impériale.

ETAT A.

NOMS.	MONTANT PAR ARTICLE des crédits demandés pour 1868.	TOTAL.
LL. AA. la princesse Bacciocchi	150,000	250,000
Plus rente annuelle et viagère pour rachat du majorat de Bologne.	100,000	
Le prince Lucien Murat.		50,000 (1)
La princesse Lucien Murat.		100,000
Le prince Achille Murat.		24,000
La princesse Joachim Murat.		20,000
Le prince Pierre Bonaparte.		100,000
Le prince Antoine Bonaparte.		100,000
Le prince Louis-Lucien Bonaparte.		100,000
Le prince Lucien Bonaparte.		20,000
Le prince Napoléon-Charles Bonaparte.	50,000	70,000
Plus pour location d'un hôtel.	20,000	
La princesse Marianne Bonaparte.		6,000
Madame Valentini.		25,500
La comtesse Rasponi.		50,000
Le marquis Pepoli.		25,000
La marquise Roccagiowine.	20,000	40,000
Plus pour indemnité de logement.	20,000	
La comtesse Primoli.	20,000	40,000
Plus pour indemnité de logement.	20,000	
La comtesse Campella.		20,000
LL. AA. la princesse Gabrielli.	20,000	40,000
Plus pour indemnité de logement.	20,000	
La baronne de Chassiron.		50,000
Madame Wyse.	40,000	46,975
Plus pour prix d'assurance sur la vie.	6,975	
Madame Ratazzi, né Wyse.		24,000
Madame Turr, née Wyse.		24,000
Le prince Gabrielli.		6,250
La marquise Christine Stephanoni.		6,250
La comtesse Lavinie Aventi.		6,250
La marquise Amélie Parisani.		6,250
Madame A. Booker.		6,000
Madame Clélia Honorati Romagnoli.		6,000
M. Jérôme Bonaparte fils.		30,000
La marquise Bartholini.		12,000
La comtesse Nosti, née Pepoli.		8,333
La comtesse Ruspoli, née Pepoli.		8,333
La comtesse Tattini, née Pepoli.		8,334
M. Wyse (Lucien-Napoléon).		2,000
TOTAL GÉNÉRAL.		1,310,975

(1) La subvention annuelle était primitivement de 100,000 francs. Voir les motifs de la réduction à l'état B.

MINISTÈRE DE LA MAISON DE L'EMPEREUR
ET DES BEAUX-ARTS.
SECRÉTARIAT GÉNÉRAL.

État B.

État des sommes qui, depuis 1852, ont été payées en capital à S. A. le prince Lucien Murat et aux membres de sa famille.

1° S. A. LE PRINCE LUCIEN MURAT.

Avril 1852.

1° Un million de francs, payable par à-comptes mensuels de 25,000 francs, plus les intérêts, ci. 1,000,000 00

Décembre 1852.

2° Un million de francs, payable par sixième et par mois, plus les intérêts. 1,000,000 00

Cette somme est accordée à la condition que la pension du prince sera réduite de 100,000 à 50,000 francs et qu'il sera fait emploi du capital, pour l'usufruit, en faveur du prince, et pour la nue propriété, en faveur de son fils aîné.

Février 1860.

3° Trois cent mille francs (cette somme est accordée pour l'acquisition d'un hôtel situé à l'angle de l'avenue Montaigne et de la rue Jean-Goujon), ci. 300,000 00

Mai 1860.

4° Douze mille cinq cents francs, pour le payement d'un legs dû au prince, du chef de sa mère, sur la succession du cardinal Fesch, ci. 12,500 00

Juillet 1860.

5° Cent mille francs, montant d'une allocation mise à la disposition du prince, ci. 100,000 00

Décembre 1864.

6° Soixante-sept mille francs (cette somme est accordée à titre d'avance remboursable; mais elle n'a été remboursée que jusqu'à concurrence de 35,000 francs), et en conséquence, il reste dû. . . . 32,000 00

TOTAL. 2,444,500 00

2° S. A. LE PRINCE JOACHIM MURAT.
Mars 1854.

Allocation de cent quatre-vingt mille francs à l'occasion de son mariage, ci. 180,000 00

3° Mme LA DUCHESSE DE MOUCHY.
1866.

Allocation de un million sept cent trente-huit mille soixante-deux francs quarante-huit centimes, pour servir à constituer la dot de Mme la duchesse de Mouchy, ci. 1,738,062 48

ENSEMBLE. 4,362,562 48

La note suivante, écrite à l'encre, est tracée en marge de cette pièce :

La dot était de 2,000,000 de francs, le surplus de la somme de 1,738,062 fr. 48 cent. a été payé par l'Empereur en dehors de l'intervention du ministère.

— 44 —

XXIII.

Facture de bonbons payée par Napoléon pour le général de Failly.

GOUACHE, CONFISEUR, FOURNISSEUR DE S. M. L'EMPEREUR.

Paris, le 20 mai 1858.

Fourni à M... Sa Majesté l'Empereur :
12 douzaines demi-boîtes dragées à 18 fr...   216 fr.
Livrées à M. le général de Failly, 20, rue de Ponthieu.

Pour acquit,
L. GOUACHE.

Et en note, au crayon, une récapitulation d'autres factures semblables, probablement :

16 avril.	216 fr.
9 mai.	432
5 juin.	216
1er décembre.	216
20 mai.	216
	1,296 fr.

XXIV.

Ce que coûte un baptême.

Naissance et baptême du prince impérial.

Médaillons en diamants	25,000 00
Allocation aux médecins	62,000 00
— à la sage-femme	6,000 00
A la société des auteurs et compositeurs dramatiques	10,000 00
— gens de lettres	10,000 00
— artistes dramatiques	10,000 00
— artistes musiciens	10,000 00
— peintres, sculpteurs, etc.	10,000 00
— inventeurs industriels	10,000 00
— médecins du département de la Seine	10,000 00
Aux bureaux de bienfaisance de la Seine et des communes où sont situés les biens de la Couronne	93,000 00
Layette	100,000 00
Gratifications de quatre mois de traitement aux agents du service intérieur de S. M. l'Impératrice	11,000 00
Spectacles gratis du 18 mars 1856	44,000 00
Secours aux parents des enfants nés le 16	50,000 00
Médailles aux auteurs et compositeurs des cantates et vers adressés à LL. MM. Médailles aux troupes et élèves des lycées	85,000 00
Brevets adressés aux parents des filleuls de LL. MM.	20,000 00
Cortège du baptême. Service des écuries	172,000 00
Gratifications aux gagistes de la maison de LL. MM.	160,000 00
TOTAL	898,000 00

XXV.

Cassette impériale.

Nous publions quelques-uns des reçus et des comptes de la cassette impériale. Ce n'est là qu'un aperçu. La suite de notre publication contiendra beaucoup d'autres documents semblables. La liste des personnes qui touchaient des pensions sur la cassette de Napoléon ne varie guère, et, de mois en mois, la plupart des bordereaux se ressemblent. Lorsque *Aladenize* meurt, on passe simplement la même somme au *compte de la succession Aladenize*. On donnera dans un chapitre spécial la liste des reçus détachés que la Commission a trouvés et réunis.

Les pièces qui suivent se composent :

1° Des états des dépenses de la cassette particulière de l'Empereur pendant les mois d'avril 1868, avril et mai 1870. Nous avons d'autres états semblables de 1868, 1869 et 1870. Nous avons choisi ceux qui donnaient des noms différents.

2° Des états des sommes à payer sur la fortune particulière de l'Empereur, de janvier à juillet 1865, de juillet 1868 à janvier 1869, de janvier à juillet 1869. Nous possédons de doubles états, par mois, qui ne font que reproduire ceux-ci. Nous donnons seulement ceux de mars et de mai 1865, qui contiennent quelques secours non indiqués sur l'état général.

3° Un reçu isolé, qui nous fournit un nom que nous ne trouvons pas sur ces listes.

Recto.

CASSETTE PARTICULIÈRE DE L'EMPEREUR.

Palais des Tuileries, le 18 .

113
87
―――
200 (1)

Verso.

Aperçu du mois d'avril 1868.

Travaux des Dombes, 4ᵉ à-compte.	35,000
M. Dusautoy, solde.	25,000
Baron David, pour avril.	5,000
M. Silvestre (2), idem.	1,000
M. Daux, idem.	1,000
Commandant de Reffye (3), idem.	2,000
— — en plus.	4,000
Cathédrale de Sens, ornements.	10,000
M. de Roucy, 1ᵉʳ à-compte sur 6,000 francs.	2,000
Note de Bapst.	7,675
Pour pourvoir aux dépenses courantes.	9,325
TOTAL.	100,000

(1) De la main de l'Empereur.
(2) Il s'agit de M. Théophile Silvestre, homme de lettres.
(3) Le commandant de Reffye serait un officier d'état-major qui aurait aidé l'Empereur à inventer les mitrailleuses.

Mandat d'avril.	50,000
A ajouter..	50,000
Somme égale.	100,000

Recto.

CASSETTE PARTICULIÈRE DE L'EMPEREUR.

Palais des Tuileries, le   avril 1870.

Verso.

Aperçu du mois d'avril 1870.

Marquise Campana, 2e et 3e envoi.	20,000
Baron David, somme supplémentaire en mars. . . .	10,000
— pour avril.	3,000
Commandant de Reffye, somme supplémentaire en mars. . .	10,000
— — pour avril	2,000
M. Bachon, 4e à-compte sur 72,000 francs.	6,000
Vases antiques pour Saint-Germain, 2e à-compte sur 16,000. . .	4,000
M. de Roucy, à Compiègne, sur 4,000 francs	2,000
Annales de l'Empire, 5e, 6e, 7e et 8e à-compte sur 6,000 francs. .	2,000
Note de Dick, porte-soupes pour la troupe	2,300

Palais des Tuileries, 18 mai 1870

Note de Baugrand, joaillier	4,500
École de Saint-Cloud.	2,000
Bal du 18e arrondissement de Paris.	1,000
Bal des artistes dramatiques.	1,000
Festival de Berlioz.	1,000
	90,800
Pour pourvoir aux dépenses courantes	14,200
Total	105,000

Le 1er mars, reçu de l'Empereur.	10,000
Le 3 mars, l'Empereur a remis au commandant Reffye. . . .	10,000
Le 12 mars, reçu de l'Empereur.	10,000
Mandat d'avril.	50,000
A ajouter..	25,000
Somme égale.	105,000

CASSETTE PARTICULIÈRE DE L'EMPEREUR.

Recto.

Palais des Tuileries, le 18 mai 1870.

Verso.

Aperçu du mois de mai 1870.

Marquise Campana, 4e envoi.	10,000
M. Granier de Cassagnac, 2e à-compte sur 160,000 francs.	16,000
M. Bachon, 5e à-compte sur 72,000 francs.	6,000
Baron David, pour mai.	3,000
Commandant de Reffye, pour mai.	2,000
Vases antiques pour Saint-Germain, 3e à-compte sur 16,000 francs.	4,000
Annales de l'Empire, 9e et 10e à-compte sur 6,000 francs.	1,000
Baron Sibuet.	5,000
M. Le Faure, travaux de Vichy.	3,000
Deux notes de Lejeune, photographe.	3,000
— de Bapst, joaillier.	6,190
— de Dumoret, *idem*.	4,500
— de Baugrand, *idem*.	3,000
— de Maurice Mayer, orfèvre.	1,600
— de Poussielgue, *idem*.	3,175
— de Lepaute, horloger.	1,807
Société anglaise de bienfaisance	1,000
Blessés des armées de terre et de mer	1,000
	75,302
Pour pourvoir aux dépenses courantes.	14,698
TOTAL.	90,000
Mandat de mai.	50,000
A ajouter.	40,000
SOMME ÉGALE.	90,000

Dans une lettre adressée à *l'Indépendance belge*, M. Granier de Cassagnac, réfugié à Mons, a expliqué pourquoi il avait reçu 160,000 fr. sur la cassette de Napoléon III.

« Mons, 13 octobre 1870.

» Monsieur le rédacteur en chef,

» Vivant fort retiré et fort occupé de mes travaux habituels, malgré les voyages et les missions que les journaux m'attribuent, je n'ai lu qu'aujourd'hui votre numéro du 8 courant, duquel j'extrais les lignes suivantes :

« Dans un aperçu des dépenses de la cassette de l'Empereur, en mai 1870, on re-
» marque les inscriptions suivantes :

» M. Granier de Cassagnac, 2e à-compte sur 160,000 fr., 16,000 fr. »

» Suivent quelques paragraphes relatifs à deux de mes collègues ; après quoi vous ajoutez : « De M. Granier de Cassagnac, nous ne dirons rien. »

» Votre silence m'oblige à parler, monsieur, et je vais le faire assez clairement pour prouver que vous êtes dupe du gouvernement de Paris, lequel répand en Europe des pièces tronquées et par conséquent matériellement fausses.

» Je suis forcé d'être un peu long, parce que j'ai besoin d'être catégorique.

» En novembre 1868, par un traité public, *enregistré*, après son acceptation *en assemblée générale* par les actionnaires de la Société des journaux réunis, le *Constitutionnel* et le *Pays*, je m'assurai pour dix ans la direction politique et la rédaction en chef du *Pays*, moyennant une certaine somme, naturellement importante.

» L'Empereur ne trouva pas qu'il fût juste que ses amis supportassent seuls la propagation et la défense des principes conservateurs, et il voulut y contribuer pour sa part.

» C'est à moi que cette part a été directement versée, sur mes reçus, dont on a supprimé le texte, parce qu'il fait connaître la vérité ; ils portent ceci, écrit de ma main : « Reçu..., pour remettre à M. le gérant de la Société des journaux réunis. » Les reçus de M. le gérant sont joints aux miens.

» Voilà, monsieur le rédacteur, les explications que m'a imposées votre réticence.

» Permettez-moi d'ajouter deux mots sur ma situation et celle de M. Paul de Cassagnac, mon fils, par rapport au journal le *Pays*, et par rapport à l'Empereur.

» Avec le *Pays*, nous nous sommes contentés d'une position modeste. J'ai succédé, comme rédacteur en chef, avec 12 mille francs, à M. Grenier, qui en avait 20.

» Le jour où M. Beaudrillard entrait au *Constitutionnel* avec 20 mille francs, M. Paul de Cassagnac entrait au *Pays* avec 10, qu'il n'a jamais dépassés.

» Avec l'Empereur, nous avons toujours conservé une attitude aussi indépendante que respectueuse et dévouée. Nous l'avons toujours servi, et nous lui avons souvent résisté, quelquefois désobéi. Tous ses anciens ministres le savent, et le *Journal officiel* l'a lui-même appris au public.

» J'attends de votre loyauté et de votre bonté, monsieur le rédacteur, la publication de cette lettre, qui importe à l'honneur d'un homme calomnié et de son fils prisonnier.

» Veuillez agréer, je vous prie, l'assurance de ma considération bien distinguée.

» A. GRANIER DE CASSAGNAC.

» A M. le rédacteur en chef de *l'Indépendance belge*. »

Lettre de M. Edg. Pothier.

A Monsieur André Lavertujon, président de la Commission des Tuileries.

Paris, le 1ᵉʳ octobre 1870.

MONSIEUR,

Dans la troisième livraison des *Papiers et Correspondance de la famille impériale*, publiée par les soins de la Commission des Tuileries, je trouve l'indication suivante :

CASSETTE PARTICULIÈRE DE L'EMPEREUR.

1868.	Commandant de Reffye,	pour avril.	2,000
	—	en plus.	4,000
1870.	—	somme supplémentaire en mars	10,000
	—	pour avril	2,000

et en note :

Le commandant de Reffye serait un officier d'état-major qui aurait aidé l'Empereur à inventer les mitrailleuses.

M. le commandant de Reffye est actuellement à l'usine d'Indret (Loire-Inférieure), où il dirige la fabrication des mitrailleuses, pour le compte de l'Etat.

Il m'a délégué pour continuer à Paris la même fabrication.

Permettez-moi, en son absence, et je puis dire en son nom, de vous donner, ainsi qu'aux lecteurs de la publication entreprise sous votre direction, quelques renseignements nécessaires pour expliquer les reçus trouvés aux Tuileries et qui, tels qu'ils ont été imprimés, pourraient être interprétés d'une façon désagréable pour mon chef et mon ami.

M. de Reffye, chef d'escadron d'artillerie, recevait, comme directeur des ateliers de Meudon, une subvention mensuelle de 2,000 francs, prise sur la cassette particulière pour des essais de mitrailleuses, de canons et autres engins de guerre.

Il ne touchait personnellement aucun supplément de solde pour ces travaux particuliers.

Je tiens à votre disposition la comptabilité, tenue par lui dans ses plus minutieux détails, avec toutes les pièces à l'appui.

Veuillez agréer, Monsieur, l'assurance de ma considération distinguée.

EDG. POTHIER,
Capitaine d'artillerie, directeur des ateliers de
fabrication des mitrailleuses de Paris.

— 50 —

PAYEMENTS A FAIRE
DU
1ᵉʳ JANVIER AU 1ᵉʳ JUILLET 1869.

Ministère de la maison de l'Empereur. — Division de la comptabilité générale.

NOMS.	JANVIER.	FÉVRIER.	MARS.	AVRIL.	MAI.	JUIN.	OBSERVATIONS.
Maisons rues d'Albe et François 1ᵉʳ.	100,000	100,000	100,000	100,000	100,000	100,000	
M. Pereire.	50,500	»	»	»	»	»	
Crédit foncier.	16,608	16,600	16,600	16,600	16,600	16,600	
Marais d'Orx.	8,353	8,353	8,353	8,353	8,353	8,353	
La princesse Anna Murat.	2,000	2,000	2,000	2,000	2,000	2,000	
Le prince Pierre Bonaparte.	8,000	»	»	8,000	»	»	
Le général Morris.	5,000	5,000	5,000	5,000	5,000	»	Solde.
Succession Aladenize.	3,000	3,000	3,000	3,000	3,000	3,000	
Jardin Farnèse.	2,250	»	»	2,250	»	»	
M. Thouret.	1,000	1,000	1,000	1,000	1,000	1,000	
Mᵐᵉ Campana.	1,000	1,000	1,000	1,000	1,000	»	Solde.
M. Orsi.	1,000	1,000	1,000	1,000	1,000	»	
Mᵐᵉ Peloux.	500	500	500	500	500	500	
Claude Vignon.	500	500	500	500	500	500	
Le prince Jablonowski.	300	300	500	300	300	300	
M. Leconte de Lisle.	»	575	»	»	»	»	
Mᵐᵉ Bouvet.	»	550	»	»	550	»	
Mᵐᵉ Fossey.	»	»	»	500	»	»	
Hôtel de Rennes.	1,000	»	»	1,000	»	»	
Mᵐᵉ Marrast.							
	180,791	139,958	139,253	150,985	140,583	133,253	

MARS 1865.

D'après le compte arrêté au 28 février dernier, il me restait en caisse .	5,046 40
1er mars. — Reçu de Sa Majesté	195,000 00
	200,046 40

1er mars. — Porté au compte du général de Béville	85,000 00
— — de M. Lesoufaché	15,000 00
— — de M. Pereire	50,000 00
— — des marais d'Orx	16,600 00
— — de la princesse Anna	8,333 00
— — du prince Pierre Bonaparte	2,000 00
— — de la succession Aladenize (1). . . .	5,000 00
— — du général Saurin	5,000 00
— — des jardins Farnèse.	3,000 00
— — de Mme Campana	1,000 00
— — de Mme Peloux	1,000 00
— — de Claude Vignon	500 00
— — du prince Jablonowski	500 00
— — de M. Leconte de Lisle.	300 00
— — de M. Tisserand (Landes).	5,740 75
4 mars. — Remis à M. Orsi	1,000 00
	199,973 75
6 mars. — Remis à Mme de Chambure	19,000 00
	218,973 75

BALANCE.

Dépense	218,973 75
Recette	200,064 40
Excédant de dépense	18,927 35

(1) Il s'agit du lieutenant Aladenize, compromis dans l'affaire de Boulogne.

MAI 1865.

D'après le compte arrêté au 30 avril, j'étais en avance de		2,642 10
Porté au compte de M. Pereire.		50,000 00
—	du général de Béville	70,000 00
—	de M. Lesoufaché.	30,000 00
—	des marais d'Orx.	16,600 00
—	de la princesse Anna Murat	8,333 00
—	de la succession Aladenize.	5,000 00
—	du général Saurin	5,000 00
—	des jardins Farnèse.	3,000 00
—	du général Dambry	3,000 00
—	de Mme Campana.	1,000 00
—	de Mme Peloux	1,000 00
—	de Claude Vignon	500 00
—	du prince Jablonowski	500 00
—	de Mme Fossey	350 00
—	de M. Leconte de Lisle	300 00
Frais des contrats de vente des maisons de Vichy		9,200 00
Remis à M. Orsi.		1,000 00
		207,425 10
Reçu de Sa Majesté 10,000		
Reçu de M. Bure 190,000		200,000 00
EXCÉDANT de la dépense.		7,425 10

PAYEMENTS A FAIRE DU 1er JUILLET 1868 AU 1er JANVIER 1869.

NOMS.		JUILLET.	AOUT.	SEPTEM.	OCTOBRE.	NOVEMB.	DÉCEMB.	OBSERVATIONS.
Crédit foncier. Emprunt des Landes de l'avenue	30,300 00							
Rapp.	10,605 00	98,478 40	»	»	»	»	»	
Crédit foncier. Emprunt de la rue d'Albe.	57,573 40							
M. le duc de Persigny.		40,000 00	40,000 00	40,000 00	40,000 00	40,000 00	40,000 00	
M. le colonel Mangin.		15,000 00	15,000 00	15,000 00	15,000 00	15,000 00	15,000 00	Solde de 100,000 f.
S. A. le prince Pierre Bonaparte.		10,000 00	10,000 00	10,000 00	»	»	»	
M. Sacaley.		2,000 00	2,000 00	2,000 00	2,000 00	2,000 00	2,000 00	
Mme la marquise de Campana.		2,000 00	2,000 00	2,000 00	2,000 00	2,000 00	2,000 00	Solde.
M. Orsi.		1,500 00	1,500 00	1,500 00	1,500 00	1,500 00	1,500 00	
Mme Guisolphe.		1,000 00	1,000 00	1,000 00	1,000 00	1,000 00	1,000 00	
Mme Marrast.		1,000 00	1,000 00	1,000 00	1,000 00	»	»	Solde.
Le prince Jablonowski.		500 00	500 00	500 00	500 00	500 00	500 00	
Mme de Lapeyrouse.		500 00	500 00	500 00	500 00	500 00	500 00	
Mlle de Marolles.		500 00	500 00	500 00	500 00	500 00	500 00	
Mme la comtesse de Gazan.		500 00	500 00	500 00	500 00	500 00	500 00	
M. le baron Vinot.		500 00	500 00	500 00	500 00	500 00	500 00	
Mme Claude Vignon.		500 00	500 00	500 00	500 00	500 00	500 00	
Mme Mélanie Waldor.		500 00	500 00	500 00	500 00	500 00	500 00	
M. Leconte de Lisle.		300 00	300 00	300 00	300 00	300 00	300 00	
Le médecin de Colpo.		»	575 00	»	»	575 00	»	
Mme Fossey.		»	350 00	»	»	350 00	»	
		175,778 40	77,025 00	76,300 00	67,300 00	67,025 00	66,300 00	

— 54 —

PAYEMENTS A FAIRE DU 1er JANVIER AU 1er JUILLET 1869.

NOMS.	JANVIER.	FÉVRIER.	MARS.	AVRIL.	MAI.	JUIN.	OBSERVAT⁰ⁿˢ.
Crédit foncier. Emprunt des Landes	30,300 00						
— — de l'avenue	10,605 00						
Rapp.							
Crédit foncier. Emprunt de la rue d'Albe	57,573 40	98,478 40	»	»	»	»	Solde.
M. le duc de Persigny	40,000 00	20,000 00	»	»	»	»	Solde.
Le colonel Mangin	15,000 00	15,000 00	15,000 00				
M. le duc de Tarente	4,000 00	4,000 00	4,000 00	4,000 00	4,000 00	4,000 00	
Mme la marquise de Campana	1,500 00	1,000 00	1,000 00	1,000 00	1,000 00	1,000 00	
M. Orsi	1,000 00	1,000 00	1,000 00				
M. le prince Jablonowski	500 00	500 00	500 00	500 00	500 00	300 00	
Mme de Lapeyrouse	500 00	500 00	500 00	500 00	500 00	500 00	
Mlle de Marolles	500 00	500 00	500 00	500 00	500 00	500 00	
Mme la comtesse de Gazan	500 00	500 00	500 00	500 00	500 00	500 00	
M. le baron Vinot	500 00	500 00	500 00	500 00	500 00	500 00	
Mme Claude Vignon	500 00	500 00	500 00	500 00	500 00	500 00	
Mme Mélanie Waldor	500 00	300 00	300 00	300 00	300 00	300 00	
M. Leconte de Lisle	»	575 00	»	»	575 00	»	
M. Jacolot	»	350 00	»	»	350 00	»	
Mme Fossey	163,778 40	45,525 00	24,800 00	9,800 00	10,525 00	9,800 00	
	»	32,028 20	32,028 20	32,028 20	32,028 20	32,028 20	
Crédit foncier (10 ans)	163,778 40	77,553 20	56,828 20	41,828 20	42,553 20	41,828 20	

A propos de sa pension de 6,000 fr., Mme Claude Vignon, homme de lettres et statuaire, a écrit au *Constitutionnel* qui paraissait à Tours, une lettre bonne à conserver.

« Tours, 19 octobre 1870.

« Monsieur le rédacteur,

« Des amis m'avaient écrit de Paris que mon nom figurait parmi ceux de plusieurs littérateurs, sur la liste des pensions faites par l'Empereur, et je n'avais pas jugé à propos de m'en occuper, par la raison simple que s'il était venu à l'Empereur la pensée de donner, sur sa liste civile, à une femme sans autre fortune que son travail, une pension qui l'eût affranchie de faire du métier, en lui permettant de faire de l'art, je l'eusse probablement acceptée, une partie de la liste civile des souverains ayant toujours été affectée à cet emploi.

» Mais aujourd'hui, en reproduisant le fait, vous le soulignez ; alors je m'explique.

» Je n'avais point de pension sur la liste civile ; je n'ai jamais vu M. Thélin.

» L'allocation de 500 fr. par mois que je recevais depuis plusieurs années des mains d'un des administrateurs de la fortune privée de Napoléon III, était la rémunération d'un travail demandé par l'Empereur et à lui seul destiné.

» Ma liberté reste donc entière.

» J'ajoute :

» 1° Que pour plus d'une raison, je ne regrette point d'avoir été à même de voir de près les hommes et les choses de ce temps, dont je veux écrire l'histoire.

» 2° Qu'étant femme, et par conséquent incapable d'aspirer à devenir ni député, ni ministre, ni membre d'aucune espèce de gouvernement, j'en profite pour réserver mon indépendance envers les partis, et ne reconnaître à aucun le droit de me demander des comptes.

» Agréez, etc.

» Claude Vignon. »

MINISTÈRE DE LA MAISON DE L'EMPEREUR ET DES BEAUX-ARTS.

Cabinet du ministre.

Palais des Tuileries, le   janvier 1864.

Reçu de M. Thélin *deux mille francs*, montant d'une année de la pension que S. M. l'Empereur veut bien accorder à M. Wyse (Napoléon-Lucien), aspirant de marine à bord de *l'Amphion*. Dont quittance.

A Paris, le 2 janvier 1864.

Maréchal Vaillant.

2,000 francs.

Pièce comptable de la cassette de l'Empereur.

XXVI.

Rapports de la presse avec le gouvernement.

La note qui suit, non signée, et relative au journal *le Pays*, est évidemment de l'écriture de M. Granier de Cassagnac. On a vu, dans un tableau reproduit ci-dessus (p. 47.), que M. Granier de Cassagnac touchait des sommes considérables sur la cassette impériale.

Note pour M. Conti.

Prière de dire à l'Empereur :

1° Qu'un mot *sérieusement* dit à M. de Lacharrière, gérant des journaux réunis, le déterminerait à faire vendre *le Pays* dans plusieurs kiosques du boulevard, *où il est vainement demandé* tous les soirs ;

2° Qu'une somme de 750 *francs par mois pendant la session*, 3,000 francs en tout, me permettrait de donner, *en supplément*, les débats législatifs, qui me prennent toute la place ; et qu'allégé de ces débats, *le Pays* pourrait avoir plus de rédaction et être plus utile.

Le Ministère de l'intérieur pourrait me donner ce petit supplément.

Je prends 600 francs par mois sur ma rédaction pour envoyer *le Pays* aux préfets et sous-préfets.

XXVII.

Affaires du Mexique. — Lettre de Maximilien à Napoléon.

Le nouvel empereur du Mexique remercie Napoléon de la protection accordée, et il regarde l'envoi du conseiller d'État M. Langlais comme une chance de salut. La situation est déjà difficile ; Maximilien est inquiet ; cependant la lettre paraît confiante.

Monsieur mon Frère,

C'est avec un vif plaisir et un sentiment de véritable reconnaissance que je viens de recevoir, par l'entremise de M. Langlais, l'aimable lettre de Votre Majesté, du 29 août. Les bons conseils de sincère ami que Votre Majesté me donne avec cette lucidité si remarquable qui la caractérise sont toujours pour moi du plus grand prix ; ils émanent du plus grand souverain de notre siècle, qui est certes le meilleur juge dans des questions aussi difficiles que celles qui nous préoccupent au Mexique. Du moment que Votre Majesté a confiance en M. Langlais, ce digne homme d'État peut être sûr de la mienne ; son concours est pour moi plus que nécessaire, puisque la plus grande difficulté d'une position est le manque complet d'instruments utiles.

M. Langlais, comme ministre des finances, aura l'occasion de faire connaître à Votre Majesté la situation actuelle ; elle est difficile, mais pas désespérée. Ce n'est que la guerre qui dévore les ressources ; les autres branches de l'administration coûtent moins que dans tout autre pays. Dans les dépenses de la guerre, ce sont ces malheureuses troupes auxiliaires, que le maréchal croit absolument nécessaires, qui coûtent des sommes exorbitantes et qui servent, d'après mon jugement, à fort peu de chose. Dans les autres parties de l'administration, il règne presque de la parcimonie. Le changement qui s'est effectué dans mon ministère vous montrera qu'on cherche l'harmonie la plus complète et des hommes probes et utiles.

M. Dano aura écrit à son ministre que l'affaire des réclamations est définitivement arrangée sur des bases que la reconnaissance du Mexique envers la France nous a dictées.

M. Dano et le maréchal auront également informé le Gouvernement de Votre Majesté de la grande circonspection qu'on met ici dans toutes les questions délicates relatives à nos voisins. Les nouvelles que nous avons de Washington sont du reste rassurantes, et l'amitié sincère de Votre Majesté me donne cette ferme confiance dans l'avenir, qui, seule, rend possible une tâche si difficile.

Dans les derniers jours, tous nos travaux d'organisation politique, administrative et judiciaire, basés sur le statut du 10 avril, ont été terminés et paraîtront ces jours-ci en plusieurs volumes.

J'espère pouvoir envoyer ce travail à Votre Majesté avec le prochain courrier français. J'ai renoncé à mon voyage à Yucatan, où l'Impératrice ira seule, pour pouvoir me mettre assidûment au travail avec M. Langlais, qui a déjà gagné toutes mes sympathies. Le maréchal vous aura envoyé la loi draconienne que j'ai dû donner contre les guerilleros; le résultat de cette loi sera favorable.

On aurait déjà pu en finir depuis longtemps avec ce fléau du pays, si les troupes n'avaient manqué.

Je prie Votre Majesté de me rappeler au bon souvenir de l'Impératrice et de croire aux sentiments de haute estime et de sincère amitié avec lesquels je suis,

De Votre Majesté, le bon frère,

MAXIMILIEN.

Chapultepec, le 20 octobre 1865.

Dernière heure.

P.-S. — J'apprends à l'instant que M. Langlais ne croit pas pouvoir accepter le portefeuille des finances avant d'en avoir référé directement à Votre Majesté. Les motifs qu'il m'allègue pour décliner pour le moment la direction officielle que je lui avais donnée me semblent d'une nature si délicate, que je crois devoir prier Votre Majesté de bien vouloir être l'arbitre dans l'enquête scrupuleuse des dépenses faites depuis que je me trouve à la tête du gouvernement. Les rapports que M. Langlais adressera successivement à Votre Majesté démontreront la justesse de ma demande.

XXVIII.

Conseil de régence constitué en prévision de la mort de l'Empereur.

Quoique le titre de notre publication ne parle que des papiers saisis aux Tuileries, nous ne croyons pas devoir nous abstenir de donner place exceptionnellement à des documents provenant d'une autre source, lorsqu'ils sont intéressants.

La pièce suivante a été saisie chez M. Rouher, président du Sénat. L'enveloppe qui la contenait portait, en écriture pénible et peu lisible, cette suscription de la main de l'ex-empereur : *Lettres patentes nommant le Conseil de régence.*

Ce document, enfermé dans un second pli plus grand et cacheté soigneusement, avait été remis aux mains du Président du Sénat, le 7 octobre 1869, époque où Napoléon fut très-éprouvé par la maladie.

Lettres patentes.

Voulant user du droit qui nous est conféré par le sénatus-consulte du 17 juillet 1856 concernant la régence de l'Empire, nous nommons par ces présentes les membres du Conseil de régence,

1° Pour le cas où l'Impératrice serait appelée à exercer la régence ;

2° Pour le cas où, à défaut de l'Impératrice, la régence serait dévolue au prince Napoléon (Jérôme).

Dans le premier cas, c'est-à-dire celui où l'Impératrice serait régente, le Conseil de régence sera composé de huit membres, et nous nommons pour en faire partie :

1° S. A. I. le Prince Napoléon ; 2° M. Rouher, président du Sénat ; 3° le Premier Président de la Cour de cassation qui sera en fonctions au moment de la régence ; 4° le Ministre de la guerre en fonctions à cette époque ; 5° l'amiral Rigault de Genouilly ; 6° le duc de Persigny ; 7° l'archevêque de Paris ; 8° le marquis de Lavalette.

Dans le second cas, celui où le prince Napoléon (Jérôme) serait régent, le Conseil de régence sera composé de dix membres, et nous nommons pour en faire partie :

1° M. Rouher, Président du Sénat ; 2° le Premier Président de la Cour de cassation en exercice ; 3° M. le duc de Persigny ; 4° l'Archevêque de Paris ; 5° le marquis de Lavalette ; 6° le Ministre de la guerre en fonctions à cette époque ; 7° l'amiral Rigault de Genouilly ; 8° M. Jérôme David ; 9° M. Laity ; 10° le Commandant de l'armée de Paris en exercice.

Les membres du Conseil privé qui existe aujourd'hui et dont les noms sont omis dans le présent acte ne font pas partie du Conseil de régence.

A défaut de la régence de l'Impératrice, la garde du Prince Impérial *ou, pour mieux dire, de l'Empereur mineur* (1), est confiée à M. le général Frossard.

Fait au Palais de Saint-Cloud, le 7 octobre 1869.

NAPOLÉON.

1 Les mots en italiques sont ajoutés entre les deux lignes. Comme le reste du manuscrit, ils sont de la main de Napoléon.

XXIX.
Le Sénat et M. Émile Ollivier.

On a trouvé au Ministère de la Justice les minutes de dix-huit décrets nommant autant de sénateurs. Tous ces décrets sont datés de Saint-Cloud, 27 juillet, et signés de l'ex-empereur et de M. Émile Ollivier. Cette dernière signature manque toutefois au décret relatif à M. Piétri ; mais c'est là un simple oubli, puisque le nom et les considérants sont, dans ce décret comme dans les autres, de la main de M. Ollivier.

Voici, comme modèle, le texte intégral de l'un de ces décrets :

Napoléon, par la grâce de Dieu et la volonté nationale, Empereur des Français,

A tous présents et à venir, salut.

Sur le rapport de notre Garde des sceaux, Ministre de la Justice et des Cultes ;

Vu l'article 24 de la Constitution :

Considérant les services *que M. Émile de Girardin a rendus comme plubiscite* (1) (sic),

Avons décrété et décrétons ce qui suit :

ARTICLE PREMIER.

M. Émile de Girardin est élevé à la dignité de sénateur.

ART. SECOND.

Notre Garde des sceaux, Ministre de la Justice et des Cultes, est chargé de l'exécution du présent décret.

Fait au palais de Saint-Cloud, le 27 juillet 1870.

NAPOLÉON.

Par l'Empereur :
Le Garde des sceaux, Ministre de la Justice et des Cultes,
Émile Ollivier.

Les dix-sept autres décrets sont identiques en la forme avec le précédent. L'indication des services est partout de la main de M. Ollivier :

Voici les noms des dix-huit sénateurs du 27 juillet, avec le motif de leur nomination.

1 Albuféra (Le duc d'), député, services rendus comme député.
2 Augier (Émile), services rendus par ses productions littéraires.
3 Autemarre (Le général d'), services rendus dans sa carrière militaire.
4 Barbet, services rendus comme ancien député.
5 Benoît-Champy, services rendus comme député et comme président du tribunal de 1re instance.
6 Camp (Maxime du), services rendus par ses travaux littéraires et ses études économiques.
7 Darblay, services rendus comme député.
8 Foy (Le comte), services rendus comme ancien pair de France.
9 Girardin (Émile de), services rendus comme plubiscite (*lire* publiciste).
10 La Grandière (L'amiral), services rendus en acquérant une nouvelle colonie à la France.
11 Lagrange, député, services rendus comme député.

---

1 Les mots en italique sont de la main de M. Émile Ollivier ; la signature Napoléon est de la main de l'ex-empereur. Tout le reste de la pièce est autographié.

12 La Motterouge (Le général), services rendus dans sa carrière militaire.
13 Leclerc d'Osmonville, député, services rendus comme député dans trois législatures.
14 Pasteur, services rendus à la science par ses beaux travaux.
15 Petetin (Anselme), services rendus comme préfet et comme directeur de l'imprimerie impériale
16 Piétri, préfet de police, services rendus comme préfet et comme préfet de police.
17 Piou, premier président, services rendus comme premier président de la Cour de Toulouse.
18 Rougé (De), conseiller d'État, services rendus par ses travaux scientifiques.

XXX.

La note sur le décachetage des lettres, complément de la lettre déjà publiée de M. de Persigny sur le *Cabinet noir*, est dépourvue de date et ne porte aucun en-tête. Le rapport sur M. Collet-Meygret, qui suit la note, n'est pas daté non plus. Mais ces deux pièces ont pour garantie d'authenticité des annotations de la main de l'ex-empereur. Ce qui fait l'intérêt des documents de ce genre, c'est qu'on y voit la preuve que l'espionnage organisé sur toute la surface du pays par le gouvernement du 2 décembre, n'épargnait pas même les fonctionnaires de l'Empire. Ceux-ci se dénonçaient les uns les autres, et leurs rapports étaient centralisés dans les mains de Napoléon III.

Décachetage des lettres.

Les facteurs de la poste

Hennocq,
Decisy,
Busson,   desservant les rues de
Houde,
Thibault,

Varennes,
Belle-Chasse,
Saint-Nicolas-d'Antin,
Caumartin.
Chaussée d'Antin,

sont engagés à prix d'argent dans la police secrète du Ministère de l'Intérieur, dirigée par M. Saintomer.

Leur service consiste à livrer la correspondance des personnes qui leur sont désignées. Ils sont aidés pour cela par des concierges engagés comme eux dans la même organisation. Ils entrent à chaque distribution dans la loge de ces concierges, y déposent leurs lettres, s'il y a lieu, et viennent les reprendre à la distribution suivante. De cette manière ils échappent aux soupçons, car ils peuvent être amenés chez ces concierges pour la remise de lettres destinées aux locataires de la maison. On ne connaît pas les aides des facteurs de la rive gauche. Ceux de la rive droite sont aidés par les concierges :

    Pierre . . . . Rue d'Anjou, 9.
    Orsier . . . . Rue d'Anjou, 3.
    Pinsol . . . . Rue d'Anjou, 53.
    Niaux (Pierre) . . . . Rue de la Chaussée-d'Antin, 2.

Les lettres reçues par ces concierges sont le plus souvent portées en voiture chez M. Saintomer, rue Las-Cases, 18, qui les ouvre, en prend copie s'il y a lieu, les remet en état, et remportées par le concierge, qui les remet au facteur à la distribution suivante. On n'a pu savoir si le facteur qui dessert l'avenue Montaigne et l'avenue d'Antin est entré au service de la Direction générale de la sûreté publique. Si on a dû se passer de lui, on a eu évidemment le concours des concierges des maisons où se trouvaient les personnes dont on avait intérêt à lire la correspondance.

En général, ces opérations sont faites avec secret et habileté ; il paraît cependant qu'elles n'ont pas tout à fait réussi dans la rue Caumartin, où une femme dont la correspondance était ouverte a provoqué des recherches qui, dirigées par M. Palestrino lui-même, pendant plusieurs jours, n'ont amené aucun des résultats qu'on attendait.

M. Hyrvoix.

Le bruit a couru à Paris, pendant le séjour de l'Empereur à Plombières, que M. Hyrvoix avait été parfois mêlé à la vie intime de l'Empereur. On pensait au Ministère de l'Intérieur que M. Hyrvoix pouvait faire quelques confidences sur ce sujet délicat à sa maîtresse, Mme de ***, demeurant alors rue Caumartin. Pour s'en assurer, on a fait ouvrir pendant quelque temps la correspondance reçue par cette dame; on n'y a trouvé que les épanchements ordinaires d'un amoureux absent et inquiet. C'est le facteur de la rue Caumartin qui livrait ces lettres aux agents du Ministère de l'Intérieur.

Madame la comtesse de Castiglione.

Pendant le séjour de l'Empereur à Plombières et à Biarritz, la correspondance de Mme de Castiglione a été ouverte et lue par les agents du Ministère de l'Intérieur. On ignore ce qu'on y a lu et le nom des personnes de qui ces lettres émanaient; on ignore si ces lettres étaient livrées par le facteur ou par le concierge (1).

Madame Botti.

M. Collet-Meygret est très-mal disposé à l'égard de M. Fould. C'est sans doute pour se procurer des armes contre lui que la correspondance de Mme ***, qu'on savait être sa maîtresse, a été lue. On ignore si elle était livrée par le facteur ou le concierge.

La correspondance de Mme de Montebello (2) a été lue par les agents du Ministère de l'Intérieur, à qui elle était livrée par le facteur chargé de desservir la rue de Varennes.

M. A. de la Guéronnière (3).

Ce conseiller d'État avait été en mesure de faire restituer à M. Billault des lettres écrites par celui-ci à l'époque des premières élections au Corps légis-

---

(1) Ici se trouve en marge, de la main de Napoléon : *Comme il n'en existait pas, on n'a pas pu en trouver.* N.
(2) Il y avait *cette dame* sur la minute. Le nom de Mme de Montebello est écrit par Napoléon.
(3) Les cinq lignes suivantes ont été rayées sur la minute.

latif, et dans lesquelles la personne du prince président de la République était traitée dans des termes embarrassants pour le député devenu Ministre de l'Intérieur.

M. de la Guéronnière est considéré comme ayant des affinités politiques avec M. Fould et des préférences pour lui. Il avait dans plusieurs occasions exprimé publiquement des jugements sévères sur le compte de la Direction générale de la sûreté publique. Ces diverses circonstances avaient fait considérer comme utile de surprendre ses secrets particuliers, qu'on savait être d'une nature assez délicate. On y a réussi en s'emparant de sa correspondance, qui était, on le croit, livrée par son domestique aux agents du Ministère de l'Intérieur.

RAPPORT A L'EMPEREUR SUR M. COLLET-MEYGRET, DIRECTEUR DE LA SURETÉ PUBLIQUE.

Le rapport suivant était annexé à la note précédente, qu'il explique et qu'il complète en quelque sorte. Il est important et curieux.

La direction générale de la sûreté publique devrait, pour se conformer à la pensée de son institution, exercer la police dans l'Empire et à l'étranger, partout où se rencontrent des éléments hostiles à l'Empereur ; en réalité, elle ne l'exerce nulle part. Elle n'a d'agents ni à Londres, ni à Jersey, ni à Bruxelles, ni en Hollande, ni en Suisse, ni en Piémont, ni en Espagne où se trouvent réunis des émigrés et des exilés très-ardents contre l'Empire. Elle se borne à entretenir à Londres deux agents, très-connus des réfugiés, dont l'un appartient à la police métropolitaine et l'autre au commerce. Les rapports qu'elle en reçoit sont rares et stériles.

A l'intérieur, elle fait la police par l'intermédiaire des préfets et des commissaires de police. Le préfet de police seul donne un concours quelquefois utile, et ce fonctionnaire a étendu son action et ses recherches sur tout le territoire de l'Empire, où il s'est, au vu de tout le monde, et du consentement tacite du Ministère de l'Intérieur, substitué à la direction générale de la sûreté publique. C'est au préfet de police que l'on doit la découverte des sociétés secrètes découvertes en 1856 à Niort, à Saint-Etienne, à Vienne et à Lyon.

Après avoir abandonné, par impuissance de le conserver, son domaine naturel, la Direction générale de la sûreté publique a circonscrit son activité dans un cercle étroit de recherches et à son profit personnel : elle a eu l'assentiment du Ministre de l'Intérieur. M. Collet-Meygret, nouveau venu dans le monde gouvernemental, n'a pas su y prendre sa place par droit de conquête et il s'est appliqué à se la faire, en cherchant contre des rivaux ou des supérieurs des armes dans leur vie privée. C'est dans ce but que le décachetage des lettres en dehors du concours officiel et volontaire du Directeur des postes, a été entrepris sur une vaste échelle. On a dit dans une précédente note comment cette opération était exécutée. C'est ainsi qu'on s'est procuré la correspondance de M. Fould et de M. Hyrvoix avec leurs maîtresses ; celle de M. de la Guéronnière, de Mme la comtesse de Montebello (1), de la comtesse de Castiglione et celle de bien d'autres personnes.

La presse française et étrangère a aussi été, entre les mains de M. Collet-Meygret, un moyen tout personnel de fortifier sa position, en ébranlant celle de personnes plus importantes que lui. Les attaques que la presse allemande et anglaise ont colportées contre MM. de Morny, Fould, Magne, Rouher, Haussmann, Pereire et Billault lui-même, ont été souvent inspirées par le directeur général de la sûreté publique, qui fournissait le thème à développer. On peut à ce propos rappeler la lutte d'influence et d'attributions qui s'est élevée il y a quinze mois environ, entre MM. Haussmann et Piétri. M. Collet-Meygret poussait M. Billault à sacrifier le préfet de la Seine au préfet de police. Il sollicitait itérativement le comte Bacciochi d'appeler l'attention de l'empereur sur la nécessité de ce sacrifice, et lui demandait, en même temps, de signaler à Sa Majesté M. Collet-Meygret comme l'homme le plus capable de remplacer M. Haussmann.

Pendant ce temps-là, et pour appuyer ces démarches, M. Collet-Meygret faisait raconter dans les journaux allemands le conflit des deux préfets et exhorter M. Billault à la fermeté. D'autres journaux, pour concourir au même but, disaient que M. Haussmann ne tarderait pas à sortir avantageusement de ce conflit et qu'il remplacerait M. Billault au Ministère de l'Intérieur. La correspondance parisienne du *Times*, inspirée au Ministère de l'Intérieur, faisait en même temps pleuvoir des sarcasmes sur le ton cavalier de M. Haussmann à l'égard de M. le Ministre de l'Intérieur. Pour d'autres motifs et dans un intérêt différent, M. Collet-Meygret a fait attaquer M. Pereire et le Crédit mobilier par les journaux étrangers.

Tel est l'usage que M. Collet-Meygret a fait des pouvoirs immenses qui lui sont confiés. On voit que le bien de l'État et le service de l'Empereur n'en ont pas tiré grand profit. Ces abus sont malheureusement devenus notoires, et la longanimité du Ministre qui les tolère, les connaissant, et l'inaction de l'Empereur, qui ne les détruit pas parce qu'il les ignore, ont *nui à la considération* (2) du Ministère de l'Intérieur.

(3) [Les préfets en masse, qui devraient avoir en lui une confiance absolue, se tiennent à son égard sur la réserve la plus inquiète, sobres de rapports et de confidences, ne le défendant pas quand on l'attaque devant eux et mêlant très souvent leurs plaintes et leurs récriminations à celles du public.

Le public, il faut le reconnaître, ne manque ni de prétextes ni de raisons pour flétrir le Ministère de l'Intérieur de sa réprobation.]

Le cabinet de M. Collet-Meygret est devenu le rendez-vous des gens d'affaires de toutes qualités. Lui-même est très-souvent rencontré dans des endroits où les devoirs de sa place ne l'appellent pas. Voici en quelques mots l'énumération des affaires qu'il a traitées et des relations qu'il a entretenues depuis qu'il a cessé de prendre ses fonctions au sérieux.

(1) Cette fois, le nom tracé par Napoléon dans la pièce précédente est rayé.
(2) Ces mots sont substitués, de la main de Napoléon, à ceux-ci : *ont rendu le Ministère de l'Intérieur méprisable et redouté.*
3) *Nota.* — Les six lignes entre crochets ont été rayées sur la minute.

Asphaltes de Seyssel. — *M. Place.* — *M. Pereire.*

En 1855, M. Collet-Meygret a acheté du sieur Guerdon les mines de Seyssel-Volant et de Pyrimont; il s'associa avec les frères Beaudoin et proposa à M. Pereire, déjà propriétaire d'asphaltes en Piémont, de confondre leurs intérêts. M. Place, qui a depuis fait une faillite éclatante, était chargé de suivre la négociation relative à cette affaire.

Éclairage au gaz de la ville de Paris.

M. Billault chargea M. Collet-Meygret, que cette affaire ne regardait pas, de négocier avec MM. Pereire, Rothschild et Margueritte, les nouvelles conditions que l'Empereur entendait imposer pour le renouvellement du privilége de l'éclairage au gaz de la ville de Paris. M. Collet-Meygret profita de cette mission pour réclamer avec dureté et menaces cinq cents actions au pair de la nouvelle émission, alors qu'elles étaient demandées à la Bourse à 611 francs de prime. M. Pereire, offensé de cette attitude et de cette âpreté, refusa de capituler. M. Collet-Meygret le fit attaquer violemment dans les journaux étrangers, et notamment dans *le Times*. Des intermédiaires officieux ménagèrent une transaction; les cinq cents actions demandées furent livrées par M. Margueritte, qui les reçut à cet effet de M. Pereire.

Relations avec MM. Mirès, Prost et Millaud.

Cet incident amena une rupture entre M. Pereire et M. Collet-Meygret. Le banquier ne fit pas un mystère du guet-apens dont il avait été victime et des moyens par lesquels il y avait échappé. M. Collet-Meygret se rapprocha alors de MM. Mirès et Prost, rivaux et même ennemis de M. Pereire et du Crédit mobilier.

La position de M. Mirès, qui est propriétaire de trois journaux, aurait pu couvrir toujours la nature des relations financières de M. Collet-Meygret avec ce banquier, si celui-ci, mal vu dans le public, n'avait pas cherché à s'abriter sous le patronage de M. Collet-Meygret. Ses jactances intéressées ont mis le public dans la confidence de ces relations, et l'on sait à Paris que, dans les diverses opérations financières entreprises par M. Mirès, ce banquier a ménagé de raisonnables et faciles profits au Directeur général de la sûreté publique.

Le Journal politique La Vérité, *aujourd'hui* Le Courrier de Paris.

La liaison intime de ces deux hommes a apparu d'une manière sensible dans l'acquisition du journal *La Vérité*. Ce journal a été acheté par M. Collet-Meygret au mois de juin 1856. L'acquisition a été négociée par M. Maurin, attaché au bureau de la presse et investi de la confiance spéciale de M. Collet-Meygret. Elle fut réalisée sous le nom de M. Bordot, son secrétaire particulier, qui devint le gérant de cette feuille. Il était convenu verbalement que M. Mirès entrerait pour moitié dans la propriété du journal, et il fournit le cautionnement de 50,000 francs sur un simple reçu de M. Bordot et sans songer à prendre ses sûretés au moyen du privilége de second ordre.

M. Collet-Meygret essaya de profiter de cette opération pour se rattacher à M. de Morny par des liens indirects qui ne le compromettraient pas aux yeux de M. Billault. En conséquence, il offrit à MM. Joachim Murat, Dalloz et Dugas, députés et aides de camp de M. de Morny, de prendre une portion de la propriété du journal *La Vérité*. Ces Messieurs refusèrent de se lier avec M. Collet-Meygret, et celui-ci songea dès lors à revendre son journal avec un gros bénéfice à M. Millaud, qui consentait à le prendre en payant une prime de 300,000 francs sur le prix d'acquisition. Le scandale de ce trafic et l'opposition de M. Mirès, qui ne voulait pas que son rival, M. Millaud, eût un journal à sa disposition, firent échouer cette négociation.

M. Collet-Meygret s'avisa alors de faire offrir à M. Pereire, par M. Auguste Chevalier, député, de lui céder une portion considérable de la propriété de *La Vérité*. M. Auguste Chevalier refusa de se prêter à ce rôle d'intermédiaire. Il refusa aussi de ménager une réconciliation avec M. Pereire, que M. Collet-Meygret désirait beaucoup.

Ayant échoué dans cette troisième tentative, M. Collet-Meygret constitua une société pour l'exploitation de *La Vérité*. Il y admit M. Mirès, sous le nom d'un de ses affidés, et M. Stokes, banquier à Londres, où il avait été flétri par la justice anglaise, et sur lequel il avait pourtant été édifié par les rapports de M. Sanders, sergent de la police métropolitaine, à Londres. La société était sous le nom de M. Bordot et Cie. L'acte fut préparé par Me Dufour, notaire à Paris, place de la Bourse.

Cette Société n'a pas duré longtemps, et le journal a été vendu à M. Prost, banquier de réputation équivoque, pour le prix de 345,000 francs, mais moyennant l'autorisation de substituer au titre de *La Vérité* celui de *Courrier de Paris*. Entre les mains de M. Prost, le *Courrier de Paris* est devenu un organe du parti démocratique. Il a pour rédacteur en chef M. Félix Mornand, qui a été l'objet de mesures de sûreté générale; pour collaborateur M. Charles Blanc, et le frère de celui-ci, M. Louis Blanc, pour correspondant à Londres.

Petit bassin houiller de Graissessac.

M. Collet-Meygret, en compagnie de M. Dardenne (de Toulouse), Moreau (de l'Aube), Calvet-Rogniat, député, et autres, a acheté, au prix de 1,500,000 francs, le petit bassin houiller de Graissessac, qui a été mis en actions au capital de 3 millions de francs. Cette affaire, commencée au mois de juin dernier, a été conclue récemment. L'acte a été passé chez Me Dufour, notaire. M. Collet-Meygret y est représenté par M. Platard, ingénieur civil. Les intérêts du Directeur général, dans cette opération, n'ont pas été étrangers à la persistance qu'il a mise à faire renvoyer M. Costa (préfet de l'Hérault), dont la complaisance lui avait fait défaut dans une circonstance politique et dont il redoutait le contrôle. On n'a pas l'intention de défendre M. Costa, qu'on ne connaît pas; mais on a été témoin de l'hostilité violente déployée par M. Collet-Meygret contre ce préfet, qui n'était pas plus mauvais que beaucoup d'autres que l'on laisse vivre cependant, parce qu'on n'a pas d'intérêt personnel à les éloigner, bien que le service de l'Empereur, dans les départements, dût être confié à des mains plus dignes.

XXXI.

Nous ne donnons pas la pièce suivante comme contenant des révélations bien neuves. Cependant elle nous a paru curieuse à certains titres.

Les fortifications de Paris jugées par le général Totleben.

Monsieur,

Il serait superflu, selon moi, de répéter ici ce que j'ai eu l'honneur de vous dire concernant les circonstances qui m'ont mis en relations avec les agents de la Russie. Le maréchal Vaillant et M. le comte Walewski, dont j'ai suivi les instructions, en connaissent parfaitement les motifs. Il ne me reste donc qu'à vous soumettre les détails des faits sur lesquels votre attention s'est portée.

Vers la fin de décembre 1856, M. Grothe, attaché à l'ambassade russe à Paris, que j'avais connu à Bruxelles pendant la guerre d'Orient, vint me trouver sous un prétexte futile, et me conduisit à l'hôtel Sinet, faubourg Saint-Honoré. Là, il me présenta au colonel *Albedinski*, aide de camp du Czar, et son agent militaire en France. Celui-ci, après m'avoir touché quelques mots de sa mission, m'expliqua certaines difficultés de sa position et finit par me proposer de lui rendre quelques services : il s'agissait simplement de lui procurer des livres et des cartes nécessaires à son instruction, et les ouvrages nouveaux à mesure qu'ils paraissaient dans la librairie militaire. A ces acquisitions pour sa bibliothèque s'en joignaient d'autres pour son ameublement. Ne voyant là rien que de très-licite, je satisfis à ses désirs. C'est alors qu'il alla prendre domicile à l'ambassade de Saxe. Peu à peu mes rapports avec lui devinrent presque quotidiens, ce qui me permit de pénétrer les diverses sources d'où il tirait les éléments de ses rapports au Czar. D'abord, il faisait de larges emprunts à l'*Annuaire militaire*, à l'*Almanach Napoléon*, au *Moniteur de l'armée*, au *Journal des Faits*, au *Journal officiel de l'armée* et enfin au *Spectateur*. C'est là, disait-il, qu'il puisait des renseignements certains sur la dislocation des troupes ; et, en effet, un des objets essentiels de sa mission consistait à se tenir toujours au courant de la situation des corps, de leurs mouvements et de leurs résidences.

Bientôt ses relations dans le monde le mirent en contact avec des officiers supérieurs, qu'il sut interroger habilement sur l'organisation de l'armée et sur les modifications apportées aux armes à feu.

Mais ces renseignements étaient encore loin de suffire au but que se proposait le colonel Albedinski. Vers le mois de mars 1857, il se lia, je ne sais comment, avec un officier d'ordonnance de l'Empereur, et dès ce moment il obtint des documents précieux. L'officier en question lui donna le dessin et la description de la pièce de montagne rayée, calibre de 12, essayée à la Fère, l'année précédente ; il lui expliqua les fusées fabriquées à Metz à cette époque, et destinées, ainsi que l'obusier, à la campagne de Kabylie. Il lui donna un livre avec planches réglant le mode d'embarquement et de débarquement des corps d'infanterie, cavalerie et artillerie transportés par chemin de fer ; de plus, un tableau complet du matériel des différentes lignes, indiquant le nombre de plateaux, wagons et locomotives susceptibles de marcher à la réquisition du Ministre, ainsi que le temps nécessaire pour amener à Marseille, des points extrêmes de la France, une armée de 55,000 hommes ; enfin la durée du trajet, pour des transports et des vaisseaux, de Marseille à Constantinople. Le colonel Albedinski avait ordre de se renseigner comme s'il se fût agi d'une nouvelle expédition en Orient. C'est encore ainsi qu'il sut, en chiffres précis, quelles classes étaient sous les drapeaux, le nombre des soldats libérés, l'effectif réel des bataillons, escadrons et batteries de la garde comme de la ligne ; documents qu'il contrôlait lui-même, aux revues de l'Empereur, en passant devant le front des régiments. Il établit également une situation de la race chevaline en France, comprenant le chiffre de la production, la distinction des races propres à la cavalerie de ligne, à l'artillerie, au train des équipages ; un voyage à Saumur lui fournit sur le dressage et l'éducation des chevaux tous les détails qu'il voulait.

Telle était la certitude de ses informations que, même avant le commencement de la campagne de Kabylie, le colonel Albedinski adressa au Czar un rapport sur les plans d'opération du maréchal Randon ; plus tard il donnait avec précision le chiffre de nos pertes.

A l'arrivée du Grand-Duc, au-devant duquel il était allé jusqu'en Piémont, le colonel Albedinski fut contraint de suspendre momentanément ses travaux. Une maladie occasionnée par les excès de tout genre faillit lui coûter la vie ; mais en bon courtisan il suivit partout le frère de son souverain.

A peine rétabli, il reçut l'ordre de visiter avec le général Totleben les fortifications de Paris et les forts détachés, afin d'en reconnaître les côtés faibles et de vérifier l'exactitude du plan dressé par le dépôt de la guerre. Les petits retranchements élevés en 1851 à Pantin, sur les bords du canal Saint-Denis et de l'Ourcq, furent l'objet de vives critiques. En revanche, le général Totleben approuva la construction du fort d'Aubervilliers, jugea celui de Romainville inattaquable et la position du fort de l'Est bien choisie ; ces divers ouvrages, commandant une vaste plaine et deux grand'routes, doivent, selon lui, rendre Paris invulnérable de ce côté. La conclusion de cette exploration fut que les travaux du génie ne laissent rien à désirer, si ce n'est qu'il existe entre le fort de la Briche et le Mont-Valérien une lacune qui, au moyen d'une fausse attaque sur Saint-Denis, permettrait de passer la Seine et d'établir des parallèles qui battraient certains bastions entre le chemin de fer du Nord et Saint-Ouen ; qu'une fois cette brèche ouverte, on peut tourner Montmartre, éviter les faubourgs, s'établir dans le haut de la ville, c'est-à-dire dans les quartiers les plus riches ; et de là, sans grand'peine, se rendre successivement maître de tous les autres points. A ce plan, sérieusement discuté par ces Messieurs dans leur rapport au Czar, s'ajoutaient des observations sur l'esprit de chaque quartier de Paris, ainsi que sur l'emplacement des casernes et le plan stratégique arrêté par le département de la guerre pour déjouer les insurrections.

Plus tard, ce fut encore par l'officier d'ordonnance que le colonel Albedinski se procura des détails circonstanciés sur le camp de Châlons, dont on lui donna le plan ainsi que celui du département, sur les travaux projetés, la nature des manœuvres, l'effectif de la Garde Impériale, enfin sur tout ce qui avait trait à l'administration et aux différents services, au prix des vivres, des terrains expropriés, etc. — Le tout parfaitement exact, et quinze jours avant l'inauguration du camp.

A l'arrivée de l'Empereur à Châlons, le colonel témoigna son étonnement de n'avoir pas reçu l'invitation de s'y rendre ; à quoi l'officier en question répondit par une singulière explication : « C'est que l'Empereur, dit-il, avant » de faire exécuter devant des juges compétents ses fameuses marches obliques, » veut les bien étudier, et habituer son épée à l'odeur de la poudre. »

Quelques jours après, en effet, le colonel fut, ainsi que plusieurs officiers étrangers, invité à assister aux grandes manœuvres. Cette visite lui permit, dit-il lui-même, de constater le mécontentement du soldat, provoqué par les punitions sévères, les génuflexoins à la messe, la salle de police en plein air et sans couverture, l'humidité entretenue par des pluies incessantes, etc. Selon lui, il était inconcevable qu'on eût eu l'idée d'établir un camp sur un pareil terrain et dans une saison aussi avancée ; ses critiques allèrent jusqu'à prétendre que les chevaux arabes de la Garde souffraient, qu'on n'en obtiendrait rien dans un automne pluvieux, et que l'hiver, le campement les tuerait. C'étaient les expressions mêmes de son rapport, que j'ai lu tandis qu'il l'écrivait.

De retour à Paris, le colonel et l'officier ne se quittèrent plus. Ce fut une série de dîners, de séances à Mabille, au Cirque, à l'Opéra, où ils se montraient bras dessus bras dessous. — Je n'ai jamais pu savoir le nom de l'officier ; mais voici son signalement positif:

Environ cinq pieds quatre à cinq pouces ; cheveux blonds ; moustache blonde et impériale ; le teint pâle, un peu bilieux ; souvent vêtu d'un habit bleu ; décoré. Son écriture, qu'il ne déguise pas, est une petite moyenne anglaise ; son style est net, précis. Toutes les fois qu'il indique un ordre ou une modification, il cite le réglement y relatif et sa date. Les dernières notes qu'il a fournies étaient très-détaillées ; elles traitaient du nouveau mode de recrutement ; de la balle de munition proposée pour tous les corps de l'armée ; de la quantité de fusils, modèle 1845, rayés dans les arsenaux ; du matériel du génie et de l'artillerie ; de l'effectif en chevaux d'après les rapports des généraux inspecteurs ; des armes, vivres, habillements et objets de campement en magasins ou dans les arsenaux ; enfin, au mois de septembre, il faisait au colonel un rapport très-intéressant sur la situation morale de l'armée.

Voici, si ma mémoire est fidèle, un résumé de ce travail : « Quelques-uns

» des maréchaux sont abhorrés du soldat, Castellane, Pélissier, Magnan. Au
» langage des généraux on s'aperçoit aisément que des rivalités les divisent
» entre eux, en raison des faveurs accordées ; les chefs de corps sont généra-
» lement dévoués, mais les simples officiers, affectant le mutisme, s'abrutissent
» au café. — Chez les sous-officiers règne toujours une tendance à la critique
» et à l'opposition ; ils sont jaloux de la Garde, et communiquent ce sentiment
» au soldat. Cette jalousie est plus prononcée encore dans le génie et l'artil-
» lerie, sourdement hostiles à l'Empereur.
» Que si l'on cherche à se rendre compte du mobile qui donne à l'infante-
» rie française un élan irrésistible, on est amené à reconnaître que cela tient
» à l'esprit de corps, au caractère des soldats venus du Midi, et à l'amour-
» propre de l'avancement. Qu'il n'en est ainsi que pour l'infanterie, les corps
» de cavalerie et d'artillerie étant, dans tous les pays, organisés à peu près
» sur les mêmes bases et composés des mêmes éléments. »

Le colonel paraissait faire grand cas de cette pièce, mais elle lui fut soustraite. Il affirmait que l'agent militaire Prussien, qu'il recevait, était seul capable de cette action. Le fait s'expliquerait aisément par l'extrême facilité avec laquelle ses familiers pénétraient dans son cabinet. A partir de ce moment il renferma ses papiers et ne travailla plus qu'à l'ambassade Russe, où un petit cabinet lui était réservé. Au surplus, le colonel avait le vin communicatif, et dans ces moments sa réserve n'était plus celle d'un diplomate. J'ai pu m'en apercevoir dans quelques occasions. Toutefois, vers le mois de décembre, il parut attendre de moi des services d'une nature très-dangereuse, comme, par exemple, de savoir quels ordres du jour se lisaient dans les casernes, de suivre les tirs au polygone de Vincennes ainsi que les manœuvres sur le terrain ; toutes choses qui ne pouvaient me convenir. Je crus même alors devoir réitérer auprès de M. Walewski mes démarches, mais je fus retenu par la difficulté de l'aborder.

A mes yeux, le rôle du colonel Albedinski à Paris prouve que les Russes inventent peu, mais excellent à mettre à profit le génie des autres ; que la campagne de Crimée est pour eux une leçon dont le souvenir ne s'effacera point, et que, dans leurs manœuvres plus ou moins secrètes, se cachent d'implacables rancunes et une soif de vengeance. Au surplus, il suffirait de certains propos échappés au susdit colonel après le voyage de l'Empereur Napoléon à Stuttgard pour me convaincre que la Russie est loin de regarder la question d'Orient comme tranchée sans appel.

Veuillez agréer, Monsieur, mes civilités respectueuses,

Signé : TONNELLIE.

Paris, le 12 mars 1858.

XXXII.

Fonds secrets.

Aperçu, sans plus de détails, de la façon dont étaient répartis les fonds secrets du gouvernement impérial.

Crédit : 2,000,000 francs.

Article 1er. Frais de police de la Préfecture de police	600,000
Article 2. Frais de police des préfets dans les départements (Bouches-du-Rhône, Rhône, Nord, Gironde, etc.)	223,400
Article 3. Frais de police militaire et de police judiciaire	67,600
Article 4. Service de la presse, frais généraux, journaux	297,540
Article 5. Indemnités pour secours et subventions particulières	255,860
Article 6. Mandats soumis périodiquement pour engagements	78,850
	1,523,250
Reste à la disposition du Ministre	476,750
Total	2,000,000

XXXIII.

La lettre qui suit a été trouvée parmi les papiers et les reçus de la cassette impériale.

Paimbœuf, 16 juin 1870.

SIRE,

En 1867, j'étais à Philadelphie dans une société où l'on vous insultait ; j'ai fait mon devoir, et, voulant qu'on respectât la France et celui qui la gouverne, j'ai remis, Sire, à Michel Bouvier, qui se prétendait votre créancier, une somme de 1,500 francs pour une fourniture de meubles, pendant votre séjour dans ce pays. Ci-joint la quittance.

Je prie Votre Majesté de croire que je ne viens pas en réclamer le montant : je suis au-dessus de cela d'abord, ensuite incapable d'une pareille bassesse; mon seul désir est de savoir si je n'ai pas été la dupe d'un infâme fripon.

J'ai l'honneur d'être, Sire, avec un profond respect, de Votre Majesté, le très-humble et très-dévoué sujet.

HIPPOLYTE HARANCHIPY DE ROSTAING.

A cette lettre est joint ce billet :

Reçu de M. Hippolyte Haranchipy la somme de 1,500 francs, pour compte de Louis Napoléon, empereur des Français.

MICHEL BOUVIER.

Philadelphie, 28 mars 1867.

XXXIV.

La lettre suivante a été adressée par M. Victor Duruy, ministre de l'instruction publique, au général Frossard, gouverneur du Prince impérial, à l'issue de la distribution des prix du concours général de 1868 à la Sorbonne.

On se rappelle que le Prince impérial présidait la cérémonie, et que le jeune Cavaignac refusa de monter sur l'estrade pour recevoir ses prix.

CABINET DU MINISTRE DE L'INSTRUCTION PUBLIQUE.

Paris, le 10 août 1868.

MON GÉNÉRAL,

Mon fils me confirme que ces *chuts* indécents dont nous avons été *blessés* partaient d'un groupe d'élèves du lycée Bonaparte, ce nid involontaire d'Orléanistes (Jules Simon y a aussi ses enfants).

Il me semble qu'après ce petit scandale je dois ne proposer aucune croix à l'Empereur pour cette maison, où les professeurs devraient s'appliquer à prendre plus d'influence sur l'esprit de leurs élèves.

Les élèves aussi, du moins en grand nombre, à la réflexion, ont été blessés de ce que Cavaignac ait refusé de venir chercher son prix. Sa mère le lui avait défendu, a-t-il dit; mais elle l'avait envoyé en vue, sans doute, de provoquer une manifestation, et elle y a réussi.

Malgré tout cela, croyez que la présence du Prince opère tout doucement un effet très-salutaire, même à Paris. Quant à l'Université de province, elle en est très-reconnaissante.

Votre tout dévoué,
V. DURUY.

XXXV.

Lettre de M. Baroche père à l'Empereur.

Il cherche à justifier son fils aîné de s'être inscrit sur un registre ouvert dans la maison où est décédée Mᵐᵉ la duchesse d'Orléans.

Paris, 7 juin.

SIRE,

Votre Majesté a dû être informée d'un fait bien insignifiant par lui-même, mais auquel un journal anglais a cherché à donner quelque importance; je veux parler du nom de mon fils aîné inscrit par lui sur un registre ouvert dans la maison où est décédée Mᵐᵉ la duchesse d'Orléans.

Je serais bien malheureux si cet acte d'irréflexion laissait dans la pensée de Votre Majesté quelque souvenir fâcheux contre mon fils. Je la prie de me permettre de lui faire connaître comment les choses se sont passées.

Mon fils, profitant de quelques jours de vacance qu'il avait obtenus du président de sa section au Conseil d'État, est allé en Angleterre pour assister aux courses d'Epsom, et il a profité de son séjour à Londres pour visiter les docks et les établissements publics.

Le mercredi, 21 mai, il allait à Richemond et à Kew avec deux compagnons de voyage, jeunes gens tout à fait étrangers à la politique. Ceux-ci, en passant devant la maison où était morte, et où était encore la duchesse d'Orléans, s'inscrivirent à la porte, et mon fils fit comme eux, sans réfléchir que son nom et sa position lui imposaient des devoirs auxquels ses compagnons pouvaient être moins rigoureusement tenus.

Il n'a pas tardé à reconnaître son tort, et, avant même que je le lui eusse fait remarquer, il regrettait vivement d'avoir cédé à cette espèce d'entraînement, que je ne chercherai pas même à excuser en disant qu'il eût agi bien autrement du vivant de la duchesse d'Orléans.

Ma pensée, en écrivant à Votre Majesté, n'est pas de défendre un acte d'étourderie que j'ai personnellement blâmé, mais de protester en faveur des intentions de mon fils et de la loyauté de son dévouement.

Sans lien aucun avec le passé, n'ayant jamais occupé de fonctions publiques que sous le gouvernement de Votre Majesté, dont j'ai l'honneur d'être aujourd'hui l'un des plus anciens serviteurs, puisque dès le 20 décembre 1848 j'ai été appelé par elle au poste de procureur général à Paris, je dois tout aux bontés de l'Empereur, et mes fils eux-mêmes, qui, bien jeunes encore, ont déjà été souvent l'objet de ses faveurs et de sa bienveillance, partagent les sentiments de reconnaissance et d'affection dont je suis pénétré.

J'ose espérer, d'ailleurs, que Votre Majesté me connaît trop bien pour que j'aie besoin de protester auprès d'elle pour les miens et pour moi d'un dévouement dont nous serons toujours heureux de lui donner de nouveaux témoignages.

Veuillez agréer, Sire, l'hommage du profond respect avec lequel j'ai l'honneur d'être, de Votre Majesté, le très-humble et très-obéissant serviteur.

J. BAROCHE.

XXXVI.

Lettre confidentielle de M. de Verdière, attaché au général Fleury.

Détails sur la faveur toujours croissante du général auprès de l'Empereur Alexandre. M. de Verdière en donne une preuve assez singulière.

25 janvier 1870.

Je veux aujourd'hui, cher ami, vous envoyer seulement des amitiés et notre affectueux souvenir. Le courrier est expédié deux jours plus tôt que d'habitude, et le temps me presse.

Du reste, rien n'est plus uniforme que notre existence, et, comme je vous ai dit que je me déplaisais ici profondément, je n'ai plus besoin d'insister. Une seule chose fait des progrès chez nous, et c'est le principal, c'est-à-dire la faveur croissante du général près de l'empereur de toutes les Russies.

Il l'a pris tout à fait en goût; il l'emmène sans cesse dans ses chasses à l'ours, et le fait voyager avec lui sur une seule fesse dans son traîneau à une place. C'est le suprême de la faveur, et je pense que la politique s'en trouvera bien, si des entraves ne nous viennent pas de Paris. Déjà de grands résultats sont obtenus, c'est-à-dire, le resserrement des liens d'amitié entre le Czar et la France, et l'assurance que la Russie pèsera de son influence très-grande sur la Prusse, pour empêcher cette dernière de donner prétexte à des difficultés nouvelles. Je suppose même que d'ici à peu de temps on verra les effets de ces démarches instantes et personnelles de l'empereur sur le roi de Prusse. Je vous sais si discret, que je me laisse aller à soulever avec vous un coin du voile diplomatique; mais il ne faut pas que notre action soit visible ni connue dans tout ceci. C'est fâcheux, car nous n'en retirerons un bénéfice que pour les clairvoyants, qui sont rares, à en juger par les niaiseries des journaux.

Je ne vous parle pas de Paris, toujours troublé, et de l'occupation que ces inquiétudes perpétuelles doivent vous donner. Vous savez tout ce que je pourrais vous dire à ce sujet. J'espère que cette crise sera passagère et que cette même France, qui a renversé deux gouvernements coupables d'avoir fait de la résistance, n'attaquera pas sérieusement celui qui vient de céder à l'opinion publique.

Notre pauvre Empereur ne nous donne guère signe de vie. Il craint peut-être de déplaire à ses nouveaux ministres, ou bien il est tout simplement l'homme froid que nous devons connaître.

Je vous envoie les amitiés bien vives des miens pour votre femme et pour vous. Comme nous causerons cet été!

Bien à vous.

E. DE VERDIÈRE.

XXXVII.

Autre lettre confidentielle de M. de Verdière, attaché au général Fleury, à M. Amiot, sur les événements intérieurs et extérieurs.

9 février 1870.

Cher ami, on a le cœur rafraîchi quand on pense que l'absence ni l'éloignement ne peut (sic) altérer les procédés d'amis tels que vous. Aussi vous sommes-nous très-reconnaissants de la fidélité avec laquelle vous nous tenez au courant. Nous avons reçu tout à l'heure votre dépêche au sujet de l'arrestation de Rochefort. Elle s'est croisée avec notre question, et, en vous adressant cette dépêche, j'avais conscience de son inutilité, pensant bien que vous ne nous oublieriez pas. Notre chiffre est très-commode, et, le cas échéant, il pourrait être extrêmement utile. Nous ne nous servons pas souvent de celui que nous avons avec l'Empereur, et, entre nous, je puis vous dire que nous sommes un peu attristés de voir que de ce côté on ne nous donne aucun signe de vie. Vous me dites vous-même que vous souffrez de cette annihilation (pardon pour ce mot) de celui qui a conduit nos destinées pendant vingt ans. Est-il si vieilli? Est-il engourdi? Ou bien est-il simplement froid et indifférent pour ses vrais amis? Je comprends assez qu'il s'applique à ne pas blesser les susceptibilités de ses nouveaux ministres en correspondant lui-même avec un ambassadeur qui a contre lui cette condition particulière d'être un vieux serviteur de son prince. Mais, s'il ne veut pas parler politique extérieure, ne saurait-il donner quelquefois un simple souvenir d'amitié? Enfin, s'il voulait écrire sans froisser le ministre, ne pourrait-il pas envoyer sa lettre au Louvre pour le paquet de Reis? Ce n'est pas lui, bien entendu, qui pourrait avoir cette idée. Mais bien Piétri, qui, au lieu de remplir avec cœur sa mission, est trop personnel pour chercher à obliger ceux dont il croit n'avoir plus besoin. Conti est aussi un jaloux, qui se garderait de faciliter à son souverain les moyens d'être aimable. Si vous rencontrez Piétri, vous pouvez lui dire que vous avez de mes nouvelles et ne pas lui cacher notre impression pénible.

Que vous dirai-je de la politique? Celle de Paris, vous la jugez, j'en suis certain, avec les mêmes sentiments que moi, et vous partagez souvent mes tristesses. Toutefois, je veux continuer à avoir confiance dans les résultats du nouveau système. Nous l'avons dit souvent, nous étions très-malades. Ayant en face de nous les démagogues, nous n'avions pas le soutien des classes moyennes. L'arrivée au ministère des hommes dits des anciens partis nous a apporté le salut. Il faut leur en savoir gré, et prendre notre parti de payer très-cher l'appui qu'ils nous donnent.

Je suis moins satisfait d'eux à l'extérieur. La politique du règne de Louis-Philippe se reproduit et s'accentue. Nous en faisons nous-mêmes l'expérience. Chaque dépêche du comte Daru nous lie bras et jambes, et nous sommes exposés à ne pouvoir tirer aucun profit de l'excellente situation acquise ici par le général. Toute la politique extérieure se résume dans le désir extrême de ne laisser se produire aucune difficulté. L'intention est louable sans doute; mais c'est souvent en exagérant la réserve que l'on laisse justement aux difficultés la possibilité de se produire. Si Bismark savait (et il le saura) que nous ne voulons rien dire ni rien faire, qui donc et quoi donc le gênerait? Quand nous avons été envoyé (*sic*) ici, c'était, vous le savez, pour rétablir des relations compromises depuis les affaires de Pologne. Ceci est fait. C'était aussi pour produire habilement un petit résultat de nature à satisfaire l'opinion et l'amour-propre national. L'affaire a été bien entamée et était en bonne voie. Alors est venu le nouveau ministère, qui a débuté par donner la consigne que voici : « Ne faites rien, ne dites rien. » On a obéi naturellement, mais l'affaire commencée a continué de marcher *toute seule*. Les résultats s'offrent d'eux-mêmes; on nous en fait part; nous les communiquons à Paris, en ayant soin de dire que nous n'avions plus rien fait nous-mêmes, suivant la recommandation. Que nous répond-on? Toujours la même chose : « Ne faites rien... » Tout ceci est naturellement sous le sceau du plus grand secret.

Il fait maintenant assez froid. Cela dépasse un peu la mesure de ce qui n'est pas désagréable. Enfin l'hiver s'avance, et, si je ne désire pas notre retour à présent, ce qui serait plus fâcheux pour la France que pour nous, j'espère bien que nous ne verrons pas ici un second hiver.

Ma femme va moralement un peu mieux. Marie va très-bien. Toutes deux embrassent madame Amiot et vos enfants.

Je pense que vous tenez un compte exact de nos dépêches télégraphiques. J'aurai une somme ronde à vous rembourser, et nous ne vous ferons pas banqueroute. Mais nous resterons toujours vos débiteurs du côté de la reconnaissance, et, avec un brave cœur comme le vôtre, ce poids n'est pas lourd à porter.

Mille bonnes amitiés.

E. DE VERDIÈRE.

XXXVIII.

Ministère d'État.
Cabinet du Ministre.

Note pour l'Empereur.

Le choix d'un Ministre de l'Intérieur est, en tout temps, chose difficile et importante ; mais, dans les circonstances actuelles, cette désignation a une importance exceptionnelle. En effet, le nouveau Ministre sera appelé à participer activement aux débats du Corps législatif; il devra organiser la défense du Gouvernement en face du nouveau régime de la presse; enfin il devra diriger les élections générales pour le renouvellement du Corps législatif.

Des tâches multiples exigent des aptitudes très-diverses.

Le nouveau Ministre devra joindre à une grande prestesse et à une grande dextérité de parole un sentiment très-éclairé de la politique intérieure, pour déterminer les voies dans lesquelles doit être dirigée la presse officieuse et pour faire à propos dans la presse opposante les rectifications et les communiqués nécessaires. Cette partie de ses attributions exigera la plus vigilante attention et le labeur le plus continu. Enfin, dans cet art si difficile du maniement des hommes, qu'il est si nécessaire de posséder dans ce département, il devra déployer une grande fermeté, soit pour éliminer de l'administration préfectorale les incapables et les insuffisants et les remplacer par des hommes intelligents et sérieux, soit pour éloigner de l'urne électorale les prétentions illusionnées, parasites et exigeantes, et ne la rendre accessible qu'aux aptitudes et aux influences réelles qui existent dans chaque département.

En présence d'un programme dont l'accomplissement est si difficile, il est essentiel, dans les appréciations soumises à Votre Majesté, de se dépouiller de tout sentiment d'exclusivisme, de toute idée de préférence, de tout esprit de coterie. Autant il paraît nécessaire de conserver au Ministère sa cohésion et son homogénéité en n'appelant pas dans son sein des éléments dissolvants ou contradictoires, autant il est convenable de chercher au besoin la force dans la conciliation et dans la fusion de certaines nuances, surtout si l'on peut obtenir ainsi un Ministre qui ait déjà de la surface et de l'autorité. Le poste de l'intérieur est, en effet, bien redoutable pour un débutant.

C'est dans ces pensées transactionnelles que j'ai fait une nouvelle lecture de tous les noms que contiennent les listes des grands Corps de l'État et des hauts fonctionnaires de l'Administration ou de la Justice. Je vais donc passer en revue tous les personnages qui m'ont paru plausibles, et dire à Votre Majesté ce que je pense de chacun.

Premiers Présidents et Procureurs généraux.

Parmi ces magistrats, la plupart ont suivi une carrière exclusivement judiciaire et ont concentré leur esprit sur l'étude du droit. Arrivés à l'âge mûr, ils pourraient très-difficilement se plier aux nécessités d'une carrière nouvelle, et y apporter les aptitudes nécessaires. Un seul d'entre eux me paraît avoir révélé des prétentions ou un esprit politique : c'est M. Millevoye, procureur général à Rouen. Il est observateur délié et perspicace, juge bien les événements et les hommes. On lui reproche des défauts de caractère, notamment de la duplicité. Ces imputations l'ont exposé à des inimitiés ardentes. Où est la vérité? Je ne saurais le dire avec précision.

Préfets.

L'Empereur a écarté les candidatures de Préfets, par cette considération principale que le Préfet de la Seine éprouverait une vive blessure d'amour-propre à voir placer à la tête du Ministère de l'intérieur, l'administrateur d'un des autres départements de France.

Mais, avant de souscrire à cette objection, il faut se demander si la candidature de M. Haussmann ne doit pas être accueillie.

Inutile de chercher à apprécier la valeur de ce haut fonctionnaire; Votre Majesté la connaît mieux que moi. Il a tout en grand, les qualités et les défauts; mais, en définitive, il a une incontestable supériorité et saura très-bien se défendre à la tribune. Ce choix me paraîtrait donc logique, mais sous deux conditions que je précise : 1° acceptera-t-il le programme arrêté il y a quelques jours par Votre Majesté à Biarritz? 2° renoncera-t-il à l'administration du département de la Seine, sauf à placer cette fonction entre les mains d'un homme qui aurait sa confiance? Que l'Empereur ne perde pas de vue que, pour placer le département de la Seine dans des attributions ministérielles, une loi serait nécessaire. Or, une législation provoquée dans l'intérêt d'une individualité aurait de bien faibles chances de succès.

Si, par des considérations faciles à comprendre, le Préfet de la Seine se déciderait à conserver sa position, Votre Majesté serait affranchie de toute préoccupation dans l'examen des candidatures d'autres Préfets. Alors se présenteraient à l'esprit trois noms : MM. Piétri, Leroy et Chevreau.

L'Empereur le sait mieux que moi, le Préfet de police actuel est un homme probe, intelligent, dévoué : c'est un *fidèle* dans toute l'acception du mot. Il apporterait à l'Administration de l'intérieur toute l'attention laborieuse, toute l'expérience nécessaire. Le seul scrupule que j'éprouve à l'égard de ce choix, et qu'il appartient au candidat de confirmer ou de faire disparaître, est de savoir s'il pourrait affronter les polémiques de la tribune.

M. le baron Leroy a toute la surface extérieure, toute l'autorité administrative que l'on doit rechercher chez un Ministre de l'intérieur, et il est même doué d'une facilité d'élocution et d'une dextérité de parole qui feraient de lui ce que les Anglais appellent un bon « debater. »

Mais on lui reproche de la mollesse de caractère et une sorte de scepticisme politique. Ce double reproche est-il bien fondé ? Je ne connais M. Leroy que par des relations à larges intermittences ; c'est évidemment un caractère arrondi, sans angles, qui n'a jamais dû donner à son dévouement des formes exaltées et bruyantes. Mais enfin voilà de longues années qu'il administre la Seine-Inférieure ; il a été constamment en face d'un double écueil : les passions socialistes de classes ouvrières agglomérées, les ardeurs protectionnistes d'industriels aveugles et avides, et il y a maintenu l'influence gouvernementale à une grande hauteur. Dans une fonction où les plus capables s'usent rapidement, il n'a fait que se fortifier graduellement. Ne sont-ce pas là des garanties sérieuses ?

M. Chevreau a prononcé, dans plusieurs circonstances, des discours remarquables, même au point de vue politique. On peut en induire la juste espérance d'une réelle aptitude aux luttes parlementaires. Mais est-ce tout ? Pour les rudes labeurs et la vigilance continue qu'imposera la surveillance de la presse notamment, M. Chevreau sera-t-il suffisamment appliqué ? Esprit facile, en relation, à Paris, avec les camps les plus opposés, il subit volontiers tous les entraînements ; *l'odor della feminita* le fait volontiers dévoyer, et son administration est souvent une série d'alternatives, de négligences, de soubresauts, d'élans et d'indifférence. A Lyon, à travers des qualités aimables, et des formes gracieuses, il a laissé deviner son inconsistance de conduite et de direction, et je le crois déjà aussi impuissant qu'il l'était devenu à Nantes, lorsqu'il l'a quitté.

Conseil d'État.

Portons maintenant nos investigations sur le personnel des grands Corps de l'État.

Je ne vois, dans le Conseil d'État, que les noms suivants qui puissent être prononcés :

    MM. Vuitry,
         De Parieu,

MM. Duvergier,
De Lavenay,
Riché,
Genteur,
Pinard,
Jolibois.

Le premier n'accepterait ce changement qu'avec le plus vif déplaisir; il n'y a aucune raison de le lui imposer.

Le second n'a, à aucun degré, les conditions de caractère voulues pour ces fonctions.

Le troisième est arrivé à l'âge de soixante et quatorze ans; il ne saurait entreprendre une pareille carrière.

M. de Lavenay a pour lui la capacité, le talent oratoire, l'amour du travail; il déploierait dans ce poste une incontestable activité. On ne peut que lui reprocher des arêtes un peu anguleuses et une voix glapissante, qui impressionne défavorablement.

M. Riché est un orateur distingué. C'est un esprit philosophique, ingénieux et fécond; mais sa tendance est beaucoup plus à l'étude qu'à l'action; il est naturellement indécis, un peu rêveur. Physiquement, il est atteint d'une maladie d'estomac qui se traduit par des appétits désordonnés et pourrait lui enlever l'activité continue que comportent des fonctions ministérielles.

M. Genteur, qui avait remarquablement débuté à la Chambre, a encore eu quelques succès, notamment au Sénat.

Cependant il faut reconnaître qu'il n'a pas réalisé toutes les espérances que ses débuts avaient fait concevoir. Orateur distingué, sachant bien son dossier, il reste volontiers superficiel, est parfois peu lucide, n'a pas le tact très exercé et quitte la tribune sans avoir déterminé les convictions. Il a d'ailleurs, il faut le reconnaître, été attelé à une assez rude besogne, la défense de la ville de Paris, et n'a rencontré aucun concours utile dans son auxiliaire, M. Blanche. Si on interroge le caractère, les allures n'en sont pas nettes; il s'y révèle de l'agitation, du mouvement dans des directions alternativement opposées, qui sont les signes d'un défaut de résolution et de fermeté.

M. Pinard, dont les origines sont toutes judiciaires, a la réputation d'un magistrat-orateur au Palais. Il a déjà fait ses preuves d'une manière remarquable au Conseil d'État. Les occasions lui ont manqué jusqu'ici au Corps législatif; rapporteur de la loi sur la presse il aura bientôt l'occasion de donner la mesure de toute sa puissance oratoire. Faut-il escompter ce succès et confier à M. Pinard le département de l'intérieur? Au point de vue de la tribune, je n'hésiterais pas à proposer ce choix; mais la question est-elle uniquement en ce point? Plus j'y ai réfléchi, plus mon esprit s'est trouvé placé sous l'empire d'une double préoccupation : d'une part, lancer un homme jeune encore dans une administration, dans un personnel, dans des travaux qui lui sont, à l'heure actuelle, complètement inconnus; l'exposer au sourd antagonisme que fera naître inévitablement son origine judiciaire dans l'esprit de la plupart des préfets ; l'engager au premier rang et sous peu de jours dans une session difficile, avant que son autorité morale se soit assise et développée, n'est-ce pas plutôt l'immoler que le servir ?

D'autre part, ceux que l'on supposera avoir été consultés sur ce choix important ne seront-ils pas accusés d'avoir cherché, au milieu du Conseil d'État, un homme placé sous leur action, encore inexpérimenté, plus facile à subir leur influence ? Les critiques, qui ne peuvent comprendre que la passion de bien servir celui auquel on est dévoué soit une passion exclusive et dégagée de tout esprit de domination, ne diront-ils pas que M. Pinard n'a été pris que comme un prête-nom à l'aide duquel on exerce inostensiblement le pouvoir ? Cette appréciation, on la fera avec d'autant plus d'empressement qu'en éveillant des susceptibilités on espèrera produire des dissolvants.

Maintenant, si je crois qu'il y a de l'aventure et du hasard dans le choix de M. Pinard, si je pense qu'à l'Intérieur, moins que dans tout autre département ministériel, de pareilles chances doivent être courues, je ne méconnais, à aucun degré, la valeur du candidat et la possibilité de la réussite. Je suis même convaincu que, suivant une voie moins scabreuse, plus graduée, se tenant éloigné de l'administration, à laquelle on le dit généralement peu propre, il pourra rapidement prendre une grande place au Conseil d'État, et de là dans la politique.

M. Jolibois est encore trop nouveau au Conseil d'État et au Corps législatif pour qu'il puisse être justement apprécié. Son début a été presque un triomphe, mais l'affaire de Toulouse, qu'il a traitée, était secondaire. Un certain temps est nécessaire pour juger ce qu'il deviendra comme conduite et comme talent.

Corps législatif.

Prendre le nouveau ministre de l'intérieur dans le sein du Corps législatif serait donner une satisfaction véritable à ce pouvoir, à la condition toutefois de s'adresser à un membre éprouvé de la majorité. La satisfaction serait d'ailleurs plutôt extérieure et politique qu'effective, car, dans ce foyer d'ambitions contradictoires et voilées, le choix de tel député ameuterait bien vite contre lui tous les ambitieux déçus dans leurs secrètes espérances et qui formulent assez ordinairement ainsi leur programme : « Moi, ou personne d'entre nous. »

J'ajoute que, sur ce terrain de contrôle réciproque, les nuances politiques prennent immédiatement de grosses proportions, et deviennent des causes de cohésion ou de désagrégation dans le sein de la majorité.

Ces observations faites, voici, par ordre alphabétique, la liste de tous les noms qui, à un degré plus ou moins marqué, peuvent attirer l'attention de l'Empereur :

MM. de Beauverger,
de Benoist,
Buffet,
Busson-Billault,
Baron J. David,

MM. Du Miral,
Gressier,
Alfred Le Roux,
Mathieu,
Ollivier,
Segris,
de Talhouët.

En pesant avec impartialité chacun de ces noms, et par des causes diverses, je suis disposé à ne considérer comme arrivées à un certain degré de maturité, au point de vue exclusif de la capacité, que les candidatures de MM. Buffet, Alfred Le Roux, Ollivier et Segris.

M. Buffet est un esprit doctrinaire et cependant toujours indécis, qui ne se donnera jamais tout entier, qui se présentera dans une combinaison ministérielle, comme M. Ollivier, avec des conditions et un programme sur les choses et sur les personnes. Le premier article de ce programme serait actuellement le retrait de la loi sur l'armée. Nous n'en sommes point que je sache, à ce degré du régime parlementaire, et je ne crois pas l'Empereur disposé à passer ainsi sous les fourches caudines.

M. Alfred Le Roux a été fréquemment l'objet de conversations entre Sa Majesté et moi. Nous avons souvent pesé ses qualités et ses défauts ; inutile de les retracer. Il serait certainement bien accueilli de la majorité, qui verrait en lui une garantie de candidature officielle pour la plupart de ses membres.

M. Émile Ollivier a plus d'élan que M. Buffet, il se donnerait avec plus d'empressement ; mais quelles péripéties ne subirait pas ensuite cette nature versatile, dont la générosité est gâtée par une malheureuse infatuation et que tant de relations interlopes unissent avec des nuances politiques, très-hostiles et très-avancées ?

Je suis d'ailleurs mal posé pour apprécier cette candidature. Loin de suivre l'indication que je lui avais donnée, avec l'autorisation de l'Empereur, de se mettre en bonnes relations avec la majorité par une franche explication, M. Émile Ollivier a plus que jamais épousé les hostilités de M. Walewski contre moi ; il m'a pris pour objectif personnel à la Chambre, pendant que l'ancien président du Corps législatif a organisé mon éreintement systématique et quotidien dans une feuille publique. Je sais bien que ce sont là des feux de paille qu'éteindraient facilement quelques satisfactions ; mais, quant à présent, les choses en sont à ce point que les questions de personnes sont devenues des questions de direction de la politique, et relèvent dès lors exclusivement du sentiment intime de l'Empereur.

Quant à M. Segris, sa nomination plairait peu à la majorité ; mais ce sentiment s'effacerait assez vite. Ce député a du talent de parole, il riposte avec vigueur ; seulement, ne serait-il pas très-irrésolu dans la conduite des affaires publiques ? On le pense généralement.

Je m'aperçois que j'ai omis de désigner M. Latour du Moulin. Je prie l'Empereur de croire que cette omission n'était pas le résultat de la jalousie ; mais je confesse que ce travail a l'intention d'être sérieux.

Sénat.

Entrons, enfin, dans le cénacle des anciens et voyons si nous serons assez heureux pour y trouver un homme.

La composition du Sénat présente une pléiade d'anciens ministres soit de l'Intérieur, soit d'autres départements civils, et, en dehors, à peine deux ou trois individualités investies d'une certaine notoriété, au point de vue ministériel.

Les anciens ministres sont MM. Ferdinand Barrot, Bonjean, Boudet, Casabianca, de Chasseloup-Laubat, Delangle, Drouyn de Lhuys, Dumas, de la Hitte, Lefèvre-Duruflé, Magne, de Maupas, de Padoue, de Persigny, Rouland, de Royer, Walewski.

En dehors, je ne crois pouvoir citer que MM. de la Guéronnière, Devienne et Vuilliefroy.

Si je ne me trompe, parmi les anciens ministres dont j'ai évoqué les noms, quatre seulement peuvent arrêter l'attention de l'Empereur : ce sont MM. de Persigny, Walewski, de Royer et Magne. La nomination de l'un des deux premiers ne saurait s'expliquer que par un changement de vues politiques. En tout cas, elle introduirait dans la composition du ministère d'inévitables éléments de trouble et de dissolution.

Le choix de M. de Royer n'aurait aucun de ces inconvénients. Le premier président de la Cour des comptes est entièrement dévoué ; il a le talent nécessaire pour discuter et se bien défendre. Mais il a le travail très-lent, le caractère extrêmement méticuleux, et je craindrais qu'il ne fût bien vite débordé par ce travail quotidien de l'Intérieur, qui ne saurait être par sa nature renvoyé au lendemain.

M. Magne aurait toutes mes préférences. Parole calme, claire, limpide, souvent ingénieuse ; jugement d'une grande sûreté ; esprit plein de modération, conservateur libéral avec prudence, il remplirait son rôle avec l'autorité que donne toujours une longue carrière politique. Appartenant par ses affections à un autre groupe que celui qui est aux affaires, il introduirait dans le Conseil quelques idées différentes ; il imposerait quelque réserve à certaines hostilités ardentes ; enfin il offrirait à l'Empereur des garanties nouvelles d'exactitude, de vérité, de contrôle pour l'exercice de la haute direction et du gouvernement du Chef de l'État. On lui reprochera peut-être un peu de faiblesse de caractère et un peu de népotisme. Je ne redouterais le premier reproche que si nous étions en face d'une émeute ; mais alors la question deviendrait militaire. Quant aux tendances à un népotisme un peu exagéré, je crois la matière épuisée et par conséquent les occasions rares pour l'avenir.

A l'égard des autres sénateurs dont j'ai prononcé les noms, voici mon sentiment. M. de la Guéronnière ne me paraît pas avoir les conditions voulues pour être Ministre de l'intérieur. Il aurait avec la presse des camaraderies périlleuses ; il espérerait en conjurer les ardeurs, mais, d'une part, il n'y réussirait pas, et, de l'autre, il ferait à cette espérance les plus dangereux sacrifices. Cependant, depuis quinze jours, cette candidature a été favorablement signalée par plusieurs personnes ; M. de la Guéronnière l'a prise au sérieux, la nomination d'un autre personnage sera pour lui une déception, et, à la longue, cette déception pourrait bien rendre le journal *La France* peu sympathique. Nous ne sommes pas riches en défenseurs officieux, nous avons intérêt à ne pas nous exposer à les perdre ; nous sommes dès lors amenés à ces compositions transactionnelles qui sont souvent la condition d'existence des gouvernements parlementaires. Il me semblerait donc utile de créer une position à M. de la Guéronnière, et, comme sa fortune est en désordre, il serait peut-être bon de l'envoyer à l'étranger. Ne serait-il pas un utile remplaçant de M. de Malaret, avec la perspective plus ou moins éloignée de la conversion de la légation en ambassade? Puisque je touche incidemment à la question de notre représentation à l'étranger, qu'il me soit permis de laisser la parenthèse un peu plus longtemps ouverte et de rappeler à l'Empereur certaines considérations que j'ai déjà eu l'honneur de lui soumettre.

Rien n'est plus regrettable que de laisser à Paris, inoccupées, de grandes individualités politiques auxquelles l'Empereur a cru devoir, au moins pour un temps, retirer leurs hautes fonctions.

Excités par des influences extérieures, ou cédant à une pente assez naturelle du caractère, ces hommes, désireux de rentrer aux affaires, se répandent en propos acerbes, en critiques amères, nouent ou laissent se nouer autour d'eux les plus étranges coalitions, entretiennent ainsi le trouble et l'incertitude dans les rangs de l'Administration, non sans dommage réel pour l'autorité du Chef de l'État. Ces accusations de défaut de caractère, d'absence d'énergie et d'unité proviennent, en grande partie, d'espérances incessamment déçues, d'un changement et dans les personnes et dans les idées. Ce n'est même que par ces espérances que peuvent être soutenues des relations avec des journaux de toutes couleurs et des personnages qui n'ont aucune nuance, parce qu'ils les ont toutes. Tout cela ne produit que de l'indécision, du malaise et de l'inquiétude.

J'ajoute que de hautes fonctions diplomatiques seraient pour les hommes éminents auxquels je fais allusion une sauvegarde contre eux-mêmes, car ils atténuent par leurs agitations actuelles et les solidarités qu'ils contractent, l'utilité des services qu'ils pourront rendre à un jour donné. Aussi bien notre représentation diplomatique est des plus faibles à Rome, à Saint-Pétersbourg, à Madrid. Lui donner une vitalité plus grande, une action plus marquée en face des complications européennes actuelles serait faire un acte vraiment utile.

Je ne veux citer qu'un exemple de cette action dissolvante sur laquelle j'ai eu récemment l'occasion d'être renseigné. Il frappera l'Empereur par la gravité des inconvénients, je dirai presque des périls qui pourraient en être la conséquence. Il y a en réalité à Paris deux ministres de la guerre, l'un rue Saint-Dominique, l'autre au Louvre; l'un qui agit et travaille, l'autre qui blâme et désorganise. Les officiers supérieurs cherchent incessamment entre ces deux influences laquelle est la plus puissante pour leur avancement. Tous les mécontentements aboutissent au Louvre, et là, la formule stéréotypée pour démolir une candidature de la rue Saint-Dominique est celle-ci : « *Officier non dévoué, orléaniste, etc.....* » Combien d'erreurs, de dépits, d'irritations, d'indiscipline peuvent enfanter les indications de cette petite église dont le grand prêtre annonce incessamment son avénement !

Que l'Empereur porte son attention sur toutes ces choses ; elles n'ont de secondaire que l'apparence. C'est surtout par la discipline intérieure que les gouvernements se maintiennent et se fortifient. C'est une illusion que d'espérer apaiser ou réconcilier ses adversaires ; mais c'est être certain de les vaincre que de créer énergiquement la convergence des forces gouvernementales.

M. Devienne est doué d'une certaine austérité de caractère ; il a de la fermeté, de l'énergie. Mais sa santé est ébranlée, l'âge commence à se faire sentir, et je ne sais s'il n'est pas un peu tard pour faire entrer cet homme, d'ailleurs éminent, dans une carrière nouvelle.

M. Vuillefroy se trouve un peu dans les mêmes conditions. C'est un homme de caractère, il a l'esprit rectiligne et impétueux et ne manque jamais d'énergie. Mais il est atteint d'une maladie assez grave et que des travaux sérieux empireraient très-vite ; aussi je doute même qu'il voulût en entreprendre la tâche.

Je résume cette note tout simplement par une liste des candidats qui rappelle l'ordre de mes préférences :

    1° M. Magne,
    2° M. Haussmann,
    3° M. Piétri,
    4° M. Leroy,
    5° M. de Royer,
    6° M. Alfred Le Roux,
    7° M. Pinard.

Je maintiens d'ailleurs les conditions et les réserves que j'ai formulées à l'égard de MM. Haussmann et Piétri.

                Signé : ROUHER.

Cercay, le 15 octobre 1867.

XXXIX.

Les pièces suivantes ont été trouvées au ministère de la justice.

Elles sont relatives à des propositions de promotion dans la Légion d'honneur en faveur de divers membres du Sénat, faites, à l'occasion du 15 août 1870, par M. Rouher, président de ce corps.

Il ne paraît pas que ces propositions aient été suivies d'effet.

A ces pièces se trouvait jointe une proposition pour la croix de commandeur en faveur de M. Argence, député de l'Aube.

MONSIEUR LE MINISTRE,

J'ai l'honneur de vous faire parvenir diverses notes qui résument mon opinion sur la candidature et les titres de plusieurs de mes collègues à une promotion dans l'ordre de la Légion d'honneur.

J'espère que vous reconnaîtrez justes et que vous voudrez bien soumettre, en les recommandant, ces diverses propositions à la haute bienveillance de Sa Majesté l'Impératrice.

La dernière note expose les titres de deux employés de l'administration du Sénat, que M. le Grand Référendaire et M. le Sénateur Secrétaire du Sénat considèrent comme dignes l'un et l'autre d'une distinction honorifique.

Agréez, Monsieur le Garde des Sceaux, l'assurance de mes sentiments de haute considération.

Le Président du Sénat.

Signé : ROUHER.

A. — Grand'Croix de la Légion d'honneur.

M. le baron Dupin, M. le baron Ernest Leroy, M. le comte de Béarn, M. Larabit paraissent aspirer à cette haute distinction.

M. le baron Dupin, âgé de 85 ans, a conservé toute la vigueur de son esprit et prend encore une part très-utile aux débats du Sénat.

Sa longue carrière politique, ses immenses travaux, la légitime considération dont il est entouré, l'illustration de son nom me paraissent justifier cette nomination.

M. le marquis d'Audiffret a été récemment nommé grand'croix de la Légion d'honneur. La carrière de cet honorable sénateur a été, à mes yeux, moins brillante et moins bien remplie peut-être que celle de M. Dupin. La distinction accordée à M. d'Audiffret a été favorablement accueillie par le Sénat; celle qui serait accordée à M. Dupin éveillerait les mêmes sympathies.

M. Dupin est grand-officier de la Légion d'honneur depuis le 27 avril 1840.

M. le baron Ernest Leroy est aujourd'hui, si je ne me trompe, le doyen de l'Administration française. Il a exercé ses fonctions d'une manière éminente. Sa carrière administrative ne lui a pas permis de se consacrer très-assidûment aux travaux du Sénat, dans lequel cependant il occupe une position élevée. M. le baron Leroy, cruellement frappé dans ses affections de famille, paraît disposé à abandonner dans un temps prochain sa position de préfet de la Seine-Inférieure. Peut-être serait-ce à ce moment que le Gouvernement serait plus naturellement appelé à lui décerner la haute récompense qu'il ambitionne.

M. le comte de Béarn, par la distinction de ses manières, l'élévation de son caractère et la sûreté de ses relations, s'est conquis au Sénat les plus vives sympathies. Toutefois, je dois reconnaître que M. le comte de Béarn n'est pas de ceux qui prennent une part très-active aux travaux du Sénat. Notre collègue a appartenu pendant de très-longues années à la diplomatie. Il invoque les services par lui rendus dans ses fonctions. Je n'ai point les éléments nécessaires pour les apprécier. M. de Béarn n'a pas, je crois, occupé de poste d'ambassadeur.

M. Larabit, homme très-honorable, d'un dévouement bien ancien et absolu à l'Empire, n'a pas eu dans l'armée un grade assez élevé et ne jouit pas dans le Sénat d'une assez grande autorité pour que je croie pouvoir recommander sa candidature.

Signé : ROUHER.

B. — Grands-officiers.

Le nombre des commandeurs dans le Sénat ne s'élève pas à moins de trente.

Je crois devoir désigner en première ligne, comme digne d'être promu au grade de grand-officier de la Légion d'honneur, M. Leroy de Saint-Arnaud, commandeur depuis 1859.

Cette nomination aurait été certainement proposée depuis plusieurs années par M. Troplong ; mais certains embarras de fortune, dont la cause n'a d'ailleurs rien que d'honorable, un procès en responsabilité que M. de Saint-Arnaud avait perdu en première instance, avaient paru à mon illustre prédécesseur des motifs d'ajournement. Ces causes se sont atténuées ou ont disparu ; notre collègue a réglé sa position ; il a été déchargé par la cour d'appel des condamnations prononcées contre lui par le tribunal de commerce (1). Ses titres, comme sénateur, conservent donc toute leur force. Or, M. de Saint-Arnaud est un des hommes les plus laborieux du Sénat ; il se montre infatigable dans l'examen et le rapport des pétitions ; ses travaux sont remarquables ; il est orateur habile et convaincu. Sa nomination au grade de grand-officier sera considérée par le Sénat comme une récompense juste et presque tardive de services éminents.

En seconde ligne me paraît pouvoir figurer M. Réveil, ancien vice-président du Corps législatif, commandeur depuis 1859, sénateur depuis.

M. Réveil jouit d'une grande considération parmi ses collègues ; ses travaux sont estimés.

Signé : ROUHER.

C. — Commandeurs.

Le nombre des officiers de la Légion d'honneur au Sénat est de neuf.

Les trois sénateurs les plus anciens en grade sont :

M. le comte Monier de la Sizeranne, officier depuis le 18 décembre 1855 ;
M. le duc de Tarente, officier depuis le 16 juin 1856 ;
M. de Gricourt, dont la nomination remonte au 5 janvier 1858.

M. Monier de la Sizeranne est celui qui, par sa longue carrière politique, a le plus de titres à une promotion au grade de commandeur.

M. le duc de Tarente a été nommé sénateur à une date trop récente. S'il avait des titres actuels à un avancement dans la Légion, ce ne pourrait être que comme chambellan.

M. de Gricourt se recommande par son dévouement absolu à l'Empereur,

---

(1) M. Rouher semble ignorer ici que l'arrêt de la cour d'appel qui décharge M. de Saint-Arnaud est attaqué devant la cour de cassation par un pourvoi qui n'est pas encore jugé.

qui remonte à des années bien antérieures au rétablissement de l'Empire. Il occupe une bonne position au Sénat.

Signé : ROUHER.

D. — *Officiers.*

Deux sénateurs seulement, M. le prince de Wagram et M. de Montjoyeux, sont chevaliers de la Légion d'honneur.

La candidature du prince de Wagram est écartée depuis longtemps par des circonstances inutiles à rappeler ici. Le prince ne prend d'ailleurs aucune part aux délibérations du Sénat ; il n'a même pas paru à cette assemblée dans les circonstances solennelles qui ont marqué la fin de la session.

M. de Montjoyeux est chevalier depuis 1860. Par son âge, son dévouement et ses lumières, il a droit à une promotion au grade d'officier.

Signé : ROUHER.

XL.

Fortune mobilière de l'Empereur à l'étranger.

Depuis 1852 jusqu'en 1866, et probablement jusqu'à la fin de son règne, Napoléon III a eu un compte ouvert chez Baring frères, banquiers à Londres. Les notes annuelles qui établissent la balance de ce compte n'offrent rien de bien remarquable : un assez grand nombre de mandats de Mmes Walewska et de Cadore, diverses fournitures, des dépenses en somme modérées. Toutefois, la note du 31 décembre 1852 porte la trace évidente du coup d'État ; elle porte au crédit impérial une somme de 767 livres sterling, reste de 36,370 livres 16 schillings. Mais le document vraiment précieux fourni par le dossier Baring est cette note, laissée par mégarde sans doute dans le compte de décembre 1866. Elle est libellée en anglais.

Russian	5 % (1822)...........	50,000 £
Russian	5 %...............	50,000
Russian	3 %...............	50,000
Turcos	6 % (1858)..........	100,000
Peruvian	4 1/2 (old)...........	80,000
Peruvian	4 1/2 (new)..........	52,000
Canada	6 %...............	50,000
Brazilian	4 1/2 o/o............	50,000
Egyptian	7 %...............	50,000
American	8 %...............	100,000
Mississipi	6 %...............	25,000
Diamonds	....	200,000
Uniforms	....	16,000
		873,000
Beaujon	....	60,000
	Total......	933,000 £

Tout n'est pas expliqué dans cette note.

Que sont ces *uniforms*, portés pour 16,000 livres sterling ? Quant à Beaujon, (60,000 livres), c'est sans doute le prix de terrains vendus, peut-être achetés au peintre Gudin. Quoi qu'il en soit, le fait de 25,325,000 francs *économisés* (sur la liste civile sans doute) et placés en sûreté n'en paraît pas moins indiscutable.

En même temps que paraissait cette note, le journal *le Siècle* publiait une lettre sur la fortune personnelle du ci-devant empereur, signée Max Pol. Ces deux pièces provoquèrent des réclamations de M. Piétri, et de M. Thélin, le premier secrétaire particulier, le second trésorier particulier de Napoléon III. L'*Indépendance belge*, à qui elles étaient adressées, les accueillit, non sans réserve; elles sont en effet à côté de la question. Toutefois, elles valent la peine d'être reproduites, avec la lettre de M. Max Pol :

Lettre de M. Max Pol à M. Piétri.

Vous osez dire, monsieur, que votre Sire n'a pas *un centime placé dans les fonds étrangers.* — Je vais vous démontrer, par les chiffres, que vous n'êtes pas instruit ou que vous dissimulez la vérité.

La position que j'ai occupée à Paris me permet de parler savamment des finances de Louis-Napoléon Bonaparte, et je ne crains pas d'être démenti par son trésorier, M. Thélin, très-honnête homme du reste.

Voici les placements à l'étranger de Louis-Napoléon Bonaparte :

En 1854 chez *Baring* frères, à Londres.	4,000,000
1855 à la *Banck of Victoria*, id	6,000,000
1856 chez *Kindlet* et Cⁱᵉ, à Vienne	5,000,000
1860 chez *J.-P. Jecker*, au Mexique	14,000,000
1863 sur l'emprunt tunisien	3,000,000
1864 sur l'emprunt ottoman	5,000,000
1866 à New-York, sur hypothèque par l'entremise de Brown frères.	10,000,000
1867 sur l'emprunt russe par l'entremise de *Funder* et Cⁱᵉ, et de Plitz, banquier, à Saint-Pétersbourg	6,000,000
1869 L'impératrice a acheté en son nom une propriété près de Santander, par l'entremise de *Don Trupita*, pour.	3,000,000
1870 La même a acheté une propriété à *Alcoy* près *Alicante* pour	2,000,000
A Amsterdam, placé chez *Berg von Dussen* pour achat de divers titres.	7,000,000
Total.	63,000,000

(Soixante-trois millions !)

C'est à vous, monsieur, de nous dire à présent combien votre maître a placé sur les fonds français. Quant à moi, je ne connais qu'une inscription de rente au profit d'une petite dame ; mais je n'en dirai pas le chiffre ni le nom de la bénéficiaire.

Recevez, etc.

MAX POL.

1ᵉʳ octobre 1870.

Réponse de M. F. Piétri à la lettre de M. Max Pol.

A M. *le directeur de* l'Indépendance belge.

Wilhelmshœhe, 17 octobre 1870.

MONSIEUR LE DIRECTEUR,

L'Indépendance belge, dans son numéro du 16 octobre, reproduit, d'après *le Siècle,* un fragment de la copie d'une lettre signée : Max Pol, » qui m'aurait été adressée et que je n'ai pas reçue. Le signataire, que je ne connais pas et dont j'entends parler pour la première fois, prétend me démontrer par des « chiffres qu'en déclarant que l'*empereur* » *Napoléon n'avait pas un centime placé dans les fonds étrangers,* ou je n'étais pas in- » struit ou je dissimulais la vérité, » et comme preuve il fait l'énumération des prétendus placements d'argent faits par l'Empereur, avec une précision qui, dites-vous, frappera vos lecteurs comme elle vous a frappé vous-même.

Voici ma réponse :

Je maintiens l'affirmation donnée dans ma lettre du 15 septembre dernier ; je déclare, *en connaissance de cause,* que toutes les indications de placements et tous les chiffres énumérés par le signataire de la lettre sont complètement faux, et je reste confondu de voir à combien d'inventions perfides peut donner lieu le désir de nuire.

M. Thélin, dont on invoque le témoignage, répondra lui-même à l'invitation qui lui est faite.

J'espère, monsieur le directeur, que vous voudrez bien publier cette lettre dans votre journal, afin que vos lecteurs puissent apprécier la vérité.

Veuillez agréer, monsieur le directeur, l'assurance de ma considération distinguée.

F. PIÉTRI,

Secrétaire particulier de l'empereur Napoléon.

Lettre de M. F. Piétri, à propos de la note publiée dans les Papiers.

A M. *le directeur de* l'Indépendance belge.

Wilhelmshœhe, 20 octobre 1870.

MONSIEUR,

La publication déloyale des papiers trouvés aux Tuileries ne s'arrêtant pas, je ne cesserai pas de mon côté de rétablir la vérité toutes les fois que je la trouverai dénaturée par l'esprit de dénigrement.

L'Indépendance belge publie dans son numéro du 20 octobre, sous le titre de *Fortune mobilière de l'Empereur à l'étranger,* une liste énumérant certaines valeurs étrangères, trouvée dans les notes de toute sorte qui journellement étaient remises à l'Empereur. Or, ce document, qui vous paraît établir d'une manière indiscutable les économies réalisées par l'Empereur, n'est autre chose que le détail d'une partie de la fortune de M. le duc de Brunswick, remis à Sa Majesté dans une circonstance que je n'ai plus bien présente à l'esprit.

Vous pourrez remarquer qu'il y est question de Beaujon, qui est la résidence du duc à Paris, et d'uniformes que celui-ci a toujours possédés.

J'espère, monsieur, que votre amour pour la vérité vous fera accueillir cette lettre avec la même faveur que vous avez accordée à la note trouvée aux Tuileries et que vous lui donnerez la même publicité.

Veuillez agréer l'assurance de mes sentiments distingués.

F. PIÉTRI,

Secrétaire particulier de l'empereur Napoléon.

Lettre de M. Ch. Thélin à M. le directeur de l'Indépendance belge.

Wilhelmshœhe, 25 octobre 1870.

Monsieur,

Dans l'*Indépendance belge* du 16 de ce mois, un M. Max Pol que je n'ai pas l'honneur de connaître, fait appel à mon témoignage pour prouver que l'empereur Napoléon III a, pendant son règne de dix-huit années, placé des sommes considérables à l'étranger.

M. Max Pol se trompe. Ce n'est pas à l'étranger mais à l'intérieur que l'empereur a fait de nombreux placements, et je vais vous en donner un aperçu aussi exact que possible.

La liste civile de l'empereur était de 25 millions plus 2 millions provenant des forêts de la couronne. Total : 27 millions.

Sur cette somme, les services ordinaires inscrits au budget de la liste civile absorbaient 22 millions.

Ces services se composaient :

Du ministère de la maison de l'Empereur ; de la grande aumônerie ; du grand-maréchal du palais ; du grand-chambellan ; du grand-écuyer ; du grand-veneur ; du grand maître de cérémonie ; de la maison militaire ; de la maison de l'Impératrice ; de la maison du prince impérial ; de la restauration et de l'entretien des palais impériaux ; de l'administration du mobilier de la couronne ; des manufactures impériales des Gobelins, de Sèvres et de Beauvais ; des voyages, etc., etc.

L'Empereur s'était réservé par an une somme de 5 millions qu'il pouvait dépenser comme bon lui semblait, sans nuire en aucune façon à la marche des services établis.

Voici l'emploi de la presque totalité de cette somme.

Allocation annuelle de 200,000 fr. pour compléter et porter à 600 fr. la pension des amputés militaires qui n'est en moyenne que de 400 francs, depuis 1859, soit onze années . . . . fr.	2,200,000
Don pour les sociétés coopératives de Paris	500,000
Don pour les sociétés coopératives de Lyon	300,000
Don pour les sociétés de secours mutuels des anciens militaires . . .	500,000
Dons pour maisons à bon marché à Paris, à Lille, à Amiens, à Bayonne.	1,000,000
Achat des landes de la Bouhère et mise en culture	3,000,000
Achat de terrains incultes en Sologne	2,500,000
Allocations pour le desséchement des Dombes (Ain)	450,000
Allocations pour desséchement dans la Dordogne et dans l'Allier . .	100,000
Desséchement des marais d'Orx (Landes)	2,500,000
Ensemencement des Dunes de la commune d'Anglet (Basses-Pyrénées) .	80,000
Fermes du camp de Châlons	3,000,000
Reconstitution de la Terre de la Châtaigneraie, près Saint-Cloud . .	800,000
Achat de la ferme modèle algérienne de Boukardoura	250,000
Fertilisation des landes de Bretagne, à Korn-er-Houet	200,000
Don à l'Algérie de charrues à vapeur	80,000
Théâtre du camp de Châlons, 30,000 fr. par an depuis 1856 . . .	420,000
Paiement d'une partie des dettes de la commune de Mourmelon . .	60,000
Paiement des dettes de la commune de Saint-Cloud	400,000
Église de cette ville	400,000
Églises de Plombières, de Biarritz, de Suippe, de Mourmelon, de Vadenay, de Cusset, de Conty, de Saint-Jean-de-Luz, de Solferino (Landes), de Rueil, de St-Leu, de Fontainebleau, etc	2,200,000
A reporter . . .	21,920,000

Report.	21,920,000
Allocations pour maisons d'écoles dans beaucoup de départements.	1,200,000
Allocations pour les chemins vicinaux des Basses-Pyrénées.	200,000
Allocations pour travaux aux mairies de Compiègne et de Pierrefonds.	50,000
Travaux d'utilité et d'embellissement à Plombières et à Vichy.	600,000
Restauration du château de Pierrefonds.	3,500,000
Palais des Césars à Rome, fouilles.	750,000
Cautionnements fournis à divers officiers nommés percepteurs ou receveurs particuliers.	300,000
Musée de Saint-Germain.	300,000
Allocations aux filleuls de l'Empereur, 60,000 fr. par an depuis 1856.	840,000
Inondations du Rhône et de la Loire.	500,000
Secours pour incendies, grêles, etc., 200,000 fr. par an pendant 18 ans.	3,600,000
Indépendamment des 1,200,000 fr. par an inscrits au budget de la liste civile pour les dons et secours et des 400,000 fr. de pensions, l'Empereur donnait, sur sa cassette particulière, en pensions et secours, à d'anciens serviteurs, à d'anciens militaires et autres, 300,000 francs par an, soit pour 18 ans.	5,400,000
Encouragements aux arts, aux sciences, à l'industrie. Travaux archéologiques dans plusieurs départements. Travaux de M. Foucault (astronomie), de M. Regnault (gaz), de M. Ste-Claire-Deville (aluminium, pétrole), de M. Fromont (électricité). Expériences du chemin de fer du Raincy, de la Jonchère, du camp de Châlons et autres inventions et expériences de machines à vapeur propres à la culture et à l'industrie. Expériences d'artillerie, atelier de Meudon, etc., 600,000 fr. par an pendant 18 ans	10,800,000
Dons diplomatiques, tabatières, décorations en diamants, bijoux pour artistes dramatiques, etc., 200,000 fr. par an pendant 18 ans.	3,600,000
Achat de pierres précieuses, ajoutées aux diamants de la couronne, environ	100,000
Achat d'anciennes armures pour le cabinet de Pierrefonds.	300,000
Allocations à la Société du prince impérial pour prêts au travail depuis sa création.	250,000
Prix de courses. Allocations et concessions de médailles aux concours régionaux, aux comices agricoles, aux régates, aux sociétés d'horticulture, de tirs, d'orphéons, etc., 60,000 fr. par an pendant 18 ans.	1,080,000
Médailles de tarse, données à la bibliothèque impériale.	50,000
Dons de munificence et prêts à diverses personnes. Entre autres : deux hôtels aux deux ministres MM. Billault et Magne, hôtel à la princesse Baciocchi, hôtel au prince Murat, six maisons à Vichy, au docteur Conneau et à d'anciens serviteurs, complément de la dot de la princesse Anna Murat.	10,000,000
OEuvres de bienfaisance de l'Impératrice, 500,000 fr. par an pendant dix-huit ans.	9,000,000
Total. Fr.	73,340,000

Telles sont, à ma connaissance, les sommes principales que l'Empereur a dépensées tous les ans en dehors de son budget ordinaire. Je ne connais point d'autres placements de fonds.

Agréez, monsieur, l'assurance de ma considération très-distinguée.

Le trésorier particulier de l'Empereur,

Ch. Thélin.

*Lettre de M. F. Piétri à M. le directeur de l'*Indépendance belge.

Wilhelmshœhe, 24 octobre 1870.

Monsieur le rédacteur,

Parmi les pièces qu'on prétend avoir trouvées aux Tuileries, vous avez reproduit, d'après une publication officielle, des notes d'où il résulterait que la maison Baring, de Londres, a fait, pour le compte de l'empereur Napoléon, le placement en Angleterre d'une somme de vingt-huit millions de francs. Voici en quels termes MM. Baring démentent cette allégation dans une lettre adressée au *Times* :

« *A l'éditeur du* Times.

» Monsieur,

» Pour répondre à diverses assertions publiées dans les journaux, se rapportant à des placements de valeurs faits pour le compte de l'Empereur des Français par notre maison ou à des valeurs et des propriétés que nous aurions en nos mains pour lui, nous croyons juste de déclarer par la voie de votre journal qu'à aucune époque, nous n'avons fait de placements pour le compte de l'Empereur, et que nous n'avons aucune valeur qui lui appartienne.

» Nous vous serons obligés d'insérer cette lettre, et nous sommes

» *Vos obéissants serviteurs,*
» Baring Brothers et Cie.

» 8, Bishopsgate st. within,
» 22 octobre 1870. »

Une déclaration aussi nette et aussi précise de la part de gens honorables coupe court à toutes les calomnies. Elle indique en même temps quel degré de confiance doit être accordé aux publications d'ennemis politiques qui ne reculent devant aucun moyen pour satisfaire leurs sentiments d'hostilité et pour égarer l'opinion publique.

Recevez, monsieur le rédacteur, l'assurance de ma considération distinguée.

F. Piétri,
Secrétaire particulier de l'empereur Napoléon.

Pour ne parler que de cette dernière lettre, sans contester la véracité de MM. Baring frères, on voudrait leurs déclarations plus nettes et plus précises. En parlant des *placements impériaux*, il ne s'agit pas seulement de ceux qui peuvent avoir été opérés pour le compte de l'ex-empereur, cette expression sous-entend les placements faits pour le compte de l'impératrice et du prince impérial, pour l'empereur et les siens, et par leurs ayant-cause.

Reste donc à savoir si MM. Baring n'ont fait aucun placement pour la famille impériale; et cela établi, il resterait à obtenir, des autres maisons de banque soupçonnées d'avoir facilité les épargnes impériales, des déclarations analogues.

En attendant, on ne croira pas qu'après dix-huit ans de gouvernement personnel, la fortune de Louis-Napoléon Bonaparte se trouve dans le même délabrement qu'à l'époque de sa première rentrée en France et de sa première candidature législative.

XLI.

M. Théophile Silvestre, ex-rédacteur du *Nain Jaune*, du *Figaro* et du *Dix-Décembre*, critique d'art distingué d'ailleurs, a envoyé au cabinet de l'Empereur une volumineuse correspondance où il ne cesse d'exposer des plans très-singuliers et de réclamer des subventions et des pensions. Nous choisissons dans son dossier deux lettres assez curieuses.

Paris, le 2 janvier 1867.

Cher ami,

Vous m'apprenez, en deux mots qui me touchent, que l'Empereur a l'extrême bonté de me donner un viatique de mille francs par mois pour une année. L'Empereur m'a toujours aidé dans mes crises et au moment où je me suis trouvé le plus désarmé à son service. Je ne sais comment exprimer ma reconnaissance ; mais je crois avoir une bonne pensée en vous priant de remercier pour moi Sa Majesté, qui connaît votre cœur.

Le travail historique dont je vous ai parlé résume le dernier règne, expose la révolution de 1848 avec ses systèmes, ses sectes, ses meneurs, ses victimes, ses dupes. A l'affolement des idées, au désespoir du paupérisme, à l'abaissement de la nation devant l'étranger et à la guerre civile succède le gouvernement de Sa Majesté, Père et Sauveur de la patrie. Ni optimiste, ni pessimiste en histoire, je suis convaincu que l'homme est éternellement semblable à lui-même, sous les formes variées du progrès ; qu'il y a toujours à craindre pour le lendemain les dangers de la veille ; que les peuples, la France surtout, commencent à manquer de mémoire, dès l'instant même où ils se voient sauvés. Enfin, sans évoquer des passions mortes ni réveiller des haines endormies, je mets en parallèle la prospérité, la stabilité présentes et l'anarchie rêvée par l'ignorance, l'ambition, la vanité, le ressentiment d'une minorité infime.

Au lieu de me borner à faire ressortir le caractère de Paris et de quelques grandes villes, je donne aussi aux campagnes la part légitime qui leur est due. Les départements de la France, tout en restant plus que jamais attachés de cœur et d'esprit à la grande unité nationale, dont l'Empereur est l'auguste incarnation, ne sont plus, comme autrefois, disposés à subir d'autres gouvernements improvisés par des meneurs, et à recevoir par la poste des drapeaux blancs ou des drapeaux rouges. Paris, tête et cœur de l'Empire, n'est pas plus l'Empire tout entier que le seul cratère du Vésuve n'est le Vésuve même.

Le journalisme politique a perdu son crédit. Je vous l'ai dit souvent. Vous aurez vous-même reconnu cette vérité à la profusion, d'ailleurs plus ou moins insignifiante ou malsaine, des petits journaux littéraires. Des journaux politiques et non politiques, il en faut ; il y a des oisifs et des maniaques. De temps en temps, j'en conviens aussi, l'opinion publique peut avoir besoin du mors ou de l'éperon. Mais les têtes sérieuses ne croient plus qu'aux livres bien faits. Si profonde et si juste que soit la pensée de l'écrivain, elle ne produit même pas d'effet si l'expression n'est incisive et pittoresque.

Il est de notoriété que je suis une des trois ou quatre plumes qui ont résisté au relâchement universel des lettres. La pauvreté et aussi la fierté de mon tempérament expliqueront suffisamment à votre juste impatience mes longs chômages. Vous savez combien le silence pèse à ma gratitude et compromet ma vocation.

M. Mocquard avait compris que j'étais fait pour être l'historiographe particulier d'un souverain, comme il y en eut sous la vieille monarchie. Je lui rappelais quelquefois Fiévée. Pour être sincère jusqu'au bout, suivant ma malheureuse nature, n'est-il pas triste de voir encore l'histoire d'un grand règne écrite un peu chaque jour par des envieux et des impuissants? Voyez-vous d'ici l'embarras des historiens futurs au milieu des vaines récriminations éparpillées dans les recueils ou tombées de cette tribune qui corrompt notre langue en bafouant la vérité?

Je vous en prie, cher Piétri, osez dire à l'Empereur à quel point j'ai le désir de répondre au plus tôt à ses bontés par mes services. Loyal et dévoué, j'ai besoin, non-seulement d'être aidé, mais encore et surtout d'inspirer de la confiance. Pour bien écrire l'histoire, il faut d'abord être bien renseigné.

J'ai étudié mon sujet d'après nature. Je l'ai *vécu*. Mais je n'en sais pas encore, à beaucoup près, tout ce que j'en voudrais savoir. Il y a dans les cartons de telle administration, de tel ministère, des documents qui, pris avec la prudence et la discrétion convenables, donneraient à mon œuvre beaucoup de lumière et d'autorité.

Quelle est notre idée fixe à vous, à moi, à nos amis, à tout le monde? La durée la plus longue possible de la vie, du règne de l'Empereur, et le glorieux avenir du Prince impérial.

A moi, que me faut-il? Une plume et le pain quotidien du *Pater*. Rien de plus. Je vous ai parlé en ami, en cœur reconnaissant. Vous m'avez compris. Merci.

Signé : THÉOPHILE SILVESTRE,
33, rue Beurot, Vaugirard-Paris.

A l'Empereur.

Paris, le 10 décembre 1869.

SIRE,

Par ces derniers temps d'agitation et de logomachie, il n'était pas facile aux écrivains les plus dévoués à l'Empire, quel que soit d'ailleurs leur talent, de remonter le courant des opinions hostiles. C'est là sans doute une des causes de l'insuccès du journal hebdomadaire *le Dix-Décembre*.

Personnellement invité à collaborer à cette publication, je lui ai donné bon nombre d'articles politiques, notamment les suivants signés de mon nom, sauf les deux premiers de la série :

Les convulsionnaires politiques. — Les idées de Baudin. — Les conférences de MM. Jules Simon, Saint-Marc Girardin, Pelletan, etc., au théâtre du Prince Impérial. — Les revenants. — M. Jules Simon chez les communistes. — Les manœuvres des partis et les intrigues électorales de 1852 à 1869. — Les pamphlétaires réfugiés. — La mort de Baudin (seule relation vraie). — M. Émile

Ollivier. — *M. Ernest Renan.* — *L'Empereur et le récent discours de la couronne.*

La suppression du *Dix-Décembre* m'enlève ma dernière occupation, ma dernière ressource au service de l'Empereur.

Sire, je dois rappeler ici avec la plus vive gratitude que je suis le débiteur en retard, et en quelque point répréhensible, de Votre Majesté. De sérieux engagements, pris par moi envers Elle, ne sont pas encore remplis. Ma loyauté reste l'ôtage d'une si haute confiance. De bienveillants amis ajouteront à la trop faible expression de ma pensée la délicatesse et l'élévation de leurs sentiments personnels.

Il y a deux ans et quelques mois, Votre Majesté vint à mon aide, prenant en considération mon talent, mon zèle et ma ruine complète au *Nain-Jaune*, où j'avais fait d'abord le sacrifice volontaire de ma position d'inspecteur général, puis une perte sèche de 80,000 francs en six mois, au service exclusif des intérêts de l'Empereur et au milieu des animosités violentes.

Votre Majesté avait daigné approuver ensuite mon plan entièrement neuf d'une *Histoire des idées, des caractères, des faits et gestes de la seconde République*, suivie du second Empire, pour le salut de notre pays. C'était une dissection sur le vif des hommes et des choses, des partis et des sectes ; le *memento* de nos caprices, de nos erreurs, de nos déchirements, de nos expiations périodiques. On attendait de ce travail un salutaire effet au moment des dernières élections générales. Mais il est resté sur le chantier, infiniment moins par ma faute que par celle des circonstances.

Premièrement, je n'avais demandé, avec une discrétion timide, que deux ans pour l'œuvre. On me pressait d'aller vite et bien, sans pouvoir apprécier au plus juste, comme j'ai pu moi-même le faire de jour en jour, les complications et les subtilités de la tâche. Quel chaos d'opinions et de doctrines ! Quel amas de dossiers publics et secrets ! Que de révélations orales et manuscrites, confiées à ma mémoire et à mon discernement ! J'avais à questionner les personnalités marquantes, souvent à les contrôler par des témoignages obscurs, mais véridiques.

Il me fallait sonder tour à tour des caractères ombrageux, hardis, logiques, contradictoires, pour tirer de l'ensemble de mes recherches la confession authentique d'une époque si troublée dans sa pensée, si discordante dans ses œuvres.

Secondement, il me fallait avoir accès dans les greffes des tribunaux, dans les archives des ministères ; pouvoir consulter au fur et à mesure, dans mon cabinet et non dans une salle publique, par prudence et par économie de temps, journaux, brochures, pamphlets, placards, caricatures et chansons de la Bibliothèque impériale. Au lieu d'une faveur toute personnelle, justifiée d'avance par mes aptitudes spéciales et ma notoriété, je n'ai trouvé là que formalités restrictives, réglementaires pour le public, mais paralysantes pour moi.

Pour accomplir mon œuvre en toute sécurité sans grever la générosité personnelle de l'Empereur, j'avais demandé à Votre Majesté la succession de l'historiographe de la ville de Paris, qui venait de mourir, et que l'on n'a pas sans doute encore remplacé, ou bien la direction du Musée des antiquités de l'hôtel Carnavalet.

Sans rien décider alors à ce sujet, l'Empereur eut la bonté de m'allouer mille francs par mois sur sa cassette particulière, subside épuisé le 1er juin dernier.

Précédemment, à la vérité, j'étais à tout instant vivement incité par les amis les plus zélés de l'Empereur à finir promptement mon œuvre avant les élections générales. Je croyais moi-même y réussir. Mais, entravé de tant de manières et dégoûté, sinon découragé, je ne pouvais absolument me résigner à avilir le sentiment de l'art en bâclant une publication cursive et banale, quand je devais un livre arrêté, profond, solide, et d'une utilité vraiment nationale.

SIRE,

Voilà comment, dans toute la force de l'âge, du talent et de la bonne volonté, je reste, avec mon travail interrompu, sans position, sans la moindre fortune. Qui pis est, je semblerai avoir abusé indignement de l'extrême bonté de l'Empereur.

Une situation si fausse inquiète beaucoup ma conscience, celle de mes amis, pèse trop à ma fierté et compromet gravement mon avenir. J'ai le ferme espoir que Votre Majesté me donnera au plus tôt les moyens d'en sortir résolûment et noblement.

Daignez agréer, Sire, l'hommage du plus profond respect avec lequel j'ai l'honneur d'être, de Votre Majesté, le très-humble, très-obéissant et très-fidèle sujet.

Signé : THÉOPHILE SILVESTRE,
30, quai du Louvre.

—

XLII.

Marie Cappelle (Mme Lafarge).

Lettre de remerciment au Prince-Président, qui lui a rendu la liberté.

MONSEIGNEUR,

Je me mourais ; vous l'avez su, et je vous dois la vie. Je pleure de reconnaissance à vos pieds.

Quels mots, Prince, seraient assez éloquents pour traduire dignement mon action de grâces !

Vous devoir la liberté, c'est vous devoir l'honneur. Vous protégez et vous donnez en roi... Ma vie tout entière sera l'écho passionné de ma reconnaissance... Mais, pour oser vous dire, Monseigneur, combien je vous vénère et combien je vous aime, je *jète* ma plume, et j'emprunte le cœur de la France.

J'ai l'honneur d'être, avec le plus profond respect, Monseigneur, votre très-humble et très-obéissante ressuscitée.

MARIE CAPPELLE.

Montpellier, le 12 juin 1852.

XLIII.
Rapports des Tuileries avec la presse.

Certains journaux ont entretenu de nombreuses relations avec le cabinet et aussi avec la cassette de l'ex-empereur. Les preuves surabondent. Nous ne ferons que des choix très-sobres dans la masse des documents de ce genre.

Voici, par exemple, une lettre de M. Pinard, alors ministre de l'intérieur, recommandant M. Grégory Ganesco à M. Conti. Viennent ensuite deux lettres de M. Ganesco, se recommandant lui-même.

MINISTÈRE DE L'INTÉRIEUR
Cabinet du ministre.

Paris, le 4 juin 1868.

MON CHER AMI,

Vous connaissez, au moins de réputation, Ganesco.

Il y a deux courants au *Nain-Jaune*. Ganesco, malgré son passé ou au moins sa réputation, m'a promis de devenir le bon et d'absorber l'autre.

Il m'apporte un article où il a si noblement parlé de notre Empereur que je tiens à vous l'envoyer. Vous connaissez si bien la corde sensible du journaliste que vous me pardonnerez cet envoi de nature à encourager ce pécheur, qui semble revenir.

Cet article, hier, a frappé beaucoup de monde.

Montrez-le *au moins à Piétri*, auquel j'avais expliqué, ainsi qu'à l'Empereur, les motifs qui m'avaient fait rendre la voie publique au journal.

Il n'y a, bien entendu, que le passage relatif à l'Empereur que j'approuve dans l'article.

Excusez ma lettre, et tout à vous, de cœur.

PINARD.

Vous seriez bien aimable de m'envoyer un mot sur votre carte me disant si l'Empereur va bien, et si la souffrance d'hier a cessé.

P.

Lettre à M. Conti, sénateur, chef du cabinet de l'Empereur.

(Personnelle.)

Paris, le 30 janvier 1870.

MONSIEUR LE SÉNATEUR,

Je viens de me faire l'insigne honneur d'adresser quelques lettres à l'Empereur, en y joignant l'article ci-inclus.

Il entrera dans vos convenances, vos droits et devoirs, de placer sous les yeux de Sa Majesté les paragraphes de mon travail que vous jugerez dignes de son attention.

Je voudrais me tromper, oh! oui je le voudrais! mais je crains qu'avant peu, sur quelque terre d'exil, je n'aie la douleur de vous rappeler et l'article d'hier soir du *Parlement* et cette lettre...

Ce n'est pas le dépit de n'avoir pas ma part des places et des faveurs qui se distribuent, ce n'est même pas le chagrin de me voir privé de la moindre parcelle de cette justice qui est due à mes longues études politiques et à ma toute politique éducation.

Ce sont mes sentiments pour l'Empereur et ma reconnaissance plus grande que je ne devais le dire dans l'article *la Chute de l'Empire*; ce sont ces sentiments qui m'ont mis la plume à la main.

Ne vous laissez pas dire, Monsieur le Sénateur, que ma ligne de conduite dans un journal que le public comble de ses faveurs embarrasse la marche du gouvernement. Personne, plus sincèrement et plus virilement que moi, ne soutient M. Émile Ollivier et quelques-uns *de ses collègues*. Ce que j'embarrasse, ce que j'espère embarrasser de plus en plus, c'est la marche de la conspiration orléaniste.

Il est vrai que rarement je monte à la tribune dans une réunion publique (et j'y monte au moins trois fois par semaine) sans qu'un émissaire orléaniste ne soit là, flanqué de quelques irréconciliables, pour se rendre compte du mal que je pourrais faire, à la tribune du Corps législatif, aux adversaires de l'Empire, pour se rendre compte aussi de la différence de mon talent de parole et de celui que le favori *exclusif* du Prince, M. Duvernois, prodigue à la tribune de la Chambre des représentants.

Il est vrai aussi que l'état-major orléaniste lit *Le Parlement* avec une attention qu'aux Tuileries on n'a pas le temps de lui accorder. Il est vrai, enfin, que le gouvernement impérial aide singulièrement les orléanistes à m'empêcher de rendre quelques services à l'Empire.

Le ministre de l'intérieur, M. Chevandier de Valdrôme, m'a tout récemment exprimé de très-chauds remercîments à propos de l'attitude du *Parlement* en présence des événements qui ont suivi le malheur d'Auteuil. De leur côté, pendant une ou deux nuits, quelques troupes de naïfs émeutiers sont venus contempler les bureaux du *Parlement*.

J'ai attaché autant d'importance aux remercîments de M. Chevandier qu'à la démonstration des émeutiers. Ces derniers ne m'ont fait aucun bien, et tels des collègues de M. Chevandier obtiennent déjà de lui de me faire du mal. C'est logique, c'est politique: *je défends l'Empire contre l'orléanisme!* Enfin!

Excusez, Monsieur le Sénateur, cette lettre trop longue et trop sincère; je je ne me permettrai pas de vous importuner d'une seconde.

Je suis, avec le plus profond respect, votre humble et dévoué serviteur,

GREGORY GANESCO.

Sire,

Je n'ai pas à craindre de troubler Votre Majesté dans ses impressions électorales.

Alors même que les résultats du scrutin n'eussent pas été satisfaisants, je sais que rien n'ébranlerait ce calme superbe où reposent la force et la sagesse de l'Empereur.

Permettez-moi donc, Sire, de vous donner, non au point de vue de mon humble personnalité, dont je n'aurai garde d'entretenir Votre Majesté, mais au point de vue politique, quelques explications sur ma candidature législative.

Du jour où, contrairement à mes attentes, le gouvernement présentait un candidat dans la troisième circonscription de Seine-et-Oise, j'ai compris qu'il fallait, ou retirer ma candidature, ou me résigner au rôle d'agent électoral.

Retirer ma candidature, c'eût été laisser le champ libre à MM. Portalis et Say, qui épuisaient dans chaque commune le vocabulaire accusateur du libéralisme orléaniste, et à M. Peigné-Crémieux, qui prêchait des lieux communs révolutionnaires sous l'égide de Danton.

C'eût été encore infliger aux populations le spectacle d'une opposition haineuse accablant le présent et n'ayant personne en face d'elle pour lui rappeler le passé.

Me résigner au rôle d'agent électoral, c'était enterrer ma candidature, mais c'était faire vivre la candidature officielle; faire vivre cette dernière par l'impression que cent trente discours improvisés pendant dix-sept jours devaient laisser dans l'esprit des populations, par la vibration patriotique que l'âme populaire, si intimement attachée aux Napoléons, a ressentie devant un jeune homme qui, quoique en butte aux tracasseries des agents de l'administration, ne cédait pas un pouce de terrain aux partisans des dynasties déchues.

C'est ainsi que j'ai fortifié, Sire, les amis du gouvernement dans leur habitude à suivre le gouvernement dans ses choix, et que je me suis attiré toutes les haines des ennemis de l'Empire, en même temps que je m'exposais à toutes leurs manœuvres.

J'étais devenu l'ennemi commun!

Vos ennemis, Sire, estimaient la veille même du scrutin que l'honorable M. Rendu n'aurait pas plus de 4,000 voix et que j'en aurais 10,000.

J'étais peut-être seul dans la circonscription de Pontoise à ne pas partager cette croyance.

Mais aujourd'hui je ne serai pas seul à penser que mon concours, le sacrifice de moi-même ont été utiles à la cause du pays et de l'Empereur.

Sire, toute une génération arrivée en silence s'éprend subitement de passion pour le tumulte. Pour une pareille situation, situation nouvelle, à larges et multiples proportions, Votre Majesté appréciera si ma plume et ma parole, mon dévouement et mon expérience des choses de la politique peuvent être de quelque utilité.

Je suis aux ordres de l'Empereur.

Je suis toujours, Sire, de Votre Majesté, l'humble, obéissant, dévoué et fidèle serviteur et sujet. GRÉGORY GANESCO.

XLIV.

LE PEUPLE, Journal politique quotidien.
16, rue du Croissant.

COMPTES DES DÉPENSES FAITES POUR L'ÉLECTION DE M. TERME.

A Vallée pour impressions	5,700 00
4,000 nos du journal *Paris*	600 00
6,000 nos du journal *L'Époque*	1,800 00
20,000 nos du journal *Le Peuple*	400 00
Affichage Bernard	1,300 00
— Lecrosnier	800 00
— Albert	1,000 00
Dépenses faites,	500 00
— MM. Rolland	20 00
— Bourcier	58 00
— Berthier	250 00
— Bertrix	133 00
— Puech	200 00
— Thienlot	204 00
— Favre	150 00
— Louis	15 00
— Bauny	114 50
A Bourdon Floquet, bandes et distributions	243 25
Service fourni par les porteurs du *Peuple* et autres	1,234 00
TOTAL	**14,721 75**

Reçu les quatorze mille sept cent vingt et un francs 75 ci-dessus.
Paris, le 2 juin 1869.

G. MORANGIS.

Monsieur Bertrix, qui figure pour 133 fr. sur ce compte de dépenses, a écrit à la commission qu'à l'époque dont il s'agit, il était attaché à la comptabilité du journal *Le Peuple*, et que ces 133 fr. lui ont été alloués pour frais de voitures et autres dépenses imposées par son administration, et non pour avoir rendu à M. Terme des services électoraux.

XLV.

Miss Howard.

Miss Howard avait engagé sa fortune pour la réussite du coup d'État ; elle avait payé plusieurs fois les dettes du Prince Louis-Napoléon. En 1851, celui-ci avait des billets protestés chez Montaut, changeur au Palais-Royal. Le 25 mars 1853, il remettait à miss Howard un premier à-compte de 1 million.

Lettre de Mme de Beauregard (miss Howard) donnant quittance de 1 million, en date du 25 mars 1853. Cette lettre est en anglais ; en voici la traduction française

Je reconnais, par la présente, avoir reçu de S. M. l'Empereur Napoléon III la somme de 1 million de francs en plein acquit et décharge complète de tous mes droits et intérêts dans le domaine de Civita-Nova, dans la Marche d'Ancône (États du Pape).

E. H. DE BEAUREGARD.

Paris, 25 mars 1853.

Lettre à M. Mocquard. — Quittance d'une somme de 50,000 francs en date du 31 janvier 1854. (Avec note de M. Mocquard constatant que trois premiers payements de pareille somme ont été faits par M. Giles.)

MON CHER MOCQUARD,

Je reconnais avoir reçu jusqu'au 1er janvier 1854 la somme de cinquante mille francs que je vous ai chargé de toucher chaque mois.

E. H. DE BEAUREGARD.

Paris, 31 janvier 1854.

NOTA. — Le payement des 50,000 francs a commencé au 1er juin 1853. Les trois premiers ont été faits par M. Giles. (1)

Note des sommes payées par l'Empereur à miss Howard depuis le 24 mars 1853, jusqu'au 1er janvier 1855.

Le total monte à 5,449,000 francs.

1er janvier 1855. Payement des 58,000 francs.

Donc le mois de novembre n'est pas compris.

J'avais promis 3 millions plus les frais d'arrangement de Beauregard (2), que j'évaluais tout au plus à 500,000 francs.

J'ai donné 1,000,000 le 24 mars 1853, suivant reçu.
— 1,500,000 le 31 janvier 1854.
— 1,414,000 en rentes sur l'État.
— 585,000 en payements à 58,000 francs par mois à partir du 1er janvier 1855.
— 950,000 en payements de 50,000 francs, à partir du 1er janvier 1853 jusqu'au 1er janvier 1855.

_____

5,449,000

Autre lettre de miss Howard, pour se plaindre que les engagements pris envers elle n'ont pas encore été tenus. Cette lettre est du 24 juillet 1855.

Château de Beauregard, 24 janvier 1855.

MON TRÈS CHER AMI,

Nous sommes aujourd'hui le 24 janvier, et je vois avec peine que les engagements pris envers moi ne sont pas accomplis [quand j'ai doute, j'ai blesse, il ne pas plus se douter]; en fait, j'ai cru et je crois encore que c'est une erreur, pourquoi me faire souffrir? Si les choses doivent en être ainsi, j'aurais

---

(1) Ce nota n'est pas de la main de miss Howard.
(2) Entre parenthèses rayé : Howard.

mieux fait de garder *les six* millions, au lieu de trois millions cinq cent mille francs qui devaient sur ma demande être payés au bout de l'année 1853, et c'était pour cela que j'ai prié l'Empereur de déchirer la première somme (*deux millions cinq cent mille francs*). Le cœur me saigne d'écrire ceci, et si mon contrat de mariage n'était pas fait comme il est, et si je n'avais pas un enfant, je ne ferais cette démarche, qui est devenue un devoir. Je compte sur vous pour faire fin à tant de souffrance. Le cœur de l'Empereur est trop bon pour laisser une femme, qu'il a aimé (sic) tendrement, dans une fausse position, et il ne voudrait pas être lui-même, — vous savez ma position, vous êtes mon tuteur, et c'est à double titre que je m'adresse à vous. Je me suis trompé (sic) l'autre jour en écrivant à Sa Majesté ; par une de ses lettres date mai, il dit : « Je donnerai à Giles demain papier pour les trois millions cinq cent mille francs. » Alors il né (sic) rien à faire que de calculer de 50,000 depuis le 1ᵉʳ juin 1853 la rente, et 50,000 depuis janvier jusqu'à octobre. Je prie Dieu qu'il n'en soit pas plus question d'argent entre moi et lui que à toute un autre sentiment dans mon cœur. Je vous embrasse tendrement et vous aime de même.

Votre affectionnée,

E. H. DE B.

Je vous en conjure, ne laissez pas cette lettre, vous pouvez en faire lecture à Sa Majesté si vous jugez convenable, et brûlez-la aussitôt après. J'ai vu Mᵐᵉ Mocquard lundi à 4 heures, elle était très-souffrante l'autre jour.

XLVI.

A la suite du coup d'État, le colonel Espinasse, qui depuis fut ministre de l'intérieur après l'attentat d'Orsini et appliqua le premier la loi de sûreté générale, reçut de Louis-Napoléon la mission de réviser les jugements des commissions mixtes. Voici le rapport qu'il rédigea après son voyage :

MONSEIGNEUR,

J'ai l'honneur de vous adresser le rapport d'ensemble sur la mission que vous m'avez fait l'honneur de me confier.

J'ai pu constater l'état de l'esprit public de Tours à Bordeaux, de Bordeaux à Montpellier et Perpignan ; je l'ai trouvé partout excellent. Partout on apprécie vivement les grands services que vous avez rendus au pays. Parmi ces services, celui peut-être qui est le plus apprécié, c'est d'avoir débarrassé la société des éléments dangereux qui menaçaient de la dissoudre. Ce dernier sentiment a une telle vivacité qu'il fait accueillir avec hostilité tout bruit d'amnistie.

La circulaire de M. le Ministre de l'intérieur et les mises en liberté qui en ont été la suite avaient produit le plus mauvais effet. Le parti entier des anarchistes avait relevé la tête : ceux des inculpés qui restaient encore entre les mains de la justice avaient interrompu ou rétracté les aveux qui faisaient connaître à l'autorité les plans et l'organisation des sociétés secrètes. Ces fâcheux symptômes commençaient à s'effacer lorsque la mission de clémence dont étaient chargés les commissaires extraordinaires les a fait renaître au point que, pour les calmer, j'ai dû ordonner que les convois de condamnés, arrêtés en vue de ma révision, reprendraient leur route aussitôt cette révision terminée.

Je reviens avec la conviction profonde que, dans tous les départements que j'ai parcourus, les commissions mixtes se sont pénétrées des instructions successives qui leur enjoignaient de ne frapper que les hommes réellement dangereux.

Dans les Deux-Sèvres, la Gironde, la Haute-Garonne et l'Aude, elles n'ont péché que par excès d'indulgence. Puissent-elles n'avoir pas à se repentir d'avoir laissé échapper une occasion, peut-être unique, de désorganiser l'anarchie ! Dans ces départements, les condamnations ne portent que sur quelques individus dès longtemps signalés par l'opinion publique comme des perturbateurs invétérés.

Dans le Lot-et-Garonne, les Pyrénées-Orientales et l'Hérault, où les insurgés, en commençant les hostilités, avaient motivé de nombreuses arrestations, on a pu saisir les ramifications des sociétés secrètes. Le nombre des affiliés connus dépasse 30,000 dans chacun des deux premiers départements et 60,000 dans le troisième, organisés par décuries et centuries et prêts à se lever au premier signal. En ne frappant que les chefs connus, les condamnations se seraient élevées à un chiffre énorme, et l'on a dû se borner à n'atteindre que les individus réellement influents ou ceux que leurs antécédents, puisés dans les annales des cours d'assises et de la police correctionnelle, signalaient comme soutiens habituels de toute révolte contre l'autorité.

Je n'ai pu, dans ma mission, réviser réellement les dossiers de chacun des condamnés politiques, dossiers dont l'établissement avait demandé plusieurs mois d'étude assidue dans chaque département. Dès lors, pour éviter le double inconvénient d'inquiéter les populations par une application inconsidérée de la clémence, ou de froisser les premières autorités de chaque département qui avaient apporté dans leur travail le zèle le plus consciencieux, j'ai réuni les Commissions mixtes, et, après leur avoir fait part de vos intentions, je leur ai demandé de me désigner elles-mêmes ceux des condamnés politiques qui leur paraissaient les plus dignes de votre clémence. Prenant ensuite leur travail pour base, et les dossiers en main, j'ai pu commuer un certain nombre de peines ou gracier un certain nombre de condamnés.

Muni de renseignements puisés soit dans la gendarmerie, soit dans la municipalité, soit dans le clergé, je me suis efforcé d'élargir ce travail autant qu'il était possible. Chacun apportait la plus grande bonne volonté. Nous avons tenu compte des demandes en grâce, des preuves écrites de repentir, et pourtant, sur près de quatre mille condamnations, je n'ai pu prononcer en votre nom que cent commutations et deux cents grâces entières.

Les grâces individuelles que vous avez déjà accordées, Monseigneur, ont produit, en général, une mauvaise impression dans le pays ; les vrais chefs de l'anarchie en ont seuls profité, parce qu'eux seuls ont pu se faire recommander ; il s'est produit ainsi le scandale que vous vouliez surtout éviter, de voir les hommes influents échapper au châtiment, tandis que leurs aveugles instruments allaient expier dans l'exil les crimes des vrais coupables. Il serait à désirer qu'à l'avenir, et pendant longtemps encore, votre clémence ne s'exerçât que sur l'initiative de l'administration locale. Elle seule peut apprécier sainement l'opportunité d'une mise en liberté, la validité d'un repentir, et, de même qu'elle n'a pas craint de s'attirer la haine de nombreuses familles en faisant partie d'un tribunal exceptionnel, il est juste qu'elle puisse la calmer en devenant l'intermédiaire indispensable de la clémence (1).

[Les grâces sont souvent accordées à Paris sur les demandes des vieux partis, pour qui c'est un moyen de conserver une influence qui leur échappe. Il est convenable que cette influence tout entière revienne à votre administration. Si ce vœu était accueilli, la marche suivante pourrait être adoptée. Tout condamné politique qui croirait avoir des droits à la clémence du gouvernement ferait personnellement une demande en grâce avec promesse de soumission ; elle serait transmise, avec l'avis motivé du chef sous l'autorité duquel il est placé, au préfet du département dans lequel il a été condamné. Tous les trois mois, chaque préfet transmettrait au ministre de la justice les demandes qui mériteraient d'être prises en considération.

En résumé, Monseigneur, l'esprit public est excellent. Les Commissions mixtes ont scrupuleusement rempli leur mandat ; parmi les services que vous avez rendus à la société, Monseigneur, celui qui est le plus apprécié est de l'avoir débarrassée d'une partie des éléments qui menaçaient de la dissoudre. L'opinion est hostile à toute amnistie immédiate, qui est regardée comme un piège tendu par les partis vaincus.

Les condamnations doivent être, quant à présent, maintenues ; les grâces ne doivent être accordées que partiellement, sans éclat, et sur l'initiative des autorités locales.]

J'ai l'honneur d'être, Monseigneur, votre fidèle sujet (2).

Le colonel, commissaire extraordinaire,
ESPINASSE.

XLVII.

La lettre suivante a été écrite par M. Granier de Cassagnac à M. Conti, à l'époque du dernier plébiscite.

Château du Couloumé par Plaisance, Gers, 23 avril 1870

CHER MONSIEUR,

Je ne pourrai me trouver à Paris le 30 de ce mois pour le second verse-

---

(1) Le reste du rapport, mis entre crochets, était rayé sur la minute. La pièce porte, de la main du Président, ce titre : Rapport du c¹ Espinasse.
(2) Napoléon a substitué au crayon ces trois mots à ceux-ci : *Votre très-fidèle serviteur.*

ment à faire à Gibiat, parce que je veux présider, le 8 mai, le vote de mon canton.

Je vous prie donc de permettre que mon fils me supplée. Je lui écris de se présenter chez vous le 30.

La campagne que j'ai parcourue est fort paisible; on se prépare à *voter pour l'Empereur*. De *sénatus-consulte*, de régime *parlementaire*, de *cabinet libéral*, il n'en est pas question. Il n'y a, dans ce pays, rien à faire, qu'à remettre les bulletins. La population rurale ne connaît que l'empereur, ne veut que lui, ne votera que pour lui; et elle votera tout ce que l'empereur lui proposera.

J'ai visité le chef-lieu d'arrondissement et quelques cantons : on y est fort irrévérencieux pour les inconséquences de doctrine du Ministère. M. Ollivier s'est enlevé la plus grande partie de son autorité en repoussant l'intervention du gouvernement auprès des populations et en la pratiquant aujourd'hui avec énergie.

On ne croit pas possible, dans ce pays, un autre régime qu'un régime sincèrement conservateur. Quant au *libéralisme*, on le confond avec l'*agitation*, et on n'en veut pas.

En résumé, le vote, dans ce pays, sera excellent, parce que le nom de l'Empereur y est populaire et vénéré.

Cependant, il faut bien le dire, on a universellement regretté sa condescendance pour les agitateurs.

Telles sont, cher Monsieur, les dispositions que je constate autour de moi. Je n'ai rien à y faire; elles sont spontanées et sincères.

A bientôt, et tout à vous.

A. GRANIER DE CASSAGNAC.

XLVIII.

Ce rapport complète les documents qui ont été publiés sous ce titre : *Décachetage des lettres*, dans notre quatrième livraison.

MONSIEUR LE MINISTRE,

Après avoir reçu de Votre Excellence la mission que l'Empereur a bien voulu me confier, je me suis immédiatement occupé de recueillir les renseignements et les témoignages qui m'ont paru propres à fournir la solution des questions sur lesquelles l'attention de Sa Majesté a été appelée.

M. le Garde des sceaux, chargé par intérim du portefeuille de l'intérieur, m'a remis les notes de M. Giraud et une brochure intitulée : *Élections de 1857. Si l'Empereur le savait*, par Dayet.

J'ai pensé que M. Giraud était la première personne que je devais entendre avant qu'il complétât l'exposé des faits, qu'il fournît des explications et des preuves, ou du moins qu'il indiquât les sources où l'on pourrait les puiser.

J'ai écrit à M. Giraud le 30 août; il ne s'est présenté chez moi que le 4 septembre.

Avant de rendre compte de l'entrevue que j'ai eue avec lui et de celles qui ont eu lieu avec les différentes personnes que j'ai appelées, je crois devoir dire comment j'ai procédé dans les investigations auxquelles je me suis livré et de quelle manière j'en ai constaté le résultat.

Aussitôt que l'interrogatoire de chacun de ceux que j'ai entendus a été terminé, j'ai écrit sur-le-champ et avec étendue tout ce que je venais de recueillir, m'attachant surtout à être exact et complet.

L'ensemble des dépositions que j'ai reçues, la réunion des renseignements qui m'ont été fournis et la comparaison de ces divers éléments m'ont donné sur certains points une parfaite certitude et m'ont laissé sur d'autres de l'hésitation.

Je vais mettre d'abord sous les yeux de l'Empereur, aussi succinctement qu'il me sera possible, l'appréciation de tous les faits que j'ai étudiés; je reproduirai ensuite les dépositions qui ont été faites avec les réflexions qu'elles m'ont suggérées au moment même où je les recevais, en leur conservant la forme qui sans doute révèle la rapidité d'une rédaction immédiate, mais qui a l'avantage de rendre l'impression du moment et le véritable sens de tout ce que j'ai recueilli.

Les notes et les explications de M. Giraud présentent quelques accusations générales et, par conséquent, assez vagues; mais elles signalent un grand nombre de faits précis et déterminés.

Accusations générales.

Les premières, comme M. Giraud le reconnaît lui-même, ne sont pas susceptibles d'être prouvées.

Ainsi, selon lui, l'organisation de la direction de la sûreté publique est défectueuse; elle s'oppose à ce que l'institution donne de bons résultats.

M. Collet-Meygret se serait mêlé à de nombreuses spéculations, dont quelques-unes sont désignées: il aurait fait servir son crédit et son autorité au succès des opérations financières auxquelles il prenait part; il aurait notamment accordé à M. Mirès et à ses journaux une protection qui n'était ni juste ni désintéressée; il aurait usé de ménagements contraires à l'intérêt public pour obtenir de certains journaux, et notamment du *Figaro*, des articles favorables à telle ou telle personne.

Dans ses réponses, M. Collet-Meygret oppose aux allégations générales des dénégations.

Il cherche à justifier la marche de la direction à la tête de laquelle il a été placé, par l'exposé de ses vues personnelles.

Je n'ai point d'opinion à émettre sur cette matière délicate, j'ai dû m'attacher à saisir la vérité sur les faits nettement articulés; je n'avais point à juger des théories opposées sur l'organisation de la police générale de l'Empire.

Je me borne à constater que M. Collet-Meygret a eu de fréquents rapports avec les hommes qui s'occupent le plus de spéculation, avec MM. Mirès, Millaud, Prost, Margueritte, etc., et que, de son propre aveu, il a été engagé dans un certain nombre d'entreprises, à l'époque où il était directeur du Ministère de l'intérieur.

M. Giraud incrimine aussi la conduite de M. Collet-Meygret dans ses rapports avec la presse étrangère ; il l'accuse d'avoir envoyé ou d'avoir inspiré des articles qui attaquaient des personnages politiques, ou des fonctionnaires publics, ou des compagnies financières (notamment M. de Morny, M. Fould, M. Magne, M. Rouher, M. Haussmann, M. Billault lui-même, le Crédit mobilier et M. Émile Pereire).

M. Collet-Meygret proteste contre ces allégations, qui ne sont accompagnées d'aucune preuve.

Surveillance des correspondances.

(Décachetage des lettres.)

La surveillance des correspondances particulières, que M. Giraud appelle dans ses notes *le décachetage des lettres*, est un point sur lequel il insiste beaucoup ; et là il est très-précis : il nomme les agents employés dans ce service, qui est dirigé par M. Saintomer ; il cite plusieurs personnes sur la correspondance desquelles la surveillance a été exercée. Ce sont M. Hyrvoix, Mme la comtesse de Castiglione, M. Fould, Mme Botti, Mme de Montebello, M. de la Guéronnière.

Dans deux passages de ses notes, M. Giraud dit très-clairement que M. le directeur de la sûreté publique a eu la coupable audace de faire rechercher la correspondance de l'Empereur.

Enfin, il explique les motifs qui l'auraient porté à faire saisir les lettres de M. Fould et de M. de la Guéronnière. *M. Collet-Meygret, dit-il, est très-mal disposé à l'égard de M. Fould. C'est sans doute pour se procurer des armes contre lui que la correspondance de Mme Botti a été lue.* Un autre passage est ainsi conçu : *M. de la Guéronnière est considéré comme ayant des affinités politiques avec M. Fould. . . . . Il avait dans plusieurs occasions exprimé des jugements sévères sur le compte de la direction générale de la sûreté publique. Ces diverses circonstances avaient fait considérer comme utile de surprendre ses secrets particuliers, qu'on savait être d'une nature assez délicate.*

Il est constant que, depuis très-longtemps, un service chargé de la surveillance des correspondances particulières est établi au Ministère de l'intérieur. M. Saintomer le dirige depuis vingt-sept ans.

Sous le gouvernement de juillet, la correspondance du Roi avec M. Guizot aurait été, soit accidentellement, soit à dessein, interceptée. M. Saintomer l'a reconnu.

Ce service peut recevoir des impulsions bien différentes : il peut être dirigé dans des vues d'utilité, de sûreté générale, ou avec l'intention de satisfaire une curiosité indiscrète, de mauvaises passions ou des intérêts personnels.

L'extension abusive, la mauvaise direction qu'aurait reçue ce service, dont M. Giraud fait un chef d'accusation contre M. Collet-Meygret, est au contraire attribuée par M. Saintomer à M. Giraud.

La correspondance de M. Hyrvoix a été saisie. M. Saintomer, M. Hyrvoix et M. Collet-Meygret avouent le fait ; ils l'expliquent de la manière suivante.

Pendant le séjour de la cour à Compiègne, quelques journaux avaient publié des articles inconvenants. On crut utile de connaître les personnes qui leur donnaient des renseignements. Les lettres timbrées de Compiègne furent l'objet de recherches. Dans le nombre se trouvèrent celles de M. Hyrvoix, adressées à Mme Bonnald.

Il est certain que M. Saintomer ne doit surveiller, sauf quelques rares exceptions, que les correspondances qui lui sont indiquées. Si donc il a fait surveiller la correspondance de Mme Botti, c'est parce que la direction générale l'en avait chargé. Or, M. le directeur, en lui donnant cette mission, savait, il le dit lui-même, les relations de cette dame avec M. Fould ; il n'a pas, par conséquent, pu être surpris, comme il prétend l'avoir été. On ne peut pas croire non plus que ce soit la petite phrase italienne *cara Pepita del mio cor*, qui ait déterminé M. Saintomer à transmettre la lettre. Il a nécessairement compris, intelligent comme il l'est, que ces mots ne cachaient pas un complot.

Lettres anonymes. — *M. Fould.*

Des lettres anonymes ont été adressées à Mme Fould, dans lesquelles les prétendues relations de son mari avec Mme Botti lui étaient révélées.

Ces lettres ont été montrées par M. Fould à M. Collet-Meygret, qu'il a consulté sur la question de savoir par qui elles auraient été écrites.

M. Collet-Meygret, après avoir comparé l'écriture, évidemment contrefaite, avec celle de M. Giraud et celle d'une dame Trablaine, qui a été autrefois agent de l'administration, aurait pensé que c'était l'un ou l'autre qui aurait écrit les lettres, ou plutôt il prétend que c'est M. Fould lui-même qui a eu cette pensée en comparant les écritures.

M. Giraud repousse ces soupçons en faisant remarquer que, depuis qu'il a quitté le ministère, il n'avait aucun moyen de se procurer les renseignements très-précis que contiennent les lettres ; il rejette l'accusation sur M. Collet-Meygret.

M. Fould. — *Mme Botti.*

C'est par le même motif et également sans intention que le billet écrit par M. Fould à Mme Botti aurait été saisi.

M. Saintomer déclare que peut-être la désinence italienne du nom de Mme Botti a attiré l'attention des agents.

Il affirme qu'il ignorait complétement les relations qui pouvaient exister entre cette dame et M. Fould ; qu'il ne connaissait point l'écriture de celui-ci, et que, s'il a cru devoir transmettre la lettre à la direction de la sûreté publique, c'est parce qu'elle se terminait par quelques mots italiens qu'il ne comprenait pas.

Quant à M. Collet-Meygret, il a dit qu'aussitôt qu'il avait reconnu que la lettre était écrite par M. Fould, il avait ordonné de cesser toute surveillance.

M. Giraud a combattu cette explication en disant que M. Collet-Meygret n'avait pu reconnaître l'écriture de M. Fould, puisque M. Saintomer ne transmet point les originaux, qu'il copie les lettres et les laisse arriver à leur destination.

M. Fould.

MM. Saintomer et Collet-Meygret ont reconnu que c'est ainsi que les choses se passent. Mais M. Collet-Meygret a prétendu qu'il ne m'avait point dit, comme je l'avais compris, qu'il avait reconnu l'écriture de M. Fould.

Je lui ai demandé alors comment il avait deviné que cette lettre, non signée, était de M. Fould. Il m'a dit qu'il savait que Mme Botti était sa maîtresse, et qu'à la vue du nom il avait compris.

Cette dernière réponse ne m'a pas paru satisfaisante.

D'abord, je ne crois pas m'être trompé sur le sens de la première explication qui m'a été donnée; j'ai bien entendu que c'était la vue de l'écriture de la lettre qui en avait fait reconnaître l'auteur. En second lieu, le hasard ne doit pas avoir une aussi grande influence que le prétend M. Saintomer sur la direction qui est imprimée aux recherches et sur leurs résultats.

Tous les deux disent qu'ils n'avaient aucun intérêt à jeter le trouble dans l'intérieur de M. Fould; tous les deux soutiennent qu'on ne peut supposer qu'ils ont écrit ou fait écrire les lettres anonymes, avec l'odieuse pensée de les attribuer l'un à l'autre.

Aucune lumière ne m'a été fournie sur ce point, qui reste enveloppé de doute.

Monsieur de la Guéronnière.

La surveillance pratiquée sur la correspondance de M. de la Guéronnière est expliquée par M. Collet-Meygret d'une manière assez plausible.

« Une Madame de la ***, dit-il, était parvenue à se faire recevoir aux Tuileries; son existence ayant paru équivoque, M. le duc de Bassano ou M. le comte Tascher de la Pagerie a demandé des renseignements à la Direction de la sûreté publique sur les antécédents et la situation de Mme de la ***. En faisant des recherches, on a trouvé des lettres de M. de la Guéronnière. »

On comprend que ce soit ici le hasard qui ait fait découvrir une correspondance qu'on ne cherchait pas.

Madame la comtesse de Castiglione.

Dans leurs premières déclarations, M. Saintomer et M. Collet-Meygret ont affirmé qu'aucune surveillance n'avait été exercée sur la correspondance de Mme la comtesse de Castiglione. Ils persistent encore aujourd'hui dans ce système; mais ils auraient dû, quand je les ai interrogés sur ce point, aller au-devant d'une question que je ne leur adressais pas, et me dire qu'on avait jugé à propos de faire exercer dans la maison de Mme de Castiglione une certaine surveillance; ils ne l'ont pas fait.

Plus tard, j'ai entendu M. Laurot, commis d'ordre dans les bureaux de la sûreté publique.

M. Laurot m'a déclaré que toutes les pièces qui étaient recueillies étaient soigneusement classées par lui et même reliées avec des couvertures vertes ; qu'elles recevaient une pagination ; que plusieurs de ces pièces ont disparu ; que c'est à M. Giraud et à son frère, plus qu'à toute autre personne, qu'on doit attribuer les causes de cette disparition ; que notamment le dossier très-volumineux de la femme Trablaine, par lui remis à M. Émile Giraud (le frère de M. Amédée Giraud) n'avait jamais reparu.

Il a ajouté qu'au nombre des pièces recueillies et placées dans les dossiers se trouvaient deux notes relatives à Mme la comtesse de Castiglione, l'une annonçant son arrivée et l'autre son départ, et enfin *une lettre adressée à cette dame.*

J'ai demandé à M. Laurot de qui était cette lettre et ce qu'elle contenait. Il m'a répondu qu'il ne se le rappelait pas.

Le ton de M. Laurot, l'impartialité avec laquelle il dit ce qui est favorable ou défavorable à M. Collet-Meygret et à M. Giraud, me fait croire à la sincérité de ses déclarations.

M. Saintomer et M. Collet-Meygret, entendus séparément, n'ont pas pu nier l'existence des deux notes de police. M. Saintomer m'a même dit que c'est le nommé Richard, son garçon de bureau, qui s'est introduit chez Mme la comtesse de Castiglione sous prétexte d'offrir des vins qu'il est chargé de vendre.

Quant à la lettre, ils persistent à déclarer, comme je l'ai déjà dit, qu'ils ne l'ont jamais vue, qu'ils n'en ont du moins aucun souvenir, et M. Saintomer ajoute qu'il ne pouvait lui-même s'expliquer un oubli ; qu'il aurait oublié dix lettres plutôt qu'une, parce qu'une seule aurait plus vivement frappé son attention ; dans un dernier interrogatoire, il a encore tenu le même langage.

M. Collet-Meygret ayant eu connaissance de la déclaration de M. Laurot, est allé le trouver dans son bureau ; en le quittant, il s'est empressé de venir me dire que M. Laurot ne se rappelait pas l'existence de la lettre.

Il ne pouvait rester, il ne restait aucun doute dans mon esprit sur ce que m'avait dit M. Laurot : j'avais écrit sa déposition à l'instant même ; je lui avais demandé de qui était la lettre, ce qu'elle contenait ; donc il m'en avait parlé.

Je l'ai fait appeler, je lui ai montré sa première déclaration ; il m'a répondu qu'elle contenait la vérité ; qu'à la vue de M. Collet-Meygret, à qui il devait sa place, il n'avait pas eu le courage de lui dire en face une chose qu'il supposait pouvoir lui être nuisible.

Ce moment de faiblesse de M. Laurot, qui, je le répète, me paraît un honnête homme, a pour résultat d'établir encore plus clairement qu'une lettre adressée à Mme de Castiglione a été saisie. Il est certain que M. Saintomer l'a su, car la lettre doit avoir passé par ses mains. M. Collet-Meygret n'a pu l'ignorer ; car personne ne pouvait songer à dissimuler l'existence d'une pièce qui était, comme toutes les autres, classée dans les dossiers de M. Laurot. Ce sont, du moins, de bien graves vraisemblances.

Aujourd'hui la vérification matérielle est impossible, puisque, au moment où M. Collet-Meygret a quitté la direction générale, tous les dossiers ont été anéantis.

Je dois faire remarquer que M. Saintomer affirme que l'ordre à la suite duquel ont été remises les deux notes relatives à Mme de Castiglione, a été donné par M. Giraud; M. Giraud le nie.

Correspondance de Sa Majesté l'Empereur.

L'assertion de M. Giraud, que la correspondance de l'Empereur lui-même n'a pas été respectée, n'est point prouvée. M. Saintomer, M. Jugla, chef de bureau, M. Laurot, M. Collet-Meygret sont d'accord pour dire que jamais une lettre n'a été vue à la direction générale. M. Giraud suppose que les tentatives ont été sans résultat; c'est l'esprit de ses notes et de ses déclarations.

Lors de ma dernière entrevue avec lui, il m'a dit dans le cours de la conversation qu'un jour Votre Excellence aurait fait cette réflexion : « Dans tout cela, il n'y a pas de lettres de l'Empereur. »

J'ai fait remarquer à M. Giraud qu'il mêlait pour la première fois le nom de Votre Excellence à ses allégations; qu'il n'avait parlé de cette réflexion ni dans ses notes écrites, ni dans les longues conversations que nous avions eues; que M. Collet-Meygret avait spontanément déclaré qu'il aurait trahi le *ministre* et l'Empereur, s'il s'était permis de faire rechercher les lettres de Sa Majesté; qu'il n'était donc pas possible d'admettre l'exactitude de ce qu'il venait de dire.

A ces observations il a répondu que la réflexion indiquait de la part du ministre plutôt un sentiment de satisfaction qu'un regret.

J'ai insisté en lui faisant remarquer que la satisfaction, comme le regret, aurait supposé une surveillance exercée et continue.

M. Giraud n'a rien dit.

Actions du gaz.

Un autre ordre de faits est signalé par M. Giraud.

D'après ses notes, M. Collet-Meygret aurait profité de la mission qui lui aurait été donnée de négocier avec MM. Pereire, Rothschild et Margueritte l'affaire de l'éclairage au gaz, *pour réclamer avec dureté et menaces cinq cents actions*.

Enfin, on n'aperçoit pas à quel titre l'exigence de M. Collet-Meygret se serait manifestée dans une occasion où, de l'aveu de tout le monde, il n'a rien fait et n'a eu aucune influence.

J'ai appris que M. Collet-Meygret était intéressé avec M. Margueritte dans une affaire de charbonnage. J'ai dû rechercher si cette affaire n'aurait pas servi à déguiser la remise des actions du gaz.

Les renseignements que j'ai reçus sont entièrement rassurants.

Il s'agit d'une société formée pour l'exploitation d'une mine de houille située dans le bassin de Graissessac. L'affaire n'est point, suivant l'expression usitée, *lancée*; les actions ne sont point cotées à la Bourse. L'acte a été reçu par Mᵉ Dufour, notaire; les actionnaires sont M. Margueritte père, M. Margueritte fils, le beau-père de ce dernier, M. Moreau (de l'Aube), M. Lévy, juge au tribunal de commerce, tous hommes honorables, éclairés, qui ne seraient ni faciles à tromper, ni disposés à se prêter à une fraude.

Journal La Vérité.

L'acquisition du journal *la Vérité* a été faite par M. Collet-Meygret, sous le nom de M. Bordot, au mois de juillet 1856.

Elle a eu lieu moyennant 120,000 fr. payés comptant.

M. Mirès est intéressé dans l'affaire.

Peu de temps après l'acquisition, l'autorisation de vendre le journal sur la voie publique fut accordée au gérant.

Ce journal a enfin été revendu, le 23 février 1857, à M. Prost, moyennant 245,000 francs.

Il a depuis cette époque été rédigé dans un esprit hostile au gouvernement.

M. Giraud supposait que M. Collet-Meygret nierait son concours dans l'opération et qu'il chercherait à faire considérer M. Bordot comme le véritable propriétaire.

M. Collet n'est point entré dans cette voie; il a du premier mot et très-nettement reconnu que l'acquisition avait été faite pour son compte.

Ainsi, il est constant qu'il a acheté un journal politique, sous le nom d'un tiers, ayant la presse dans ses attributions.

Quelle a été son intention?

Il affirme qu'il n'a point songé à faire une spéculation, ni à acquérir une influence politique personnelle; qu'il a voulu empêcher que le journal ne tombât entre les mains de M. Émile de Girardin; qu'il a cru qu'il serait utile au Gouvernement de le publier, comme journal du soir, à très-bas prix.

Il prétend que la différence considérable qui existe entre le prix d'acquisition et le prix de la revente est absorbée par les dépenses considérables qui ont été faites pour la publication d'un journal n'ayant que 3,000 abonnés, et sans annonces, par les indemnités auxquelles ont droit le gérant et les employés, et enfin par les honoraires dus à M Dufour, notaire.

M. Bordot, gérant, m'a remis, à l'appui de cette assertion, un registre, des comptes, quelques pièces et une note.

M. Collet-Meygret a ajouté que des membres du Corps législatif, notamment MM. Dalloz et Murat, dont il croyait pouvoir obtenir la patronage, ne le lui ont pas accordé; que la concurrence qu'aurait faite à *la Patrie* un journal du soir à bas prix a été un obstacle à l'exécution du projet qu'il avait conçu;

Qu'il n'avait point entendu conserver pour lui l'acquisition qu'il avait faite, qu'il a d'abord essayé de constituer une société pour l'exploitation du journal; qu'il a ensuite engagé une négociation avec M. Millaud, pour le lui vendre, que rien n'a réussi; que notamment Votre Excellence n'a pas voulu permettre que la vente fût faite à M. Millaud, parce qu'une partie du prix consistait en une part d'intérêt dans le nouveau journal et qu'ainsi la position équivoque serait maintenue ; qu'enfin il s'est hâté de céder le journal à M. Prost, son camarade de collége.

Que, si l'autorisation de vendre le journal sur la voie publique a été accordée, c'est parce que la demande formée par M. l'abbé Migne, avant la vente, n'avait rencontré aucune opposition de la part de M. le Préfet de police, et aurait été accordée à tout propriétaire du journal.

Que, s'il a été ensuite rédigé dans un mauvais esprit, on ne peut l'imputer à M. Prost; que c'est M. Félix Mornand, rédacteur principal, qui lui a donné cette couleur ; que M. Prost, usant du droit qu'il s'était réservé, a éloigné M. Mornand et a fait rentrer le *Courrier de Paris* dans un ordre d'idées moins hostiles.

On ne peut admettre que la seule pensée d'empêcher le journal *la Vérité* de tomber dans des mains ennemies et le désir de créer un nouvel organe de publicité favorable au gouvernement aient engagé M. Collet-Meygret à exposer une partie importante de sa fortune ; mais il serait injuste d'affirmer que ces sentiments ont été complétement étrangers à sa détermination ; peut-être n'ont-ils pas été sans quelque influence sur une résolution qui a été principalement inspirée par l'espérance d'acquérir de la puissance politique et de faire en même temps une spéculation avantageuse.

Les livres et les comptes produits par M. Bordot prouvent que les dépenses faites ou à faire diminuent considérablement la somme de 125,000 francs, qui forme la différence entre le prix de l'achat et celui de la vente ; mais il n'est point établi que cette somme soit entièrement absorbée. D'ailleurs, le fût-elle réellement, il faudrait en conclure que la spéculation n'a pas réussi et non que la spéculation n'a pas eu lieu.

Le fait ainsi présenté n'est pas établi ; il est même certainement faux.

M. Pereire, qui n'est point animé de dispositions trop favorables pour M. Collet-Meygret, rend compte d'une entrevue qu'il a eue avec lui dans les bureaux du Crédit mobilier, le jour où le Conseil des ministres, réuni à la chancellerie, délibérait non sur l'affaire du gaz, mais sur le projet d'émission d'obligations du Crédit mobilier. Dans cette occasion, M. Collet-Meygret n'a rien demandé ; M. Pereire n'a rien eu à refuser. Seulement celui-ci, s'expliquant avec une extrême réserve, avec une répugnance marquée, fait entendre que la visite de M. Collet-Meygret avait un but intéressé.

Pressé par une question, soit dans une première, soit dans une seconde entrevue, M. Pereire, s'en référant à ce qu'il aurait dit à l'Empereur, a laissé entrevoir que plus tard M. Margueritte a remis à M. Collet-Meygret, non pas 500, mais 200 actions de la Compagnie du gaz.

Ces actions ont-elles été effectivement remises soit à titre de don, soit au pair avec le bénéfice d'une prime?

C'est ce que j'ai essayé d'éclaircir, en appelant M. Margueritte fils, que je supposais instruit des affaires de son père, aujourd'hui décédé.

M. Pereire, à qui j'ai dit mon intention, m'en a détourné ; il m'a prévenu que M. Margueritte fils était étranger à ce que son père avait cru devoir faire.

J'ai persisté. M. Margueritte s'est rendu à mon invitation. Il m'a déclaré qu'il était initié à toutes les négociations auxquelles l'affaire du gaz avait donné lieu, et il l'a prouvé par l'exposé qu'il m'en a fait, et qui est en harmonie avec celui de M. Pereire. Il a reconnu que des actions ont été données pour obtenir certaines influences que l'on croyait utiles, même auprès de personnes qui approchent de l'Empereur, en ajoutant toutefois que peut-être les intermédiaires qu'on avait employés avaient fait naître des espérances qui ne s'étaient pas réalisées. Il a refusé, sur la demande pressante que je lui ai adressée, de donner des explications plus précises et plus complètes. Mais il a déclaré qu'il ne savait pas, qu'il ne croyait pas que M. Collet-Meygret eût reçu des actions. Il m'a dit qu'il ne comprendrait même pas pourquoi on lui en aurait donné, puisqu'il n'avait évidemment aucune influence à exercer, et que personne ne pouvait supposer qu'il en eût dans cette affaire.

Une autre personne que j'ai entendue, M. Auguste Chevalier, m'a déclaré, en manifestant le regret qu'il avait d'être appelé dans l'enquête, qu'il avait été témoin de l'indignation de M. Pereire, le lendemain du jour où M. Collet-Meygret lui avait demandé les actions.

Il y a évidemment confusion. M. Pereire a pu parler du but qu'il a supposé que M. Collet-Meygret se proposait dans sa démarche, mais non d'une demande qui n'a jamais été faite.

Ainsi d'exigence formelle, présentée avec dureté et menaces, il n'y en a pas eu.

Sur la remise faite en secret, postérieurement, par M. Margueritte père, d'un certain nombre d'actions, à M. Collet-Meygret, il y a du doute.

D'une part, les déclarations de M. Pereire, quelque ménagement qu'il y mette, sont d'un grand poids. Celles qu'il a faites à l'Empereur ont vraisemblablement été plus explicites. Comment supposer de la part d'un homme comme M. Pereire une allégation calomnieuse ?

D'un autre côté, M. Margueritte fils est très-positif, et, malgré ses relations avec M. Collet-Meygret, sa déclaration a de l'autorité.

Ce qui est dit de l'autorisation de vendre sur la voie publique est exact.

L'esprit dans lequel a été rédigé *Le Courrier de Paris* depuis qu'il est la propriété de M. Prost ne peut être reproché à M. Collet-Meygret. Quand il a vendu, il était pressé par sa situation financière, par les ordres mêmes de Votre Excellence ; il s'est empressé d'accepter l'offre qui lui était faite, sans s'occuper de ce que deviendrait le journal dans les mains auxquelles il allait être livré. Cependant rien ne devrait faire supposer qu'il y eût là un véritable danger.

Le Figaro. — Mlle Berdalle.

Sur le reproche adressé à M. Collet-Meygret d'avoir usé de ménagements extrêmes envers *Le Figaro*, afin de le rendre favorable à Mlle Berdalle de la Pommeraye, il a répondu que *Le Figaro* avait loué Mlle Berdalle quand elle était au Conservatoire et qu'il ne la connaissait pas ; que plus tard, quand elle a débuté à l'Opéra, *Le Figaro* l'a vivement attaquée.

Au surplus, il paraît que c'est Mme Billault qui s'était intéressée à Mlle Berdalle, qu'elle connaissait comme une jeune personne très-honnête et digne d'encouragement.

Brochure Dayet.

M. Collet-Meygret n'est point nommé dans la brochure de M. Dayet ; mais cet écrit dénonce le fait de la suppression arbitraire du journal *La Liberté*, publié à Lille par M. Dayet dans un excellent esprit politique, et qui avait une valeur de 300,000 francs.

La brochure ajoute que cet acte de spoliation a été consommé pour en faire profiter *un protégé très-peu lettré du bureau de la Presse*, qui s'assurait ainsi 15,000 francs de rentes ; que l'administration avait si peu à se plaindre de M. Dayet, qu'il avait été conservé comme rédacteur par le gérant du nouveau journal fondé pour remplacer *La Liberté*.

La responsabilité de ces faits, s'ils étaient vrais, retomberait nécessairement sur M. Collet-Meygret.

Pour la repousser, il répond :

Que le journal de M. Dayet était rédigé dans le sens de l'opinion légitimiste et religieuse ; qu'il était placé sous le patronage de *M. Kolb-Bernard*, chef avoué du parti catholique dans le Nord ;

Que le Préfet et le Procureur impérial attachaient une grande importance à la suppression de ce journal ;

Que sa suppression n'a pas été prononcée en vertu du pouvoir discrétionnaire confié à l'administration ; qu'elle a été la conséquence forcée de l'article 32 du décret du 17 février 1852, après deux condamnations ;

Que le Préfet a demandé au directeur général son concours pour la fondation d'un nouveau journal ;

Que M. Lardin père, qui avait été gérant d'un journal à Lyon, qui était connu du Préfet, fut envoyé à Lille ;

Qu'il a traité M. Dayet avec toute sorte d'égards, qu'il lui a payé une indemnité de 20,000 francs, et qu'il l'a conservé comme rédacteur aux appointements de 4,000 francs ;

Que M. Dayet, plusieurs fois condamné pour faits de violence, n'est pas un homme recommandable ;

Qu'il a perdu sa position au journal, sur la demande du Préfet ;

Qu'enfin la brochure qu'il a publiée a été une machine électorale, dans l'intérêt de M. Brame, candidat de l'opposition, qu'elle a été payée par celui-ci 500 francs.

M. Collet-Meygret a produit quelques lettres de M. Besson, préfet du Nord ; elles justifient (notamment celle du 10 février 1854) ce qui a été dit sur les causes et les circonstances de la suppression du journal.

Tous les autres faits ne sont pas également établis ; mais la suppression, qui est la base de l'accusation, ne pouvant être sérieusement incriminée, la responsabilité de M. Collet-Meygret ne me paraîtrait point engagée, si, dans les déclarations qu'il m'a faites, il ne m'avait dit que M. Lardin n'avait point de ressources financières. J'ai dû alors m'enquérir des moyens qu'il avait employés pour faire face aux frais de l'exploitation d'un journal et pour payer des indemnités à M. Dayet et à d'autres. M. Collet-Meygret m'a répondu qu'il avait fait prêter à M. Lardin des sommes assez importantes, qu'il s'était personnellement rendu garant du remboursement, et que, selon toute apparence, il serait obligé de payer 35 ou 40,000 francs qui restent encore dus.

Cette révélation fait naître des doutes sur le motif qui a porté M. Collet-Meygret à agir comme il a agi. A-t-il poussé le zèle et le désintéressement jusqu'à hasarder ses fonds ou son crédit dans l'intérêt public? A-t-il, au contraire, été mû par des vues d'ambition ou de spéculation?

Telle est la question, qui ne semble pas pouvoir être résolue dans un sens favorable à M. Collet-Meygret.

Récriminations de M. Collet-Meygret.

Pour présenter l'ensemble des considérations qui peuvent atténuer, d'une part, le caractère des faits imputés à M. Collet-Meygret et, d'un autre côté, la confiance qui est due aux allégations de M. Giraud, je ne crois pas pouvoir me dispenser de dire quelques mots des récriminations du premier et des réponses du second.

M. Collet-Meygret rappelle que M. Giraud lui a dû sa position; qu'il lui a témoigné pendant longtemps la plus vive affection; qu'il est coupable envers lui d'ingratitude; qu'il a été éloigné du ministère parce qu'il avait manqué à ses devoirs; qu'après sa sortie il a révélé des faits dont il avait acquis la connaissance dans l'exercice de ses fonctions; qu'il a dénoncé des actes auxquels il a concouru; que notamment il a pris une part active à la rédaction du journal *La Vérité*; qu'il s'y est intéressé pour une somme importante; qu'il a voulu ensuite retirer ses fonds; qu'il les a retirés en effet, ainsi que le prouve une quittance de 4,000 francs, émanée de lui, pour solde.

M. Giraud répond qu'il a été l'ami et l'obligé de M. Collet-Meygret, mais que, sacrifié par lui, il a usé de représailles; que, s'il a concouru à des actes qu'il blâme, il n'a fait qu'obéir aux ordres de son supérieur; qu'en parlant de la remise des actions du gaz, il a seulement répété ce que la rumeur publique avait déjà révélé; qu'il a voulu surtout écarter de lui les soupçons de corruption qu'il savait exister contre tout le personnel de la Direction de la sûreté publique;

Qu'il avait donné au journal *La Vérité* des renseignements qu'on donnait à tous les autres journaux; qu'il ne s'est point intéressé à l'entreprise, qu'il a seulement prêté de l'argent qu'on lui a rendu à grand'peine.

Qu'il n'a point dévoilé les secrets de l'administration; qu'il a même refusé de les faire connaître à M. le comte de Persigny; que c'est seulement à l'Empereur et sur son ordre qu'il a dit ce qu'il savait.

Ces débats n'ont qu'un intérêt secondaire, mais je n'ai pas cru devoir les passer sous silence.

L'Empereur, dans sa haute sagesse, appréciera quelle influence ils peuvent avoir sur les faits qui ont été l'objet de mes investigations.

J'aurais désiré, Monsieur le Ministre, parvenir à éclaircir complétement tout ce qui reste encore douteux. Je me suis demandé si, pour y parvenir, je devais faire de nouveaux efforts et, par exemple, appeler devant moi les agents subalternes, les facteurs, les concierges qui sont désignés par M. Giraud. Après mûre réflexion, je n'ai pas cru devoir recourir à ce moyen; c'eût été faire perdre à l'enquête le caractère confidentiel qu'elle devait conserver; d'ailleurs, auprès des personnes d'une certaine condition, le magistrat armé d'une autorité menaçante peut seul avoir quelque influence; enfin, si l'on examine la mission qui est donnée aux agents subalternes, on reste profondément convaincu que leurs dépositions n'auraient point fait découvrir la vérité. Leurs déclarations n'auraient point révélé des secrets auxquels il ne sont pas initiés.

Je vous transmets donc le résumé de mes investigations, en regrettant que sur quelques points elles n'aient pas été plus utiles.

Je prie Votre Excellence d'agréer l'hommage de mon profond respect.

V.-H. DUVERGIER.

12 octobre 1857.

XLIX.

Les trois lettres suivantes sont relatives à une dette considérable contractée par le prétendant Louis Bonaparte en 1848. Cette dette ne fut payée qu'après le coup d'État. — La première porte en marge : *Répondu le 17, et envoyé : 1° le modèle du reçu ; 2° du consentement à la radiation ; 3° de la procuration à son mandataire. Donné avis que le semestre d'intérêts échéant le 15 janvier sera payé à Gênes.*

Gênes, le 10 novembre 1850.

MONSIEUR,

Dans le mois de juillet dernier, je reçus une lettre dans laquelle vous m'exprimiez le désir de M. le prince Louis-Napoléon Bonaparte de me rembourser à Paris la somme de 60,000 écus romains, soit 324,000 francs, du prêt que je lui fis dans l'année 1848, avec hypothèque sur les domaines du prince situés dans les États-Romains, près de Civita-Nova. Me trouvant en Toscane à cette époque, j'écrivis à mon homme d'affaires à Gênes, M. Arado, de vous répondre en mon nom pour vous prier d'interpeller le prince s'il aurait consenti à garder la somme totale jusqu'au 15 janvier 1851, afin que je *pus*, dans cet espace de temps, trouver un placement convenable.

Vous lui répondîtes que le prince y adhérait et que c'était chose convenue.

Le terme de ce remboursement s'approchant, je viens vous demander : 1° que vous ayez la bonté de m'envoyer une formule de la procuration de quittance que je devrai envoyer à Paris pour ce remboursement, ainsi que de m'écrire si cette procuration devra être faite devant notaire ou le consul français ; 2° si c'est dans l'intention du prince de payer le semestre des intérêts qui sera échu le 15 janvier prochain, à Gênes ou à Paris, et dans ce dernier cas, d'en faire la mention dans la quittance sus-énoncée.

Veuillez agréer, Monsieur, l'assurance de ma considération la plus distinguée.

E.-L. PALLAVICINO.

M. MOCQUARD,
Secrétaire du cabinet particulier du Président de la Républiq..
Paris.

A M. Mocquard, chef du cabinet particulier du Président de la République française.

MONSIEUR,

Par votre lettre du 12 décembre courant, vous avez fait connaître au marquis E.-L. Pallavicino que M. le prince Bonaparte désirait obtenir un délai d'un mois pour la restitution des 324,000 francs, et opérer ainsi cette restitution au 15 février 1851 au lieu du 15 janvier, comme on était convenu.

M. le marquis Pallavicino me charge de vous communiquer qu'il est disposé à satisfaire en cela le désir de M. le prince Bonaparte, pourvu que Son Altesse lui corresponde, jusqu'à la restitution entière de la somme, les intérêts au 6 p. c., qui pourront ainsi être calculés à 53 fr. 26 cent par jour.

M. le marquis Pallavicino vous prie de lui écrire le plus tôt possible si l'époque du 15 février reste définitivement arrêtée entre lui et M. le prince Bonaparte pour la restitution de la somme en question, et s'il peut y compter pour remplir d'autres engagements.

Agréez, Monsieur, l'assurance de ma considération distinguée.

Votre très-humble et très-obéissant serviteur,

FÉLIX ARADO.

Gênes, le 19 décembre 1850.

Gênes, le 18 février 1851.

A M. Mocquard, chef du cabinet particulier de S. A. M. le prince Louis-Napoléon Bonaparte, à Paris.

MONSIEUR,

Monsieur le marquis E.-L. Pallavicino me charge de vous écrire pour vous dire que, d'après les accords pris entre M. le prince Bonaparte et lui, il vient de nommer M. le duc de Galliera son mandataire spécial, pour toucher en son nom, des mains du prince Bonaparte, la somme de 324,000 francs. Veuillez donc, Monsieur, passer chez le duc de Galliera, qui demeure dans la rue d'Astorg, n° 16, pour fixer le jour qu'il lui conviendra pour régler cette affaire.

M. le duc vous remettra après le remboursement de la somme totale les pièces suivantes :

1° Quittance entière et définitive des 324,000 francs ;

2° Pouvoir spécial à Raphaël Defferari, duc de Galliera, de toucher au nom du marquis la somme susdite ;

3° Consentement à la radiation de l'hypothèque sur le domaine du prince à Civita-Nova ;

Finalement, une quittance pour la somme de 1,665 fr. 50 cent. dus sur la somme totale, soit :

Pour intérêts depuis le 15 janvier jusqu'au 15 février . . . fr.	1,631 00
Procuration au vicomte de Casabianca pour la radiation d'hypothèque sur une partie du domaine du prince	15 00
Frais de procuration expédiée à Paris	19 50
TOTAL. . . . . . . fr.	1,665 50

Veuillez, je vous prie, m'accuser réception de la présente, et agréer l'assurance de ma considération très-distinguée. Votre très-humble et très-obéissant serviteur,

FÉLIX ARADO.

L.

Note très-curieuse d'un sieur Bésuchet, ancien officier de l'Empire, mise au dos d'une circulaire en faveur de la candidature de Louis Napoléon à la présidence de la République. Cette note constate que, tout en approuvant la circulaire, le Prince a déclaré n'avoir point d'argent pour en assurer la publication.

LOUIS-NAPOLÉON BONAPARTE, PRÉSIDENT DE LA RÉPUBLIQUE.

Trois cent mille suffrages, en rappelant de l'exil notre concitoyen Louis-Napoléon Bonaparte, ont tracé la route qu'il devait suivre, et désigné la place qu'il devait ambitionner au milieu de nous. La France entière, s'associant au vote spontané de cinq départements, a salué son entrée à l'Assemblée nationale, comme présage de la fin prochaine de l'interminable provisoire qui pèse sur nous.

Pressé par des hommes inquiets de la grandeur de sa position, Louis-Napoléon vient, du haut de la tribune, d'accepter une candidature que de toutes parts lui offraient les vrais patriotes, les hommes d'ordre, de progrès et de liberté ; son programme a retenti dans le cœur de tous les Français.

Le moment est venu, citoyens, de manifester hautement nos sympathies pour celui qui sera bientôt l'élu de la nation ; préparons-nous, unissons-nous. En présence des malheurs qui pèsent sur notre patrie et de ceux qui peuvent la menacer encore, recueillons-nous dans notre conscience, et voyons si nous avons un nom plus glorieux, plus sympathique à la France que celui de *Napoléon* ; si nous avons un homme qui, mieux que le neveu du grand Empereur, le petit-fils de la bonne Joséphine, l'écrivain qui s'est tant occupé du peuple (1), puisse se présenter comme symbole d'*union*, d'*ordre*, de *clémence* et de *fraternité*.

Élevé à l'école du malheur, éprouvé par l'exil, le prince Louis n'est plus au milieu de nous qu'un citoyen animé du plus ardent patriotisme. Pur de toute intrigue politique, étranger à nos discordes civiles dont son cœur a gémi, *sa mission sera de réparer et non de venger*; il n'aura d'autre ambition que celle de contribuer au bonheur de tous, en dirigeant la France dans des voies sages et libérales, sous l'égide du drapeau de l'indépendance nationale et des libertés publiques.

L'Empereur, son oncle, a voulu le bonheur de la France par la gloire.
Il voudra, lui, la gloire de la France par le bonheur.
Vive la République !

Au nom d'une commission d'électeurs pour le département de la Seine.

BÉSUCHET,
Ancien officier de l'armée impériale.

Au dos est écrit :
Approuvé par le prince.
    40,000 exemplaires ont été distribués
C'est à cette occasion que le prince me dit chez lui, à l'hôtel du Rhin :

« C'est bien, mais cela coûtera cher et je n'ai pas d'argent.
» Prince, dis-je, je ne viens pas vous en faire dépenser; c'est moi qui fais
» tout cela, et, Dieu aidant, nous réussirons. »
Alors il me prit la main avec effusion.

LI.

Sommes reçues par Madame de Montijo.

(Note sans date.)

Il a été envoyé en Espagne à Mme la comtesse de Montijo, par l'intermédiaire de MM. de Rothschild :

1° Le 4 février.	600,000 fr.
2° Le 9 avril.	89,739
3° Le 27 mai (Mocquard)	668,421

---

(1) Les écrits de Louis-Napoléon expriment tous les plus nobles sentiments en faveur des classes ouvrières; il a successivement traité diverses questions qui se rattachent à l'organisation sociale. Nous citerons, entre plusieurs ouvrages remarquables, celui qui a pour titre : *Extinction du Paupérisme*, publié à Ham, pendant sa captivité en 1844. — Son *Manuel de l'artillerie* lui a conquis l'estime de tous les militaires instruits.

LII.

Liste civile.

Note curieuse de la main de l'Empereur, sans date.

Deux pages de chiffres et d'additions, dont nous transcrivons, avec commentaires, les indications les plus importantes.

— Une société de colportage reçoit 5,000 francs par mois.

— Florian Pharaon, 2,000 francs par mois.

— Le camp de Châlons semble avoir coûté 100,000 francs ou 110,000 francs en juillet (186 ?).

— Notre-Dame-de-la-Garde (la chapelle), 20,000 francs en juillet.

— *Étincelle* (journal de M. Pharaon) reçoit 50,000 francs une fois payés. (1)

— Les constructions du Champ de Mars (Exposition ?) dépassent toute prévision : évaluées à 60,000 francs par mois, elles atteignent, en juillet, 147,000 francs ; en septembre, 332,000 francs ; puis 327 et 322,000 francs.

— Le compte Mocquard est fort chargé.

— L'Impératrice a régulièrement 100,000 francs par mois.

— Les maisons d'Albe, Lauriston et les résidences impériales absorbent des sommes énormes.

— Ajoutez 100,000 francs au ministère de l'intérieur et 180,000 à *David*.

— Lyon, 300,000 francs (sont-ce des obligations ?).

(1) Sans préjudice de deux autres sommes de 50,000 francs, dont on a retrouvé la mention dans des comptes postérieurs.

— 121 —

	Juillet.	Août.	Sept.	Oct.	Nov.	Déc.	Janvier.
Plombières	10,000	10,000	10,000	10,000	5,000		
Société de colportage		5,000	5,000	5,000	5,000	8,000	5,000 +
Biarritz	10,000	10,000					
Pharaon	2,000	2,000	2,000	2,000	2,000	2,000	2,000
Camp de Chalons	10,000	10,000	4,000				
	100,000 f.						
Société coopérative	50,000	50,000	50,000	50,000	50,000	50,000	50,000 + 1 mois.
Souscription pour l'Algérie	35,000						
Notre-Dame-de-la-Garde	20,000						
	135,000						
Étincelle	50,000						
Constructions du Champ de Mars	60,000	60,000	60,000	60,000	60,000	60,000	
	185,000		82,000	77,000	72,000		
			250,000	250,000	250,000		
			332,000	327,000	322,000		
Constructions d'Albe	147,000						
Mocquard	50,000	50,000					
Pierrefonds	50,000	50,000					
Impératrice	50,000	50,000					
	100,000	100,000					
	397,000	331,000					

217,000
60 ?
517,000

80/000
250/000
330/000
51

720 m. 80,000

		103,000	
		89	10,000
		100	5,000
		294	2,000
		50	50,000
		344	60,000
			50,000
			50,000
			100
			377

Laur (iston)		60,000
Rev (ne ? Révolt ?)		50,000
Pierrefonds		60,000
Impératrice		100,000
Mcq Int.		100,000
David		150,000
Pierrefonds		90,000
Lyon		300,000
		640,000
		540,000

Mocquard ou *Moi*		181,000
Impératrice		100,000
Pierrefonds		60,000
Chalons		110,000
		451,000

	Août.	Sept.	Oct.	Nov.	Déc.	Janv.	Févr.	Mars
L'Impératrice	100,000	100,000						
Société coop.	50,000	50,000						
Maisons d'Albe	50,000	50,000						
Pierrefonds	50,000	50,000						
Cte Moquard	50,000	50,000						
Plombières	10,000	10,000	10,000	10,000	10,000			
Biarritz	10,000	10,000						
Pharahon (sic)	2,000	2,000	2,000	2,000	2,000			
Camp de Châlons	10,000							
Société de colport.	5,000	5,000	(8 mois.)					
Const. ch. de Mars	60,000	60,000						
Const. av. Daum.	10,000	10,000						
(Avenue Daumesnil.)								
	407,000	398,000	386,000	384,000	371,000	371	371	321

Avril.

L'Impératrice	100,000
Maisons d'Albe	50,000
Pierrefonds	50,000
Compte de Mocquard	50,000
Pharaon	2,000
	252,000

LIII.

La lettre suivante était soigneusement conservée par M. Conti dans un carton particulier avec cette étiquette : *L'Empereur*. Elle montre que deux des plus zélés serviteurs du régime impérial ne se risquaient pourtant que fort prudemment dans l'Empire au 2 décembre 1851. Ils attendaient le succès.

A M. le directeur de l'Imprimerie nationale.

Monsieur le Directeur,

J'apprends par voie indirecte que des documents portant ma signature en imprimé vous sont envoyés pour être transmis en province ; je suis entièrement étranger à ces actes et vous prie de ne pas y maintenir ma signature.

Votre dévoué,
E. ROUHER.

Je fais la même déclaration et la même prière.

A. FOULD.

A gauche, à l'angle de la lettre, cette note, écrite à l'encre : *Reçu le 2 décembre 1851, à 6 heures du soir. Le secrétaire de la direction* (signature illisible). Et, au bas de la note, le timbre de l'imprimerie nationale en noir : *Imprimerie nationale. Direction.*

L'enveloppe qui contenait cette lettre porte : *2 décembre 1851. Lettre de MM. Rouher et Fould.* On a écrit au crayon, à droite, ce mot inexplicable : *Complot.*

LIV

Proscriptions de décembre.

ÉTAT DES INDIVIDUS QUI APRÈS DÉCEMBRE ONT ÉTÉ L'OBJET DE MESURES PÉNALES.

L'Empereur a désiré avoir l'état exact des individus qui, à la suite des événements de décembre, ont été l'objet d'une mesure pénale quelconque. Cette affaire, concentrée dans le principe, ainsi que cela avait toujours été, au ministère de la police générale, a été, au mois de mars 1852, divisée entre trois ministères : celui de la justice, celui de la guerre, celui de la police générale, selon les trois catégories auxquelles appartenaient les condamnés. C'est la difficulté que j'ai éprouvée, en raison de cette division, à obtenir les indications étrangères à mon ministère qui m'a empêché de remettre le jour même ce travail à Sa Majesté.

1° Nombre total des individus arrêtés ou poursuivis en France à l'occasion de l'insurrection de décembre 1831 26,642

2° A déduire. { Individus mis en liberté . . . . 6,501 } Total . 11,609
             { Individus soumis à la simple surveillance . . 5,108 }

3° Nombre total des individus condamnés à la suite de l'insurrection de décembre 15,033

4° A déduire les individus condamnés par les conseils de guerre et les tribunaux pour délits de droit commun, comme assassinats, incendies, vols, etc.
- Conseils de guerre 247
- Police correctionnelle 659   Total . 915
- Maisons de correction 29

5° Nombre total et division par catégories des individus condamnés par les commissions mixtes à la suite de l'insurrection du 2 décembre

	Cayenne.	Algérie.	Éloignement ou expulsion.	Internement
	239	9,530	1,545	2,804
	61	3,773	931	1,480
	5	1,715		29

Total . 14,418

6° Nombre total par catégories des individus graciés . . . . Total . 6,245
7° Nombre des contumaces . . . . Total . 1,720
    des décédés . . . . Total . 216

8° Chiffre actuel, par catégories, au 27 janvier, des individus subissant encore, en vertu des condamnations des commissions mixtes, les peines suivantes . . . . 175 | 4,042 | 614 | 1,324   Total . 6,155

A ce chiffre de 6,155 individus restant aujourd'hui soumis à des peines quelconques, il faut ajouter celui de 5,450 individus soumis à la surveillance, soit par suite de la décision primitive des commissions mixtes, soit comme garantie conservée vis-à-vis d'eux par le gouvernement, à la suite d'une commutation de peine.

Le chiffre total des individus subissant réellement aujourd'hui les peines appliquées par les commissions mixtes, à la suite du 2 décembre, est donc de 6,155. Ce chiffre est destiné à être, d'ici à quelques jours, diminué dans une proportion considérable, par suite des soumissions qui arrivent chaque jour en masse, soit à l'Empereur, soit au ministre de la justice, soit au ministre de la guerre, soit au ministre de la police générale. J'aurais voulu pouvoir donner à Sa Majesté le chiffre exact des soumissions adressées jusqu'à ce jour ; j'ai fait de vaines tentatives pour arriver à ce résultat, n'étant point chargé de centraliser ce service. Il est arrivé au seul ministère de la police générale 2,343 demandes en grâce.

Le ministre, secrétaire d'État au département de la police générale,

Signé : DE MAUPAS.

LV.

Plan de roman de la main de l'Empereur.

M. Benoît, honnête épicier de la rue de la Lune, était parti en 1847 pour l'Amérique. Après avoir voyagé dans les contrées qui s'étendent depuis l'Hudson jusqu'au Mississipi, il revint en France en avril 1868, ayant passé près de dix-neuf ans hors de son pays. Il avait recueilli les lointains échos de tout ce qui s'était passé en France depuis 1848, sans se rendre bien compte des changements survenus. Quelques réfugiés français lui avaient dit que la France gémissait sous le despotisme et qu'il allait revoir bien avilie et bien appauvrie la patrie qu'il avait quittée si florissante du temps de Louis-Philippe. Notre ami Benoît arrive donc à Brest dans le paquebot transatlantique. Il arrive dans la rade plein de préjugés, de regrets et d'appréhension : « Quels sont donc » ces vaisseaux tout noirs, si laids en comparaison des beaux vaisseaux à » voile que j'avais laissés? » demande-t-il au premier marin qu'il rencontre. » Mais ce sont des vaisseaux cuirassés, l'invention de l'Empereur. Revêtus de » fer, ils sont à l'abri du boulet, et cette transformation a détruit jusqu'à un » certain point la suprématie sur mer de l'Angleterre. — C'est possible, mais » je regrette nos vieux bâtiments avec leurs mâts et leurs voiles poétiques (1). »

Il voit, vers la mairie, la foule se porter aux élections. Étonnement du suffrage universel.

Étonnement des chemins de fer qui sillonnent la France; du télégraphe électrique.

Arrivée à Paris; embellissement. L'octroi porté aux fortifications.

Il veut acheter des objets, qui sont meilleur marché, grâce au traité de commerce. Le fer moitié moins cher, etc.

Il croit qu'il y a beaucoup d'écrivains en prison. Erreur.

Point d'émeutes; point de détenus politiques; point d'exilés.

Point de détentions préventives.

Accélération des procès.

La marque supprimée.

La mort civile supprimée.

La caisse pour la vieillesse.

Les aziles (sic) de Vincennes.

Les coalitions.

Police de roulage détruite.

Réglementations abolies.

Service militaire allégé, solde augmentée, médaille instituée, retraite augmentée.

Réserve augmentant la force de l'armée.

Fonds pour les prêtres infirmes.

---

(1) En marge, en face de cette dernière phrase : *Passe-ports supprimés.*

Contrainte par corps.

Courtiers : un marchand qui envoyait un commis vendre ou acheter des marchandises était arrêté.

Les conseils généraux.

LVI.
Lettre de l'Impératrice à l'Empereur.
(Voyage en Égypte.)

Sur le Nil, à bord de *l'Impératrice*, 27 octobre 1869.

MON BIEN CHER LOUIS,

Je t'écris en route sur Assouan, sur le Nil. Te dire que nous avons frais ne serait pas absolument la vérité, mais la chaleur est fort supportable, car il y a de l'air, mais au soleil c'est autre chose! d'ailleurs par télégraphe je te dis l'état de l'atmosphère. J'ai de tes nouvelles et celles de Louis tous les jours par télégraphe, c'est merveilleux et bien doux pour moi puisque je suis toujours tenue à la rive amie par ce fil qui me rattache à toutes mes affections.

Je suis dans le ravissement de notre charmant voyage et je voudrais t'en faire la description, mais tant d'autres plus savants et plus charmants conteurs que moi ont entrepris cette œuvre qu'il me semble que dans l'admiration muette je dois m'enfermer.

J'étais bien tourmentée de la journée d'hier et de te savoir à Paris sans moi ; mais tout s'est bien passé à ce que je vois par ta dépêche. Quand on voit les autres peuples on juge et apprécie bien plus l'injustice du nôtre. Je pense *malgré tout*, qu'il ne faut pas se décourager et marcher dans la voie que tu as inauguré (*sic*), la bonne foi dans les concessions données comme du reste on le pense et dis (*sic*), est une bonne chose, j'espère donc que ton discours sera dans ce sens, plus on aura besoin de force plus tard, et plus il est nécessaire de prouver au pays qu'on à (*sic*) *des idées* et non *des expédients*. — Je suis bien loin et bien ignorante des choses depuis mon départ pour parler ainsi, mais je suis intimement convaincue que la suite dans les idées c'est la véritable force, je n'aime pas les àcoups (*sic*) et je suis persuadée qu'on ne fait pas deux fois dans le même règne des coups d'État, je parle à tort et à travers car je prêche un converti qui en sait plus long que moi. Mais il faut bien dire quelques choses ne fut-ce (*sic*) que pour prouver ce que tu sais, que mon cœur est près de vous deux, et si dans les jours de calme mon esprit vagabond aime à se promener dans les espaces c'est près de vous deux que j'aime à être les jours de soucis et d'inquiétude.

Loin des hommes et des choses on respire un calme qui fait du bien et, par un effort d'imagination, je me figure que tout va bien puisque je ne sais rien. Amuse-toi, je crois indispensable la distraction, il faut se refaire un moral comme on se refait une constitution affaiblie, et une idée constante finie (sic) par user le cerveau le mieux organisé. J'en ai fait l'expérience, et de tout ce qui dans ma vie a terni les belles couleurs de mes illusions je ne veux plus en entretenir le souvenir, ma vie est finie, mais je revis dans mon fils et je crois que ce sont les vraies joies, celles qui traverseront son cœur pour venir au mien.

En attendant je joui (sic) de mon voyage, des couchés (sic) du soleil, de cette nature sauvage cultivée sur les rives dans une largeur de 50 mettres (sic), et, derrière le désert avec ses dunes et le tout éclairé par un soleil ardent.

Au revoir et crois à l'amitié de ta toute dévouée,

EUGÉNIE.

LVII.

Voici un document assez énigmatique, duquel néanmoins il semble résulter que le baron Jérôme David exerçait sur ses collègues une sorte de surveillance. Au profit de qui ? Faut-il voir là l'explication des sommes considérables touchées à plusieurs reprises par le baron David sur la cassette impériale ?

Paris, 21 novembre 1869.

Mon cher Conti,

Voici la liste des députés qui ont paru à la salle des conférences pendant ces derniers temps :

Sénéca, député de la Somme.
Rolle, député de la Côte-d'Or.
Keller, député du Haut-Rhin.
Calmètes, député des Pyrénées-Orientales.
Boduin, député du Nord.
Général Dautheville, député de l'Ardèche.
Ferdinand David, député des Deux-Sèvres.
Dollfus, député de Lot-et-Garonne.
Aylies, député du Gers.
Du Miral, député du Puy-de-Dôme.
Deseilligny, député de l'Aveyron.
Dugué de la Fauconnerie, député de l'Orne.
Chadenet, député de la Meuse.
Roulleaux-Dugage, député de l'Hérault.
Josseau, député de Seine-et-Marne.
Kolb-Bernard, député du Nord.
Monier de la Sizeranne, député de la Drôme.
Richard, député de Seine-et-Oise.
Germain, député de l'Ain.
Lefèvre-Pontalis, député de Seine-et-Oise.

Cosserat, député de la Somme.
Baron Mercier, député de la Mayenne.
Choque, député du Nord.
Malézieux, député de l'Aisne.
Comte d'Aguesvives, député de la Haute-Garonne.
Girou de Buzareingues, député de l'Aveyron.
Pinard, député du Nord.
Comte de Chambrun, député de la Lozère.
Belmontet, député de Tarn-et-Garonne.
Général Lebreton, député d'Eure-et-Loir.
Hamoir, député du Nord.

Je vous remercie de la lettre obligeante que vous avez bien voulu m'écrire de la part de l'Empereur ; il n'est pas un seul de mes actes qui ne soit inspiré par la pensée de servir utilement Sa Majesté, que j'aime de tout mon cœur.

Recevez, mon cher Conti, l'assurance de ma considération parfaite et de mes sentiments affectueux et dévoués.

Baron Jérôme David.

Les députés ne reviendront à Paris que vers la fin de la semaine ; il est fort possible que, parmi ceux qui ont paru à la salle des conférences, il y en ait qui se soient absentés de nouveau.

Bon J. D.

LVIII.
Lettre du général Ducrot au général Frossard.

Cette lettre du général Ducrot a été trouvée dans les papiers du général Frossard. Elle dit nettement, cruellement, vivement, au gouverneur du prince impérial, la vérité entière. Les conseillers de Napoléon ne pouvaient pas dire qu'ils n'étaient point renseignés.

Strasbourg, 28 octobre 1868.

Mon cher Général,

Je vous envoie le résumé de mes longues et intéressantes conversations avec M. de D... Je me suis attaché à rendre scrupuleusement ses pensées et ses appréciations, sans commentaires ni amplifications. Vous me dites dans votre dernière lettre que vous avez lieu de penser que M. de D... se laisse quelque peu emporter par sa haine contre la Prusse... Non, non, ne croyez pas cela. M. de D... est un homme de soixante-six ans ; il a un jugement trop sûr, une trop grande expérience des hommes et des choses pour se laisser aveugler par la passion ; mais il a des oreilles pour entendre, des yeux pour voir et tout le bon sens nécessaire pour tirer de justes conclusions de tout ce qu'il voit et entend. De plus, il a assez de caractère pour ne pas se laisser aveugler par la peur, cette détestable conseillère, qui a fait et fera faire encore tant de sottises! Tout ce que je vois et entends moi-même corrobore trop bien les appréciations de M. de D... pour qu'il me reste un doute sur l'exactitude de ses renseignements et la justesse de ses vues.

Je viens de voir, il y a quelques instants, Mme la comtesse de Pourtalès, qui arrive de Berlin. Jusqu'à ce jour, je l'avais toujours trouvée d'un optimisme qui m'irritait. Prussienne par son mari, elle était en admiration perpétuelle devant tous les actes de M. de Bismark, du roi Guillaume et de tous ses Prussiens; elle prétendait que rien ne pouvait motiver une guerre entre la France et la Prusse, que nous étions faits pour nous entendre et nous aimer. Bref, son langage était une variante poétique des discours Rouher et des circulaires La Valette. Or, voilà que cette adorable comtesse me déclare qu'elle revient de Berlin la mort dans l'âme, que la guerre est inévitable, qu'elle ne peut manquer d'éclater au premier jour, que les Prussiens sont si bien préparés, si habilement dirigés, qu'ils sont assurés du succès.

« Eh quoi! lui ai-je dit, vous embouchez la trompette de Bellone juste au
» moment où de tous côtés l'on ne parle que des intentions pacifiques de nos
» bons voisins, de la salutaire terreur que nous leur inspirons, du désir de
» Bismark d'éviter tout prétexte de conflits, lorsque nous renvoyons tous nos
» soldats dans leurs foyers, et qu'il est même question d'une réduction des
» cadres, à tel point que je m'apprête à aller au premier jour planter mes
» choux en Nivernais.

— » Oh! général, s'est-elle écriée, c'est ce qu'il y a d'affreux. Ces gens-là
» nous trompent indignement et comptent bien nous surprendre désarmés...
» Oui, le mot d'ordre est donné: en public, on parle de paix, du désir de
» vivre en bonnes relations avec nous; mais lorsque, dans l'intimité, l'on cause
» avec tous ces gens de l'entourage du roi, ils prennent un air narquois, vous
» disent: Est-ce que vous croyez à tout cela? Ne voyez-vous pas que les
» événements marchent à grands pas, que rien désormais ne saurait conjurer
» le dénoûment?... Ils se moquent indignement de notre gouvernement, de
» notre armée, de notre garde mobile, de nos ministres, de l'Empereur, de
» l'Impératrice, prétendent qu'avant peu la France sera une seconde Espagne!
» Enfin, croiriez-vous que le ministre de la maison du roi, M. de Schleinitz,
» a osé me dire qu'avant dix-huit mois notre Alsace serait à la Prusse! Et si
» vous saviez quels énormes préparatifs se font de tous côtés, avec quelle
» ardeur ils travaillent pour transformer et fusionner les armées des États
» récemment annexés, quelle confiance dans tous les rangs de la société et de
» l'armée!... Oh! en vérité, général, je reviens navrée, pleine de trouble et
» de craintes. Oui, j'en suis certaine maintenant, rien, non, rien ne peut con-
» jurer la guerre, et quelle guerre! »

Mme de Pourtalès sera probablement à Compiègne dans quelques jours, et par conséquent vous pourrez avoir le plaisir d'entendre ses doléances et ses récits effrayants.

Pour faire pendant au propos de M. de Schleinitz relatif à l'Alsace, je citerai un mot de M. le général de Moltke sur le même sujet. Ce grand général cau-

sait avec un Badois qui occupe une assez haute position dans son pays; ce personnage lui assurait que la population du grand-duché était généralement peu sympathique aux Prussiens et très-opposée aux projets d'annexion. « En
» vérité, dit M. de Moltke, c'est incompréhensible, car ces gens-là devraient
» comprendre que leur avenir est entre nos mains, que bientôt nous pour-
» rons leur faire ou beaucoup de bien ou beaucoup de mal, lorsque nous
» serons en mesure de disposer de l'Alsace, et cela ne saurait tarder; en la
» réunissant au grand-duché de Bade, nous pourrons former une superbe
» province comprise entre les Vosges et la Forêt-Noire, traversée dans toute
» sa longueur par un beau fleuve, et, à coup sûr, aucun pays au monde ne
» se trouvera dans des conditions pareilles de bien-être et de prospérité... »

Et vous voulez qu'en présence de pareilles rodomontades, de si insolentes prétentions trop hautement affirmées, je reste calme et patient! En vérité, il ne faudrait plus avoir dans les veines une goutte de vieux sang gaulois!... Je l'avoue donc, je vis dans un état permanent d'exaspération; j'éprouve la rage que doit ressentir un homme qui, voulant sauver un noyé, rencontre une résistance volontaire et se sent prêt à sombrer avec celui qu'il veut sauver...

Vous voyant vous impatienter en lisant ces lignes, je serais volontiers tenté de m'écrier comme Thémistocle : « Frappe, mais écoute ! »

Croyez, mon cher général, à l'assurance de mes sentiments les plus affectueux et les plus dévoués.

Général A. Ducrot.

P. S. Un mot, pour terminer, qui peint assez bien la situation; il est d'un diplomate fort bien en cour et certainement en position d'être parfaitement informé: « En vérité, écrivait dernièrement le prince de M..., l'on dirait que
» nous marchons avec des jambes en coton sur des œufs, comme si nous
» avions peur de les casser. »

LIX.

Lettre du général Ducrot au général Frossard sur les préparatifs de la Prusse en 1869.

Strasbourg, le 31 janvier 1869.

Mon cher général,

Je viens de voir le commandant Schenck, qui m'a apporté de vos nouvelles et m'a dit que vous l'aviez entretenu de certains faits qui se passeraient en ce moment à Mayence et Rastadt, et seraient assez significatifs.

Les mêmes renseignements me sont parvenus à Strasbourg par des bruits qui circulent dans la ville et à l'origine desquels il m'a été impossible de remonter. Les Prussiens, dit-on, font couper les arbres sur les glacis de Mayence et de Rastadt; dans le grand-duché de Bade, l'on met en réquisition les médecins et vétérinaires en état de marcher et l'on en fait la répartition, comme auxiliaires, entre les différents corps de troupes.

N'ayant plus la possibilité d'envoyer des officiers à l'étranger, j'ai dû chercher un moyen détourné pour vérifier l'exactitude de ces renseignements et je me suis adressé à un M. de Gaston, ancien sous-officier français, fixé à Landau depuis quelques années, et qui, ayant fréquemment occasion d'aller à Mayence et dans le duché de Bade, a bien voulu se charger de prendre, *de visu*, tous les renseignements utiles.

Quant à l'affaire des médecins et vétérinaires, M. de Gaston m'a cité un fait qui paraît concluant. Il y a aujourd'hui quinze jours, son vétérinaire qui habite Mannheim, a reçu une commission de vétérinaire de première classe, pour un corps de troupes (M. de Gaston n'a pu se rappeler lequel), avec injonction de se tenir prêt à rejoindre au premier ordre.

Il est vraiment fâcheux que nous n'ayons aucun moyen de surveiller ce qui se fait ou se prépare chez nos trop actifs voisins. Ne serait-il pas indispensable d'organiser dès à présent un service d'espionnage militaire qui mettrait à notre disposition un certain nombre d'agents chargés de nous tenir au courant des moindres incidents présentant quelque signification et qui, le jour où la guerre éclaterait, pourraient nous rendre d'incalculables services. Ce n'est pas au moment où les relations seront interrompues qu'il sera possible d'organiser ce service, il faut du temps et beaucoup d'adresse pour le monter convenablement. Je livre ces réflexions à votre appréciation.

Je vous remercie d'avoir bien voulu me communiquer les bonnes paroles de l'Empereur à mon sujet, cela m'a fait grand plaisir ; j'ai écrit au général Castelnau dans le sens que vous m'avez indiqué, mais je sais à quoi m'en tenir sur ses bienveillantes intentions à mon égard.

Croyez, mon cher général, à l'assurance de mes sentiments les plus dévoués. Général A. DUCROT.

Schenck est parti ce matin pour Rastadt ; il sera demain à Darmstadt, mercredi à Mayence, et de retour ici jeudi soir.

LX.
Affaires de Prusse.

La lettre suivante nous montre M. de Bismark proposant (novembre 1868) une entrevue entre le roi Guillaume et Napoléon pour aplanir les difficultés entre la France et la Prusse. Pas plus que M. Benedetti, M. le lieutenant-colonel de Stoffel, attaché militaire à l'ambassade de Berlin, n'a paru se douter que ces témoignages d'un désir de paix coïncidaient avec les études faites par M. de Moltke sur notre frontière du nord-est.

Le lieutenant-colonel de Stoffel à Pietri.

Berlin, 20 novembre 1868.

MON CHER PIETRI,

Cette lettre suivra un singulier chemin avant de vous parvenir, car je la

remets au courrier anglais : elle aura donc l'honneur de passer par Bruxelles et
Londres et vous sera remise par notre Ministre des affaires étrangères. Il faut
absolument que vous me fassiez savoir, par deux mots jetés à la poste, si vous
avez reçu un envoi jeudi dernier 19, dans la soirée. C'étaient un travail pour
l'Empereur et un autre pour le Ministre, tous deux contenus sous un même
pli à cinq cachets que j'avais confié à M. Bleichrœder, banquier de Berlin, se
rendant à Paris. Rien n'est plus rare dans la vie que de rencontrer des gens
qui sachent se mettre à la place des autres. Or, mettez-vous à la mienne un
moment, et dites-vous que je suis inquiet du sort de mes paquets ou envois
chaque fois que je les expédie autrement que par nos courriers d'ambassade.
Quand vous ne m'écririez que deux mots, comme, par exemple : « Je vais
bien, sauf un panaris au doigt milieu, et j'ai reçu votre lettre jeudi dernier, »
cela ne vous dérangerait guère de vos graves occupations ni de la Boulangère,
que vous dansez si bien, et du moins me sentirais-je tranquillisé! Mon travail
sur la *Note* en question a-t-il répondu à la question ?

Je vous disais dans ma dernière lettre que j'avais d'assez curieux détails
à vous donner. Voici la chose. M. B., dont j'ai parlé plus haut, est un banquier important de Berlin, correspondant de Rothschild et homme d'affaires
de Bismark. Parti de bas, il est parvenu à force de constance et de sens pratique, à se faire une position considérable. C'est le seul juif que Bism. reçoive
familièrement, le seul chez qui il consente à dîner. Il l'emploie comme chasseur
aux renseignements, lui donne certaines missions de confiance, etc., etc. Chose
à noter dans l'histoire des gouvernements prussiens qui se sont succédé
depuis cent ans, ils ont presque tous employé un juif (déjà du temps de Sieyès)
comme instrument plus ou moins occulte. Celui dont je vous parle, sans être
précisément un intrigant, aspire à jouer un rôle et à prendre la place de ses
devanciers, parmi lesquels le juif Ephraïm brille au premier rang. Ajoutez
que c'est un homme doux, de formes bienveillantes, avec lequel je vis en relations assez suivies et cordiales. Or donc, M. B., après avoir passé huit jours
à Varzin chez Bismark, est venu me trouver tout dernièrement, et, si je vous
conte les détails de notre entrevue, c'est que tout me porte à croire qu'il était
chargé de me sonder ou de connaître mon avis. Il eut soin, comme préambule,
de me demander le secret le plus absolu sur notre conversation, et me raconta
ensuite longuement ses derniers entretiens avec Bism. et les dispositions où il
avait trouvé celui-ci. « Le ministre, me dit M. B., désire la paix plus ardem-
» ment que jamais ; il fera tout son possible pour la conserver ; il est d'autant
» plus sincère en s'exprimant ainsi qu'il explique lui-même pourquoi le Nord
» ne peut ni ne doit désirer aujourd'hui l'annexion des États du Sud ; que
» l'unité de l'Allemagne se fera tout naturellement d'elle-même tôt ou tard, et
» que sa mission, à lui Bism., n'est pas d'en hâter le moment, mais bien de
» consolider l'œuvre de 1866, etc., etc. De tous côtés, on se demande s'il
» n'existe aucun moyen de rétablir la confiance entre la France et la Prusse,
» aucun moyen de rassurer les esprits en Europe et de faire cesser cette affli-
» geante stagnation des affaires. Une entrevue de l'Empereur avec le roi Guil-
» laume serait regardée par beaucoup de gens comme le moyen le plus efficace

» d'atteindre ces résultats. Il en a été question à Varzin, et les personnes de
» l'entourage de Bism. cherchent à connaître son avis sur la possibilité d'une
» telle entrevue. Ses intimes m'ont dit qu'il serait enchanté qu'elle pût avoir
» lieu ; mais il ne dissimule pas que, pour y amener l'Empereur, il serait
» nécessaire que lui (Bism.) et le roi s'engageassent à donner des garanties
» sérieuses nettement exprimées (*par écrit*, me disait le banquier), celle de ne rien
» entreprendre en vue d'arriver à une union avec le Sud. » En fin de compte,
M. B. m'a demandé ce que je pensais des dispositions de l'Empereur à accepter
ou à refuser une entrevue avec de telles garanties données.

Je vous fais grâce, mon cher Piétri, des autres détails de ma conversation
avec ledit banquier, et je vais vous dire ce que j'en pense. Il est incontestable
pour moi que l'idée d'une entrevue s'élabore en ce moment-ci. Je le regarde
comme d'autant plus certain que deux journaux prussiens l'ont mise en avant
ces jours derniers, et que le même M. B., après m'avoir juré que la précédente
conversation était entre nous, n'en a pas moins eu une toute semblable avec
le chargé d'affaires de France (en l'absence de Benedetti). Secondement,
je ne regarde pas comme aussi certain que Bism. ait dit au banquier
de me tâter pour connaître mon avis. Cela me paraît probable cependant ;
mais, remarquez-le bien, il serait possible aussi que M. B., désireux de
jouer un rôle, n'eût été chargé d'aucune commission à mon endroit, et
qu'il eût voulu, pour sa seule gouverne, se renseigner auprès de moi. Il
n'en reste pas moins, comme fait acquis, selon moi, que l'on poursuit l'idée
d'une entrevue.

Je n'ai pas besoin de vous dire quelle a été ma contenance pendant la conversation dont je viens vous entretenir ; car, je vous l'ai déjà dit, par raison
autant que par caractère, je reste dans mon rôle et dans mes fonctions. Je
laisse à de sots vaniteux, comme Vipérin, le soin de se mêler de ce qui ne les
regarde pas, et de vouloir se transformer d'attaché militaire en ambassadeur.
Je me suis donc borné à répondre évasivement et à arguer de mon ignorance
quant aux dispositions de l'Empereur.

Je dois ajouter un détail qui me donne à croire que Bism. songerait réellement à la possibilité d'une entrevue : c'est que M. Bl. m'a dit devoir se rendre
à Paris, fin décembre, et m'a demandé de lui remettre une lettre pour vous. Il
m'a donné à entendre qu'il songeait à solliciter une audience de l'Empereur.
Vous le voyez donc, de deux choses l'une : ou Bism. désire sonder le terrain
jusque dans l'intérieur des Tuileries avant de rien entreprendre d'officiel, ou
son juif est entraîné par la rage de jouer un rôle politique.

Soit dit pour terminer, si je vous ai entretenu de tout ceci, c'est dans le seul
but de vous prévenir au cas où vous apprendriez que des efforts sont tentés
pour solliciter de l'Empereur une entrevue avec le roi. Peut-être verrez-vous
aussi dans ces faits la preuve du désir de Bism., sincère ou non, de conserver la paix et d'éviter tout prétexte à conflit.

L'état de l'opinion publique en Prusse est toujours le même : défiance ou
animosité générale contre la France. Regardez cela comme certain. D'ailleurs,
vous en comprendrez facilement les causes si simples :

Premier fait incontestable. — La Prusse aspire à réunir toute l'Allemagne (laissons de côté la forme, qui est indifférente ici).

Deuxième fait incontestable. — Quel obstacle voit la Prusse à la réalisation de ce désir? La France, la France seule.

Conséquence forcée. — Nous sommes suspects à toute la nation prussienne : certains partis nous détestent, tous se défient de nous, et les moins passionnés nous regardent au moins comme gênants et éprouvent à notre endroit les sentiments qui animent un homme contre un autre homme qui l'incommode incessamment. De là cet état général de l'opinion que je résume par ces mots : animosité, ou défiance, ou irritation contre la France.

Telle est la conséquence fatale des événements de 66. Rien n'y fera tant que la situation générale restera la même, et l'état que je signale n'ira qu'en empirant.

En voilà assez pour aujourd'hui, mon cher ami. Vous en avez vu de toutes sortes depuis que vous ne m'avez écrit : révolution d'Espagne, affaire Baudin, que sais-je? Écrivez-moi, cela me fera plaisir.

De Stoffel.

P.-S. Mille amitiés et à Oppermann.

LXI.

Affaires de Prusse.

La Commission a trouvé les dépêches suivantes dans un paquet assez considérable de télégrammes saisis aux Tuileries et contenant la plupart des lettres de remerciments de souverains adressées à l'Empereur et à l'Impératrice après les visites à l'Exposition de 1867. La première de ces dépêches, toute de cérémonie, n'a de valeur que si on la rapproche de la dépêche à M. Benedetti et de la dépêche de Berlin à l'ambassadeur de Prusse à Paris.

1.

Le Roi de Prusse à Napoléon.
(Après sa visite à l'Exposition de 1867.)

Babelsberg, 15 juin 1867, 8 h. 50 m. soir.

A S. M. L'Empereur des Français, à Paris.

Au moment de rentrer dans mes foyers, je m'empresse de remercier de tout mon cœur Votre Majesté, ainsi que l'Impératrice, pour l'accueil plus qu'aimable et amical que j'ai rencontré de la part de Vos Majestés pendant mon séjour à Paris, à jamais mémorable sous tant de rapports.

C'est en formant les vœux les plus sincères pour le bonheur de Vos Majestés et pour la France que je suis,

De Votre Majesté, le bon frère et ami,

Guillaume.

2.

A la veille de la réunion à Londres de la conférence pour la neutralisation du grand-duché de Luxembourg, et un mois avant la dépêche précédente, les télégrammes suivants étaient échangés entre M. de Bismark et l'ambassadeur de Prusse à Paris, et entre le Ministre des affaires étrangères et M. Benedetti, ambassadeur français à Berlin. On remarquera que c'est de Paris que M. Benedetti reçoit des renseignements sur ce qui se passe en Prusse.

A l'Ambassadeur de Prusse à Paris.

Berlin, 6 mai 1867, 9 h. 25 m. soir.

M. de Werther annonce de Vienne que même l'ambassadeur de France autorise maintenant de continuels achats de chevaux en Hongrie pour le compte de la France.

BISMARK.

L'original est en allemand, et porte en tête cette note: *Arrivée à 11 h. 25 m. soir, le 6.*

Le lendemain, le Ministre des affaires étrangères (M. de la Valette) télégraphie à M. Benedetti.

Paris, 7 mai 1867, minuit 40 m.

AFFAIRES ÉTRANGÈRES.

A M. Benedetti,

Berlin.

Les mesures militaires de tout genre sont poursuivies par le Gouvernement prussien sur une grande échelle ; il fait en outre acheter des chevaux de tous côtés, en Hongrie, en Pologne et même en Irlande. Nous n'en voulons pas tirer de fâcheuses inductions ; mais je crois devoir vous le faire savoir pour votre information personnelle.

3.

Moins d'un an après ces visites officielles et ces dépêches secrètes, le télégramme suivant arrivait au ministère de la guerre, à Paris, et montrait M. de Moltke lui-même, le major général de l'armée prussienne, étudiant chez nous, le champ possible de batailles futures.

2023.
12 h. 25 m.

Forbach, 9 avril 1868, 9 h. 30 m. matin.

MINISTRE DE LA GUERRE.

Paris

Depuis lundi, je suis le général de Moltke, qui visite la frontière de France et étudie les positions.

Lundi, je l'ai rejoint à Mayence.

Mardi, il s'est arrêté à Birkenfeld et a pris des notes sur la hauteur, près des ruines du vieux château ; il a couché le même jour à Sarrebruck ; il y a pris des dispositions de défense à la gare et au canal.

Hier il était à Sarrelouis, où il se trouve encore.

Ce matin, malgré le mauvais temps, il est sorti en voiture pour visiter les hauteurs environnantes de Vaudevange, de Berus.

Je suppose, d'après les informations, qu'il se rendra ce soir ou demain à Trèves et qu'il descendra la Moselle.

Faut-il continuer à le suivre ?

Adressez la réponse au bureau télégraphique de Forbach.

Capitaine SAMUEL.

RÉPONSE.

Suivez-le.

Paris, 1 h. 20 m.

LXII.

Rapport de M. Magne à l'Empereur.

La pièce porte en marge ce mot : *Confidentielle.*
La phrase la plus caractéristique de cet écrit est celle qui affirme que la France désire la paix.

Paris, le 20 juillet 1866.

SIRE,

Je n'ose pas, malgré le vif désir que j'en aurais, demander à Votre Majesté, au milieu de ses préoccupations, l'honneur de la voir pour prendre congé d'elle.

Mais voudrait-elle me permettre, avant de quitter Paris, de lui communiquer les impressions que j'ai pu recueillir dans le public sur deux points de la politique actuelle. Certainement ce n'est pas le public qui doit décider les affaires ; mais les tendances de l'opinion sont un élément qu'il est essentiel de bien connaître, et je ne crois pas sortir de mes devoirs de membre du Conseil privé en apportant à Votre Majesté le contingent de mes informations.

1° Question extérieure.

Il existe dans l'opinion plusieurs petits courants plus ou moins favorables, les uns à la Prusse et à l'unité allemande, les autres à l'Italie et à ses agrandissements ; les autres à l'Autriche.

Mais le grand courant de l'esprit public n'est ni prussien, ni italien, ni autrichien, il est essentiellement national ; il se préoccupe avant tout des intérêts français. A aucune époque peut-être cette disposition ne s'était montrée avec une égale énergie.

Comme la grande masse de la nation vit du travail et des affaires, elle désire sincèrement la paix ; elle est très-reconnaissante envers l'Empereur de ses efforts pour nous conserver ce grand bien ; elle tient compte des difficultés, et, quand une suspension des hostilités pourra être annoncée, les démonstrations publiques prouveront à l'Empereur, j'en suis sûr, que, malgré des retards, il n'a pas perdu le bénéfice de sa médiation.

Il ne faut cependant pas se dissimuler que l'attitude des puissances et leur lenteur à se prononcer en présence de l'article du *Moniteur* ont causé un sentiment pénible; on aurait voulu que la voix de la France fût plus promptement entendue, cela est certain.

Mais on a parfaitement compris que l'Empereur n'ait pas pris les armes pour procurer à l'Autriche l'avantage de les déposer plus tôt. L'Autriche n'inspire aujourd'hui que cet intérêt, si voisin de l'indifférence, qui s'attache aux forts devenus faibles par leur faute, n'ayant su rien prévoir et rien préparer. Jusqu'ici tout est pour le mieux.

A mon sens, les grandes difficultés commenceront lorsqu'il s'agira d'arranger définitivement les choses. Plus l'Empereur aura joué un rôle actif et prépondérant dans les négociations, plus on lui demandera compte des résultats au point de vue des intérêts français. Dans notre pays, où le sentiment domine encore plus que le calcul, l'opinion a des retours subits auxquels il faut s'attendre. Tout ce que j'ai entendu en haut et en bas, dans le militaire et dans le civil, me donne la plus profonde conviction que les rapides progrès et les prétentions présumées de la Prusse inquiètent et que l'ingratitude injustifiable de l'Italie irrite les esprits, même les plus calmes. Le sentiment national serait profondément blessé, cela me paraît hors de doute, si, en fin de compte, la France n'avait obtenu de son intervention que d'avoir attaché à ses deux flancs deux voisins dangereux par leur puissance démesurément accrue. Tout le monde se dit que la grandeur est une chose relative et qu'un pays peut être diminué, tout en restant le même, lorsque de nouvelles forces s'accumulent autour de lui.

Pour empêcher une telle dérogation au programme de l'Empereur, le pays, qui jusqu'ici s'est passionné pour la paix, se montrerait tout aussi ardent pour les mesures extrêmes. Il ne tarderait pas à pousser à la guerre, ce qui serait un malheur affreux.

Je ne vois qu'un moyen plausible de l'éviter, c'est, après avoir bien médité le plan des concessions possibles, de déclarer nettement, clairement, ce que la France veut, ce qu'elle est résolue à faire prévaloir, ce qu'elle est au besoin en état *d'imposer*.

Or, il se dit beaucoup trop, depuis quelque temps, que la France *n'est pas prête*.

Il est évident que sa voix sera d'autant moins écoutée que cette opinion sera plus répandue. Dans les congrès, comme à la guerre, la fortune aime à sourire à ceux qui sont forts et résolus.

Voilà pourquoi, plus on est partisan de la paix, plus on doit désirer que l'Empereur use de tous les moyens qui sont en son pouvoir pour se mettre en état d'appuyer ses prétentions, lorsque le moment sera venu de les préciser. Alors il ne serait plus temps d'y songer. Rien ne nous excuserait d'être pris au dépourvu au milieu de complications qu'il est si naturel de prévoir. Rien d'ailleurs n'est contraire à l'esprit d'économie comme l'imprévoyance qui s'expose, à un moment donné, à subir l'urgence et la précipitation des préparatifs.

2° Dernier sénatus-consulte.

Généralement il est fort approuvé ; mais on le trouve incomplet sous plusieurs rapports. Comme il ne serait pas bon de recourir trop souvent à des réformes organiques, j'ai vu bien des personnes regretter que les diverses mesures auxquelles on suppose que l'Empereur n'a pas renoncé ne soient pas prises en même temps. Plus le temps marchera, plus elles deviendront nécessaires, et plus elles pourront devenir difficiles. Dans leur ensemble elles se balancent les unes par les autres ; en les éparpillant on perdra l'avantage des compensations, les plus impopulaires restant isolées.

A l'occasion de ce sénatus-consulte, j'ai pu me convaincre, dans le Sénat même, que les événements actuels ont ouvert les yeux sur les vices du sénatus-consulte du 14 novembre 1861, relatif au vote des crédits. Jusqu'ici il ne semblait porter atteinte qu'à l'autorité morale de l'Empereur. On voit aujourd'hui qu'il peut compromettre l'intérêt du pays lui-même. Convoquer la Chambre c'est faire au grand jour ce qui exigerait, au moins provisoirement, le plus de discrétion et de secret ; ne pas la convoquer, c'est se condamner à l'immobilité la plus compromettante ; agir sans elle, c'est violer une loi constitutionnelle du pays. Existe-t-il un autre pays au monde où le pouvoir soit réduit à ces alternatives également graves ?

Pour ma part, j'ai toujours pensé qu'on devrait conserver les dispositions de ce sénatus-consulte concernant les *crédits supplémentaires*. On peut admettre qu'à leur égard il est véritablement utile et praticable. Mais, en ce qui concerne les *crédits extraordinaires*, nécessités par des circonstances imprévues, urgentes, de force majeure, sans donner à la Chambre un contrôle sérieux, il empêche le Gouvernement de gouverner. Je crois qu'il serait facile de remplacer les garanties qu'il paraît donner par des garanties plus efficaces et plus conformes aux nécessités de la politique.

Ce que j'ai pu constater, c'est que, si une disposition de cette nature avait été résolûment proposée dans le projet soumis au Sénat, elle aurait trouvé, dans les circonstances actuelles, de très-nombreux adhérents ; il est regrettable qu'on n'y ait pas songé. Si je me permets d'appeler l'attention de l'Empereur sur ce point, c'est pour le cas où une autre occasion viendrait à se produire.

Je suis avec le plus profond respect, Sire, de Votre Majesté, le très-humble et très-obéissant et fidèle serviteur.

P. Magne.

LXIII.

Pierre Bonaparte Chasseur. (1)

Sire,

Votre Majesté ayant quitté Paris sans m'accorder l'audience que j'avais sollicitée, je prends la respectueuse liberté de lui écrire en toute confiance.

Votre Majesté a bien voulu m'allouer 2,500 francs de plus par mois, pour le temps que je passerais en Corse. Ce supplément, moitié de celui que Votre Majesté m'avait accordé d'abord, ne me permettait pas de vivre sur le pied que j'avais adopté.

Je ne viens pas demander encore à Votre Majesté de me rendre 5,000 francs par mois. J'ai été trop éprouvé par les fièvres pernicieuses de Corse pour songer à y retourner avec la *mal'aria*, c'est-à-dire avant la fin d'octobre.

Mais le besoin d'activité, qui est une loi impérieuse de mon organisation, me rappellera, le mois prochain, dans les Ardennes, où j'ai loué des chasses. J'ai dû m'y caser tant bien que mal, pour ne pas multiplier les dépenses ; mais si Votre Majesté avait la bonté de me donner, dans les Ardennes, les 2,500 fr. de plus qu'Elle m'accorde en Corse, cela me permettrait une toute autre installation.

J'en serais bien reconnaissant à Votre Majesté et je n'hésite pas, Sire, à vous présenter cette requête, parce que vous devez être persuadé que, s'il vous plaisait de mettre un terme à mon inaction, je serais heureux de consacrer au service de vos glorieuses entreprises tout ce qui me reste d'aptitude et d'énergie.

De Votre Majesté, Sire, le très-dévoué cousin,

Pierre-Napoléon Bonaparte.

Paris, 5 juin 1861.

Mon cher Monsieur Mocquard,

La lettre bienveillante que l'Empereur a daigné m'adresser m'encourage à vous écrire celle-ci, dans l'espoir que vous trouverez un moment pour entretenir Sa Majesté de son objet.

L'Empereur a eu la bonté de m'accorder une autorisation de chasser dans la forêt de Rambouillet. Sa Majesté n'avait fait d'autre restriction que de ne pas tirer les cerfs.

Peu à peu, les officiers de la vénerie ont tellement restreint cette autorisation, qu'elle est devenue illusoire.

D'abord, ils ont compris dans une réserve, qu'ils se gardent bien de respecter eux-mêmes, les parties les plus giboyeuses de la forêt, et celles où j'avais l'habitude de chasser, comme étant les plus rapprochées de mon pied-à-terre, au Perray.

---

(1) Les mots suivants sont en marge de la supplique : « Mocquard, refuser *poliment*. Écrit le 20 juin 1861. »

L'année dernière, ils m'ont envoyé la permission la veille de l'ouverture, quand, désespérant de la recevoir, j'avais déjà pris mes dispositions pour chasser ailleurs.

Enfin, cette année, j'ai écrit, *dans les meilleurs termes*, au prince de la Moskowa.

Il m'a fait répondre par un secrétaire une lettre peu convenable, qui ne contenait même pas mes titres et qualités consenties par Sa Majesté.

Et ce même secrétaire me transmet aujourd'hui une permission qui, aux autres restrictions, ajoute celle de ne pas tirer les faisans !

Que tirerais-je alors ?.... Il y a peu de gibier à Rambouillet. Il m'est arrivé de courir toute une journée sans tirer plus de huit ou dix pièces, même en battant tout. J'ai donc renvoyé la permission ainsi formulée à Edgar Ney; mais, dans l'espoir que l'Empereur ne voudra pas que ses officiers paralysent sa bienveillance à l'égard des siens, je fais cette tentative auprès de vous, mon cher Monsieur Mocquard, et je vous serais reconnaissant, si vous trouvez le joint, de présenter ma réclamation à l'Empereur.

Du reste, je n'aurais usé de la permission que jusqu'à la fin d'octobre, époque à laquelle je compte aller en Corse; ou dans les Ardennes.

Veuillez agréer, je vous prie, mon cher Monsieur Mocquard, l'expression de mes sentiments très-affectueux et très-distingués.

P. N. BONAPARTE.

Paris, le 18 août 1862.

MON CHER MONSIEUR MOCQUARD,

Je viens vous prier de ne donner aucune suite à ma dernière lettre, s'il en est temps encore. Voici pourquoi.

M. Rollet, secrétaire général de la vénerie, m'a retourné la permission que je lui avais renvoyée à cause des restrictions nouvelles qu'elle contenait. M. Rollet déclare que c'est par suite d'un malentendu que la clause de ne pas tirer le faisan avait été insérée dans cette permission, et il ajoute que la vénerie entend que je chasse comme par le passé.

Quoi qu'il en soit, que ce malentendu ait eu lieu *réellement*, ou que je doive à votre bonne intervention d'avoir remis les choses dans le *statu quo*, la radiation de la clause me permettra de profiter encore de la faveur que l'Empereur m'a accordée, et dont je me fusse vu frustré à regret par des subalternes. J'ai cru, cependant, ne pouvoir moins faire que de vous informer de cette explication, que M. Rollet, il faut en convenir, a donnée de la meilleure grâce du monde.

Veuillez agréer, je vous prie, mon cher Monsieur Mocquard, la nouvelle expression de mes sentiments affectueux et distingués

P. N. BONAPARTE.

Paris, le 20 août 1862.

P. S. Vous seriez bien aimable si vous pouviez m'écrire un mot pour me rassurer sur les bruits qui courent, sans fondement, j'espère, de tentatives criminelles contre la personne de l'Empereur. On prétend qu'on l'aurait attaqué au bois de Boulogne, et que Fleury aurait dû arrêter lui-même les coupables, armés jusqu'aux dents, au nombre de quatre, dans une voiture, etc., etc.

Si ce sont des contes, tant mieux ! mais cela inquiète ceux qu'on ne tient au courant de rien. Si c'était vrai, malheureusement, vous devriez bien dire à l'Empereur qu'il n'oublie pas certain cousin dont le bras est solide et le cœur dévoué à sa personne.

LXIV.

Quelque temps après la fusillade de la Ricamarie, l'Impératrice, sollicitée de secourir la famille d'une jeune fille gravement blessée dans la collision, demanda conseil à M. le général de Palikao, qui formula son opinion dans les termes suivants :

QUATRIÈME CORPS D'ARMÉE.

CABINET DU GÉNÉRAL COMMANDANT.

Quartier général à Lyon, le 28 septembre 1869.

MADAME LA COMTESSE,

J'ai l'honneur de vous accuser réception de la lettre par laquelle, au nom de Sa Majesté l'Impératrice, vous me demandez des renseignements sur une jeune fille qui fait l'objet de la note ci-jointe, que je vous renvoie.

J'ajoute également à cette lettre les renseignements donnés par le maire de la commune habitée par cette jeune fille. Quelque (sic) soit l'opinion de ce fonctionnaire et celle des journalistes, je pense, Madame la Comtesse, que venir en aide à des familles qui n'ont pas craint d'employer l'outrage et la calomnie contre de braves soldats qui ont fait leur devoir, serait du plus fâcheux exemple aux yeux de cette mauvaise population de Saint-Étienne; ce serait un blâme jeté sur l'armée et ce serait dangereux pour l'avenir. Cette opinion est celle du général qui commande à Saint-Étienne, et je la partage entièrement.

Déjà l'amnistie a fait relâcher 51 ouvriers mineurs qui ont tiré sur la troupe et l'ont insultée, et tous les jours des lettres anonymes, dans le genre de celle que je joins ici, pourront prouver à Sa Majesté les bons sentiments des amnistiés.

Veuillez, je vous prie, Madame la Comtesse, déposer aux pieds de Sa Majesté l'hommage de mon profond respect et agréer pour vous celui de mes sentiments tout dévoués,

Général CH. DE MONTAUBAN, comte DE PALIKAO

Voici la note et le certificat du maire de la Ricamarie visés par la lettre de M. Palikao :

Porté par l'importance du sujet plus que par le mérite de l'écrivain, l'épisode de la Ricamarie a eu beaucoup de retentissement ; il a été reproduit par toute la presse indépendante, même par l'austère *Débats*.

Aujourd'hui que l'émotion populaire est en partie calmée dans les bassins houillers de Saint-Étienne, une œuvre de charitable pitié ferait une excellente impression sur l'esprit de ces gens ignorants, plutôt que coupables.

Parmi les victimes de la catastrophe, la plus intéressante, sans contredit, est la jeune Jenny Petit, qui a été sauvée par miracle, mais qui ne recouvrera jamais l'usage de son bras gauche. Ne pourrait-elle se trouver sur le passage de Sa Majesté à son retour de Corse? Ne pourrait-on, dans une certaine mesure, atténuer la portée du malheur qui a frappé cette enfant?

Ce serait, dans toutes les acceptions du mot, une bonne œuvre bien placée.

Et, dans ce cas, le devoir de l'écrivain qui a cherché à attirer la commisération publique sur cette innocente victime de nos discordes sociales serait de célébrer à haute voix tout ce qui serait fait pour soulager un malheur immérité.

MAIRIE DE LA RICAMARIE.

La Ricamarie, le 25 septembre 1869.

Monsieur le Général,

J'ai l'honneur de vous transmettre les renseignements que vous me demandez par votre lettre du 23 du courant, relatifs à la jeune Jenny Petit, blessée dans la collision de la Ricamarie.

Les voici :

1° La jeune Jenny s'est trouvée sur les lieux, attirée par la curiosité ;

2° Elle y est allée seule, en suivant la foule qui s'y portait ; ses père et mère, ni aucun de ses parents, n'étaient avec elle ;

3° Son état de santé laisse beaucoup à désirer ; ses blessures ne sont pas cicatrisées ; elle ne se sert pas de son bras, qu'elle porte toujours en écharpe ;

4° La position de sa famille est malheureuse ; elle n'a joué aucun rôle dans ces événements ; son père est un simple ouvrier aux mines, père de quatre enfants, dont Jenny est la plus âgée ; il n'a d'autres moyens d'existence que le produit de son travail.

Agréez, Monsieur le Général, l'assurance de mon profond respect.

Le maire de la Ricamarie,

Mure.

LXV.

Inspection générale de 186 . Arrondissement d'infanterie.

La lettre suivante donne une nouvelle preuve de la faveur dont le général de Failly jouissait à la cour.

SIRE (1),

Je ne sais si Votre Majesté aura la patience de lire jusqu'au bout les réflexions que m'inspire le décret du 12 août, par suite duquel M. le général de division de Failly, aide de camp de Votre Majesté, est appelé aux fonctions de président du comité d'infanterie, lorsqu'il n'était pas membre de ce comité. Voici deux fois, Sire, que je suis victime de mesures tout à fait nouvelles et qui blessent ma susceptibilité.

En 1859, à l'époque de la guerre d'Italie, Votre Majesté m'appela au commandement d'une division de l'armée de Paris. C'était, me dit Votre Majesté, un poste de confiance. Jusque-là, les généraux de division, dans ma position, n'avaient pas été remplacés dans leur commandement; mais je devins l'exception, ainsi que mon collègue le général Marulaz. Nous fûmes remerciés. L'Empereur, me dit-on, veut voir les officiers généraux passer successivement sous ses yeux. Après quinze mois, ma division fut dissoute, et le général qui venait prendre ma place était précisément celui que j'avais remplacé moi-même.

On me donna pour fiche de consolation une place au comité d'infanterie, que j'occupe depuis sept ans; et jusqu'à ce jour, sans exception, conformément à l'ordonnance royale qui créa les comités, le plus ancien des généraux qui en font partie en a été nommé président. Mon tour était venu, et j'avais lieu d'espérer que je finirais ma carrière avec ce titre honorable, lorsque j'ai appris que Votre Majesté me donnait, en quelque sorte, un brevet d'incapacité en nommant d'emblée président du comité un officier général qui n'en est pas membre.

Cette mesure, Sire, permettez-moi de le dire à Votre Majesté, m'afflige comme m'a affligé l'autre. Il m'en coûte de parler de moi, Sire; mais je suis de ceux qui ont offert leur vie et leur épée au prince président de la République, à une époque où les dévouements n'étaient pas si communs qu'aujourd'hui. Colonel du 26e, à Paris, quoi que fissent nos généraux, qui nous poussaient à voter pour le général Cavaignac en 1848, mon régiment tout entier, par mon impulsion, vota pour le prince Louis-Napoléon. Plus tard, à Metz, lors du coup d'État, lorsque, par une lettre adressée à M. le général Roguet, je mettais mon dévouement et celui de mon fils au service du prince président, j'empêchai seul, avec mon brave régiment, une contre-révolution d'éclater dans cette ville. Les généraux restèrent inactifs et sans décision, à ce point que M. le général de division Marey-Monge, enfermé dans son quartier général, ne voulut pren-

---

(1) En marge de la lettre figure l'annotation suivante : *l'Empereur a lu votre réclamation; il n'a pas cru vous blesser.*

dre aucune mesure et donna *carte blanche* pour agir au seul colonel qui se montra résolu, et ce colonel c'était moi.

Votre Majesté a sans doute ignoré ces détails ; je puis mettre à sa disposition si elle le désire, quelques pages de mes impressions de cette époque ; elle saura comment les choses se sont passées à Metz.

M. le général de Saint-Arnaud, alors ministre de la guerre, après m'avoir envoyé par les voies rapides dans les Basses-Alpes pour comprimer l'insurrection, voulut bien récompenser mon dévouement, qui était pourtant tout simple, en me faisant nommer général de brigade.

Plus tard Votre Majesté m'envoya à Rome, et j'en suis revenu général de division, il y a près de dix ans, me trouvant récompensé bien au delà de mon faible mérite. Mais, avec le temps, les choses ont bien changé, et je suis devenu, comme j'ai eu l'honneur de le dire à Votre Majesté, successivement la victime de deux mesures qui m'affligent profondément.

Je n'ai pas, Sire, à m'occuper de l'origine des officiers généraux qui entourent Votre Majesté, mais il m'est permis de faire connaître la mienne à l'Empereur.

Je suis de *la seule* famille qui, depuis 1800 jusqu'à nos jours, ait produit quatre officiers généraux à l'armée.

Fririon (Mathias), mon grand-oncle, général de division, appelé le Vertueux, secrétaire général du ministère de la guerre, ayant la signature du ministre pendant de longues années, jusqu'en 1814. A cette époque, il refusa de suivre le duc de Feltre à Gand et préféra prendre sa retraite. Il était *baron de l'Empire.*

Fririon (Nicolas), mon père, général de brigade à Hohenlinden en 1800, général de division à Wagram. Est resté sous sa tente pendant la première Restauration. L'Empereur, en revenant de l'île d'Elbe, *le nomma directeur général du recrutement.* Il était *baron de l'Empire.*

Fririon (Joseph), général de brigade à la bataille des Arapiles, l'un des militaires les plus énergiques de son temps. Il refusa de servir les Bourbons et accepta la retraite qui lui fut offerte lorsqu'il était encore dans la vigueur de l'âge, à quarante-cinq ans. *Il était baron de l'Empire.*

Enfin *Fririon* (Jules-Joseph), le serviteur actuel de Votre Majesté, qui s'honore d'avoir dû une partie de sa carrière au nom qu'il porte. Mais ce nom, il peut le dire avec fierté, il l'a conservé pur : la droiture et le désintéressement des généraux Fririon sont connus de toute l'armée.

J'ajouterai que *onze* Fririon ont, depuis la République et l'Empire, laissé leurs os sur les différents champs de bataille ou contrées de l'Europe, parmi lesquels mon frère aîné en Espagne *et mon propre fils aîné en Crimée.*

Vis-à-vis de pareils titres, je me permets de demander à Votre Majesté si ma susceptibilité ne doit pas être justement émue, quand, mon ancienneté m'appelant à la présidence du comité d'infanterie, je m'en vois préférer un autre.

Je prie Votre Majesté d'excuser cette longue lettre, mais j'ai dû céder à ma conscience, à la juste susceptibilité des membres de ma famille et à mes devoirs de père.

Je la prie également de vouloir bien agréer l'hommage du profond respect et du dévouement sans bornes avec lesquels j'ai l'honneur d'être, Sire, de Votre Majesté, le très-humble et très-fidèle sujet,

Baron FRIRION.
30, rue Cambacérès.

LXVI.

Lettre du préfet d'Auribeau à M. Piétri.

PRÉFECTURE DES BASSES-PYRÉNÉES.
(Cabinet du préfet.)

Pau, le 30 mai 1868.

Mon cher Piétri,

J'ai reçu les 10,000 francs que vous m'avez envoyés de la part de l'Empereur pour les travaux de Biarritz. Jamais ondée plus bienfaisante n'est tombée dans une caisse plus complétement à sec.

J'allais vous les demander pour ne pas interrompre nos travaux, qui, du reste, marchent bien.

Je vous envoie le projet de vente du bois d'Amotz. Si Sa Majesté l'approuve, veuillez me le retourner, afin que je le fasse transcrire sur papier timbré, signé par le maire en triple expédition, et que je vous le renvoie pour le soumettre à la signature de S. M. l'Impératrice, et tout sera dit. Fonds et superficie, ça y est.

Vous vous plaignez de la chaleur, mon cher Piétri; vous soupirez après les ombrages. Sybarite, va! Que diriez-vous, bon Dieu! si, comme nous, vous étiez obligé de partir en tournée pour six semaines, avec la perspective de séances de six heures, 36 degrés de chaleur à l'ombre, le tout au milieu d'une atmosphère d'extraits de conscrit qui a des émotions !

Non, vrai ! la révision au mois de juin et de juillet dans le Midi devrait être défendue. Ma seule consolation, c'est l'espoir que pas mal de nos grands collègues de première deviendront enragés. Ça fera de l'avancement dans le corps. Et notre ministre qui nous recommande d'être aimables tout plein, de manger beaucoup, de boire davantage, d'embrasser les filles, de courtiser les femmes, de frapper sur le ventre des maris, et de faire la bouche en cœur à tout le monde; il croit, à ce qu'il paraît, que les préfets ne sont pas de la chair, mais du marbre. Et pas même quelques éponges de gratification !

Allez-vous-en récuber *sub tegmine fagi*.

Moi, je me livre aux gendarmes et à leurs bottes d'ordonnance. *Ora pro nobis*.

Bien à vous,

G. D'AURIBEAU.

LXVII.

Formation du cabinet du 2 janvier.

Le dossier que nous publions contient l'histoire tout entière de la crise ministérielle qui, commencée à la fin de 1869, a abouti, le 2 janvier 1870, à la combinaison Émile Ollivier. M. Clément Duvernois, on le verra par les pièces qui suivent, avait été en quelque sorte chargé de négocier le ministère. Il avait conservé dans ses papiers toutes les pièces relatives à l'affaire, lettres de M. Émile Ollivier, lettres de M. Pietri; copie des lettres qu'il adressait lui-même soit à l'Empereur, soit à M. Ollivier.

Nous indiquons à chaque pièce si le document a été imprimé sur les originaux ou sur les copies.

1.

Lettres de M. Ollivier à M. Duvernois.
(Autographes.)

La Moutte, par Saint-Tropez (Var), le 24 octobre 1869.

Mon cher ami, vous connaissez ma vive sympathie pour la personne de l'Empereur; elle s'est accrue dans ces derniers temps par l'attitude noble, grande, digne d'admiration, qu'il oppose à tant d'injures, d'injustices et de basses indignités. Si donc il ne s'agissait que de lui et de moi, je vous dirais : Qu'il dispose de moi comme il le voudra. Mais je dois me préoccuper, dans l'intérêt de l'empereur lui-même, de l'opinion, de ses exigences et des moyens de les satisfaire.

Or voici ce que mon frère le négociant, esprit calme, lucide, nullement révolutionnaire, me dit dans une lettre que je reçois en même temps que la vôtre :

« Par suite des agitations politiques, marasme complet dans les affaires.
» L'opinion publique, en masse, même la plus modérée, est complétement
» hostile au ministère actuel. Il n'inspire pas de confiance. L'opinion publique
» est aussi absolument hostile à la convocation tardive du 29 novembre. Quoi
» que fasse l'Empereur avec les hommes actuellement au pouvoir, le pays ne
» sera jamais satisfait. Il faut des noms nouveaux jouissant de la confiance.
» On s'attend toujours à quelque chose pour le 26. Ils sont trop lâches pour
» faire quelque chose de sérieux. Ils agiteront quand même. Si l'état des
» choses actuel continue, nulle industrie n'est possible, nous allons à la
» ruine..... »

Je ne blâme pas, quant à moi, le retard de la convocation; je ne le crois nullement inconstitutionnel, et j'ajoute qu'après les menaces, convoquer le 26, c'eût été de l'abjection, de l'avilissement; le lendemain il n'y (*sic*) aurait plus existé d'empire.

Comme l'opinion, toutefois, je crois que le ministère actuel a en lui une cause incurable de faiblesse : c'est son origine extra-parlementaire. Adoptant la politique des 116, l'Empereur eût dû charger l'un d'eux de constituer un ministère. Qu'il relise l'admirable chapitre x du livre III de la Décade de Machiavel ; les monarchies ne peuvent suppléer à l'infériorité que leur reconnaît le Florentin qu'en adoptant des ministres nouveaux à chaque situation nouvelle.

Tout ceci est de la critique. Que faire ?

Je ne parle pas des réformes sociales à étudier pour améliorer la condition de ceux qui souffrent, ce qui est le but principal du Gouvernement ; ni des grandes réformes commerciales, criminelles, judiciaires. Je sais que sur tous ces sujets l'Empereur est disposé à tout, et que nul souverain n'a eu le cœur plus populaire ni l'esprit plus ouvert.

Je me tiendrai à l'ordre purement politique. A l'extérieur, je crois que la guerre, loin de rien résoudre, embrouillera tout et compromettra tout. Si les commerçants ne la craignaient pas, les esprits seraient beaucoup plus calmes. Le moment (1) d'arrêter la Prusse est passé, irrévocablement passé, et le salut et la grandeur de l'empire ne peuvent plus être cherchés que dans le respect du principe des nationalités. L'Empereur l'a inauguré ; s'il le combat, il sera vaincu par lui ; par conséquent, j'admets qu'on examine s'il y a lieu de s'opposer à l'annexion des États du Sud à la Confédération du Nord, si la Prusse veut l'opérer par la force ; je n'admets pas qu'on s'y oppose sous aucun prétexte, si cette annexion s'opère par la volonté des populations.

A l'intérieur, je ne crois plus possible le maintien de la loi de sûreté générale, de l'article 75 et (2) des candidatures officielles, en principe du moins. Je ne puis aller jusqu'à accorder aux conseils municipaux la nomination des maires, mais j'estime qu'une sérieuse étude doit être commencée pour opérer le plus de décentralisation possible et étendre les libertés communales. En ce qui concerne la liberté de la presse et le droit de réunion, il n'y a qu'à persévérer dans la politique actuelle : elle est excellente. Dans quelques mois on en (3) constatera les résultats : les irréconciliables se seront mangés entre eux ; la presse se sera discréditée, usée par ses excès, le Gouvernement se sera accru de ce que ses ennemis auront perdu, et, s'il est contraint de réprimer une émeute, il pourra le faire sans péril, car il n'y a que les gouvernements libres qui ne soient pas affaiblis par une répression même *nécessaire*.

En d'autres termes, en présence des conservateurs inertes et déconcertés, il y a deux courants ardents, celui de la révolution, celui de la liberté. S'ils s'unissent définitivement, le péril commencera. La sagesse est de les opposer l'un à l'autre, et de vaincre le premier par le second, les conservateurs devenant la réserve qui décidera de la journée.

Si l'Empereur n'est pas de mon avis sur ces divers points, je ne puis lui être d'aucune utilité ; s'il pense ainsi, il reste à déterminer comment je pourrai lui être plus utile.

Je ne crois pas que cela soit en m'unissant à M. Rouher dans un même

---

(1) *De la faire*, rayé.
(2) *Du principe*, rayé.
(3) *Verra*, rayé.

ministère. Plus tard ce sera peut-être désirable; aujourd'hui ce serait un désastre pour tous les deux.

Je ne crois pas davantage que cela soit en m'annexant au ministère actuel : il semblerait que je trahis mes amis et que j'adhère à l'origine extra-parlementaire du ministère.

Si l'Empereur croit devoir m'employer, qu'il le fasse en tirant de moi le plus de profit possible; qu'il me charge par une note au *Moniteur* de former un ministère. Voilà qui frappera les esprits et sera efficace. Dans ce ministère, je proposerai quelques-uns des ministres actuels, Magne surtout, Chasseloup, les ministres de la marine et de la guerre : si cela se peut, ce qui est incertain, Forcade, mais pas à l'intérieur. Les autres ministres seraient pris dans les 116. Lesquels? je l'ignore; car je n'ai d'engagements envers personne. Ce serait à régler de manière à ne pas blesser les sentiments personnels de l'Empereur.

Je suis convaincu qu'un ministère ainsi composé aurait une solide majorité; mais, pour que certaines personnes du Gouvernement n'aient pas la velléité de la lui ôter par l'intrigue, où je me déclare parfaitement incapable, il faudrait que je fusse autorisé à dissoudre la Chambre, si elle ne me suivait pas. Il serait bien entendu que je ferais tout ce qui est humainement possible pour éviter cette extrémité, et j'ai la confiance que je n'y serais pas réduit, précisément parce que j'en aurais le pouvoir.

Dans ces conditions, je suis prêt à prendre la responsabilité de la lutte et à prendre la révolution corps à corps comme ministre.

Sans ces conditions, je continuerai à ne la combattre que comme tirailleur : vous savez que c'est le rôle de ma prédilection.

Vous voyez que je m'explique avec une entière sincérité. Il en sera toujours ainsi chaque fois que vous m'interrogerez. Mes impressions sont celles d'un solitaire : peut-être se modifieront-elles quand je me serai plus directement mis en contact de nouveau avec les hommes et avec les choses.

A vous de tout cœur.

ÉMILE OLLIVIER.

P. S. Je reçois votre seconde lettre. Je n'ai pas le temps d'y répondre : à demain. Un seul mot : je ne pose pas des conditions, j'examine simplement ce qui est utile ou non à la cause commune. Je trouverais indigne de profiter des embarras pour s'imposer, et je n'y pense pas.

2.

La Moutte, par Saint-Tropez (Var), 25 octobre 1869.

MON CHER AMI,

Je reçois votre seconde lettre.

Je vous ai indiqué nettement hier dans quelles conditions je croyais que mon accession aux affaires pourrait être utile dans ce moment. Plus j'y réfléchis, moins je conçois que j'y entre autrement. Imaginez quelle sera ma situation entre une cour, pour laquelle je suis un étranger et un ennemi, et une Chambre qui, composée en partie de créatures de Rouher, sera sourdement excitée par lui contre moi. Si je ne prenais pas mes sûretés, je serais impuissant et ridicule.

Mais à mon avis la meilleure combinaison ne serait pas celle que je vous ai indiquée hier. Le mieux serait de laisser le ministère tel qu'il est jusqu'à la réunion de la Chambre ; je lui viendrai en aide contre les irréconciliables ; les groupes et les partis s'organiseront ; en ce qui me concerne, je serai amené à rompre avec la partie pointue du tiers-parti, ce qui me donnera plus de liberté dans mes allures. Alors, naturellement, une multitude de combinaisons s'offriront, et je me prêterai très-volontiers à faciliter celle qui aura le plus de chances.

L'essentiel pour l'Empereur est qu'il donne au pays l'assurance qu'il est sincèrement dans la voie parlementaire. Il n'y a pour cela que deux moyens : ou, avant la session, charger quelqu'un de former un cabinet avec un programme déterminé et convenu, ou attendre les débats de la Chambre afin d'appeler ceux qui auront groupé la majorité autour d'eux. Cette dernière conduite me paraîtrait la plus facile et la plus prudente. Si cette solution était adoptée, je ne refuserais nullement de m'entendre avant sur le programme avec l'Empereur, et de me faire ministre *in partibus*, ou *in petto*.

Quant à un ministère tiers-parti pur, il est impossible. En dehors de quelques individualités, il n'y a dans ce groupe ni talent ni autorité, et la majorité s'insurgerait.

Le rappel de Rouher amènerait une révolte dans l'opinion. Elle userait définitivement un homme de grande valeur dont le rôle n'est pas fini et qu'il faut tenir en réserve.

Le vrai est non de *fortifier* le ministère actuel, ce serait un rapiéçage sans valeur, mais de créer un ministère *nouveau* avec la partie libérale du ministère actuel et la partie sensée des 116.

Toute autre solution ne réussira pas.

Il n'y a de doute dans mon esprit que sur l'époque à laquelle ce nouveau ministère doit être créé. Vaut-il mieux qu'il le soit maintenant? Vaut-il mieux attendre la session? Je vous ai indiqué dans quelles conditions on pourrait le créer avec moi de suite. Mais je préférerais (et c'est l'opinion que j'ai exprimée à Magne) qu'on attendît la session. Jusque-là on marche plus ou moins à tâtons. Voyez donc quelle serait ma situation si, un mois après mon arrivée au ministère, la Chambre, organisée par les Mathieu et les David, repoussait notre candidat à la présidence, qui ne saurait être autre que Schneider. Il faudrait se retirer platement sans avoir rien fait, couvert des risées publiques, ou bien dissoudre, ce qu'il est de bonne politique d'éviter à tout prix.

Si, au contraire, je n'arrive aux affaires que lorsque, la Chambre et moi nous étant tâtés, nous nous serons mis d'accord, il n'y a plus aucune difficulté, et, ayant toute ma sécurité, j'aurai toute ma force.

L'idée que mon temps va s'user en intrigues, en manéges personnels, m'obsède et je ne puis m'y plier.

A vous de cœur.

ÉMILE OLLIVIER.

Kratz arrive à l'instant. Je vous envoie tout de même ma lettre.

3.
Lettre de M. Piétri à M. Duvernois.
(Autographe.)

Compiègne, 30 oct. 1869.

MON CHER MONSIEUR DUVERNOIS,

L'Empereur a reçu votre lettre. Sa Majesté me charge de vous dire qu'elle verrait avec plaisir M. Émile Ollivier; mais, pour éviter les indiscrétions des journaux et de tous les petits journalistes qui encombrent Compiègne, il faudrait prendre certaines précautions pour leur échapper. Voici, par conséquent, ce qu'il faudrait faire. M. Émile Ollivier partirait demain soir, lundi, par le train de 8 *heures*. Il arriverait à 10 heures 1 minute à Compiègne. Je l'attendrai à la gare. Il pourrait repartir à 2 heures 30 minutes du matin, pour arriver à Paris à 4 heures 45 minutes du matin.

Si M. Émile Ollivier a soin, en arrivant à la gare de Paris, de s'entourer la tête d'un cache-nez, il pourra passer inaperçu.

Prévenez-moi, afin que je puisse aller le recevoir à la gare.

Tout à vous.

F. PIÉTRI.

4.
Lettre de M. Émile Ollivier à M. Duvernois.
(Autographe.)

5 novembre 1869.

CHER AMI,

Non possumus. Plus je réfléchis, moins j'hésite. Prendre des anciens dans un ministère que je formerais serait une preuve de conciliation et de largeur d'esprit; m'annexer à eux serait une preuve de faiblesse ou de basse ambition.

La majorité ne serait pas plus désavouée par la translation de Forcade au Commerce qu'elle ne l'a été par la croix de commandeur de Latour du Moulin, que la majorité de 1863 ne l'a été par le renvoi de Persigny immédiatement après l'élection. Retirer Forcade de l'Intérieur est certes une concession moins grave que d'avoir congédié Rouher : pourquoi, après avoir consenti à l'une, ne pas se résigner à l'autre? Pourquoi rester toujours entre deux systèmes et ne pas accepter avec résolution les exigences du mécanisme constitutionnel ?

Que perdra l'Empereur à se montrer conciliant? Rien. Je ne saurais au contraire, sans perdre toute ma force, accepter la solidarité d'élections faites selon une méthode que je déconseillerais. Que diraient mes amis? Que diraient Lambrecht, Janzé et tous ceux qui sont restés sur le champ de bataille sous les coups de l'administration Forcade? M'associer à Forcade comme ministre de l'Intérieur m'est aussi impossible que de combattre Schneider comme Président.

Le sens moral abandonne ce peuple : rendons-le-lui par l'exemple, en accomplissant rigoureusement nos devoirs, et quel plus impérieux devoir que la fidélité à l'amitié et le respect de liens politiques? *Non possumus*.

M. Rouher reviendra! mais croyez-vous que cela même soit aisé? Ne serait-ce pas pour l'Empereur une démarche plus humiliante que d'appeler un homme nouveau et le charger de former une ministère. Au point de vue de l'amour-propre, il ne peut rien y avoir de plus dur pour l'Empereur que le rappel de Rouher, et je doute fort d'ailleurs que Rouher consente à revenir autrement que comme un ministre constitutionnel avec un programme déterminé. Donc *non possumus*, et je repars dimanche pour Saint-Tropez. Il me reste de cette négociation avortée la satisfaction de vous avoir mieux connu et d'avoir mieux mesuré l'étendue de votre intelligence.

Affectueusement vôtre.

Signé : Émile Ollivier.

5.

Lettre de M. Piétri à M. Duvernois.
(Écrite de la main de M. Conti, chef du cabinet de l'Empereur, et signée de M. Piétri).

Compiègne, 7 novembre 1869.

Mon cher Monsieur Duvernois,

Je vous envoie la réponse de l'Empereur à une lettre que M. Émile Ollivier lui a adressée hier. La lettre est décachetée pour que vous en preniez connaissance. Après l'avoir lue, vous pouvez la fermer et la remettre à M. Ollivier.

Je suis heureux que l'Empereur vous charge d'être l'intermédiaire de cette correspondance, parce que vous pourrez de nouveau développer les raisons données par Sa Majesté et empêcher peut-être que M. Ollivier n'obéisse, malgré lui, à des intrigues qui n'ont pas toutes le bien du pays pour principal mobile.

Tout à vous.

Signé : F. Piétri.

6.

Lettre de M. Clément Duvernois à Napoléon.
(Copie gardée par M. Duvernois).

Paris, le 8 novembre 1869.

Sire,

J'ai remis ce matin à M. É. Ollivier la lettre de l'Empereur, et je dois rendre compte à Votre Majesté de l'impression que j'ai recueillie.

Ollivier a été profondément touché, et je ne serais pas surpris que la réponse fût une acceptation, sous quelques réserves que je vais essayer d'exposer.

J'ai démontré, je crois, à M. Ollivier que la pensée d'entrer après l'ouverture des Chambres est une idée fausse. Pour dominer dès le premier jour les éléments divers de la majorité, il faut être ministre et non candidat ministre. C'est mal connaître les hommes que de penser qu'ils élèvent volontiers leurs collègues au pouvoir. Cela est possible dans une Chambre rompue aux habitudes parlementaires et à la discipline. Pour réunir dès la première heure une forte majorité, l'éclat du talent ne suffit pas, il faut le fait accompli. Entre les hésitations d'une fraction de l'ancienne majorité sourdement travaillée peut-être par les amis des anciens ministres, les colères de la gauche et les intrigues du tiers-parti, Ollivier pourrait avoir un succès douteux, échec qui le rendrait impossible pour six mois, ou être conduit à contracter des engagements qui le compromettraient. Arriver ministre, c'est la certitude d'avoir un vote de confiance et la possibilité de gouverner avec les autres Arriver député, c'est tout jouer sur un discours et peut-être se livrer au tiers-parti.

Ollivier a paru impressionné de ces raisons, et il me semble disposé à entrer vers le 25, c'est-à-dire la veille de la session, après les élections de Paris, et trop près de la session pour que la presse ait le temps d'user le cabinet.

Sur les questions de principes, je ne vois pas qu'il y ait des difficultés sérieuses. La note au *Moniteur* n'était pas du tout dans la pensée d'Ollivier une précaution contre l'Empereur ou un moyen d'amoindrir le rôle constitutionnel de Votre Majesté. Ollivier est comme moi, sur ce point, de l'école de M. Guizot. Il n'admet pas du tout que l'Empereur doive avoir un rôle effacé, ni que le trône soit un fauteuil vide. Il désire que l'Empereur gouverne avec l'opinion et dans le sens de l'opinion. Il ne veut à aucun prix amoindrir un prestige qu'il considère avec raison comme une des meilleures garanties de l'ordre. Son dévouement (un peu tendre) pour Votre Majesté le fortifie encore dans sa conviction. Ollivier ne veut au fond que deux choses qui me semblent raisonnables.

Il veut d'abord que son entrée mette un terme à une anarchie ministérielle dont Votre Majesté a reconnu plusieurs fois les inconvénients. Il ne faut pas qu'un ministre, en s'exposant aux coups de l'opposition, soit affaibli par l'attitude incertaine ou hostile de quelques-uns de ses collègues. A une opposition révolutionnaire disciplinée, il faut opposer un Gouvernement qui ne le soit pas moins. Des ministres luttant les uns contre les autres ouvertement ou sourdement, ayant chacun des coteries dans le Gouvernement et des organes dans la presse, c'est là, que Votre Majesté me pardonne de le lui dire, un des plus grands périls de la situation. La dignité du Gouvernement en souffre, et l'anarchie ministérielle est reflétée dans le pays par les diverses branches de l'administration.

Voilà ce qu'Ollivier veut faire cesser en établissant un accord préalable, non point en dehors de l'Empereur, mais sous l'autorité de Votre Majesté. Ce qu'il veut bien constater ensuite, c'est qu'il ne se faufile pas dans l'ancien cabinet, mais qu'il fait partie d'un cabinet nouveau, dans lequel d'anciens éléments sont admis. La nouvelle de la démission des ministres et l'appel public d'Ollivier à Compiègne le satisferaient sur ces deux points.

Ollivier part ce soir pour Saint-Tropez et reviendra dans huit jours. Il a raison. Paris ne lui vaut rien. Il y est obsédé par les intrigants. Il ne doit revenir à Paris que pour aller directement à Compiègne, libre d'engagement. Si j'eusse pu l'amener directement l'autre jour, tout serait fini maintenant; Ollivier le sent bien, et la preuve, c'est qu'il ne veut parler à personne de la lettre reçue ce matin.

Quant à M. de Forcade, Ollivier l'acceptera. Il ne croit pas que le départ de M. de Forcade implique le désaveu des élections de 1869, puisque le départ de M. de Persigny, en 1863, n'a pas impliqué le désaveu de la majorité; mais il voit bien que c'est une concession qu'il doit faire. Il ne demandera que deux choses (du moins il me le disait tout à l'heure); il demandera que M. de Forcade accepte le programme soumis à Votre Majesté, et ensuite que M. de Forcade m'accepte comme sous-secrétaire d'État.

Sur le premier point, je n'ai rien à dire. Quant au second, il va sans dire que, si tel était le bon plaisir de l'Empereur, je m'effacerais au dernier moment, après avoir encouragé Ollivier en acceptant d'abord. Il n'y a dans ma pensée qu'un vif désir de bien servir l'Empereur en amenant un rapprochement nécessaire, mais il n'y a aucune préoccupation personnelle. Je suis un rameau obscur du grand arbre. Que l'arbre prospère, je n'ai besoin de rien autre chose.

J'ai l'honneur d'être, Sire, avec le plus profond dévouement, de votre Majesté, le très-humble et très-fidèle sujet.

Signé : CLÉMENT DUVERNOIS.

Ollivier écrira ce soir à l'Empereur et je resterai en correspondance avec lui.

7.

Lettre de M. Ollivier à M. Duvernois.
(Autographe.)

10 novembre 1869.

CHER AMI,

J'ai beaucoup réfléchi chemin faisant; voici où j'en suis.

1° Je me range à votre avis et à celui de Magne. Je crois que le ministère doit être réorganisé avant la session, immédiatement après l'élection de Paris.

2° Plus que jamais je considère comme impossible que j'entre dans une voie de répression à l'égard de la presse. Moi, libéral, je poursuivrais alors que les réactionnaires n'ont pas poursuivi! cela me coulerait du coup et pour toujours.

J'ai écrit à l'Empereur dans ce sens. Vous êtes averti : agissez en conséquence et m'annoncez dans *Le Peuple* de manière à effacer l'impression de vos derniers articles. Il faut que, si vous arrivez à l'Intérieur, votre signification soit liberté et non réaction ! Prenez-y garde, manœuvrez hardiment pour cela et sans retard.

Votre dévoué,

Signé : ÉMILE OLLIVIER.

11 novembre.

Après la lettre de l'Empereur, je supprime la lettre que je lui écrivais. Voici celle que je lui réponds. Je vous l'envoie pour que vous la fassiez parvenir ; remettez-la ouverte ou fermée, suivant ce que vous jugerez le meilleur ; mais lisez-la avant.

Insistez pour Forcade au Conseil d'État : c'est parfait. Il n'est pas humilié par là, et la satisfaction de l'opinion publique de ne pas le voir à l'Intérieur vous aidera habilement (sic) ; travaillez pour que cette combinaison réussisse.

Je partirai d'ici *dimanche*; j'arriverai d'un trait.

La lettre de l'Empereur est si confiante, si noble, qu'elle triomphe de tous mes scrupules. Je suis décidé et je marche au combat ! Que Dieu bénisse nos armes !

8.

Lettre de M. Ollivier à Napoléon.
(Copie gardée par M. Duvernois.)

Paris, 12 novembre 1869.

SIRE,

Mes journées se passent à réfléchir. Or, voici ce qui m'apparaît de plus en plus clairement. Votre sénatus-consulte a été une transformation dans les choses ; il faut que mon avènement soit une transformation dans les personnes. Tout en respectant les situations acquises, il faut que vous vous efforciez d'attirer à vous le plus grand nombre possible de jeunes hommes, et de donner à ceux que vous ne pouvez employer de suite l'espérance d'être utilisés plus tard. Aussi je considère comme d'une utilité majeure de procurer une élévation subite, éclatante, propre à frapper les imaginations, aux rares hommes de talent de trente à quarante ans que le dégoût n'a pas jetés encore dans les rangs du parti révolutionnaire.

Voilà pourquoi j'ai proposé à Votre Majesté la nomination de Duvernois au sous-secrétariat d'État de l'Intérieur. Voilà pourquoi je propose aujourd'hui la nomination de M. Philis au secrétariat de la justice. M. Philis a trente-huit ans ; il est avocat; ami et émule de Gambetta et de Ferry, il s'est séparé d'eux pour me rester fidèle. C'est un orateur vaillant et éprouvé qui ramènera avec énergie les jeunes irréconciliables avec lesquels il s'est mesuré déjà plus d'une fois.

Sa nomination aurait en outre l'avantage d'établir comme précédent que les sous-secrétaires d'État peuvent n'être pas choisis parmi les députés. On se réserverait ainsi un moyen de révéler à la nation des hommes de mérite qui seraient dans l'impossibilité d'arriver au Corps législatif.

Appelez à vous la jeunesse, Sire, elle seule peut sauver votre fils ; les vieillards égoïstes qui vous entourent ne songent qu'à eux.

Ma principale occupation, tant que vous accepterez mon concours, sera de chercher partout des hommes, et, lorsque j'aurai trouvé celui qui pourra mieux que moi remplir mon office, je vous le désignerai moi-même et je serai bien heureux de lui frayer la route. Cette régénération de notre personnel est urgente, sinon vous péririez d'inanition au milieu de la cohorte incapable et pusillanime de vos fonctionnaires. Il va de soi que je conseille de prendre ce qui est fort dans tous les partis ; mais ceux qui appartiennent à l'opinion libérale ont été jusqu'à ce jour proscrits avec une telle obstination, qu'il y a un long arriéré à solder à leur égard.

Je vous prie, Sire, de me croire votre tout dévoué *ex imo*.

Signé : É. OLLIVIER.

Pour ne rien ébruiter, il suffit que je sois à Paris mardi. En quelques jours, dans l'état où en sont les choses, tout sera terminé.

9.

Lettre de M. Émile Ollivier à l'Empereur.
(Copie gardée par M. Duvernois.)

CORPS LÉGISLATIF.

Paris, 13 novembre 1869.

SIRE,

Je continue à vous communiquer le résultat de mes réflexions quotidiennes.

J'ai prié M. Daru de se trouver chez lui mercredi à cinq heures et demie. Si j'échouais auprès de lui malgré tous les efforts que je tenterai, Votre Majesté veut-elle me permettre d'offrir le portefeuille du Commerce à M. Buffet? Je connais, mieux encore que vous, Sire, les inconvénients de ce personnage ; mais il a fait avec nous la loi sur les coalitions, il n'est pas protectionniste, il parle bien, est honnête et jouit d'une réelle influence sur une partie de l'opinion ; quant à ses inconvénients, j'en fais mon affaire et je m'ingénierai à en défendre Votre Majesté. Si cependant, Sire, vous ne pouviez vous résigner à M. Buffet, ce que je regretterais, je vous prierais de m'autoriser à m'adresser à M. Segris. Je voudrais ne vous entourer que de personnes qui vous fussent agréables, mais nous sommes à l'entrée d'un défilé difficile et nous ne le franchirons qu'en prenant chacun un peu sur nous. Après la session, si, comme je l'espère, nos jeunes recrues se sont bien conduites au feu, vous pourrez arranger tout cela autrement, de manière à ne vous imposer le sacrifice d'aucune répugnance personnelle.

Est-ce que Pietri n'aurait pas l'étoffe d'un ministre de l'Intérieur ? Je m'en accommoderais fort bien.

Si Chasseloup se trouve trop démuni au ministère des Beaux-arts, on pourrait le mettre aux Travaux publics, où un orateur n'est pas indispensable, et l'on placerait Talhouët aux Beaux-arts.

Il y aurait encore une autre combinaison, ce serait de redonner à Chasseloup son ancien ministère de la Marine. Vous auriez ainsi un portefeuille de plus pour un homme nouveau, M. Mége, par exemple, qui parle bien, et qui jouit de beaucoup de considération.

Enfin on pourrait placer Chasseloup à l'Intérieur avec Duvernois, jusqu'au jour où le sous-secrétaire d'État deviendrait ministre.

Je ne puis plus recevoir ici utilement de lettres de Votre Majesté. Je vous prie de vouloir bien me faire connaître vos intentions sur les projets que je vous ai soumis, mardi soir, à Paris, afin que je puisse me mettre à l'œuvre dès le lendemain et tout terminer le plus tôt possible.

Je prépare une circulaire aux procureurs généraux sur la presse, afin de mettre un peu d'ordre dans l'anarchie qui règne actuellement sur cette matière.

Je vous prie d'agréer, Sire, la nouvelle assurance de mon entier dévouement.

É. OLLIVIER.

10.

Lettre de Napoléon à M. Duvernois.

(Autographe.)

Palais de Compiègne, le 14 novembre 1869.

MON CHER MONSIEUR DUVERNOIS,

Je vous envoie cette lettre pour M. É. Ollivier; il suffira de lui remettre à son arrivée à Paris.

Il faudrait que votre travail sur le Deux Décembre parût avant la rentrée des Chambres, car après nous aurons bien d'autres occupations.

Croyez à mes sentiments d'amitié.

NAPOLÉON.

11.

Lettre de M. Duvernois à Napoléon.

(Copie.)

Paris, 14 novembre.

SIRE,

J'ai l'honneur de transmettre à Votre Majesté une nouvelle lettre de

M. É. Ollivier, et je prends la liberté d'y joindre mes réflexions particulières inspirées en partie par les lettres que m'écrit Ollivier.

Il paraît enchanté de voir M. de Forcade aller au Conseil d'État: « Cela concilie tout, » dit-il. Quant à moi, je pense, en effet, que Votre Majesté a trouvé là le moyen de trancher deux difficultés qu'il eût fallu trancher plus tard, M. de Chasseloup eût dû quitter le Conseil d'État, où il faut un orateur, et la situation de M. de Forcade elle-même eût été provisoire. Le pays a tellement besoin qu'on lui donne le sentiment de la stabilité, que j'aime mieux une solution définitive.

Je suis bien de l'avis d'Ollivier sur la nécessité de rajeunir le personnel gouvernemental. Cela est également nécessaire pour la tranquillité du règne et pour la sécurité de l'avenir. Les déclassés sont les pires ennemis de l'ordre, et l'utilité de former un personnel gouvernemental à l'école de Napoléon III est évidente; mais Ollivier reconnaîtra, par la pratique, que l'introduction de la jeunesse dans le Gouvernement doit être un système appliqué avec une persévérance prudente et non une sorte de coup d'État. En allant trop vite on se heurterait à des droits acquis qu'il faut respecter, et l'on risquerait de faire de mauvais choix, ce qui serait pis que de rien changer. Du reste, l'ardeur d'Ollivier ne m'inquiète pas le moins du monde: elle rencontrera assez d'obstacles quand elle sera aux prises avec les hommes et les choses.

En ce qui concerne M. Philis, qu'Ollivier voudrait prendre avec lui, je le connais depuis longtemps. C'est un orateur éminent, et il est clair que, s'il avait déserté, comme Gambetta et Ferry, les rangs de l'opposition modérée, il serait comme eux un député populaire. C'est un bon esprit, et l'impétuosité d'Ollivier a souvent trouvé dans le calme de M. Philis un utile contre-poids.

L'heure n'est pas loin, Sire, où Votre Majesté va recueillir le fruit de son admirable patience. Le mouvement de réaction contre les irréconciliables commence à Paris, et il se dessine chaque jour davantage. L'avènement d'un nouveau cabinet, l'affirmation nette de la politique de résistance par des hommes qu'on ne pourra pas accuser de vouloir la réaction, feront bien vite le reste. Aussi, à mon avis, ce qu'il y a à faire maintenant, c'est beaucoup moins de réprimer ces violents que d'organiser et de fortifier l'armée conservatrice et libérale; si, après cela, la révolution veut livrer bataille, elle pourra venir.

Terme maintient sa candidature, et il est plein d'espérance (1). Il est convaincu qu'il aura plus de voix que M. Carnot, à la condition que M. Carnot ne soit pas recommandé par l'administration, comme il est arrivé aux dernières élections. Est-ce une illusion de candidat? Je ne sais. En tout cas, je suis heureux qu'il se soit mis sur les rangs, car je n'admettrai jamais que la crainte de la défaite doive faire abandonner le drapeau. Si le parti opposant avait été aussi timide en province que le parti gouvernemental l'est à Paris, il n'aurait pas fait entrer autant de députés à la Chambre.

J'ai l'honneur d'être, etc.

Signé : CL. DUVERNOIS.

(1) La Commission a publié, dans sa 6° livraison, la note acquittée des frais de la candidature de M. Terme.

12.

Lettre de M. Conti à M. Duvernois.

Mon cher Monsieur Duvernois,

Je viens de lire votre lettre à l'Empereur, qui en a été enchanté. La conduite d'Émile Ollivier est d'un homme de cœur et d'un homme d'État.
Nous allons sortir, grâce à lui, de tout ce gâchis. Enfin!
Mille amitiés.

CONTI.

Ce dimanche soir.

13.

Lettre de M. Ollivier à M. Duvernois.
(Autographe.)

La Moutte, par Saint-Tropez (Var).

Cher ami,

Voici une nouvelle lettre.
Je vous attends mercredi à 10 heures.
Ayez les dernières impressions de l'Empereur, pour que je me mette à l'œuvre résolument et que tout soit terminé en quarante-huit heures.
Vous ferez bien d'aller un peu adoucir Girardin. Qu'il nous attaque dans deux mois, c'est égal; mais il faudrait l'avoir au début.
Tenez bon pour Forcade au Conseil d'État, cela concilie tout; tandis qu'à l'Intérieur la position ne sera pas tenable.
Je n'annonce mon retour à personne.

(Reçue le 15 novembre)(1).

14.

Lettre de M. Conti à M. Duvernois.
(Autographe.)

Mon cher Monsieur Duvernois,

L'Empereur me charge de vous dire que M. de Forcade est au courant de tout, et que vous pourrez vous ouvrir à lui.
Sa Majesté répondra demain à M. Émile Ollivier.

Bien à vous.

CONTI.

Compiègne, ce 15 novembre 1869.

(1) Cette note est de la main de M. Duvernois.

15.

Lettre de M. Ollivier à M. Duvernois.

31 décembre 1869.

MON CHER AMI,

Je ne demanderais pas mieux que de vous avoir, vous le savez. L'Empereur le désire ; mais il croit que, dans votre intérêt, il vaudrait mieux différer, de façon que votre avénement fût plus efficace.

Ce que vous me dites de Magne m'embarrasse. Vous savez qu'avant de me lier avec lui j'ai consulté beaucoup, et que nul n'a été plus ardent que Girardin à me conseiller de le garder. La Bourse devait baisser d'un franc si je ne le gardais pas. Maintenant me voilà lié.

Je vous souhaite de n'être jamais chargé de former un ministère et de ne jamais vous trouver aux prises avec la férocité des amours-propres.

A vous.

Signé : ÉMILE OLLIVIER.

16.

Lettre de M. Duvernois à M. Ollivier.
(Copie gardée par M. Duvernois.)

Paris, 31 décembre 1869.

MON CHER AMI,

Vous avez bien voulu, avant-hier, me faire offrir par Girardin et m'offrir ensuite vous-même de prendre le portefeuille du Commerce dans le Cabinet que vous êtes chargé de former. Je vous ai dit toutes mes répugnances, et je vous ai fait moi-même toutes les objections. Ma jeunesse, ma nouveauté à la Chambre, mon dévouement trop connu à l'Empereur, si étrange que puisse me paraître ce dernier reproche adressé à ceux qui ont lutté dix ans pour la liberté par ceux qui défendaient le gouvernement purement personnel ; ces objections n'ont pas tenu une minute quand j'ai su que les hommes si distingués qui forment le centre gauche et les hommes éminents qui forment la gauche du centre droit refusaient le pouvoir. J'ai accepté alors sans hésiter un honneur assez périlleux pour que tout le monde le refusât.

Mais M. Magne a fait à son tour les mêmes objections que je vous ai faites moi-même, et cependant vous avez tenu bon. Je vous en remercie, mais je viens vous rendre toute liberté en déclarant que je refuse d'entrer désormais dans une combinaison où M. Magne aurait le portefeuille des Finances.

Voici mes raisons :

On ne peut à mon sens défendre le traité de commerce qu'en entreprenant avec résolution l'exécution immédiate des promesses qu'on a faites à l'industrie et à l'agriculture lors de la conclusion des traités. Or, la première condition de ce programme c'est l'accomplissement prudent, mais hardi, de réformes financlères que l'honorable M. Magne n'entreprendra pas. Il y a donc incompatibilité d'humeur entre un ministère du Commerce et un ministère des Travaux publics voulant beaucoup faire, et un ministère des Finances ne donnant pas les moyens de faire.

D'ailleurs d'une façon générale, je crois qu'il n'est pas pratique de vouloir coudre ensemble du drap neuf et du drap vieux, et qu'il faut choisir entre un cabinet d'action et un cabinet d'inaction.

A vrai dire, j'ai cru que le choix de l'Empereur était fait quand je l'ai vu prendre un premier ministre de quarante ans. J'ai pensé qu'après avoir donné au pays toutes les libertés de discussion, il désirait donner à ces libertés un aliment et un emploi en entrant résolûment dans la voie des réformes civiles, judiciaires, financières, commerciales, industrielles. En un mot, je croyais à à un 52 libéral. Pour accomplir cette œuvre, je croyais que vous alliez faire appel à tous ces hommes jeunes que des ministres imprévoyants ont tenus à l'écart de l'administration et de la Chambre.

Je vous voyais déjà faire appel à tout ce qu'il y a de capable dans la Chambre, dans la presse, dans le barreau. Il me semblait qu'à la tête de ces troupes fraîches, un général de quarante ans pouvait livrer avec succès, ou du moins avec honneur, une bataille décisive à ceux qui veulent renverser l'Empire et à ceux qui veulent en faire un tout petit gouvernement. Dans cette hypothèse, j'arrivais tout naturellement; je n'étais ni un favori, ni un accident; j'étais un rouage de la grande machine que vous allez mettre en mouvement, et, si haut que m'ait placé votre confiance, je me perdais dans la foule des nouveaux venus. Mais franchement, que voulez-vous qu'aille faire ma jeunesse au milieu d'un personnel gouvernemental hésitant, timide, et qui croit que l'art de bien gouverner est l'art de bien dire sans rien faire?

Je vous demanderai aussi ce que vous allez faire dans cette galère, si le devoir ne vous y enchaîne. Entourez-vous donc d'hommes sages et prudents qui vous modèreront, et laissez-nous attendre. Seulement n'oubliez pas, mon cher ami, que la France est énervée comme l'homme qui ne boirait que du café et des liqueurs sans rien manger. Si vous lui laissez la liberté politique sans lui donner une occupation par les réformes indispensables, par la décentralisation, par le remaniement des impôts, par les travaux féconds, elle deviendra épileptique, et le gouvernement parlementaire périra encore une fois par les mêmes raisons qui l'ont tué.

Voilà donc qui est entendu; quand vous voudrez faire un gouvernement d'action, je serai votre homme sans condition et sans délai; mais je suis trop résolu pour être le membre d'un cabinet mixte, et trop clairvoyant pour être le membre d'un cabinet d'inaction.

Croyez à ma vraie amitié et à un dévouement qui ne se démentira pas.

C. D.

17.

Lettre de M. Duvernois à M. Conti.

Mon cher sénateur,

En réglant les comptes de rédaction avec l'Administration du *Peuple Français*, je me suis trouvé en avance d'une somme de 30,000 francs environ. Bien que ce chiffre dépassât un peu mes prévisions, il n'a rien d'insolite, car dans tous les journaux, sans exception, le chiffre des avances est beaucoup plus considérable.

Je suis, du reste, en mesure de rembourser cette somme, si cela est nécessaire; mais je préférerais la rembourser en quatre ou cinq payements, comme je l'eusse fait si j'étais resté au journal. Je vous serais bien reconnaissant de me dire ce que je dois faire à cet égard.

Il va sans dire que la dette en question n'est pas un déficit de gestion, puisque je n'en ai eu aucune, mais le total d'avances qui m'ont été faites personnellement par l'Administration du journal.

Votre tout dévoué serviteur,

CLÉMENT DUVERNOIS.

18.

CABINET DE L'EMPEREUR.

LE SÉNATEUR, CHEF DU CABINET.

Lettre de M. Conti à M. Duvernois.

Palais des Tuileries, le 29 juin 1870.

Mon cher député,

L'Empereur, à qui j'ai dû faire connaître votre situation vis-à-vis de la caisse du *Peuple Français*, me charge de vous dire qu'il vous prie de garder la somme que vous avez reçue en avances, et de la considérer comme une indemnité pour les excellents services que vous avez rendus dans ce journal.

Bien à vous.

CONTI.

19.

A M. Piétri, secrétaire particulier de l'Empereur au château de Compiègne.

(L'adresse porte personnelle et urgente.)

Mon cher Monsieur Piétri,

Ollivier partira ce soir à huit heures. Il aura la tête enveloppée d'un cache-nez et ne mettra point ses lunettes, ce qui le rend méconnaissable.

Tout à vous.

CLÉMENT DUVERNOIS.

LXVIII.

Note très-curieuse de M. Delangle à propos de la demande, par le général de Goyon, qu'on relève le titre de duc de Feltre (dont il avait épousé la fille) en faveur de son fils aîné, âgé de seize ans. M. Delangle prouve que Clarke, duc de Feltre, était un de ces hommes que l'opinion repousse et condamne et qu'il serait regrettable de relever son titre. On sait que, malgré l'avis sévère de M. Delangle, la chose a été faite.

NOTE POUR L'EMPEREUR.

La demande du général comte de Goyon soulève deux questions : la première, si le désir qu'il a manifesté d'obtenir soit pour lui, soit pour l'aîné de ses fils, le titre de *duc de Feltre*, repose sur un droit apparent ; la seconde, si, en l'absence de tout droit, un acte de faveur qui autoriserait le comte de Goyon à relever le titre de duc de Feltre serait favorablement accueilli par l'opinion publique.

La première question n'offre aucune difficulté. Le titre a cessé d'exister. Le duc de Feltre est mort, laissant après lui trois fils et une fille mariée, le 8 avril 1808, au général duc de Fezensac.

Les trois fils sont décédés sans postérité.

Quatre enfants sont nés du mariage de la duchesse de Fezensac, un fils et trois filles.

L'une de ces filles, Oriane de Fezensac, est devenue comtesse de Goyon. Elle a deux fils ; l'aîné est de 1844.

Ainsi, aux termes des principes anciens et nouveaux sur la transmission des titres nobiliaires, le titre de duc est éteint.

Les titres ne passent point aux filles ; incapables de remplir les conditions de la concession, elles ne peuvent en revendiquer le bénéfice. Les décrets de 1808 sont formels à cet égard.

Mais la faveur ne peut-elle suppléer au droit? Sans aucun doute. L'Empereur peut autoriser soit le comte de Goyon, soit son fils aîné, à relever le titre et les armes du duc de Feltre. Mais cette autorisation constituerait une concession nouvelle, ce serait une création. Or, la bienveillance de l'Empereur envers le général de Goyon veut-elle aller jusqu'à lui conférer un titre que deux illustres maréchaux seuls, depuis le nouvel Empire, ont obtenu après d'éclatantes victoires ? Sa Majesté décidera.

Il faut remarquer toutefois :

1° Que le général de Goyon ne se rattache point par les liens du sang au feu duc de Feltre ; qu'étranger complétement à cette famille il ne peut invoquer aucun principe d'hérédité ; aussi sur les observations qui lui ont été faites, le général a paru reconnaître que sa prétention était sans fondement et qu'il ne pouvait s'agir que de son fils aîné.

2° Que ce fils vient d'atteindre seize ans, qu'il n'a rien fait encore et rien pu faire qui montrât son dévouement au pays, à l'Empereur, et qu'avant de permettre qu'il reprenne le titre qu'a porté son aïeul il doit prouver qu'il en est digne.

Mais il est une observation d'un autre ordre et qui doit fixer spécialement l'attention de Sa Majesté. Parmi les hommes qui ont servi l'Empire, et que l'Empereur Napoléon Ier a honorés de sa bienveillance, il y a des noms auxquels s'est attachée la sympathie publique; il en est d'autres que l'opinion repousse et condamne.

A quelle classe appartient le duc de Feltre? Incontestablement à la seconde. Est-ce injustice, prévention, erreur?

Rappelons les faits principaux de sa carrière militaire.

Général de division en 1796, Clarke fut envoyé en Italie avec la mission secrète de surveiller le général Bonaparte; dominé bientôt par le génie de celui-ci, il s'attacha à sa personne.

En 1807, il était ministre de la guerre. Au mois de mars 1814, il précipita le départ de Marie-Louise pour Blois, exagérant d'une part le danger qu'il y avait de rester à Paris, et atténuant d'autre part les ressources qu'on pouvait opposer à ce danger. Il ne sut d'ailleurs prendre aucune mesure vigoureuse pour garantir Paris contre l'attaque des armées alliées. Voici comment, selon M. Thiers, tome XVII, page 622, l'Empereur appréciait cette conduite de son ministre.

« Le 30 mars, vers minuit, l'Empereur rencontra le général Belliard à Fro-
» menteau. « Où est l'armée, lui demanda-t-il? — Sire, elle me suit. — Où
» est l'ennemi? — Aux portes de Paris. — Et qui occupe Paris? — Personne, il
» est évacué! — Comment! évacué!... Et mon fils, ma femme, mon gouver-
» nement, où sont-ils? — Sur la Loire. — Sur la Loire!... Qui a pu prendre
» une résolution pareille? — Mais, Sire, on dit que c'est par vos ordres. —
» Mes ordres ne portaient pas telle chose... Mais Joseph, Clarke, Mar-
» mont, Mortier, que sont-ils devenus? qu'ont-ils fait? — Nous n'avons vu,
» Sire, ni Joseph, ni Clarke, de toute la journée. Quant à Marmont et à Mor-
» tier, ils se sont conduits en braves gens. Les troupes ont été admirables.
» La garde nationale elle-même, partout où elle a été au feu, rivalisait avec
» les soldats. On a défendu héroïquement les hauteurs de Belleville, ainsi
» que leur revers vers la Villette. On a même défendu Montmartre, où il y
» avait à peine quelques pièces de canon, et l'ennemi, croyant qu'il y en avait
» davantage, a poussé une colonne le long du chemin de la Révolte pour tour-
» ner Montmartre, s'exposant ainsi à être précipité dans la Seine. Ah! Sire,
» si nous avions eu une réserve de dix mille hommes, si vous aviez été là,
» nous jetions les alliés dans la Seine, nous sauvions Paris et nous vengions
» l'honneur de nos armes!... — Sans doute, si j'avais été là; mais je ne puis
» être partout!... Et Clarke, Joseph, où étaient-ils? Mes deux cents bou-
» ches à feu de Vincennes, qu'en a-t-on fait? Et mes braves Parisiens, pour-
» quoi ne s'est-on pas servi d'eux? — Nous ne savons rien, Sire; nous étions
» seuls et nous avons fait de notre mieux. L'ennemi a perdu douze mille
» hommes au moins. — Je devais m'y attendre, dit alors Napoléon: Joseph
» m'a perdu l'Espagne, et il me perd la France.

» Et Clarke ! J'aurais bien dû en croire ce pauvre Rovigo, qui me disait que
» Clarke était un lâche, un traître, et de plus un homme incapable. Mais c'est
» assez se plaindre, il faut réparer le mal ; il en est temps encore. Caulain-
» court ! ma voiture..... »

Dès le 8 avril, le duc de Feltre envoyait son adhésion au gouvernement provisoire.

Le 4 juin 1814, il fut nommé pair de France par Louis XVIII.

Le 4 mars 1815, il reçut de ce prince le portefeuille de la guerre ; il fit le oyage de Gad·

Rentré en France avec le roi, il conserva son portefeuille, fut élevé à la dignité de maréchal de France et chargé de licencier l'armée impériale. C'est lui qui institua, peu de temps après, les cours prévôtales.

A Sainte-Hélène, Napoléon rappelant les événements de son règne, plus calme, plus indulgent peut-être qu'en 1814, répondait à quelqu'un qui lui demandait s'il croyait que Clarke lui eut été fidèle :

« Oui, tant que j'ai été le plus fort. »

Issu d'une famille noble venue d'Irlande à la suite des Stuarts, Clarke était fort infatué de sa noblesse ; il se faisait faire sans cesse des généalogies, et un jour, il crut avoir découvert qu'il descendait des Plantagènets. C'est à cette occasion que Napoléon lui dit : « Vous ne m'aviez pas parlé de vos
» droits au trône d'Angleterre ; il faut les revendiquer. »

Il est juste d'ajouter que cet homme, d'un dévouement si douteux, était un administrateur capable, intègre, laborieux.

Que l'Empereur décide dans sa haute sagesse s'il convient de ranimer, de glorifier un nom auquel se sont attachés de funestes soupçons, ou qui du moins ne s'est pas concilié l'estime publique, quand tant de noms honorables, honorés, à défaut d'enfants mâles pour les perpétuer, sont tombés dans l'oubli.

Signé : DELANGLE.

LXIX.

Faux billets de banque étrangers fabriqués par ordre de Napoléon Ier.

Des historiens avaient écrit que Napoléon Ier avait ordonné la fabrication de faux billets de banque anglais et russes. Un volume publié, en 1825, sous ce titre : *Chronique indiscrète du XIXe siècle*, renfermait, entre autres curiosités, un mémoire dans lequel un sieur Joseph Castel, ancien négociant, déclarait qu'un général français lui avait remis à Hambourg, au commencement de l'année 1812, des billets de banque anglais représentant une valeur de 5,000 livres sterling, en le priant de les faire escompter. Joseph Castel s'était prêté à cette négociation. Plus tard, il avait appris que ces billets étaient faux. Le mémoire donnait sur la fabrication des faux billets des renseignements circonstanciés. Il y était dit, en outre, qu'un juif de Hambourg, qui avait aidé à mettre en circulation des titres pareils, avait été pendu à Londres, et que, plus tard, le gouvernement anglais avait dénoncé Napoléon faussaire au gouvernement de la Restauration. Enfin, le bruit avait couru que Louis-Napoléon avait racheté des papiers qui établissaient péremptoirement le fait de la fabrication de faux billets de banque par ordre de l'Empereur.

Les allégations des historiens étaient-elles fondées ? Fallait-il ajouter foi à la *Chronique indiscrète*, que son titre et l'époque où elle avait paru pouvaient rendre suspecte ? Le bruit des papiers rachetés par Louis-Napoléon était-il vrai ? Les pièces qu'on va lire, trouvées aux Tuileries, dissiperont tous les doutes.

Lettre du duc de Bassano.

(Le destinataire de cette lettre est resté inconnu.)

Monsieur,

J'ai à vous faire une communication d'une nature assez étrange. Vous jugerez si elle mérite d'être portée à la connaissance du Prince-Président. Voici ce dont il s'agit :

Il paraît qu'en 1810, et plus tard, en 1812, avant la campagne de Russie, S. M. l'Empereur ordonna de fabriquer une quantité considérable de faux billets de la banque d'Angleterre et de celle de Russie. Cette fabrication, dirigée par le Ministère de la police, fut entourée du plus grand mystère, et la gravure des planches fut confiée à un sieur Lale, graveur habile du Dépôt général de la guerre. À une époque qui n'est pas précisée, le sieur Lale adressa à un des frères de Sa Majesté un récit circonstancié de la part qu'il avait prise à cette opération ; il l'intitula : « Extrait du journal du tra- » vail de gravure qui m'a été confié pour le service particulier du cabinet » secret de S. M. l'Empereur. » A sa mort, le manuscrit original de cette relation était parmi ses papiers, ainsi qu'une lettre du duc de Rovigo et une autre du sous-directeur du Dépôt de la guerre, se rattachant toutes deux aux circonstances que je viens de mentionner. Une des héritières du sieur Lale, Mlle de Montaut, sa nièce, se trouva en possession de ces trois pièces (1). Malgré le secret qu'elle garda scrupuleusement à leur sujet, leur existence ne resta pas ignorée. Des personnes hostiles aux gloires de l'Empire lui firent à plusieurs reprises l'offre de sommes importantes, si elle voulait consentir à leur laisser ces pièces, auxquelles on se proposait de donner de la publicité. Mlle de Montaut ne voulut pas, par un sentiment de probité et de loyauté qui lui fait honneur, se prêter à ces perfides desseins. Elle refusa donc constamment, malgré l'état de gêne où elle vivait, les offres avantageuses qui lui étaient faites. Elle résolut de ne jamais se dessaisir des documents que le hasard avait placés entre ses mains, si ce n'était pour les remettre fidèlement un jour à l'héritier de l'Empereur. Elle désire maintenant accomplir le devoir qu'elle s'est imposé, et elle m'a prié de faire parvenir ces papiers au Prince.

Je m'acquitte de la mission qu'elle m'a confiée, et je vous envoie ci-joint, Monsieur, les trois pièces dont il s'agit. Si vous avez le temps d'y jeter les

---

(1) Le manuscrit porte cette apostille : « Mlle de Montaut, qui en fait la remise, ne demande rien ; mais » elle est pauvre et honorable. »

yeux, vous vous convaincrez qu'il convenait que les révélations qu'elles contiennent ne fussent pas livrées aux ennemis du Prince et de S. M. l'Empereur.

Mlle de Montaut n'a pas la pensée de vouloir mettre un prix à la remise de ces papiers; elle n'a pas fait la moindre mention à cet égard; mais je crois devoir vous faire connaître sa position. Elle est absolument dénuée de fortune, elle n'a d'autres ressources que son travail. Elle est en ce moment institutrice des enfants du prince de Chimay. C'est une personne très-distinguée et très-méritante sous tous les rapports.

Agréez, Monsieur, l'assurance de mes sentiments les plus distingués et dévoués.

Duc DE BASSANO.

Bruxelles, le 20 mars 1852.

La communication du duc de Bassano fut transmise à qui de droit, et la découverte faite aux Tuileries des trois pièces indiquées dans sa lettre montre qu'on y attacha l'importance qu'elles méritaient.

Voici ces pièces :

Lettre du colonel sous-directeur du dépôt général de la guerre à M. Lale.

Paris, le 12 août 1812.

Monsieur, j'ai reçu la lettre par laquelle vous me prévenez que vous êtes appelé à exécuter un travail secret qui vous éloignera du Dépôt pendant deux mois.

Je ne puis vous laisser ignorer que l'administration regarde comme très-inconvenant le parti que vous avez pris sans la consulter et sans savoir si votre absence ne serait point nuisible à ses travaux particuliers. Elle est loin de vouloir connaître le genre d'occupation que vous allez entreprendre, mais elle a le droit de vous demander la preuve que c'est ensuite d'un ordre du gouvernement que vous manquez aux engagements que vous avez pris de venir travailler chaque jour depuis neuf heures jusques à quatre. Pour vous disculper tout à fait de ce manque d'égards, il faudrait que cet ordre vous désignât nominativement comme devant être chargé du travail secret, ce qui n'est nullement probable, car, dans ce cas-là, l'autorité qui vous emploie n'aurait pas manqué d'en prévenir le Ministre de la guerre ou le directeur du Dépôt.

Ceci n'ayant pas eu lieu, je vous invite à venir reprendre vos travaux ou à me donner la preuve que vous êtes employé momentanément pour un objet pressé, qu'un autre que vous n'aurait pu exécuter, et par suite des ordres du gouvernement.

J'ai l'honneur de vous saluer avec considération.

Le colonel sous-directeur du Dépôt général de la guerre,

MURIEL.

A M. Lale, graveur du Dépôt général de la guerre.

Attestation du duc de Rovigo.

M. Lale, étant chargé de dresser des *cartes très-secrètes pour le cabinet de Sa Majesté*, ne devra communiquer absolument avec qui que ce soit, excepté avec les artistes qui sont nécessaires à la confection de l'ouvrage.

Si, pour quelque motif que ce puisse être, un officier de police civil ou judiciaire se présentait chez lui, porteur d'ordres, de quelque nature qu'ils soient, M. Lale devra leur exhiber la présente réquisition, et il est expressément défendu audit officier de police de pénétrer dans le local où se fait le travail, de faire aucunes questions ou perquisitions qui y soient relatives ou qui puissent nuire au secret; mais, au contraire, de se retirer sur-le-champ auprès de l'autorité qui l'a envoyé, laquelle référera du tout à Son Excellence le Ministre de la police soussigné et prendra ses ordres.

Fait à l'hôtel de la police générale de l'Empire, le 1er août 1810.

Le duc DE ROVIGO.

Relation du sieur Lale.

Extrait du journal du travail de gravure qui m'a été confié pour le service particulier du cabinet secret de S. M. l'Empereur.

Il ne m'appartient pas d'approfondir les vues du gouvernement de cette époque, ni les motifs qui le forcèrent à adopter un pareil parti, pour porter à ses nombreux ennemis un coup qui devait amener la ruine complète de leurs ressources financières; ce qui devait paralyser avec le temps le nerf des opérations militaires de leurs armées, et les forcer à respecter l'indépendance de la France, à lui procurer une paix durable, qu'elle avait acquise au prix de la valeur de ses nombreux guerriers, commandés alors par le plus grand capitaine de l'Europe, l'Empereur, votre auguste frère.

Ma position, à cette époque, était de me soumettre aux ordres du gouvernement et de repousser avec indignation toutes propositions qui auraient eu pour but de prévenir les ennemis de la France des moyens que l'on employait contre eux.

Les ennemis de l'Empereur étaient ceux de la France et les miens; j'ai donc cru qu'il était de mon devoir d'obéir aux ordres du gouvernement et de rester silencieux; et, malgré les circonstances malheureuses qui ont porté la désolation dans toute la France, ma plume n'a jamais été à la solde de ses ennemis.

Je suis resté calme et discret au milieu de la tempête; ma conscience ne me reproche rien.

Je passe maintenant aux divers travaux de gravure qui m'ont été confiés, en ma qualité de graveur, directeur du travail ordonné par le gouvernement.

Journal.

Un exposé vrai de mes opérations mettra le lecteur à même d'apprécier l'importance de l'opération et d'en calculer les conséquences.

Dans le commencement de l'année 1810, je me trouvais employé en qualité de premier graveur d'écriture au Dépôt général de la guerre ; j'avais à cette époque dix ans d'exercice ; je me trouvais sous les ordres du général Samson, directeur de cet établissement. Comme tous les graveurs employés, je gravais pour la ville le matin et le soir, après les travaux du Dépôt.

Je reçus un jour la visite d'un particulier qui m'était inconnu, il me proposa la gravure d'une planche qui offrait dans son exécution de très-grandes difficultés, l'original, parfaitement gravé à Londres, faisait partie d'un texte, gravé en taille-douce avec le plus grand soin ; l'ouvrage, disait-il, avait passé à un libraire de Paris, qui désirait compléter l'ouvrage en question ; plusieurs cuivres se trouvant égarés ou perdus, il me fallait imiter l'original servilement ; je me chargeai de ce travail, et quinze jours après je fis faire des épreuves de ma planche et les remis au particulier, qui en fut émerveillé ; il me solda et disparut.

Quinze jours après, il se présenta de nouveau, il m'engagea à l'accompagner chez le libraire propriétaire de l'ouvrage. C'est ce que je fis ; mais quelle fut ma surprise, lorsqu'arrivé devant l'hôtel du Ministre de la police générale, il m'invita très-cordialement à le suivre.

J'entrai par la rue des Saints-Pères ; en montant l'escalier qui conduit aux bureaux du premier chef de la police secrète, mon cœur battait, et j'étais plongé dans des réflexions qui portaient le désordre dans mes idées.

Introduit dans un petit salon, abandonné par mon compagnon de voyage, je restai seul pendant près d'une heure à réfléchir sur le sort qui m'était réservé ; je fis un retour sur moi-même, je n'avais rien à me reprocher : l'Empereur était mon idole, ma bouche ne s'ouvrait que pour en dire du bien. Premier graveur au Dépôt de la guerre, ma position me commandait d'être l'ami du gouvernement ; mais j'étais son ami plutôt par conviction que par intérêt ; j'en ai donné la preuve depuis dans les circonstances les plus difficiles de ma vie ; telle a été mon anxiété pendant une heure que je suis resté seul.

J'entendis une porte s'ouvrir, et je vis paraître un officier général donnant la main à un individu aux manières fort distinguées ; je le pris pour le ministre Fouché, que je n'avais vu qu'une seule fois aux Tuileries étant de garde au château.

Je me lève et salue respectueusement ces deux messieurs, attendant avec résignation qu'il plaise à Son Excellence de me faire appeler, tellement j'étais peu au courant de l'étiquette ministérielle.

Un fort coup de sonnette vint un instant après me prévenir que j'allais être introduit ; je m'entends appeler, je passe dans plusieurs pièces, et me voilà dans le cabinet du premier chef de division de la police secrète ; je reconnus la même personne qui donnait la main à l'officier général ; je le saluai profondément et lui dis : « Monseigneur, je suis aux ordres de Votre Excellence ;
» veut-elle me donner connaissance du motif qui m'amène devant elle ? »

Le chef de division se prit à sourire et me dit : « Je ne suis point le Ministre
» mais je suis chargé par lui de vous admettre dans mon cabinet à l'effet de

» nous entretenir ensemble d'un travail qui va vous être confié, et qui demande
» de votre part la plus grande discrétion ; vous en serez chargé seul, et vous
» répondrez de la régularité de son exécution. J'ai fait prendre, ajouta-t-il,
» des renseignements sur votre moralité; je n'ai rien oublié de ce qui pouvait
» nous procurer la certitude que vous réunissez les capacités nécessaires
» pour entreprendre le travail que le gouvernement va vous confier. C'est à
» vous, Monsieur, à répondre à ce que nous avons droit d'attendre de vous ;
» zèle et discrétion, voilà quelle doit être la règle de votre conduite. Vous
» allez être dépositaire d'un grand secret d'État, c'est à vous à vous tenir en
» garde contre tout interlocuteur qui voudrait le connaître et à nous prévenir
» de suite. Il faut dans cette affaire beaucoup de désintéressement et ne
» point sacrifier l'intérêt du gouvernement au profit de ses ennemis, qui ne
» manqueraient point de vous abuser par de séduisantes promesses, mais qui
» vous abandonneraient lorsqu'il s'agirait de nous rendre compte de votre
» félonie. » — « Je vous remercie, Monsieur, de vos bons avis; veuillez, je
» vous prie, me faire connaître le travail dont il est question. »

M. Desmaret (c'était le premier chef de division de la police secrète) sortit de son bureau une liasse énorme de billets de la Banque d'Angleterre; il plaça sur sa table l'épreuve de la planche que j'avais gravée à côté de l'original ; il me dit que cette gravure a été vue par le Ministre, qu'elle a été comparée soigneusement avec l'original, qu'elle s'est trouvée dans toutes ses parties d'une parfaite ressemblance: « Il nous est donc démontré que vous pouvez imiter
» ces billets ; ils sont gravés en taille-douce, et paraissent offrir à l'œil moins
» de difficultés dans leur exécution que la page que vous avez gravée.... »
M. Desmaret avait raison.

« Ce travail, ajouta-t-il, sera de longue durée; ce n'est qu'un commence-
» ment d'opération qui, par suite, doit en amener d'autres ; vous seul serez
» chargé de l'exécution de toute la gravure du cabinet secret de S. M. l'Em-
» pereur, et, pour vous prouver combien est grande la confiance que nous
» mettons en vous, vous êtes chargé de nous faire connaître un imprimeur en
» taille-douce qui réunisse, sous le rapport de son état et de sa moralité,
» toutes les qualités nécessaires à une pareille opération. »

Je remerciai M. Desmaret de ce qu'il m'avait dit de flatteur, mais je lui fis observer qu'il me fallait la certitude de n'être nullement inquiété pendant l'exécution de ce travail; qu'il me fallait une autorisation du général Samson, commandant le Dépôt général de la guerre, pour m'absenter aussi longtemps du Dépôt, et que je tenais à tout prix à conserver ma place.

M. Desmaret m'assura que tout était arrangé, que je pouvais me présenter à l'administration, que ma demande me serait octroyée. En effet, le lendemain de cette entrevue, j'allai au Dépôt; le colonel Jacotin, chef de ma division, me dit sans explications préliminaires : « Monsieur Lale, le général vous autorise
« à vous absenter autant de temps que le service de Sa Majesté l'exigera. »

Je me rendis de suite chez moi pour m'occuper du travail en question ; je fis choix d'un imprimeur en taille-douce travaillant pour son compte et jouissant d'une excellente réputation ; je fis part à M. Desmaret du choix que je venais de faire : c'était un homme laborieux ; il était Savoisien et d'un caractère peu communicatif ; sa conduite privée était fort régulière, il était d'opinion fort dévoué au gouvernement.

Il fut introduit par moi près de M. Desmaret ; je n'assistai pas à leur conférence, je me retirai à l'écart.

Trois jours après, à huit heures du soir, le sieur Malo arriva chez moi, accompagné de M. Terrasson, commissaire du gouvernement, chargé spécialement de la surveillance du travail ; il fit choix d'un cabinet placé à côté du petit salon que j'avais choisi pour travailler à ma gravure. Le lendemain on apporta une presse. Ces messieurs adaptèrent une chaîne aux croisettes de la presse et y placèrent un fort cadenas dont la clef fut remise au sieur Malo.

Cette presse était destinée à l'impression des épreuves des planches que je gravais, à l'effet d'éviter des démarches multipliées qui auraient entraîné une grande perte de temps pour arriver aux corrections desdites planches.

J'occupais, dans le faubourg Saint-Jacques, une petite maison composée de deux étages et d'un jardin, dont j'étais le seul locataire.

Le premier étage avait trois croisées en face la rue des Ursulines et n'était accessible à aucun voisin.

La chambre d'entrée et ma chambre à coucher avaient vue sur mon jardin, qui était mitoyen à celui des Sourds-muets.

Le second étage était composé de même : même vue, même isolement ; mon logement était parfaitement convenable à mon opération. Je m'occupai avec activité à graver le premier billet ; on en fit plusieurs épreuves, et, les corrections terminées, l'agent Terrasson emporta ces épreuves, qui furent de suite présentées au Ministre Fouché. Il en fut très-satisfait, et le lendemain il s'empressa de les présenter à S. M. l'Empereur, qui fut, m'a-t-on dit, très-satisfait.

Je reçus ordre de continuer et d'activer le plus possible ; j'avoue que je ne gravais point mes planches avec beaucoup de sécurité ; je n'avais pas encore reçu l'autorisation écrite du Ministre, que je lui avais fait demander plusieurs fois, tant j'en reconnaissais l'importance pour ma propre sécurité et ma tranquillité future ; j'insistai pour l'obtenir, et ne voulus point continuer le travail sans qu'elle me fût accordée ; le sieur Malo pensait comme moi, et, de son côté, tourmentait le sieur Terrasson, commissaire du gouvernement, à l'effet de l'obtenir.

Le ministère de la police générale venait d'être donné au général Savary, qui, après avoir pris connaissance du travail, nous accorda cette autorisation signée de lui.

Elle portait en substance que le gouvernement, ayant à faire graver des cartes géographiques qui devaient rester secrètes, avait chargé le sieur G. D. Lale de leur exécution ; qu'en conséquence il était défendu à toute autorité de pénétrer dans le local où se gravaient ces cartes, et, sur la présentation signée du Ministre, aucune autorité ne devait dépasser le seuil de la porte, sauf à en référer au Ministre de la police générale. J'en étais à la sixième planche lorsque je reçus la première visite de M. Desmaret; il visita mon local et le trouva merveilleusement en rapport avec le travail.

Plusieurs jours après, l'agent du gouvernement se présente chez moi : il il était neuf heures du soir ; il me donna ordre de placer dans mon portefeuille les six cuivres dont la gravure était terminée, et de le suivre.

Je m'acheminai avec lui vers le boulevard du Montparnasse ; le temps était obscur; je lui fis observer que le boulevard était à cette heure peu fréquenté :

« Si des malveillants venaient nous attaquer et m'enlever mon por-
» tefeuille? »

— « Rassurez-vous, me dit-il ; nous avons derrière nous trois lurons qui
» ne tarderaient pas à nous secourir. Pensez-vous que je m'aventurerais à cette
» heure si je n'étais point surveillé ? »

Nous arrivâmes au numéro 25 sur le boulevard, par la rue de Vaugirard :

« Observez bien, me dit-il, la manière de sonner à la porte de cette
» maison. »

Il sonna deux fois, deux forts coups à distance égale; puis il mit la cloche en branle pendant environ dix minutes. Un homme d'une forte taille vint nous ouvrir et referma de suite la porte.

Arrivé à l'extrémité d'un long couloir, même précaution ; la porte s'ouvrit ; nous passâmes à travers un petit jardin, et nous voilà dans une grande pièce au rez-de-chaussée, où se trouvait un cabinet particulier pour M. le directeur Fain, frère du secrétaire de S. M. l'Empereur.

M. Terrasson me présenta à M. le directeur, qui m'accueillit d'une manière fort distinguée ; il m'invita à l'accompagner à l'imprimerie. Elle servait de dortoir aux ouvriers imprimeurs ainsi qu'aux employés de la maison ; les lits étaient à bascule et paraissaient être renfermés dans des armoires. Nous passâmes dans une seconde pièce; je fus bien surpris d'y trouver le sieur Malo, qui achevait de monter les presses qui devaient fonctionner le lendemain matin; il avait gardé le silence, et il ne m'avait point fait part de sa nouvelle demeure : c'était un homme d'une discrétion à toute épreuve.

Après avoir déposé mes cuivres sur la table, on me fit descendre de nouveau au bureau du directeur, qui me fit connaître aux portiers de la maison ; il leur donna l'ordre de me laisser entrer à toute heure de la nuit, et me recommanda d'observer la consigne, sous peine de rester à la porte. Le plus grand silence régnait dans cette maison, ainsi qu'une grande discrétion de la part de ceux qui s'y trouvaient employés.

Je pris congé de ces messieurs, et m'en revins chez moi à minuit passé; j'étais accompagné de M. Terrasson et, à n'en point douter, des agents préposés à notre garde.

Je terminais la douzième planche, lorsque je fus prévenu par eu mon épouse qu'un équipage s'arrêtait à la porte de ma maison; un fort coup de sonnette se fit entendre. Mon épouse reconnut M. Desmaret, qu'elle avait déjà vu plusieurs fois. Il était accompagné du Ministre de la police générale. Son Excellence entra dans mon appartement et se plaça devant ma table. Il se fit présenter par moi l'état des planches gravées et de celles qui étaient sur le point d'être terminées.

« Monsieur, me dit-il, combien pensez-vous qu'une planche puisse donner
» d'épreuves? — Cinq à six mille. — C'est peu en raison de la typographie.
» — C'est vrai, Monseigneur; mais la taille-douce ne ressemble pas aux ca-
» ractères en relief; la retouche de mes planches peut encore vous donner
» un plus grand nombre d'épreuves. » Je lui fis remarquer plusieurs billets de banque d'Angleterre qui avaient été retouchés, et je l'assurai qu'une planche pouvait tirer de dix à douze mille épreuves après la retouche. Après avoir examiné le local il me recommanda de redoubler de zèle et d'activité en m'observant, ainsi qu'à M. Desmaret, que S. M. l'Empereur était impatient d'arriver. Il partit en me témoignant sa satisfaction de l'exécution de ma gravure et de sa parfaite ressemblance avec les originaux.

Quelques jours après je rencontrai le commissaire de police de mon quartier; il me connaissait depuis mon enfance. « Il y a quelques jours, me dit-il,
» j'ai vu entrer chez vous deux personnages; ils descendaient d'une voiture
» aux armes du Ministre de la police générale; vous avez donc des relations
» avec Son Excellence? »

— « Vous avez bien vu, Monsieur, c'était effectivement lui. En sa qualité
» de président de la commission chargée de l'historique des campagnes de
» de Sa Majesté; il a pour habitude d'aller rendre visite aux graveurs atta-
» chés au Dépôt général de la guerre qui ont des travaux à domicile, à l'effet
» de s'assurer de leur exactitude à bien rendre les dessins qu'ils sont char-
» gés d'exécuter en gravure. » Nous parlâmes d'autre chose, et il ne se présenta point à mon domicile pour s'assurer de la vérité.

Peu de temps après la visite du ministre, il se passa un événement des plus tragiques à l'imprimerie du boulevard Montparnasse.

Le commissaire de police Maçon passait à cette époque pour un homme adroit en fait de surveillance; il était chargé de la police des halles; il s'était fait craindre des marchandes du marché.

Depuis quelques jours, plusieurs individus rôdaient autour du jardin de l'imprimerie du boulevard; le rapport en avait été fait au ministère; les mesures de précaution avaient été prises à l'effet de déjouer toute entreprise contraire à la sûreté de la maison.

Le commissaire Maçon avait été prévenu par ses agents qu'il y avait sur le boulevard, n° 25, une imprimerie suspecte; que l'on y voyait souvent entrer des gens qui, par leur mise, annonçaient de l'aisance; que d'autres y étaient admis portant sous leurs bras des portefeuilles de ministre; qu'il y entrait plusieurs fois dans la journée des provisions de bouche considérables en raison du petit nombre de personnes qui entraient et sortaient de ladite maison.

Force fut donc au commissaire de faire investir la maison et de se saisir de tout ce qu'elle contenait.

Un mardi, à 2 heures du jour, le coup de sonnette se fit entendre; conformément à la consigne, le premier portier ouvrit à l'instant. Il se vit prendre à la gorge ; il se défendit avec courage et cria : A mon secours ! L'alarme se répandit aussitôt dans la maison ; les ouvriers se saisirent à l'instant de tout ce qui se trouvait sous leur main.

A la seconde porte d'entrée ils s'aperçurent que deux agents s'étaient glissés furtivement par une petite fenêtre qui donnait sur le couloir ; ces deux hommes avaient pénétré, en enfonçant avec leurs pieds cette petite croisée, dans la cuisine qui communiquait à un petit escalier dérobé, celui de l'imprimerie ; ils furent à l'instant saisis et terrassés par les ouvriers embusqués dans le petit escalier.

M. Fain, entendant frapper à coups redoublés à la seconde porte d'entrée, la fit ouvrir. Il est saisi à l'instant par le commissaire Maçon, qui le tenait fortement par le cou ; M. Fain pouvait à peine parler. Il conjura le commissaire de lire la pièce qu'il tenait en main ; mais le sieur Maçon ne voulut rien entendre. Il criait à ses nombreux agents d'appeler la force armée qui se trouvait placée autour des murs (*sic*) du jardin et devant la première porte d'entrée.

Le parti assiégé tint bon et disputa le terrain pied à pied, les coups de canne roulaient de la part des agents de police ; les employés de la maison ripostaient avec des instruments de cuisine dont ils s'étaient emparés avant le combat ; il y avait des blessés de part et d'autre, le pavé de la cuisine était couvert de sang. Enfin le commissaire Maçon, ayant pris lecture du sauf-conduit et ayant reconnu la signature d'un personnage auguste et celle du Ministre, se rendit à discrétion. Pâle et tremblant, il devint à l'instant l'homme le plus pacifique qu'il soit possible ; demandant à M. Fain mille excuses, il ordonna à ses agents de se rallier ; il fit rappeler la force armée qui lui servait d'escorte, et le voilà en pleine retraite sur la préfecture de police, dont il n'aurait point dû sortir sans un ordre du préfet. Il fit porter ses blessés par leurs camarades jusqu'aux voitures qui devaient emmener les habitants de la maison qu'il avait investie.

J'arrivai deux heures après cette aventure ; je trouvai MM. Desmaret, Fain et Larrey, professeur au Lycée impérial. Je remarquai que c'était la première fois que je voyais ce monsieur dans l'imprimerie ; depuis, j'appris qu'il était chargé de la correspondance étrangère, qu'il était l'intime ami de M. Desmaret et jouissait de la confiance du Ministre ; c'était un homme de beaucoup d'esprit et savant en littérature.

Tout le monde était en émoi ; deux ouvriers, grièvement blessés, gisaient sur le plancher. Procès-verbal fut dressé ; j'en entendis la lecture, et je sus que le commissaire Maçon fut mandé à la police générale le lendemain de cette affaire, et que peu s'en fallut qu'il ne perdît sa place.

Quinze jours après cet événement dont aucun journal n'a parlé, tant était forte la surveillance sur la presse, M. Desmaret me fit demander : je me rendis à son invitation.

Je me rendis au ministère à 8 heures du soir. Il y avait grande réception : je vis sortir du cabinet de M. Desmaret un grand nombre d'officiers décorés et plusieurs généraux ; j'ignorais que le Ministre étendît sa surveillance sur l'armée, ce qui le mettait en rapport avec un grand nombre d'officiers supérieurs.

Immédiatement après cette audience, je fus admis dans le cabinet. M. Desmaret tira de son portefeuille une liasse de petits billets de la banque de Prusse. Ils étaient grands comme une carte à jouer et ressemblaient un peu aux corsets (1) de la République; le dos de ces billets de banque était d'un bleu clair et vernissé de blanc. Je remarquai au bas le nom Dancillon comme signataire; la seconde signature m'est passée en oubli.

Le texte était en caractères mobiles assez mal gravés. Le tout était orné d'une légère bordure qui avait été fondue tout exprès.

En examinant ces billets, il se passa en moi quelque chose d'extraordinaire. La Prusse était en paix avec la France. Cette idée était pour moi accablante, et de suite je pris la ferme résolution de ne point me charger d'un pareil travail.

Je priai M. Desmaret de me confier un de ces billets, ayant besoin de l'examiner avec soin; il consentit à ma demande; il m'invita à lui faire un rapport détaillé sur les moyens d'exécution; je pris congé de lui à 10 heures du soir.

Le lendemain, j'allai trouver mon beau-frère Pauquet : c'était un artiste fort distingué; il était chargé de la direction de la gravure du sacre de l'Empereur, il lui était très-dévoué. Pauquet excellait dans l'art de graver à l'eau-forte. Il avait été chargé dans le temps par le Comité de salut public de contrefaire à l'eau-forte le manuscrit trouvé à Calais et écrit de la main du ministre anglais Pitt.

Il fit cette copie avec tant d'adresse que le ministre anglais ne s'aperçut point de la contrefaçon et prit la copie pour l'original. Pauquet examina le billet en question. Il pouvait l'exécuter s'il eût voulu, mais son opinion était la mienne.

« Mon cher Lale, me dit-il, la Prusse est en paix avec nous. Je pense
» comme vous. L'on me couperait plutôt la main que d'exécuter pour le gou-
» vernement un pareil travail. » Il fut convenu entre moi et lui que mon rapport aurait en principe l'impossibilité de l'exécution de ce travail, vu le danger qu'il y aurait d'initier à son exécution un grand nombre de personnes; qu'il pourrait s'en trouver dans le nombre qui, poussées par la cupidité, feraient part à l'ambassadeur résidant à Paris de ce qui se passait dans les ateliers du gouvernement; que les conséquences d'une pareille entreprise seraient immenses dans l'opinion, à raison du préjudice que l'exécution de ce projet pourrait occasionner au crédit de cette puissance et au nôtre en particulier; mon rapport fut accueilli par Son Excellence d'une manière favorable à mes vues, et l'on renonça au projet.

Je repris le cours de mes opérations; j'étais à la vingt-quatrième planche. L'impression en taille douce avait lieu jour et nuit avec une grande activité. Deux employés du ministère, commis assermentés, étaient chargés d'imiter

---

(1) Les *corsets* étaient des assignats de cinq livres, portant la signature Corset.

les signatures ; ils s'étaient exercés à ce travail pendant plus d'un mois, et ils avaient acquis une telle facilité qu'ils apposaient plus de mille signatures dans une journée. Les billets étaient, après cette dernière opération, jetés sur le carreau d'une chambre remplie de poussière, et retournés avec un balai de crin dans tous les sens ; ils s'amollissaient, prenaient une teinte cendrée, et paraissaient à l'œil avoir passé dans beaucoup de mains. On les liassait, et de suite ils étaient expédiés au ministère, puis envoyés à divers ports de mer, où les agents les faisaient passer en Angleterre. Quatre de ces agents furent arrêtés et punis de mort.

Le traitement des ouvriers imprimeurs était de neuf francs par jour et la nourriture ; c'étaient des hommes mariés et d'une bonne conduite ; pour le plus grand nombre, des hommes d'un âge avancé ; il en existe à peine le dixième ; il est à ma connaissance qu'il n'est jamais venu aucun rapport défavorable sur leur compte.

De mon côté, je m'étais contenté du traitement qui m'avait été alloué par le Ministre ; il montait au double de mes appointements que je recevais en qualité de premier graveur au département de la guerre, avec promesse d'une gratification qui ne m'a point été payée, vu les circonstances malheureuses qui ont suivi de très-près la fin de ce travail.

La gravure des planches étaient bien avancée lorsque le bruit courut dans l'imprimerie qu'un grand personnage y était attendu. Mes affaires m'appelaient dans cette maison. Je rencontrai un ouvrier qui se promenait dans le jardin ; il me fit part que la veille, sur les quatre heures du soir, tous les employés de la maison avaient reçu l'ordre de ne point sortir de leur imprimerie et de leur bureau ; que toutes les chambres avaient été balayées avec soin ; qu'ils avaient entendu les portes s'ouvrir vers les huit heures de la nuit ; que M. Desmaret était arrivé le premier ; qu'il avait parcouru l'imprimerie accompagné de MM. Fain et Larrey ; qu'ils étaient tous trois descendus au bureau du directeur ; qu'un moment après deux personnes étaient entrées, mais qu'il leur avait été impossible de les reconnaître : l'un, continuait l'ouvrier, était d'une haute stature ; l'autre, beaucoup moins grand, portait un chapeau rond, qui lui couvrait une grande partie de la tête. Je lui demandai si ces personnes étaient montées à l'imprimerie. « Non, dit-il, mais M. Desmaret est venu prendre une » partie des cuivres, et il les a rapportés peu de temps après. »

Cette mystérieuse visite n'avait duré qu'un instant, et après le départ, qui s'était annoncé par l'ouverture des portes du jardin, la consigne avait été levée. On m'a assuré que c'était Sa Majesté et le général Duroc.

Je me donnai bien de garde de prendre une plus ample information près de M. Desmaret, tant était grande la discrétion recommandée sur tout ce qui se passait dans cette maison.

Peu de temps après cette entrevue nocturne, l'ordre me fut donné de ne plus graver de planches et de suspendre celles qui n'étaient qu'en train d'exécution.

Je remis une liasse de billets de la banque d'Angleterre qui m'avait été confiée par M. Desmaret ; l'on vint reprendre la presse qui avait été placée chez moi, ainsi que la chaîne qui liait les croisettes quand elle ne fonctionnait point.

Je rentrai de suite au Dépôt de la guerre. On ne me fit aucune question; je fus bien accueilli par le général Samson, alors directeur, ainsi que par le colonel Jacotin, chef de ma division.

J'arrivais fort à propos : Sa Majesté avait ordonné de graver la carte de l'Académie de Saint-Pétersbourg; il fallait que cette grande carte fût terminée en trois mois, et elle avait coûté six années de gravure au gouvernement russe.

Le général Samson était un homme d'exécution. Rien ne lui coûtait pour faire exécuter les ordres de l'Empereur. Tous les graveurs de la capitale furent mis en action jours et nuits, et cette carte était plus d'à moitié faite deux mois après les ordres arrivés de Saint-Cloud; la partie terminée a servi à l'ouverture de la campagne de Russie.

Des bruits sourds circulaient dans le public sur la possibilité d'une guerre entre la France et la Russie; l'activité que l'on apportait à graver cette carte, les réunions fréquentes d'un grand nombre d'officiers supérieurs au Dépôt général de la guerre, la présence fréquente du général Jomini dans le conseil, tout confirmait les projets du Gouvernement.

Je ne tardai point à être appelé de nouveau au ministère de la police générale. Il y avait alors plus de quatre mois que toutes relations entre moi et le ministère avaient cessé. Je savais que l'impression de mes planches avait continué plusieurs mois après la suspension de la gravure.

Je me rendis aux ordres du Ministre.

M. Desmaret me fit plusieurs questions sur les travaux en exécution au Dépôt de la guerre; à ce sujet je restai sur la défensive; le Dépôt n'étant point dans les attributions du ministère de la police générale, je n'avais aucun compte à rendre.

Monsieur Desmaret était un homme très-érudit et qui avait des manières très-distinguées; son œil était pénétrant, et il avait pour habitude de porter ses regards sur les yeux de celui à qui il parlait et le pressait de répondre vivement aux questions qu'il lui adressait :

« Je vois, Monsieur Lale, me dit-il, que votre discrétion peut subir une
» épreuve rigoureuse et qu'il m'est difficile de la trouver en défaut; je vous
» en félicite. » Après avoir ajouté des choses fort obligeantes pour moi, il passa à la grande question : « Voilà le motif qui me fait vous mander. Vous
» allez être chargé de nouveau pour le service du gouvernement d'un travail
» important qui demande de votre part autant de discrétion que le premier;
» ce travail sera bien plus compliqué; mais il offre un avantage, c'est qu'il
» peut être morcelé, divisé, de manière à ne point être deviné de la part de
» ceux qui y seront employés secondairement. Voici ce dont il est question.
» Vous n'êtes point sans avoir connaissance des bruits qui circulent dans le
» public; ils sont plus ou moins fondés, cela ne nous regarde point; mais j'ai
» ordre du Ministre de faire contrefaire les assignats et le papier de banque
» de la Russie, et de suite nous allons nous mettre à l'œuvre. Vous

» êtes chargé spécialement d'imiter les signatures, qui sont très-compli-
» quées ; le surplus sera gravé en caractères mobiles ; nous avons fait
» choix d'un des meilleurs graveurs de la typographie française ; c'est un
» conseiller d'État qui nous l'a proposé. Je puis compter sur la discrétion
» de cet artiste. »

Je sus depuis que c'était le sieur Lelorgue, conseiller d'État, chargé de la statistique étrangère ; je fus chargé par lui de la gravure de trente tableaux qui servaient de matricule aux divers agents qui résidaient dans les villes de guerre des puissances étrangères, et qui étaient chargés spécialement de donner la force effective des divers régiments qui se trouvaient en garnison dans ces villes, ainsi que leurs mouvements vers les frontières.

Le conseiller était un homme fort laborieux ; il se couchait, comme l'Empereur, à minuit, et était levé le plus souvent à quatre heures du matin.

« Voilà les billets dont il est question ; ils offrent, me dit M. Desmaret,
» moins de difficultés pour la gravure que les billets anglais et de la Prusse. »

Ces billets, sur papier de couleur, me parurent mal gravés : aucune marque dans le papier ; mauvais caractères typographiques ; les signatures, très-compliquées, pouvaient se graver à l'eau forte et très-promptement.

« Il nous faudra, dit M. Desmaret, huit à neuf cents planches de cuivre.
» Chargez-vous de l'achat des cuivres. Commandez de grands cuivres que
» vous couperez au burin, et, avec cette précaution, le planeur n'aura aucun
» soupçon, vu le format des cuivres ; les épreuves de vos planches seront por-
» tées chez M. Fain, imprimeur typographe ; il sera mis un cachet sur les
» signatures, et l'imprimeur pressier tirera le texte (sic) et ne pourra voir les
» signatures ; un agent sera chargé de veiller à la composition et l'impression.
» J'ai fait part à Son Excellence de mon projet, qu'il approuve. »

Je pris la liberté d'observer à M. Desmaret qu'il m'était impossible d'exécuter seul un travail aussi compliqué ; que je me voyais forcé de m'adjoindre mon beau-frère Pauquet. Je demandai à M. Desmaret la permission de le lui présenter : il consentit avec obligeance à ma proposition, et, le lendemain, la présentation eut lieu. Pauquet remit à M. Desmaret l'épreuve unique de la planche qu'il avait gravée dans le temps pour le Comité de salut public ; elle fut présentée au Ministre, qui la fit voir à S. M. l'Empereur. Sa Majesté ordonna qu'on lui apportât le cuivre, qui avait été déposé aux Archives de l'Empire. Il ne s'y trouva plus.

J'établis pour ce nouveau travail mon atelier de gravure rue Neuve-Saint-Étienne, dans la maison de mon beau-frère Pauquet. Il en était le propriétaire, lui seul y demeurait. Entouré de jardins, il n'avait pour voisins qu'un couvent de religieuses bénédictines, et ces dames étaient invisibles.

Nous nous mîmes tous deux à l'œuvre, et dix planches gravées sortaient tous les jours de cette maison ; elles étaient portées à l'imprimerie du sieur Malo, rue de Vaugirard, n° 26, près du magasin d'équipement militaire.

Le ministère avait fait louer ce vaste hôtel, et vingt-trois presses en taille-douce fonctionnaient tous les jours jusqu'à onze heures du soir. L'imprimerie typographique de M. Fain était dans le local du boulevard de Montparnasse, à portée de celle du sieur Malo.

Il est à ma connaissance que plus de sept cents planches ont été gravées par moi et mon beau-frère en moins de trois mois ; nos planches étaient portées à l'imprimerie en taille-douce, puis après à l'imprimerie des boulevards. Les signatures sur chacune des épreuves étaient couvertes d'un cachet ; un employé était chargé de lever ce cachet et de passer chaque épreuve sous un cylindre, puis elles étaient mises en liasses et envoyées de suite au ministère.

Le tirage que l'on fit a dû être considérable, puisqu'il a duré jusqu'à l'époque des revers de l'armée française en Russie. Il a aussi été question de papier d'Espagne, mais ce projet n'a point eu de suite ; il n'en a été parlé qu'à bâtons rompus. La Russie absorbait tous les moments et j'ai failli en tomber malade, tant je prenais peu de repos. MM. Fain et Malo avaient bien moins de démarches à faire que moi, et leurs profits étaient considérables.

Mes relations cessèrent à l'instant. Je fis la remise des cuivres gravés, ainsi que des liasses de billets de toutes couleurs qui m'avaient été remises.

M. Terrasson venait me voir très-souvent à l'époque de la campagne de France ; à chaque succès de nos ennemis, mon anxiété augmentait ; j'étais inquiet de l'avenir : c'est ce qui me détermina à mettre au net le journal de mes opérations. Je pouvais être rudement compromis aux yeux des alliés ; la moindre indiscrétion pouvait les instruire de ce qui s'était passé ; je pouvais être arrêté ; mes collaborateurs étaient en pleine retraite, et moi je restais seul à Paris au moment de la prise de cette capitale ; je réunis toutes mes bucoliques et je les mis en lieu de sûreté pour les retrouver en temps opportun.

L'invasion de la capitale arrivée, quelle dut être ma position ! Ceux qui avaient le plus gagné dans cette affaire s'expatrièrent, et moi, qui avais eu la direction des deux opérations, je restai au milieu des étrangers, ennemis de mon pays, qui pouvaient d'un moment à l'autre se saisir de ma personne et m'envoyer graver en Sibérie. Grâce à Dieu, il n'en fut rien.

Je me trouvai deux jours après la prise de Paris, dans une position assez dangereuse ; je revenais de la rue de Bourgogne : j'avais à parler au sieur Jomard, directeur de la commission d'Égypte ; il me prit idée d'entrer au Dépôt de la guerre : la porte était fermée, je frappe, le portier Dommier ouvre. Quelle fut ma surprise de trouver la grande cour occupée par des troupes russes qui servaient d'escorte à un grand nombre d'officiers russes de l'état-major de l'arme du génie ! Je ne fus pas plutôt entré, qu'un jeune officier, qui se tenait près de la porte, me prit par la main et demanda qui j'étais. Le portier lui dit : « Monsieur est un de nos graveurs d'écritures ; il y a dix ans qu'il est
» attaché à l'administration en cette qualité. — Eh bien, Monsieur, me dit
» l'officier, soyez le bienvenu, je vais vous présenter au général. » En effet, il me conduisit au péristyle, où se trouvait le général, entouré de plusieurs officiers supérieurs. « Monsieur, me dit le général, vous devez avoir connais-
» sance de la disparition des objets qui se trouvaient ici avant la prise de
» Paris. On m'a assuré qu'il y a à peine cinq jours que ces effets ont été em-

» portés ; je suis venu à Paris il y a cinq ans, j'ai visité le Dépôt, il s'y trou-
» vait une grande quantité de dessins précieux, de planches gravées et une
» fort belle bibliothèque. Tout est disparu : veuillez nous donner les ren-
» seignements dont nous avons besoin ; nous manquons de cartes à grand
» point ; il nous en faut à tout prix..... » J'assurai le général qu'il avait été
induit en erreur, qu'il y avait déjà plusieurs mois que la majeure partie des
dessins et des cuivres avaient été envoyés au delà de la Loire ; que ce déplacement avait eu lieu lors du premier mouvement du général Blücher sur les
plaines de la Champagne, un peu avant les affaires de Champaubert ; du reste,
qu'il trouverait chez le sieur Piquet, près l'Institut, les cartes dont il avait
besoin. Le général me prit au mot et m'invita à marcher en tête de son escorte ;
j'avais l'air d'un prisonnier. Avant de monter à cheval, il me fit cette question :
« Vous n'étiez occupé au Dépôt qu'à graver les écritures sur les cartes ? —
» Rien autre chose ? — Je vous invite, Monsieur, à vous rendre ce soir à
» l'Élysée-Bourbon, à vous y trouver sur les quatre heures ; vous y serez bien
» reçu, ajouta-t-il, je vous présenterai au général en chef ; mais il faudra
» changer votre cocarde. — Général, j'attends l'ordre du jour, je suis sergent
» de grenadiers de la 12e légion. » Il se mit à sourire. Après lui avoir indiqué la maison de commerce du sieur Piquet, je m'esquivai et me donnai bien
de garde de me rendre le soir à l'Élysée-Bourbon. Cette invitation porta la
désolation et le désespoir dans l'imagination de feu mon épouse ; elle m'assura
qu'elle avait jeté mon journal au feu ; je la crus sur parole.

Les renseignements qui avaient été donnés au général étaient très-exacts :
le déplacement des objets avait eu lieu trois jours avant l'attaque de Paris ;
tous les dessins, planches et livres avaient été renfermés dans des caisses, le
tout recouvert de toiles imperméables et déposé dans deux bateaux marnois
qui se trouvaient au port Saint-Nicolas. Le général Bacler d'Albe, directeur
du Dépôt, avait apporté une telle prévoyance dans le déplacement des objets
précieux que renfermait le Dépôt, qu'en moins de trois nuits tout fut encaissé
et transporté sur des haquets jusqu'aux bateaux ; ces bateaux étaient à sou-
papes, fort heureusement, car sans cette précaution le tout serait tombé au
pouvoir de l'ennemi dans le cas d'attaque.

M. Terrasson venait de la part de M. Desmaret s'informer dans les derniers
jours des préparatifs de départ des objets en question ; je le rassurai et lui fis
connaître combien le général d'Albe encourageait par sa présence les hommes
qui étaient chargés d'emballer ces effets.

Enfin, la veille de l'attaque de Paris, je lui fis part que le dernier voyage
avait eu lieu.

Les ingénieurs géographes étaient partis sur la Loire, et les bateaux avaient
été dirigés sur la ville de Rouen ; deux heures plus tard, ils tombaient au pouvoir de l'ennemi, qui occupait les Vertus ; à cinq heures du soir, la veille de
la prise de la capitale, on eut la prévoyance d'emmener les bateliers et les
personnes préposées à l'escorte du convoi ; escortés par la gendarmerie, ils
furent conduits à Tours.

Je savais ce qui s'était passé et je tremblais d'apprendre la prise de tant de richesses scientifiques ; il n'en fut rien, grâce à l'activité et à la prévoyance du général Bacler d'Albe, notre directeur.

Le gouvernement trouva, après le départ des alliés, tout ce qui avait été embarqué; aucune avarie ne se faisait remarquer ; tout fut retiré des caisses sans avoir subi la moindre altération. . . . .
. . . .

Je reçus, après ma mise à la retraite, la visite de M. Dentu père, libraire-imprimeur du journal Le Drapeau blanc et l'un des actionnaires de ce journal. Il avait eu des relations d'intérêt avec moi à une époque bien antérieure à la première invasion des alliés; il apprit à son grand étonnement que j'étais retraité. Il conçut le projet de mettre à profit cet événement pour obtenir de moi le journal de mes opérations de gravure pour le service du cabinet secret de l'Empereur.

Dentu était un caméléon politique qui était devenu plus royaliste que le Roi ; c'était un fanatique réactionnaire.

« Vous pouvez, me dit-il, réparer la perte de votre place en prenant le parti
» que je vais vous indiquer. Faites-moi un mémoire de vos opérations de gra-
» vure pendant le temps que vous avez été employé pour le service du cabinet
» secret de Buonaparte; je vous l'achèterai et je vous intéresserai dans le pro-
» duit de la vente; ce mémoire aura un succès prodigieux. Vous participerez
» aux encouragements de la police, qui en fera son affaire et vous fera rentrer
» en grâce au Dépôt de la guerre ; j'ai de grandes protections ; je vous réponds
» du succès de mes démarches. »

Je répondis à M. Dentu que je n'étais point homme de lettres. « Je vous
» adjoindrai, répliqua-t-il, un auteur bon royaliste qui vous aidera dans votre
» rédaction. — Mais, Monsieur, ce mémoire n'aurait aucun succès dans le
» public, et voici pourquoi : les travaux du cabinet n'avaient rapport qu'aux
» opérations stratégiques de l'armée. C'est une partie qui ne peut être appré-
» ciée que par les officiers de l'armée. Du reste, il n'est point resté aucune
» épreuve de mes planches. Que voulez-vous que j'écrive ? Mon mémoire aurait
» à peine six feuilles d'impression. »

J'insistai à ne pas lui donner le mémoire qu'il me demandait, et il se retira, confus de n'avoir point réussi dans le projet qu'il avait médité d'attaquer le gouvernement impérial dans la personne de l'Empereur et d'entasser calomnies sur calomnies pour achever de le perdre dans l'opinion. . . . . . .
. . . .

Ni la perte de ma place, ni les persécutions que m'a fait éprouver le parti réactionnaire ne m'ont fait dévier dans la résolution que j'ai prise de ne jamais révéler ce qui était à ma connaissance pour ce qui a rapport aux opérations de gravure pour le service du cabinet de Sa Majesté; malgré les avantages que j'aurais pu en retirer à diverses époques, j'ai préféré attendre le moment où il ne me serait plus possible de me procurer par l'exercice de ma profession de quoi satisfaire aux plus pressants besoins de la vie.

Le moment que j'avais prévu est arrivé; ma main n'a plus la sûreté néces-saire pour bien graver, ma vue devient faible; ma carrière s'avance en raison de mon âge avancé ; je me vois donc forcé de donner, quoique à regret, connaissance à la famille de feu l'Empereur de ce mémoire, qui doit lui donner à connaître le prix de ma discrétion et de mon dévouement à la personne de Sa Majesté Impériale.

Si ce désintéressement et cette discrétion ne sont point assez méritoires à leurs yeux, ce mémoire reprendra la place qu'il a occupée pendant vingt-six ans, et il ne deviendra point de ma part la proie des ennemis de l'Empereur et de son illustre famille.

Et la postérité ne transmettra point aux générations futures une opération qui doit être ensevelie pour toujours dans un éternel oubli, puisqu'elle avait pour objet de ruiner les peuples pour appauvrir les rois.

La publication du journal du graveur Lale, a amené deux réclamations : l'une de MM. Dentu, qui ont protesté que leur grand-père, loin d'être un « caméléon politique, » n'a jamais varié dans ses opinions royalistes ; l'autre de M. H. Laran, que voici dans son entier :

Paris, le 24 octobre 1870.

MONSIEUR,

Je prends la liberté de vous signaler une rectification relative à la dixième livraison des *Papiers et correspondances de la Famille impériale* ; rectification qui m'intéresse parce qu'elle s'applique à la personne de feu mon père, M. Laran, professeur de mathématiques au Lycée Impérial.

Je connaissais, dès ma jeunesse, pour les avoir appris de mon père, tous les détails que révèle aujourd'hui la publication du journal du graveur Lale, au sujet de la fabrication de faux billets de banque étrangers organisée par ordre de Napoléon Ier. J'ai donc lu avec beaucoup d'intérêt ce journal, que j'ai trouvé, en général, d'une grande exactitude, sauf en ce passage :

« J'arrivai deux heures après cette aventure (la fausse démarche du com-
» missaire Maçon, inspirée par la jalousie de la préfecture de police, qui
» n'était pas dans le secret et qui brûlait de le découvrir) ; je trouvai
» MM. Desmaret, Fain et *Larrey*, professeur au Lycée Impérial. Je remarquai
» que c'était la première fois que je voyais ce monsieur dans l'imprimerie ;
» depuis, j'appris qu'il était chargé de la correspondance étrangère, qu'il
» était l'intime ami de M. Desmaret et jouissait de la confiance du ministre ;
» c'était un homme de beaucoup d'esprit et savant en littérature. »

Dans ce passage du journal de M. Lale, il y a du vrai mêlé à plusieurs erreurs : la plus singulière consiste à mutiler le nom du professeur désigné, qui était *Laran* et non Larrey. Rien de plus facile que de s'en assurer en recourant à l'*Almanach impérial* du temps. Il n'y a jamais eu au Lycée Impérial de professeur du nom de Larrey.

Maintenant, s'il est étrange au premier abord de trouver un professeur de l'Université mêlé à cette triste et honteuse affaire, l'explication en est cependant toute naturelle. Mon père était, avant la Révolution de 89, professeur de mathématiques à l'École d'artillerie et du génie. La tourmente révolutionnaire le fit devenir imprimeur-libraire. A la formation, sous le consulat, du Prytanée français, depuis Lycée Impérial, il fut, par l'influence de son ami Marie-Joseph Chénier, nommé professeur de mathématiques. Ne pouvant plus conserver la qualité d'imprimeur, il prit pour associé Fain, qui était déjà son prote, et l'imprimerie fut dès lors connue sous la raison sociale Fain et Cie; cette association dura jusqu'à la fin de 1813.

Il est aussi très-vrai que mon père était ami intime de Desmaret; ils avaient été condisciples au collége Louis-le-Grand; mais il ne jouissait nullement de la confiance du ministre de la police, qu'il ne connaissait pas, et n'a jamais été chargé de la correspondance étrangère. Il n'avait d'autre intérêt dans l'affaire que celui d'associé et de propriétaire pour moitié de l'imprimerie.

Mon père est mort, en 1828, professeur de mathématiques spéciales et ne laissant rien à ses quatre enfants que sa réputation d'honnête homme et la considération méritée dont il jouissait dans le corps universitaire.

Voilà, Monsieur, l'entière vérité en ce qui concerne mon père.

Agréez, etc.

H. LARAN,
Rue Jacob, 50.

LXX.
Lettres du général de la Rüe.

Le 13 novembre 1865.

MON CHER MONSIEUR,

Une conversation de ce matin avec le ministre de la guerre modifie les paroles que nous avons échangées hier au cercle.

Si jusqu'à ce jour j'ai pu remplir convenablement la mission qui m'était confiée, c'est que les 24,000 hommes de la gendarmerie étaient sous mes ordres, et ils savaient que j'avais autorité sur leur avenir. Mais, avec une position sans *influence* et sans *titre*, je conduirais difficilement et médiocrement ce service confidentiel. Cependant je suis, comme toujours, prêt à obéir. Il me suffit d'en faire la remarque; l'Empereur jugera ce qui convient le mieux à son service.

Quant à ce qui m'est personnel, déjà comblé des bontés de Sa Majesté, je ne sollicite en cette occurence de sa justice qu'un témoignage *ostensible* de sa bienveillance en faveur d'un dévouement bien éprouvé, et pour m'éviter les mauvaises interprétations

Bien à vous.

Général DE LA RÜE.

A M. Conti, conseiller d'État, secrétaire de l'Empereur.

Paris, le 14 novembre 1865.

MON CHER MONSIEUR,

En travaillant ce matin avec le ministre, il vient de me dire qu'après réflexion il admettait la nécessité de maintenir vis-à-vis des officiers de la gendarmerie une position d'influence suffisante pour le cas où l'Empereur déciderait la continuation du service confidentiel. Il ajoutait qu'il regretterait que, pour ne pas ombrager quelques fonctionnaires civils, l'Empereur se privât d'un aussi sûr moyen d'informations, précisément au moment où des mesures importantes peuvent agir sur l'esprit de l'armée.

Brûlez donc ma lettre d'hier pour ne gêner en rien les décisions ultérieures de l'Empereur, et recevez mes remerciments pour votre obligeante et utile intervention.

Bien à vous.

Général DE LA RÜE.

A M. Conti, conseiller d'État, secrétaire de l'Empereur.

LXXI.

Nous avons publié une lettre d'impressions de voyage de l'Impératrice lors de son excursion en Égypte. Voici, par contre, la correspondance télégraphique qu'elle recevait de l'Empereur et de M. Bauer.

TÉLÉGRAMME (1).

Compiègne, le 18 octobre 1869,
4 heures 11 minutes matin.

A SA MAJESTÉ L'IMPÉRATRICE.

Recommandée.   Constantinople.

Tout va bien ici; tout le monde s'est rétracté à propos de la manifestation du 16. Le maréchal Regnault s'est démis de son commandement pour cause de santé; j'ai nommé Bazaine à sa place; Fremy est nommé chef d'escadron; je travaille tous les jours avec les ministres. Le matin et après le déjeuner, nous chassons; Louis regrette beaucoup l'absence du beau sexe. Davillier peut rester. Nous t'embrassons tendrement.

Signée : NAPOLÉON.

Pour copie conforme :
P. NASILYAN.

EGYPTIAN GOVERNMENT TELEGRAPH.

COROSKA STATION.

At 30 p. m. on 7 of novembre 1869.

Received the following telegram :

From : Compiègne, *dated* 5 *time* 9 10 m. *To :* Comtesse de Pierrefonds. *Address :* au Caire.

(1) L'administration des lignes télégraphiques turques a transmis le télégramme à l'Impératrice sur une feuille dorée sur tranches, avec un en-tête imprimé en lettres d'or.

..e crains que tu n'ailles à la recherche des sources du Nil. Je t'ai écrit hier par M. Béhic.

Nous t'embrassons tendrement.

Signé : NAPOLÉON.

EGYPTIAN GOVERNMENT TELEGRAPH.

ASSOUAN STATION.

At 2 p. m. on 8 of novembre 1869.

Received the following telegram :

From : Ismaïlia, *dated* 8 *time*..... *m. To* : A Sa Majesté l'Impératrice des Français, *Address* : Haute Égypte.

Arrivé dans l'isthme. Je m'empresse d'envoyer à ma souveraine mes félicitations et mes hommages. M. de Lesseps et sa famille envoient également leurs respects. Tout se prépare pour l'inauguration du canal et le passage de *l'Aigle*.

Signé : Monseigneur DE BAUER.

EGYPTIAN GOVERNMENT TELEGRAPH.

..... STATION.

At 4 1 p. m. on 13 of novembre 1869.

Received the following telegram :

From : Compiègne, *dated* 13 *time* 11.20 *a. m. To* : Comtesse de Pierrefonds. C. R.

J'aurais bien voulu aussi rester plus longtemps ici, mais je dois aller où le devoir m'appelle ; tu as vu les Pyramides et les quarante siècles t'ont contemplée ; nous t'embrassons tendrement.

Signé : NAPOLÉON.

MALTA AND ALEXANDRIA TELEGRAPH.

ALEXANDRIA STATION.

At 10 45 m. on 14 of novembre 1869.

Received the following telegram :

From : Compiègne, *dated* 14 *time* 3.20 *m. To* : Comtesse de Pierrefonds. *Address* : Alexandrie. (Recommandée.)

Ma dépêche chiffrée d'hier soir répond à la tienne que je reçois ce matin.

J'ai fait démentir dans les journaux la fausse nouvelle du cachot de Marie-Antoinette. Cela serait un sacrilége que d'y toucher.

Nous t'embrassons tendrement. Donne-moi donc des nouvelles de Marie Adam.   Signé : NAPOLÉON.

COMPAGNIE UNIVERSELLE DU CANAL MARITIME DE SUEZ.
EXPLOITATION.
Télégramme.

IMPÉRATRICE EUGÉNIE.

Déposé à Compiègne, le 17 novembre 1869, à 9 h. 45.

Nous sommes heureux d'apprendre que tu es contente de ta réception. Ici nous attendons le résultat des élections, qui seront toujours mauvaises (1). Je te prie de faire mes amitiés à l'Empereur et aux Présents (2) en Égypte. Nous t'embrassons tendrement.   Signé : NAPOLÉON.

A L'IMPÉRATRICE.   ISMAÏLIA.

Déposé à Paris le 22 novembre 1869, à 9 h. 10.

J'ai vu l'amiral Dupré, qui m'a remis ta lettre.

Je n'ai que ce soir le résultat des élections, mais personne n'y attache d'importance ; que ce soit Pierre ou Paul, les candidats sont tous mauvais.

Dis-moi à peu près quand tu crois être à Toulon. Nous t'embrassons tendrement.   Signé : NAPOLÉON.

LXXII.

Par la série de dépêches qu'on va lire, le public pourra se faire une idée du respect que le cabinet du 2 janvier professait pour le droit de réunion, pour la liberté de la presse et pour la conscience des fonctionnaires de l'ordre judiciaire. Ces dépêches, toutes datées du temps du plébiscite, ont été trouvées au ministère de la Justice.

DÉPÊCHES RELATIVES AU PLÉBISCITE.

1.

Justice à tous les Procureurs généraux.

Dites à tous les juges de paix que je les verrai avec plaisir dans les comités plébiscitaires.   ÉMILE OLLIVIER.

23 avril 1870, 9 h. du soir. — N° 149.

(1) Il s'agit des élections partielles dans les 1re, 3e, 4e et 8e circonscriptions de Paris. Les élus furent comme on sait, MM. Henri Rochefort, Crémieux, Glais-Bizoin et Emmanuel Arago.
(2) Le mot « Souverains » est sans doute sous-entendu.

2.

Justice aux Procureurs généraux.

Pouvez-vous me donner des renseignements exacts sur l'attitude du clergé dans votre ressort?

On me demande si les magistrats peuvent entrer dans les comités plébiscitaires (1). Je n'y vois que des avantages.

ÉMILE OLLIVIER.

26 avril 1870, à 11 h. 25 m. — N° 123.

3.

Justice à Procureur général. — Bourges.

On m'écrit de Moulins que le Président du tribunal donne l'exemple d'une apathie voisine de l'hostilité. C'est son droit. Cependant je désire être fixé sur la vérité du rapport que l'on me fait. Veuillez m'en écrire.

ÉMILE OLLIVIER.

26 avril 1870, 3 h. 28 m. du soir. N° 124.

4.

Justice à Procureur général. — Lyon.

Arrêtez sur-le-champ tous les individus qui dirigent l'Internationale. Nous la poursuivons à Paris.
La situation devient grave.

ÉMILE OLLIVIER.

30 avril 1870, 9 h. matin. — N° 135.

5.

Justice à tous les Procureurs généraux.

(Chiffre de l'Administration.)

J'ai ordonné cette nuit l'arrestation de tous les individus qui constituent l'Internationale. Si cette société a des ramifications parmi vous, arrêtez les affiliés.

N'hésitez pas non plus à poursuivre les journaux de votre ressort qui contiendraient un appel à la guerre civile ou des outrages contre l'Empereur. Nous ne pouvons assister les bras croisés aux débordements révolutionnaires. Respectez la liberté; mais la provocation à l'assassinat et à la guerre civile, c'est le contraire de la liberté.

ÉMILE OLLIVIER.

30 avril 1870, 9 h. 20 m. matin. — N° 138.

6

Justice à Procureurs généraux.

Dites à tous les juges de paix et à tous les magistrats que je les verrais avec plaisir dans les comités plébiscitaires.

(1) C'est leur devoir (*Rayé*).

Envoyez-moi des rapports sur la situation de votre ressort.

Beaucoup d'évêques me font savoir de Rome qu'ils ont écrit à tous leurs grands vicaires pour engager le clergé à combattre l'abstention et faire voter oui.

Un individu, récemment arrivé de Londres pour assassiner l'Empereur, a été arrêté hier ; il a avoué son crime. Deux de ses complices on t été également arrêtés. On a saisi des bombes explosibles, des cartouches.

J'ai ordonné des poursuites contre les personnes qui ont outragé l'Empereur et provoqué à l'assassinat dans les réunions publiques.

Ne tolérez pas de pareilles violations de la loi ; poursuivez-les partout avec énergie.

J'ai ordonné l'arrestation d'individus qui constituent l'Internationale. Si cette société a des ramifications parmi vous, arrêtez les affiliés.

N'hésitez pas non plus à poursuivre les journaux de votre ressort qui contiendraient un appel à la guerre civile ou des outrages contre l'Empereur. Nous ne pouvons assister les bras croisés aux débordements révolutionnaires. Respectez la liberté ; mais la provocation à l'assassinat et à la guerre civile, c'est le contraire de la liberté. Voyez vos substituts. Qu'ils voient les juges de paix. Activez leur zèle.

30 avril 1870, 5 h. 30 soir. — N° 442.

7.

Le Procureur général à Son Exc. M. le Garde des Sceaux. — Paris.

Poitiers, le 30 avril 1870, 5 h. 45 m. soir. — N° 287.

Afin d'assurer dans mon ressort l'exécution des instructions de Votre Excellence prescrivant l'arrestation des affiliés de l'Internationale, et pour pouvoir indiquer moi-même les motifs de l'arrestation, il m'est nécessaire de connaître le délit qui leur est imputé par la poursuite commencée à Paris. Veuillez bien me transmettre ce renseignement.

8.

Justice à tous les Procureurs généraux.

L'Internationale est poursuivie comme association illicite et société secrète. Elle a des affiliés dans toutes les grandes villes : tâchez de les découvrir.

ÉMILE OLLIVIER.

1ᵉʳ mai 1870, 10 h. 5 m. matin. — N° 443.

9.

Le Procureur général à M. le Garde des Sceaux. — Paris.

(Vocabulaire de l'Administration.)
Rouen, le 1ᵉʳ mai 1870, 9 h. 45 m. soir. — N° 302.

Il y a à Rouen l'un des principaux membres de l'Internationale en France. Faut-il l'arrêter sous l'inculpation de société secrète ou d'affiliation au complot ?

(Un rapport suit.)

Arrêtez-le de suite, mais seulement sous l'inculpation d'association non autorisée ; puis nous verrons, d'après les pièces trouvées à Rouen ou ailleurs, s'il convient d'ajouter d'autres qualifications (1).

ÉMILE OLLIVIER.

10.
Justice aux Procureurs généraux.

Si vous avez arrêté des meneurs de l'Internationale, ne les relâchez pas ; retenez-les sous qualification de société secrète (2).

ÉMILE OLLIVIER.

11.
Justice à Procureur général. — Toulouse.

Avez-vous saisi l'Internationale ?
Elle existe à Toulouse.

ÉMILE OLLIVIER.

1er mai 1870, 10 h. 45 m. matin. — N° 151.

12.
Le Procureur général à M. le Ministre de la justice. — Paris

Toulouse, le 1er mai 1870, 12 h. 45 m. soir. — N° 295.

L'existence de l'Internationale à Toulouse ne m'a jamais été signalée. J'ai prescrit des recherches, qui n'ont pas encore abouti.

13.
Le Procureur général à M. le Ministre de la justice. — Paris.

(Chiffre de l'Administration.)

Orléans, le 1er mai 1870, 2 h. 35 m. soir. — N° 298.

Dans réunion publique hier soir, à Tours, Me Rivière a donné lecture de la dépêche sur l'attentat contre l'Empereur. Il a ajouté : « On devait répandre ce
» bruit la veille du plébiscite, afin d'évoquer le spectre rouge.
» En 1853, Ledru-Rollin accusé d'un complot imaginé par la police secrète,
» c'est là l'histoire.
» L'histoire nous apprendra que les faits actuels sont inventés. »
Demain réunion nouvelle. Faut-il poursuivre ? Audience correctionnelle est le vendredi. Faut-il attendre ce jour ?

14.
Justice à Procureur général. — Aix.

A-t-on saisi l'Internationale à Marseille ? Elle y existe certainement.

(1) La réponse de M. Ollivier n'est pas datée.
(2) Cette dépêche n'est pas datée.

On me dit que les réunions de Marseille sont intolérables par leur violence. N'hésitez pas à faire un exemple, et surtout frappez à la tête; prenez-vous-en aux avocats, aux messieurs, plutôt qu'aux pauvres diables du peuple.

ÉMILE OLLIVIER.

1ᵉʳ mai 1870, 10 h. 10 m. matin. — N° 150.

15.

Le Procureur général à M. le Garde des sceaux. — Paris.

Aix, le 2 mai 1870, 7 h. 55 m. matin. — N° 307.

Je suis arrivé cette nuit de Marseille après une longue conférence avec le Préfet et le Procureur impérial. Une information a été requise, et cinq mandats sont décernés aujourd'hui contre cinq individus qui, sous le titre de « Comité fédéral, » représentent ici l'Internationale. La prudence et la fermeté ont été recommandées. Les réunions publiques ont un caractère de modération relative. Les violences sont réservées pour les réunions privées. Là elles n'ont pas de limites. Le clergé paraît sortir de son inertie et avoir enfin le sentiment de ses intérêts. Je vous adresse un rapport explicatif.

16.

Paris, 1ᵉʳ mai 1870.

MONSIEUR,

En l'état, une seule qualification me paraît possible pour l'*Internationale*, celle d'*association non autorisée*.

On verra, après l'examen des pièces saisies qui n'ont pas encore été remises à l'autorité judiciaire, s'il y a *société secrète*.

En ce moment, on ne peut qualifier de société secrète celle qui semble procéder au grand jour.

L'association non autorisée peut être réprimée sévèrement ; en tout cas, la dissolution doit être prononcée. C'est la qualification que j'ai fait adopter, à Paris, lors des poursuites de 1868.

Je compte me présenter à la chancellerie vers 2 heures.

Agréez, Monsieur, mes sentiments les plus distingués et bien dévoués.

GRANDPERRET.

17.

Justice à Procureurs généraux.

A Paris, le Procureur général qualifie la poursuite contre l'Internationale de société secrète. Faites de même, si vous poursuivez dans votre ressort.

ÉMILE OLLIVIER.

2 mai 1870, 3 h. 5 m. soir. — N° 162.

18.

Le Procureur général à Son Exc. M. le Garde des Sceaux. — *Paris.*

Nîmes, le 2 mai 1870, 2 h. 25 m. soir. — N° 514.

Un journal de Paris annonce que l'évêque de Nîmes a écrit à son clergé en faveur du plébiscite. Le fait serait bien désirable, mais il est faux.

19.

Le Procureur général à Son Exc. M. le Garde des sceaux. — *Paris.*

Nîmes, le 4 mai 1870, 4 h. 40 m. soir.

Dernière situation prise par évêque de Nîmes : écrira rien, ne fera rien dire en chaire. Conscience exige de ne pas s'abstenir, mais ne recommande pas de voter oui. Si l'électeur demandait formellement ce qu'il faut faire, le clergé engagerait à voter affirmativement. Cet appui, presque négatif, est complètement insuffisant.

20.

Son Exc. M. Émile Ollivier, Ministre de la justice et des cultes. — *Paris.*

Brignoles, le 4 mai 1870, 10 h. 35 m. matin.

Avant 8 mai courant, création d'un second débit de tabac ; urgence. Rappelez-vous veuve Toulga.

LAURE, adjoint.

21.

Le Procureur général à Son Exc. M. le Garde des sceaux. — *Paris.*

Metz, le 4 mai 1870, 10 h. 35 m. matin. — N° 342.

Cour de Metz doit se prononcer à deux heures sur projet d'adresse à l'Empereur, au sujet du complot. Le Premier Président désire savoir si cette adresse serait favorablement accueillie par Sa Majesté, et si la Cour de cassation et la Cour de Paris se proposent de voter une adresse.

Prière de répondre avant 2 heures.

22.

Le Procureur général à Son Exc. M. le Garde des sceaux. — *Paris.*

Besançon, le 30 avril 1870, 10 h. 35 m. matin. — N° 279.

Des affiches imprimées, non timbrées, annoncent pour dimanche une réunion antiplébiscitaire au théâtre, et indiquent les orateurs qui doivent parler ; *c'est une simple annonce.* Le Préfet et moi nous pensons que la poursuite serait inopportune et produirait, à Besançon surtout, un très-mauvais effet. Une poursuite intentée et des affiches arrachées ont indisposé très-fortement les électeurs aux dernières élections.

23.

Justice à Procureur général à Besançon.

Malgré les observations du Préfet, je persiste à croire la poursuite indispensable. Peu importe l'effet, quand la loi est impérieuse. Il est temps d'ailleurs qu'on sente la main du gouvernement.

Émile OLLIVIER.

24.

2 mai 1870, 11 h. 47 m. matin. — N° 161.

Le Procureur-général à M. le Ministre de la justice. — Paris.

Besançon, le 3 mai 1870, 12 h. 45 m. soir. — N° 557.

On m'assure que *Le Doubs* doit faire paraître ce soir un article très-violent contre la magistrature, à l'occasion des poursuites dirigées contre lui. On ajoute que cet article peut nuire beaucoup. S'il en est ainsi, j'ai l'intention de faire saisir le journal après le dépôt, à moins d'ordres contraires que je prierais d'envoyer immédiatement.

25.

M. le Procureur général. — Besançon.

C'est surtout la saisie qui est utile. — Saisissez (1).

26.

Le Procureur général à Son Exc. M. le Garde des sceaux. — Paris.

Montpellier, le 30 avril 1870, 2 h. 18 m. soir.

Vos instructions seront fidèlement suivies. Les nouvelles vont toujours s'améliorant. L'intervention du haut clergé est chose très-heureuse. Je persiste à penser qu'il serait désirable d'user de toute l'influence possible sur le personnel de l'instruction publique et des chemins de fer, où l'on m'annonce, du reste, amélioration. Les odieuses excitations des réunions démagogiques de Paris produisent ici une heureuse réaction.

27.

Le Procureur général à son Exc. M. le Garde des sceaux. — Paris.

Montpellier, le 2 mai 1870, 5 h. 25 m. soir. — N° 315.

Hier soir, à 7 heures, on a déposé, à la sous-préfecture de Castelnaudary, une déclaration de réunion publique antiplébiscitaire pour ce soir à 8 heures ; le délai d'un jour franc exigé par la loi de 1868 n'étant pas observé, et mon substitut me consultant, je l'ai invité à se concerter avec l'autorité administrative pour empêcher cette réunion.

(1) Trouvé sans date ni signature sur un papier à en-tête du cabinet du Garde des sceaux.

28.

Le Procureur général à Son Exc. M. le Garde des sceaux. — Paris.

Montpellier, le 4 mai 1870, 2 h. 45 m. soir.

Mon substitut de Carcassonne me mande que, d'après un renseignement, le sieur Mathieu, signalé dans le rapport que je vous ai adressé hier sous le n° 413 et qui vous parviendra ce soir, serait un sieur Verdun, attaché à la rédaction du *Réveil*.

Taille au-dessus de la moyenne, corpulence assez forte, figure pleine, teint clair, barbe et cheveux blonds rejetés en arrière ; accent du Nord (1).

29.

(Confidentielle.)

Paris, le 5 mai 1870.

Mon cher ami,

La Marseillaise et *Le Rappel* n'ont pas été saisis ce matin.

Il me semble pourtant qu'avec un peu de bonne volonté on pourrait trouver dans les feuilles radicales de quoi motiver une poursuite, et je persiste à penser qu'il y a *grand intérêt* à les empêcher tous ces jours-ci d'*aller empoisonner* nos campagnes.

A vous.
Chevandier de Valdrôme.

30.

A Son Exc. M. Émile Ollivier, Ministre de la justice. — Paris.

Espalion, le 6 mai 1870, 11 h. 5 m. matin. — N° 342.

Symptômes du vote plébiscitaire :

Au vu de vos lettres, tous les *non* de mon canton ont succombé à une attaque d'apoplexie foudroyante ; ferons sépulture dimanche.

Alaux,
Maire, conseiller général d'Estaing (Aveyron).

31.

Justice à Procureur impérial. — Draguignan.

Le Préfet écrit que plusieurs chambrées de Draguignan ont publié une lettre collective odieuse : poursuivez-en de suite les principaux signataires (2).

Émile Ollivier.

6 mai 1870, 3 h. 30 m. soir. — N° 193.

---

(1) La signature « Jean Verdun » a paru en effet dans *Le Réveil*, mais elle était un pseudonyme commun à plusieurs rédacteurs de ce journal.

(2) Et s'il y a lieu, arrêtez les plus compromis (*rayé*).

32.

Le Procureur impérial à Son Exc. M. le Garde des sceaux.—Paris.

Draguignan, le 6 mai 1870, 8 h. soir.— N° 385.

La lettre des chambrées de Draguignan est adressée au Garde des sceaux : elle est dans *L'Avenir national* d'hier. Je crois les poursuites inopportunes. Si on y persiste, prière d'indiquer la qualification à y donner.

LXXIII.

Lorsque la Commission a parlé des choix très-sobres qu'elle faisait dans les documents de même nature, elle n'entendait pas s'arroger un droit arbitraire ; elle constatait une inévitable nécessité. C'est à propos des lettres de M. Théophile Sylvestre que cette question de choix a été posée. Eh bien ! en missives, suppliques, notes, reçus, etc., etc., le dossier personnel de M. Silvestre remplirait tout un volume. Quel homme de sens oserait, dans un cas pareil, conseiller à la Commission de *tout publier ?* Ce que nous venons de dire de M. Silvestre s'applique également à M. Clément Duvernois. Là aussi le choix s'impose forcément, et même un choix très-sobre, si l'on veut échapper aux plus fastidieuses redites, aux plus ennuyeuses inutilités. Le reproche de choisir n'est donc pas fondé. Ce qu'on pourrait reprocher à la Commission, c'est de mal choisir. Mais, si elle a mal choisi, comme les pièces non publiées subsistent, il reste toujours possible de réparer les erreurs commises par elle ou de revenir sur les omissions non justifiées.

1.

Mon cher Sénateur,

Je vous informe de ce que nous avons décidé relativement au journal *Le Plébiscite*. Ainsi que je vous l'ai dit, notre grande préoccupation était de ne pas mécontenter les journaux qui nous sont acquis en paraissant favoriser le nouveau venu. Cet inconvénient, qui est très-sérieux, sera évité de la manière suivante : le ministère de l'Intérieur traitera directement avec son journal pour les numéros qu'il veut lui prendre, et nous traiterons de notre côté pour le complément que nous devons fournir. De cette façon, le nouveau journal aura le même bénéfice, les charges du ministère seront les mêmes, et le comité ne se compromettra pas vis-à-vis des journaux existants. Le Ministre ne pourra trouver assurément aucun inconvénient à cet arrangement, et, en ne semblant favoriser aucun journal, nous maintiendrons entre des journaux d'opinions très-diverses un accord qui est notre principale force et qu'une fausse manœuvre pourrait rompre.

Avec chaque exemplaire de journal, nous aurons un supplément qui contiendra 18 bulletins de vote. Notre expédition devant être de 120,000 numéros par jour, pendant 10 jours, ce sera un chiffre de 22 millions de bulletins répartis sur toute la surface de l'Empire en outre de ceux (*sic*) que nous adressons aux maires.

Votre tout dévoué,
Clément Duvernois.

M. le Ministre de l'Intérieur ayant dit que l'Empereur tenait *personnellement* au journal *Le Plébiscite*, il va sans dire que, si l'Empereur désire un autre arrangement, il suffira que vous me le disiez demain matin.

2.

Mon cher Sénateur,

Le bruit répandu hier avait une grande consistance à cause de ceux qui le répandaient. J'ai demandé une explication à Ollivier. Je la donne ce soir.

Les nouvelles que je reçois de mon département sont toujours détestables. Il ne se passe pas de jour sans qu'un de mes amis soit frappé au profit d'un de mes adversaires. Comme il s'agit de petits fonctionnaires, cela passe inaperçu mais c'est avec ce système qu'on détruit l'influence d'un député en six mois. Il paraît du reste que cela est ainsi un peu partout, si j'en crois ce que disent les préfets, non pas aux ministres, mais entre eux. Pour ce qui me concerne, cela m'est égal ; je dois ma situation à l'Empereur, l'Empereur peut la laisser détruire, je ne m'en plaindrai plus ; mais mon devoir est de vous tenir au courant, parce que ce qui se passe dans les Hautes-Alpes vous permet de juger ce qui se passe ailleurs.

Je vous envoie une lettre de M. Delamothe-Félines, l'un des hommes les plus influents de l'arrondissement de Gap. Comme M. le maire d'Embrun, dont je vous ai envoyé la lettre, comme M. Bizilion, banquier à Gap, il m'annonce l'intention de déserter la lutte. Nous aurons au mois de juillet de détestables élections si cela continue, et ensuite je serai tellement isolé dans le département qu'il me faudra le quitter. Voilà le travail de désorganisation qui se poursuit dans toute la France à la veille des élections municipales et départementales.

Votre tout dévoué.
Clément Duvernois.

—

LXXIV.

Plébiscite de 1870. — Vote de l'armée. — Lettre du général Lorencez à l'Empereur.

Toulouse, le 9 mai 1870.

Sire,

Je savais bien que Toulouse était une des plus mauvaises villes de la France, la plus mauvaise, je l'espère, au point de vue de ses sentiments pour l'Empereur et de son manque de patriotisme, mais je m'étais flatté jusqu'au dernier moment que sa garnison ne subirait pas la pernicieuse influence des menées qui ont été employées pour la démoraliser. Les chefs de corps m'entretenaient dans cette espérance, qu'ils partageaient. On croyait que toutes les manœuvres dirigées particulièrement par le rédacteur du journal L'*Emancipation* et par ses agents, échoueraient contre le bon esprit de la troupe; on n'a rien négligé pour paralyser les efforts du journaliste Duportal et pour empêcher les soldats d'être égarés par eux. Mais c'est le cœur navré, Sire, que j'exprime aujourd'hui à Votre Majesté mes douloureuses déceptions au sujet du vote de la garnison de Toulouse. J'en suis atterré, et personne n'aurait eu la pensée d'un résultat déplorable dans son ensemble, et que je qualifie de monstrueux en ce qui concerne un des bataillons de chasseurs à pied. Ce bataillon était cependant considéré comme excellent et il est très-bien commandé. On explique en partie son vote d'hier par la présence dans ses rangs d'un grand nombre de jeunes gens des faubourgs de Paris.

J'ignore encore le vote général de l'armée, mais je n'attendrai pas de le connaître pour protester contre l'insuffisance de celui de Toulouse et pour dire à Votre Majesté combien il est loin d'être selon mon cœur.

Je suis, avec le plus profond respect, Sire, de Votre Majesté, le très-humble, très-obéissant et fidèle sujet.

G¹ Cte DE LORENCEZ.

LXXV.

Les élections.

Rapport très-curieux sur les élections, les candidatures officielles, le manque d'hommes et de talents (trouvé dans les papiers de M. Conti); malheureusement sans signature.

Paris, 6 août 1868.

Si les élections générales ne paraissent plus aussi absolument et aussi immédiatement nécessaires depuis que le Corps législatif a cessé de fonctionner, les élections partielles, que de fâcheux hasards renouvellent sans cesse, entretiennent une fâcheuse agitation dans les esprits.

Il est certain que pour le gouvernement il vaudrait mieux réunir deux, trois ou quatre fois par an les élections partielles que nécessitent les vacances survenant parmi le Corps législatif; la presse n'aurait plus l'occasion de traiter d'une manière permanente les questions électorales; la légalité ne serait en rien compromise, puisque la constitution le permet, et tout le monde y gagnerait.

De toutes les questions électorales, la plus ardente, la plus vivement discutée est évidemment celle des candidatures officielles, et, dans la discussion même des candidatures officielles, le point le plus vivement controversé parmi les hommes modérés de tous les partis, c'est la pénurie de sujets capables et convenables, autant chez le gouvernement que chez l'opposition.

C'est toujours, en effet, aux hommes du passé que s'adressent le gouvernement et l'opposition; jamais aux hommes d'aujourd'hui, jamais aux hommes de demain.

Si l'opposition n'est pas plus hardie que le gouvernement dans ses candidatures, si elle accepte et pousse toutes les réputations démodées et vieillies, si elle galvanise des cadavres, elle a au moins une excuse : l'impossibilité où elle s'est trouvée pendant de longues années de faire des boutures politiques.

Le gouvernement, lui, n'a été arrêté par aucune entrave dans l'élève de ses candidats, et, s'il est embarrassé dans ses choix, c'est sa faute, sa très-grande faute.

La France ne manque pas plus d'intelligences pour administrer pendant la paix qu'elle ne manquera de bras pour la défendre en cas de guerre.

La France ne manque ni d'hommes de paix ni d'hommes de guerre; seulement le gouvernement ignore où se trouvent les premiers.

Et comment ne l'ignorerait-il point, puisqu'il n'a rien fait pour établir la carte intellectuelle du pays?

Quel que soit le respect que l'on professe pour les institutions politiques actuelles, on ne peut se dissimuler qu'elles n'ont point été édictées en vue de développer l'initiative individuelle. Tant que le gouvernement a trouvé dans les hommes qui se sont ralliés à lui dès son début un recrutement suffisant, il ne s'est pas trop inquiété de l'avenir; mais, dès aujourd'hui, il s'aperçoit que la *matière ministériable* se raréfie, et que, s'il est difficile de trouver des hommes capables d'être ministre, il n'est pas facile d'en trouver de capables d'être préfet.

Deux grandes carrières du gouvernement, la diplomatie et le Conseil d'État, sont envahies par le *dandysme*; et le dandysme actuel a bien dégénéré : le *lion* est devenu *petit crevé*; nous n'avons plus de *dandysme*, mais bien du *gandinisme*, et, tandis que les conseillers d'État et les ministres sont des hommes sérieux, bon nombre de maîtres des requêtes, d'auditeurs et de secrétaires d'ambassade pensent plutôt à l'honneur de conduire un cotillon illustre qu'à s'instruire solidement dans leurs spécialités.

Ils sont rares les hommes qui peuvent mener de front les plaisirs et les affaires; on les compte; aussi, quand on n'est pas pourvu d'un tempérament exceptionnel, il faut choisir.

Aujourd'hui généralement on choisit le plaisir.

Pour ce qui est de la députation, le recrutement, très-facile en 1852, devient de plus en plus difficile. Les hommes de 1852 ont aujourd'hui seize années de plus, et la mort sévit dans leurs rangs; il faut songer à remplacer certains d'entre eux, et le gouvernement ne paraît se préoccuper de cette nécessité que lorsqu'un vide se fait violemment.

Alors on voit surgir une candidature à laquelle personne ne songeait la veille; personne, même point celui qui en est l'objet.

Dans les élections du Gard et du Jura, les choix de l'administration se sont plus spécialement portés sur deux hommes qui représentent uniquement le passé.

Dans le Gard, M. Dumas a été choisi à cause de son père ; c'est le passé se perpétuant par l'héritage.

Dans le Jura, M. Huot est un rallié tardif; représentant sous la République, il a voté souvent contre le prince président, et il vient, après seize ans de règne, abdiquer ses vieilles convictions. M. Huot est encore le passé.

En présentant au suffrage universel ces deux candidats, dont les mérites personnels ne sont pas ici mis en question, l'administration semble dire :

« Nous administrons le pays depuis seize ans et nous n'avons pas su créer
» une génération d'hommes politiques Quand nous avons besoin d'un homme
» nouveau, nous prenons un homme ancien, ou à son défaut le fils d'un homme
» ancien. »

Il est certain que la loi sur les incompatibilités gêne beaucoup le gouvernement dans le recrutement du Corps législatif, mais il est certain aussi que la moyenne de mérite du Corps législatif sous l'Empire est au-dessous de la moyenne de mérite des grands corps délibérants sous les gouvernements qui l'ont précédé.

Cette critique, très-facile à faire, n'aurait aucun méritent elle-même, ni surtout aucune opportunité, si on ne l'accompagnait du remède à apporter au mal : remède d'autant plus simple et d'autant plu facile, que les hommes ne manquent pas.

Il s'agit de les trouver.

D'ordinaire, quand un député vient à mourir, la préoccupation dominante de l'administration est de triompher dans le scrutin qui doit élire son successeur.

Préoccupation très-louable, si elle n'absorbait point toutes les autres considérations qui devraient être scrupuleusement pesées.

Avant d'examiner si le candidat peut faire un bon député, on examine s'il a la chance d'être élu, et souvent l'administration emploie tous les moyens mis à sa disposition pour le triomphe d'un candidat dont elle connaît la médiocrité. Pour le candidat, la question de dévouement absolu ou d'indépendance est souvent, d'ailleurs, attachée à l'appui qu'on lui prête ou qu'on lui refuse; c'est le sabre de Joseph Prudhomme, qui défend les institutions et au besoin les attaque. Dans l'élection de M. d'Estourmel, l'exemple est palpable, et bien des gens se creusent la tête pour savoir comment M. d'Estourmel, jeune homme élégant, riche, ami du plaisir, vote avec M. Jules Favre.

M. d'Estourmel vote avec M. Jules Favre parce que l'administration l'a combattu, pas pour autre chose.

Ce phénomène, tout exceptionnel aujourd'hui, pourra devenir beaucoup plus fréquent, parce que les élections commencent à coûter gros. Les candidats riches ont *usiné* le suffrage universel, et il faut dépenser aujourd'hui de 15 à 20,000 francs pour lancer une candidature. Plus on ira, plus cela coûtera cher, et, si l'administration est logique, entre deux candidats de médiocrité égale, elle devra pousser le plus riche, parce que c'est celui qui peut ponter le plus fort.

Tout cela est fort triste ; il faut donc le plus vite possible appeler les capacités et les illustrations à se présenter au Corps législatif : c'est le remède au mal.

Mais les capacités et les illustrations, où sont-elles ?

Elles sont partout.

Il existe neuf départements ministériels qui comprennent tous les services de l'État. Qui empêche que chaque ministre dresse ou fasse dresser par ses directeurs une liste par service des fonctionnaires de trente-cinq à quarante-cinq ans aptes à la députation ? Qui empêche de pressurer le pays officiel pour en faire sortir sa quintessence et en extraire des hommes aptes à la députation, et qui, après cinq ou six ans de politique, fourniraient sans doute quelques bons ministres et quelques bons orateurs ?

Qui l'empêche ! Rien.

Les manufacturiers, les propriétaires et les avocats ne manqueront jamais au Corps législatif ; on en aura tant qu'on voudra ; mais les avocats sont presque toujours plus hommes de parole que de gouvernement, les manufacturiers et les gros propriétaires se cantonnent dans les questions purement commerciales. Les banquiers lanceurs d'affaires sont également gourmets de la députation, mais leur présence dans le Corps légiférant est presque toujours inutile et souvent dangereuse pour la majesté de cette assemblée. Ce qui manque au Corps législatif, c'est le grand courant social, humain, contemporain, actif, progressiste, le courant de la vie réelle touchant à tout, le courant qui vivifie les grandes assemblées vraiment nationales et qui donne à certaines discussions du Sénat une autorité solide, malgré l'âge de certains sénateurs et le dévouement beaucoup trop muet de presque tous.

C'est que les sénateurs ont touché à tout et que les députés n'ont touché à rien. Un homme qui a été mêlé aux affaires spéciales d'une certaine branche du gouvernement, qui sait bien ces affaires spéciales, entre avec un bagage utile dans une assemblée où tout se discute.

D'ailleurs, la liste que l'on propose de dresser de toutes les capacités spéciales aptes à la politique, ne serait pas une simple liste de candidatures pour la députation ; elle pourrait être le *vade-mecum* du souverain et lui offrir en maintes occasions des ressources promptes et sérieuses.

Après avoir dit quelques mots sur le dressement de cette liste, nous reviendrons sur son application à des besoins généraux.

Nous supposons que l'enquête intellectuelle, entreprise et menée à bien par les ministres et leurs agents supérieurs produise une liste de cinq cents personnes âgées de trente-cinq à quarante-cinq ans, prises partout, dans l'armée, dans la presse, dans la magistrature, dans la marine, dans l'administration, dans toutes les carrières, que des qualités évidentes permettent de croire aptes à la politique, et qui renonceraient volontiers à leur carrière spéciale pour tenter la grande fortune.

Cette liste devra être complétée par les renseignements établissant où chacune des personnes désignées a des intérêts locaux, car, si dans les élections la question locale ne doit pas être tout, il ne faut pas qu'elle soit rien.

Lorsque l'Empereur et M. le ministre posséderont cet état, ils pourront préparer de longue main des candidatures et l'administration ne sera plus forcée d'improviser des candidats singuliers.

Nous revenons aux applications générales de la liste intellectuelle. Mais cette liste ne sera-t-elle point l'état-général de la France, et dans les cas embarrassants ne pourra-t-on point y chercher et y trouver des préfets et des administrateurs?

Napoléon Ier ne savait pas respecter la hiérarchie lorsqu'il avait besoin d'un homme de mérite, et souvent il dénichait un bon préfet là où un souverain énamouré de la règle n'aurait vu qu'un ingénieur ou qu'un militaire. Les préfets du premier Empire ont laissé une réputation qui n'a jamais été égalée depuis, et tout le secret de leur supériorité est dans la volonté ferme que Napoléon Ier a toujours appliquée à ne donner les fonctions de préfet qu'aux hommes qu'il reconnaissait capable de les remplir. D'ailleurs il les choisissait partout.

Sur l'*Almanach impérial de* 1810 on trouve, parmi les préfets, quatre généraux de brigade, MM. Lachaise, Castellane, Schineri et Jullien; un colonel, M. Auvray; des anciens constituants comme Jean-Bon Saint-André, des administrateurs comme Rœderer et Ladoucette; des nobles comme Cossé-Brissac; des hommes sensés comme de Barante.

Il est évident que Napoléon 1er avait gravé dans sa tête la carte des forces vives de la nation; rien ne lui avait été plus facile à lui, général, administrateur, législateur, qui avait tout réformé, tout organisé, que de connaître les infiniment petits pour y distinguer les relativement grands.

Aujourd'hui, ce travail de classement est plus difficile, parce que ni 1830, ni 1848, ni 1851 n'ont bouleversé et mêlé la société; cependant il paraît nécessaire que ce travail soit fait, puisque les hommes ne sont pas éternels et qu'un gouvernement prudent doit toujours, lorsqu'il nomme un fonctionnaire, lui préparer un successeur.

LXXVI:

Les États-Unis jugés par un diplomate du second Empire.

Washington, le 28 juin 1857.

Cher Monsieur (1),

J'ai un prétexte et une raison pour vous écrire : le prétexte, une réponse à une lettre de recommandation quelconque au bas de laquelle vous avez mis votre signature; la raison, un service à vous demander, le cas de le rendre se présentant.

L'Empereur a dit à Mme de Sartiges, qui me l'a incontinent ré[p]été, qu'il ne nous laisserait pas aux États-Unis. Ce sont ces bonnes paroles qu'une bouche

(1) La lettre est adressée à M. Conneau.

amie aurait à invoquer aujourd'hui à notre intention. Le comte de Morny revient (1); un travail se prépare au département; je demande à y être compris pour une simple mutation de poste. Tout m'est bon : l'Espagne, la Belgique, le Piémont, la Hollande. Je sais le département terriblement assiégé par de jeunes concurrents qui assurent que les États-Unis sont bien bons pour les anciens de la carrière, des vieux de 1809; mais j'ai pour moi les dieux et ne crains les mortels que parce que je suis loin de l'Olympe! J'écris au comte Walewski tout comme je vous écris, et je le prie de mettre mon nom sous les yeux de l'Empereur. S'il le fait ou si on le fait, je suis parfaitement certain que l'Empereur me trouvera une autre garnison que celle de Washington. Six années d'étude sur la liberté, dans ce pays où la loi protége le coquin et où l'honnête homme a à se protéger lui-même, suffisent à mon éducation politique; envoyez ici, à ma place, quelqu'homme d'État attardé, pour lui faire commencer la sienne.

Quand vous verrez Mme Saulnier, faites-lui, je vous prie, mes tendresses, et croyez, cher Monsieur, que vous puissiez ou non rencontrer l'occasion de m'être utile, que je suis et que je resterai parfaitement votre obligé et votre tout dévoué.

SARTIGES.

P. S. Voulez-vous me mettre aux pieds de Mme Conneau ?

LXXVII.

La commission de censure des ouvrages dramatiques, qui vient d'être supprimée par le ministre de l'instruction publique, a laissé au ministère des lettres, sciences et beaux-arts, un volumineux dossier dont la publication remplirait plusieurs livraisons. Nous avons choisi, dans le nombre, quelques rapports qui donnent la mesure des restrictions imposées aux auteurs par la censure, et auxquelles n'ont échappé ni M. Alexandre Dumas fils, ni même Alfred de Musset.

ELDORADO.

LA MARSEILLAISE.

Palais des Tuileries, le 13 avril 1870

Le directeur de l'Eldorado demande à faire chanter *la Marseillaise* dans son établissement.

On ne peut se dissimuler que cette autorisation spéciale accordée entraîne une autorisation générale, et que, presque instantanément, comme une traînée de poudre, l'hymne célèbre va retentir sur tous les théâtres et sur les innombrables scènes de cafés-concerts qui pullulent dans Paris et dans ses faubourgs.

(1) A la lettre est joint un fragment de journal annonçant que le remplacement de M. de Morny à Saint-Pétersbourg donnera lieu à un grand mouvement diplomatique.

Aussi est-ce à un point de vue général que la question nous paraît devoir être examinée.

Il y a deux choses dans *la Marseillaise*: *la Marseillaise* telle qu'elle a existé, telle qu'elle est encore, à ne prendre que le sens exact du texte; *la Marseillaise* telle qu'elle est devenue par l'interprétation haineuse des partis.

La Marseillaise, si on ne veut voir que le chant lui-même, si par l'esprit on se reporte dans le milieu qui l'a vue éclore, si on reste enfin dans les sphères historique et artistique, *la Marseillaise* est le chant français par excellence. C'est son rhythme entraînant qui, aujourd'hui encore, pousse les soldats à la victoire, comme en 92 il faisait voler les enrôlés à la frontière. Ce caractère héroïque et grandiose de l'œuvre est indiscutable. Malheureusement, *la Marseillaise* patriotique n'existe plus pour les hurleurs de la rue; les passions des partis en ont travesti le sens. *La Marseillaise* est devenue le symbole de la révolution ; ce n'est plus le refrain de l'indépendance nationale et de la liberté, c'est le chant de guerre de la démagogie, c'est l'hymne de la république la plus exaltée. Que la rue soit en mouvement, qu'une réunion publique fermente, qu'une barricade tente de se former, que l'atelier ou l'école s'agite, c'est le rugissement de *la Marseillaise* qui retentit. Les musiques militaires ne la jouent plus, les tribunaux condamnent les perturbateurs qui dans la rue font de ce chant un cri séditieux ; le plus irréconciliable des journaux s'arme de ce titre comme d'un défi à la paix publique; à Londres, si les réfugiés du monde entier fêtent, à l'ombre du drapeau rouge, quelque éphéméride républicaine, c'est au refrain de *la Marseillaise* qui se portent les toasts ; tout enfin, à Paris, en France, à l'étranger, a concouru à faire de ce chant, magnifique souvenir d'une des crises glorieuses de notre pays, le refrain le plus entraînant de la révolution européenne.

Y a-t-il lieu de laisser chanter aujourd'hui *la Marseillaise* ?

Deux opinions se trouvent en présence.

Des personnes pensent que le gouvernement, par l'autorisation générale, complète, hautement avouée et même patronnée de *la Marseillaise*, enlèverait de suite au chant une partie de son caractère d'hostilité, et sans que cette habileté désarmât les factions révolutionnaires, elle atténuerait, du moins instantanément, la valeur et la portée d'un de leurs moyens d'action. Le public, n'étant plus alléché par l'attrait du fruit défendu, envisagerait l'œuvre d'une façon plus calme et plus intelligente, et les impressions mêmes produites par la sauvage énergie du refrain se modifiant peu à peu, les uns cesseraient peut-être bientôt d'en faire un épouvantail, tandis que les autres, s'accoutumant à l'entendre, ne s'en troubleraient plus.

D'autres personnes, au contraire, croient que, dans l'état actuel des esprits, l'exécution multipliée de *la Marseillaise* dans tous les lieux publics serait une cause nouvelle et dangereuse d'excitation. Son caractère exclusivement révolutionnaire, est trop universellement connu et accepté aujourd'hui pour espérer que la générosité du gouvernement le modifie en rien. À voir de quel enthousiasme, vrai ou factice, sont accueillies les quelques mesures intercalées dans des chansons, on peut préjuger de l'effet produit par l'œuvre elle-même.

Entre ces deux opinions, la Commission d'examen penche pour la dernière, surtout dans les circonstances actuelles.

Nous pensons qu'avec l'effervescence que les partis extrêmes entretiennent dans les classes ouvrières et dans la jeunesse, à la veille des réunions publiques et d'un vote (1) qui vont remuer la France entière, *la Marseillaise* courant de salle en salle, de ville en ville, profitant de l'autorisation même pour déborder impunément dans la rue, ne peut être qu'un ferment révolutionnaire de plus. Nous craignons que cette cause, secondaire sans doute, mais assez vive pourtant, de trouble et d'émotion, venant se joindre à toutes celles qui existent déjà, pour les entretenir et les aviver, ne desserve, au profit de l'agitation républicaine et socialiste, la cause de l'ordre et de la liberté.

Telles sont les considérations que nous avons l'honneur de soumettre à la haute appréciation de l'administration supérieure.

THÉATRE DE L'OPÉRA-COMIQUE.

LE CAPITAINE HENRIOT (2),

Opéra-comique en 3 actes.

(Sans date).

L'action se passe pendant le siège de Paris. Le héros est Henri IV, dont le portrait est retracé par l'auteur, tel que l'histoire et la chanson nous l'ont légué : ce diable à quatre, etc.

Le directeur du théâtre impérial de l'Opéra-Comique n'a pas voulu se lancer inconsidérément dans les études laborieuses et les grandes dépenses nécessaires pour monter un ouvrage capital. Il a désiré préalablement consulter l'administration sur la question de savoir si la censure admettait le principal personnage, le capitaine Henriot, ou plutôt Henri IV.

Les appréhensions du directeur ne pouvaient qu'éveiller davantage notre attention sur une pièce qui, par son titre et sa couleur, nous préoccupait déjà. Après avoir mûrement examiné la question, nous penchons pour l'admission.

Le gouvernement de l'Empereur Napoléon III ne repousse aucune gloire des rois ses prédécesseurs.

La monarchie française, qu'elle s'appelle royauté ou bien empire, que la maison régnante soit Bourbon ou Bonaparte, forme dans l'histoire un faisceau éclatant dont les diverses splendeurs réunies constituent le patrimoine du trône, quel que soit le nom de la dynastie et du souverain qui y sont assis. La dynastie Bonaparte, en succédant à celle des descendants de saint Louis, n'a pas interrompu les traditions de l'histoire et de la monarchie.

Le personnage du Béarnais a été mis plusieurs fois sur la scène depuis l'Empire, et toujours sans inconvénient, devant le public qui fréquente plus

(1) Le vote du plébiscite.
(2) Le poème est de M. Victorien Sardou.

particulièrement les théâtres populaires. . . . Il est très-vraisemblable qu'il n'en sera pas autrement à l'Opéra-Comique. Nous croyons qu'il serait regrettable de reconnaître, pour ainsi dire *a priori*, comme un drapeau d'opposition sur le théâtre, le personnage de Henri IV.

Il nous paraît donc que, pour une pièce telle que celle dont il s'agit, il n'y a pas lieu, de la part de l'administration, d'agir préventivement. S'il arrivait, ce qui n'est pas à présumer aujourd'hui, que, méconnaissant la pensée libérale du gouvernement, quelques mauvais esprits cherchassent à profiter d'une occasion de ce genre pour se livrer à des manifestations hostiles, nous pensons qu'alors seulement il y aurait lieu d'user de mesures répressives. Le gouvernement de l'Empire est trop populaire pour avoir rien à craindre de pareilles entreprises, qui d'ailleurs ne se manifesteront probablement d'aucune manière. Nous croyons donc qu'il convient d'admettre la pièce qui nous occupe. Toutefois, nous avons l'honneur d'appeler respectueusement l'attention de Son Excellence sur cet ouvrage.

ACADÉMIE DE MUSIQUE.

LA FRONDE,
Opéra en 3 actes.

23 décembre 1852.

Cet opéra nous a paru être, contre l'intention bien évidente des auteurs et par la nécessité du sujet, imprégné d'un sentiment de révolte qui nous semble n'être pas sans inconvénient, même à l'Opéra ; de plus, nous regardons comme dangereux, sur tous les théâtres, la mise en scène d'émeutes, les cris : *Aux armes !* etc.

Dans cette position, nous ne croyons pas pouvoir proposer l'autorisation de cet ouvrage.

Toutefois, comme il s'agit d'un théâtre hors ligne et d'un public d'élite, nous croyons devoir soumettre cette grave question à la haute appréciation de S. Exc. M. le Ministre, ainsi que la convenance de la présence sur la scène de religieuses et de moines.

Nous croirions cependant manquer à nos devoirs en négligeant de signaler l'influence que peuvent avoir, même hors de la scène de l'Opéra, les chants des frondeurs et les cris : *Aux armes !* s'ils sont répétés sur d'autres théâtres, dans les cafés-concerts, ou chantés sur la voie publique.

Nous attendrons sur tous ces points les ordres de Son Excellence.

THÉATRE DU PALAIS ROYAL.

LA MÈRE MOREAU,
Pochade en 1 acte.

30 juillet 1852.

Nous avons pensé que le personnage d'un agent de l'octroi, mis en scène d'une manière grotesque, pourrait avoir quelques inconvénients; sur nos observations, les auteurs ont fait de Boustoubie un simple dégustateur, déjà destitué par l'administration, et qui se sert de son ancien titre pour faire prévaloir ses prétentions. Ce changement nous paraissant suffisant, nous proposons l'autorisation de la pièce moyennant les modifications opérées sur les manuscrits.

POSTE RESTANTE,
Vaudeville en 1 acte.

30 juin 1852.

Nous avons fait disparaître toute connivence de l'employé de la poste avec Robillard, qui fait retirer la lettre adressée à M. Frédéric par un frotteur, qui porte aussi le nom de Frédéric. Nous proposons l'autorisation moyennant cette modification.

THÉATRE DES VARIÉTÉS
UN REGARD DE MINISTRE,
Vaudeville en 1 acte.

Paris, le 21 juillet 1854.

Nous proposons l'autorisation moyennant le changement de titre, qui ne nous paraît pas admissible.

MICHEL PERRIN,
Vaudeville en 2 actes.

Paris, le 4 mars 1853.

Ce vaudeville, joué pour la première fois au Gymnase en 1834, par conséquent sans examen préalable, a eu une longue série de représentations.

Chargés de revoir la pièce, qui doit être reprise au théâtre des Variétés, nous avons cru devoir faire à l'auteur quelques observations sur la partie de l'ouvrage qui touche au ministère de la police et à la police en général, institution contre laquelle les allusions sont d'ordinaire avidement saisies.

Il ne nous a pas paru convenable que le Ministre dît de ses employés, *qu'ils se vendaient tous pour un écu; qu'ils ne faisaient que des maladresses; qu'il fallait toujours promettre leur grâce aux accusés, sauf à ne pas tenir; qu'on aurait besoin d'une bonne petite conspiration; que les agents n'auraient pas l'esprit de la faire,* etc.

L'indignation de Michel Perrin contre Fouché et la police nous a paru aller trop loin et avoir d'autant plus d'inconvénient que le rôle de l'ancien curé est plus honorable.

L'auteur est entièrement entré dans nos vues, et a opéré des suppressions et modifications qui, sans nuire en rien à l'ouvrage, nous paraissent en faire disparaître les inconvénients.

En conséquence, nous en proposons l'autorisation.

THÉATRE IMPÉRIAL DE L'ODÉON.

LORENZACCIO,

Drame en 5 actes d'Alfred de Musset (1).

Palais des Tuileries, 26 juillet 1864.

Ce n'est pas la première fois qu'il est question de représenter cet ouvrage, qu'Alfred de Musset n'avait pas composé pour la scène. Le Théâtre-Français, qui y avait songé, a reculé devant les difficultés, qui lui parurent insurmontables.

Dans la version que le directeur de l'Odéon soumet à la censure, on a cherché à adapter l'ouvrage à la scène par des suppressions nombreuses et des soudures ayant pour objet de rapprocher les différentes péripéties que les digressions, toutes naturelles dans un drame écrit pour être lu et non pour être joué, isolaient les unes des autres.

Nous ne croyons pas que cette œuvre, arrangée telle qu'elle est, rentre dans les conditions du théâtre. Les débauches et les cruautés du jeune duc de Florence, Alexandre Médicis, la discussion du droit d'assassiner un souverain dont les crimes et les iniquités crient vengeance, le meurtre même du prince par un de ses parents, type de dégradation et d'abrutissement, nous paraissent un spectacle dangereux à présenter au public.

En conséquence, nous ne croyons pas qu'il y ait lieu d'autoriser la pièce de *Lorenzacci*.

THÉATRE DE LA PORTE-SAINT-MARTIN.

PARIS,

Drame historique en 25 tableaux.

Paris, 19 juillet 1855.

. . . .

Nous avons demandé que la pièce se terminât avant la Révolution, ou qu'un tableau final fût consacré à Napoléon Ier.

Le directeur est entré pleinement dans nos vues, mais il s'est trouvé en présence des résistances de l'auteur (2). Il a passé outre; il a supprimé ou modifié les tableaux sus-mentionnés; il a fait faire un tableau final représentant Napoléon Ier distribuant les aigles au Champ-de-Mars.

Cet ouvrage s'est ainsi trouvé profondément modifié selon nos conventions.

. . . .

Nous devons rendre cette justice au directeur, qu'il nous a secondés de tout son pouvoir dans ce travail ingrat et difficile, qui consistait à donner à un ouvrage de cette importance un sens plus large, plus général, et un caractère plus français.

En conséquence, nous proposons l'autorisation.

---

(1) Deux autres pièces du grand poète, *le Chandelier* et *André del Sarto*, ont été, la première, repoussée pour immoralité, la seconde reçue après transformation.

(2) Cet auteur est M. Paul Meurice.

LE VRAI COURAGE OU UN DUEL EN TROIS PARTIES ET UNE FEMME POUR ENJEU (1),
Comédie en 3 actes.

21 décembre 1865.

..... Ces scènes, où éclatent dans toute leur violence et leur brutalité les récriminations haineuses du socialisme contre l'ordre et la loi, et qui rappellent les plus mauvais jours des révolutions, nous paraissent inadmissibles.

COMÉDIE-FRANÇAISE.
DIANE (2),
Drame en 5 actes et en vers.

Paris, 5 février 1852.

Dans cette pièce, les deux rôles dominants sont ceux de Richelieu et de Diane. La jeune fille flétrit si énergiquement l'assassinat d'un homme dont la vie est nécessaire à la France, que les inconvénients d'une conspiration nous paraissent couverts par l'effet général de l'ouvrage.

Ce drame, au surplus, a été lu directement, et verbalement autorisé par le prédécesseur de M. le Ministre; mais le visa n'a point été donné.

Indépendamment de cette haute décision, notre impression personnelle nous eût conduits à proposer l'autorisation, que nous avons en effet l'honneur de proposer à M. le Ministre.

Toutefois, un pareil sujet ne peut être traité, quels que soient les bonnes intentions, la prudence et le talent de l'auteur, sans qu'il surgisse des possibilités d'allusion que nous devons signaler à la haute appréciation de M. le Ministre par la citation de quelques passages.

Quelque iniques et absurdes que soient de pareilles allusions, contre lesquelles se révolte notre conscience de citoyens, il est de notre devoir d'examinateurs d'aborder, sans faux scrupule, cette délicate question.

Quels reproches M. le Ministre n'aurait-il pas à adresser à notre imprévoyance, si, à l'occasion de ces passages, la malveillance des partis hostiles venait à se produire en plein théâtre !

ACTE II, SCÈNE III.

(Entre les conjurés.)

Depuis :

« Tuons le Cardinal; une fois le coup fait,
» Nous irons à Sedan en attendre l'effet;

Jusqu'à :

» Qui perd du temps perd tout contre un tel adversaire;
» Sa mort est juste enfin, puisqu'elle est nécessaire.

. . . .

« Ma haine des tyrans s'exhale dans un coin.
» Qu'il me tarde, cordieu ! de secouer ma chaîne ! etc. »

Nous croyons devoir appeler sur cette scène toute l'attention de M. le Ministre et la soumettre particulièrement à sa haute appréciation.

---

(1) L'auteur de cette pièce est, comme on sait, M. Glais-Bizoin.
(2) Auteur : M. Émile Augier.

THÉATRE DU GYMNASE.

L'ÉTRANGÈRE,
Comédie en un acte.

Palais des Tuileries, le 8 octobre 1851.

La donnée de cette pièce, avec quelque ménagement que l'auteur l'ait traitée, nous paraît présenter un inconvénient grave.

Nous croyons mauvais de mettre sous les yeux du public ce dévergondage d'imagination de femmes du monde, et du plus haut monde, qui, sans autre mobile qu'une curiosité malsaine, se donnent ainsi pendant une heure le rôle et la honte de la vie de courtisane.

La princesse russe Ismaïloff, représentée comme appartenant à la plus haute aristocratie étrangère ; la marquise de Cambry, représentant le monde parisien, amenées chez une Nina Castrucci, la première par un hasard dont elle se réjouit et dont elle profite, la seconde par la fantaisie d'un amant, qui satisfait ainsi un des caprices de sa maîtresse, nous semblent, dans leur ardeur joyeuse à jouer à la drôlesse, d'un enseignement aussi dangereux, plus démoralisant peut-être que la mise en scène des filles elles-mêmes.

Si nous entrons dans les développements de la pièce, nous ne pouvons pas ne point signaler la position si nettement avouée de Mme de Cambry vis-à-vis du vicomte Alexandre. Quant au dénoûment, nous trouvons profondément immoral et blessant de voir la princesse Ismaïloff recevant son mari dans la chambre à coucher et aux lieu et place de la Castrucci, et trouvant ainsi moyen de compléter légalement son équipée et de satisfaire tout à fait sa curiosité.

En résumé, la commission pense que *l'Étrangère*, qui aurait le double tort d'attaquer la morale publique et de froisser les susceptibilités de la haute société parisienne et étrangère, ne saurait être admise au théâtre, et elle ne peut qu'en proposer l'interdiction.

LES ÉCHELONS DU MARI,
Vaudeville en 3 actes.

10 juin 1852.

... Le titre de ministre, donné au comte de Goritz, amenait une série d'épigrammes et de plaisanteries qui nous ont paru avoir des inconvénients. Nous avons fait supprimer dans tout le cours de la pièce le mot de *ministre* et les allusions qui en étaient la suite.

Dans son état actuel, la pièce, quoique assez vive, nous paraît pouvoir être autorisée, à la charge des modifications opérées sur les manuscrits.

COMÉDIE FRANÇAISE.

LE GATEAU DES REINES (1),
Comédie en 5 actes.

9 août 1854.

On doit savoir gré à l'auteur de n'avoir mis en scène ni le roi Louis XV, ni le cardinal de Fleury.

Le rôle de Stanislas ne peut faire naître aucune allusion relative à la Pologne. Il est plein de noblesse et de dignité. Le personnage de Marie Leczinska est irréprochable. Il n'en est pas de même du personnage de Mme de Prie, qui traverse la pièce d'un bout à l'autre. Outre ses intrigues, qui font le nœud de cette comédie, l'auteur lui a donné un vernis de galanterie qui nous paraît passer les bornes.

Le personnage du duc de Bourbon, premier ministre, nous paraît trop abaissé et a besoin d'être modifié.

Quant au troisième acte, qui se passe dans le couvent de Fontevrault, nous pensons qu'il peut être admis avec des modifications. Toutefois, cet acte, dans son ensemble, présentant une question de convenance religieuse, nous le soumettons à la haute appréciation de M. le Ministre.

En résumé, nous pensons que la pièce pourra être autorisée, si, comme nous avons lieu de le croire, l'auteur opère des modifications suffisantes dans le sens des observations qui précèdent.

22 août 1854.

La commission d'examen, ayant pris connaissance des changements opérés par l'auteur dans la pièce *le Gâteau des Reines*, a reconnu que ces modifications ont eu pour effet d'atténuer la couleur de galanterie trop accusée du personnage de Mme de Prie et l'importance dominante de ce rôle, qui plaçait le duc de Bourbon dans une nullité ridicule.

Nous pensons donc que la pièce peut être mise en répétition, sous la réserve de quelques passages, dont l'auteur a refusé de faire le sacrifice, et notamment des passages suivants :

Acte IIe.

1° « Les femmes dévorant les mâles dans la maison d'Autriche. »

2° « Cette poupée (l'infante d'Espagne). »

3° « Toutes les couronnes sont les mêmes : couronne de France ou couronne du Japon ; couronne d'or ou couronne de laurier ; *on ne les attend pas, on les prend.* »

Acte IIIe.

4° Dans l'acte du couvent, dont le fond a été admis par Son Excellence, nous pensons qu'il y a lieu de supprimer le mot de *couvent*, quand il est trop souvent répété, le mot de *sœur* trop prodigué, et toutes les épigrammes qui jettent du ridicule sur les religieuses.

(1) Auteur : M. Léon Gozlan.

La maison de Fontevrault doit être plutôt une maison d'asile pour les filles nobles qu'un couvent véritable.

5° Une jeune femme, qui en ce moment gouverne la France, *quoiqu'il y ait en France deux Bourbons, l'un assis sur le velours du trône, l'autre debout sur les marches du trône.*

6° Le mot de *courtisane* appliqué à Mme de Prie.

7° Et le dernier mot de l'ouvrage mis dans la bouche de Mme de Prie : *Enfin j'ai fait une reine, je vais régner.*

Ce mot, qui avait attiré l'attention de M. le Ministre, a le double inconvénient de résumer la pièce d'une manière inexacte et d'exagérer la portée du rôle de Mme de Prie, en présentant une pareille femme comme disposant de la couronne de France.

2 mai 1855.

L'auteur du *Gâteau des Reines*, après cinq conférences avec la commission, a enfin opéré toutes les suppressions et modifications de détail qui lui avaient été demandées, et auxquelles il s'était refusé jusqu'au dernier moment.

Les inconvénients inhérents au sujet ont été considérablement atténués par toutes ces modifications successives, qui devront être complétées par la mise en scène.

Dans cette position et la donnée de la pièce ayant été admise dès l'origine par Son Excellence, nous n'avons plus qu'à proposer l'autorisation.

LA PIERRE DE TOUCHE (1),
Comédie en 5 actes, en prose.

Paris, le 19 décembre 1853

. . . .

Tels sont, en résumé, l'impression et l'effet qui nous paraissent devoir résulter de la représentation de cette pièce, surtout après le soin que nous avons mis à faire disparaître ou à modifier certaines formules, telles que : *La société est mal faite ; le riche, dans les desseins de Dieu, n'est que le trésorier du pauvre*, et quelques mots comme : *l'insolence des riches ; la protestation du déshérité ; Dieu n'est pas juste*, etc., etc., qui, par leur application, auraient pu éveiller les susceptibilités d'une partie des spectateurs.

En conséquence, nous proposons l'autorisation, moyennant les changements opérés sur les manuscrits.

THÉATRE DES JEUNES ÉLÈVES.
LES DEUX DÎNERS,
Vaudeville en 1 acte.

Paris, le 10 mai 1855

Le vieux Vincent et sa fille Pauline sont menacés, par leur propriétaire, de

(1. Auteur : M. Émile Augier.

la saisie de leurs meubles et d'être mis à la rue, faute de dix francs pour compléter leur terme.

. . . .

Nous avons fait remplacer le propriétaire par un usurier, et, moyennant cette modification opérée sur les manuscrits, nous proposons l'autorisation.

COMÉDIE-FRANÇAISE.

LES JEUNES GENS (1),
Comédie en 3 actes, en prose.

Paris, le 26 septembre 1854.

Nous avons déjà plusieurs fois signalé de quelle portée sont pour les théâtres secondaires, c'est-à-dire pour l'ensemble de la littérature dramatique, les ouvrages représentés sur le Théâtre-Français. Nous ne pouvons que rappeler nos instantes observations à ce sujet. Comment, par exemple, nous sera-t-il possible de nous opposer à l'invasion de l'argot sur les théâtres de vaudeville, si la Comédie-Française admet un jargon analogue?

Il nous paraît donc indispensable que l'auteur modifie sa pièce dans le sens que nous indiquons. A cette condition seulement nous pouvons proposer que la représentation en soit autorisée.

Paris, le 30 septembre 1854.

L'auteur s'est rendu aux observations énoncées dans le rapport ci-dessus. Il a opéré de nombreuses modifications dans le rôle de Francisque, et fait disparaître du dialogue de ce personnage le ton qui nous avait paru inconvenant vis-à-vis de son père, et les locutions qui rappelaient trop les habitudes des scènes secondaires. Nous pensons que cette pièce, dans son état actuel, peut être représentée sur la scène du Théâtre-Français.

En conséquence, nous en proposons l'autorisation.

LXXVIII.

Lettre de M. Rouher à L'Empereur.

Il conseille énergiquement de revenir au régime de 1852.

Cercey, le 27 septembre 1867.

SIRE,

On a pendant si longtemps entretenu les classes populaires de fausses croyances en économie politique, qu'il ne faut pas trop s'étonner qu'après quatre années seulement l'ignorance soit encore profonde sur les conditions

---

(1) Auteur : M. Léon Laya.

d'oscillation des prix de la marchandise. Aussi bien, le commerce de la boulangerie est placé sous un régime bâtard qui entretient dans les rangs secondaires de l'administration et parmi les boulangers des divergences ou des incertitudes tout à fait nuisibles au développement de la libre concurrence.

Pendant que les uns s'efforcent de dégager le gouvernement de toute responsabilité dans les crises alimentaires, en invoquant le principe du libre commerce, les autres cherchent à engager cette responsabilité sous toutes les formes : par la réglementation de la profession de boulanger, par la taxe, par les approvisionnements de réserve, par le système grandiose, mais décevant, de la compensation. Je ne veux pas nier que quelques-unes de ces mesures aient eu une vérité relative, alors que le commerce international n'était pas fondé et que même les communications de province à province étaient imparfaitement établies ; mais Votre Majesté fait luire la vérité d'un mot en constatant que la liberté du commerce du pain existe partout dans le monde.

Je me hâte d'ajouter, Sire, qu'en constatant ces anomalies dans le sein des administrations, je ne fais aucune allusion à M. le Préfet de la Seine ; au contraire. Dans l'entretien que j'ai eu avec lui sur ce sujet, je l'ai trouvé parfaitement courtois, et peu disposé à rentrer, sans nécessité impérieuse, dans les anciens errements administratifs. Je serais plutôt enclin à croire que le préfet de police s'exagère un peu l'émotion populaire dans les faubourgs, et qu'il attache une trop grande importance à des assertions banales d'agents secondaires, d'autant plus que la concurrence des arrivages considérables constatés par la douane s'est déjà vulgarisée, et que tout le monde s'attend à une certaine baisse.

Je ne veux pas conclure, par ces observations, à l'inutilité de la brochure dont Votre Majesté désire la publication. Au contraire, cette propagation de la vérité me paraît toujours nécessaire et spécialement opportune dans les circonstances actuelles. Dès hier j'ai fait appeler un ancien rédacteur de l'*Avenir commercial*, qui connaît à fond ces matières, qui appartient à la rédaction du *Siècle* et qui, ainsi, ne paraîtra pas avoir une attache gouvernementale ; je le prierai de se livrer immédiatement à ce travail. Au besoin, je confierai une étude analogue à d'autres écrivains ; j'ai, dans ce but, rendez-vous avec le préfet de police. Nous devons en même temps causer de cette question délicate de dissolution du cercle du Louvre, dont parle le dernier rapport de police.

Mes conversations à Paris roulent volontiers sur le thème traité dans les correspondances adressées à Votre Majesté. Cette confiance de commande manifestée par les opposants, ces découragements trop faciles de la part de nos amis, ne sont pas choses nouvelles. Il semble même que ces crises aient quelque chose d'endémique, et que leur périodicité soit marquée par l'arrière-saison. L'Empereur n'a pas perdu le souvenir de ces inquiétudes fatidiques, et cependant dénuées de tout fondement, qui se sont propagées à d'autres époques. Ces symptômes ne me semblent pas plus redoutables aujourd'hui qu'alors. Cependant il est bon de chercher à s'en rendre compte et de trouver un remède au mal, s'il y en a. Les préoccupations publiques me paraissent se résumer dans deux points principaux : la prévision de la guerre, les excès quotidiens de la presse.

Sur le premier point, le débat se concentre dans cette unique question : Le gouvernement impérial consentira-t-il ou non à l'incorporation imminente des États du Sud dans la Confédération du Nord? Votre Majesté peut-elle dès aujourd'hui, pour ainsi dire *a priori*, donner à cette question une solution précise et énergique? La prudence et la réserve du langage ne nous sont-elles pas imposées? Mais les intérêts privés et les passions de la polémique ne tiennent aucun compte de ces nécessités gouvernementales et diplomatiques. On demande un oui ou un non bien absolu et bien carré, comme si un gouvernement pouvait proclamer la paix quand même et quels que puissent être les événements ultérieurs ; comme si une déclaration semblable, en excitant les audaces rivales, n'était pas plus propre à conduire à la guerre que toute autre attitude. Quoi qu'il en soit, les appréhensions suivent une proportion géométrique, et la stagnation des affaires, chaque jour plus accentuée, excite déjà les plaintes vives des centres industriels. Je suppose que Votre Majesté, lassée de cette position équivoque, veuille faire une déclaration explicite. Que dira-t-elle? Réclamera-t-elle la ligne du Mein comme la limite contractuelle de la Confédération du Nord, et la violation de cette limite comme un *casus belli*? Il est de toute évidence qu'une pareille déclaration jetterait l'alarme dans tous les intérêts et nous conduirait précipitamment, à travers des incidents diplomatiques très-rapides, à la guerre avec l'Allemagne. Or, sommes-nous prêts?

L'Empereur ferait-il, au contraire, connaître que l'union des États du Sud avec ceux du Nord est une question de nationalité à laquelle la France demeure indifférente et étrangère, mais que l'intégrité de l'empire d'Autriche et celle de la Hollande devront être respectées absolument par la Prusse?

Cette résignation officielle, véritable provocation à l'unité, apaiserait peut-être momentanément certains esprits; mais n'aurait-elle pas d'autres inconvénients bien graves? 1° Ne serait-elle pas contraire aux idées échangées à Salzbourg? 2° Ne produirait-elle pas dans l'armée, dont nous avons besoin, le plus détestable effet? 3° N'autoriserait-elle pas plus que jamais cette perfide, cruelle et incessante attaque dont tous les journaux opposants sont remplis : « La France est descendue au troisième rang? » Donc la nature des choses nous condamne à une politique d'expectative consacrée à fortifier le courage des gouvernements des États du Sud, à nous organiser militairement, à préparer nos alliances, et destinée à prendre ultérieurement conseil de la situation générale de l'Europe, soit pour consolider la paix, soit pour engager un duel redoutable avec la Prusse, soit pour prendre résolûment autour de nous des compensations nécessaires.

Quant au second point, il est incontestable que le dévergondage de la presse jette un trouble profond dans les esprits et donne à nos amis un sentiment de grande insécurité pour l'avenir. Accoutumés aux traditions antérieures, ils réclament l'intervention de la main modératrice du gouvernement pour arrêter ces polémiques désordonnées qui irritent, déconsidèrent et affaiblis-

sent toutes les choses et toutes les personnes du gouvernement. Ils ne l'aperçoivent pas et s'écrient : « On ne sent plus la main du gouverne-
» ment ; il n'y a plus ni unité ni énergie dans l'administration. »

Eh bien ! il faut le constater avec netteté une fois pour toutes, c'est là un véritable anachronisme. L'inauguration de la liberté de la presse a constitué une véritable révolution dans notre régime politique. Le gouvernement et les pouvoirs publics sont appelés désormais à vivre dans une atmosphère nouvelle. Le pays est assujetti à une grande épreuve, dont il est, quant à présent, bien difficile de préjuger l'issue. Toutes les questions importantes ou minimes sont portées sur la place publique et présentées à la foule sous un verre grossissant. Chaque montreur de lunette a son public, et les journaux du gouvernement, qui n'emploient que des conserves, ont très-peu de clientèle. Le pays éclairé s'affranchira-t-il des excitations incessantes de la presse, et ce quatrième pouvoir perdra-t-il son autorité malfaisante pour ne conserver que son rôle de contrôleur vigilant et utile ? Là est le problème dont l'Empereur a voulu poursuivre la solution par les réformes du 19 janvier.

Mais ces réformes n'ont pas encore reçu leur consécration définitive ; beaucoup de personnes, en l'avouant, ou sans le confesser, conviennent des inévitables périls de l'expérience, veulent s'arrêter et demandent, sous des formes diverses, à l'Empereur de revenir sur son programme.

Hier encore, un ami dévoué du gouvernement me disait : « Le pays ne veut
» ni de la liberté de la presse, ni du droit de réunion ; il redoute, avec raison,
» ces ferments révolutionnaires. Le moyen pour l'Empereur de se débarrasser,
» sans une trop grande compromission, d'un programme dont les mois qui
» viennent de s'écouler ont démontré les vices, est très-simple : il faut retirer
» la loi sur l'armée, publier un rapport financier annonçant un dégrèvement
» d'impôts, et dissoudre la Chambre. En réélisant les mêmes députés, les
» collèges auront condamné les réformes ; ainsi, la responsabilité appartien-
» dra au pays, qui, après tout, est le juge souverain. »

Cette politique a sa précision, et au moins une virilité du moment, sinon une virilité de longue haleine. Je la comprends, si je ne la conseille pas, et j'ai dit quelques-uns de mes motifs dans la note sur les élections. La détermination que prendra Votre Majesté, sur la date de la dissolution du Corps législatif, en contient implicitement l'adoption ou le rejet.

Mais, autant il serait difficile de ne pas louvoyer actuellement dans les affaires extérieures, autant il serait nécessaire d'avoir devant le suffrage universel une allure déterminée. Il faudrait lui dire carrément : « Le journa-
» lisme et les passions ennemies tournent violemment toute liberté nouvelle
» contre la stabilité des institutions ; le pays est loyalement consulté sur la
» convenance de l'ajournement des réformes proposées le 19 janvier. » A ce point de vue, je demande à Votre Majesté la permission de lui soumettre une objection respectueuse à l'égard des indications transmises par ordre de l'Empereur à M. de Saint-Paul, et destinées à servir de thème à quelques articles de journaux.

Une polémique dans ce sens, si voilée qu'elle soit, fournirait bien vite l'occasion ou le prétexte à tous les journaux de crier à la réaction et même à la trahison. Il me paraît tout à fait inutile de donner un pareil prétexte aux agressions. La résolution d'un retour n'est pas de celles qu'on puisse utilement pressentir en la versant dans la polémique des journaux. Il faudrait carrément la poser devant le pays, lui demander sa décision, et, du même coup, reprendre les armes disciplinaires conférées à l'administration par le décret de 1852.

En dehors de cette ligne de conduite, toute indécision, tout tâtonnement ne feraient qu'augmenter le trouble des esprits et l'ardeur des attaques. Je croirais donc, jusqu'à nouvel ordre, plus sage de ne pas faire les publications indiquées par Votre Majesté.

J'ai répondu par le télégraphe à la bienveillante invitation de Votre Majesté; je lui en témoigne de nouveau mes remerciments.

Daignez, Sire, agréer l'assurance de mon profond respect et de mon entier dévouement.

E. ROUHER.

P. S. Votre Majesté se plaint du défaut de fermeté de la justice. Compter sur une répression par la justice est une pure illusion : c'est une arme essentiellement intermittente et faible. En user trop souvent, c'est risquer de briser cet instrument fragile. L'empereur en aura la preuve par le jugement rendu hier contre *Le Courrier français* pour un article détestable. Ce jugement condamne M. Vermorel à 500 francs d'amende.

LXXIX.

Lettre de M. de Persigny à Napoléon.

SIRE,

M. Rouher a fait un magnifique discours, quoique affaibli par une concession que je regrette. Il a remis les principes à leur place, et il en était temps. Mais je me permettrai de dire à ce sujet comme Catherine de Médicis : *Le drap est bien coupé, il faut maintenant le coudre*; c'est-à-dire : il faut rétablir l'autorité par des actes. Or, comme ce n'est pas par des discours ni par les attaques des ennemis que l'autorité a été ébranlée, mais bien par la faiblesse du pouvoir, ce n'est pas par des paroles qu'on peut la rétablir. Dans huit jours on aura oublié le discours du ministre comme ceux de l'opposition, et la situation continuera en s'aggravant si l'on ne prend pas en toutes choses l'attitude que réclame le pays.

J'ai assisté aux principales séances de la Chambre. Cette Chambre est excellente; aussitôt qu'on fait acte d'énergie ou d'autorité elle applaudit avec transport. Si depuis deux ans on n'avait pas mis tout en question et même les candidatures officielles, il n'y aurait pas eu cette défection que signale le chiffre 65 (1). Au lieu de se ménager un effet oratoire pour la fin de la discussion de l'Adresse, si M. Rouher, dès le début, avait posé carrément la question comme il l'a fait à la fin, l'amendement n'aurait pas eu lieu, et un fait grave, le chiffre de 65, ne serait pas venu accroître la situation en sollicitant de nouvelles défections.

On a fait juste le contraire de ce qu'il fallait faire. M. Rouher a fait au Sénat contre moi une harangue d'un libéralisme exagéré, et il a ainsi encouragé les esprits dans cette voie ; puis il ne parle au Corps législatif que quand les positions sont prises, les amours-propres engagés et les noms compromis. Tout cela, calcul d'orateur qui se ménage un succès, mais politique nulle.

Néanmoins, le discours en lui-même est une déclaration excellente à laquelle je m'empresse d'applaudir; mais Dieu veuille que les paroles soient suivies d'effet.

Je suis avec respect, Sire, de Votre Majesté, le très-humble et très-dévoué serviteur.

PERSIGNY.

Paris, ce 20 mars 1866.

LXXX.

M. de Parieu à Napoléon.

CONSEIL D'ÉTAT.
CABINET DU VICE-PRÉSIDENT.

Paris, le 16 août 1865.

SIRE, (2)

Nous avons dîné hier au ministère des affaires étrangères et bu loyalement à votre santé, si précieuse à la France.

Rentré chez moi et seul, j'ai beaucoup pensé à la marche des affaires de l'Empire depuis 1859, époque des *dernières* observations écrites que je me suis permis de vous soumettre sur un système qui me paraissait alors à son début. Oserai-je vous soumettre mes réflexions ?

Que de pas faits dans la voie de la décomposition du capital d'autorité depuis 1860, et presque toujours quand on pouvait ajourner ou refuser !

Qui obligeait, il y a peu de mois, à déclarer à la Chambre que les maires seraient choisis, *autant que possible*, dans les conseils municipaux ? Pourquoi pas un langage plus restrictif, plus prudent?

Et maintenant, qui empêcherait encore de sauvegarder le principe par *quelques* maintiens de magistrats utiles sur les points où ils ont succombé à des hostilités politiques évidentes ? Comment démanteler un article de la Constitution sans un coup de canon, même à poudre, tiré pour sa défense?

---

(1) Il s'agit d'un amendement au projet d'Adresse qui, soutenu par MM. Émile Ollivier, Buffet, etc., combattu par M. Rouher, obtint, non pas 65 voix, mais 61

(2) Au crayon, en marge : « l'Empereur acceptera. »

Sans ambition personnelle, tenant un peu, comme l'empereur romain, *la cour pour marâtre et la philosophie pour mère*, je ne puis m'empêcher, dans l'intérêt de la stabilité des institutions du pays et dans celui de Votre Majesté, de vous communiquer cette réflexion au moment d'aller me reposer dans mes montagnes en lisant Machiavel, Montesquieu, Tocqueville, et souhaitant sincèrement à Votre Majesté de réaliser dans sa politique *intérieure* cette prudence qui me paraît exister dans sa politique *extérieure*, au moins depuis plusieurs années.

Je crois n'être ni un fanfaron, ni un dédaigneux, ni un homme stupidement chagrin.

Je vois partout brasser des affaires autour de vous.

On vous comblera de projets de détail, spirituellement exposés.

Où sont les conseils, le système, les vues politiques ?

Je prie Votre Majesté de m'excuser, après cinq ans de travail *aux affaires*, de lui communiquer ces appréhensions, ces aperçus, ces respectueuses observations politiques.

Votre Majesté voudra bien daigner y voir la preuve des sentiments de dévouement avec lesquels j'ai l'honneur d'être, avec respect profond, son très-humble et obéissant serviteur et fidèle sujet.

E. DE PARIEU.

LXXXI.

Succession du maréchal Magnan.

MON CHER PIÉTRI,

Je vous envoie la petite note que vous m'avez permis de vous adresser.

Comme vous le verrez, nous restons en présence d'une différence de 150,000 francs, pour laquelle nous n'avons pas craint de solliciter la haute intervention de Sa Majesté.

En vous remerciant par avance de votre bienveillant concours, je vous prie d'agréer l'expression de mes sentiments les plus dévoués.

L. MAGNAN.

Le 4 janvier.

J'ai mis des chiffres ronds pour simplifier.

Dû au jour du décès du maréchal	835,000
A DÉDUIRE :	
1° Prix des immeubles 310,000	
2° Abandonné par la liste civile 80,000	
3° Soldé par M. Haentjens 160,000	685,000
4° Soldé par M° Haritoff, pour M. Léopold Magnan . 110,000	
5° Soldé par M. Legendre 25,000	
Reste dû, pour solder intégralement le passif, la somme de	150,000
TOTAL ÉGAL. . .	835,000

LXXXII.

Lettre de M. Conti au président Benoît-Champy.

Lette lettre montre comment l'Empereur pesait sur les décisions judiciaires.

Palais des Tuileries, le 30 avril 1865.

Monsieur le Président,

L'Empereur voit avec regret le procès civil pendant entre Mme de Magnoncour et ses deux fils, dont l'un est officier de la garde impériale. Sa Majesté désirerait qu'il vous fût possible d'amener le rapprochement des parties et de prévenir par la conciliation le fâcheux retentissement d'une lutte judiciaire.

Agréez, Monsieur le Président, l'assurance de ma considération la plus distinguée.

Conti.

LXXXIII.

Projets d'articles.

(Tracés de la main de l'Empereur)

Napoléon avait, comme le prouvent les quittances trouvées dans ses papiers, trois journaux soldés sur sa cassette particulière : *Le Peuple*, de M. Duvernois, *Le Dix Décembre*, et, à un moment donné, *L'Époque*. Il adressait de temps à autre sur les sujets à l'ordre du jour, des articles à ces journaux. C'est tantôt une attaque à l'opposition, tantôt un portrait de l'Impératrice, à propos de la Sainte-Eugénie. Nous publions aujourd'hui trois de ces articles, ou brouillons d'articles.

1.

Les idées ont une filiation avec les hommes. Pous savoir ce que nous sommes, il faut savoir ce qu'étaient nos pères.

Dans la grande crise de 1814 et de 1815, lorsque l'Europe était conjurée contre l'Empire, le peuple français montra le plus héroïque dévouement à Napoléon, glorieux représentant de toutes les grandes idées de la révolution. Mais il y avait alors dans le pays trois partis, que nous retrouvons encore aujourd'hui :

Les émigrés ;
Les républicains ;
Les libéraux.

Ces trois partis croyaient représenter la nation et ne représentaient que des instincts égoïstes et sans racine dans le pays. Le peuple resta fidèle aux grands souvenirs de la grande époque. Eh bien ! aujourd'hui il en est de même. La coalition de ces trois partis ne prévaudra pas contre le sentiment national, et ils auront beau mettre sur leur drapeau le grand mot de liberté : le peuple saura bien toujours que son bien-être, sa gloire, sa liberté réelle sont avec l'Empire.

2.

Quel est le vrai représentant du peuple? C'est celui qui résume dans sa personne les votes de huit millions de Français. C'est celui qui assure l'ordre, la prospérité, le progrès; qui maintient notre ascendant devant l'étranger, et qui, tenant d'une main ferme le gouvernail, empêche le vaisseau de l'État d'échouer dans l'anarchie ou la réaction. Et ce qui prouve combien l'Empereur est le véritable représentant de la France, c'est que tous les autres personnages qui sont en évidence ne représentent que des coteries opposées les unes aux autres. Est-ce par exemple M. Jules Favre qui représente la France? Il est républicain; il veut que le chef du pouvoir soit renommé tous les quatre ans, qu'une Chambre unique soit souveraine et dispose du pouvoir exécutif, que les forces militaires de la France soient assez amoindries pour qu'elle ne puisse plus faire la guerre, etc. Est-ce M. Thiers? Celui-là veut la monarchie et un gouvernement parlementaire; il veut une armée permanente fortement constituée et plus considérable que celle qui existe; il veut qu'on abandonne l'Italie et son unité, qu'on refuse à l'Allemagne la Confédération germanique, qu'on rétablisse le système protecteur, qu'on diminue les travaux publics.

Est-ce M. Jules Simon? Celui-là veut, etc.

Est-ce M. Pelletan? Celui-là veut 93, la guillotine et la liquidation sociale.

Est-ce M. de Falloux? Celui-là veut la suprématie de l'Église.

Qu'on suppose maintenant tous ces grands citoyens réunis en conseil. Voit-on la cacophonie qui en résulterait? MM. Jules Favre, Thiers, Pelletan, Jules Simon, Falloux, décidant des destinées de la France! Que le peuple sensé réfléchisse à ce dilemme : ou soutenir l'Empire, ou l'anarchie!

3.

CE QUE NOUS VOULONS (1).

Nous voulons l'affermissement du gouvernement actuel et le respect de la Constitution;

L'anéantissement des anciens partis;

La conciliation pour tous ceux qui se rallient franchement;

Le progrès sous toutes ses formes;

La dignité vis-à-vis de l'étranger;

Le bien-être des classes agricoles et industrielles.

Il est un fait réel, c'est que l'Empereur est resté aussi populaire qu'il y a quinze ans, tandis que son gouvernement ne l'est pas.

D'où vient cette anomalie?

(1) Le titre est, comme la pièce entière, de la main de Napoléon.

C'est que les agents du pouvoir, au lieu d'imiter la bienveillance extrême du chef de l'État, sa modestie et sa simplicité, ont été infatués des pouvoirs qui leur étaient délégués, et qu'ils ne se sont pas assez occupés de suivre les inspirations des populations et ne se sont pas assez occupés de leurs intérêts.

Les administrations sont restées avec le même esprit que sous Louis-Philippe, hautaines et routinières.

Les préfets ont voulu faire les pachas et imposer leurs volontés aux populations.

Le gouvernement de l'Empereur est le plus honnête qui ait jamais existé, mais il s'est laissé contaminer par des hommes qui, sans être au pouvoir, étaient en relation avec le gouvernement et qui le compromettaient par leurs spéculations.

La presse, au lieu de contrôler les actes de tous les agents du pouvoir, ou a été servile ou rebelle.

Dévoués sans réserve à l'Empereur, notre tâche est de le servir, non en aveugles, mais avec les yeux ouverts. Blâmant tout ce qui est blâmable, osant résolûment dire notre opinion sur les hommes comme sur les choses, ne donnons notre éloge que sur ce qui est bon et éclairons le gouvernement sur ce qu'il doit savoir.

La gloire de la France, le bonheur du peuple, la prospérité de l'Empire et de l'Empereur, telle est notre devise.

LXXXIV.

Lettre du prince Napoléon à la reine de Hollande. Cette lettre, datée de février 1866, a probablement été livrée à l'Empereur par le cabinet noir.

LETTRE DU PRINCE NAPOLÉON A LA REINE SOPHIE.

(Sous le couvert de M. Helfferick à la Haye.)

Dimanche, 11 février.   Février 1866.

Chère Sophie, j'ai reçu votre lettre du 5. Je devais partir hier : des affaires m'ont retenu, et jusqu'au dernier jour j'ai eu des ennuis ; je pars ce soir. On se conduit vis-à-vis de moi aussi mal que possible ; je n'ai aucune illusion à me faire ; *on ne pardonne pas à un homme d'aimer la liberté.* Tout est noir ici : croyez-moi, *cela ne peut durer ainsi.* J'en suis fort triste. Rien n'y fait, personne n'est écouté. *On court à sa perte! et à la perte du pays!*

Je ne sais si je me plairai en Italie ; j'essayerai. Paris et la position que j'y ai me sont fort désagréables ! Les discussions à la Chambre des députés seront vives et feront mauvais effet. Il y a irritation, malveillance et anarchie partout.

C'est mon fils aîné qui a été souffrant ; il va bien.

Croyez-vous sérieusement que la Prusse et l'Autriche se brouillent ? Je crois bien que Bismark le veut ; mais que représente ce ministre ? quelle force a-t-il? Détesté par les libéraux, peu soutenu par le parti de la Croix, auquel les officiers de l'armée appartiennent, il sera lâché par le roi, qui aura peur; je ne crois donc pas qu'il faille faire fond sur M. Bismark. Il a fait des avances à l'Italie : je n'y crois pas du tout, du tout. Je sais que ce n'est pas l'avis de notre ambassadeur à Berlin, M. Benedetti.

Je ne me souviens pas de M. Carutti; je crois qu'il a été sous-secrétaire d'État aux affaires étrangères.

Adieu, chère amie. Écrivez-moi à Hubaine, à Paris.

LXXXV.

Guerre de 1866.—Lettre du prince Napoléon (Jérôme) à l'Empereur.

Il se plaint, au nom de Victor-Emmanuel, que les affaires d'Italie soient traitées en dehors du roi, et que l'Empereur continue à se taire sur ses desseins.

SIRE,

J'ai communiqué à mon beau-père ce que Votre Majesté m'a écrit. Je crois, comme je vous l'ai dit hier soir, à de l'exagération de la part de Gramont et à *peu de sincérité* de la part de l'empereur d'Autriche, dont le but évident est de séparer l'Italie de la Prusse pour en venir à bout séparément. C'est dans ce but qu'il laisse entrevoir la Vénétie, qu'il ne cédera pas, ou à des conditions impossibles ; mais, en attendant, il aura gagné du temps, ce qui est tout en politique et à la guerre. Il espère affaiblir ses ennemis en les rendant hésitants ; c'est bien là le but de la politique autrichienne.

Le roi de Prusse est faible, indécis, mais non traître ; du reste, cela se verra par sa conduite. Votre Majesté verrait-elle de l'inconvénient à ce que le roi d'Italie provoque une explication du roi de Prusse sur ce que l'empereur d'Autriche a dit?

D'après les dépêches d'Italie, il est clair qu'ils y sont *très-inquiets*: ils savent la mission de Gramont par le bruit public ; le roi désire la connaître, et Votre Majesté ne lui dit rien; il est tourmenté de voir les affaires d'Italie traitées en *dehors de lui* sans qu'il en soit informé ; de là ses *demandes pressantes*. Le langage des personnes influentes de votre gouvernement n'est pas fait pour rassurer l'Italie, étant tout à fait favorable à l'Autriche. *M. de Goltz m'en a parlé hier soir*. Le roi d'Italie, *ne sachant rien*, doit craindre que la France ne veuille lui faire abandonner l'alliance prussienne pour un mirage vénitien garanti par rien ; votre silence sur la réponse de l'Autriche surtout, l'inquiète. Je ne puis l'éclairer, ne sachant rien moi-même sur cette réponse. Je le lui ai écrit en transmettant *textuellement* la réponse confidentielle de Votre Majesté, qui ne contient pas un mot de ce qu'elle traite sur l'Italie à Vienne. Nigra écrit au général Lamarmora qu'il est dans la même ignorance;

ils ne veulent pas le croire, à Florence. Les ténèbres ne peuvent qu'agiter le gouvernement italien et avoir de graves conséquences.

Veuillez agréer, Sire, l'hommage du profond et respectueux attachement avec lequel je suis, de Votre Majesté,
le très-dévoué cousin,

NAPOLÉON (Jérôme).

Paris, Palais-Royal, ce 12 juin 1866.

LXXXVI.

Lettres du prince Jérôme Napoléon à l'Empereur.

Le prince Napoléon écrit à son cousin pour lui recommander, dans la première de ces lettres M. Ernest Renan, et dans la seconde M. Émile de Girardin. Cette dernière lettre a été trouvée incomplète. Il s'agit évidemment, dans la première, des *Questions contemporaines* de M. Renan, dont la préface fit quelque bruit.

1.

SIRE,

Vous serez peut-être étonné de recevoir cette lettre, quand vous verrez surtout qu'elle ne vous parle ni de politique, ni d'affaires personnelles, ni de demandes. M. Renan est mon ami : c'est un esprit très-supérieur : je le vois souvent et nous causons philosophie. Il publie un recueil de divers articles, et je l'ai engagé à y joindre une préface résumant ses idées sur les sujets les plus élevés. C'est cette préface que je vous envoie et pour laquelle je vous demande une demi-heure. Je ne partage pas *toutes* les idées de M. Renan, mais *une grande partie*. Je crois que vous ne regretterez pas cette lecture. Laissez-moi espérer qu'elle vous donnera quelques instants d'intérêt et de hautes réflexions : voilà mon seul but. Je m'adresse beaucoup plus à l'homme, au penseur, qu'au souverain ; après tout, il doit rester sous le manteau de pourpre un cœur et sous la couronne une tête ; j'en suis bien certain et je n'ai pu résister à ce désir de vous faire lire ces lignes. Si cela vous ennuie, pardonnez-moi, et surtout ne vous trompez pas sur le mobile bien simple qui m'a fait vous faire cette communication.

Veuillez agréer, Sire, l'hommage du profond et respectueux attachement avec lequel je suis, de Votre Majesté, le très-dévoué cousin,

NAPOLÉON (JÉRÔME).

2.

SIRE,

J'ai l'honneur d'envoyer à Votre Majesté :

1° Un projet de sénatus-consulte pour lequel je demande votre autorisation de renvoi au Conseil d'État. Il s'agit de rendre exécutoire à la Réunion la loi sur les mines.

2° Une concession d'établissement thermal en Algérie. Cette concession a été approuvée par le Conseil d'État.

3° Une lettre de mon cousin le marquis Pepoli, de Bologne, qui m'a prié de la faire parvenir directement à Votre Majesté.

Je crois que l'Empereur doit être satisfait de l'effet produit sur l'opinion publique par un décret sur la suppression du gouverneur général à Alger et la nomination du général Mac-Mahon. Je les vois approuver par ceux qui veulent de grandes réformes aussi bien que par ceux qui sont plus craintifs.

Je vais envoyer à l'Empereur le rapport et le projet de décret sur les attributions des généraux et préfets : c'est un travail qui demande un peu de temps et d'étude. Ce qui me préoccupe, c'est le choix à soumettre à Votre Majesté des préfets d'Alger et de Constantine, ces fonctions étant vacantes. Les hommes pour appliquer un nouveau système et le faire réussir me paraissent peut-être plus importants encore que les institutions, les lettres et arrêtés. Le préfet d'Alger surtout a une belle mission ; il aura une grande part dans le développement à donner à la ville, dont l'administration municipale offre peu de ressources. L'Algérie sera la plus belle conquête du second Empire. Mon ambition serait, pour répondre à votre confiance, de donner assez de développement à cette conquête pour que dans quelques années vous puissiez nommer votre fils *roi d'Algérie*, sans que ce soit un vain titre. Le développement de la ville doit donner beaucoup d'éclat au nouveau gouvernement. Je voudrais y faire faire une belle promenade, des docks, de beaux établissements, de grandes rues, un monument pour la statue de l'Empereur, et en un mot tout ce qui peut frapper l'imagination, être utile et donner une grande idée de la France et de l'Empereur. Il faut pour cela y faire arriver les capitaux privés. Un administrateur habile, ferme, persévérant, voyant les affaires de haut sans s'embarrasser des détails, poursuivant notre but, est indispensable. J'ai une idée que personne ne soupçonne et sur laquelle je viens prendre vos ordres, quelque bizarre et singulière qu'elle puisse vous paraître. C'est de nommer M. Émile de Girardin à cette place ; sans l'avoir consulté, je crois qu'il accepterait. Sa ténacité, ses talents, son dévouement, sur lequel vous pouvez, je crois, compter, sa fortune, la position de sa femme, son amour de l'étude, le rendent propre à ces fonctions, s'il veut les accepter. Politiquement, c'est un *déclassé* ; il est détesté des républicains ; s'il accepte, il est plus que compromis et ne pourra que vous servir. De plus, ce que ses idées politiques pourraient avoir d'effrayant sont sans inconvénient en Algérie. Il a beaucoup de ressource dans l'esprit ; c'est un ami des mauvais jours, qui au fond aime et admire l'Empereur, qui est très-ambitieux et a la rage de faire quelque chose. Sa femme est gentille ; il a 80,000 livres de rentes, dépensera et représentera bien. En un mot, je crois qu'il pourra faire beaucoup de bien et aucun mal. Même ce qui paraîtra étrange et inattendu n'est pas un inconvénient. Je réponds de ses bonnes relations avec le général de Mac-Mahon ; il a un caractère très-liant et souple avec les hommes, de bonnes manières.

Quel danger peut-il y avoir ? Si vous en êtes mécontent, vous pourrez toujours le révoquer, et d'avoir été préfet d'Alger ne le grandira pas beaucoup et n'en fera pas un homme dangereux; au contraire, il sera compromis avec nous sans retour. Je crois avoir assez d'influence personnelle. . . . .

(La fin de la lettre manque et n'a malheureusement pas été retrouvée.)

LXXXVII.

Liste des décorations du Prince impérial.

Autriche	Saint-Étienne de Hongrie.
Bavière	Saint-Hubert.
Belgique	Léopold.
Danemark	Éléphant.
Deux-Siciles	Saint-Ferdinand.
Espagne	Toison d'or.
France	Légion d'honneur et Médaille.
Grèce	Sauveur.
Honduras	Santa-Rosa.
Mexique	Aigle.
Monaco	Saint-Charles.
Pays-Bas	Lion.
Portugal	Tour et Épée. / Saint-Benoît d'Avis.
Prusse	Aigle noir. / Aigle rouge.
Russie	Saint-André. / Saint-Alexandre. / Sainte-Anne. / Saint-Stanislas. / Aigle blanc.
Saint-Marin	Ordre de Saint-Marin.
Sardaigne	Annonciade.
Saxe-Weimar	Faucon blanc.
Suède	Séraphins.
Tunis	Nicham.
Turquie	Osmanie.
Wurtemberg. Mai 1870.	Couronne.

LXXXVIII.

Lettres de M. Magne sur les titres de noblesse.

L'idée de relever l'ancienne aristocratie et de fonder une nouvelle noblesse a préoc-

...upé Napoléon III autant que Napoléon Ier. Ces deux prétendus défenseurs de la démocratie française ont passé leur vie à essayer de restaurer l'ancien régime dans ce qu'il avait de plus suranné. Quant à Napoléon Ier, la preuve n'est plus à faire; il suffit de lire le *Bulletin des lois* du premier Empire (1). En ce qui concerne Napoléon III, nous pourrions reproduire ici jusqu'à quatre mémoires savamment élaborés par les fortes têtes du second Empire, les Baroche, les Delangle, etc., etc. Mais ce serait une lecture fastidieuse. Nous nous en tiendrons aux lettres suivantes de M. Magne, qui aboutissent aux mêmes conclusions. Tous ces bourgeois, fonctionnaires parvenus, rêvaient une espèce d'aristocratie bureaucratique qui aurait éternisé les charges entre les mains de quelques familles. Les idées approuvées par M. Magne ne sont qu'un premier échelon : titres nobiliaires attachés hiérarchiquement à certaines fonctions civiles et militaires et transmissibles par voie d'hérédité. Un mémoire que nous avons sous les yeux va plus loin. L'auteur estime qu'il serait possible, une fois que l'habitude aurait consacré cette première *réforme*, de rétablir les majorats pour la nouvelle noblesse administrative.

1.

Montaigne, le 18 novembre 1863.

Sire,

La question des *titres* sera peut-être traitée devant Votre Majesté pendant le congé qu'elle a eu la bonté de m'accorder pour la triste cause que je lui ai fait connaître. Comme il est juste que, sur un sujet aussi grave, chacun ait la responsabilité de son opinion, je demande à Votre Majesté la permission de lui dire les motifs de celle que j'ai exprimée dans la réunion préparatoire du Conseil privé.

Il faut d'abord bien poser la question.

---

(1) Ajoutons que la note suivante, copiée sur un autographe de la main de Napoléon Ier, a été trouvée, dans les papiers de Napoléon III, au milieu des documents sur la noblesse auxquels nous faisons allusion. Cette organisation d'une féodalité arithmétique mérite assurément de passer sous les yeux du public.

Autographe écrit en entier de la main de l'Empereur.

(Politique.)

DUCS.

Il faut 30 maisons à Paris qui s'élèvent avec le thrône (sic) ; il faut leur donner 500,000 argent ou bons de la caisse pour payer la maison et au moins 100,000 de rentes.

15,000,000

3,000,000

COMTES.

60 maisons qui aient maison à Paris ou dans les chefs-lieux de départements; il faut qu'ils aient 50,000 francs de rentes au moins, et 200,000 pour payer la maison.

12,000,000

3,000,000

BARONS.

400 barons ayant au moins 5,000 de rentes.

2,000 000

(Noms illisibles : 1/4 des 30 noms, 1/12 des 60. Suivent quatre feuilles d'ébauches couvertes de chiffres, raturées, et quelques noms.)

Pour copie conforme et collationnée :

Turin, le 18 novembre 1854.

L'attaché à la Légation impériale,

Signé : B. DE FAVERNEY.

S'agit-il de savoir s'il est juste, s'il est utile, s'il est politique, dans une société comme la nôtre, de rétablir les titres de noblesse?

Non; cette question fondamentale a été résolue.

Le Gouvernement provisoire les avait radicalement abolis, sans distinguer entre le passé et l'avenir (décret du 29 février 1848).

Votre Majesté, pendant la dictature, les a relevés d'une manière tout aussi générale (décret du 24 janvier 1852).

Mais ce qui est plus décisif encore, c'est que l'article du Code pénal de 1810, qui punissait l'usurpation des titres et qui avait été abrogé en 1832, a été remis en vigueur, après un renvoi favorable du Sénat, par la loi du 7 mai 1858.

Enfin, le conseil du sceau, destiné à mettre en œuvre l'institution des titres et qui en avait suivi les vicissitudes, a été rétabli par le décret du 8 janvier 1858, et est en pleines fonctions.

Si je rappelle ces faits à Votre Majesté, c'est pour montrer que sur la question des titres en eux-mêmes tout est réglé : le principe, la sanction, la procédure. Le souverain, le Sénat, le Corps législatif se sont prononcés.

Les considérations d'un ordre si élevé, rappelées et développées dans le rapport de la Commission du Sénat, ont reçu la consécration la plus complète, autant que cela pouvait dépendre de la loi et des décrets.

Ainsi donc, deux faits sont acquis et hors de toute discussion :

D'une part, les titres de noblesse sont rétablis; leur valeur sociale est reconnue et protégée par la loi; ils constituent pour ceux qui les possèdent, non seulement une distinction, mais une sorte de fortune, d'un prix réel, ayant cours à peu près partout; au fond, très-appréciés, très-recherchés dans le milieu même qui affecte le plus de les dédaigner.

D'autre part, la loi a placé dans les mains du souverain, qui peut en user à sa volonté, une force considérable, un moyen puissant de récompense et d'émulation. Ce moyen repose, dit-on, sur la vanité; mais, tant que ce sentiment sera, comme l'a si bien dit le Premier Consul, un des grands mobiles de l'humanité, le souverain qui négligerait de le faire tourner à son profit et au profit de l'État perdrait un de ses avantages.

Aujourd'hui donc, le débat ne peut plus rouler sur des questions de principe. C'est une affaire de conduite.

Il faut se demander :

Si la loi et les décrets qui ont rétabli les titres ont été exécutés jusqu'ici d'après leur véritable esprit;

S'il serait utile et politique de changer de voie, et quel serait le meilleur moyen.

Si ce qu'on dit est vrai, le rétablissement des titres n'aurait guère profité jusqu'ici, sauf quelques rares et glorieuses exceptions :

1° Qu'aux anciennes familles nobles, dont les titres ont reçu, de la loi nouvelle qui les protége, une plus grande valeur;

2° A quelques autres familles dont la position douteuse a été régularisée;

3° Aux descendants des serviteurs du premier Empire, qui ont été dispensés de la condition du majorat;

15

4° Enfin, à quelques individualités qu'on suppose, certainement à tort, avoir obtenu cette faveur autant par leurs sollicitations que par leurs titres.

Reconnaître les anciens services dans la personne des descendants est une pensée élevée et juste. La France est une. Le temps ne lui fait pas oublier ceux qui l'ont illustrée ; c'est un sentiment plus général et plus profond qu'on ne suppose. Il a la même origine que celui qui fait respecter l'hérédité de la propriété. De même qu'on trouve juste que la propriété, qui est l'accumulation du travail de l'homme, passe à ses enfants, de même on trouve juste que l'accumulation d'honneur, fruit d'une vie dévouée et utile à l'État, honneur qui est aussi une propriété, ne s'éteigne pas avec celui qui l'a acquise, mais qu'elle passe à sa postérité. D'ailleurs, le souvenir des services rendus, la gloire qui en résulte, ne sont pas seulement un patrimoine de famille, c'est un patrimoine national ; en le respectant dans les mains de ceux qui en sont les dépositaires naturels, la nation sait qu'elle défend son bien.

Aussi, lorsque l'Empereur, par son décret du 24 janvier 1852, rétablit les titres, il ne rencontra aucune protestation ; ce décret fut considéré, au contraire, comme l'une des mesures par lesquelles le nouveau gouvernement entendait remettre la pyramide sur sa base.

Mais, de bonne foi, cette mesure n'aurait-elle pas rencontré les plus vives répugnances, s'il avait été décidé qu'elle ne profiterait sensiblement qu'aux anciens services, et consacrerait une sorte de privilége au profit des anciennes familles, pour la plupart hostiles au nouvel ordre de choses ? Cette infériorité attribuée aux nouveaux services rendus à l'État, par comparaison avec les anciens aurait frappé l'opinion par son côté injuste et impolitique.

Eh bien ! cette injustice n'est pas, tant s'en faut, dans l'esprit de la loi et des décrets dont j'ai parlé ; il s'agit d'empêcher que, par une sorte de pratique et d'habitude, elle ne finisse par s'introduire définitivement dans les faits.

Quelle est la meilleure marche à suivre pour parvenir à ce but ? Tel est, suivant moi, dans l'état actuel de la question, le seul point véritablement discutable.

Or, je suis persuadé que procéder par *catégories de fonctions*, suivant l'exemple des anciens gouvernements et de l'Empire, est ce qu'il y a de mieux.

On a dit que ce serait aller contre les tendances de l'opinion publique. Il faut distinguer. Certainement il y a une fraction du public qui est l'ennemi irréconciliable de toute inégalité, de toute supériorité, de toute hérédité : c'est cette fraction qui demande l'abolition de la propriété ; qui, en 1848, voulait supprimer la Légion d'honneur, et qui, ces jours derniers encore, dans le congrès de Liége, parlait de passer sur les têtes le niveau égalitaire de la République. Évidemment ce n'est pas à cette fraction qu'il faut songer à plaire. Le gouvernement s'honore en lui résistant ; en rétablissant les titres il savait bien qu'il la froissait.

Dans les autres classes de la société, les sentiments sont tout différents. D'où vient la valeur incontestable des titres, si ce n'est de l'opinion publique ? Il ne faut pas s'arrêter aux dénigrements superficiels, qui au fond cachent bien plus d'envie que de répugnance. Lorsqu'en 1848 les titres furent supprimés, c'était bien le moment pour l'opinion publique de se prononcer. Eh bien! ce qui est certain, c'est qu'elle ne ratifia jamais cette décision; car jamais dans le monde et dans les salons les titres de marquis, de comte, de baron n'avaient été annoncés avec plus d'éclat que sous la République.

D'ailleurs, le meilleur moyen de ménager l'opinion, c'est de procéder par catégories et d'attacher le titre aux fonctions. Si quelque chose irrite l'envie, ce sont les distinctions qui portent directement sur des noms propres. Une mesure générale créant des titres comme conséquence de fonctions auxquelles tout le monde peut prétendre, est tout à fait dans l'esprit du gouvernement, à la fois monarchique et démocratique de l'Empire.

Je suis, avec le plus profond respect, Sire, de Votre Majesté, le très-humble et très-fidèle serviteur. P. MAGNE.

Paris, le 25 novembre 1865.

2.

SIRE,

Je sais que dans les discussions de la nature de celle qui, jeudi dernier, a divisé le Conseil privé, on peut facilement supposer aux uns le désir des distinctions et aux autres la recherche de la popularité, et jeter ainsi du doute sur la sincérité des opinions.

Un mot que j'ai entendu, et auquel je n'ai pas d'abord assez pris garde, m'oblige, en ce qui me concerne, à protester énergiquement contre toute supposition semblable.

Parti du plus bas, arrivé au plus haut de l'échelle, par le travail, la conduite et l'inépuisable bienveillance de Votre Majesté, je n'éprouve absolument aucun besoin de distinctions nouvelles. Votre Majesté, qui depuis quinze ans me voit à l'œuvre, peut me rendre cette justice que personne, dans son gouvernement, ne fuit plus que moi le bruit, l'éclat, les intrigues, les réclames de toute espèce. Je me contente de servir de mon mieux et, je le déclare, un mot de satisfaction de Votre Majesté est, à mes yeux, la plus haute des récompenses, celle qui m'a toujours fait le plus de joie. Je puis transmettre à mes enfants plusieurs lettres de Votre Majesté, qui, pour un plébéien comme moi, ainsi que pour eux, valent mieux que tous les parchemins de noblesse.

En parlant comme je l'ai fait l'autre jour, j'étais donc parfaitement indépendant et libre de toute préoccupation personnelle. Je n'étais déterminé que par mon dévouement et par les deux raisons principales que voici :

Le gouvernement de Votre Majesté est un gouvernement *monarchique, héréditaire et démocratique.* Ces trois principes se sont manifestés avec évidence dans son origine. C'est eux qui ont inspiré le peuple en masse lorsqu'il s'est porté vers l'héritier *légitime* de Napoléon Ier, de préférence à tout autre. L'idée de monarchie, l'idée d'hérédité, l'idée démocratique sont l'essence et la valeur du gouvernement actuel.

Eh bien! de là, suivant moi, doivent dériver ses devoirs et ses tendances, car ce n'est qu'en perdant de vue leur origine que les gouvernements ont le plus de chances de s'égarer.

Or, comme monarchie héréditaire, le gouvernement ne doit pas, à l'exemple de Louis-Philippe, s'entourer d'institutions *républicaines*, dont la nature est d'être viagères. Ce défaut de logique contenait le germe du conflit qui a renversé l'établissement de juillet. Une monarchie héréditaire doit s'entourer, autant que possible, d'institutions participant de son propre caractère, et pouvant survivre, comme elle, à la suite des générations. Une monarchie qui, par son principe, se distingue et s'isole de tout ce qui l'entoure; qui fait contraste avec toutes les autres institutions du pays; qui veut avoir pour elle seule le privilége de la durée, peut, à un moment donné, se trouver bien seule et bien faible.

Le gouvernement actuel aurait d'autant plus de tort de se conduire ainsi, que l'institution dont il s'agit existe; qu'elle est, quoi qu'on en dise, acceptée et même singulièrement appréciée; que le gouvernement lui-même la protége et la fait valoir, et qu'en définitive la seule question à résoudre est de savoir s'il doit ou non la faire tourner à son profit.

Comme monarchie *démocratique*, le gouvernement ne doit pas admettre les priviléges, et il doit, quand il les rencontre, les supprimer.

Or, il existe aujourd'hui, au profit de certaines familles, qui ont servi les anciens gouvernements, un privilége injuste, criant, et d'autant plus intolérable qu'il n'est pas créé par des lois, mais par le fait même du gouvernement actuel. Ce privilége ne peut cesser que de deux manières : ou par l'abolition radicale des titres, comme l'avait fait l'Assemblée constituante : alors l'égalité rentrerait dans les rangs de la société ; ou par une institution qui les rende accessibles à tous, comme avait fait Napoléon Ier, à l'exemple des anciennes monarchies.

Car je prie l'Empereur de vouloir bien remarquer que rien n'est moins démocratique que ce qui existe aujourd'hui. C'est l'aristocratie du passé. Eh bien! faire cesser cela, ouvrir les rangs, comme on l'a fait pour la Légion d'honneur, à tous les mérites signalés, attacher les titres à certaines fonctions qui supposent de longs services rendus au pays, mais auxquels, par le travail, le courage, le talent, le fils de l'ouvrier sans fortune peut parvenir tout aussi bien que le fils du millionnaire ou du grand seigneur, n'est-ce pas détruire un privilége, n'est-ce pas se placer en pleine démocratie? j'entends parler de la bonne.

Telles sont les raisons qui ont déterminé mon avis.

Pour ma part, je suis convaincu que si, dans une lettre adressée par l'Empereur au Garde des sceaux, pour lui ordonner de préparer un décret, Sa Majesté exposait, avec la hauteur de raison et de style qui la caractérise, les idées si élevées et si justes contenues dans l'exposé de M. de Persigny; si elle déclarait que son intention est non d'établir, mais de détruire un privilége; d'entrer dans la véritable voie de l'égalité, en rendant les titres accessibles à tous; d'écarter toute idée de faveur personnelle ou de sollicitation en les attachant à certaines fonctions ou à certains grades de la Légion d'honneur qui sont le fruit de services rendus au pays;

Je suis persuadé, dis-je, qu'un tel passe-port les ferait accepter, parce qu'il existe dans l'opinion un fond de justice et de logique auquel l'Empereur ne s'est jamais adressé en vain.

Le succès serait plus sûr encore, si Sa Majesté commençait par déclarer qu'elle s'est fait rendre compte des travaux du conseil des sceaux ; qu'elle a voulu connaître les résultats des lois nouvelles concernant les titres ; qu'elle s'est convaincue qu'il en résultait un véritable privilége au profit des serviteurs des anciens gouvernements et des anciennes familles ; que ceci est contraire aux principes de l'égalité et ne pouvait entrer dans l'esprit de son gouvernement ; que, s'il est juste et patriotique d'honorer les services rendus au pays et d'en transmettre le souvenir, comme exemple et moyen d'émulation, il ne faut pas en faire un privilége au profit du passé, mais en rendre l'accès possible à toutes les classes, etc., etc.

Je suis avec le plus profond respect, Sire, de Votre Majesté, le très-humble et très-obéissant serviteur.

P. MAGNE.

LXXXIX.

Note sur l'étiquette à observer avec la reine Victoria.

L'ex-empereur a toujours été très-préoccupé des questions d'étiquette. En toute occasion il s'enquérait des précédents, qu'il faisait rechercher tant dans l'histoire de l'ancienne monarchie que dans celle de Napoléon Ier. En voici une preuve flagrante, intitulée : *Note sur l'étiquette à observer avec la reine Victoria.*

Voyage de la reine de la Grande-Bretagne en France.

3 août 1855.

On n'a pas d'autre exemple du voyage d'un souverain de l'Angleterre en France que celui du roi Henri VIII, qui s'est rencontré avec François Ier au camp du Drap d'or.

Calais et Guines n'appartenaient plus à la France à cette époque. Le roi François Ier était allé à Montreuil pour y passer les fêtes de Pâques, quand le roi Henri VIII débarqua à Calais et se rendit à Guines avec la reine d'Angleterre. François Ier n'alla pas au-devant de Henri VIII ; il alla seulement s'établir à Ardres.

Le roi d'Angleterre lui envoya une ambassade ; le roi de France en envoya une au roi d'Angleterre, puis des visites furent échangées. Ce fut le roi Henri VIII qui fit la première.

Cette rencontre au camp du Drap d'or n'offre aucun rapprochement qui puisse devenir utile dans la circonstance présente et fournir, de près ou de loin, quelque indication pour le cérémonial à observer.

Recherchons des exemples modernes

Au mois d'août 1845, la reine Victoria voulut, accompagnée de son époux, visiter le berceau du prince Albert et faire une visite au château de Cobourg.

Elle devait naturellement passer par les provinces rhénanes de la Prusse, mais elle ne se proposait pas de visiter Berlin. On avait alors des inquiétudes politiques dans la capitale de la Prusse, et le roi, voulant aller au-devant de la reine d'Angleterre, s'écartait avec peine de Berlin. Il se mit cependant en route pour les provinces rhénanes et se rendit en compagnie de la reine de Prusse et de la princesse de Prusse, au château de Stolzenfels, situé près du Rhin, et qui servait de résidence habituelle au prince de Prusse.

Il ordonna que, dès son entrée sur le territoire prussien, la reine Victoria fût fêtée, et il consacra pour tous les frais de cette réception quatre cent mille thalers.

La reine s'était mise en route avec lord Aberdeen, son ministre des affaires étrangères, lord Liverpool, lady Gainsborough et lady Canning.

Le 10 août, elle était à Bruhl et reçut une fête dans le château.

Le 11, elle arrivait à Aix-la-Chapelle.

C'est là que le roi de Prusse vint au-devant d'elle, au débarcadère. Il était, ainsi que toute l'assistance, à l'exception des aides de camp, en habit civil.

Le roi conduisit sur-le-champ la reine d'Angleterre au château de Stolzenfels, où elle fut traitée avec splendeur et ne demeura que trois jours.

Il est à remarquer que cette reine eut, dans cette réception, le vif déplaisir de voir son mari traité en simple prince de troisième classe et ne jouissant que de l'Altesse. Cette étiquette lui fut particulièrement odieuse, et elle eut beaucoup de peine à ne pas le faire sentir au roi son hôte.

Le roi n'a pas reconduit la reine Victoria; il s'est rendu sur-le-champ à Berlin, dont la fermentation était menaçante.

On peut citer encore la rencontre de l'empereur Nicolas avec le jeune empereur d'Autriche, en septembre 1853.

L'empereur François-Joseph, quelles que fussent les obligations de l'Autriche envers la Russie, n'alla point au-devant de l'empereur Nicolas. Il se borna à l'aller rejoindre à Olmütz, où celui-ci s'était arrêté; mais il le reconduisit d'Olmütz jusqu'à la frontière des États autrichiens.

Ces deux rencontres ne donnent pas des enseignements bien nets pour la circonstance qui se prépare. La France est d'ailleurs, en matière de courtoisie, habituée plutôt à donner des exemples qu'à en recevoir.

Jusqu'où l'Empereur ira-t-il au-devant de la reine de la Grande-Bretagne, si Sa Majesté y va en personne?

Ou bien l'Empereur attendra-t-il la reine à Saint-Cloud, se bornant à faire recevoir cette princesse au port de débarquement par S. A. I. Mgr le Prince Napoléon, qui serait chargé de la convoyer à Saint-Cloud?

D'un côté, il est à remarquer que le prince Albert, qui est venu au devant de l'Empereur et de l'Impératrice, n'est pas roi; il n'est qu'Altesse Royale, il n'est que le mari de la reine.

En outre, la reine d'Angleterre ne s'est pas approchée de sa capitale, bien que la présence de notre Impératrice, dont la dignité, si elle n'est pas souveraine, est bien supérieure à celle du prince Albert, eût pu lui conseiller d'ajouter à la politesse du cérémonial qui avait été adopté sur ce point.

Mais, d'un autre côté, ce n'est point d'une visite politique qu'il s'agit, mais d'une visite purement courtoise et à laquelle il est naturel, nécessaire, en France surtout, de répondre par une courtoisie qui ne marchande sur aucun détail d'étiquette. En même temps que la reine, il faut voir la femme. Toute politesse qui sera dans nos mœurs sera de bon goût, et n'aura rien qui puisse compromettre la dignité du pays dans la personne du souverain en qui elle se résume parce que les infractions d'étiquette sont sans conséquence envers une femme.

Si, dans les relations ordinaires de la société, c'est toujours l'homme qui, en toute circonstance, va au devant de la femme, de même doit-il en être de souverain à souveraine; et si le Parlement britannique a permis à sa reine de faire, sur le continent, une visite à son auguste allié, nul doute qu'il ne s'attende à la voir accueillie d'une manière digne des deux nations, d'une manière toute française, et que les citoyens des trois royaumes ne soient tous sensibles à ce que le souverain de la France pourra prodiguer de gracieuses attentions à la reine qu'ils nous confient.

Il semble donc que l'Empereur peut dédaigner l'étiquette dans cette occurrence, et que toute infraction à l'étiquette des souverains tournera au profit des convenances personnelles, des sympathies internationales. Le prince Albert, qui est venu à Douvres au devant de Leurs Majestés, n'est pas roi, mais il l'est en quelque sorte aux yeux de la reine d'Angleterre.

Rehausser son rang devant elle, c'est lui complaire, et le bon goût est ici d'accord avec l'hospitalité impériale.

—

XC.

Affaires de Rome. — Lettre du général Dumont au général Frossard.

Civita-Vecchia, le 25 juin 1868.

Mon cher Frossard,

Voilà les journaux italiens qui me *tombent dessus* à cause du toast que j'ai porté au Pape le jour de l'anniversaire de son couronnement. Je m'en moque, parce que je crois avoir bien fait et que je suis sûr que l'Empereur ne me blâmera pas, si le peu de mots que j'ai dits arrivent jusqu'à Sa Majesté. Pouvais-je moins faire dans une circonstance pareille ? J'ai envoyé au Ministre, comme je le fais pour vous, un extrait de journal rendant compte de la manière dont la fête s'est passée. J'espère que le Maréchal m'approuvera.

Une certaine agitation garibaldienne règne en ce moment en Italie. On provoque des enrôlements de tous côtés. Ces jours derniers, quinze à vingt jeunes gens sont partis subitement de Viterbe pour aller s'enrôler à Gênes ou

Milan. J'ai rendu compte de ce fait au Maréchal, en l'assurant que je serais toujours assez fort, avec les 4,000 hommes que j'ai, pour faire face aux premières éventualités. Il faudrait bien des garibaldiens pour me déloger de Viterbe, et de Civita surtout, que nous avons mis dans un état très-respectable de défense. Seulement je vois avec peine le déplorable état de l'armement de l'armée pontificale. Si elle était abandonnée à elle-même aujourd'hui avec ses mauvais et vieux fusils, elle serait enlevée immédiatement. Je n'ai cessé de dire au Ministre des armes de hâter la livraison des 10,000 fusils Remington pour lesquels depuis longtemps des marchés sont passés, et rien n'arrive, bien que l'on promette toujours. J'ai signalé au cardinal Antonelli ces déplorables retards.

Nous subissons, en ce moment, une influence épidémique assez fâcheuse. A la suite de pluies torrentielles sont venues subitement de fortes chaleurs, qui nous ont donné des fièvres typhoïdes et des dyssenteries cholériformes. Je prends toutes les dispositions possibles pour arrêter le mal.

Je n'ai jamais cru au bruit que certains journaux ont répandu d'un voyage du Prince impérial à Rome. Vous, qui connaissez le pays comme moi, savez bien que ça ne serait pas le bon moment.

Je vous renouvelle, mon cher Frossard, l'assurance de mes sentiments bien dévoués.
Général DUMONT.

Extrait du Journal.

« ... Dans la salle ornée de festons, dans le milieu du jardin, il y avait
» abondance de rafraîchissements. Quand tous les invités s'y trouvèrent
» réunis, S. Exc. le général Dumont porta en ces termes un toast au Souve-
» rain Pontife : A Pie IX ! à ce vénérable Pontife que l'Empereur et la France
» n'abandonneront jamais ! Vive Pie IX ! » A quoi S. Ém. R. Monsignor
» Scapitta, délégué apostolique répondit: « Messieurs, je vous propose de
» boire à la santé et à la prospérité de S. M. l'Empereur Napoléon III ; au
» puissant Souverain de la noble et généreuse nation française, qui, en pro-
» tégeant le trône pontifical par le prestige de sa puissance et la valeur de
» ses braves troupes, a rendu et rend incessamment le plus grand service, non-
» seulement à la cause de la religion, mais encore à celle de l'ordre, du bien-
» être et du vrai progrès de la société tout entière. Vive l'Empereur ! »

XCI.

Lettre de M. Pepoli à Napoléon.

Elle montre de quelle façon était composé le *Livre Jaune.*

SIRE,

On m'écrit de Paris que le Livre Jaune contiendra deux dépêches qui me concernent.

J'espère, Sire, que cette nouvelle ne se confirmera pas : je regretterais de voir se rouvrir une polémique qui ne peut profiter qu'aux ennemis de la France et de l'Italie.

Vous savez, Sire, qu'au moment de prononcer mon discours à la Chambre des députés, je me suis résigné à passer sous silence l'historique des négociations, sur une invitation venue de votre ministre, et je pense que Votre Majesté n'aura pas oublié que cet historique avait été approuvé par M. Drouyn de Lhuys ; au moins il en avait reconnu l'exactitude.

Je ne peux pas cacher à Votre Majesté que la publication des notes qui me concernent me placerait vis-à-vis de mon pays dans une position difficile et douloureuse, qu'un honnête homme ne saurait accepter.

D'autant plus que, lorsque j'ai été à Paris, rien ne m'a pu faire concevoir le doute de l'existence de la note relative au banquet de Milan, dont, même à l'heure qu'il est, je ne connais point les termes.

Les derniers événements de Rome, j'espère, Sire, qu'ils vous auront prouvé de quel côté sont vos ennemis, et je ne peux pas croire que vous choisirez ce moment pour blesser un cœur dévoué et ami, qui vous a toujours témoigné sa reconnaissance et son affection pour Votre Majesté et pour les destinées glorieuses de sa dynastie.

De Votre Majesté Impériale le dévoué serviteur.

PEPOLI.

Le 28 janvier 1865.

Annotation au crayon : *Pepoli. — Les lettres ne seront pas insérées au Livre Jaune. C.*

XCII.

Lettre de Napoléon à M. Conneau.

Sans date, mais d'une époque antérieure à l'empire, peut-être venue de Ham.

MON CHER CONNEAU,

Je vous remercie des nouvelles que vous me donnez. Ici elles ne sont pas aussi bonnes ; vous pouvez donc rester tant qu'il vous plaira et tant que cela sera nécessaire. Ma santé est bonne, mais je suis bien froissé par la lâcheté de quelques hommes. Enfin *il faut croire à la fatalité*.

Croyez à ma sincère amitié.

L. N.

Nous jouirons encore longtemps du calme le plus parfait.

XCIII.

Les dépêches qu'on va lire ont été trouvées en majeure partie aux Tuileries. Presque toutes étaient en chiffres, et l'on n'a pas toujours pu les traduire intégralement. Elles commencent à la déclaration faite par M. de Gramont devant le Corps législatif, le 6 juillet, et ne s'arrêtent qu'au 4 septembre. Pour éviter la confusion, nous avons dû renoncer à employer l'ordre chronologique. Le classement par ordre de matières nous a paru préférable, et nous espérons que le public en jugera de même malgré l'imperfection des divisions adoptées par nous. Au surplus, en donnant place dans notre recueil à ces dépêches, qui auraient évidemment besoin d'être annotées et commentées, nous nous sommes beaucoup moins préoccupés de satisfaire à la curiosité immédiate du public que de fournir d'utiles matériaux aux futurs historiens de la guerre de 1870.

I. — GUERRE DE PRUSSE. — 1870.

DÉPÊCHES DE LA COUR.

1.

A Sa Majesté l'Empereur. — Saint-Cloud.

Paris, Corps législatif, 6 juillet 1870, 3 h. 10 m. soir.

La déclaration du ministre des affaires étrangères, très-habile, très-nette et très-ferme, a excité le plus vif enthousiasme au Corps législatif.

CONTI.

2.

A l'Empereur. — Saint-Cloud.

Paris, le 6 juillet 1870, 9 h. 30 m. soir.

Recevez mes félicitations les plus ardentes; la France entière vous suivra; l'enthousiasme est unanime.

PERSIGNY.

3.

Général Frossard, commandant en chef. — Camp de Châlons.

Paris, Tuileries, le 14 juillet 1870, 1 h. 27 m. soir.

S'il y a la guerre, je voudrais que vous eussiez le commandement en chef du génie. Cependant, si vous tenez à conserver le commandement de votre corps d'armée, répondez-moi.

NAPOLÉON.

— 255 —

4.

Général Frossard à l'Empereur. — Saint-Cloud.

Camp de Châlons, le 14 juillet, 4 h. soir.

Sire, Votre Majesté disposera de moi comme elle l'entendra. Je lui suis tout dévoué et prêt à faire ce qu'elle jugera le plus utile à son service, quelles que puissent être mes préférences.

5.

Guerre à Général commandant 5ᵉ division. — Metz.

Paris, le 16 juillet 1870, 2 h. 7 m. soir.

Tout ce qui concerne le départ des troupes stationnées à Metz et la continuation des travaux de fortification doit être réglé par le général de Failly, en attendant l'arrivée du maréchal Bazaine.

6.

A l'Impératrice. — Saint-Cloud. (Recommandée.)

Metz, le 30 juillet, 7 h. 55 m. matin.

Louis va très-bien. Il a dormi seize heures de suite. Je viens de recevoir ta lettre du 29 et la copie de l'autre. L'intention est bonne, mais je voudrais des actes.

Nous t'embrassons tendrement.

NAPOLÉON.

7.

A l'Impératrice. — Saint-Cloud.

Metz, le 30 juillet 1870, à 4 h. 12 m. soir.

Envoie-moi un bracelet pour la préfète. Je voudrais que quelqu'un me fît tous les deux jours l'analyse de l'analyse.
Je vais très-bien, mais fatigué par la chaleur.
Nous t'embrassons tendrement.

NAPOLÉON.

8.

Au Prince Impérial. — Metz.

Saint-Cloud, le 31 juillet 1870, à 7 h. 31 m. soir.

La petite Malakoff a encore trouvé deux trèfles à quatre feuilles. Je te les enverrai. Nous t'embrassons tous.

EUGÉNIE.

9.

Au Ministre de la guerre. — Paris.

Metz, 1ᵉʳ août 1870, 8 h. 35 m. soir.

L'Impératrice n'avait pas le droit de nommer un général à l'armée. La nomination du général Grandchamp doit être annulée.

NAPOLÉON.

10.

Au Ministre de la guerre par intérim. — Paris.

Metz, le 4 août 1870, 4 h. 35 m. soir.

Il est de toute nécessité que le maréchal Canrobert vienne à Nancy avec ses trois divisions; mais que faire de la garde nationale mobile?

NAPOLÉON.

11.

Au maréchal Canrobert. — Camp de Châlons.

Metz, le 5 août 1870, 8 h. 55 m. matin.

Faites venir l'infanterie de vos trois divisions par le chemin de fer directement à Nancy.

L'artillerie et la cavalerie suivront par étapes.

NAPOLÉON.

12.

Sa Majesté l'Impératrice. — Saint-Cloud.

Metz, le 6 août 1870, à 3 h. soir.

Je n'ai pas de nouvelles de Mac-Mahon. Ce matin les reconnaissances du côté de la Sarre ne signalaient aucun mouvement de l'ennemi. J'apprends maintenant qu'il y a un engagement du côté du général Frossard. Il est trop loin pour que nous puissions y aller. Dès que j'aurai des nouvelles, je te les enverrai.

NAPOLÉON.

13.

A l'Empereur. — Quartier impérial.

Paris, le 7 août 1870, à 2 h. 25 m. soir.

Je suis très-satisfaite des résolutions prises au conseil des ministres. 56,

924, 39, 413, 873, 281, 247, 540, 47, 899, 161, 897, 681 (1), et je suis persuadée que nous mènerons les Prussiens l'épée dans les reins jusqu'à la frontière.

Courage donc! avec de l'énergie nous dominerons la situation. Je réponds de Paris et je vous embrasse de tout cœur tous les deux.

EUGÉNIE.

14.

A l'Impératrice. — Paris.

Étain, le 16 août 1870.

Je viens d'arriver à Étain avec deux régiments en avant de l'armée, afin d'être plus tôt à Verdun; nous allons bien; l'armée est réunie et pleine d'ardeur; nous t'embrassons tendrement.

LOUIS-NAPOLÉON.

15.

A l'Impératrice. — Paris.

Étain, le 16 août 1870.

MA CHÈRE MAMAN,

Je vais très-bien, ainsi que papa; tout va de mieux en mieux.

Votre affectionné et respectueux fils,

LOUIS-NAPOLÉON.

16.

L'Empereur au maire d'Étain.

Quartier impérial, le 17 août 1870, à 10 h. 23 m. matin.

Avez-vous des nouvelles de l'armée?

17.

Comtesse de Montijo. — Madrid. (Recommandée.)

Paris, le 18 août 1870, 12 h. 5 m. soir.

Ne venez pas. Vous ne pourriez que compliquer les affaires.

EUGÉNIE.

(1) Ces chiffres n'ont pu être traduits.

18.

A Son Exc. le Ministre de l'Intérieur.

Courcelles, le 23 août 1870, 9 h. 10 m. matin.

Je ne comprends pas pourquoi les préfets et sous-préfets ont reçu l'ordre de rester à leur poste et de fournir ainsi à l'ennemi l'avantage d'un service organisé.

NAPOLÉON.

19.

M. Bure, trésorier général de la Couronne. — Paris,
24, avenue des Champs-Élysées.

Carignan, le 30 août, 6 h. 3 m. soir.

J'approuve la distribution des fonds que tu me proposes; tu remettras le reste à Charles Thélin.

NAPOLÉON.

20.

Préfet de police à Impératrice, Guerre, Intérieur, Gouverneur de Paris, général Soumain.

Paris, le 3 septembre, 9 h. 40 m. soir.

L'agitation est très-grande dans Paris. Des bandes sillonnent les boulevards et les principales voies en poussant des cris séditieux. A neuf heures, plusieurs centaines d'individus ont attaqué le poste de police du boulevard Bonne-Nouvelle. Après une lutte vigoureuse, les assaillants ont été repoussés; le chef de la bande et plusieurs arrêtés. L'un d'eux avait un long poignard.

21.

M. Duperré. — Landrecies.

Tuileries, 3 septembre 1870, 1 h. 20 m. soir.

Attendre nouveaux ordres là où vous êtes.

FILON.

22.

M. Duperré. — Landrecies. (Ou faire suivre Cambrai.)

Paris, 3 septembre 1870, 10 h. soir.

A votre choix Maubeuge ou l'autre ville à laquelle vous pensiez. Si vous y êtes déjà, restez-y. Informez-moi de votre décision.

FILON.

23.

Au prince Napoléon, palais Pitti. Florence. (Recommandée.)

Paris, le 4 septembre 1870.

Pendant que la Chambre, réunie dans les bureaux, délibère sur des propositions, la foule envahit les tribunes. La garde nationale proclame la République. C'est un fait consommé pacifiquement jusqu'à présent. 178-687 (1).

HUBAINE.

24.

M. Filon, aux Tuileries. — Paris.

Maubeuge, le 4 septembre 1870, 10 h. 35 m. matin.

Sommes à Maubeuge. L'Empereur nous a télégraphié de Bouillon pour avoir de nos nouvelles. En lui en donnant, nous lui demandons ses ordres. Nous voudrions en même temps avoir les vôtres. Attendons avec impatience votre réponse. Connaissons proclamation des ministres.

DUPERRÉ.

25.

M. Charles Duperré. — Maubeuge.

Paris, le 4 septembre 1870.

Reçu vos deux dépêches; aurez des ordres verbaux avant 35 (2) et une lettre de moi par l'homme que vous avez envoyé. L'Impératrice veut que vous ne teniez pas compte des communications de Bouillon. L'Empereur ne peut pas apprécier la situation.

FILON.

26.

Mme la comtesse de Montijo. — Madrid. (Recommandée.)

Paris, le 4 septembre 1870.

Le général Wimpffen, qui avait pris le commandement après la blessure de Mac-Mahon, a capitulé, et l'Empereur a été fait prisonnier. Seul, sans commandement, il a subi ce qu'il ne pouvait empêcher. Toute la journée il a été au feu. Du courage, chère mère; si la France veut se défendre, elle le peut. Je ferai mon devoir. Ta malheureuse fille.

EUGÉNIE.

(1) On n'a pu déchiffrer ces deux groupes.
(2) Groupe non traduit.

27.

Jacmin, directeur de l'exploitation Est. — Paris.

Bruxelles, 4 septembre 1870, 8 h. 45 m. matin.

L'Empereur est à Bouillon. Je le conduis à Verviers par train spécial.

REGRAY.

II. — LA CAMPAGNE DE SEDAN.

1.

Guerre à S. M. l'Empereur. — Camp Châlons.

Paris, 17 août 1870, 10 h. 27 m. soir.

L'Impératrice me communique la lettre par laquelle l'Empereur annonce qu'il veut ramener l'armée de Châlons sur Paris. Je supplie l'Empereur de renoncer à cette idée, qui paraîtrait l'abandon de l'armée de Metz, qui ne peut faire en ce moment sa jonction à Verdun. L'armée de Châlons sera avant trois jours de 85,000 hommes, sans compter le corps de Douay, qui rejoindra dans trois jours et qui est de 18,000 hommes. Ne peut-on pas faire une puissante diversion sur les corps prussiens, déjà épuisés par plusieurs combats ?

L'Impératrice partage mon opinion.

Je prie l'Empereur d'agréer mes respectueux hommages.

2.

Ministre de la guerre. — Paris.

Camp, 18 août 1870, 0 h. 4 m.

Je me rends à votre opinion. Ne retardez pas le mouvement de la cavalerie. Bazaine demande avec instance des munitions.

Je vous envoie par Béville les dépêches du maréchal, qui ne contiennent rien de nouveau.

Le régiment de cuirassiers blancs de M. de Bismark a été totalement détruit.

NAPOLÉON.

3.

Maréchal Mac-Mahon à Guerre. — Paris.

Quartier général, 19 août 1870.

Veuillez dire au conseil des ministres qu'il peut compter sur moi et que je ferai tout pour rejoindre Bazaine.

4.

Maréchal Mac-Mahon à maréchal Bazaine. — Metz.

Camp Châlons, 19 août 1870, 3 h. 35 m. soir.

Si, comme je le crois, vous êtes forcé de battre en retraite très-prochainement je ne sais, à la distance où je me trouve, comment vous venir en aide sans découvrir Paris.

Si vous en jugez autrement, faites-le-moi connaître.

5.

Guerre à maréchal Mac-Mahon. — Camp de Châlons

19 août 1870.

J'apprends de source certaine que les corps ne se gardent pas, qu'il n'y a pas de reconnaissance sérieusement organisée jusqu'ici. Je fais exception pour la division de cavalerie du général Fénelon, qui nous a fourni des renseignements utiles. J'ai su que le corps de Failly, à Chaumont et à Blennes, n'était ni éclairé ni gardé; cette absence de vigilance permet à des partis isolés et sans importance de couper les chemins de fer. Cette opération a été exécutée déjà avec hardiesse et bonheur dans plusieurs endroits par quelques cavaliers qu'il eût été facile de chasser à coups de fusil, si l'on s'était gardé. Veuillez donner des ordres pour que l'on redouble de vigilance en ce moment. Vous avez sans doute eu connaissance d'un corps prussien peu considérable, 1,000 à 1,200 hommes environ et 200 voitures, qui paraissait séparé du reste de l'armée et semblait se diriger de Saint-Mihiel vers Montmédy.

6.

Mac-Mahon à Guerre.

Camp Châlons, 20 août 1870, 4 h. 45 m. soir.

Je partirai demain pour Reims. Si Bazaine perce par le nord, je serai plus à même de lui venir en aide; s'il perce par le sud, ce sera à une telle distance que je ne pourrai dans aucun cas lui être utile. Je laisse ici une division de cavalerie pour permettre d'enlever tout ce qui est possible. Donnez des ordres pour que la ligne de communication soit établie par Soissons ou par Épernay.

7.

Maréchal Mac-Mahon à Guerre. — Paris.

Reims, 22 août 1870, 10 h. 45 m. matin.

Le maréchal Bazaine a écrit du 19 qu'il comptait toujours opérer son mouvement de retraite par Montmédy.

Par suite, je vais prendre mes dispositions pour me porter sur l'Aisne.

Prévenez le conseil des ministres et accusez-moi réception de cette dépêche.

8.

Maréchal Mac-Mahon au commandant supérieur de Sedan.

Le Chesne, 27 août 1870, 3 h. 25 m. soir.

Je vous prie d'employer tous les moyens possibles pour faire parvenir au maréchal Bazaine la dépêche suivante :

« Le maréchal de Mac-Mahon, au Chesne, au maréchal Bazaine.

» Maréchal Mac-Mahon prévient maréchal Bazaine que l'arrivée du prince
» royal à Châlons le force à opérer le 29 sa retraite sur Mézières, et de là à
» l'ouest, s'il n'apprend pas que le mouvement de retraite du maréchal Bazaine
» soit commencé. »

9.

Maréchal Mac-Mahon à Guerre. — Paris.

Le Chesne, 27 août 1870, 8 h. 50 m. soir.

Les 1re et 2e armées, plus 200,000 hommes, bloquent Metz, principalement sur la rive gauche ; une force évaluée 50,000 hommes serait établie sur la rive droite de la Meuse, pour gêner ma marche sur Metz. Des renseignements annoncent que l'armée du prince royal de Prusse se dirige aujourd'hui sur les Ardennes avec 50,000 hommes ; elle serait déjà à Ardeuil. Je suis au Chesne avec un peu plus de 100,000 hommes. Depuis le 9 je n'ai aucune nouvelle de Bazaine ; si je me porte à sa rencontre, je serai attaqué de front par une partie des 1re et 2e armées, qui, à la faveur des bois, peuvent dérober une force supérieure à la mienne ; en même temps attaqué par l'armée du prince royal de Prusse me coupant toute ligne de retraite. Je me rapproche demain de Mézières, d'où je continuerai ma retraite, selon les événements, vers l'ouest.

10.

Guerre à Empereur. — Quartier impérial.

Paris, 27 août 1870, 14 h. soir.

Si vous abandonnez Bazaine, la révolution est dans Paris et vous serez attaqué vous-même par toutes les forces de l'ennemi. Contre le dehors Paris se gardera. Les fortifications sont terminées. Il me paraît urgent que vous puissiez parvenir rapidement jusqu'à Bazaine. Ce n'est pas le prince royal de Prusse qui est à Châlons, mais un des princes, frère du roi de Prusse, avec une avant-garde et des forces considérables de cavalerie. Je vous ai télégraphié ce matin deux renseignements qui indiquent que le prince royal de Prusse, sentant le danger auquel votre marche tournante expose et son armée et l'armée qui bloque Bazaine, aurait changé de direction et marcherait vers le nord. Vous avez au moins trente-six heures d'avance sur lui, peut-être quarante-huit heures. Vous n'avez devant vous qu'une partie des forces qui bloquent Metz et qui, vous voyant vous retirer de Châlons à Reims, s'étaient étendues vers l'Argonne. Votre mouvement sur Reims les avait trompées. Comme le prince royal de Prusse, ici tout le monde a senti la nécessité de dégager Bazaine, et l'anxiété avec laquelle on nous suit est extrême.

11.

Guerre à maréchal Mac-Mahon. — Au quartier général.

(Urgent. — Faire suivre.)

Paris, 28 août 1870, 1 h. 50 m. soir.

Au nom du conseil des ministres et du conseil privé, je vous demande de porter secours à Bazaine en profitant des trente heures d'avance que vous avez sur le prince royal de Prusse. Je fais porter corps Vinoy sur Reims.

12.

Guerre à maréchal Mac-Mahon. — Sedan.

Paris, le 31 août 1870, 9 h. 40 m. matin.

Je suis surpris du peu de renseignements que M. le maréchal de Mac-Mahon donne au Ministre de la guerre; il est cependant de la plus haute importance que je sache ce qui se passe à l'armée afin de pouvoir coordonner certains mouvements de troupes avec ce que peuvent faire MM. les commandants des corps d'armée. Votre dépêche de ce matin ne m'explique pas la cause de votre marche en arrière, qui va causer la plus vive émotion.

Vous avez donc éprouvé un revers?

13.

Au Ministre de la Guerre. — Paris.

Sedan, le 31 août 1870, 4 h. 15 m. matin.

Mac-Mahon fait savoir au Ministre de la guerre qu'il est forcé de se porter sur Sedan.

III. — AU 31 AOUT L'EMPEREUR COMMANDE ENCORE.

1.

Major général à Guerre. — Paris.

Metz, le 9 août 1870, 11 h. 20 m. matin.

Je reçois votre dépêche du 8. Considérez comme non avenue ma demande de bataillons de marche. J'approuve trop les mesures énergiques que vous prenez pour les contrarier.

L'Empereur rentre à l'instant des avant-postes. Le maréchal Bazaine est, par décret impérial, nommé commandant en chef de toutes les forces réunies en avant de Metz. Le général Decaen prend le commandement du 3e corps.

2.

Le Major général au Ministre de la guerre. — Paris.

Metz, le 10 août 1870, 2 h. 15 m. soir.

L'Empereur ordonne de continuer sans interruption et sans aucune perte de temps le mouvement de toutes les divisions du camp de Châlons sur Metz; que la Compagnie de l'Est fasse tous ses efforts pour hâter le mouvement par tous les moyens possibles.

Je préviens le maréchal Canrobert; entendez-vous avec la Compagnie.

3.

Major général à général de Failly, commandant le 5e corps. — Mirecourt.

Metz, le 12 août 1870, 8 h. 55 m. soir.

Vous avez reçu ce matin l'ordre de vous diriger sur Toul. L'Empereur annule cet ordre et vous prescrit de vous diriger sur Paris en suivant la route qui vous paraîtra la plus convenable. Accusez réception.

4.

Debains à Intérieur. — Paris.

Metz, le 13 août 1870, 2 h. 42 m. soir.

Les renforts attendus sont arrivés. Le maréchal Bazaine, après avoir pris les ordres de l'Empereur, a conféré avec les chefs de service. Les volontaires affluent. Les communications avec Frouard sont momentanément interrompues.

5.

Général de Failly à Guerre. — Paris.

La Marche, le 14 août 1870.

Par ordre de l'Empereur, mon corps d'armée marche sur Chaumont, où il arrivera le 16 août. Je désirerais que Votre Excellence fît diriger sur Chaumont des chemises et des tentes-abris, un grand nombre d'hommes de la réserve étant arrivés sans tentes. Mon quartier général est aujourd'hui à la Marche, demain il sera à Montigny, après-demain à Chaumont.

6.

L'Empereur au général de Montauban, ministre de la guerre. — Paris.

Quartier impérial, le 17 août 1870, 9 h. 40 m. matin.

Je vous envoie par le commandant Duperré le résultat d'un conseil de guerre qui vous mettra au courant des mesures que j'ai arrêtées.

7.

Au ministre de la guerre. — Paris.

Camp Châlons, le 18 août 1870, 2 h. 15 m. soir.

Il faudrait faire refluer vers l'intérieur les dépôts des corps qui pourraient tomber aux mains de l'ennemi. Je voudrais bien ne pas recevoir les marabouts. Le maréchal Bazaine a besoin aussi de munitions pour les canons et les mitrailleuses.

NAPOLÉON.

8.

Empereur à Guerre. — Paris.

Camp, le 18 août 1870, 10 h. 35 m. matin.

Ne pourrait-on pas, d'après la nouvelle loi, incorporer dans chaque bataillon de ligne 100 hommes de la garde nationale mobile?
Ce serait la meilleure manière de les utiliser.

NAPOLÉON.

9.

Maréchal Mac-Mahon à Guerre. — Paris.

Camp Châlons, le 21 août 1870, 8 h. 7 m. soir.

Afin de combler les vides qui se sont produits à la bataille de Fræschwiller, l'Empereur a fait hier des nominations pour remplir toutes les vacances d'officiers supérieurs et la moitié de celles des officiers subalternes. J'adresserai ce soir à Votre Excellence un état général des tués, blessés et disparus, la liste des nominations faites et les propositions pour celles qui restent à faire encore.

10.

Guerre à Empereur. — Reims.

Paris, le 27 août 1870, 7 h. 15 m. matin.

Il y a une urgence extrême à remplacer, dans les régiments de cavalerie, les vides qui se sont produits dans les rangs des officiers. Je prie Votre Majesté de m'envoyer immédiatement l'état nominatif des candidats aux diverses vacances, ou de me faire connaître les nominations que l'Empereur a déjà faites pour pourvoir à ces emplois.

Je réorganise ici le 9ᵉ cuirassiers, complétement détruit. Je me réserve pour ce régiment de faire les nominations et de combler les cadres, si déjà Votre Majesté n'a pourvu aux vacances existantes.

11.

Guerre à Empereur. — Au Chêne-Populeux.

Paris, le 27 août 1870, 7 h. 10 m. soir.

Je remercie Votre Majesté des officiers généraux qu'Elle m'envoie. Je vais les utiliser de suite pour le 13ᵉ corps d'armée, mais ils ne suffisent pas. Je serais forcé de prendre encore des officiers généraux du cadre de réserve, conformément à la loi nouvelle, qui autorise le ministre de la guerre à utiliser les officiers généraux jusqu'à 70 ans et les autres jusqu'à 60 ans.

Si Votre Majesté me renvoie encore des officiers du cadre de réserve nommés par moi dans les corps formés à Paris, Elle me mettra dans le plus cruel embarras. Ceux que l'on a renvoyés sont profondément blessés.

12.

A l'Impératrice. — Paris.

Carignan, le 30 août 1870, 5 h. 40 m. soir.

Il y a eu encore un engagement aujourd'hui sans grande importance. Je suis resté à cheval assez longtemps.

NAPOLÉON.

13.

Au général Vinoy. — Mézières.

Sedan, le 31 août 1870, 10 h. 5 m. matin.

J'ai vu votre aide de camp. Les Prussiens s'avancent en force. Concentrez toutes vos troupes dans Mézières.

NAPOLÉON.

IV. — LES APPROVISIONNEMENTS ET L'ARMEMENT.

1.

Guerre à Maréchaux et Généraux commandant corps d'armée, Généraux, commandant divisions et subdivisions territoriales et actives (Algérie comprise, camp de Châlons compris).

Paris, le 15 juillet 1870.

DISPOSITIONS RELATIVES A LA TENUE DE CAMPAGNE.

La tenue de campagne sera réglée ainsi qu'il suit pour les différentes armes :

Officiers généraux : grande tenue : tunique, chapeau et ceinture.

Petite tenue : tunique et képi, ceinturon or et soie, en cuir verni.

Un seul harnachement (celui de petite tenue).

Corps d'état-major : tunique et képi pour toutes les tenues.

Un seul harnachement (celui de petite tenue).

La ceinture sera portée en grande tenue.

Ligne d'infanterie : Officiers : tunique avec galon indicatif de grade posé en travers sur les manches (galon du modèle de la marine); une paire d'épaulettes dans les cantines.

Un seul harnachement.

Troupe : capote et veste, et, pour les chasseurs à pied, veste et manteau. Les tuniques seront laissées au dépôt ; les sous-officiers emporteront une des deux tuniques avec la capote et laisseront l'autre au dépôt. On emportera les shakos et les épaulettes.

Ligne de cavalerie : paquetage de campagne.

Les plumets et les sabretaches seront laissés au dépôt.

Ligne (suite), artillerie : paquetage analogue à celui de la cavalerie ; les habits seront laissés au dépôt.

Chaque homme emportera deux vestes. Le shako sera conservé.

Génie : réductions analogues à celles indiquées pour l'infanterie. Le shako sera conservé.

Train : comme il est prescrit pour l'artillerie.

Infirmiers et soldats d'administration : capote et veste comme l'infanterie.

2.

Général de Failly, commandant 5ᵉ corps, à Guerre. — Paris.

Bitche, le 18 juillet 1870.

Suis à Bitche avec 17 bataillons d'infanterie. Envoyez-nous argent pour faire vivre troupes. Les billets n'ont point cours. Point d'argent dans les caisses publiques des environs. Point d'argent dans les caisses des corps.

DE FAILLY.

3.

Intendant général à Blondeau, directeur administration guerre.— Paris.

Metz, le 20 juillet 1870, 9 h. 50 m. matin.

Il n'y a à Metz ni sucre, ni café, ni riz, ni eau-de-vie, ni sel, peu de lard et de biscuit. Envoyez d'urgence au moins un million de rations sur Thionville.

4.

Général Ducrot à Guerre. — Paris.

Strasbourg, le 20 juillet 1870, 8 h. 30 m. matin.

Demain il y aura à peine 50 hommes pour garder la place de Neuf-Brisach; et Fort-Mortier, Schlestadt, la Petite-Pierre et Lichtenberg sont également dégarnis. C'est la conséquence des ordres que nous exécutons. Il sera facile de trouver des ressources dans la garde nationale mobile et dans la garde nationale sédentaire, mais je ne me crois pas autorisé à rien faire puisque Votre Excellence ne m'a donné aucun pouvoir. Il paraît positif que les Prussiens sont déjà maîtres de tous les défilés de la Forêt-Noire.

5.

Général commandant 2ᵉ corps à Guerre. — Paris.

Saint-Avold, le 21 juillet 1870, 8 h. 55 m. matin.

Le dépôt envoie énormes paquets de cartes inutiles pour le moment; n'avons pas une carte de la frontière de France; serait préférable d'envoyer en plus grand nombre ce qui serait utile et dont nous manquons complètement.

6.

Général Michel à Guerre. — Paris.

Belfort, le 21 juillet 1870, 7 h. 30 m. matin

Suis arrivé à Belfort; pas trouvé ma brigade; pas trouvé général de division. Que dois-je faire? Sais pas où sont mes régiments.

7.

Guerre à général de Failly. — Bitche.

Paris, le 21 juillet 1870, 4 h. 50 m. soir.

Argent est à Strasbourg et une voie ferrée vous réunit à cette place. Pas de revolvers dans les arsenaux; on a donné 60 francs aux officiers pour en faire venir par le commerce. Il faut attendre l'Empereur et vous prêter aux circonstances.

8.

Général commandant 4e corps au Major général. — Paris.

Thionville, le 24 juillet 1870, 9 h. 12 m. matin.

Le 4e corps n'a encore ni cantines, ni ambulances, ni voitures d'équipages pour les corps et les états-majors.
Tout est complétement dégarni.

9.

Intendant 3e corps à Guerre. — Paris.

Metz, le 25 juillet 1870, 7 h. soir.

Le 3e corps quitte Metz demain. Je n'ai ni infirmiers, ni ouvriers d'administration, ni caissons d'ambulance, ni fours de campagne, ni train, ni instruments de pesage, et, à la 4e division et à la division de cavalerie, je n'ai pas même un fonctionnaire. Je prie Votre Excellence de me tirer de l'embarras où je suis, le grand quartier général ne pouvant me venir en aide, bien qu'il y ait plus de dix fonctionnaires.

10.

Sous-Intendant à Guerre, 6e direction, bureau des subsistances. — Paris.

Mézières, le 25 juillet 1870, 9 h. 20 m. matin.

Il n'existe aujourd'hui dans les places de Mézières et de Sedan ni biscuit ni salaisons.

11.

Major général à Empereur. — Paris.

Sarreguemines, le 25 juillet 1870, 8 h. 5 m. soir.

Je suis près du général de Failly. Tout bien au moral. Les troupes vivent bien. L'organisation est encore fort incomplète pour ce qui concerne les accessoires seulement. J'en écris au Ministre par télégramme. Un premier détachement de réservistes venu des dépôts est arrivé ici.

12.

Intendant chef à Guerre. — Paris.

Metz, le 26 juillet 1870, 8 h. 47 m. soir.

Par suite du manque absolu de boulangers et de l'impossibilité d'en trouver dans la classe civile, malgré les marchés passés pour fourniture à la ration, les nombreuses troupes en dehors de Metz sont obligées pour vivre de consommer le biscuit qui devrait servir de réserve, et qui n'arrive pas d'ailleurs dans une proportion suffisante. Il n'est arrivé, avec les 120,000 hommes de l'armée, que 38 nouveaux boulangers.

13.

Au général Dejean, ministre de la guerre. — Paris.

Saint-Cloud, le 26 juillet, 6 h. 45 m. soir.

Je vois qu'il manque des biscuits et du pain à l'armée.

Ne pourrait-on pas faire cuire le pain à la manutention à Paris et l'envoyer à Metz?

NAPOLÉON.

14.

Guerre à Intendant de la garde. — Metz.

Paris, le 26 juillet 1870, à 12 h. 30 m. soir.

Répondre aux questions suivantes :

1° Avec les 64 chevaux harnachés, livrés à la maison de l'Empereur, combien avez-vous perdu de conducteurs?

2° Combien avez-vous perdu de voitures et quelle espèce de voitures?

3° Avez-vous des conducteurs haut le pied, et combien?

J'ai besoin de ces renseignements pour former le détachement qui va vous être envoyé à Metz.

15.

Colonel directeur parc, 3ᵉ corps, à Directeur artillerie, ministère de la guerre. — Paris.

Metz, le 27 juillet 1870, 7. h. 58 m. soir.

Les munitions de canons à balles n'arrivent pas.

16.

Vice-amiral commandant en chef à Marine. — Paris.

Brest, le 27 juillet 1870, 1 h. 55 m. matin.

La Majorité de Brest est dépourvue des cartes mer du Nord et Baltique. Il en faudrait onze séries à escadre actuelle.

17.

Intendant général à Guerre. — Paris.

Metz, le 27 juillet 1870, 12 h. 30 m. soir

L'intendant du 1ᵉʳ corps m'informe qu'il n'a encore ni sous-intendant, ni soldats du train, ni ouvriers d'administration, et que, faute de personnel, il ne peut atteler aucun caisson ni rien constituer.

18.

Major général à Guerre. — Paris.

Metz, le 27 juillet 1870, 4 h. 12 m. soir.

Les détachements qui rejoignent l'armée continuent à arriver sans cartouches et sans campement.

19.

Général de Labastide à général Douay. — Paris,
Quai de Billy, 80.

Belfort, le 27 juillet 1870, 3 h. 57 m. matin.

Le général de Labastide renvoie au général Douay la dépêche suivante :
« Le Major général Douay, commandant 7ᵉ corps. — Belfort.
» Où en êtes-vous de votre formation? Où sont vos divisions? L'Empereur
» vous commande de hâter cette formation pour rejoindre le plus vite possible
» Mac-Mahon dans le Bas-Rhin. »

20.

Intendant du 1ᵉʳ corps à Guerre. — Paris.

Strasbourg, le 28 juillet 1870, 7 h. 35 m. matin.

Le 1ᵉʳ corps doit se porter en avant. Je n'ai encore reçu ni un soldat du train, ni un ouvrier d'administration. Il est indispensable que ces moyens m'arrivent sans aucun retard. MM. les sous-intendants Geil, Bruyère et Fages ne sont pas encore arrivés.

21.

Général artillerie à Guerre. — Paris.

Douai, 28 juillet 1870, 8 h. 5 m. soir.

Le colonel du 1ᵉʳ du train m'informe d'un fait grave : sur 800 colliers restant à la direction de Saint-Omer, 500 destinés autrefois à l'artillerie se trouvent trop étroits. Que faut-il faire pour parer à cette éventualité?

Il y a en magasin, à Douai, 1,700 colliers, dont un tiers se trouvent dans le même cas. Le directeur d'artillerie va s'enquérir immédiatement des ressources que peut lui offrir l'industrie privée pour élargir ces colliers.

22.

Major général à Guerre. — Paris.

Metz, le 29 juillet 1870, 5 h. 36 m. matin.

Je manque de biscuit pour marcher en avant. Dirigez, sans retard, sur Strasbourg tout ce que vous avez dans les places de l'intérieur.

3.

Major général à Guerre. — Paris.

Metz, le 29 juillet 1870, 10 h. matin.

Le général de Failly réclame avec instance du campement; les tentes-abris, couvertures, bidons, gamelles sont en nombre insuffisant. Les hommes qui rejoignent le 5ᵉ corps arrivent presque tous sans campement, sans marmites. Il estime qu'il lui faudrait du campement pour 5,000 hommes.

24.

Intendant 7ᵉ corps à Guerre. — Paris.

Belfort, le 4 août 1870, 7 h. 6 m. matin.

Le 7ᵉ corps n'a pas d'infirmiers, pas d'ouvriers, pas de train. Les troupes font mouvement. Je pare autant que possible à la situation; mais il est urgent d'envoyer du personnel à Belfort.

25.

Maréchal Canrobert à Guerre. — Paris.

Camp Châlons, le 4 août 1870, à 8 h. 15 m. matin.

Dans les vingt batteries du 6ᵉ corps d'armée, il n'y a en ce moment qu'un seul vétérinaire. Prière de combler cette lacune.

26.

Guerre à général Mitrecé, directeur des parcs de l'armée du Rhin. — Toul.

Paris, le 4 août 1870, 10 h. 5 m. matin.

Suspendez, jusqu'à nouvel ordre, tout travail d'appropriation des casemates de Toul, et ne faites aucune dépense à ce sujet.

27.

Général Soleille à Guerre. — Paris.

Metz, le 7 août 1870, 7 h. 40 m. matin.

Les corps de cavalerie me demandent que les moyens d'enclouage des pièces indiqués par une instruction qui leur a été communiquée soient mis à leur disposition; n'ayant connaissance d'aucun précédent, j'ai l'honneur de demander vos ordres à ce sujet.

28.

Préfet à Intérieur. — Paris.

Strasbourg, le 7 août 1870, 10 h. 15 matin.

La panique qui s'est produite hier soir à Strasbourg, par suite de mauvaises nouvelles venues de Haguenau et de l'arrivée de soldats traînards, fuyards et généralement peu blessés, cette panique a cessé. La population demandant des armes, j'ai promis d'organiser, d'armer aujourd'hui 4 ou 500 hommes de garde nationale. Nous n'avons presque pas de troupes, 1,500 à 2,000 hommes ; si l'ennemi tente un coup de main sur la ville, nous nous défendrons jusqu'au bout.

29.

Général subdivision à Général division. — Metz.

Verdun, le 7 août 1870, 3 h. 45 m. soir.

Il manque à Verdun, comme approvisionnement de siége, vin, eau-de-vie, sucre et café, lard, légumes secs, viande fraîche. Prière de pourvoir d'urgence pour 4,000 hommes.

30.

Intendant 6ᵉ corps, à Guerre. — Paris.

Camp de Châlons, le 8 août 1870, 10 h. 55 m. matin.

Je reçois de l'intendant en chef de l'armée du Rhin la demande de 400,000 rations de biscuit et vivres de campagne.

Je n'ai pas une ration de biscuit ni de vivres de campagne, à l'exception du sucre et du café.

Décidez si je dois en envoyer.

31.

Préfet à Intérieur. — Paris.

Lons-le-Saulnier, le 8 août 1870, 10 h. 55 m. matin.

Des corps de volontaires francs-tireurs ou gardes nationaux veulent se former. Partout on réclame des armes. L'émotion est ardente. Notre frontière est découverte ; les Rousses sans garnison. Les bruits d'arrivée des Badois campés à Lornach se propagent.

32.

Préfet à Intérieur. — Paris.

Perpignan, le 8 août 1870, 2 h. 45 m. soir.

Presque toutes les villes et positions frontières du département sont dépourvues de garnison. Cette situation crée des inquiétudes, et les populations murmurent de ce qu'on n'organise pas la garde nationale mobile. Il me parait utile de rassurer promptement le pays, et je vous serais reconnaissant d'insister dans ce but auprès de votre collègue de la guerre. Il y a réellement urgence à sortir d'une situation fausse.

33.

Guerre à Major général armée du Rhin. — Paris.

Paris, le 8 août 1870, à 6 h. 45 m. soir.

Le commandant de la place de Thionville me fait connaître qu'il vient de déclarer la ville en état de siége; il demande des renforts; la garnison, qui devrait être de 4 à 5,000 hommes, n'en a que 1,000, dont 600 mobiles, 90 douaniers et 300 cavaliers ou artilleurs non instruits.

34.

Général commandant 8ᵉ division à Guerre. — Paris.

Lyon, le 10 août 1870.

La population ne s'explique pas la surabondance de troupes en ce moment à Lyon. Le commandant du 7ᵉ corps désire ma présence, et je demande à le rejoindre avec la 3ᵉ division, que je commande.

35.

Maréchal Canrobert à Guerre. — Paris.

Camp Châlons, le 10 août 1870.

Votre Excellence n'ignore pas que beaucoup d'isolés, malades ou blessés, sont dirigés sur le camp de Châlons.

Je continue à n'avoir ni marmites ni gamelles, et ils sont dépourvus de tout. Mon devoir est de vous en informer. Nous n'avons ni sacs de couchage, ni assez de chemises, ni assez de chaussures.

36.

Major général à Intérieur. — Paris.

Metz, le 10 août 1870.

L'Empereur est allé visiter les cantonnements de l'armée. Depuis quarante-huit heures les approvisionnements affluent sur les points de concentration. Le matériel d'artillerie augmente chaque jour. Les soldats sont reposés et attendent le signal de l'action. Nous continuons à n'avoir aucun détail officiel sur les affaires du 6.

37.

Colonel 1ᵉʳ train artillerie à Guerre, 4ᵉ direction artillerie (personnel). Paris.

Saint-Omer, le 11 août 1870.

Il a bien été envoyé à l'arsenal de Saint-Omer, 1,200 harnais à bricole, mais on a omis le complément de ce harnachement, qui se compose de 600 selles et accessoires, 600 brides de sous-verge, sans lesquelles les compagnies ne peuvent être pourvues. Les formations se trouvent ainsi arrêtées dès aujourd'hui.

38.

Préfet du Bas-Rhin à Intérieur. — Paris.

Strasbourg, le 11 août 1870, 9 h. 40 m. matin.

Je manque d'argent pour faire soigner et nourrir nos blessés dans les villages où ils ont été recueillis. Pouvez-vous m'autoriser à faire traite de 80 ou 100,000 francs sur le trésorier général pour compte de mon comité départemental, et comme avance ou don au comité central présidé par l'Impératrice?

39.

Préfet Vosges à Intérieur. — Paris.

Épinal, le 12 août 1870, 8 h. 5 m. matin.

Nous avons à Épinal, depuis douze jours, 4,000 gardes mobiles sans armes, mal payés, qui deviennent une cause d'inquiétude pour la population. Le gouvernement ne craint-il pas que cet élément de forces régulières ne soit enlevé par un mouvement subit de l'ennemi? Plus un seul soldat dans les Vosges, si ce n'est le corps Mac-Mahon qui en traverse l'extrême nord. Pas argent à la recette générale.

40.

Commandant supérieur Langres au Ministre guerre. — Paris.

Langres, le 13 août 1870, 7 h. 35 m. soir.

Nous n'avons que 400 fusils, modèle 1842 tranformé, se chargeant par la culasse; il nous arrive environ 6,000 gardes mobiles; envoyer des armes de suite.

41.

Commandant supérieur Langres au Ministre guerre. — Paris.

Langres, le 15 août 1870, 8 h. soir.

Nous n'avons ici ni bidons ni gamelles pour faire manger la soupe à la garde nationale mobile qui se réunit à Langres : 200 hommes de la garde nationale mobile du département environ, 900 hommes de la garde nationale mobile de Lunéville environ. De suite ces objets de campement.

42.

Général 7e division à Guerre. — Paris.

Besançon, le 15 août 1870, 9 h. 55 m. matin.

A Langres sont réunis trois bataillons de la garde mobile de la Haute-Marne, un de la Meurthe et quatre des Vosges. Il n'y a dans cette place aucun ustensile de campement; urgence d'y envoyer immédiatement tentes ou tentes-abris, couvertures, bidons, gamelles, marmites pour 8,000 hommes. Le même manque d'effets de campement se fait sentir à Besançon, à Vesoul, à Lons-le-Saulnier.

43.

Marine à Préfet maritime. — Cherbourg.

Paris, le 19 août 1870, 1 h. soir.

N'armez pas la canonnière Farcy.

44.

Préfet à Intérieur et Guerre. — Paris.

Lille, le 20 août 1870, 4 h. 8 m. matin.

Les exportations de grains par la Belgique deviennent de plus en plus considérables. Depuis que j'ai fait arrêter ceux adressés à la Prusse, les expéditeurs dirigent leurs convois sur Charleroi, Liége, Verviers, même Bruxelles. Ils sont ensuite réexpédiés sur Herbisthal, Eupen et Aix-la-Chapelle. On fait la cueillette jusque dans l'Oise pour nourrir l'armée prussienne avec nos grains, nos farines et nos bestiaux. C'est la troisième fois que je signale ce fait, que l'interdiction absolue d'exportation peut seule faire cesser. Commissaire spécial de Jeumont a pris sur lui d'arrêter grandes expéditions aujourd'hui à destination de Belgique. Il demande instructions. J'envoie copie de sa lettre par courrier du soir.

45.

Préfet Gard à Intérieur. — Paris.

Nîmes, le 21 août 1870, 1 h. 15 m. soir.

Directeur d'artillerie de Perpignan me renvoie à celui de Montpellier, qui ne m'envoie rien.

Intendant de Marseille prétend n'avoir pas d'ordres pour fourreaux-baïonnettes.

V. — LA GARDE MOBILE ET LES CORPS FRANCS.

1.

Général Rochebouet à Guerre. — Paris.

Montmédy, le 16 juillet 1870.

Les pompiers de Longuyon ont, dans un excellent esprit, demandé des fusils à tabatière. Je pense qu'il sera bon de leur en délivrer sur toute la zone menacée.

2.

Préfet à Intérieur et Guerre.— Paris.

Strasbourg, le 17 juillet 1870, 9 h. 50 m. matin.

N'est-il pas opportun d'organiser et armer, à Strasbourg et dans les principaux centres, une garde nationale solide, et d'expulser les ouvriers étrangers suspects ?

3.

Intérieur à Préfet Bas-Rhin.—Strasbourg.

(Chiffre spécial.)

Paris, le 17 juillet 1870, 7 h. 55 m. soir.

Le maire de Barr me demande s'il peut former des troupes de francs-tireurs et obtenir les armes nécessaires à l'équipement des volontaires. Le gouvernement admet en principe la formation des corps de francs-tireurs ; il est disposé à leur donner des armes, mais c'est aux préfets qu'il appartient de faire des propositions à cet égard. Concertez-vous avec le maire de Barr. Il n'y a pas lieu en ce moment d'organiser et d'armer une garde nationale à Strasbourg et dans les principaux centres. La formation des corps de francs-tireurs la remplacerait avec avantage là où vous croiriez qu'ils peuvent utilement s'organiser. Quant aux ouvriers étrangers suspects, vous avez toujours le droit de les expulser ; mais agissez avec prudence à cet égard et assurez-vous préalablement qu'ils ont des projets hostiles.

4.

Major général à Guerre par intérim. — Paris.

Metz, le 2 août 1870, 6 h. soir.

L'intention de l'Empereur est de disperser les bataillons de garde nationale mobile qui se réunissent au camp de Châlons et ont déjà fait preuve d'esprit détestable. On pourrait les répartir entre les places de Belfort, Thionville, Longwy, Phalsbourg, la Petite-Pierre, Marsal, Verdun, Toul, Bitche, Mézières, Sedan, Soissons, Langres, etc., et en laisser deux au camp de Châlons. Veuillez étudier cette question et prendre des mesures pour que, dans son principe, l'ordre de l'Empereur reçoive une très-prompte exécution.

5.

Maréchal Baraguey d'Hilliers à Généraux commandant Rouen, Caen, Alençon, Évreux, Versailles, Beauvais, Melun, Troyes, Auxerre, Orléans et Chartres.

Paris-Vendôme, le 4 août 1870, 10 h. 20 m. matin.

Suspendez jusqu'à nouvel ordre l'envoi des feuilles d'appel des gardes nationaux mobiles.

6

Préfet à Intérieur. — Paris. — A général division, — Besançon.

Lyon, 7 août 1870, 4 h. 47 m. soir.

Nos populations frémissantes demandent des armes; la garde mobile n'a pas encore un fusil; 500 soldats du 84°, prêts à partir, manquent aussi de leur complément de mise en route, bidons de campement surtout.

7.

Préfet à Intérieur. — Paris.

Chaumont, 7 août 1870, 5 h. soir.

On s'étonne que la garde nationale mobile du département de la Haute-Marne ne soit pas encore convoquée.

8.

Général Soleille à Commandant artillerie de l'armée. — Metz.

Paris, le 9 août 1870.

Il existe à Metz, outre les armes destinées à la garde nationale mobile du département, plus de 30,000 fusils transformés par la culasse. Un grand nombre d'hommes restent à armer en France; soumettez au major général la question de savoir s'il ne faudrait pas, pendant que les voies sont encore libres, faire rétrograder sur Paris une bonne partie de ces 30,000 fusils. En cas de l'affirmative, donnez des ordres et prévenez-moi.

Demandez aussi s'il est bien nécessaire de conserver en magasin à Metz 18,000 fusils modèle 1866, et au besoin donnez également des ordres pour envoyer une partie de ces fusils aux destinations indiquées au directeur, et faites-le-moi savoir.

9.

Guerre à Général commandant artillerie de l'armée du Rhin. — Metz.

Paris, le 10 août 1870, 2 h. 52 m. matin.

J'ai l'honneur de vous faire connaître que des ordres sont donnés pour que 10,000 fusils transformés par la culasse soient dirigés de Metz sur Paris. Il restera donc à Metz 20,000 fusils du même modèle et 18,000 fusils modèle 1866, conformément à votre dépêche du 9 août courant.

10.

Général en chef à Guerre. — Paris.

Lyon, le 9 août 1870.

Puis-je faire délivrer d'urgence des fusils à la garde nationale sédentaire et aux compagnies de volontaires? Tous les préfets m'en demandent.

11.

Le colonel directeur à la Fère au Ministre de la guerre, 4° direction, 2° bureau.

La Fère, le 9 août 1870.

Depuis hier, plusieurs préfets s'adressent à moi pour avoir des fusils à livrer à la garde nationale sédentaire; que faut-il faire?

12.

Préfet à Intérieur. — Paris.

(Chiffre spécial).

Valence, le 8 août 1870, 6 h. 5 m. soir.

L'armement de toute la garde nationale pourra être un gros danger. Je pousse aux francs-tireurs et aux volontaires.

13.

Préfet à Intérieur. — Paris.

(Chiffre spécial).

Laval, le 28 août, 5 h. 40 m. soir.

Des nominations restent encore à faire dans les cadres de la mobile, surtout dans un bataillon, le 3°. Les propositions sont envoyées depuis quinze jours à l'autorité militaire et restent sans réponse, malgré lettres, appels et démarches. C'est là un état déplorable. On exige des formalités bureaucratiques inopportunes dans les circonstances actuelles. Je demande une solution.

14.

Conseiller d'État en mission à Intérieur. — Paris.

Évreux, le 30 août, 11 h. 25 m. matin.

Ici, près de Paris, la mobile n'a pas un fusil. Son esprit est excellent, mais elle demande des armes; il est inouï qu'elle n'en ait pas. Le commandant part pour Paris. Absolument nécessaire qu'il en rapporte ce soir.

VI. — LA POLITIQUE INTÉRIEURE.

I.

Justice à procureur général. — Blois.

Paris, le 5 août 1870, 3 h. 30 m. soir.

Si le parti révolutionnaire s'était uni à nous pour défendre la patrie, nous eussions bien volontiers fait une amnistie ; mais en présence de son attitude hostile, implacable, en présence des vœux à peine déguisés que ses journaux font pour notre défaite, quoi qu'il arrive, même après la victoire, nous ne ferons pas d'amnistie ; vous pouvez l'affirmer hautement. Il me semble que c'est la réponse que vous demandiez.

2.

Préfet à Intérieur. — Paris.

Valence, le 7 août 1870, 2 h. 35 m. soir.

A la suite des deux dernières dépêches que je viens de publier, les hommes de tous les partis sont venus à moi me demander à s'organiser pour défendre le pays ; j'ai parlé de francs-tireurs, ils préféraient la garde nationale ; mais elle pourrait devenir un embarras plus tard ; j'attends vos instructions.

3.

Préfet à Intérieur. — Paris.

Besançon, le 7 août 1870, 5 h. 50 m. soir.

Les autorités militaire et judiciaire demandent si c'est Paris seulement ou la France entière qui est en état de siége ; tout le monde désire ici que, pour l'unité de l'action, la 7ᵉ division militaire soit mise en état de siége. L'élan est grand, il faut en profiter ; la démagogie fait de grands efforts pour l'arrêter. Nous n'avons pas ici plus de 300 hommes de garnison.

4.

Justice à Empereur. — Metz.

Tuileries, le 7 août 1870, 9 h. 45 m. soir.

L'état de l'opinion publique est excellent. A la stupéfaction, à une immense douleur ont succédé la confiance et l'élan. Le parti révolutionnaire lui-même est entraîné dans le mouvement général. Un ou deux misérables ayant crié « Vive la république ! » ont été saisis par la population elle-même. Chaque fois que la garde nationale sort, elle est acclamée. Ainsi, n'ayez aucune inquiétude sur nous, et ne soyez qu'à la revanche qu'il nous faut. Nous désirons faire tous les sacrifices.

Nous sommes tous unis ; nous délibérons avec le conseil privé dans le plus parfait accord.

L'Impératrice est très-bien de santé ; elle nous donne à tous l'exemple du courage, de la fermeté et de la hauteur d'âme. Nous sommes plus que jamais de cœur avec vous.

ÉMILE OLLIVIER.

5.

Préfet à Intérieur. — Paris.

Lyon, le 8 août 1870, midi 25 m. matin.

Manifestations très-bruyantes pendant toute la soirée. Dans ces manifestations il y avait du bon et beaucoup de mauvais. Le mot d'ordre était : organisation de la garde nationale; et ce mot d'ordre vient du parti radical. En résumé, beaucoup de bruit, mais pas de désordre

6.

Intérieur à Préfet Bouches-du-Rhône. — Marseille.

Paris, le 11 août 1870, 7 h. 30 m. soir.

Votre département étant mis en état de siége pour cause politique, jugerez-vous opportun d'y organiser une garde nationale sédentaire? Si oui, concertez-vous avec le général.

La loi du 10 annule les mesures précédemment prescrites.

7.

Commissaire spécial chemin de fer à Préfet de Police. — Paris.

Nice, le 10 août 1870, 6 h. 10 m.

La mise en état de siége des Alpes-Maritimes et Bouches-du-Rhône a produit un excellent effet. Même mesure serait nécessaire pour le Var, pays frontière où les socialistes s'agitent et s'organisent pour la révolte. Les paysans conservateurs de ce département chôment depuis les mauvaises nouvelles. Ils ont plus peur des rouges que des Prussiens. La partie saine de la population est pleine de patriotisme et a toujours confiance en l'Empereur.

MORELLI.

8.

Intérieur à Empereur.

Paris, le 23 août 1870.

Dès le début de la guerre, ordre était donné aux autorités de rester à leur poste pour organiser la résistance; mais les forces ennemies étant en trop grand nombre dans certains départements de l'Est pour que les populations puissent résister, le télégramme suivant a été envoyé aux préfets :

« Tenez tant que vous pourrez devant l'ennemi, et retardez sa marche par
« tous les moyens possibles. Si vous étiez menacé d'être pris, repliez-vous en
« arrière, laissant aux maires le soin de diriger la population et de soutenir
« son moral. »

9.

Préfet au Ministre intérieur.—Paris.

Épinal, le 16 août 1870, 2 h. 25 m. soir.

Les Prussiens sont aux portes d'Épinal. On dit qu'ils abusent du préfet de la Meurthe pour actes au nom de leur gouvernement. J'étais disposé à les attendre. Cependant, dans le cas où ce qu'on dit serait vrai, il vaudrait peut-être mieux que je me retire dans la montagne.

10.

Préfet à Intérieur. — Paris.

La Rochelle, 16 août 1870.

Appel des pompiers à Paris fait émotion très-vive; la plupart refusent de partir; populations inquiètes; vous informerai du résultat définitif.

11.

Préfet à Intérieur et Guerre. — Paris.

Tours, le 16 août 1870, 5 h. 20 m soir.

Il y a de l'hésitation parmi nos pompiers. Je la surmonterai. La mesure est trouvée admirable par toutes les personnes qui réfléchissent.

12.

Intérieur à Préfets — Circulaire.

Paris, le 17 août 1870.

L'élan des Compagnies de sapeurs-pompiers est tel, que nous devons éviter l'encombrement. Suspendez donc tous les départs. Les hommes qui se seraient déjà déplacés pour se concentrer au chef-lieu du département ou d'arrondissement, ou pour se rendre aux stations de chemin de fer, seraient indemnisés de leurs frais. On prend des mesures pour assurer leur bonne installation à Paris. Vous recevrez prochainement de nouvelles instructions à cet égard. Expliquez à ces hommes dévoués les motifs de cet ajournement momentané.

13.

Général commandant 5ᵉ corps à Guerre. — Paris.

Mézières, le 30 août 1870, 11 h. 5 m. matin.

Je viens d'arriver à Mézières; j'ai trouvé sur tout mon passage la population disposée à la résistance, mais les autorités civiles sont généralement peu disposées à les pousser à la défense. Le maire et le sous-préfet de Rethel seraient à changer. Il n'en est pas ainsi du maire de Signy-l'Abbaye, ce qui m'a été cause que dans la nuit, j'ai reçu quatre coups de fusil qui ont blessé un cheval; malgré leur erreur, j'ai félicité les gens de la commune. Mézières a réellement besoin de troupes sérieuses, non-seulement pour garder les approvisionnements, mais encore pour garder toutes les lignes de chemin de fer en avant et en arrière. Je pars à midi et demi ; je vais aller jusqu'à Carignan, d'où j'espère, dès ce soir, rejoindre.

14.

Directeur (1) à Directeur général. — Paris.

Lyon, 4 septembre à 4 h. 50 m. soir.

On m'impose la transmission de la dépêche suivante :

« République française. Commune de Lyon. Le comité provisoire de salut
« public de Lyon au conseil municipal de Marseille : République proclamée
« à Lyon, organisation immédiate d'un gouvernement républicain et des me-
« sures nécessaires pour la défense de la patrie. »

Un commissaire du comité provisoire est en permanence dans mon cabinet. Des hommes armés gardent l'entrée du poste. Quels sont vos ordres ?

VII. — STRASBOURG.

1.

Préfet à Intérieur. — Paris.

Strasbourg, le 8 août 1870, 11 h. matin.

Les Prussiens n'ont point passé le Rhin à Marckolsheim, près Schlestadt, comme le croyait le sous-préfet. Le blocus de Strasbourg paraît imminent. Toutes mesures sont prises pour mettre place en état de défense. Nous manquons de troupes pour le périmètre énorme des fortifications. Près de cinquante individus prussiens, espions, sont dans nos prisons.

Puis-je les évacuer sur l'intérieur ?

2.

Préfet Bas-Rhin à Impératrice régente.

Strasbourg, 9 août 1870, 11 h. 5 m. soir.

La situation de l'Alsace empire à chaque heure. Les protestants donnent la main aux Prussiens. La défense de Strasbourg est impossible avec quelques centaines d'hommes. J'ai fait le sacrifice de ma vie. Je supplie Votre Majesté

(1) Il s'agit du directeur du télégraphe.

de nous envoyer des renforts qui rétabliraient la confiance et détruiraient les menées prussiennes.

3.

Général commandant 6e division, à Guerre. — Paris.

Strasbourg, le 11 août 1870, 8 h. 55 m. soir.

L'effectif de la garnison de Strasbourg se compose de 297 officiers des corps stationnés à Strasbourg ; 123 officiers de la garde nationale mobile ; 42 officiers isolés rentrés après la journée de Frœschwiller ; 7,043 hommes de troupes des corps stationnés à Strasbourg ; 3,170 hommes de la garde nationale mobile ; 1,598 hommes isolés rentrés après la bataille de Frœschwiller ; 730 chevaux des corps stationnés à Strasbourg ; 408 chevaux rentrés avec les isolés. Je fais former des bataillons et des escadrons provisoires avec les isolés, dont un grand nombre sont entrés sans armes et sans équipement.

4.

Préfet à Guerre, Intérieur. — Paris. — Général Douai commandant en chef Belfort, préfet. — Colmar.

Schlestadt, le 17 août 1870

Je reçois des renseignements certains que 100 hommes du génie coupent la canalisation de l'Ill, pour rejeter les eaux de l'Ill dans le Rhin et empêcher les eaux d'arriver autour de Strasbourg. Ces travaux se font à hauteur d'Erstein.

5.

Sous-Préfet à Intérieur. — Paris.

Schlestadt, le 16 août 1870, 9 h. 15 m. matin.

Je reçois par voie secrète et sûre le télégramme suivant en chiffres, écrit par la main du préfet du Bas-Rhin :

« A Ministre intérieur. — Depuis jeudi soir nos communications télégraphi« ques et postales coupées de tous côtés. La défense de Strasbourg est bien « organisée ; l'esprit de la troupe et de la mobile est excellent ; la (1).... est « divisée, néanmoins je ne crains rien. Samedi soir deux canonnades ont eu « lieu de nos remparts contre des ennemis ; plusieurs tués ou blessés enne-« mis ; personne atteint de notre côté. Hier reconnaissance vers banlieue ; pas « de résistance sérieuse ; ennemi attristé ; *Te Deum* solennel à la cathédrale « chanté par évêque et précédé de service funèbre pour soldats morts glo-« rieusement. Je ne quitte pas les remparts ; le canon continue à tonner. »

(1) Mot indéchiffrable ; sans doute *population*.

6.

Sous-Préfet à Guerre.— Paris.

Schlestadt, le 18 août 1870, 1 h. 55 m. soir.

Je reçois par un douanier dépêche chiffrée du général Uhrich à votre adresse, donnée hier 8 heures soir à Strasbourg : « De nombreuses troupes passent
« en vue de Strasbourg se dirigeant vers l'ouest et peut-être ensuite vers le
« sud ; quelques obus nous ont été envoyés le 15 ; peu de dommages impor-
« tants. »

« Général UHRICH. »

Autour Schlestadt le corps cavalerie opère par Barr un mouvement sur les Vosges, et cherche à gagner val de Villé et route Steige.

Je ne crois pas ces troupes en nombre très-considérable.

7.

Sous-Préfet à Intérieur. — Paris. — A Commandant supérieur Belfort.

Schlestadt, le 21 août 1870, 12 h. 20 m. soir.

Je suis informé que l'armée ennemie fait réquisitionner jusqu'à Barr toutes les pelles, pioches que l'on possède, et qu'elle a fait demander un certain nombre d'habitants par village jusqu'à Obernai pour aller faire tranchées de circonvallation autour Strasbourg. De notre côté reconnaissance ennemie arrivée jusqu'à Saint-Hippolyte. Baron de Cœhorn, ancien député, aurait été arrêté à Saint-Pierre.

8.

Général Uhrich à Guerre.— Paris.

Schlestadt, le 22 août 1870, 1 h. 35 m. soir.

L'ennemi me dit que l'armée impériale a été entièrement battue le 18 et m'offre de faire vérifier le fait par trois officiers qui recevraient un sauf-conduit; j'ai refusé, bien résolu à m'enterrer sous les ruines de la ville dont le commandement m'a été confié. J'ai une mauvaise garnison, mais beaucoup d'officiers énergiques. Ce que des hommes de cœur peuvent faire, nous le ferons.

9.

Guerre à Commandant supérieur.— Schlestadt.

Paris, le 22 août.

Faites passer au général Uhrich la dépêche chiffrée suivante, dès que vous le pourrez : « Le récit de l'ennemi est faux; le maréchal Bazaine a combattu ;
« il a gardé ses positions, et les pertes des Prussiens sont telles, que le roi
« les avoue dans le bulletin d'une prétendue victoire. Je vous remercie de
« l'énergie que vous imprimez autour de vous ; je n'attendais rien moins de

« votre patriotisme et de votre dévouement. Je compte sur vous, sur vos
« troupes et sur la population si patriotique de Strasbourg. »

10.

Sous-Préfet Schlestadt à Ministres Intérieur, Guerre. — Paris.

Schlestadt, le 24 août 1870, 3 h. 5 m. soir.

Réception ce matin de Strasbourg, Préfet, lettre personnelle du 22 soir.

On attend bombardement sérieux très-prochain. Il m'écrit : « Nous sommes prêts et avons confiance en Dieu. » Ai fait dépêche chiffrée du ministre guerre et de vous; mais ligne ennemie est bien gardée.

11.

Sous-Préfet à Guerre. — Paris.

Schlestadt, le 25 août 1870, 6 h. 10 m. soir.

Dépêche télégraphique. Général **Uhrich** au Ministre de la guerre. — Paris.

« Bombardement sérieux commencé sur ville et citadelle; dégât considé-
« rable, surtout à citadelle dont arsenal est brûlé; peu d'accidents dans gar-
« nison, davantage pour habitants; esprit général satisfaisant; je quitte
« citadelle ; elle est bouleversée; grande partie des fusées brûlées dans
« arsenal. »

12.

Sous-Préfet à Intérieur. — Paris.

Schlestadt, le 25 août 1870, 6 h. 11 m. soir.

Je reçois de Strasbourg dépêche suivante du préfet à Ministre Intérieur :
« Le 15 août, à onze heures soir, canonnade ennemie sur la ville. Plusieurs
« maisons atteintes; 19, de 9 à minuit, nouvelle canonnade qui incendie sept
« grandes maisons du faubourg National; le 20, à 7 heures du matin, canon-
« nade recommence, tuant cinq enfants dans une maison; soir, le bombar-
« dement régulier a commencé; il continue sans trêve; l'ennemi tire sur la
« ville sans égard pour les habitants inoffensifs ; ceux-ci montrent un grand
« patriotisme; nous espérons secours gouvernemental. »

13.

Guerre à Commandant de place. — Schlestadt.

Paris, le 26 août 1870, 3 h. 50 m. soir.

Continuez à me donner des renseignements. Je n'ai aucun ordre à donner au général Uhrich; faites-lui parvenir, s'il se peut, ce qui suit : « Je compte
« sur le patriotique service de la population de Strasbourg et sur votre

« énergie ; vous savez que les Prussiens commencent toujours par un bom-
« bardement, espérant démoraliser la ville ; ce n'est qu'après cette tentative
« que commence un siége en règle, dont la place souffre uniquement. » Je
reçois la seconde dépêche du général Uhrich ; je vous envoie de Besançon
quelque chose qui lui est destiné. Arrangez-vous entre vous.

14.

Sous-Préfet Schlestadt à Guerre, Intérieur. — Paris. — Général commandant Belfort.

Schlestadt, le 27 août 1870, 4 h. 20 m. s.

Un homme sûr, porteur d'une dépêche chiffrée qui vient d'être adressée à Guerre, est porteur d'une autre dépêche écrite pour général Douay, Belfort. Elle porte ce qui suit : « Strasbourg est perdu si vous ne venez immédiatement
« à son secours ; faire ce que vous pourrez. — Général Uhrich. » Le général Douay étant pas à Belfort, je crois devoir vous envoyer cette communication. Le porteur a ordre d'aller jusqu'à Belfort.

15.

Général commandant à Guerre. — Paris.

Belfort, le 27 août 1870, 1 h. 27 m. soir.

Général Uhrich m'envoie ce matin un exprès parti de Strasbourg jeudi, pour demander des nouvelles et dire que la ville a souffert du bombardement. Les bâtiments de la citadelle, de l'arsenal, le moulin, la bibliothèque, le musée ont été incendiés ; les bombes ont fait des dégâts dans toutes les rues. Garnison bien disposée ; vivres, munitions ne manquent pas ; remparts intacts. Il demande qu'on expédie de Besançon fusées à Schlestadt, où il tâchera de les faire prendre. J'ai télégraphié à Besançon.

16.

Sous-Préfet à Guerre. — Paris.

Schlestadt, le 27 août 1870, 3 h. 40 m. soir.

Je reçois du préfet du Bas-Rhin, par voie sûre, dépêche suivante :
« Général Uhrich à Ministre de la guerre. Paris. — Dégâts énormes à
« Strasbourg. Citadelle presque rasée. Situation des plus critiques. Besoin
« secours prompts. Ferons tout le possible. On redoute l'affolement de la
« population. »

17.

Guerre à Commandant supérieur Belfort, à Commandant supérieur Schlestadt.

Paris, le 9 août 1870, 7 h. 25 m. soir.

Faites passer au général Uhrich, le plus promptement possible, le télégramme

chiffré ci-après : « Tenez le plus longtemps possible ; une bataille vers Metz est
« imminente, et on a tout lieu d'espérer un heureux résultat. Comme dernière
« ressource, la garnison doit exécuter un coup d'audace ; elle pourrait peut-
« être pendant la nuit franchir le Rhin et se jeter dans le pays de Bade, où il
« ne se trouve que fort peu d'ennemis, et repasser le Rhin plus haut (1). »

18.

Sous-Préfet à Guerre, Intérieur. — Paris. — Préfet Colmar.

Schlestadt, le 30 août 1870, 7 h. matin.

Cette nuit rien aperçu du côté Strasbourg ; à peine quelques feux. On dit
que évêque a demandé et obtenu suspension armes pour enterrer morts : cela
sous toutes réserves.

19.

Préfet à Guerre. — Paris.

Schlestadt, le 30 août 1870, 10 h. 31 m. matin.

Je reçois par voie habituelle et ordinairement sûre la dépêche suivante : la
comparaison du fac-simile et de l'écriture et des chiffres avec dépêches antérieures paraît garantir authenticité ; elle était sous enveloppe portant un mot
écriture du préfet :

« Général Uhrich au Ministre de la guerre, Paris. — Bombardement con-
« stant depuis 6 jours. Incendies et décombres. Dans Strasbourg, nombreuse
« population sans domicile et sans vivres ; devient inquiétante. Cathédrale
« très-endommagée. Citadelle entièrement brûlée ; travaux d'approche com-
« mencés. Le régiment formé avec les débris de Frœschwiller très-démora-
« lisé. Situation très-grave. »

20.

Général Uhrich à Guerre. — Paris.

Schlestadt, le 1er septembre 1870, 10 h. 50 m. matin.

Continuation du bombardement nuit et jour. Incendie, démolitions. 40
à 50 soldats tués ou blessés chaque jour. Parmi les habitants, grande misère dans les basses classes. Santé publique commence à s'altérer. Nous
tiendrons. — 30 août.

21.

Guerre à Sous-Préfet. — Schlestadt.

Paris, le 2 septembre 1870, 4 h. 20 m. soir.

Tâchez de faire parvenir au général Uhrich, la dépêche suivante :
« Il est de la plus haute importance que Strasbourg tienne. Je compte sur

(1) Le *Journal officiel* du 5 octobre a inséré la réponse du général Uhrich à cette dépêche. Le général
regardait, bien entendu, le conseil du Ministre de la guerre comme une extravagance.

» vous, sur les autorités civiles et population de Strasbourg. Défiez-vous des
» faux bruits qui pourraient vous venir de l'autre côté du Rhin. »

22.

Maire à Guerre. — Paris.

Sainte-Marie, le 5 septembre 1870, 4 h. 30 m. soir.

Dans quelques jours, Strasbourg ne sera plus qu'un monceau de ruines. Schlestadt, qui vient d'être investi, subira sans doute le même sort. N'avons-nous donc personne pour venir au secours de notre malheureuse Alsace?

XCIV.

Rapports plébiscitaires.

Le Ministre de la Justice nous a communiqué les rapports envoyés au garde des sceaux par tous les procureurs généraux de France à l'occasion du plébiscite. Ces documents étaient malheureusement trop volumineux pour trouver place en entier dans notre publication, nous avons dû nous borner à de courts extraits.

1.

Riom, le 3 mai 1870.

MONSIEUR LE GARDE DES SCEAUX,

. . . .

Clermont-Ferrand. — Dans mon rapport d'hier, j'annonçais que l'on s'attendait à une manifestation républicaine dont le chant de *la Marseillaise* serait le signal au théâtre. Ces désordres n'ont pas eu lieu, et la soirée s'est passée très-tranquillement.

Mon substitut me mande aussi que, bien que Clermont ne soit pas le centre de grandes industries, et que rien n'y fasse soupçonner la présence d'agents de l'Internationale, cependant, à raison des opinions avancées de quelques personnes, il s'est concerté avec M. le Directeur de la poste, qui doit *très-secrètement* lui montrer toutes les lettres adressées de la Belgique ou de l'Angleterre. Si, parmi ces dépêches, il en est qui paraissent présenter un caractère politique, ce qu'il sera facile de savoir par le nom du destinataire, M. le Procureur impérial procédera officiellement.

. . . .

Je suis, etc.

Le Procureur général,

Ch. SOUEF.

2.

Toulouse, le 24 avril 1870.

Monsieur le Garde des Sceaux,

J'ai l'honneur d'informer Votre Excellence que les instructions qu'Elle a bien voulu me donner à l'occasion du prochain plébiscite ont reçu en ce moment leur entière exécution. J'ai appelé à Toulouse tous les chefs du ressort; je leur ai transmis les ordres que j'avais reçus et le discours par lequel Votre Excellence a clôturé la discussion au Sénat. Les ayant éclairés d'avance sur les intentions du gouvernement, je n'ai eu que quelques points à préciser et des indications particulières à donner à quelques-uns d'entre eux. Dès ce soir ils vont se mettre en communications directes et suivies avec leurs juges de paix, plusieurs d'entre eux l'ont déjà fait; ils transmettront à ces magistrats les vues générales du gouvernement, les informeront qu'ils sont autorisés à prendre part aux travaux des conseils plébiscitaires, et ils ne négligeront rien pour exciter leur zèle et l'élever à la hauteur des circonstances.

J'ai déjà constaté l'utilité de ces communications. Sur quelques points les juges de paix hésitaient; ils craignaient de se compromettre vis-à-vis de l'opposition et d'être abandonnés par le gouvernement. Sur d'autres points, ils avaient pris d'eux-mêmes une énergique initiative; mes substituts régulariseront leur action, les dirigeront par leurs conseils et les soutiendront par la fermeté de leur attitude.

Le Procureur général,
Léo Dupré.

3.

Toulouse, 6 mai 1870.

Monsieur le Garde des Sceaux,

. . . .

Dans l'Ariège, le plébiscite est fortement attaqué à Pamiers et dans quelques cantons de cet arrondissement; il est en progrès dans les arrondissements de Foix et de Saint-Girons.

Les conservateurs de ce département se sont abandonnés eux-mêmes. Il n'y a eu que neuf assistants à la réunion des conseils de département et d'arrondissement qui avaient été convoqués à Foix dimanche dernier. M. Gaubandumont, qui présidait la réunion, a vainement insisté pour qu'un appel énergique fût adressé aux électeurs par leurs mandataires : l'abstention a prévalu. Tout serait compromis dans ce pays si la magistrature et l'administration n'avaient pas imprimé au mouvement plébiscitaire une impulsion énergique. En me rendant compte des hésitations des conseillers généraux et d'arrondissement, mon substitut de Foix ajoute : *Et ces gens-là demandent la décentralisation; ils se laisseraient égorger comme des moutons.*

Haute-Garonne. — On me signale de divers côtés la remarquable inertie des fonctionnaires et la neutralité trop apparente de quelques magistrats.

Le vote sera bon partout ailleurs qu'en ville, à Toulouse même, on peut supposer que bien des gens qui refusent leur adhésion au plébiscite ne lui refuseront pas leur vote. Toutes les oppositions sont en force et de mode à Toulouse ; on n'ose pas les heurter de front, on s'y mêle même par tempérament ; mais, parmi ces frondeurs, il en est plus d'un qui fera à la peur la concession d'un vote silencieux. . . .

Le Procureur général,
Léo Dupré.

4.

Agen, le 24 avril 1870.

Monsieur le Garde des sceaux,

Plusieurs de MM. les députés du ressort se sont rendus dans leurs circonscriptions. La présence et les démarches de ceux qui ont été le plus vivement combattus aux dernières élections pourraient avoir l'inconvénient de ranimer des rivalités ou des antipathies, et de produire des résultats contraires à leur but de servir la cause de l'Empereur. Telle est l'impression produite, me disait le procureur impérial de Mirande, par l'arrivée de M. Granier de Cassagnac. Heureusement que la population de cet arrondissement est trop sage, trop éclairée et trop conservatrice pour confondre la cause du gouvernement de l'Empereur avec celle de l'ancien candidat officiel, si vivement repoussé par l'opinion publique. . . .

Le Procureur général,
De Vaulx.

5.

Agen, le 3 mai 1870.

Monsieur le Garde des sceaux,

Il est de mon devoir de signaler à Votre Excellence un article de *L'Indépendant du Lot*, publié à la troisième page, et intitulé : *Un Coup de théâtre*.

L'auteur de cet article insinue que le complot contre la vie de l'Empereur n'est qu'œuvre de police et manœuvre électorale.

Conformément aux instructions de Votre Excellence, je n'aurais pas hésité à poursuivre cet article pour fausse nouvelle, si je n'avais acquis la certitude que des poursuites produiraient, dans cette circonstance, l'effet le plus déplorable.

. . . .

L'article incriminé *est resté sans effet;* les poursuites, au contraire, lui donneraient un retentissement fâcheux ; elles ne produiraient que du mal.

Tel est aussi l'avis du procureur impérial : « Il y aurait une condamnation, « m'écrit-il ; mais je n'hésite pas à déclarer que l'effet des poursuites serait « détestable et le résultat des plus fâcheux. » Hier au soir, mon substitut m'avait indiqué le même avis par le télégraphe. Il exprime ainsi le sentiment des personnes les mieux en position de bien juger la question.

Il est regrettable qu'un journal qui passe pour recevoir des inspirations de M. Calmon, et qui, depuis le 2 janvier, appuyait la politique du gouvernement, se laisse entraîner par la passion à une semblable polémique. De sages conseils pourraient sans doute le ramener dans une voie plus juste et plus patriotique.

Quoi qu'il en soit, j'ai pensé que, dans cette circonstance, il était plus sage et plus prudent de s'abstenir de poursuivre.

Je suis avec respect, Monsieur le Garde des sceaux, de Votre Excellence le très-humble et très-obéissant serviteur.

Le Procureur général,
P. DE VAULX.

6.

Pau, le 28 avril 1870.

MONSIEUR LE GARDE DES SCEAUX,

Le 26 courant, j'ai eu l'honneur d'adresser à la chancellerie un exposé sommaire de la situation. Votre Excellence désire savoir si les instructions qu'Elle m'a données ont été bien comprises et scrupuleusement suivies. Je vais donc lui rendre un compte plus précis et plus détaillé de ce qui a été fait dans le ressort de Pau.

1° *J'ai vu* tous mes substituts, et, après leur avoir transmis les instructions de la chancellerie, je leur ai demandé en votre nom le concours le plus dévoué, l'activité la plus grande.

2° Les procureurs impériaux *ont vu* tous les juges de paix, les suppléants, les notaires et tous les officiers ministériels dont ils pouvaient espérer le concours, et les ont priés instamment de former des comités sur tous les points où cela serait possible ou utile.

3° Pendant la période plébiscitaire, les juges de paix doivent visiter deux fois toutes les communes de leur canton, et porter plus spécialement leurs efforts sur les points où des maires peu intelligents n'auraient point sur leurs administrés l'influence désirable. Ils doivent se mettre en rapport avec les principaux propriétaires, expliquer à tous le sens et l'importance du vote, solliciter le concours de tous les bons citoyens pour diminuer le nombre des abstentions. Ils doivent enfin indiquer aux procureurs impériaux les communes où il pourrait, à raison des distances, être utile de former plusieurs sections.

4° Chaque trois jours, et plus souvent, si c'est utile, les juges de paix transmettront aux procureurs impériaux un rapport détaillé sur ce qu'ils auront vu et sur ce qu'ils auront fait dans chaque commune.

. . . .

Je suis avec respect, etc.

Le Procureur général,
FABRE.

7.

Pau, le 17 mai 1870.

MONSIEUR LE GARDE DES SCEAUX,

J'ai l'honneur d'informer Votre Excellence que j'avais ordonné des poursuites contre le *Journal de Lourdes*, qui avait publié sans timbre ni cautionnement des articles politiques ; j'avais pris cette détermination après avoir vu les contraventions de cette nature relevées par le journal *Le Béarnais*, organe de M. Gustave Fould, qui annonçait en même temps que ce dernier se proposait, après l'ouverture des Chambres, d'interpeller le ministère à ce sujet.

Le gérant du *Journal de Lourdes*, appelé devant le juge d'instruction, a produit, pour sa justification, une lettre de M. le sous-préfet d'Argelès l'invitant à publier en tête de son plus prochain numéro, avec les proclamations qui ont précédé le plébiscite, le rapport que Votre Excellence a adressé à Sa Majesté sur le complot, ainsi que les pièces qui l'accompagnaient. Le gérant se serait alors cru autorisé, pendant la période plébiscitaire, à traiter de son chef les questions politiques qui s'y rattachaient et à développer ainsi les insertions officielles qu'il avait faites.

Dans ces circonstances, avant de faire prendre à mon substitut de Lourdes ses réquisitions définitives, j'ai cru devoir consulter Votre Excellence sur la suite qu'il convient de donner à cette affaire. . . . .

Le procureur général.
FABRE.

8.

Note très-confidentielle au sujet de ce qui se passe dans l'arrondissement de Vendôme (1).

Les maires, sans instructions de l'autorité administrative et non convoqués par elle, n'ont conféré encore qu'avec les juges de paix. Ils ne comprennent pas la situation qui leur est faite. Ils se montreraient très-perplexes et hésitants.

9.

Nancy, le 1ᵉʳ mai 1870.

MONSIEUR LE GARDE DES SCEAUX,

. . . . Les juges de paix ont à combattre des difficultés de plus d'un genre.

La première, c'est que les cultivateurs sont en ce moment très-occupés de leurs travaux agricoles. Ils passent la journée dans leurs champs, cherchant à réparer par leur activité le temps que la persistance du froid leur a fait perdre. On a grand'peine à les joindre, et, quand ils rentrent chez eux le soir, ils sont fort peu disposés à s'occuper de politique. La question du plébiscite ne naîtra réellement pour eux qu'aujourd'hui, grâce au repos du dimanche, qui leur aura permis de s'entendre.

En second lieu, il ne faut pas se dissimuler que le plébiscite est froidement accueilli.

Dans la classe moyenne, il rencontre de nombreuses objections inspirées, soit par l'esprit de parti, soit par les mécontentements individuels. Ces critiques,

(1) Cette note était annexée à un rapport adressé à M. Émile Ollivier en date du 28 avril 1870, par le procureur général d'Orléans, M. Tenaille d'Estais.

empruntées aux journaux, portent généralement sur l'inutilité ou le défaut d'opportunité du plébiscite, sur le maintien de l'article 13 et le caractère autoritaire du droit réservé à l'Empereur, etc. Je crois inutile de répéter ces griefs, qui sont aujourd'hui imprimés et répétés partout.

Dans la classe inférieure et spécialement dans la campagne, le plébiscite se heurte à l'ignorance du plus grand nombre. A la différence des luttes électorales qui soulèvent des questions de personnes, où les plus indifférents prennent parti, le plébiscite n'est pour les cultivateurs qu'une abstraction, dont le sens échappe à leur intelligence et dont on parvient difficilement à leur faire saisir l'importance. Cependant ils se montrent attentifs et dévoués dès qu'on leur explique l'effet que doit avoir le vote pour la stabilité de l'Empire et le maintien de la tranquillité publique...

Le Procureur général,
IZOARD.

XCV.

Lettres de Joséphine Bonaparte au citoyen Botot, secrétaire de Barras (1).

1.

Bonaparte est arrivé cette nuit; je vous prie, mon cher Botot, de témoigner mes regrets à Barras de ne pouvoir pas aller dîner chez lui (2); dites-lui de ne point m'oublier. Vous connaissez mieux que personne, mon cher Botot, ma position.

Adieu. Amitié sincère.

LAPAGERIE BONAPARTE.

Au citoyen Botot, secrétaire du directeur Barras, au Luxembourg.

---

(1) Ces deux lettres ont été, au mois d'avril dernier, envoyées à l'Empereur par le fils même de M. Botot, ainsi que le prouve la lettre suivante, qu'il a adressée à M. Conti :

« Monsieur le Sénateur,

« Conformément à votre lettre du 13 avril courant, j'ai l'honneur de mettre sous ce pli, à votre adresse, « neuf pièces, au nombre desquelles se trouvent les lettres de la main de S. M. l'Impératrice Joséphine à « M. Botot, mon père.

« Permettez-moi, Monsieur le Sénateur, de saisir avec empressement cette occasion pour vous remercier, « du fond de mon cœur, de toute votre bienveillance.

« Veuillez agréer, Monsieur le Sénateur, l'assurance de ma profonde reconnaissance, avec l'hommage des « sentiments les plus respectueux de votre très-humble et très-dévoué.

« BOTOT.
« Rue de Lille, 9.

« Paris, 26 avril 1870. »

(2) Il s'agit probablement de l'arrivée soudaine à Paris de Bonaparte, revenant de la campagne d'Italie, le 5 décembre 1797.

2.

Ce 23 floréal an vi (12 mai 1798).

J'ai écrit avant-hier, citoyen, au directeur Barras pour lui demander une lettre de recommandation auprès du ministre de la marine (1) pour mon mari. Il l'attend avec impatience pour se présenter chez lui. Je vous prie en grâce de me rendre le service de lui en parler. Ma nièce m'a chargée de remplir une dette sacrée : il lui en a bien coûté de partir sans l'avoir acquittée. Je ne désire que d'avoir la facilité de remplir ses intentions. Une lettre du directeur qui dise simplement qu'il prend intérêt à nous est tout ce qu'il nous faut.

Salut et meilleure santé.

LAPAGERIE BEAUHARNAIS.

Rue Saint-Honoré, vis-à-vis la caserne des grenadiers de la Convention.

Au citoyen Botot, au Directoire, à Paris.

XCVI.

Prêt de cinq cent mille francs fait par le maréchal Narvaez à Louis-Napoléon, président de la République.

1.

Élysée-National, le 26 avril 1851 (2).

Je reconnais avoir reçu aujourd'hui de M. le maréchal duc de Valence la somme de cinq cent mille francs, que je lui rembourserai avec intérêts de cinq pour cent l'an, payables par semestre, dans un délai de cinq ans, et par cinquième d'année en année, si je n'ai pu la lui rembourser plus tôt.

LOUIS-NAPOLÉON BONAPARTE.

2.

Paris, le 2 juin 1852.

J'ai reçu de M. Bure, intendant général de la maison du Prince Président de la République, la somme de cinq cent mille francs en un mandat de virement sur la Banque, de fr. 300,000, et deux bons sur sa caisse de fr. 100,000 chacun, payables, l'un au 1er juillet prochain, l'autre au 1er août suivant; ladite somme de 500,000 francs destinée à M. le maréchal de Valence, dont

---

(1) Bruix, qui occupait le ministère depuis le 28 avril. L'impatience de Bonaparte était concevable, car il allait partir pour Toulon où il devait prendre le commandement de l'expédition d'Égypte, qui mit à la voile le 19 mai.

(2) Trois mois auparavant, le maréchal Narvaez était encore chef du ministère espagnol, qu'il dirigeait depuis le 21 octobre 1849. — La somme, comme on le voit, lui fut remboursée six mois après le coup d'état.

il recevra très-prochainement la quittance en échange du présent reçu.

J. DE GRIMOLDI.

XCVII.
Notes sur les préfets de la République (1).

Préfets à révoquer.

(Un astérisque indique les révocations urgentes et indispensables à faire.)

Dépercy (Vosges). — Ancien commissaire du Gouvernement provisoire, ancien cavaignaquiste des plus prononcés, aujourd'hui ultra-napoléonien. Il n'a dans son département ni force, ni considération, ni influence. La nature de son esprit et de sa personne, très-vulgaire, explique cette situation, que complique encore un intérieur déplorable. M. Dépercy a épousé sa domestique, et c'est là pour un préfet un embarras capital. Il serait cependant injuste de ne pas tenir compte à M. Dépercy des efforts qu'il a faits depuis le 10 décembre et de la franchise avec laquelle il a rompu avec ses anciens amis, qu'il n'a pas hésité à combattre à outrance; mais c'est dans un tout autre poste que celui de préfet qu'il y a lieu d'utiliser son intelligence et son activité.

* Jaubert (Landes). — Administrateur incapable, manquant de tact, d'habileté, de jugement et de sens politique, a contre lui l'antipathie de tout son département; son caractère cassant et tracassier, loin de rallier les hommes dissidents, divise les populations et crée au pouvoir des ennemis dans les lieux où il n'y en a réellement pas. Sa situation est devenue impossible dans les Landes. C'est, du reste, un homme trop âgé pour qu'on puisse attendre de lui des services, et qu'il importe, à tous égards, de mettre à la retraite.

* Fournier (Basses-Pyrénées). — Caractère grossier, manières cassantes qui ont éloigné de lui tous les fonctionnaires et les hommes du monde. Son dévouement est problématique : il a su se faire ménager de Ledru-Rollin. Intelligence et capacité des plus médiocres, sens politique nul, crainte continuelle de se compromettre. Sa situation dans son département est mauvaise, et il y a tout lieu de penser qu'elle ne serait pas meilleure dans une autre préfecture. Il n'y a aucun service réel à attendre de lui.

* Berger (Indre). — Dévoué, mais incapable; sans intelligence, sans expérience administrative. Il n'a su gagner ni la confiance ni la sympathie de ses administrés. Il n'a point d'entourage. Caractère violent, manières cassantes,

---

(1) Ces notes, dont nous ne connaissons point l'auteur, ont été rédigées entre le mois de juillet et le mois d'octobre 1852, ainsi que le prouvent certaines particularités qui y sont mentionnées. La pièce porte en tête : *Ministère de la police générale.*

manque de tact et aliénant au Gouvernement, par sa maladresse et son incapacité, les hommes qui ne demanderaient pas mieux que de se rallier. Il n'a, à aucun point de vue, l'étoffe d'un préfet.

D'Ornano (Yonne). — Dévoué, formes douces et bienveillantes, accès facile. On dit de lui que c'est *un bon garçon*, mais ne se doutant pas de ce que c'est que l'administration ; manquant de tact, d'expérience, et ne paraissant pas susceptible d'en acquérir. Il n'a dans son département aucune consistance ; il y a même une situation déplorable, et tout en lui est de nature à faire penser qu'il ne réussirait pas mieux dans un autre département. C'est un homme apte à tout autre chose qu'à l'administration.

Préfets à changer.
(Un astérisque indique les changements urgents et indispensables à faire.)

* De Saulxure (Ardèche). — Nature médiocre et vulgaire ; s'est créé, par ses maladresses et ses manques de tact, une situation qu'il y a pour le Gouvernement inconvénient à prolonger dans l'Ardèche.

* Didier (Ariége). — Ne manque pas d'intelligence, mais bien d'expérience administrative. Ses habitudes sont trop peu laborieuses. Aussi la direction administrative de l'Ariége incombe-t-elle en grande partie au secrétaire général, des sentiments duquel je ne serais pas disposé à faire l'éloge. M. Didier a les plus regrettables embarras de fortune ; depuis qu'il est dans l'administration, ses appointements ont été souvent saisis. Ces fâcheux incidents ont entamé sa situation et lui ont enlevé le prestige qui doit entourer un administrateur. Je ne crois pas qu'il ait réussi dans l'Ariége, où il est fort isolé et où la prolongation de sa présence pourrait créer au Gouvernement des embarras sérieux. En envoyant M. Didier dans un autre département, il serait très-important d'exiger de lui qu'il réglât ses affaires de fortune, ou qu'il se mît du moins à l'abri des poursuites de ses créanciers.

* Petit de Bantel (Aube). — Intelligent, administrateur expérimenté, d'un accès facile et ayant les meilleures intentions. A fait néanmoins, et dans ces derniers temps notamment, complétement fausse route dans son département, et s'y est créé une situation qu'il n'est ni de l'intérêt du Gouvernement ni du sien de continuer. Il peut rendre de très-bons services dans une préfecture importante.

De Suleau (Bouches-du-Rhône). — Intelligence supérieure ; loyales intentions de dévouement ; intelligence et expérience administratives supérieures ; situation très-compromise par ses embarras matériels, et servant, par ses affinités légitimistes, de point d'appui à ce parti. M. de Suleau serait un excellent conseiller d'État.

Rivière (Charente). — Dévouement équivoque, administrateur intelligent et laborieux. Mauvaise situation dans son département.

Briant (Charente-Inférieure). — Dévouement sincère, mais préfet de la vieille école ; intelligent, mais sans grande capacité administrative. Il manque d'habileté, laisse prendre trop d'empire dans son administration à son conseil de préfecture, qui en abuse et compromet la situation du préfet. L'influence qu'il a laissé prendre sur lui par des coteries peu sympathiques au Prince font vivement désirer, dant l'intérêt du Gouvernement, qu'il soit envoyé dans une autre préfecture.

De Calvimont (Dordogne). — Situation très-diversement appréciée ; dévouement mis en doute et que je serais disposé à croire sincère aujourd'hui. Ne manquant pas d'intelligence ni de valeur administrative. Il a le grand tort pour le département d'être du pays ; a contre lui des animosités violentes, les unes fondées, les autres injustes ; il a certainement des fautes à se reprocher, mais pas assez graves cependant pour lui valoir une disgrâce. Le parti le plus indiqué est celui d'un changement, sans préjudice pour ses intérêts.

De Lapeyrouse (Doubs). — Dévouement absolu, mais qui n'est servi ni par l'intelligence, ni par le tact, ni par l'expérience des hommes et des choses. C'est malheureusement cette dernière opinion qu'on a de lui dans son département, où il n'a par conséquent ni prestige ni autorité.

Mís de Sainte-Croix (Eure). — Dévoué : son attitude, au 2 décembre, a été énergique et résolue, comme l'est son caractère lui-même ; mais il a le défaut de cette qualité : il apporte quelquefois de la violence dans son administration. Les gens de désordre le craignent, les gens d'ordre ont confiance en lui, mais il n'a pas les sympathies. Intelligent et capable, il n'a pas su prendre cependant une bonne situation dans son département, où ses habitudes tranchantes ont excité un mécontentement général, et éloigné de lui des hommes dont il aurait pu tirer parti.

Chambaron (Loir-et-Cher). — Nature vulgaire, ne manquant pas cependant d'une certaine intelligence et faisant de consciencieux efforts pour répondre à la confiance du Gouvernement. Il pèche par manque de tact, d'expérience, d'élévation dans l'esprit, et par une roideur qui lui a créé dans son département des antipathies assez nombreuses. M. Chambaron n'était pas fait pour être préfet.

· De Sivry (Meurthe). — Dévouement complet, intentions pleines de droiture et de loyauté ; certaine valeur administrative, mais nature trop ardente, péchant par excès de zèle, voyant partout des ennemis du Gouvernement, et s'étant créé dans son département une situation si fausse, qu'il est grandement de l'intérêt du Gouvernement et du sien de l'y soustraire. M. de Sivry peut rendre des services dans un département calme : il paraîtrait sévère pour lui d'en arriver à une révocation, qui aurait d'ailleurs dns le département le fâcheux effet de donner satisfaction pleine et entière aux ennemis du Gouvernement.

Malher (Moselle). — Dévoué, mais timide ; peu intelligent, peu capable, se perdant dans les détails de l'administration, et laissant de côté les questions politiques. Très-parcimonieux et ne représentant pas l'autorité d'une manière suffisante, à aucun point de vue, dans un département aussi important que celui de la Moselle.

· Petit de la Fosse (Nièvre). — Nature assez vulgaire : se conduit comme un homme dévoué ; ne manque pas de mérite administratif. Ses habitudes sont un peu parcimonieuses ; il est usé dans son département ; il le reconnaît lui-même, et il serait à désirer qu'il pût être appelé à une autre préfecture, dans laquelle je le crois très-apte à rendre de bons services au Gouvernement. Il désire être placé dans les environs de Paris, et il n'y a rien que de très-légitime dans sa prétention, qu'il serait à désirer qu'on pût satisfaire.

* De Crèvecœur (Puy-de-Dôme). — Il est de l'ancienne école préfectorale ; il a de l'expérience administrative, un bonne valeur d'intelligence. Je le crois orléaniste au fond, mais assez franchement rallié aux Prince. Il a agi sans hésitation et avec résolution au 2 décembre. Ce serait lui rendre service que de l'envoyer dans un autre département, où il pourrait prendre une attitude plus napoléonienne que celle qu'il a dans le Puy-de-Dôme, où il sert involontairement de point d'appui aux partis monarchiques.

West (Bas-Rhin).—Capable, intelligent ; je ne répondrais pas de son dévouement. Énergique : a fait preuve de courage lors des inondations du Rhin. Caractère roide, inquiet et altier, et qui le rend antipathique. D'une parcimonie exagérée. Atteint d'une maladie du larynx qui ne lui permet pas toujours de vaquer aux exigences du service. Plus préoccupé de sa situation personnelle que des intérêts du Gouvernement, il n'a eu en vue, dans les dernières élections départementales, que de faire entrer au conseil général des hommes qui lui fussent personnellement dévoués. La mauvaise influence du sieur Hudez, ex-notaire, rédacteur de *L'Alsacien*, homme peu honorable, a pesé en cette circonstance sur les déterminations du préfet, dont la situation est aujourd'hui fort difficile. En somme, situation mauvaise dans son département, où le Gouvernement aurait tout à gagner à placer un autre administrateur.

* De Magnitot (Seine-et-Marne). — Intelligent et ayant une certaine expérience administrative. La roideur de ses manières et l'isolement dans lequel il s'est placé lui ont créé des antipathies nombreuses. Il a manqué de tact en beaucoup de circonstances ; n'a pas su comprendre l'esprit de son département et s'y est fait une situation qui, si elle se prolongeait, serait de nature à créer au Gouvernement des ennemis. M. de Magnitot est cependant un homme dont on peut utiliser la valeur dans un autre département.

Bon Jeannin (Vienne). — Nature ordinaire, manquant de netteté dans son administration comme dans sa politique, malgré son dévouement, que je crois sincère ; manque de tact et d'affabilité, et s'est créé par ce double défaut des antipathies nombreuses. Sa vie privée, qui laisse beaucoup à désirer comme moralité, est dans son département l'objet d'une appréciation sévère. La position de M. Jeannin est mauvaise dans la Vienne ; il y a tout intérêt, pour lui et le Gouvernement, à l'envoyer dans un autre département.

Haussmann (Gironde). — M. Haussmann est un administrateur intelligent et capable, et d'un dévouement loyal au Chef de l'État ; mais la rudesse de ses formes le rend peu sympathique. Il a été successivement, dans le même département de la Gironde, conseiller de préfecture, sous-préfet et préfet : c'est évidemment un *inconvénient*. Il s'est marié dans le pays ; quelques difficultés lui viennent encore de là : il a eu, dans le département, des affaires d'argent très-fâcheuses, qui ont atteint sa considération. M. Haussmann est l'homme de M. Lagrange, qui est on ne peut plus impopulaire dans la Gironde. Le préfet participe de cette même impopularité; il ne fait point d'amis au Prince, et est au contraire un obstacle pour bien des gens qui veulent s'allier au Gouvernement. C'est, en somme, une situation mauvaise, je n'hésite pas à l'affirmer, quoique je sache, l'opinion contraire soutenue avec vivacité. Je ne doute pas que tôt ou tard on ne reconnaisse la nécessité de donner à M. Haussmann la direction d'un autre département. Si M. de Suleau quittait Marseille, M. Haussmann serait un successeur bien choisi, et on le remplacerait très-avantageusement à Bordeaux par un homme aimé, M. Dubessey, par exemple.

Préfets dont la situation ne paraît comporter encore aujourd'hui ni changement ni révocation, mais que l'une ou l'autre de ces deux nécessités ne tardera pas à atteindre.

Rogniat (Ain). — Péchant par inexpérience et ne rachetant pas ce défaut par son intelligence. Préfet très-médiocre.

De Beaumont-Wassy (Aisne). — Très-dévoué et intelligent. A fait dans son département des fautes d'inexpérience qui ont un peu entamé sa situation, et qui pourront *plus tard* l'y compromettre gravement. Je ne doute pas qu'il réussisse dans un autre département.

Michel (Corrèze). — Très-dévoué, mais manquant totalement de tenue et de consistance; n'étant pas pris au sérieux dans son département où on tolère ses défauts en raison de ses bonnes intentions; il n'en serait probablement pas de même dans un département autre que celui de la Corrèze, où les habitants ne sont pas, en général, très-gâtés en fait de préfets.

Rivaud (Côtes-du-Nord). — Nature essentiellement médiocre; nouvellement arrivé dans son département. Il paraît difficile qu'il réussisse là plus qu'ailleurs.

Dulimbert (Gard). — Intelligent, assez dévoué; froid et énergique; nature très-bonne dans son ensemble, mais trop peu laborieux, et commençant à subir dans son administration cette déplorable influence sous laquelle succombent presque tous les préfets du Gard, l'influence légitimiste. Il a fait dans le Gard de très-bonnes choses en regard de mauvaises.

Chapuys-Montlaville (Haute-Garonne). — Très-dévoué, très-intelligent, mais trop ardent, et souvent compromettant (surtout dans ces dernières circonstances) par excès de zèle; nature malheureusement trop excentrique.

Durand-Saint-Amand (Hérault). — Dévoué, administrateur intelligent. Sa situation politique a des difficultés qui tiennent à des revirements qu'il a apportés dans son mode d'administration. Il manque de la distinction personnelle et de l'habitude du monde, qui seraient nécessaires dans une ville comme Montpellier.

Bérard (Isère). — Intelligent, mais trop faiseur. Caractère difficile, qui lui a déjà créé dans son département des difficultés qui ne feront que s'aggraver.

Ponsard (Loire). — N'ayant ni qualités brillantes ni défauts saillants. A fait récemment dans son département des fautes qui prouvent un manque de tact politique qui compromet sa situation dans la Loire.

Vicomte de Charnailles (Mayenne). — Ne manque pas d'intelligence, mais d'un esprit étroit, inquiet et irrésolu. D'une nature maladive. Se crée partout, par maladresse, des difficultés qui rendent son administration pénible.

Boulage (Morbihan). — Je ne garantirais pas son dévouement, quoiqu'il n'y ait pas de raisons sérieuses de le mettre en doute. Il a de l'expérience administrative et une certaine intelligence qui se cache sous un extérieur épais.

Massy (Hautes-Pyrénées). — Nature ordinaire, esprit sans portée; préoccupé avant tout, dans son administration, de sa situation personnelle. Situation médiocre à tous égards.

Bret (Rhône). — Très-dévoué, assez intelligent, assez bon administrateur, mais nature molle, esprit un peu léger, fait pour être bureaucrate, n'ayant aucune des qualités nécessaires à un homme politique et à un préfet de Lyon. Cette opinion, que je crois parfaitement exacte, se répand déjà sur son compte dans son département, et y entame fâcheusement sa position.

Dieu (Haute-Saône). — Intelligent, cherchant par excès de zèle à effacer un passé assez compromettant; manquant de tact, d'expérience des hommes et, je le crains, de sens politique; pèche, au premier chef, par l'absence d'éducation première.

De Romand (Saône-et-Loire). — Très-dévoué, très-zélé, mais peu intelligent et très-peu administrateur.

Préfets qui peuvent être, quant à présent, maintenus à leur poste, sauf avancement pour quelques-uns.

Cte Guyot (Allier). — Nature médiocre, bonnes intentions. Dévouement complet, expérience et capacité administratives. A réussi dans son département.

De Bouville (Basses-Alpes). — Intelligent et dévoué, mais trop d'ardeur; manque encore d'expérience et de tenue, et pèche par excès de zèle.

Launay le Prévost (Hautes-Alpes). — Nouvellement nommé, très-jeune, manquant encore d'expérience, mais ayant de l'intelligence et pouvant se former.

Foy (Ardennes). — Dévouement absolu, caractère loyal et franc, sens droit. Actif et laborieux; connaît à fond son département, dont il est aimé et estimé.

Dugué (Aude). — Très-sincèrement dévoué, quoi qu'on en eût dit. Préfet de l'ancienne école; bon administrateur, esprit conciliant et cependant énergique. Il a su conquérir une situation d'estime et de considération. Son attitude au 2 décembre a été des plus nettes.

Rampand (Aveyron). — Assez intelligent, assez bon administrateur. Bien posé dans son département.

Pierre Leroy (Calvados). — Ancien secrétaire général de l'Intérieur; trèsfaiseur ; pêche par excès de zèle, n'a pas su prendre une très-bonne position dans son département.

Bourlon de Rouvre (Cantal). — Très-dévoué, administrateur intelligent et expérimenté ; a rendu, aux événements de décembre, des services réels dans le Cantal.

Pastoureau (Cher). — Très-dévoué, très-intelligent ; un peu roide dans sa personne et son administration. Nouveau venu dans son département.

Thuillier (Corse). — Très-intelligent, bon administrateur. Homme d'avenir.

De Bry (Côte-d'Or). — Bon administrateur, nature maladive. Sa parenté avec un conventionnel régicide éloigne de ses salons la société de Dijon.

Ladreyt de la Charrière (Creuse). — Bonne situation à tous égards dans son département.

Ferlay (Drôme). — Nature assez ordinaire, mais sachant se faire aimer de ses administrés. Il a rendu de véritables services dans la Drôme.

De Grouchy (Eure-et-Loir). — Nature froide et réservée, et qui le fait passer à tort comme manquant de bienveillance. Dévouement loyal.

Richard (Finistère). — Très-dévoué et très-zélé ; manquant de tenue et de distinction, rendant cependant des services dans son département.

Féart (Gers). — Dévouement sincère ; administrateur intelligent et actif ; pèche par excès d'ardeur et par trop de soin de sa personnalité.

Combes-Sieyès (Ille-et-Vilaine). — Très-dévoué, ne manquant pas d'expérience administrative, mais trop de roideur dans ses formes et dans son administration. Son alliance avec la famille d'un conventionnel régicide éloigne de ses salons la société de Rennes.

Brun (Indre-et-Loire). — Nature réservée et timide, habitudes parcimonieuses ; dévouement contesté et dont il a cependant fait preuve aux événements de décembre.

De Chambrun (Jura). — Très-dévoué et intelligent ; péchant par excès de zèle, par manque d'expérience ; faisant souvent de l'autorité pour le plaisir d'en faire.

De Vougy (Haute-Loire). — Nouvellement arrivé dans son département ; bonnes intentions, dévouement sincère ; péchant plutôt par manque d'expérience que d'intelligence.

Dubessey (Loiret). — Dévoué, actif, énergique, intelligent ; prompt à saisir le bon côté des idées nouvelles ; insinuant et persuasif, il fait et fait faire de bonnes choses ; bon administrateur, homme pratique, ses lumières conquièrent la confiance et sa loyauté les sympathies. C'est à coup sûr un des préfets les plus distingués de l'administration, et aux mains duquel on pourrait confier avec sécurité une préfecture plus importante.

De Mentque (Loire-Inférieure). — Dévoué, très-intelligent et ayant une longue expérience administrative ; trop faiseur, cherchant trop à se mettre en évidence, et laissant trop voir son contentement de lui-même.

Gavini (Lot). — Nouvellement nommé : n'ayant pas l'encolure d'un préfet.

Ducos (Lot-et-Garonne). — Nouvellement nommé.

Belurgey de Grandville (Lozère). — Nouvellement nommé : paraît très-dévoué au Prince et a fait bien apprécier jusqu'à ce jour les actes de son administration.

Vallon (Maine-et-Loire). — Intelligent et bon administrateur. Nature un peu molle. Je ne vois pas de raisons sérieuses de suspecter son dévouement, que je ne garantis pas cependant d'une manière absolue.

Paulze d'Ivoy (Manche). — Nature distinguée, bon administrateur : je crois que c'est à tort que son dévouement a été mis en doute.

Bosselli (Marne). — Intelligent, bon administrateur; antécédents orléanistes, mais semblant cependant sincèrement rallié à la politique du Prince-Président.

De Froidefond (Haute-Marne). — Très-dévoué; nature très-ordinaire et très-médiocre à tous égards; ayant néanmoins réussi à se faire une bonne situation dans la Haute-Marne, où on tient à le conserver.

Lenglé (Meuse). — Très-dévoué, animé des meilleures intentions, ne manque pas d'une certaine action politique; mais d'un caractère violent et léger, manquant souvent de tact et d'habileté.

Besson (Nord). — Intelligent et bon administrateur, nature fausse et dévouement très-contestable, malgré ses protestations; acquis néanmoins à un gouvernement quand il croit à sa force.

Randoin (Oise). — Très-dévoué, bon administrateur, quoique d'une nature très-ordinaire; malheureusement, d'un physique très-vulgaire.

B{on} Clément (Orne). — Très-dévoué, très-inexpérimenté; homme de ressource dans un poste et dans un moment de péril.

Cte du Hamel (Pas-de-Calais). — Très-dévoué, excellentes intentions, ne manquant pas d'une certaine intelligence et d'une certaine expérience administrative; un peu brouillon et trop ardent.

Soubeyran (Pyrénées-Orientales). — Abord agréable, administration molle et dont il laisse une trop grande part à son secrétaire général. Sa capacité a été très-contestée à l'occasion de la session du conseil général, où il a été d'une extrême faiblesse.

Durkheim de Montmartin (Haut-Rhin). — Dévoué, énergique; se fait aimer et estimer dans son département; on lui reproche cependant une capacité administrative médiocre et un excès de satisfaction de lui-même.

Pron (Sarthe). — Nouvellement nommé : paraît intelligent; a des antécédents orléanistes, paraît néanmoins rallié au Gouvernement.

Ernest Leroy (Seine-Inférieure). — Nature distinguée et séduisante, esprit fin, capacités administratives supérieures; ayant à peu près avec tous les partis de bonnes relations.

De Saint-Marsault (Seine-et-Oise). — Dévoué, bon administrateur par son intelligence et son inexpérience; s'est créé quelques embarras par des habitudes parcimonieuses, par un excès de sévérité vis-à-vis des employés de son administration; n'en est pas moins un homme auquel on pourrait sans hésitation confier un poste politique plus important que celui de Versailles.

Bourdon (Deux-Sèvres). — Homme médiocre, subissant l'influence de l'âge; peu d'activité, pas d'initiative.

De Tanlay (Somme). — Dévoué ; supplée à ce qui lui manque de hautes capacités administratives par son activité, son zèle et beaucoup de bon vouloir. Manque d'initiative, mais est capable de suivre fidèlement de bonnes inspirations. Belle fortune, dont il fait un usage honorable et profitable au Gouvernement.

Taillefer (Tarn). — Dévoué et administrateur expérimenté ; trop roide dans ses manières. On l'estime dans son département ; on reconnaît sa justice, son impartialité et ses bonnes intentions.

Du Fay Launaguet (Tarn-et-Garonne). — Très-dévoué, animé des meilleures intentions, mais faisant lui-même l'aveu de son inexpérience administrative, qui est complète. Deux mots peuvent peindre l'homme : *c'est un bon vivant*.

De Preyssac (Var). — Intelligent, capable, a su prendre une bonne position dans son département. Calme, froid, ne reculant pas devant les résolutions énergiques. A été accusé d'avoir agi avec mollesse au 2 décembre dans Lot-et-Garonne ; rien n'est moins certain que cette assertion ; il serait plus vrai de dire qu'il n'a pas été secondé.

Costa (Vaucluse). — Homme d'une capacité ordinaire, mais d'une extrême énergie, d'un sens politique droit et d'un dévouement absolu ; appelé à rendre au Gouvernement les services les plus réels dans le département de Vaucluse, où il a pris l'attitude politique à l'aide de laquelle on peut créer dans les départements du Midi un parti napoléonien.

Boby de la Chapelle (Vendée). — Dévoué et ne manquant pas de mérite administratif. Assez bonne situation.

Migneret (Haute-Vienne). — Administrateur très-dévoué, intelligent, actif et laborieux. Esprit d'initiative, ayant fait preuve d'une grande énergie lors des événements de décembre ; s'il était un reproche à lui faire, ce serait celui d'exagérer cette même énergie, et d'apporter un peu de dureté dans son administration.

XCVIII.

Lettres de M. de Bouyn, capitaine de gendarmerie, au sujet d'ordres illégaux qui lui avaient été envoyés.

A SA MAJESTÉ L'EMPEREUR.

Paris, le 8 janvier 1857.

SIRE,

Le capitaine de Bouyn (Frédéric) Vous supplie de lui accorder la grâce de venir devant Votre Majesté pour Lui faire connaître des mesures qui portent atteinte à la dignité d'une arme dont tous les actes doivent être publics et jamais de nature à détruire sa considération.

Le décret impérial du 1ᵉʳ mars 1854, art. 119, est ainsi conçu : *Dans aucun cas, ni directement ni indirectement, la gendarmerie ne doit recevoir de missions occultes qui lui enlèvent son caractère véritable.*

D'après des instructions que j'ai entre les mains, il m'a été ordonné de dire combien dans mon arrondissement il y a de légitimistes, orléanistes, républicains, socialistes, etc. de surveiller leurs démarches, allées et venues, *leurs relations, leurs faits et paroles*, les connaître et *les nommer*.

Tous mes subordonnés doivent être employés par moi à remplir cette mission et doivent me faire des rapports.

Dans d'autres circonstances, mes subordonnés, ont dû, en exécution d'ordres qu'on m'avait laissé ignorer, employer tous les moyens pour assurer une candidature, empêcher celle d'une autre personne, quelque honorable qu'elle fût, malgré toutes les sympathies des populations et des autorités du pays, parce que, pour des motifs personnels, on préférait le premier. J'ai défendu à mes subordonnés d'exécuter ces ordres, qui étaient imprudents.

Toutes ces mesures ont un inconvénient plus grand que de déconsidérer une arme, elles peuvent porter atteinte aux sympathies si justement acquises à Votre Majesté.

Un décret de Vous, Sire, est un ordre suprême. Je dois obéir dans la sage mesure des dispositions qu'il trace, et non à ce qu'un zèle mal entendu peut y ajouter

Vous avez voulu, Sire, que la gendarmerie veillât au repos public, qu'elle fît respecter la loi, qu'elle fût la protectrice de tous, qu'elle fût paternelle, mais redoutée seulement par les malfaiteurs. Rien dans sa manière d'être ne doit exciter de la méfiance, rien ne doit faire supposer que ses devoirs demandent mystères et ténèbres.

Le jour où devant moi tout le monde se tairait, ce jour-là je serais honteux de moi-même et me croirais déshonoré.

Il ne peut être de la compétence de la gendarmerie de chercher à pénétrer les tendances politiques de chacun. Elle ne doit pas abuser de la confiance qu'on peut avoir dans la dignité qu'on lui suppose.

Un officier qui profiterait de son accès dans le monde pour étudier les gens, pour les signaler, méconnaîtrait sa dignité et ses devoirs. Il arrive un jour où les malintentionnés se trahissent eux-mêmes, et c'est alors qu'ils se trouvent en face de la gendarmerie, toujours fidèle à sa mission, et d'autant plus prompte qu'elle ne coûte rien à sa délicatesse.

Je vous supplie, Sire, de m'accorder l'insigne honneur d'être admis devant Votre Majesté, non pas pour accuser qui que ce soit, mais pour vous faire connaître des faits dont les conséquences ont pour résultat de donner des rapports inexacts, d'indisposer les populations et de faire des ennemis à votre gouvernement.

Fils d'un ancien officier supérieur du premier empire, c'est vous-même qui m'avez placé la croix sur la poitrine, et je m'en souviendrai toujours. Comme moi, mes deux frères sont dans l'armée, mais comme moi (je n'en doute pas), ils renonceraient à leur carrière le jour où l'on exigerait d'eux quelque chose d'incompatible avec la délicatesse.

J'ai l'honneur d'être, avec un très-profond respect, Sire, de Votre Majesté, le très-humble et très-dévoué sujet.

A Aurillac (Cantal).

Le capitaine de gendarmerie.
FRÉDÉRIC DE BOUYN.

Cabinet
de l'Empereur.

Palais des Tuileries, le 23 janvier 1857.

MONSIEUR,

La première loi de la hiérarchie militaire est d'exécuter sans commentaires, sans interprétation fâcheuse, les instructions transmises par ses supérieurs. Ce n'est donc pas sans une surprise extrême que l'Empereur a reçu une demande d'audience pour discuter les ordres émanés de vos chefs. A l'avance même vous leur donnez la qualification d'*occultes*, qui emporte toujours avec elle quelque chose d'odieux : vous pouvez en recevoir de confidentiels, mais non d'occultes, de ténébreux. Aussi, loin de vous accorder l'entretien que vous sollicitez, Sa Majesté me charge de vous témoigner formellement toute sa désapprobation.

A. M. Bouyn, capitaine de gendarmerie à Aurillac (Cantal).

Aurillac, le 3 février 1857 (1).

MONSIEUR,

M. de Bouyn, capitaine de gendarmerie à Aurillac, et non *Brouyn*, à qui vous avez répondu, a adressé à Sa Majesté une supplique tendant à avoir l'honneur de l'entretenir d'une instruction du commandant de la compagnie de gendarmerie du Cantal qui lui enjoint, entre autres dispositions, « de re-
» chercher et de faire rechercher par les chefs de brigade le nombre de légi-
» timistes, orléanistes, républicains, socialistes, etc., surveiller leurs démar-
» ches, *allées et venues, leurs relations*, leurs faits *et paroles*, et de les *nommer*
» sur mon rapport toujours et toujours. »

En réponse à cette supplique, vous m'avez fait connaître le refus de Sa Majesté de m'entendre et son extrême surprise que je me permisse de discuter des ordres émanés d'un chef, et, à ce propos, vous me rappelez que la première loi de la hiérarchie militaire est d'exécuter sans commentaires les instructions transmises par un supérieur.

Permettez-moi, Monsieur, d'avoir l'honneur de vous faire observer que l'ordre *dont je suis saisi* et dont je cite les termes est trop clair, trop précis, trop impératif, pour être susceptible d'interprétation aléatoire quelconque ; il est une violation inintelligente ou coupable de l'article 119 du *décret de l'Empereur* du 1er mars 1854. Je me suis refusé résolûment, à mes risques et périls, à y prêter mon concours, parce que j'y ai reconnu l'acte d'un zèle

(1) En marge de la lettre, on a écrit : *Faits graves.*

immesuré, d'une ambition mal déguisée, sans efficacité aucune, et pouvant avoir les plus graves inconvénients, par suite de son envoi dans les cantons d'un département ; un acte enfin contre lequel ma dignité d'officier, ma délicatesse, ma conscience se révoltaient ; là, j'ai vu la limite de la subordination militaire que vous me rappelez et qu'en deçà de ces graves motifs, je reconnais comme vous pour la première loi de la hiérarchie militaire.

En dehors des mesures de police dont M. le commandant de la compagnie du Cantal *a le triste mérite de l'invention*, car il n'existe rien de semblable dans les autres légions, la gendarmerie a des devoirs importants et difficiles qu'elle sait remplir et qui ne sont pas incompatibles avec sa dignité et le premier rang qu'elle tient dans l'armée ; à ceux-là je n'ai jamais fait défaut ; l'extrait de la lettre de M. le commandant de la compagnie de la Nièvre, par laquelle il m'annonce ma mise à l'ordre du jour de la légion en fait foi : « Je m'empresse » avec le plus grand plaisir de vous adresser l'ordre de la légion, que M. le » colonel a bien voulu donner sur mon rapport ; vous y trouverez, j'espère, la » juste appréciation de votre zèle et de votre haute intelligence. — « Signé » Pinard. » — Puni d'un mois d'arrêts immérités, l'ordre de mon renvoi de la gendarmerie à la veille d'être décidé, j'ai eu le tort, dans cette pénible position, d'élever tout d'abord ma pensée d'espérance vers l'Empereur. Je le regrette vivement, puisque Sa Majesté vous a chargé de me témoigner toute sa désapprobation ; j'aime encore à espérer pourtant que Sa Majesté verra dans cette démarche spontanée un juste témoignage de la confiance que tout ce qui tient à l'armée a dans sa haute justice et sa bienveillance, et qu'elle ne permettra pas que des sentiments d'honorable susceptibilité deviennent la cause de la perte de la carrière d'un officier qui compte vingt et un ans de services, chevalier de la Légion d'honneur, quatorze ou quinze campagnes, et qui est revenu de Crimée avec un pied brisé ; aimé, estimé et apprécié par un si grand nombre d'officiers, ayant deux frères au service (la belle-mère du plus jeune est la sœur de Mᵐᵉ la marquise de Mac-Mahon et la tante de M. le colonel des guides). Mon renvoi de la gendarmerie, pour avoir réclamé avec l'énergie que donne le bon droit contre une sévérité imméritée, pour n'avoir fait qu'invoquer le règlement contre des mesures de basse police auxquelles un commandant veut m'associer, tout cela produira un effet très-regrettable.

Après avoir été chargé de me porter au nom de l'Empereur des reproches affligeants, je fais des vœux, monsieur, pour que ces observations excitent chez vous quelque intérêt et vous décident à m'accorder votre interposition officieuse, afin qu'elles ne restent pas ignorées de Sa Majesté.

J'ai l'honneur d'être, avec un très-profond respect, monsieur, votre très-humble et très-obéissant serviteur.

Le capitaine de gendarmerie d'Aurillac,
F. de Bouyn.

XCIX.

Remise de cinq cent mille francs, faite par l'Empereur à M. de Forcade de la Roquette, pour dépenses secrètes.

Quelques jours seulement avant les élections générales pour la dernière législature de l'Empire, le ministre de l'Intérieur, M. de Forcade, ayant probablement épuisé les fonds secrets et autres dont il pouvait disposer, dut recourir à la caisse de l'Empereur. Les 500,000 francs mentionnés dans le reçu suivant ne doivent pas avoir eu, à ce qui semble, d'autre destination que de venir en aide aux candidatures officielles.

MINISTÈRE DE L'INTÉRIEUR.

CABINET DU MINISTRE.

Paris, le 6 avril 1869.

Reçu de l'Empereur, pour dépenses secrètes de sûreté générale, cinq bons sur MM. de Rotshchild de cent mille francs chacun (soit cinq cent mille francs).

DE FORCADE.

C.

La Compagnie maritime égyptienne et M. Clém. Duvernois.

Les Soussignés,

Signataires de la demande en concession de la Compagnie maritime égyptienne, déclarons, par le présent engagement, que, si cette concession est accordée par le vice-roi dans les termes de la demande rédigée par M. l'ingénieur Castets-Hennebert, nous laissons à celui-ci tous les soins de la constitution de la Compagnie et toutes les dépenses auxquelles cette constitution peut l'obliger, déclarant que nous ne voulons être responsables d'aucun des frais préliminaires pour la formation de la Société.

En conséquence de la présente convention, M. Castets-Hennebert est autorisé par nous à disposer comme il l'entendra, jusqu'à concurrence de 10 millions de francs (400,000 £), sur le montant des 10 p. c. du capital nominal social qu'octroie la concession, d'après l'article 11 de la demande, pour pouvoir faire face à tous les frais auxquels la constitution de la Société peut donner lieu, et aussi pour rémunérer ou solder tous les concours ou influences qu'il aura pu s'adjoindre à l'effet de l'obtention de ladite concession.

Sur cette somme de 400,000 £ que M. Castets-Hennebert recevra en actions libérées (*paid up shares*) de la Compagnie, il devra en remettre à chacun de nous pour 10,000 £ pour notre qualification de fondateurs avec lui de l'affaire.

Les autres 400,000 £ (1) restantes, d'après l'article 11 précité, ne pourront

(1) Il faut probablement lire 350,000.

être dépensées sous quelque prétexte que ce soit, sans l'adhésion du Board des fondateurs, et par autorisation écrite qui sera donnée à M. Castets Hennebert, agissant en qualité de *Manager director* du Board de fondation, jusqu'au début des opérations de la Compagnie, sous la direction du conseil d'administration lorsqu'il sera définitivement constitué.

Londres, le 9 mai 1867.

Signé : Comte DE BUSTELLI-FOSCOLO ; Charles-Pierre SHAEFFER ; Charles MORRIS ; J.-W. WILLIAMSON ; Ch. MARTIN.

Pour copie conforme :
CASTETS-HENNEBERT.

Je soussigné, fondateur de la Compagnie maritime égyptienne, déclare qu'en vertu des droits que me confère l'engagement ci-dessus de cinq co-fondateurs, je m'oblige envers M. Clément Duvernois de lui payer cinq millions sur les dix millions dont je suis autorisé à disposer, pour rémunérer ses services et les concours étrangers dont il croit pouvoir user à l'effet de l'obtention de ladite concession. Ces 5 millions de francs lui seront payés au fur et à mesure des sommes que je recevrai moi-même et de la même manière.

Paris, le 8 juillet 1867.

CASTETS HENNEBERT.

CI.

Lettre de la comtesse de*** à l'Empereur.

Cette lettre fut remise à l'Empereur par M. Fr. Pietri, à qui elle avait été envoyée par le général Fleury, qui, le 1ᵉʳ mars 1866, lui écrivait : « Mon cher Pietri, je viens vous « prier de remettre à l'Empereur une lettre que vous avez dû recevoir hier de ma part « que m'a adressée Mᵐᵉ la comtesse de.... (née C.). Il serait nécessaire de faire réponse « à cette grande dame, qui s'adresse à l'Empereur, je ne sais pourquoi. » — Par un sentiment que l'on comprendra, nous supprimons le nom de cette « grande dame, » dont la supplique ne fut pas accueillie. En publiant sa lettre, nous n'avons d'autre but que de montrer avec quelle ardeur étaient convoitées les charges de cour.

SIRE,

C'est encore moi, mais je viens tout en tremblant, car cette fois j'ai très-peur, et Votre Majesté va peut-être se lasser de sa bonté et me renvoyer très-durement. Je La supplie de ne pas être fâchée et de me pardonner si je suis vraiment ennuyeuse.

J'ai appris qu'il y avait plusieurs places de chambellan vacantes en ce moment, et comme c'était la position qu'occupait mon grand-père (1), le comte de..., auprès de l'Empereur Napoléon Iᵉʳ, j'avais toujours l'espoir d'obtenir

(1) Le grand-père de son mari.

un jour de Votre Majesté cette grande faveur pour mon mari, qui la désire et l'ambitionne si ardemment. Sire, je vous en prie, accordez-moi encore cette grâce. Mon mari n'est pas trop jeune : il a trente-trois ans, et il porterait si bien la livrée de vos *serviteurs* (1), Sire ! C'est si facile à vous, Sire, de rendre heureux ! Et vous savez si bien combien une charge de cette nature peut flatter toute une famille ! Sire, ne me refusez pas, tout de suite au moins. J'ai un si ardent désir de réussir ! Pardonnez-moi, je vous en conjure, et accordez à votre pauvre petite sujette une belle parole de consentement.

Je mets aux pieds de Votre Majesté mon hommage tendre et respectueux.

***

CII.

Lettre de M. Haussmann, préfet de la Seine, à l'Empereur, au sujet de la création d'un ministère de Paris.

CABINET
du préfet de la Seine.

(Confidentielle.)   Paris, le 10 décembre 1860.

SIRE,

Votre Majesté daignera m'excuser si je l'importune en La priant de vouloir bien accorder son attention à la nouvelle rédaction ci-jointe du projet que j'ai eu l'honneur de lui remettre hier, et à la note explicative qui l'accompagne.

Votre Majesté comprendra que je cherche à justifier de mon mieux le moyen que, d'accord sur ce point avec M. de Persigny, je crois le meilleur pour me soustraire à la situation pénible qu'une ombrageuse susceptibilité m'a faite : il s'agit pour moi, non-seulement de sauvegarder, si cela est possible, les droits que me créent vingt-neuf ans et demi de bons et laborieux services, et les intérêts de ma famille, pour laquelle la perte de ma position serait une catastrophe aussi irréparable qu'inattendue, mais encore et surtout de préserver d'un véritable désastre l'œuvre immense de la transformation et de l'agrandissement de Paris, dont la conception sera une des gloires de l'Empereur, et dont je suis la personnification administrative, et pour beaucoup de personnes une garantie d'exécution certaine.

Voilà bien des motifs pour me pardonner un nouvel effort afin de convaincre l'Empereur du caractère pratique de la combinaison que je propose.

Accepter en silence l'acte de défiance avouée de M. de Persigny à mon égard, c'est-à-dire les luttes que son entourage hostile compte faire naître entre nous, et que sa nature ardente ne manquerait pas de passionner, c'eût été exposer l'Empereur, sans l'en avoir prévenu, à des recours incessants de ma part, pour me défendre contre une direction générale dont les bureaux se

(1) Le mot est souligné dans l'original.

sont montrés systématiquement opposés à mes actes, sous tous les ministères, et à laquelle me livre la confiance absolue de M. de Persigny dans les ministres au petit pied qu'il vient de constituer auprès de sa personne.

Assurément, affronter de nouveau, et dans des conditions plus mauvaises que jamais, les embarras que j'ai surmontés durant huit ans déjà, grâce à l'appui de l'Empereur, ce ne serait pas plus au-dessus de mes forces que de mon dévouement. Je ferais meilleur marché encore de mon amour-propre froissé par la subordination (apparente tout au moins) de mon administration, devant la France et l'Europe, au fonctionnaire que M. de Persigny place entre elle et lui. Mais je ne pouvais pas disposer de même du repos de l'Empereur, et c'est pour cela qu'en face d'une perspective de conflits organisés incessamment dans le dessein de fatiguer à la longue la patience de Sa Majesté, j'ai cru devoir offrir à l'Empereur de me retirer, si Sa Majesté croyait la plus expédiente cette solution des difficultés du moment, bien qu'elle dût être pour moi une cause de ruine et de regrets mortels !

Je crains bien de n'avoir pas su, sous l'impression du trouble profond que je ressens, défendre assez bien auprès de Sa Majesté la solution pacifique que je désire ardemment et que M. de Persigny lui-même provoque ! L'idée en est simple : en tant que maire de Paris et administrateur du département qui lui sert de banlieue, je relèverais directement de l'Empereur (l'importance des affaires présentes de la ville le réclame plus que jamais !); en tant que préfet, c'est-à-dire organe des intérêts généraux, je resterais dans les mêmes conditions que par le passé. Il serait bien regrettable qu'une combinaison aussi rationnelle échouât devant une difficulté de rédaction. C'est pourquoi je me permets d'en présenter encore un projet très-méthodiquement élaboré.

En l'adoptant, l'Empereur fera cesser d'un coup les embarras actuels et la cause de tous les embarras du passé.

M. de Persigny, au lieu d'un adversaire, verra en moi un auxiliaire pour les discussions d'affaires dans le conseil ;

M. Rouher sera raffermi dans l'opinion, et l'Empereur restera seul juge du moment où sa situation devra changer ;

Le Conseil d'État, au lieu de me considérer comme un subalterne trop indépendant, m'accueillera et m'écoutera comme un organe accrédité des idées de réformes administratives de l'Empereur ;

Les ministres eux-mêmes cesseront de me jalouser une importance de fait, qui se trouvera légitimée en droit ;

Enfin l'Empereur, débarrassé de tout ennui à mon sujet, verra chacun des plans qu'il arrête pour Paris exécuté dans le plus bref délai, par la suppression du retard de quatre mois en moyenne qu'y apportent maintenant les bureaux de l'Intérieur. Quant à moi, je pourrai consacrer au service de Sa Majesté le temps que je perds et la force que j'épuise en notes et mémoires superflus.

Je ne saurais être plus dévoué, mais je serais plus utile.

La confiance publique en mon administration serait doublée et me préparerait une réussite plus facile dans l'accomplissement des nouveaux devoirs que la confiance de l'Empereur peut me réserver pour l'avenir !

Demain a lieu le banquet de clôture de la session du conseil général de la Seine, qui m'a témoigné, cette année, un si cordial assentiment. En portant la santé de l'Empereur, je serais heureux d'avoir une raison nouvelle de reconnaissance pour la bonté dont Sa Majesté a déjà si souvent usé envers moi !

Daignez agréer, Sire, l'hommage de mes sentiments profondément respectueux et dévoués.

De Votre Majesté le très-humble et très-obéissant serviteur.

G.-E. HAUSSMANN.

NOTE.

La rédaction ci-jointe indique nettement la distinction que son auteur croit à propos d'établir entre les fonctions d'intérêt purement local que le préfet actuel de la Seine exercerait désormais en droit, comme il les exerce déjà en fait, sous les ordres immédiats de l'Empereur, et les fonctions d'intérêt général, qui resteraient dans les attributions des divers ministres. Pour les premières, le chef de l'administration municipale et départementale aurait l'autorité ministérielle, et, pour les secondes, l'autorité préfectorale seulement.

De nombreux exemples existent de situations où le même fonctionnaire réunit une autorité propre et une autorité déléguée. Sans aller chercher plus loin que la préfecture de la Seine, son titulaire a droit de décision dans beaucoup de cas, et, dans d'autres, il lui faut recourir à une approbation ministérielle ou à une décision souveraine. D'ailleurs, l'organisation administrative de Paris et du département de la Seine est exceptionnelle de tous points ; et loin de s'étonner de la mesure qu'on propose, alors même qu'elle ne pourrait être expliquée par aucune analogie, la population parisienne, qui s'y attend, l'accueillerait comme une nouvelle preuve de la sollicitude personnelle de l'Empereur pour les affaires de la capitale de l'Empire.

Selon le système du projet, les décisions souveraines en matière d'administration départementale et communale seraient obtenues directement de l'Empereur par le fonctionnaire chargé d'administrer la ville et le département, au lieu d'être sollicitées par l'intermédiaire des bureaux de l'Intérieur, qui sont souvent des obstacles et toujours des causes de retard préjudiciable. En matière d'administration générale rien ne serait changé à l'état actuel des choses ; mais il paraît nécessaire de le dire surabondamment, pour éviter toute équivoque.

M. Haussmann, cumulant les fonctions ministérielles qui lui seraient attribuées dans un cas et les fonctions préfectorales qu'il conserverait dans l'autre, devrait naturellement prendre le titre inhérent aux plus importantes. Comme les affaires municipales sont dix fois plus nombreuses et plus considérables que les affaires départementales, c'est le titre de *Ministre de Paris* qui exprimerait le mieux sa situation.

Ce titre aurait d'ailleurs l'avantage de supprimer l'assimilation nominale, source permanente d'inconvénients de toutes sortes, qui existe aujourd'hui entre la préfecture de la Seine et la préfecture de police, dont les occupations n'ont aucune espèce d'analogie, et dont les titulaires doivent avoir des aptitudes tout à fait différentes.

Dans notre pays, où les mots ont tant de puissance, l'identité des appellations engendre des prétentions gênantes pour l'autorité souveraine. L'Empereur n'a point oublié que la nomination du préfet de la Seine comme sénateur a motivé, de la part du préfet de police d'alors, la demande d'une nomination parallèle, et que la même chose avait déjà eu lieu au sujet du grade de grand officier de la Légion d'honneur. Attribuer au préfet de la Seine le titre en même temps que le rang de ministre, ce n'est donc pas seulement couper court à des difficultés d'affaires, c'est encore éviter, pour l'avenir, des embarras d'un autre genre.

Nota. Le sens des mots : *en matière d'administration départementale et communale*, employés dans le projet, est précisé exactement par les attributions mêmes de la direction instituée sous ce nom au ministère de l'intérieur.
Les mots : *en matière d'administration générale* embrassent dès lors, et sans aucune exception, toutes les affaires qui ne se rattachent pas maintenant à cette direction, soit qu'elles ressortissent au ministère de l'intérieur, soit qu'elles ressortissent aux autres ministères.

Nouvelle rédaction proposée.

Le baron Haussmann, sénateur, préfet de la Seine, a rang de ministre, et a séance en cette qualité, dans nos conseils.

L'autorité ministérielle lui est dévolue dans son ressort, en matière d'administration départementale et communale.

Il continuera d'exercer, en matière d'administration générale, les attributions conférées au préfet de la Seine par les lois, décrets et règlements ; et les affaires de cet ordre seront réglées ou soumises à notre décision, comme dans le passé, par les ministres compétents.

Il prendra le titre de *Ministre de Paris*.

CIII.

Note de l'Empereur sur les affaires d'Espagne.

(Autographe.)

La révolution de l'Espagne s'est faite au cri d' : « A bas les Bourbons ! » et cependant il y a un parti à Madrid qui, ayant reçu de fortes sommes du duc de Montpensier, travaille à le faire arriver au trône. Nous avons un profond respect pour les décisions de la volonté nationale, et, si le duc de Montpensier est régulièrement élu par la nation espagnole, nous n'aurons rien à dire. Mais avant que cet événement se produise, si toutefois il doit avoir lieu, nous tenons à dire notre opinion. Si la nation espagnole ne veut plus de Bourbon, tant mieux ; mais si elle revient sur sa première impression, il me semble qu'elle ne pourrait pas faire un plus mauvais choix que d'élever sur le trône un d'Orléans, répétant en Espagne l'usurpation de 1830, et donnant à l'Europe le funeste exemple d'une sœur détrônant sa sœur. D'ailleurs, la situation de l'Espagne, dans ce moment, ne nous semble pas faite pour admettre le choix d'un prince ayant déjà des antécédents accentués et des opinions faites. Si l'Espagne pouvait supporter l'état républicain sans courir le risque de voir son unité nationale compromise par la reconstitution de royaumes indépendants, c'est ce qu'elle aurait de mieux à faire ; car cela donnerait le temps à la nation de faire son éducation politique et d'apprendre à se connaître elle-même ; mais, puisque la république n'est pas possible, tout ce qui en rapproche le plus nous semble ce qu'il y aurait de plus profitable. Or, le hasard a voulu qu'il y eût un jeune prince, le prince des Asturies, sur la tête duquel reposent tous les droits monarchiques. Il est d'un âge où ses opinions personnelles ne peuvent pas compter, et peut être élevé dans les opinions du jour, loin des flatteurs et des intrigues. Son âge permet une régence, qui serait probablement exercée par les hommes qui ont donné le plus de gages à la révolution. Et ce régime ressemblerait fort, pendant sept ou huit ans, à une république, où les agents pourraient être changés par le vote des cortès, et le prince des Asturies ne serait que l'enfant chargé d'occuper un poste auquel aucun ambitieux ne peut prétendre.

CIV.
Lettre de l'Impératrice à l'Empereur.

Yacht impérial
l'Aigle.

Le Caire, le 25 octobre (1869).

MON TRÈS-CHER AMI,

Merci de ta bonne lettre ; je suis heureuse, tu le sais, quand tu approuves ce que je fais, et tu peux être sûr que tous mes efforts sont toujours portés à te faire le plus grand nombre d'amis possible.

L'idée du Roi m'a bien amusée, car *il a été d'un galant à te faire dresser les cheveux*. Je ne sais si la présence d'un tiers le gêne pour me faire des confidences politiques ! mais dans tous les cas pas les autres !... Enfin j'ai fait de mon mieux pour lui plaire, et je te ferai bien rire en rentrant et en te racontant mon entrevue.

Ce que tu me dis sur ta santé m'ennuie, mais ne m'effraye pas, parce que je sais que c'est long à revenir à la santé. Soigne-toi, je t'en prie ; songe combien non-seulement ta vie, mais ta santé est utile à tous et à notre enfant surtout.

Je me préoccupe beaucoup de la tournure de l'esprit public chez nous ; Dieu veuille que tout se passe tranquillement et sagement, sans folie d'un côté, et sans à coup de l'autre, et que l'ordre sera maintenu sans user de la force, car le lendemain de *la victoire* est souvent difficile, plus difficile que la veille.

Mais de loin je suis mauvais juge des événements.

Tu devrais parler à l'amiral du commandant de Surville ; celui-ci ne m'a pas parlé, mais les officiers de son bord en ont parlé à ces messieurs. Il paraît que dernièrement M. Jauréguiberry aurait passé contre-amiral ; étant moins ancien que le commandant de Surville, ceci lui aurait fait beaucoup de peine. Mais je te répète, il ne m'en a pas soufflé mot. Comme le ministre est très-ombrageux, tu ferais bien de prendre des ménagements avec lui. Je ne puis te donner mes impressions de voyage. J'ai trouvé chez tous et partout le désir bien vif de nous être agréable et de tout faire pour cela. Le Caire a conservé son ancien cachet, pour moi moins nouveau que pour ces dames; car cela me rappelle l'Espagne. Les danses, la musique et la cuisine sont identiques. Nous allons ce soir à un mariage qui doit avoir lieu chez la mère du Kédive; hier soir nous avons assisté aux prières des derviches tourneurs et hurleurs; c'est inconcevable qu'on puisse se mettre dans un pareil état; cela m'a causé une grande impression.

Les danses dans le harem sont celles des bohémiennes d'Espagne, plus *indécentes* peut-être! Aujourd'hui, je suis restée tranquille pour me reposer, car je suis très-fatiguée, mais très-intéressée par tout ce que je vois. On ne dirait jamais que nous avons en si peu de temps fait tant de chemin et visité tant de pays divers. Je fais collection de souvenirs et je te raconterai cela au coin du feu.

L'idée de Louis m'a bien amusée, et je suis curieuse de savoir *s'il fera sa liste* et ce qu'en dira le général??? Dans sa lettre, il me dit que tu vas chasser à courre, mais je suppose qu'il prend son désir pour une réalité.

Donne-moi des nouvelles de MM. de Montebello et de La Moskowa et crois à la tendre affection que j'ai pour toi.

Ta toute dévouée,
EUGÉNIE.

Paris, 16 octobre 1870.

CV.

Notes sur les dépenses de la liste civile de Napoléon III, de 1853 à 1870.

La liste civile du second empire, instituée et réglementée par le sénatus-consulte du 12 décembre 1852 et les décrets des 14 décembre 1852 et 19 janvier 1853, a disposé de ressources fixes et régulières que l'on peut résumer ainsi : dotation de la liste civile, 25 millions; dotation de la famille impériale, 1,500,000 francs; dotation du Palais-Royal et de Meudon, 550,000 francs. Il faut y joindre les produits de la dotation mobilière et immobilière de la couronne, qui varient de 4 à 8 millions. En moyenne donc les recettes de la liste civile dépassent toujours la somme d'environ 32 millions, qui suffit à peine à couvrir les dépenses de la cour et des grands officiers de la couronne.

Quoique l'Empereur n'ait jamais ostensiblement prélevé pour ses besoins personnels plus de 3 à 4 millions, la responsabilité des dépenses (si l'on excepte les fonds affectés à l'entretien des édifices, domaines, musées, manufactures, compris dans la liste civile) incombe tout entière à celui dont la volonté en a été la mesure unique et dont la situation même en a été la cause déterminante. Le seul fait de ces 32 millions, mis pendant vingt ans sans contrôle à la disposition d'un homme, suffit au philosophe pour juger un système politique. Mais il ne peut être que salutaire et, en tout cas, intéressant pour le public, d'examiner en détail la distribution et l'emploi de ressources aussi importantes. On veut savoir ce que coûtent les grands officiers de la couronne, les chambellans, aides de camp et autres serviteurs du prince ; on veut établir le compte personnel de l'empereur, celui de la famille, enfin réunir les noms de tous ceux, riches ou pauvres, qui ont, à un titre quelconque, ou touché l'argent de l'empereur ou fait affaire avec lui ; savoir enfin si, dans ce gaspillage régulier, officiel, se seraient glissées par hasard quelques dépenses utiles et raisonnables.

Pour répondre aux exigences d'une légitime curiosité, nous avons entrepris de dresser un certain nombre de tableaux où se trouveront résumés et classés les documents très-nombreux de la trésorerie générale, de la cassette particulière, de la caisse des dons et secours, ainsi que des milliers de pièces, lettres, reçus qui rempliraient plusieurs volumes et dont le principal intérêt réside dans les libéralités qu'ils constatent.

Ces renseignements partiels, que M. André Lefèvre, notre collaborateur, a bien voulu se charger de grouper et de coordonner, sont des préliminaires indispensables à un aperçu général de la liste civile. Nous croyons devoir les publier sans attendre que l'achèvement de son travail d'ensemble ait permis de leur assigner à tous leur place définitive et logique. Ils ont d'ailleurs leur valeur particulière et portent avec eux leur instruction.

On en jugera par le tableau suivant, qui concerne uniquement la famille Bonaparte.

Tableau des sommes et subventions allouées sur la liste civile à la famille Bonaparte.

Il est facile d'évaluer en bloc l'argent touché depuis 1852 par la famille Bonaparte. Il suffit d'ajouter à la dotation fixe attribuée à quelques-uns de ses membres les allocations régulières dont la Commission a déjà publié le tableau (1), et dont le total annuel varie de 12 à 1,400,000 francs. Cette subvention a commencé de courir le 25 décembre 1852, et n'a cessé qu'avec l'Empire. Il faut tenir compte aussi d'un capital de 5,200,000 francs, distribués par décret du 1er avril 1852 à un certain nombre de parents favorisés. Sans parler des gratifications, dettes payées et autres libéralités dont on lira ci-dessous le détail, le compte général de la famille s'établit comme suit, d'après les tableaux officiels de la liste civile :

Dotation (1860-1870). . . . . fr.	16,849,999
Dotation du Palais-Royal et de Meudon (1857-1870).	4,953,639
Allocations (1853-1870)	30,033,531
Dépenses diverses	1,758,116
TOTAL GÉNÉRAL. . . . fr.	53,595,285

Si nous ajoutons à ce chiffre le capital donné, 5,200,000 francs, c'est une

(1) Voyez p. 121

somme de plus de 58 millions absorbée, sans aucune espèce d'utilité pour le pays, par la famille de ceux qui nous ont conduits à Leipzig, à Waterloo et à Sedan. Encore cette évaluation, fondée sur les chiffres avoués, est-elle loin d'être complète, comme on en jugera par les calculs ci-joints, dont tous les éléments nous ont été fournis par des documents irrécusables, reçus signés, pièces de la main de l'Empereur ou de ses trésoriers, Bure, Conneau, Thélin, Mocquard, Béville, etc. On peut supposer, sans crainte d'erreur, que, parmi les libéralités de Napoléon III à sa famille, beaucoup ont été dissimulées et passent inaperçues sous le couvert de la cassette privée.

§ 1. — FAMILLE JÉRÔME BONAPARTE.

1. Le prince Jérôme Bonaparte, gouverneur général des Invalides (1848), maréchal (1850), président du Sénat (1851), prince français, pourvu d'une maison militaire, mort le 24 juin 1860.

Don du 1er avril 1852 : 2 millions, payables avec intérêts à 5 p. c. par 50,000 fr. mensuels	2,170,833 35
Allocation annuelle : 100,000 francs (× 8)	800,000 00
Maréchal, sénateur, 60,000 francs (× 8)	480,000 00
Obsèques du prince Jérôme	180,586 31
TOTAL, sans compter la dotation	3,631,419 66

2. Le prince Napoléon, prince français. (1850), 23,000 francs.	23,000 00
Par crédit supplémentaire, inscrit au chapitre 32 du budget de liste civile (1861), 164,205 francs 35 cent.	164,205 35
Frais du mariage du prince Napoléon	859,739 93
TOTAL, sans compter la dotation et la subvention pour le Palais-Royal et Meudon	1,046,945 28

3. La princesse Mathilde, princesse française. Son traitement est compris dans la dotation.

3 bis. M. Jérôme Bonaparte fils (Patterson), 30,000 francs par an (nous ignorons pendant combien d'années).

Dotation de la famille J. B. ; subvention pour le Palais-Royal et Meudon : 1,800,000 francs, durant 18 années au moins	32,000,000 00
La famille Bonaparte Jérôme a donc touché, pendant la durée de l'Empire, 37 millions environ	37,078,364 94

§ II. — FAMILLE BACIOCCHI.

La princesse Baciocchi (comtesse Camerata), morte en 1869, à peine solvable en France ; le Prince Impérial est son légataire universel.

Don du 1er avril 1852 : 1 million, payable avec intérêts à 5 p. c., par 25,000 francs mensuels	1,085,416 65
Subvention annuelle (le 15 décembre 1852) : 150,000 francs pendant 16 ans au moins.	2,240,000 00

Avances sur la subvention : 31 décembre 1852, 150,000 francs ; 5 mars 1853, 100,000 francs ; 4 mai 1859, 100,000 francs (1).

Rente viagère pour le rachat du majorat de Bologne. 100,000 francs.	1,500,000 00
Pour l'acquisition des Landes de Granchamps (1858-59), 170,000 fr.	170,000 00
Acquisition d'un hôtel à Rennes (1860)	74,750 60
Ameublement de divers domiciles : de 8,000 à 10,000 francs mensuels durant plusieurs années, domaine de Korn-er-Houet, construction de l'église de Colpo (Bretagne)	200,000 00
Crédit supplémentaire (1861)	76,666 65
Mars 1862.	20,000 00
Frais de la succession de Mme Baciocchi	717,791 00
La princesse Baciocchi a donc touché pendant la durée de l'Empire au moins six millions	6,244,624 00

§ III. — FAMILLE LUCIEN BONAPARTE.

1. La princesse veuve Lucien Bonaparte, douairière de Canino, morte en 1855.

Subvention annuelle, 48,000 francs	144,000 00

2. Le prince Charles Bonaparte, mort en 1857.

Don du 1er avril 1852, 200,000 francs payables avec intérêts à 5 p. c. par 5,000 francs mensuels	208,750 00
Subvention annuelle : 100,000 francs pendant cinq ans. . . .	500,000 00

2 bis. Le prince Napoléon-Charles Bonaparte.

Subvention annuelle (1857-1870), 50,000 francs	700,000 00
Location d'un hôtel, 20,000 francs	280,000 00
TOTAL . . .	1,688,750 00

3. Le prince Louis-Lucien Bonaparte.

Dettes payées en 1850, 45,000 francs	45,000 00
Don du 1er avril 1852 ; 200,000 francs payables par 5,000 francs, sans intérêts, avec supplément de 2,000 francs mensuels pendant neuf mois	218,000 00
Subvention annuelle, 100,000 francs pendant dix huit ans . . .	1,800,000 00
TOTAL	2,063,000 00

4. Le prince Pierre Bonaparte.

Don du 1er avril 1852, 200,000 francs payables comme ci-dessus .	218,000 00
Subvention annuelle	1,800,000 00
1856-59, 5,000 francs mensuels (deux ans et six mois) . . .	150,000 00
1859-63, 2,500 francs mensuels (trois ans et six mois)	105,000 00
1864-70, 2,000 francs mensuels	144,000 00
TOTAL . .	2,417,000 00

(1) Cette dernière avance est constatée par la lettre suivante de la princesse, trouvée dans les papiers de M. Bure : « Monsieur, contre la volonté expresse de Sa Majesté, il n'y a rien à faire. Ainsi je vous renvoie « signées les trois quittances. Je pense donc que cette retenue n'a pas lieu pour le payement (suivant les six « payements échelonnés par mois, équivalant à 100,000 francs,) somme avancée à Me Noël, pour solder « une partie des dettes de feu mon fils (Napoléon Camerata).
« Veuillez me faire savoir si mon calcul est exact, et recevez l'assurance de mes sentiments distingués. »

5. Le Prince Antoine Bonaparte.
Don du 1er avril 1852, 200,000 francs payables comme ci-dessus . . 218,000 00
Subvention annuelle, 100,000 francs 1,800,000 00

TOTAL . . . 2,018,000 00

6. La princesse Marianne Bonaparte-Lucien.
Subvention annuelle, 6,000 francs 108,000 00

7. Mme Letizia Bonaparte-Wyse, séparée de son mari, sir Thomas Wyse, auquel l'Empereur a prêté en Angleterre 16,000 livres sterling mal garanties par des polices d'assurances 400,000 00

Endettée à l'excès, presque retenue dans un hôtel où elle ne peut payer son séjour, Mme Bonaparte-Wyse (1) obtient en 1852, par l'intermédiaire de M. Bure, une subvention de 6,000 fr., portée, en 1853, à 48,000, dont 30,000 affectés à ses créanciers 864,000 00

TOTAL (au moins) . . . 864,000 00

8. Mme Marie Bonaparte-Wyse, princesse de Solms, devenue Mme Urb. Ratazzi (1863) ; elle jouissait originairement d'une pension de 30,000 francs, supprimée pour publications anonymes ; mariée à M. Ratazzi, elle réclame, dans une lettre curieuse, sa pension tout entière, dont l'Empereur lui a, dit-elle, par l'intermédiaire du docteur Conneau, promis le rétablissement. Elle figure depuis dans les états pour une somme annuelle de 24,000 fr. (six ans ?) 144,000 00

9. Mme Turr (1864) née B. Wyse.
Subvention annuelle, 24,000 francs 216,000 00

10. M. Wyse (Lucien-Napoléon).
Pension, 2,000 fr. ; en 1855, 14,000 fr.

---

(1) Nous reparlerons ailleurs de Mme B. Wyse. Voici, cependant, une lettre de cette princesse qui constate sa détresse :

« En rentrant chez moi hier soir avec ma jeune fille que j'avais été chercher au chemin de fer, j'ai trouvé
« la porte de mon appartement fermée, et mes effets, le peu qui me reste, saisis et sous les scellés !
« Au milieu de la rue à onze heures du soir, sans asile et sans argent, j'ai été demander l'hospitalité à un
« vieil ami de ma mère (le colonel Jenowich), qui m'a offert pour deux ou trois jours une chambre chez
« lui !... J'avais écrit au trésorier de la Présidence pour avoir un secours (ce qu'on n'oserait refuser dans
« les circonstances où je me trouve à une étrangère), afin d'éviter la nouvelle avanie qui de nouveau me
« frappe !... On n'a pas répondu à ma lettre ! on est vraiment pour moi d'une rigueur, d'une dureté qui
« passent toute croyance !... Demain j'irai au couvent ! J'y entrerai sans linge et sans vêtements, car je
« n'ose me flatter que vous viendrez, par ordre du prince, à mon aide ; cependant, pourquoi ne tenterais-je
« pas un dernier effort ? Je dois trois cent cinquante francs à mon logeur et à mon restaurant. Souffrirez-
« vous que je sois encore outragée pour une telle vétille ? Employez votre influence pour me rendre ce der-
« nier service, et après, avant de vous employer encore pour moi, attendez que ma conduite vous ait
« montré ce que je suis et combien j'ai été calomniée ! Si vous me faites la faveur d'une réponse, écrivez-
« moi demain chez le colonel Jenowich. J'y attendrai votre réponse toute la journée, car il me sera bien
« pénible d'entrer au couvent sans vêtements. Cependant, comme ma résolution est irrévocable et qu'on
« consent à me recevoir sans payer à l'avance, je coucherai demain soir au couvent.
« J'aurai l'honneur de vous écrire aussitôt mon installation, car je veux compter sur vous pour sortir de
« peine et me réhabiliter. Ne trompez pas mes espérances, ayez l'œil sur ma conduite, et agréez, avec mes
« remerciements, l'assurance de ma reconnaissance.
« Ce mardi 20 novembre.
Princesse LETIZIA BONAPARTE.
« Rond-Point des Champs-Élysées, chez le colonel Jenowich

« P. S. De grâce, un mot de réponse.

11. La comtesse Valentini (Alexandrine-Marie B. Lucien).
Don d'avril 1852, 200,000 fr., intérêts à 5 p. c. 208,750 00
Subvention. 25,500 francs. 460,000 00
12. La comtesse Lucienne Valentini-Faïna : 1863. ordre signé de
l'Empereur, don, 50,000 francs 50,000 00
13. La marquise Roccagiovine, fille de Ch. B. Lucien ;
Subvention, 20,000 francs (en moyenne dix ans) ; indemnité de
logement. 20,000 francs 400,000 00
14. La comtesse Primoli (Ch. B. Lucien) ; même somme (même
moyenne). 400,000 00
15. La comtesse Campello (Ch. B. Lucien) ; même somme (même
moyenne) 400,000 00
16. La princesse Gabrielli (Charlotte-Marie B. Lucien) ; subvention,
indemnité. 40,000 francs 400,000 00
17. La marquise Christine Gabrielli Stefanoni 6,250
18. La comtesse Lavinie Gabrielli Aventi. 6,250
19. La marquise Amélie Gabrielli Parisani 6,250
20. Madame A. Booker . . . . 6,000 } 375,000 00
21. Madame Célia Honorati Romagnoli, petite fille de
Lucien Bonaparte 6,000

La famille Bonaparte Lucien a donc touché, durant l'Empire,
environ 12,700,000 francs.

TOTAL. . . . 12,762,500 00

§ IV. — FAMILLE MURAT (1).

1. Le prince Lucien Murat.
Don du 1er avril 1852, 1 million, par 25,000 francs avec intérêts
5 p. c. 1,085,416 65
Subvention (25 décembre 1852,) 100,000 fr., convertis pour moitié
en un capital de 1 million, payable par sixième et par mois, à partir de
février 1853, dont la nu-propriété est assurée au prince Napoléon
Joachim, son fils aîné. 1,900,000 00
(Juillet 1850-mars 1858), 2,000 francs mensuels 184,000 00
A partir de mars 1858, 2,500 francs. 355,000 00
(1860), hôtel Komar 527,819 45
(Juillet 1857-sept. 1859), 10,000 fr. mensuels 250,000 00
(Février 1857), 25,000 francs 25,000 00
(1867), 86,329 francs 86,329 00
Sénat, 30,000 francs 540,000 00

TOTAL. . . . 4,303,565 10

(1) Une note de la main de l'Empereur, postérieure à 1867, évalue incomplètement les sommes absorbées
par la famille Lucien Murat. La voici :

« Lucien 689,132
                                                        1,000,000
                                                        1,000,000
Hôtel. 500,000
Achille. 85,000
                                                        180,000
Anna. 2,000,000
                                                        ─────────
                                                        5,252,132

2. La princesse Lucien Murat.
Subvention annuelle, 100,000 francs. 1,800,000 00
3. Madame Achille Murat.
(? 1852), don, 200,000 francs, intérêts 5 p. c. 208,750 00
4. La baronne de Chassiron, née Lucien Murat.
Subvention, 30,000 francs × 14. . . . . 420,000 00
5. Le prince Joachim Murat.
Subvention 20,000 francs (sans compter son million) 360,000 00
6. La princesse Anna Murat duchesse de Mouchy (1865).
Subvention (sept. 1861), 100,000 francs (5 ans?). 500,000 00
Dot, 2 millions 2,000,000 00

TOTAL. . . 2,500,000 00

Le prince Achille Murat.
Don du 1er avril 1852, 200,000 francs, payables par 10,000, intérêts
5 p. c. 208,750 00
Subvention annuelle, 24,000 francs 432,000 00
Dettes payées (1864), 87,378 francs 10 c. 87,378 10

TOTAL. . . 728,120 00

La famille Lucien Murat a donc touché environ 11,300,000 francs.

TOTAL. . . 11,361,433 00

8. Famille Pepoli-Murat. La marquise Pepoli, née Letizia-Joséphine Murat.
Don du 1er avril 1852; 200,000 francs payables par 10,000 et intérêts à 5 p. c. 208,750 00
Subvention annuelle, 50,000 francs.
Le marquis Pepoli.
Subvention annuelle. 25,000 00
La comtesse Mosti, née Pepoli.
Subvention annuelle. 8,333 00
La comtesse Ruspoli, née Pepoli.
Subvention annuelle 8,333 00
La comtesse Tattini, née Pepoli.
Subvention annuelle. 8,333 00
En tout pour les trois comtesses, 25,000 francs qui, ajoutés à la subvention du marquis, représentent justement les 50,000 francs de la marquise Pepoli. 50,000,00

Pour tout compte 900,000 00

La famille Pepoli-Murat a donc touché environ 1,100,000 francs . 1,108,750 00

9. La comtesse Rasponi (Louise-Julie-Caroline Murat).
Don du 1er avril 1852, 200,000 francs, intérêts à 5 p. c. . . 208,750 00
Subvention annuelle, 50,000 francs. 900,000 00

TOTAL. . . 1,108,750 00

La famille Murat tout entière a donc touché environ 13,600,000 fr.

TOTAL. . . 13,577,933 00

V.

Mme Charlotte Bonaparte-Centamori.

Don d'avril 1852, 100,000 francs, par 5,000 francs, intérêts à 5 p. c.	104,375,50
Subvention annuelle, 25,000 francs.	300,000 00

(Mme Centamori ne figure plus sur un état que nous croyons de 1868).

VI.

La marquise Bartholini ; 12,000 francs (dix ans en moyenne)	120,000 00
TOTAL.	524,375 50

RÉCAPITULATION.

Ainsi sans tenir compte de quelques centaines de mille francs annuels touchés durant un nombre inconnu d'années, le bilan de la famille Bonaparte s'établit comme suit :

Famille Jérôme Bonaparte	37,078,364 00
Famille Lucien Bonaparte	12,762,500 00
Famille Murat	13,577,935 00
Princesse Baciocchi	6,244,627 00
Mmes B. Centamori et Bartholini	524,375 00
TOTAL général.	70,187,796 00

C'est donc, d'après les chiffres officiels, 58 millions, et d'après des calculs plus complets, 70 millions que la famille Bonaparte a, sans autre titre que sa parenté avec le chef de l'État, sans utilité appréciable pour la France, prélevés sur la fortune publique.

A propos de ces *notes sur les dépenses de la liste civile de Napoléon III*, M. Pierre Bonaparte a écrit à l'*Indépendance belge* une lettre que voici ; avec les réflexions dont le rédacteur en chef de ce journal l'a fait suivre :

« Rochefort, province de Namur, 7 janvier.

« *A M. le rédacteur en chef de l'Indépendance.*

« Vous annoncez une publication donnant le total, dites-vous, de ce que les Bonaparte ont coûté à l'empire. Il serait curieux de rechercher ce que le second empire a coûté à la plupart des Bonaparte.

« Ignorez-vous que par le même décret, attribuant au fisc certains biens de princes d'Orléans, l'Empereur Napoléon III a renoncé (*sic*) à toute réclamation de sa famille.

« Quand cette arme à deux tranchants vint au clair, nous nous écriâmes : De quel droit ! mais il nous fut répondu : *Quia nominor leo.*

« Il est vrai qu'en même temps, l'Empereur nous accordait une allocation, mais, outre qu'elle était loin de valoir ce que Louis XVIII nous avait confisqué, elle était mensuelle, révocable, éphémère comme les derniers événements l'ont prouvé.

« Cependant, nos titres étaient valables, de l'aveu même de la royauté de Juillet. Pour ne citer que les délégations du trésor, dont nos frères Louis et Antoine et moi, nous sommes porteurs, elles sont hypothéquées sur les forêts de l'État, elles s'élèvent à 2,064,000 francs, sans les intérêts accumulés depuis 1814, et elles représentent une partie de la liste civile du Grand Homme échue en 1813.

« Je n'entre pas dans plus de détails, et je vous fais remarquer que si je n'y étais provoqué, je ne parlerais pas d'argent dans un moment où tout bon citoyen n'est préoccupé que des malheurs de la France.

« Salut,

« PIERRE NAPOLÉON BONAPARTE. »

Nous n'avons qu'une seule observation à faire au sujet de cette lettre : c'est que « s'il serait curieux de rechercher ce que le second empire a coûté à la plupart des Bonaparte, » il y aurait une recherche plus curieuse encore, ce serait la provenance de ces fortunes que le second empire leur a fait perdre, au dire de l'auteur de la lettre. Nous ne sachions pas que le sous-lieutenant d'artillerie Napoléon Bonaparte possédât beaucoup de millions, et ses frères, pensons-nous, étaient, sous ce rapport, logés à peu près à la même enseigne que lui. Si donc, à la chute du premier empire, tous les membres de cette famille se trouvèrent grassement rentés, dotés et pourvus de toutes les façons, ce ne pût être qu'aux dépens soit de la France, soit des autres pays dont le « grand homme » leur avait confié l'exploitation. Cela diminue un peu la pitié que pourrait exciter la spoliation dont la plupart des Bonaparte auraient été l'objet, en 1832, par le fait de leur cher parent.

CVI.

Lettre de M. Prosper Mérimée sur les attributions du ministère de l'instruction publique (1).

Paris, le 11 juillet 1856.

MONSIEUR,

Me permettrez-vous de vous soumettre quelques idées qui me sont venues à l'occasion de la mort si regrettable de M. Fortoul. C'est un devoir, ce me semble, pour toutes les personnes dévouées à l'Empereur de produire les observations qui leur sont personnelles, et qui peuvent tendre au perfectionnement de l'administration.

Je n'examinerai pas ici la question de l'existence même d'un Ministère de l'Instruction publique, ni l'utilité contestable de la réunion dans le même département de deux administrations nécessairement rivales, celle des Cultes et celle de l'Université. Je me bornerai à vous entretenir des attributions actuelles de ce Ministère, et à vous dire ce que ma petite expérience de membre de l'Institut et d'inspecteur des monuments historiques a pu m'apprendre à ce sujet.

Des services, qui, à mon avis, devraient être séparés, s'y trouvent réunis. Le moment où Sa Majesté pourvoira à la vacance pourrait être celui d'une réforme qui fixerait les attributions de ce département d'une manière plus rationnelle.

1° On s'étonne que l'entretien et la réparation des édifices diocésains ne

---

(1) Cette lettre est probablement adressée à M. Mocquard. M. Fortoul, ministre de l'Instruction publique étant mort à Ems le 7 juillet 1856, on voit que M. Mérimée n'avait pas perdu de temps pour la rédiger. — Quelques années après, une partie des idées qu'il y avait émises était réalisée par le décret du 5 décembre 1860, qui enleva au Ministère de l'Instruction publique, l'Institut et les bibliothèques, et les transféra au Ministère d'État.

ressortissent pas au département qui est chargé de la direction de tous les autres travaux d'architecture. Le Ministère d'État a la surveillance des palais impériaux, des bâtiments civils, des monuments historiques, de toutes les écoles de beaux-arts ; comment les cathédrales ne sont-elles pas dans ses attributions ?

Il faut, dira-t-on, que les évêques aient un contrôle sur des affaires qui les touchent, et, d'un autre côté, il est bon que le Ministre des Cultes conserve un moyen d'influence. Je répète ici une objection ancienne et qui remonte au temps du gouvernement parlementaire. Il est facile d'y répondre. Sans doute, les évêques doivent être consultés au sujet des travaux nécessaires aux édifices religieux, mais est-il nécessaire que ces travaux soient exécutés par une administration ecclésiastique ? Un prélat, un général qui veulent se faire bâtir une maison s'adresseront à un architecte, non à un prêtre ou à un militaire. Quant à l'influence qu'au moyen de ces travaux un ministre pourrait exercer, en vérité, je ne la comprends pas. Quel ministre laisserait tomber une cathédrale parce que l'évêque du diocèse lui donnerait des sujets de mécontentement ? Mais qu'arrive-t-il ? Comme le budget des travaux des édifices religieux est assez faible, le Ministre des Cultes ne peut satisfaire à toutes les demandes qui lui sont adressées. On l'accuse de partialité, et involontairement il est entraîné à répartir les fonds dont il dispose, non point selon l'urgence des travaux, mais selon les rapports plus ou moins fréquents, plus ou moins intimes qu'il a avec les évêques. Ajoutez, au point de vue de l'économie, que, si les travaux de bâtiment n'étaient pas divisés, les frais d'agence et de surveillance seraient fort réduits. Maintenant il y a des contrôleurs pour les Cultes et des contrôleurs pour le Ministère d'État, des inspecteurs, des bureaux dans chacune de ces administrations. Si l'on plaçait dans les mêmes mains ces services de même nature, au lieu d'un personnel double, un seul suffirait. Tout se ferait avec plus d'ordre, plus de régularité, et mieux. Permettez-moi d'ajouter qu'en ma qualité d'inspecteur général des monuments historiques, j'ai eu de fréquents rapports avec les membres du clergé. Je les ai trouvés toujours très-reconnaissants des travaux que nous faisons exécuter dans des églises monumentales, tandis qu'ils regardaient ceux que faisait faire l'administration des Cultes comme l'accomplissement d'un devoir ministériel.

2° C'est par une confusion de mots que les bibliothèques ont été placées dans le département de l'Instruction publique. Ce sont des collections nationales de même que nos musées. Vous trouverez ci-jointe une note qui m'est remise par un des employés supérieurs de la Bibliothèque impériale et qui traite cette question de la manière la plus complète.

3° L'Institut impérial est fractionné entre le Ministère d'État et celui de l'Instruction publique. Ne vaudrait-il pas mieux qu'il fût tout entier dans les attributions du ministre placé le plus près de la personne de l'Empereur ? Les lettrés, les savants et les artistes y verraient un témoignage flatteur de l'intérêt que leur porte Sa Majesté.

On voit aux budgets du département de l'Instruction publique et du Ministère d'État des allocations destinées à des missions, voyages et souscriptions. Ces allocations devraient, à mon avis, être réunies dans un seul département. Au point de vue de l'économie, l'avantage d'une administration unique est évident; au point de vue de la politique, il vaut mieux que ces allocations soient réparties par le Ministère d'État. En effet, accordées par le Ministère de l'Instruction publique, elles semblent le prix d'une espèce de concours littéraire, tandis que, venant du Ministère d'État, elles paraîtront ce qu'elles sont en réalité, des grâces du souverain.

Je crois fermement, Monsieur, être l'interprète des gens de lettres, des savants et des artistes en exposant ici les inconvénients de l'ancien système de répartition d'attributions entre les deux ministères. Plusieurs fois des réclamations semblables se sont élevées; mais, pour y satisfaire, il fallait offenser peut-être des susceptibilités personnelles. Aujourd'hui rien de plus facile que la réforme que je propose. Elle serait accueillie, je crois, avec faveur par le public.

Veuillez agréer, Monsieur, l'expression de tous mes sentiments de la plus haute considération.

Pr MÉRIMÉE.

P. S. Vous avez vu, sans doute, le *British Museum* de Londres, qui renferme les collections les plus admirables en tout genre sous la même administration. La splendeur de cet établissement et sa prospérité sont dues à la concentration dans le même service d'une galerie d'antiques, d'une bibliothèque, de collections d'histoire naturelle, d'un musée ethnographique, etc. C'est la réunion du musée du Louvre et de la Bibliothèque impériale. C'est le résultat d'une direction unique pour les arts et les sciences.

<small>Voici maintenant la note dont M. Mérimée parle dans sa lettre. Quoiqu'il l'ait intitulée *Copie*, elle peut fort bien avoir été rédigée par lui. En tout cas, elle est écrite de sa main.</small>

Que le Ministère de l'Instruction publique et des Cultes soit maintenu ou que ses attributions soient divisées, il serait regrettable de ne pas voir saisir l'occasion qui s'offre aujourd'hui de faire cesser un état de choses fâcheux, que nous avons plus d'une fois signalé aussi bien à M. le Ministre de l'Instruction publique, que la mort vient de nous enlever, qu'à M. le Ministre d'État et de la Maison de l'Empereur.

La Bibliothèque impériale et le Musée du Louvre ne sauraient être logiquement placés dans des mains différentes. Ce sont deux parties d'un même tout. Les deux établissements possèdent des collections analogues et régis par deux ministres; on les voit dans les ventes d'antiques et de camées historiques enchérir l'un contre l'autre aux dépens du trésor. Il y a une absolue nécessité à ce qu'ils soient réunis administrativement comme ils le sont en Angleterre, et cette séparation est aussi choquante que celle des monuments historiques et des cathédrales, — des édifices diocésains et des bâtiments civils, — des Archives de l'Empire et de l'École des chartes.

Mais la question est plus large ;

N'est-il pas convenable que tous les établissements scientifiques et littéraires relèvent du Ministère d'État et de la Maison de l'Empereur? On le pensait si bien sous l'ancienne monarchie, que le Muséum d'histoire naturelle était appelé le *Jardin du Roi*, et que les professeurs du Collège de France avaient le titre de *Lecteurs du Roi*.

N'est-il pas convenable encore que les missions scientifiques soient données, en quelque sorte, par l'Empereur, comme Louis XVI traçait la sienne à La Peyrouse? Le zèle des savants et des artistes qui les recevront en sera très-utilement stipulé, et ils se verront accueillis à l'étranger avec d'autant plus de protection et de faveur.

Les souscriptions aux publications nouvelles, les encouragements aux savants et gens de lettres, les subventions aux sociétés savantes acquerront plus de prix en émanant de l'Empereur.

L'Institut est difficile à conduire, sans doute, même pour un ministre qui ne tient pas à y entrer; mais l'Institut, résistant envers une administration qui siège rue de Grenelle, sera beaucoup plus facile avec un ministre voisin des Tuileries.

CVII.

Lettres de MM. Conti et Belmontet.

Cabinet de l'Empereur.

Minute n° 29.   Palais des Tuileries (mars 1870).

Mon cher Belmontet,

L'Empereur n'a pas signé le décret conférant la croix de chevalier de la Légion d'honneur au nommé L***, attendu qu'il résulte d'informations prises à la préfecture de police, que M. L*** est noté, aux sommiers judiciaires, comme ayant été condamné par la Cour royale de Paris, le 10 avril 1858, à un an de prison, pour escroquerie.

Il est inconcevable, mon cher Belmontet, que vous ayez mis une telle légèreté à présenter à l'Empereur pour une nomination dans la Légion d'honneur.

Tout à vous.

CONTI.

Corps Législatif.   Paris, le 26 mars 1870.

Mon cher Sénateur,

Le cher bonapartiste est encore sous le coup de la tuile qui lui est tombée sur la tête, venant des Tuileries.

Votre reproche de légèreté n'est nullement léger pour moi. Je suis sur la croix de M. L***. Pourquoi me crucifier pour une erreur que les ministres et l'Empereur lui-même ont eu le malheur de commettre quelquefois ?

L'Empereur a nommé un préfet que M. Turgot, ministre des affaires étrangères, avait destitué pour avoir commis certains méfaits, étant en Amérique, ministre plénipotentiaire de la France.

Un préfet de Tarn-et-Garonne a fait décorer un maire que le conseil des notaires avait frappé d'indignité quelques années auparavant, comme notaire forcé de céder sa charge.

Dans l'armée, on a fait monter à des grades supérieurs des officiers que l'opinion publique accusait de malversation.

Il est vrai de dire qu'une erreur n'est pas justifiée par une autre erreur ; c'est évident.

Mais moi, qui n'ai pas les moyens d'être renseigné comme les ministres, les préfets et le chef de l'État lui-même, surtout pour les faits passés depuis trente ans, comme celui que vous signalez contre M. L***, comment vouliez-vous que je ne fusse pas entraîné devant des états de service militaire très-distingués et devant des lettres probantes d'officiers supérieurs !

Quoi qu'il en soit, je suis désolé d'avoir patronné un officier que l'Empereur avait complimenté à Londres, sur la publication de son traité ou code des relations internationales.

Il faudra bien que M. L*** me donne des explications non équivoques sur une condamnation, dont j'ose douter, encore.

J'espère que Sa Majesté ne me tiendra pas rancune d'une erreur inévitable pour un esprit loyal comme le mien.

Le jour de la réception, aux Tuileries, des médaillés de Sainte-Hélène, l'Empereur m'a fait l'honneur de me dire, dans son cabinet, qu'il m'accordait le titre de commandeur, que quelques jours auparavant Sa Majesté reconnaissait m'être dû depuis longtemps, titre que je crois mériter autant que les Latour-Dumoulin et autres députés *ejusdem farinæ*.

Le décret n'a pas encore paru dans le *Journal officiel* ; à quoi attribuer ce retard ? L'indignité de L*** ne peut déteindre sur le président des médaillés de Sainte-Hélène.

Nous, les impérialistes vrais, nous sommes habitués à tant de déceptions, qu'une de plus ne peut absolument rien sur la sincérité de notre culte et de notre dévouement. Nos principes nous viennent de l'âme, et l'âme se suffit à elle-même.

C'est égal, le coup de la tuile retentit encore.

L. BELMONTET.

Ce 26, anniversaire de cet incorrigible bonapartiste qui se nomme Belmontet.

Cabinet de l'Empereur

Minute n° 35.										Sans date (mars 1870.)

MON CHER BELMONTET,

Il m'est impossible de répondre à toutes les lettres que vous m'écrivez. Qu'il me suffise de vous dire que la croix de commandeur de la Légion d'honneur, qui vous a été promise, vous sera accordée au mois d'août.
Tout à vous.

CONTI.

CVIII.

Lettre de M. A. Roussel, avocat général, à M. Conti.

MONSIEUR LE CONSEILLER D'ÉTAT,

J'ai l'espoir d'être présenté aujourd'hui ou demain à l'Empereur par M. le Garde des Sceaux pour une présidence de chambre à Paris. Vous m'avez vu à l'œuvre dans les commissions militaires, et vous connaissez mon dévouement pour Sa Majesté; aussi fais-je un appel à votre bienveillance pour, si vous en trouvez l'occasion, dire quelques mots favorables à celui duquel dépendent nos destinées.

Permettez-moi de vous adresser, avec mes remercîments, l'expression de mes sentiments les plus dévoués.

Amédée ROUSSEL,
Avocat général,

17 février 1865.

CIX.

Lettre à l'Empereur du général Espinasse, donnant sa démission de Ministre de l'Intérieur (1).

CABINET
du Ministère de l'Intérieur
et de la Sûreté générale.
										Paris (juin 1858).

SIRE,

D'après l'ouverture que vous m'avez faite hier, je prends la liberté de vous exposer mes idées sur la situation actuelle. Je le ferai avec la franchise que

---

(1) Le général Espinasse qui avait été appelé au ministère de l'Intérieur le 8 février 1858, en remplacement de M. Billault, lors du changement de ministère amené par l'attentat d'Orsini, fut remplacé par M. Delangle le 15 juin suivant.

Votre Majesté permet à mon dévouement, en homme qui n'a pas ambitionné l'honneur d'arriver au ministère, qui est prêt à le quitter sans regret, mais qui ne voudrait pas emporter, en le quittant, le chagrin d'une faute commise par votre gouvernement, d'une sorte de désaveu qui serait fait par vous de tout ce qui explique et justifie l'avénement de Votre Majesté.

A mes yeux, Sire, la situation de 1851 et celle de 1858 ont bien plus d'analogie qu'on ne le suppose communément; le danger de la société est le même, il vient du même côté; et je ne crains pas de dire que la permanence même de ce danger est la raison d'être de l'Empire, rétabli par vos mains.

Si, de 1848 à 1851, toutes les institutions sociales n'avaient pas couru un péril tel qu'elles n'en ont jamais couru de plus grand, vous ne seriez qu'un ambitieux vulgaire ayant exploité à son profit quelques troubles passagers. Si le pays a vu et proclamé en vous son sauveur, c'est que ce péril a été immense et de la nature de ceux que six années sont bien insuffisantes à dissiper. La France le sait et la France veut aujourd'hui exactement ce qu'elle a voulu en 1851. Supposer que la France a voulu renouer, en vous appelant au pouvoir, une tradition dynastique interrompue depuis trente-trois ans, c'est lui faire honneur de sentiments politiques que, par malheur, elle n'avait pas. Sans doute le nom de Napoléon avait dans le pays une immense popularité; mais il était populaire comme symbole de gloire militaire et surtout comme symbole d'ordre. C'est l'ordre que le peuple a cherché en acclamant votre nom; c'est l'horreur de l'anarchie républicaine qui a été, pour la seconde fois, le sacre de la dynastie napoléonienne.

Et la fermeté de votre conduite a justifié l'espoir du peuple; l'ordre rétabli, la France a semblé renaître; une prospérité inouïe, un élan prodigieux dans les affaires ont été, aux yeux du monde, l'éclatante justification du coup d'État; on peut dire que la France a vécu, pendant trois ans, sur cette idée que l'ordre public était désormais garanti par la volonté héroïque de Votre Majesté.

Que ce soit la faute des hommes ou des choses, le relâchement s'est fait ensuite. Dissimulé d'abord par les préoccupations de la guerre, il s'est révélé quand la paix a été conclue. Les partis hostiles ne s'y sont pas trompés, et leur sourde agitation a pu nous avertir qu'ils ne sentaient plus aussi ferme la main qui les avait contenus. Des drapeaux abattus se sont relevés, des oppositions réduites au silence ont pris la parole; le journalisme est redevenu une arène ouverte aux passions et aux espérances ravivées par les hésitations apparentes du gouvernement. L'attitude prise aux élections générales par la fraction démagogique a été le premier indice grave d'une situation dont l'odieux attentat du 14 janvier a donné le dernier mot, car l'attentat du 14 janvier n'a pas été un crime isolé, comme quelques-uns l'ont prétendu; ce n'est pas un crime isolé que celui qui est connu, attendu, approuvé par tout un parti et que tout un parti se tient prêt à exploiter, s'il réussit.

En présence de cette féroce tentative et à la vue des coupables espérances qui se fondaient sur elle, la population a eu conscience du danger nouveau qu'elle courait, et un cri général est monté vers vous, Sire, un cri qu'il n'est que juste de traduire par ces mots : « Garantissez-nous encore une fois l'ordre, « dont nous vous avons fait le représentant et l'arbitre ; puisque le même « péril nous menace, soyez ce que vous avez été déjà pour l'écarter de nos tê« tes ! » Votre Majesté a compris ce vœu de la France, et elle y a répondu par la loi de régence, par l'institution du Conseil privé et des grands commandements militaires, par la loi de sûreté générale, enfin, j'ose le dire, par mon avénement au ministère de l'intérieur. Et Votre Majesté était si pénétrée du caractère de la situation telle que je viens de l'indiquer, qu'Elle me faisait l'honneur de m'écrire le 15 février : « Le corps social est rongé par une ver« mine dont il faut, coûte que coûte, se débarrasser. Il y a aussi des préfets « qu'il faut renvoyer, malgré leurs protecteurs. Je compte pour cela sur votre « zèle ; ne cherchez pas, par une modération hors de saison, à rassurer ceux « qui vous ont vu venir au ministère avec effroi. Il faut qu'on vous craigne ; « sans cela votre nomination n'aurait pas de raison d'être. »

La situation a-t-elle changé et complétement changé depuis le 15 février ? ou bien y a-t-il eu excès dans les mesures de répression dont la pensée avait présidé à mon avénement au ministère ?

Affirmer que, dans un espace de quatre mois, la situation est devenue toute différente de ce qu'elle était, ce serait affirmer une puérilité que j'écarte, sans hésiter, d'une discussion sérieuse. Une telle assertion serait étrangement téméraire au moment où une réaction notable vers l'orléanisme est signalée à Paris, où un mouvement légitimiste assez considérable s'accomplit sur plusieurs points de la province ; au moment, enfin, où les preuves des menées démagogiques fourmillent entre nos mains ; mais, encore une fois, je ne veux pas m'appesantir sur un point qui ne peut pas soulever le moindre doute, et j'aborde la seconde question que je me suis posée : Y a-t-il eu excès dans les mesures répressives émanées de mon ministère ? Je ne crains pas, Sire, de répondre tout d'abord négativement. Je n'ai pas eu plus de modération qu'il n'en fallait avoir, et cependant j'en ai eu plus que Votre Majesté ne m'en imposait. Dans une conversation familière que vous me permettrez de rappeler, j'ai encouru de votre part ce reproche *que les militaires manquaient du courage civil.* J'ai réduit à quarante l'état de six cents individus dangereux qui m'étaient signalés pour la seule ville de Paris ; j'ai réduit à deux cent soixante les dix mille arrestations qui étaient d'abord jugées nécessaires dans le reste de l'Empire. Je n'ai pas donné d'avertissement à un seul journal, et, en cela, je n'ai pas même satisfait toutes les exigences de l'opinion publique car le journal *Le Siècle*, contre lequel s'élevait une réprobation générale, subsiste encore. Qu'il y ait eu dans les arrestations opérées quelques erreurs très-peu nombreuses, je suis loin de le contester ; elles portent sur des individus fort peu dignes d'intérêt ; elles tiennent un peu à la nature des choses, elles tiennent surtout au relâchement que je signalais tout à l'heure à Votre Majesté. Les préfets, livrés à eux-mêmes, vivaient tranquillement sur la foi des dossiers de 1852, sans s'être mis en peine, le moins du monde, des faits nouveaux qui avaient pu se produire. Au point de vue purement administratif ; j'ai fait preuve, permettez-moi de vous le dire, de la même modération ferme et circonspecte; j'ai imprimé aux services languissants de l'administration centrale l'activité honnête qu'ils doivent avoir ; j'ai supprimé des dépenses inutiles autant qu'immorales, et dont il est honteux de grever le trésor public; j'ai mis en disponibilité quelques-uns de ces *préfets qu'il fallait renvoyer malgré leurs protecteurs;* mais j'ai prouvé à tous que l'on parvenait sans peine jusqu'à moi, et que j'étais accessible à toute réclamation fondée et à toute prétention légitime. Ceux qu'avait pu émouvoir d'abord l'avénement d'un général se sont convaincus, en l'approchant, qu'ils avaient affaire à un homme qui saurait être ferme au besoin, mais qui serait prudent et bienveillant toujours, et qui donnerait à tous l'exemple du travail persévérant et des déterminations consciencieuses et promptes.

Je vous parle de moi comme je parlerais d'un autre, tant je me considère comme désintéressé dans la question que Votre Majesté m'autorise à traiter : non pas que je ne sache l'impression bien fâcheuse pour ma réputation que peut produire mon éloignement des affaires après une aussi courte administration; mais c'est des intérêts de votre gouvernement que je veux avant tout me préoccuper. Si la situation est exactement la même aujourd'hui que le 7 février; si je me suis tenu en deçà plutôt qu'au delà des instructions de Votre Majesté dans les mesures répressives qu'elle attendait de moi; si je suis parvenu à contenir les anarchistes par la seule crainte de mon nom et sans recourir à des sévérités excessives, quelles appréhensions ma présence au ministère peut-elle provoquer aujourd'hui? Il règne une vague inquiétude, dit-on, et les affaires ne vont pas ; mais les affaires ne vont nulle part, et cela ne surprend personne dans les autres pays ; c'est la suite de la crise commerciale que l'on vient de traverser. Quant à l'inquiétude dont on parle, il faudrait se demander d'abord si elle a une raison d'être, et, dans le cas où rien ne la justifierait, laisser le calme se faire de lui-même dans les esprits. D'ailleurs, si cette inquiétude existe, la cause n'en serait-elle pas tout autre part que dans la personnalité d'un ministre? Je suis profondément convaincu que la France ne se plaint pas d'être trop doucement ni trop durement gouvernée, et que les alarmes, si elles sont réelles, viennent d'une crainte tout opposée, de la crainte de manquer de gouvernement et d'être livrée à l'anarchie le jour où une tentative criminelle, que Dieu veuille détourner! viendrait atteindre Votre Majesté. Écarter du ministère un homme dans le dévouement et la fermeté duquel les amis de l'ordre mettent leur confiance, est-ce le moyen de calmer cette inquiétude? Ce ne peut l'être qu'à une condition, Sire, c'est que vous le remplaciez par un homme plus ferme et plus dévoué que lui.

De deux choses l'une : ou Votre Majesté veut modifier son système, démentir ses antécédents, cesser, selon moi, de répondre aux vœux et aux besoins les plus impérieux du pays, et alors, je le reconnais, je ne suis ni ne puis être l'homme d'une pareille mission ; ou bien Votre Majesté veut, avec raison, persévérer dans les principes d'autorité vigilante, qui sont et qui doivent rester la base même de son gouvernement, tout en relâchant, dans une juste mesure, ce qu'une situation exceptionnelle avait nécessairement un peu trop tendu, et, dans ce cas, les rênes ne peuvent être relâchées convenablement que par un homme que l'on sait capable de les resserrer au besoin d'une main vigoureuse. Écarter cet homme, c'est jeter à l'inquiétude publique un nouvel aliment, c'est la justifier par une apparence de versatilité et de faiblesse, sans contenter le moins du monde ceux qui, au fond, visent au renversement des institutions impériales. Nous ne sommes plus à l'époque où un déplacement de majorité parlementaire provoquait une crise ministérielle. Les changements de personnes sont autrement interprétés aujourd'hui, et celui que Votre Majesté médite ne peut avoir, ce me semble, qu'une interprétation bien contraire à l'esprit de de suite qu'on aime à voir dans son gouvernement.

J'ajoute que tout le bien qui reste à faire, toutes les réformes qui sont encore à opérer au département de l'Intérieur, exigent que le ministre chargé de cette délicate mission ne vive pas au jour le jour. Il a besoin non-seulement de votre pleine confiance, mais encore du temps et de la stabilité nécessaires pour vous servir utilement. Notre conversation d'hier me faisant craindre que ma position ne puisse être à tout moment, et surtout en mon absence, mise à la merci de quelques propos malveillants, de quelques appréhensions sans réalité qui arrivent jusqu'à vous, je viens prier Votre Majesté de vouloir bien agréer ma démission.

Je viens de vous parler bien librement, Sire. Je m'assure que Votre Majesté me le pardonnera ; la sincérité de mon langage est égale à l'étendue de mon dévouement et au profond et affectueux respect avec lequel je suis, de Votre Majesté, le fidèle sujet.

G¹ Espinasse.

CX.

Lettre de M. Fould à l'Empereur, au sujet de l'expédition du Mexique.

Sire,

L'expédition du Mexique a eu pour motif le désir d'obtenir une réparation des insultes faites à nos nationaux, en même temps que des indemnités pour les pertes qu'ils avaient supportées.

Elle avait, en outre, un double but, qui était de contenir la domination des États-Unis et de développer nos relations commerciales.

L'Empereur sait ce qui a été fait pour nos nationaux.

Leurs réclamations, qui s'élevaient à une somme bien supérieure, ont été réglées à. . . . . millions, payables en obligations du dernier emprunt. Sur cette somme, il n'a été encaissé, pour leur compte, que 5,683,800 francs, et il reste 57,710 obligations, représentant, au cours de 300 francs, 17,300,000 francs, mais dont la réalisation se trouve entravée par une réclamation des banquiers qui les avaient achetées, et qui, invoquant aujourd'hui des causes de force majeure, se refusent à en prendre livraison. Le cours actuel de ces obligations n'est que de 170 francs.

Quant au but politique que se proposait l'Empereur, il eût été peut-être possible de l'atteindre en profitant du conflit entre le Nord et le Sud des États-Unis, pour soutenir les dissidents et favoriser, au profit du Mexique, l'établissement d'un État intermédiaire. Des considérations puissantes ont détourné de cette politique, et aujourd'hui l'empire n'a pas moins à redouter les États du Sud que les États du Nord.

D'un autre côté, l'extension de nos relations commerciales semble plutôt compromise qu'obtenue. Au début de notre entreprise, des envois assez considérables de produits français ont été dirigés sur le Mexique, mais ce fait s'expliquait par la longue interruption du commerce, résultat des troubles, et de l'anarchie qui régnait dans ce pays. Il faut aussi faire la part de la consommation et de l'approvisionnement de notre armée, ainsi que de la faveur sur laquelle comptaient d'abord les négociants français. Mais cet accroissement de commerce ne s'est pas maintenu et se ralentit au contraire d'une manière sensible.

Un tel état de choses s'explique par les circonstances politiques, sur lesquelles il est nécessaire de ne pas s'abuser.

Bien qu'il existe au Mexique un parti monarchique, il faut reconnaître que ce parti n'a pas la force que lui prêtaient les émigrés résidant en France avant l'expédition. Nous l'avons déjà constaté avant l'arrivée de l'empereur Maximilien, et il a pu le constater promptement lui-même. C'est alors qu'il a rompu avec le parti clérical et monarchique, et qu'il s'est rapproché du parti libéral, composé presque exclusivement de républicains dévoués à Juarez ou animés d'ambitions personnelles. C'est alors aussi que se sont manifestées les dissidences et qu'a commencé la guerre de partisans. L'empereur s'est trouvé entre le parti monarchique, qui ne se fiait plus à lui, et le parti libéral, qui ne cherchait qu'à le trahir. Plus de deux ans se sont écoulés dans ces luttes intestines, sans qu'aucune amélioration réelle ait été faite au point de vue administratif ou financier. Les dépenses, non-seulement de la guerre, mais de l'administration intérieure, ont été supportées par la France, soit sous forme de subventions, soit sous celle d'emprunt contractés à Paris.

Il est malheureusement bien avéré aujourd'hui que la situation de l'empereur Maximilien ne peut se prolonger longtemps. Le parti monarchique est à la fois le plus faible et le moins éclairé. Livré à ses propres forces, il est incapable de se maintenir. Si, comme Votre Majesté l'a annoncé, nos troupes reviennent laissant l'empereur Maximilien aux prises avec les difficultés de sa situation, leur départ sera plein de dangers pour elles-mêmes et pour nos nationaux au Mexique. Il est constant que l'armée mexicaine n'offre aucune garantie de cohésion ni de fidélité, et les quelques troupes autrichiennes ou de la légion étrangère française, disséminées sur un immense territoire, seraient impuissantes à offrir une résistance sérieuse. Un simple secours en argent ne serait d'aucune efficacité pour surmonter les innombrables difficultés que présente la situation.

Il semble donc impossible que l'empereur Maximilien se maintienne au Mexique. Il lui reste encore un beau rôle à prendre en renonçant à la couronne.

Qu'il adresse une proclamation aux Mexicains;

Qu'il leur dise qu'en lui offrant le trône, ils se sont trompés eux-mêmes;

Qu'il profite de la présence de l'armée française pour maintenir l'ordre;

Qu'il engage le peuple mexicain à procéder au choix d'un nouveau gouvernement et à la désignation d'un nouveau chef.

Effectué dans ces conditions, son départ pour l'Europe sera peut-être l'occasion de quelques regrets; en tout cas, il aura lieu sous la protection de l'armée française. Il sera en même temps le signal du rétablissement du calme dans ce pays, où, notre intervention cessant, on verra bientôt cesser aussi toute cause d'animosité contre nous. Je n'admets pas les tristes prévisions par lesquelles on a cherché à produire une impression sur l'esprit de l'Empereur; mais auraient-elles quelque fondement, qu'il serait facile d'opérer progressivement le retour de nos troupes de manière à garantir la sécurité de nos nationaux.

Je ne me dissimule pas qu'il sera moins facile peut-être de déterminer l'empereur Maximilien à abdiquer. Si je suis bien renseigné, il ne s'y résignera que s'il est convaincu qu'il n'a plus de secours à attendre de la France. Il commence à le pressentir; le voyage de l'impératrice Charlotte en est la preuve. Si votre Majesté lui déclare nettement que, quels que soient ses sentiments personnels. Elle ne peut lui donner aucune assistance sans convoquer le Corps législatif, dont l'opinion n'est pas douteuse, l'impératrice Charlotte amènera l'empereur Maximilien à la détermination que je regarde comme la seule possible.

Je n'entre pas dans le détail de la conduite que le Gouvernement français aura à tenir au milieu des circonstances nouvelles dans lesquelles se trouvera le Mexique. Je crois que son rôle devra se borner à assurer la sécurité des Français qui résident dans ce pays, et à obtenir pour leurs intérêts et pour ceux des créanciers du Gouvernement mexicain toutes les garanties désirables.

Ce but une fois atteint, nos troupes pourront rentrer en France : les souvenirs qu'elles laisseront au Mexique et les efforts désintéressés que nous avons tentés pour la prospérité de ce pays contribueront sans doute au développement de nos relations avec lui. Dans cette limite du moins, la France trouvera une compensation à ses sacrifices.

Je suis avec respect, Sire, de Votre Majesté, le très-humble et dévoué sujet.

ACHILLE FOULD.

Paris, le 14 août 1866.

CXI.

Rapport de M. de Maupas, Ministre de la police, à l'Empereur.

Cabinet du Ministre
de la police générale.

Paris, le 23 janvier 1853.

Je suis informé que le S⁺ Mayer, journaliste, aurait adressé à l'Empereur une ode intitulée *La France impériale*, qu'il vient de publier. L'Empereur ayant, en plusieurs circonstances, adressé à quelques auteurs, soit un présent, soit une lettre, il m'a paru utile d'informer Sa Majesté que le S⁺ Mayer a été traduit six fois devant les tribunaux, et condamné trois fois, pour escroquerie, à plusieurs années d'emprisonnement qu'il a subies dans des maisons centrales. Le S⁺ Mayer est, en outre, un des auteurs des calomnies odieuses, qui, dans ces derniers temps, ont défrayé les journaux étrangers.

(En marge de ce premier alinéa, l'Empereur a écrit au crayon : *Lui envoyer un souvenir*. Les autres alinéas sont biffés par lui au crayon.)

J'ai déjà eu l'honneur de dire à l'Empereur combien il serait désirable que Sa Majesté fît connaître, le plus tôt possible, les noms des dames d'honneur de l'Impératrice. Le monde les attend avec une véritable avidité. Le nom de Mme la duchesse de Vicence avait été prononcé ; sa nomination était considérée comme certaine, et on se réjouissait de ce choix, parce que Mme de Vicence, outre ses qualités personnelles, tient encore à plusieurs grandes familles de la capitale qu'elle aurait entraînées avec elle. Le bruit s'est répandu hier qu'elle aurait décliné cet honneur, et cette nouvelle a été accueillie avec de véritables regrets.

L'Empereur a pu remarquer qu'à part quelques écarts regrettables, sans doute, la presse étrangère avait, en général, parlé du mariage de Sa Majesté en termes favorables.

Qu'il me soit permis d'appeler l'attention de l'Empereur sur un article publié à ce sujet par le *Times*, et qui constate une amélioration sensible dans l'esprit de cette feuille, jusqu'à présent ouvertement hostile au gouvernement de Sa Majesté.

La seconde partie de cet article, dont j'ai l'honneur d'adresser ci-jointe la traduction à l'Empereur, est peu importante ; mais la première partie est conçue en termes favorables, et il m'a semblé qu'on pourrait utilement la faire reproduire dans les journaux français. J'attendrai néanmoins les ordres que Sa Majesté voudra bien me donner à cet égard, et je me permets de La prier de de vouloir bien me les transmettre par le télégraphe électrique.

On me signale le départ de Jersey du nommé Huart, réfugié politique, homme dangereux sous tous les rapports, et capable, par son fanatisme démagogique, de se porter à tous les crimes. Huart aurait l'intention de se diriger sur Paris, à l'aide d'un vieux passe-port. Quant au but de son voyage, les précautions mystérieuses dont il a enveloppé son départ, l'exaltation bien connue de ses opinions politiques, et ses relations avec des hommes qui ont plus d'une fois manifesté leur espoir d'assassinat, tout porte à penser qu'il pourrait être un de ces émissaires chargés d'épier une occasion favorable pour attenter aux jours de l'Empereur. Je transmets à M. le Préfet de police toutes les indications que j'ai pu recueillir sur cet individu, ainsi que son signalement, et le nom d'un ami chez lequel il pourrait descendre.

Le Ministre Secrétaire d'État
au département de la Police générale,
DE MAUPAS.

CXII.

Lettre du cardinal Cagiano à Mgr Thibault, évêque de Montpellier.

(Très-confidentielle.)

Nous n'avons point l'original de cette lettre, mais seulement une copie, arrivée aux Tuileries, nous ne savons par quelle voie. En haut de la pièce se lit la note suivante : « Copie de la lettre du cardinal Cagiano, président de la Congrégation des évêques, à « Rome, à l'évêque de Montpellier, pour lui insinuer sa démission. — L'évêque a éner- « giquement répondu par un refus. »

Rome, 4 février 1860.

MONSEIGNEUR,

C'est un pressant devoir pour moi de remercier votre Grandeur, non-seulement de l'accueil bienveillant que vous avez fait au parti que je vous ai suggéré par rapport à l'abbé B***, mais bien plus encore pour la confiance pleine de cordialité avec laquelle vous vous abandonnez *à moi seul*. C'est ce qui m'oblige à répondre à une confiance aussi grande en vous parlant avec une entière franchise et la plus grande liberté.

Je vous dirai donc qu'ayant été assuré par votre lettre du 31 janvier que Votre Grandeur était disposée à rendre ses bonnes grâces à l'abbé B***, j'ai eu besoin d'une autorisation spéciale du Saint-Père pour retirer l'instance de ce prêtre du rôle des causes ordinaires qui devaient être traitées devant la Sacrée Congrégation, afin de terminer la question sans autres procédures *economicamente*.

A l'occasion du rapport que j'ai dû présenter là-dessus à Sa Sainteté, j'ai ressenti la plus vive douleur en trouvant le Saint-Père très-mal impressionné à votre égard et convaincu, d'après des relations déjà anciennes et certaines, que Votre Grandeur *quærit quæ sua sunt, non quæ Jesu Christi*, et qu'Elle a oublié le précepte divin inculqué par l'apôtre, *oportet episcopum irreprehensibilem esse*. Alors, en entendant un langage si inattendu, dans l'amertume de mon âme, repassant dans mon esprit les vingt-cinq années que Votre Grâce a déjà consommées dans l'épiscopat, votre santé mal affermie, le lourd fardeau du ministère, je me suis dit à moi-même : Oh ! que ce serait chose convenable que M. Thibault se démît spontanément de sa charge ! Peut-être recevrez-vous une lettre du Saint-Père. — Pardonnez-moi, Monseigneur, cet avis tout à fait secret ; j'aurais craint vous tromper, si je ne vous l'avais pas communiqué.

Revenant maintenant à l'abbé B***, je prie Votre Grandeur de considérer *qu'en ce qui regarde le fait scandaleux de l'auberge* (1), *cette action ne s'étant produite qu'une fois, et cet ecclésiastique ne pouvant dès lors être considéré comme habitué à cette transgression, il l'a suffisamment expiée par six mois de* retraite et de suspense, et qu'ainsi il ne peut plus être poursuivi sur ce point. Reste donc le fait des *injures* que, dans un accès de colère, il a proférées contre votre personne et votre dignité. En punition de ce délit, eu égard à sa résipiscence et pour procéder *in via economica*, il a semblé au Souverain Pontife que, pour qu'il fût absous des censures et réhabilité à célébrer la sainte messe, il suffirait qu'il fît, même ici à Rome, *une retraite de dix jours*, et qu'il vous adressât la lettre de soumission et d'excuse que j'ai l'honneur de vous transmettre.

Ceci, Monseigneur est une pure grâce, et, toute grâce supposant une faute qui a dû être pardonnée, il ne pourra pas chanter victoire. Si le clergé du diocèse s'en montrait surpris, indigné même, cette surprise, cette indignation ne seraient pas raisonnables. Il devrait bien plutôt se montrer édifié de la clémence du Saint-Siége et du généreux pardon accordé par Votre Grandeur, malgré les offenses qu'Elle en avait personnellement reçues.

Ainsi, la réconciliation étant conclue, le soin de pourvoir B*** d'un emploi ecclésiastique quelconque, à cause de sa pauvreté et des obligations envers une de ses sœurs entièrement à sa charge, en est entièrement remis à votre miséricorde.

J'aime à me dire de nouveau, avec une estime distinguée, de Votre Grandeur, serviteur vrai. *Signé* : A. M. Card. Cagiano.
(Antoine-Marie, Cardinal Cagiano d'Azevedo, Cardinal-Évêque.)

CXIII.

Note de M. Latour du Moulin, énumérant ses titres à une place de Conseiller d'État.

(1859.)

C'est à M. Latour du Moulin qu'est due la réforme du colportage en France (2)

---

(1) On lit en marge : « Flagrant délit d'adultère. »
(2) Cette réforme a été imitée par plusieurs États et a été l'objet d'un éloge public du cardinal Wiseman (*Note de M. Latour du Moulin.*)

et la création de la Commission permanente d'examen des livres et des publications de toute nature qui, depuis sept ans, fonctionne régulièrement chaque semaine. MM. de Maupas, de Persigny, Billault, Espinasse et Delangle ont, comme ministres, constaté successivement l'importance de cette institution.

C'est M. Latour du Moulin qui a organisé les divers services de la presse française et étrangère, tels qu'ils existent encore aujourd'hui.

Il a pris la plus large part à la confection des principaux traités qui ont mis fin à la contrefaçon littéraire et artistique, notamment à celle du traité qui a été conclu avec la Belgique.

Enfin il a acquis au gouvernement de l'Empereur, sans dépenser une obole, la direction politique absolue du *Constitutionnel* et du *Pays*.

M. Latour du Moulin s'occupe, depuis quatre ans, de travaux sur l'administration comparée des différents peuples, dont les journaux ont publié divers extraits.

Si l'Empereur daignait consulter MM. Baroche, Rouher (1), de Royer, Rouland et de Morny, qui connaissent les services rendus par M. Latour du Moulin, Sa Majesté serait édifiée sur la valeur des titres qu'il peut avoir à une place de conseiller d'État.

Il y a trois ans, S. A. I. le prince Jérôme avait eu la bonté de se faire, auprès de l'Empereur l'interprète du désir manifesté par M. Latour du Moulin.

CXIV.

Lettre de M. le duc de Doudeauville à l'Empereur, sur le Préfet de Seine-et-Marne (le baron de Lassus Saint-Geniès) (2).

6 décembre 1862.

SIRE,

Jamais une pensée personnelle n'a dirigé mes actions ni mes paroles; mais il m'est impossible de ne pas gémir de voir un département aussi mal administré que celui de Seine-et-Marne.

Le préfet, habituellement à ses plaisirs ou à Paris, néglige toutes les affaires. Il a contre lui son conseil général, toutes les autorités locales et même les bureaux.

---

(1) Nous ne savons pas quelle était l'opinion de M. Rouher sur M. Latour-Dumoulin au moment où cette note fut écrite, mais il est bon de rappeler les lignes suivantes que le Ministre d'État adressait à l'Empereur le 15 octobre 1867 :

« Je m'aperçois que j'ai omis de désigner M. Latour-Dumoulin. Je prie Votre Majesté de croire que cette omission n'était pas le résultat de la jalousie, mais je confesse que ce travail a l'intention d'être sérieux. » (Voyez p. 80.)

(2) Le 10 décembre, un extrait de cette lettre fut envoyé au Ministre de l'Intérieur, de la part de l'Empereur, qui chargea le chef de son cabinet d'appeler l'attention particulière du Ministre sur cette dénonciation « émanée d'une personne que Sa Majesté croit digne de sa confiance. »

Il se refuse à intenter un procès à M. Péreire, qui s'est emparé d'un petit terrain appartenant aux communes.

« Votre génération est trop laide, » disait-il à une commune dont les recrues ne lui plaisaient pas. « Je vous enverrai un régiment de cuirassiers « pour améliorer votre race. » Cette plaisanterie de mauvais goût a révolté les habitants.

Une autre fois, sa fille et sa femme étaient au bain. Un côté est réservé aux dames. Le préfet se présente. « On ne peut aller plus loin, » lui dit l'employé. « Cette défense n'est pas pour moi, » répond le préfet, et il passe outre, ce qui cause un grand scandale.

On ne finirait pas si l'on voulait tout dire.

Dans l'affaire de l'instituteur de Tournan, j'ai cent fois raison; j'en donne ma parole, et la vérité se fait jour; mais au fond que me fait à moi cette affaire?

Le dernier inspecteur a soutenu mon opinion. On le remplace, et le Ministre, mal renseigné, n'a même pas envoyé un employé supérieur de son ministère pour lui rendre compte. Voilà comme se rend la justice! Le préfet ayant trouvé le moyen de se faire l'intime de M. de Jaucourt, je savais bien d'avance qu'il l'emporterait sur celui qui, hors de toute intrigue, fait le bien pour le bien.

Au nom de vos intérêts, Sire, comme aussi de ceux du pays, veuillez faire envoyer dans Seine-et-Marne un bon administrateur, actif, vigilant, et surtout résidant.

Il n'y a qu'un cri contre l'autorité supérieure, et l'on accuse avec raison le gouvernement de négligence.

Je suis, Sire, de Votre Majesté, le très-humble serviteur.

LA ROCHEFOUCAULD, DUC DE DOUDEAUVILLE.
Château d'Armainvilliers, près Tournan (Seine-et-Marne).

CXV.

Lettre de M. Octave Feuillet à l'Impératrice.

Saint-Lô, 29 juillet 1870.

MADAME,

Vous vous plaisez aux choses héroïques, et voici que Dieu vous envoie des épreuves à la hauteur de votre âme. Jamais émotions plus grandes n'entrèrent dans un cœur plus digne de les ressentir. Je viens m'incliner à cette heure solennelle devant Votre Majesté, et déposer à vos pieds les vœux que je fais pour la Patrie. Vous en êtes en ce moment, Madame, la vivante image. On peut lire sur votre noble front tous les sentiments dont elle est animée, tout ce qu'elle souffre et tout ce qu'elle espère, ses déchirements, sa fierté, son enthousiasme, sa foi. L'âme de la France est en vous.

Soyez heureuse, Madame ! soyez heureuse de voir vos destinées et celle de cette grande nation si étroitement unies, aujourd'hui par le danger, demain par la gloire !

Que Dieu garde l'Empereur et votre Fils !

Je sais, Madame, que ma voix est bien peu de chose en de tels instants. Mais je connais le cœur de Votre Majesté, et je sais qu'au milieu de ses émotions souveraines, il agréera pourtant avec bonté l'hommage de ma pensée si profondément dévouée, respectueuse et fidèle.

Octave Feuillet.

CXVI.

Lettre du cardinal Donnet à l'Empereur sur la mort du prince Jérôme.

Archevêché
de Bordeaux.

Verdelais, en cours de visite pastorale
le 2 juillet 1860.

Sire,

La mort de Son A. I. le Prince Jérôme, en affligeant le cœur de Votre Majesté, a excité de douloureuses sympathies dans la France entière.

Vos sujets, qui ont été toujours si heureux de vos prospérités, ont été atteints dans le plus intime de leur âme par ce cruel événement. Touchante communauté de sentiments qui témoignent qu'entre la France et son Empereur, il existe des liens impérissables, qui, formés en des jours de bonheur, se resserreraient dans les épreuves !

Sire, que cette pensée soit votre consolation dans cette pénible circonstance. Quand on se sait aidé par l'affection d'autrui, on porte plus facilement le poids de sa douleur. Or, celle-ci, tout un peuple la porte avec Votre Majesté.

J'unis mes regrets aux vôtres et à ceux de l'Impératrice, dont l'âme si sensible a dû particulièrement souffrir de la perte d'un oncle qu'elle a toujours entouré de son pieux respect et de sa filiale affection. Je prie Votre Majesté d'agréer en même temps l'assurance que mes prières ne manqueront pas à celui qui, après avoir pris part aux gloires et aux revers de son pays, a vu ses derniers ans consolés par le retour de sa famille sur ce beau trône de France et vient de mourir entouré de tous les secours d'une religion qu'il aimait.

Je suis, Sire, de Votre Majesté, avec le plus profond respect et le plus inaltérable dévouement, le très-humble et très-obéissant serviteur et sujet.

† Ferdinand, Cardinal Donnet,
Archevêque de Bordeaux, sénateur.

CXVII.

Lettres de M. G. d'Auribeau, préfet des Basses-Pyrénées à M. Fr. Pietri.

Préfecture
des Basses-Pyrénées.
—
Cabinet du Préfet.
—

Pau, le 10 février 1866.

Mon cher Pietri,

J'ai reçu vos dix billets de mille, ils sont arrivés aussi neufs qu'ils étaient partis. Nous serons prêts pour le mois d'août, mais on travaille peu en ce moment à cause de la grosse mer.

Nous sommes éreintés, on se couche tous les matins à cinq heures, et il me tarde que le carême arrive. Il y a un peu trop de princes à la clef, mais ils sont bons princes, et il ne faut pas s'en plaindre, cela fait bien dans *le Sport et la Gazette des Étrangers*. Je demande plus que jamais à rester ici, surtout *quand je serai* de première classe.

Votre bien dévoué,

G. D'AURIBEAU.

—

(Octobre 1868.)

Mon cher Pietri (1),

Je suis passé, il y a cinq jours, avec Mme d'Auribeau par Paris, me rendant en toute hâte à Chantilly, auprès de mon beau-père, qui a eu une attaque d'apoplexie ; je l'ai quitté, il y a deux jours, un peu mieux ; mais il a quatre-vingt-quatre ans ! Je n'ai pas cherché à vous voir, je n'avais rien de bien important à vous dire. Je suis revenu ici pour le départ de la Reine (d'Espagne). Il a eu lieu ce matin, à sept heures du matin. Un temps affreux, peu de monde, pas de manifestations ; la Reine très-émue et très-affectueuse.

Je vous envoie une copie de la lettre qu'Elle m'a remise en partant.

Je vous adresse également le manifeste de Marfori ; cette pièce est curieuse ; si vous y comprenez quelque chose, vous voudrez me le dire. La rectification insérée au numéro suivant du *Mémorial*, que je vous adresse également, prouve bien l'authenticité de la note.

Marfori est parti hier de Pau pour Paris ; il a coupé ses favoris, sans doute pour éviter que les Parisiennes ne le reconnaissent et ne se l'arrachent.

Le comte de Ezpeleta le remplace auprès de la Reine ; c'est un excellent homme qui n'est pas Marfori du tout.

Les terrains de Saint-Esprit ont été mis en adjudication hier. Un seul lot a été vendu ; deux autres lots vont l'être de gré à gré ; le prix moyen est de

---

(1) En tête de la lettre, M. Pietri a écrit : « Envoyé 10,000 francs, le 22 novembre 1868, Compiègne. »

16 fr. 25 cent. le mètre ; mais je doute que la ville puisse vendre la totalité de ses terrains à ce prix. Je crois qu'en offrant de 8 à 10 francs on serait très-généreux, et que le conseil accepterait cette offre avec grand plaisir.

J'ai reçu la note du maître d'hôtel qui a été chargé de nourrir la Reine et la cour jusqu'au moment où la maison a été organisée, c'est-à-dire *pendant quatre jours*. Cette note m'a paru exorbitante : 3,600 francs, c'est à-dire 900 francs par jour. Je suis en pourparlers avec le maître d'hôtel pour obtenir les justifications de ses prétentions.

Je n'ai plus d'argent ; si vous ne voulez pas en demander maintenant, je ferai les avances nécessaires, car la presque totalité des dépenses portées à mon budget doivent être soldées immédiatement. Ce sont des secours ou des travaux, comme ceux de la pointe du Phare, qui doivent être exécutés de suite.

Les maisons ouvrières de Bayonne terminées vont être louées. Le comité de la Société du Prince Impérial s'occupe, en ce moment, du choix des locataires. Les demandes sont très-nombreuses.

Fort peu de monde à Pau jusqu'à présent, et du vilain monde. J'irai vous voir vers le 10 décembre et je vous porterai mes comptes.

Votre bien dévoué,

G. D'AURIBEAU.

—

CXVIII.

Lettre de M. Sacaley, sous-chef du cabinet de l'Empereur, à M. Fr. Piétri.

31 août.

MON CHER PIÉTRI,

M. Mocquart, très-souffrant, est toujours retenu dans son lit, d'où il ne peut bouger. La jambe droite est violemment prise, la gauche commence à l'être ; il est, du reste, extrêmement contrarié de manquer à l'Empereur.

Les bureaux marchent. Ce qui s'y passait est inouï et devait exciter de nombreux mécontentements. Les requêtes arriérées se comptaient par *milliers*. Le croiriez-vous ? entre autres s'est trouvé *un recours en grâce d'un condamné à mort du 22 mai*, portant plusieurs signatures. L'homme a été exécuté ! — On a envoyé de la Légion d'Honneur des *recours en grâce*, qui avaient reçu cette destination par une inexcusable erreur, etc., etc. et une foule d'etc......

L'ordre est rétabli, les affaires seront enregistrées, leur expédition ne souffrira pas de retard, je l'espère. Quoique derrière le paravent, j'obtiens des résultats ; un, qui n'était pas facile, était de mettre les employés d'accord entre eux. Un moment le trouble a tout à fait éclaté ; un langage un peu sévère l'a apaisé, et chacun a fait la promesse de vivre en bonne intelligence avec ses collègues, pour concourir ensemble à un bon travail. Tout cela m'a donné et me donne du mal ; mes journées sont complétement absorbées.

De votre côté, vous avez peu de loisirs, sans doute. Je vous en souhaite assez pour vous maintenir en bonne santé et jouir du pays où je regrette beaucoup de ne pas vous avoir accompagné.

Amitiés à Hyrvoix, et bien affectueusement

Tout à vous.

SACALEY.

CXIX.

Lettre de M. F. Cottrau, inspecteur des Beaux-Arts, à M. Conneau, au sujet des bas-reliefs du tombeau de Napoléon Ier, aux Invalides.

(Cette lettre, sans date, a été écrite en 1852.)

INSPECTION GÉNÉRALE
DES BEAUX ARTS,

Paris, le.... 185 .

MON CHER CONNEAU,

On place dans le tombeau de l'Empereur, à l'entrée de la crypte, deux bas-reliefs représentant le prince de Joinville à Sainte-Hélène et Louis-Philippe recevant les restes de l'Empereur. Je trouve cela inconvenant. Je viens d'en causer avec Romieu (1), qui est de mon avis ; mais que faire sans connaître la volonté du Prince à ce sujet ? Il n'y a que toi qui puisses nous tirer d'embarras en consultant le Prince. S'il est d'avis d'enlever ces sculptures, cela sera fait en un instant sans que personne le sache : nous n'avons plus de commission hostile, fort heureusement Tu sais le mal que je me suis donné, combien j'ai dû batailler pour obtenir une aigle, un chiffre !! Tâche de me donner une réponse de suite. Je ne manque pas à la hiérarchie en faisant cette démarche : c'est du consentement du directeur des beaux-arts

Tout à toi de cœur.

FÉLIX COTTRAU.

Crois-tu que le Prince ait pensé à ma sœur ?

(1) Nommé directeur général des beaux-arts en 1852.

CXX.

Les canons Krupp.

Au mois de janvier 1868, la fonderie Krupp fit soumettre au Cabinet de l'Empereur deux brochures accompagnées de la lettre suivante :

FRIEDRICH KRUPP,
ACIER FONDU.

Essen (Prusse Rhénane).
Paris, 71, rue de Provence.

Paris, le 23 janvier 1868.

SIRE,

Reconnaissant de la marque de distinction signalée que Votre Majesté a bien voulu m'accorder à l'Exposition universelle de 1867 (1), j'ose prier Votre Majesté de vouloir bien agréer le rapport ci-joint d'une série d'essais qui viennent d'avoir lieu à mes usines d'Essen, sous la direction du Général major de Majewski, par ordre de l'Empereur de Russie, et qui ont été faits, également à Essen, par ordre du ministère de la guerre prussien, sous la direction d'une commission spéciale prussienne, avant l'Exposition.

J'ose croire qu'ils auront quelque intérêt pour Votre Majesté. Elle a donné trop de preuves de Sa haute connaissance en matière d'artillerie, pour que je ne sois pas encouragé à Lui soumettre une expérience qui n'avait point encore été faite avec un pareil résultat et qui peut apporter des changements pour l'artillerie, — science qui doit une grande part de ses progrès à l'initiative et aux travaux de Votre Majesté.

C'est donc avec confiance que je La prie d'accueillir cette relation, qui s'adresse au savant.

Je suis, avec le plus profond respect, Sire, de Votre Majesté, le plus obéissant et le plus humble serviteur.

Henri HAASS,
Chef de la maison Krupp.
71 (nunc 65), rue de Provence.

Les deux brochures jointes à cette lettre portent pour titre :

1. *Expériences de tir avec un canon de 9 pouces anglais* ($228^{mil},6$) *en acier fondu, se chargeant par la culasse*, de FRIEDRICH KRUPP, à Essen (24 pages in-8° autographiées et 4 planches.)

II. *Procès-Verbal d'un tir à outrance avec des canons de 4 en acier fondu*, de FRIEDRICH KRUPP, à Essen (8 pages in-8° autographiées).

(1) A l'Exposition universelle de 1867, le canon Krupp a obtenu l'un des trois grands prix de la classe 40 : *Aciers fondus et forgés*. De plus, M. Alfred Krupp a été nommé, comme exposant, officier de la Légion d'honneur (30 juin 1867), et M. Fried. Krupp a été mentionné honorablement pour la bonne tenue de son établissement à Essen.

Le lendemain, 28 janvier, le chef du cabinet envoyait ces deux brochures au maréchal Le Bœuf, alors général, avec ce billet :

Monsieur le Général,

J'ai l'honneur de vous transmettre les rapports ci-joints d'expériences faites sur les canons en acier fondu de l'usine de M. Fried. Krupp, à Essen (Prusse). Il vous appartient de juger s'il y a lieu de les soumettre à l'Empereur.

———

Moins d'un mois après, le 27 février, le général répondait en adressant au cabinet la lettre et le rapport suivants :

A Monsieur Conti.

Monsieur le Conseiller d'État,

Par dépêche en date du 25 janvier dernier, vous m'avez fait l'honneur de m'informer que l'Empereur renvoyait à mon examen deux brochures qui lui avaient été adressées par M. Haass, chef de la maison Krupp, à Paris.

J'ai l'honneur de vous adresser une note assez étendue sur ces deux brochures, relatives à des questions qui ont attiré l'attention de l'Empereur.

Veuillez recevoir, etc.

———

Note sur deux brochures adressées à Sa Majesté l'Empereur par M. Krupp.

MINISTÈRE DE LA GUERRE.

Comité de l'artillerie.

Paris, le 27 février 1868

M. Haass, chef de la maison Krupp à Paris, a adressé à l'Empereur deux brochures qui ont trait : l'une à des épreuves à outrance, qui ont eu lieu à Essen sur des canons de 4 en acier pourvus de trois modes différents de chargement par la culasse ; l'autre à des essais qui ont été exécutés sur un canon de 9 pouces anglais ($228^{mm},6$).

PREMIÈRE BROCHURE. — Les épreuves à outrance des canons de 4 ont été entreprises au mois de décembre 1866, par ordre du gouvernement prussien. Comme plusieurs canons de ce calibre avaient éclaté pendant la campagne de 1866, on voulait rassurer les esprits en constatant que les canons du modèle en service (système Kreiner à double coin) ont généralement une résistance supérieure à celle qu'on doit leur demander dans la pratique ordinaire. En outre, comme M. Krupp et plusieurs officiers attribuaient ces ruptures à un vice de construction résidant dans la forme carrée à angles presque vifs de la mortaise des coins, on essaya deux autres systèmes à mortaise arrondie en arrière. Le premier était à double coin, mais la section du coin postérieur était à peu près demi-circulaire. Le second, proposé par M. Krupp, était à simple coin, de forme cylindro-prismatique, dont la section transversale équivalait à celle des deux coins du premier système.

Les trois bouches à feu avaient été prises au hasard dans une commande de 400 canons de 4 en cours de fabrication à l'usine Krupp, pour le compte de la Prusse.

Ces trois canons ont tiré :

1° 10 coups à chacune des charges de 1 kilog., $1^k,100$, $1^k,200$, $1^k,300$, $1^k,400$; avec des projectiles pleins pesant $5^k,250$ (la charge ordinaire est de $0^k,500$; l'obus chargé pèse $4^k,300$);

2° 150 coups, charge $1^k,500$, boulet plein de $5^k,250$;

3° 5 coups à $1^k,500$, avec un boulet plein à tête plate, pesant $5^k,500$, et les boulets additionnels pesant depuis 10 kilog. jusqu'à 50 kilog.;

4° 5 coups à $1^k,750$ de poudre, avec le boulet de $5^k,500$ et les boulets additionnels de 10 à 50 kilog. Ces derniers boulets dépassaient la tranche de la bouche de $0^m,444$.

Après ces épreuves, les corps des trois canons ne présentaient aucun indice de rupture, mais les diamètres de la chambre s'étaient agrandis uniformément de $2^{mm},6$.

Les fermetures des deux canons à mortaise arrondie avaient bien supporté les épreuves; le coin simple de M. Krupp avait eu cependant la supériorité en ce que l'obturation avait toujours été complète, tandis qu'avec le double coin elle laissait à désirer vers la fin du tir.

La fermeture du canon à double coin et à mortaise carrée avait assez bien résisté. Cependant, il avait fallu changer le coin postérieur, et la manœuvre était devenue de plus en plus difficile aux grandes charges, à cause de la flexion des coins. Le coin antérieur avait été en quelque sorte poinçonné par la pression des gaz, et une saillie d'un demi-millimètre existait sur sa face postérieure dans toute l'étendue du cercle de l'âme.

On avait fait usage, avec intention et à plusieurs reprises, de plaques en mauvaise fonte pour porter l'anneau d'obturation. Elles se sont brisées, mais les dégradations de la fermeture ont été insignifiantes et n'ont jamais arrêté le tir.

Des épreuves semblables sont assurément de nature à inspirer une certaine confiance dans les canons de 4 en acier de Krupp, au moins dans ceux des dernières commandes. Cependant le fait de la rupture de plusieurs canons, aux charges ordinaires, est constant, quelle que soit l'explication qu'on en donne; il est probable que les mêmes accidents pourront se reproduire tant que *les procédés de fabrication n'auront pas assuré la parfaite homogénéité de l'acier.*

On ne saurait donc affirmer encore que les canons en acier du système prussien présentent une garantie absolue de sécurité contre les éclatements. Tout ce que l'on peut conclure des épreuves relatées par M. Krupp, c'est que l'acier de cet industriel distingué possède des qualités très-remarquables; le poinçonnage du coin par les gaz indique notamment, un acier très-doux et en même temps très-tenace.

Deuxième brochure. — Le canon de 9 pouces, qui a été essayé sous la direction de M. le général Majewski, pour le compte du gouvernement russe, est en acier fondu de Krupp, renforcé par un double rang de frettes, d'après la théorie du général Gadolin, et pourvu du système de chargement par la culasse à coin cylindro-prismatique de Krupp. Son calibre est 9 pouces ($228^{mm},6$).

Les expériences avaient pour but :

1° De rechercher la charge de poudre qui imprimerait à un projectile de 125 kilogrammes une vitesse initiale de 370 à 400 mètres dans des conditions telles que la limite de résistance de la bouche à feu ne fût pas dépassée ;

2° De constater si ce canon aurait une durée de 700 coups, jugée suffisante pour un bon service de guerre.

L'essai d'un nouveau mode de fabrication, la durée limitée assignée à la bouche à feu, tendent à faire penser que la Russie n'a pas été entièrement satisfaite des canons de gros calibre et d'un seul bloc d'acier que M. Krupp lui avait livrés antérieurement.

Il a été déjà rendu compte des expériences sur le nouveau canon de 9 pouces, par les officiers français qui ont été envoyés à Essen au mois de décembre dernier. (*Le capitaine de vaisseau Lefebvre, le colonel Lacour, de l'artillerie de la marine, et le capitaine Carry, de l'artillerie de terre*). Elles ont démontré que :

1° On obtient une vitesse initiale de 380 mètres avec une charge de $19^k.500$ de poudre à grains fins, contenue dans une gargousse de $190^{mm},5$ de diamètre, et brûlée dans une bouche de 237^{mm} de diamètre sur 762^{mm} de longueur, ayant un volume à peu près double de celui de la charge ;

2° Que la poudre à grains fins, employée de la sorte, donne de meilleurs résultats sous tous les rapports et fatigue moins la bouche à feu que les poudres russes prismatiques et que les poudres anglaises à gros grains, employées par ces deux puissances pour le service des canons de fort calibre ;

3° Que le canon, la fermeture de culasse, l'âme, le grain de lumière et la lumière sont dans un état de conservation très-suffisant après 700 coups tirés ; que la bouche à feu pourra fournir encore une longue carrière ; enfin que l'obturation par des culots en cuivre, changés à chaque coup, ne laisse rien à désirer.

Le canon russe de 9 pouces en acier de Krupp fretté, tirant le projectile de 125^{mm} à la charge de $19^k,500$ de poudre ordinaire à grains fins, peut être considéré, d'après ces épreuves, comme une bouche à feu établie dans de bonnes conditions de résistance. Il faut ajouter, toutefois, qu'elle est d'un prix extrêmement élevé (environ 90,000 francs), et que les projectiles avec lesquels les épreuves ont été faites coûtent également fort cher.

Observations. — L'Empereur sait que depuis dix ans *d'assez nombreuses expériences ont été faites en France sur des pièces en acier de différents calibres et de diverses provenances* (particulièrement des usines de Rive-de-Gier et des usines Krupp). Parmi ces pièces, plusieurs ont résisté à un grand nombre de coups; mais il s'est produit par d'autres, après un nombre de coups restreint, des éclatements qu'on n'a pu attribuer qu'au *défaut d'homogénéité de l'acier*. Le canon Withworth et d'autres canons provenant d'usines françaises sont encore en cours d'expériences et fourniront de nouvelles et intéressantes données sur la question de l'acier employé comme métal à canon. En attendant, on pousse l'industrie française, qui paraît en retard sous ce rapport, à se mettre à la hauteur de la fabrication de Krupp, qui jusqu'à présent semble avoir la supériorité.

Si les expériences commencées à Versailles sur deux canons *en bronze*, se chargeant par la culasse, avaient un résultat définitif favorable, il n'y aurait plus lieu de se préoccuper de la question de l'acier, au moins en ce qui concerne le service de l'artillerie de terre.

J'ai l'honneur de rappeler à l'Empereur que le lieutenant-colonel Stoffel annonce dans une de ses dernières dépêches, qu'en présence du défaut de confiance dans l'acier qui a fait de grands progrès dans l'esprit de l'armée prussienne, le Roi a prescrit la réunion d'une Commission d'officiers d'artillerie pour examiner la question de l'emploi de l'acier comme métal à canon. Cette réunion a eu lieu à Berlin le 27 janvier dernier; la majorité a paru se prononcer en faveur du *retour au bronze*. Toutefois, il n'a été pris aucune résolution; et le lieutenant-colonel Stoffel promet au Ministre de le tenir au courant de ce qui sera décidé ultérieurement.

Une réunion semblable avait déjà eu lieu après la campagne de Bohême, et il avait fallu l'intervention du Roi pour que cette réunion n'émît pas le vœu d'abandonner l'acier.

Le général de division, aide de camp de l'Empereur,
président du Comité d'artillerie.

LE BŒUF.

Ces diverses pièces forment le dossier n° 24572 des papiers du cabinet de l'Empereur, sur la chemise duquel on lit l'analyse que voici :

Objet de la requête.

« M. Haass, chef de la maison Krupp, adresse les rapports d'expériences faites sur des canons de son usine à Essen (25 janvier 1868). »

Suite donnée ou observations.

« Transmettre au général Le Bœuf pour qu'il juge s'il y a lieu d'en parler à l'Empereur (28 janvier). »

« Rapport du général Le Bœuf. »

« Rien à faire. *Classer* (1) (11 mars 1868). »

(1) *Classer* est l'expression employée pour désigner les dossiers désormais inutiles.

CXXI.

Notes sur les dépenses de la liste civile de Napoléon III (1).

(Suite, voyez plus haut, p. 43 et suiv.)

Liste alphabétique, biographique, anecdotique de personnes ayant eu, à un titre quelconque, des rapports financiers avec l'Empereur, rédigée d'après les papiers trouvés aux Tuileries.

Toutes les listes civiles ont été plus ou moins grevées de subventions, de pensions et d'actes de munificence. Il est de l'intérêt des souverains de se faire une clientèle de solliciteurs et de satisfaits. Ces libéralités qu'on peut sans ingratitude qualifier d'instruments de règne, *instrumenta regni*, rapportent beaucoup et coûtent peu. L'Empereur déchu a dû et il a pu aussi plus qu'un autre, grâce aux ressources considérables qu'il s'était adjugées par sénatus-consultes et par décrets, se montrer généreux à nos dépens et à son profit. Il avait des complicités et des services à reconnaître, il en avait à acquérir; il avait surtout à toucher les gens paisibles, honnêtes et sincères plus que clairvoyants, qui constituent la masse d'une nation, esprits faciles à contenter, et qui, du bienfait apparent, ne recherchent ni l'intention ni l'origine. C'est à cette œuvre d'apaisement et de séduction que la liste civile, de 1853 à 1867, consacrait par an une somme approximative de 3 millions 7 ou 800,000 fr. D'après les chiffres officiels qu'a bien voulu nous fournir la commission de la liste civile, on peut établir ainsi, pour tout le règne, le bilan de la munificence impériale :

```
Allocations, subventions et pensions  . . . fr.   19,857,374 72
Dons, secours, indemnités . . . . . . . .         28,881,895 55
Encouragements aux arts, sciences, littérature .   2,566,941 53
```

Il faut ajouter, à ces trois catégories de libéralités, diverses allocations sur la cassette privée, fonds spécial que l'Empereur réservait à son usage personnel. De ce chef, il était distribué annuellement environ 1 million par les soins de M. Ch. Thélin, trésorier de la cassette. On pourrait tenir compte de certaines dépenses imputées, au moins jusqu'en 1863 (ministère Persigny), sur l'intérieur, et dont nous avons retrouvé quelques traces dans les papiers soumis à notre examen, sous le titre de *fonds politiques* (voir ci-dessous l'article *Gricourt*). A 300,000 francs par an, nous obtenons ainsi un total de 3 millions environ, et, en additionnant ces divers articles, nous arrivons à un total général de 74,306,211 fr. 80 cent., et, en restant dans les limites de la liste civile, 70 ou 71 millions, somme égale à celle que nous avons précédemment attribuée, sur pièces, à la famille impériale.

Nous n'oublions pas la foule des pensions imputées sur les fonds des divers ministères. Nul doute que l'Empire n'y ait trouvé un puissant moyen d'action sur des travailleurs obscurs et méritants; mais le cadre de cette notice ne peut embrasser toute la matière, et nous ne pouvons mentionner que pour mémoire ce côté de la question.

Il nous reste à dire quelques mots sur le travail que nous publions et qui est le fruit de longues et minutieuses études.

Ce n'est point la liste complète des pensionnés de l'Empire. Qui, d'ailleurs, pourrait se flatter de l'établir? On n'y trouvera ni tous les hauts dignitaires et grands officiers, le public les connaît assez; ni la multitude des petits émargeurs que les nécessités de la vie

---

1) Ce travail, comme le tableau des subventions allouées à la famille Bonaparte, est dû à M. André Lefèvre.

ont amenés sous les fourches caudines de la charité impériale. Nous avons voulu seulement présenter un spécimen de toutes les catégories auxquelles peuvent se rapporter les libéralités de la liste civile : complicités avérées; services rendus à la personne, aux idées, aux parents ou aux amis du prince; sollicitations appuyées par des influences militaires, cléricales ou domestiques; enfin, secours au mérite et au malheur. On remarquera combien ces derniers, sans être rares, sont modiques. Parmi tant de bienfaits, il en est peu qui ne cachent, ou plutôt ne trahissent quelque arrière-pensée. On s'en convaincra aisément si l'on veut bien jeter un coup d'œil sur les notes biographiques et anecdotiques qui accompagnent la plupart des noms cités dans ces pages.

Nous espérons qu'on nous pardonnera d'avoir quelque peu dépassé le cadre de la liste civile, et d'avoir fouillé les secrets de la présidence, et les détours de cette carrière aventureuse, qui, de Strasbourg et de Boulogne, a conduit Louis-Napoléon aux Tuileries et à Wilhelmshœhe. On ne trouvera que là l'origine de certaines fortunes et de certains dévouements. En chemin aussi nous avons peut-être éclairci quelques points obscurs et d'autant plus intéressants pour ceux qui veulent à fond connaître un homme et dans ses habitudes, et dans ses amis, et dans sa famille avouée ou cachée. Nous avons dû profiter, d'ailleurs, des pièces qui se trouvaient entre nos mains; c'est ainsi que nous avons mis à contribution les comptes particuliers de Louis-Napoléon, depuis 1844 jusqu'en 1848, suivant les variations de sa fortune privée avant et pendant sa captivité, et retrouvant jusqu'au prix des habits d'ouvrier sous lesquels il a pu s'échapper de Ham. (Voir ci-dessous l'article *Bure*.)

D'autres indications se rattachent également à notre objet constant, qui est la mise en lumière de tous les coins et recoins de l'Empire. Nous voulons parler des comptes de banquiers, des achats et des reventes de valeurs, maisons ou terrains. Tous les gens qui, même sans accepter moralement l'Empire, l'ont en quelque sorte reconnu financièrement, ont droit à notre attention.

Terminons par une remarque qui est à l'honneur de la génération dont l'Empire a gêné l'essor et contrarié les espérances. A l'exception de quelques noms qu'on regrette de rencontrer en compagnie si mêlée, les lettres et les arts, de 1850 à 1870, n'ont fourni qu'un assez faible appoint à notre travail. On peut dire qu'en général les 200,000 francs destinés à la récompense des œuvres de l'esprit n'ont encouragé que des ralliés dès longtemps signalés et jugés, et quelques solliciteurs absolument inconnus. L'Empire avait subjugué les intérêts, il n'avait pas conquis les intelligences.

A

	PENSIONS.	DONS.
Acker reçoit en 1853 une allocation annuelle de 1,800 fr.	1,800	»
Aladenize, lieutenant en 1840, complice de Boulogne, condamné par arrêt de la Chambre des pairs.	»	»
Un livre de comptes (1844-1848) mentionne quelques menues sommes irrégulièrement fournies à M. Aladenize : 600 fr. 400 fr. (200 fr. 1,000 fr. 1847)	»	2,200
Sous la présidence, M. Aladenize reçoit des secours : 600 fr. en décembre 1849	»	600
et à partir de 1850, une pension mensuelle de 500 fr	6,000	»
pension élevée en 1853 à 12,000 fr	12,000	»
Notons, en 1851, les frais de baptême de Charles-Louis-Napoléon Aladenize : 689 fr. 50 c. ; M. E. Bataille a été chargé de représenter le prince-président.	»	689

	PENSIONS.	DONS.

D'avril 1853 à janvier 1855, M. Aladenize touche, sur certains fonds secrets du ministère de l'intérieur nommés *fonds politiques*, une somme totale de 71,000 fr. (Chiffre officiel, état du 12 novembre 1855). . . . . » 74,000

D'avril à octobre 1853, sa fille (ou sa sœur ?) est dotée de 100,000 fr. sur la cassette impériale. . . . . » 100,000

En octobre 1858, il prie M. Mocquart de rappeler à l'Empereur une promesse relative à l'admission de sa fille aînée dans la maison de Saint-Denis. Mlle Aladenize était, avant cette époque, élevée dans une autre pension aux frais de l'Empereur.

Une lettre sans date, où M. Aladenize, ruiné, prévient M. Bure qu'il va demander à l'Empereur la concession de travaux importants au port du Crotoy, précède sans doute et explique les importantes libéralités qui vinrent à son aide, sans relever ses affaires, de 1857 à 1860 : en mars et juin 1857, 46,000 fr . . . . » 46,000
en novembre et décembre 1859, 80,000 fr . . . . » 80,000
en 1860, 74,000 fr. » 74,000

M. Aladenize ne fut pas abandonné après sa mort, et les dettes de sa succession figurent encore dans divers comptes de 1865, par à-compte de 5,000 fr mensuels, pour une somme de 25,000 fr . . » 25,000

Toutefois, M. Blachez, avoué, tuteur des enfants Aladenize, évalue le passif de ladite succession à 60,000 fr., qu'il espère réduire à 40 ou à 45,000 fr. au plus. Aussi les créanciers se plaignent-ils fort. On a leurs lettres.

C'est donc, sans compter les traitements, une somme d'environ 400,000 fr. que M. Aladenize a touchée.

Albe (Duc d') est aidé par l'Impératrice (1861) pour divers emprunts au Crédit foncier et aux frères Pereire :
Au Crédit foncier : juin 1861, 68,421 ; juillet, 60,600 (4e annuité) . . . . » 129,021
Aux frères Pereire : 500,000 fr . . . . » 500,000

Ambert (Le général), 1864 à 1870, assez souvent 1,000 fr. par mois; a écrit, en 1856, un ouvrage intitulé *Le Solda*, et dont l'Empereur a pris six cents exemplaires moyennant 3,000 fr . . » 3,000

Archambault, serviteur de Napoléon Ier à Sainte-Hélène; allocation annuelle (1853) : 2,400 fr . . . . 2,400 »
(Secours demandé sous la présidence, par sa fille Euphrasie Archambault.)

Armandi (Le général), touche en 1850 une pension de 2,400 fr. 2,400 »
Il est cité, dans une lettre (19 août 1853) du marquis Cuneo-d'Ornano, comme faisant partie de la société particulière du comte de Saint-Leu.

Armani, industriel et banquier à Londres, associé de M. Orsi (voir ce nom), n'a cessé d'être en rapports d'intérêt avec Louis-Napoléon dès 1840. « Mon cher M. Conneau, » écrivait-il dans les dernières années de l'Empire, « en examinant des papiers relatifs « à d'anciennes affaires, j'ai trouvé une lettre de M. Pinna au baron « de Haber qui a rapport à la négociation des *dix millions de* « *titres* que j'ai eu l'honneur de remettre en personne à S. M. à l'Élysée en 1850. » M. Armani à qui on avait promis la croix, rappelle son âge, ses services et l'humble part qu'il est fier d'avoir prise à de si grands événements. —

Auchard, frère de lait du roi de Rome (*alias* frère de Napoléon II) ; allocation annuelle (1853), 6,000 fr. . . . . **6,000** »

Divers créanciers de M. Auchard demandent à l'Empereur le remboursement de sommes assez fortes, 12,000 et 14,000 fr. ou la permission de saisir son traitement, qu'ils savent être de 12,000 fr. **12,000** »

B

Bachon, écuyer du Prince impérial, outre son traitement de 6,000 fr., reçoit, à titre de don, 162,000 fr. en vingt-sept mois. **6,000** **162,000**

Baciocchi, neveu de la comtesse Camerata, princesse Baciocchi, et allié ainsi à la famille impériale. Premier chambellan, après 1852, et surintendant des fêtes de la cour, il devient, en 1863, surintendant des théâtres. Il jouissait de l'intimité du Souverain. 1856, bague de 3,800 fr. chez Mellerio ; mars 1862, 15,000 fr. . » **18,800**

Le comte Baciocchi mourut en 1866. Son embaumement nous est revenu à 3,000 fr. Ses funérailles à Paris et transport, à 3,353 fr. ; ses funérailles à Ajaccio, à 3,987 fr. Au total, 10,340 fr. » **10,340**

Baillon ou Baillou (Mlle), 1857, fréquemment 5,000 fr. (Est-ce une dot ?) . . . . » **20,000**

Ballet (de l'Élysée). 1854, don de 2,000 fr. ; 1857, don de 8,000 fr . . . . » **10,000**

Barbier de Tinan (Le). 1870, 1,000 fr . . . . » **1,000**

Barillon (De), sous-préfet de Verdun. 1870, 4,000 fr . . . » **4,000**

Baring frères, banquiers à Londres. Dès 1846 et peut-être bien auparavant, Louis-Napoléon a chez eux un important compte courant que nous pouvons suivre, presque sans interruption jusqu'en 1856, 31 décembre.

1847, septembre, Louis-Napoléon a chez Baring un crédit de 166,800 fr. Baring ayant payé pour lui 200,250 fr., reste au débit 43,450 fr.

1850. Louis-Napoléon adresse à Baring 245,000 fr., dont 45,000 fr. pour Fleury et 50,000 fr. pour Orsi et Armani. En 1849-50, les envois du prince à Baring s'élèvent à 765,625 fr.

1851. MM. Baring frères semblent avoir fait des *avances considérables*.

1852. En avril, Louis-Napoléon leur adresse, pour liquider ses comptes, une somme de 814,350 fr. 30 c. (Dépenses du coup d'État ?)

Le 31 décembre accuse un crédit de 767 £. (19,175 fr.), reste d'une somme de 36,370 £. (909,250 fr.), dépensée en 1851 et 1852.

1853. (31 décembre). Le crédit à nouveau, après balance, est de 6,251 £ (157,271 fr.).

1854. Malgré un envoi de 4,000 £ (100,000 fr. ; Boulogne, 18 septembre), le crédit descend à 3,535 £ (87,375 fr. ou 88,375, selon note de M. Bure).

	PENSIONS.	DONS.

1855 (31 décembre). Le crédit s'est relevé à 254,500 fr., mais les dépenses l'abaissent à 1,261 £ (31,525 fr.).

1856 (31 décembre). De nombreux mandats pour Mme Walewska, et les fournitures de Mordan et Cie, mécaniciens, constituent l'Empereur en déficit de 632 £ (15,790 fr.).

1857. MM. Bure et Rothschild ont versé 11,976 £ (299,400 fr.) Reste au 31 décembre, crédit à nouveau, 8,606 £ (215,150 fr.).

1858 (12 novembre), reste au crédit : 22,750 fr.

1859 (24 octobre), reste au crédit : 144 £.

Ici une lacune considérable.

1864 (26 janvier). Déficit : 1,355 £ (33,875 fr.). Mme de Cadore a touché 200 £ (5,000 fr.) . . . . » 5,000

M. Maury (?) 80 £ (2,000 fr.) . . . . » 2,000

1864 (décembre). Nouveau débit : 3,510 £ (87,750 fr.), qui est couvert par le crédit du compte Bates, personne interposée : 4,665 £ (116,525 fr.), reporté au compte ordinaire, selon lettre du 23 février 1865.

1866 (31 décembre), crédit à nouveau : 760 £ (19,000 fr.). A ce compte se trouvait annexée, sur carte, la note contestée par M. Franceschini Pietri, accusant un dépôt chez Baring de titres et valeurs diverses pour 933,000 £, mais qui ne devaient pas s'élever en capital à plus de moitié de cette somme : ci, 12 millions environ. La question est de savoir si ces valeurs appartenaient à l'Empereur. Nous ne sommes pas en mesure de conclure à autre chose qu'à une probabilité. (Voir tome 1er, page 152.)

N. B. Nous avons évalué la livre sterling sur le pied de 25 fr., mais la valeur réelle oscille entre 25 fr. 22 c. et 25 fr. 55 c. Nos chiffres sont donc, à un certain degré, approximatifs.

Bariouly emprunte au prince, le 2 mars 1850, 10,000 fr. qu'il promet de rendre dans le courant du même mois . . . . » 10,000

Barrot (Ferdinand), avocat, défenseur du prince après l'affaire de Boulogne; depuis, ambassadeur et sénateur, a prêté au prince (1849-50), capital et intérêts, une somme de 112,418 fr. 95 c . . » 112,418

Barthélemy a reçu, le 6 février 1852, par les soins de M. Mocquart, la somme de 10,000 fr. (reçu signé). . . . . . » 10,000

Il était bibliothécaire à Marseille. Sa veuve obtient une pension de 1,200 fr . . . . 1,200 »

Bates (Dr Joshua), ancien ami de Louis-Napoléon, qu'il appelle souvent *my dear emperor*, a été l'intermédiaire de Napoléon III pour le recouvrement d'une créance Wyse (16,000 £ — 400,000 fr.; v. ce nom), et son prête-nom pour un compte particulier (*a/N*) chez Baring. Il est mort avant le 11 février 1865, époque où le compte *a/N* est reversé au compte ordinaire de l'Empereur.

Ce que nous avons de sa correspondance (octobre 1864) est en général relatif à ses démarches pour obtenir des garanties de sir Thomas Wyse, mari de la princesse Letizia Bonaparte-Lucien. On y trouve des renseignements sur la crise coton (4 novembre 1861). Nous y relèverons l'envoi par l'Empereur (23 mars 1861) de 12,000 livres de rente en quatre titres de . . . . » 240,000

	PENSIONS.	DONS.

5,000, déposés dans la caisse de Baring au nom de l'Empereur, mais sous une enveloppe au nom de Bates (compte a /N). Notons encore, le 5 septembre 1863, une traite sur Hottinguer à l'ordre Ch. Thélin : 120,000 fr. qui, à 25,221/1, valent 4,757 £ 3 sh. 8 p. » 120,000

Le 5 février 1864, M. Bates, malade, fait écrire que sir Thomas Wyse étant mort, il ne voit pas d'inconvénient à ce que l'Empereur soit reconnu pour le prêteur réel des 400,000 fr.

Battaille (Eugène), ancien complice du prince, employé près de lui à l'Élysée pendant trois mois, candidat malheureux aux élections, demande, le 21 mars 1851, quelque argent et un caractère officiel ; entré au Conseil d'État dès 1854, M. Battaille a touché en dehors de ses appointements, de juin 1853 à mai 1855, 54,000 fr. (fonds politiques de l'intérieur) ; le 12 décembre 1856, 6,000 fr., et au moins, de juillet 1862 au 1er juillet 1864, 10,000 fr. par mois — 240,000 fr. ; total connu.

En août 1864, Mme veuve Battaille demande des secours. » 300,000

Bauzil, limonadier à Marseille, agent électoral de Louis-Napoléon, demande avec instance par deux lettres à l'Empereur, du 22 février au 29 mars 1860, le complément (7,000 fr.) d'une somme de 15,000 fr. dont le prince lui avait promis le payement en huit années. Il présente, à l'appui de sa requête, un passage d'une lettre que lui écrivait, le 3 novembre 1848, M. Eugène Briffault, secrétaire du prince. » 15,000

Bazancourt (Enfant du baron de). « L'Empereur a daigné promettre de secourir les enfants laissés dans la misère par la mort du baron de Bazancourt. Sa Majesté a paru penser que le meilleur moyen serait de donner à leur mère, Mlle Déjazet, une certaine somme qui pût lui permettre de fonder un petit établissement de lingerie. Mlle Déjazet, à qui cet espoir a été donné, rappelle respectueusement à l'Empereur sa pénible situation avec trois enfants, dont une grande fille. »

« Je reconnais avoir reçu de M. le général Fleury la somme de 10,000 francs, accordée par S. M. l'Empereur aux enfants du baron de Bazancourt. »

« Paris, 15 avril 1865.   « Z. DÉJAZET. » » 10,000

Beaumont, lieutenant au 45e régiment, à Belfort, reçoit en 1870, 6,000 fr. » 6,000

Becker (Waldemar de). 1868, 1,000 fr. » 1,000

Bellune (Le duc de) attaché d'ambassade à Lisbonne, écrit à M. Mocquart pour remercier de diverses traites qui lui sont envoyées de la part de l'Empereur : 4,000 fr. en 1857, 4,000 fr. en décembre 1860, 4,000 en 1861. » 12,000

De plus, en avril et mai 1861, 133,000 fr. ont été mis à sa disposition pour payer ses dettes. » 133,000

En 1857, 12,000 fr. ont été donnés à la duchesse de Bellune. » 12,000

Belmontet, bonapartiste zélé. On lui imprime ses vers. Il recommande des brochures dont on paye les factures. 1850, frais de voyage, fr. » 1,000

La même année, problablement, il demande à M. Mocquart, « vieux ami de 1820, » 400 fr. » 400

	PENSIONS.	DONS.

qui lui éviteront un protêt « toujours fâcheux, surtout « pour un homme public. »

1852, pension 6,000 fr. . . . . 6,000 — »

Bentivoglio (Thaddea), reçoit à Smyrne (mai 1865) en trois envois une somme de 40,000 fr. et témoigne à l'Empereur sa reconnaissance. . . . . » — 40,000

Bérard, ancien capitaine-trésorier. Après avoir quitté l'armée, il fut caissier de la compagnie d'assurances *La Réparatrice*; obligé de quitter cette place, il devint caissier à l'Élysée. (Le dénonciateur qui envoie à l'Élysée ces renseignements accuse aussi M. Bérard d'être légitimiste.)

M. Bérard fut encore envoyé en mission dans la Somme, en qualité de commissaire général, après le 2 décembre 1851. (En 1852, 2,000 fr. sur les fonds secrets.)

Berardi (De) est porté pour allocation annuelle de 6,000 fr. (État des pensions pour 1853.) . . . . 6,000 — »

N'a pas donné de ses nouvelles depuis 1852. Parti pour les eaux ; mort.

Berrier-Fontaine, médecin par quartier, 6,000 fr. . . . 6,000 — »

En 1847, Louis-Napoléon, par acte sous seing privé, rédigé en anglais, garantit au docteur Berrier-Fontaine le payement de 900 £ (22,500 fr.), somme due par le docteur Henri Conneau . » — 22,500

Cette somme était le prix de la clientèle du docteur Berrier-Fontaine et de son établissement à Londres.

Bertrand (Mlle), nièce de l'abbé Bertrand, gouverneur du prince en Allemagne. Allocation annuelle, 2,000 fr., 1853. . . . . 2,000 — »

Bessières (Général), pension de 6,000 fr., 1853. . . . . 6,000 — »

Besuchet, ancien officier de l'Empire, décoré par Napoléon Ier en 1815, se constitue agent électoral volontaire de Louis-Napoléon et fait les frais d'une proclamation que le prince approuve, mais ne peut payer. (Voir notre 1er volume, p. 207 et suiv.) Lui-même se présente dans la Charente et reçoit, au sujet de ses espérances et de ses menées, la lettre suivante du prince, alors à Londres : « Londres, 11 juillet 1848 (écriture de M. Mocquart?).
« Mon cher monsieur Besuchet, j'approuve en partie vos idées,
« et je crois aussi qu'il ne faut pas entièrement s'abandonner
« au hasard; mais il faut bien éviter tout ce qui ressemblerait,
« même de loin, à une conspiration. Comme votre but et celui
« de vos amis est simplement de faire arriver aux affaires les
« hommes qui ont votre confiance, il faut, pour ainsi dire, tra-
« vailler dans ce but ouvertement, et même le crier bien haut,
« afin que, si le pouvoir ose arrêter une association pareille,
« il soit dans l'illégalité.
« Je crois que vous auriez tort de venir à Londres dans ce
« moment. Quant à moi j'y resterai jusqu'à ce que je retourne
« en France. Il faut faire tout ce qui est possible pour que je
« sois réélu à Paris. Comme notre but est ostensible, on peut
« accueillir tous ceux qui se présenteraient ; il ne faut pas
« d'exclusion.

« Recevez, etc.

« Voici mon adresse : au comte d'Arnberg, Army and Navy
« Club, Saint-James, 39. »

En 1867, M. Besuchet, inspecteur général des prisons de
1re classe, rappelle qu'en 1866 il a remis à l'Empereur des lettres intimes et documents politiques.

Béville (Le général DE). Sa fortune ne semble avoir commencé
que vers la fin de la présidence. On sait le rôle qu'il a joué la nuit
du 2 décembre. Il a été aide de camp, puis préfet du palais.

Outre ses traitements, diverses sommes lui ont été allouées,
entre autres 25,000 francs pour un voyage en 1856. . . . . . » 25,000

L'Empereur l'a souvent employé à l'acquisition et à la gérance
des terrains et maisons des rues d'Albe, François Ier et de l'Élysée.
A ce titre, il présentait des comptes particuliers et maniait des
sommes importantes.

Billault. On sait que l'Empereur lui a donné un hôtel sur sa
cassette. Nous trouvons la note suivante : *Hôtel Magne et Billault
à-compte* 1861 capital et intérêts 587,104 fr. 50 c. . . . . . » 587,104 50

Billequin, avocat, 1870, 1,000 fr. . . . . » 1,000 00

Birague (Le comte DE), parent du marquis de Birague, fondateur
du journal *l'Armonia*, réclame indéfiniment et vainement depuis
1862, le remboursement de 200,000 fr. dépensés, dit-il, pour
l'Empereur ; il demande la souscription impériale pour une édition de son ouvrage sur Napoléon Ier. Il finit par supposer que
l'Empereur a pu être indisposé contre lui par la liberté qu'il a
prise de lui signaler quelques corrections grammaticales (annexées à sa lettre) pour de nouvelles éditions des œuvres de
Napoléon III.

Blanchet (au Havre), sollicite des secours en 1867.

Il expose, à l'appui de sa requête, que, le 17 mars 1786, à
Rivière-Salée (Martinique), Mlle Joséphine Tascher de la Pagerie
donnait le jour à un enfant naturel du sexe féminin, baptisé sous
le parrainage de Ch. Tascher et dame Rose-Claire Sanoye Tascher de la Pagerie, père et mère de Joséphine, et adopté par ladite dame Tascher ; que cette fille, dotée par Napoléon Ier (décret du 8 mars 1808), a épousé, le 12 mars 1808, J.-B. Blanchet, négociant à Fort-Royal ; enfin que son frère et lui, É. Blanchet, sont issus de cette union et, par conséquent, cousins-germains de Napoléon III.

Bloc de Vaugrand, homme d'affaires, agent bonapartiste dès
septembre 1848 ; a été présenté à l'hôtel du Rhin par M. Mésonan, sur la demande du prince.

Il sollicite, non sans recommandations nombreuses, un emploi
à l'Élysée.

Blot, avoué du prince, dès 1846 (il reçoit à cette époque 500 fr.
d'honoraires), a été chargé des acquisitions de la Grillaire (Sologne), de la Motte-Beuvron (Loir-et-Cher), et de l'hôtel Sébastiani, sous la présidence.

Borelli. Pension de 1,200 fr (1853). . . . . 1,200 »

	PENSIONS.	DONS.

Botot, fils de l'ancien secrétaire de Barras, par requêtes de 1860 63, 65, 70, expose que son père a avancé à madame Lapagerie-Bonaparte plusieurs sommes importantes que sa fortune lui a permis de ne pas réclamer en temps utile. Ruiné en 1848, âgé, chargé de trois filles à pourvoir, il offre neuf lettres (*alias* vingt-trois) autographes de Joséphine à Botot père (voy. p. 274), et demande un secours ou une promesse de faveur pour ses gendres. L'Empereur accepte les lettres et fait au donateur une pension de 1,200 fr. (6 mai 1870).

Bouffet de Montauban (Le colonel), complice de Boulogne (longue captivité, 5 ans à Doullens), ruiné au service du prince, auquel il a fait un prêt en 1848; a perdu une fabrique de savon indignement volée pendant sa détention. Receveur-percepteur à Paris sous la présidence.

En 1849, M. Bouffet de Montauban reçoit 25,000 fr. . . . . » 25,000

Présent à l'Élysée la nuit du 2 décembre (c'est lui-même qui, dans une lettre, insiste sur ce fait), il s'étonne de faire antichambre chez M. Bure, qu'il a connu plus humble.

Indigné de ne pas être appelé à quelque poste élevé, il s'apprête, après avoir par lettre épanché ses peines dans le sein du prince, à donner sa démission et à se retirer en Angleterre.

Le 8 mai 1852, il demande le payement d'une petite somme, 12 ou 1,300 francs de frais qu'a entraînés le prêt sus-mentionné et diverses poursuites relatives à sa fabrique.

En 1861, une dame Anaïs de Bouffet-Montauban, dont le mari a été nommé commissaire-priseur, et probablement cautionné de 20,000 fr., demande à l'Empereur et obtient, sur la caisse des dons et secours, un surplus de 12,000 fr. . . . . » 12,000

Boulay-Paty (1852), encouragement littéraire 200 fr. . . . » 200

Briffault (Eugène), vieil ami et pensionné du prince.

En 1846-47 nous le voyons porté pour 20 £ (500 fr.) sur le carnet du prince. En 1849 il est chef du secrétariat de la présidence. Représentant du peuple en 1850, il louait, rue Matignon 18, un appartement de 5,000 fr. dont le prince payait les contributions, mais dont lui, M. Briffault, ne payait pas les termes. Congé par huissier le 3 septembre. En avril 1850, M. Briffault avait reçu 4,500 fr. . . . . » 4,500

Sous l'Empire, malade et épuisé, il dépense en voyages et en traitements une pension de 6,000 fr. 6,000

dont on lui avance volontiers un trimestre ou une année, outre sa part des fonds de l'intérieur. (1853-55), 10,600 fr. . . . » 10,600

Il n'en envoie pas moins de nombreuses lettres et demandes d'argent et se plaint d'être abandonné. Il écrit à la princesse Mathilde, et l'Empereur lui fait donner les 3,000 fr. qu'il demande (septembre 1863). . . . . » 3,000

Il avait rédigé pour le compte du prince, et non sans pertes, le journal *Le Napoléon* (1). On a trouvé une opposition (1,600 fr.)

---

(1) Le journal *Le Napoléon* : année 1851, vente et abonnements, 25,497 fr. 84 c. Dépenses, 65,007 fr. 84 c.

	PENSIONS.	DONS.

pour fourniture de papier, signée Doumerc, du Marais, sur ses appointements.

Bris-Marullaz (Mme Le). 1868, 1,433 fr. . . . . . . » 1,433

Brochard (Le docteur), à Bordeaux. 1868, 1,000 fr. . . . » 1,000

Brochet (Veuve d'un capitaine). 1868, 1,000 fr. . . . . » 1,000

Bruc (De), complice de Strasbourg, expose que son frère, Malestroit de Bruc, allié par sa femme aux Montmorency et aux Brissac, et riche à 200,000 fr. de rentes, vient de le déshériter pour cause de participation aux origines du gouvernement impérial (sa lettre est du 4 janvier, peut-être 1853).

M. de Bruc se rappelle donc, par l'intermédiaire d'un général, qui n'est pas nommé, au souvenir de l'Empereur. Une note annexe, au crayon, porte qu'il réclame au Conseil d'Etat un arriéré de solde, 1838-1853, à raison de 2,000 fr. par an. L'empereur ne pourrait-il pas accélérer l'affaire? M. de Bruc reçoit déjà, « par » l'Intérieur » (fonds politiques?), 12,000 fr. . . . . . . » 12,000

(annuels?). Qu'on lui donne, ajoute la note, « un commandement de château, une autre place, une position. » La note est sans doute le résumé de ses vœux.

Brun (Marie). Août 1852, don de 2,000 fr. . . . . . . » 2,000

Brunetière (Mme de). 1853, pension de 2,400 fr. Elle habitait Londres. Elle vient à Paris . . . . 2,400 »

Brunetière (Mlle de). 1858 et *passim*, reçoit cinq ou six fois 5,000 fr. (probablement une dot). . . . . » 25,000

Bruyère (Le comte) accuse 72,000 fr. de dettes qu'on éteindra avec 36 ou 37,000 fr. (Extrait d'une note de novembre 1856.)

A partir du 2 décembre 1856, M. Bruyère touche 2,000 fr. mensuels jusqu'en juin 1858 (19 mois), 38,000 fr. . . . . » 53,000

Bure (Mme), nourrice de Louis-Napoléon, reçoit, jusqu'en 1850 environ, une rente de 300 fr. (notamment de 1844 à 1848). Dans un état de 1853, sa pension est portée à 2,400 fr. . . . . 2,400 »
(ligne supérieure: 300)

Bure (J.), frère de lait de l'Empereur, intendant du prince jusqu'en 1848, à 1,200 fr. d'appointements . . . . 1,200 »

intendant de la Présidence à 6,000 fr. . . . . 6,000 »

puis intendant général, chevalier de la Légion d'honneur (1852, 2 décembre), et nommé, le 3 janvier 1853, trésorier général de la couronne, à 30,000 fr. (6,000 fr. pour frais de bureau, 5,000 fr. pour indemnité de logement) . . . . 41,000 »

avec rang à la cour; a épousé une personne de Ham, qui semble lui avoir apporté en dot la propriété des *Moyeux* (Seine-et-Marne).

M. Bure, malgré quelques observations faites sur les débuts de sa gestion sous l'Empire, et qui touchent plus à la forme qu'au fond, a apporté dans l'exercice de ses délicates fonctions la plus grande exactitude et la régularité la plus inattaquable. Serviteur précieux, aucune dépense, si minime fût-elle, n'échappait à ses yeux. Nous ne donnerons de sa comptabilité qu'un ou deux échantillons, qui sont peut-être des curiosités historiques.

Porte pour le président, 59,500 fr. Rédacteurs : Laya, Lhorminier, Romieu, d'Alaux, Grégoire, Brugnet, Monclar, Reybaud, Lafont, Damery, Briffault; gérant : Jacquier.

A la date du 5 février 1845, nous trouvons inscrite une fantaisie significative du prisonnier de Ham : Payé à M. Paulin « facture » d'*un cliché du talisman de Charlemagne*, 12 fr. »

Le 29 avril 1846, immédiatement au-dessous d'un envoi de 100 napoléons (avec le change, 2,025 fr.) à M. Conneau, nous lisons ceci : « Achat de f^d (foulard), 3 fr. ; une b^e (blouse), 5 fr. » 25 c. ; *idem*, 3 fr. 75 c. ; un b^on (bâton ? bourgeron ?), 3 fr. » 50 c. ; un p^on (pantalon), 2 fr. 75 c. ; une ch. (chemise), 3 fr. » 75 c. ; tablier et cravate, 2 fr. 50 c. ; diverses : potasse, » cen(dre), braise, 75 c. ; en tout, 25 fr. 25 c. »

Or, c'est le 25 mai 1846 que Louis-Napoléon, avec l'aide du docteur Conneau, s'est évadé de Ham, sous des habits d'ouvrier.

Durant la captivité du prince, M. Bure faisait valoir ses fonds, soit par des opérations de change, soit à la Bourse, perdant ou gagnant de petites sommes (6,000 fr. de gain, 15,000 fr. de pertes en 1845-1846), sur lesquelles il avait une remise de 3 p. c. Il payait les dettes du prince et les très-nombreuses pensions et libéralités qui grevaient son budget, modeste encore. Nous aurons à parler de M. Bure dans nos études sur la liste civile et sur les dépenses de Louis-Napoléon. Nous nous bornons ici à ce qui lui est personnel.

En 1848, nous le voyons possesseur, comme prête-nom, peut-être, de quatre-vingts actions du *National*, dont trente cédées dès l'origine à M. Bouffet-Montauban (n°s 409 à 488), à 250 fr. = 20,000 fr. Après en avoir touché le dividende en juin 1848 (seul et unique bénéfice qu'aient réalisé les actionnaires du *National*), il transfère au duc de Brunswick les cinquante qui lui restent (septembre 1848). En janvier 1849, les trente de M. Bouffet-Montauban passent dans les mêmes mains.

Toujours en 1848, M. Bure prend cinquante actions des Cités ouvrières Chabert (l'affaire a été mauvaise), ci : 15,000 fr.

L'année suivante, il garantit, avec le prince, le cautionnement du journal *Le Bienfaisant*, fourni par un sieur Tribalot.

Le 27 mars 1850, M. Bure avance au prince 2,000 fr. pour visiter *les casernes*. Le 25 avril, il prête sans reçu 4,000 fr. pour *la revue*. Nous citons ces petits faits parce qu'ils jettent quelque lumière sur les manœuvres du prétendant à l'empire.

Outre sa terre des Moyeux, nous trouvons la trace d'autres propriétés, dues sans doute à la munificence impériale. En janvier 1853, un régisseur lui écrit de l'Abbaye-du-Val (?).

Un billet sans date, écrit par un ami, M. Temblaire, sous-préfet de Philippeville, nous apprend que M. Bure possède, entre Philippeville et Constantine, cercle de Guelma, territoire des Beni-Foulah ou Fourhal, une concession voisine de celle de M. Théodore Forestier. Cette concession consistait en 1,500 hectares, forêts d'oliviers, choisis par un sieur de Franchis, colon. Les premiers fonds d'exploitation semblent avoir été fournis, en commun, par M. Bure et par le sieur Delcro ou Delero.

	PENSIONS.	DONS.

Une affreuse aquarelle de tailleur représente un éclatant costume de trésorier général, évalué 900 fr.

Bure (Eugène), jeune homme qui portait le nom du précédent. Il semble avoir été assez longtemps ulcéré contre son père, qui le négligeait. Il s'en plaint, même à l'Empereur, dans deux lettres de 1864 et 1866.

Nous y voyons qu'en 1864, âgé de 22 ans, pourvu d'une pension de 6,000 fr. . . . . 6,000 »

placé comme surnuméraire à la direction des fonds au ministère des affaires étrangères, ce qu'il trouve illusoire, il est dégoûté de Paris et demande un consulat en quelque coin du monde.

M. Bure ne lui a jamais rien donné, ni argent, ni recommandations. « Je le mets au défi, dit M. Eugène Bure, de me prouver un
» seul acte de paternité, même amicale. Est-ce une raison, parce
» que l'on a été *contraint de donner son nom à un individu* (ce sont
» les propres paroles de M. Bure à moi-même, je le jure), pour
» l'abandonner aussi déloyalement et sous d'aussi faux pré-
» textes... Et pourtant, je sais pertinemment, puisque c'est
» M. Bure lui-même qui l'a dit, que Votre Majesté lui a confié une
» somme de 400,000 fr. *pour nous*... Qu'on n'ait pas l'air de me
» jeter sur le pavé comme une bête puante... Quand on ose écrire
» de moi : Il n'est bon qu'à faire un second comte Léon (voir ce
» nom), c'est une infamie qui me révolte. »

L'Empereur, d'ailleurs, n'a jamais encouragé « les illusions et
» idées imaginaires qui ne peuvent que nuire à M. Eug. Bure ; » il s'est toujours refusé à le recevoir.

M. Eug. Bure explique ses dettes par son voyage en Amérique, où on l'a envoyé « promener » deux ans avec de fausses promesses, par ses logement, habillement, etc.

Envoyé vice-consul à Rosas, 6,000 fr. . . . . 6,000 »

M. Eugène Bure (janvier 1866) continue à crier misère ; il s'adresse cette fois à M. Conti ; il lui envoie un compte de ses dettes, qui, malheureusement, nous manque.

Plus tard, au moment de partir pour le consulat de Zanzibar 1868), il revient sur cette froideur peu filiale. Il s'exprime ainsi dans une curieuse lettre à l'Empereur : « M. Bure, mon père, qui
» m'a déjà pardonné tout le mal que je lui ai fait. » (A cette occasion, M. Bure s'est décidé à demander pour lui des lettres de recommandation.)

Nous trouvons dans des comptes de 1846 quelques indications qui se rapportent probablement à M. Eugène Bure : 15 novembre 1846, voyage à Londres avec Mme C. (Cornu ou Camus) et *Eugène*, 952 fr., et plusieurs autres voyages d'*Eugène* à Étampes et à Ham.

Bussac (De), capitaine au 50e de ligne (1857); don de 1,400 fr. » 1,400

C

Caillaux (1864) reçoit, pour payer ses dettes, dont l'état est joint, 7,078 fr. . . . . » 7,078

	PENSIONS.	DONS.
Camas (Mlle de), 1859 : 20,000 fr. en cinq mois (dot?). . .	»	20,000

Campana (Comtesse et marquise Émilie [il y a là deux personnes sans doute, mais les documents que nous possédons ne nous permettent pas d'établir entre elles une distinction suffisante]) prête à Louis-Napoléon 33,000 fr. Nous avons la traite : /* Bon pour
» trente-trois mille francs que moi, la soussignée, je m'engage à
» payer à Mess. Borlini-Duprès, ou à son ordre, le 29 juillet 1851.
» Comtesse Émilie Campana, Rome, 29 avril 1851. A M. le prince
» Louis N. Bonaparte, Président de la République française, à
» Paris. »

	PENSIONS.	DONS.
En septembre 1852, Mme Campana reçut du Président 50,000 fr.	»	50.000
En 1853, elle peut tirer sur M. Bure jusqu'à concurrence de 100,000 fr.	»	100,000
En 1866, elle obtient 10,000 fr.	»	10,000
Dès 1856, elle figure pour une pension de 12,000 fr. × 14 = 162,000.	12,000	
En 1870 la marquise Campana reçoit quatre mois de 10,500 fr. = 42,000 fr.	»	42,000

En tout, approximativement 400,000 fr.

	PENSIONS.	DONS.
Camus (Mme), reçoit dès 1841 diverses gratifications, qui se transforment en 1846 en une pension de 1,600 fr.	1,600	

C'est la caisse de M. Bure qui, avant 1848, paye l'installation, les meubles, jusqu'au vin (une feuillette, 160 fr.) de Mme Camus.

	PENSIONS.	DONS.
En août 1849, sa pension est élevée à 6,000 fr.	6,000	

Son fils ou son mari, M. Camus, est directeur des domaines de la Sologne.

	PENSIONS.	DONS.
Carpentier (Eugène), 1857 ; avance de 6,000 fr. ; 1860, don de 3,000 fr. ; 1861, id. de 4,500 fr. Ensemble 13,500 fr.	»	13,500
Casabianca (Vicomte Achille), filleul de Charlotte Bonaparte-Centamori, agent financier de Napoléon III en Italie et régisseur de la terre de Civita-Nova. (Tout un dossier de réclamations contre sa gérance). Il reçoit en 1852 une gratification de 2,000 fr. . .	»	2,000

Appointements inconnus.

Il propose de nombreuses acquisitions pour agrandir le domaine de Civita-Nova, une entre autres qu'il évalue à 330,000 fr. Il se trouve que cette affaire ne devait pas monter à plus de 245,000 fr. Écart 85,000 fr.

Le comte Vico degli Ubaldini, dont M. Casabianca avait acheté les biens pour le compte de l'Empereur, se plaint amèrement d'avoir été lésé et ruiné dans cette affaire. Ses réclamations sont accompagnées de nombreuses pièces à l'appui et recommandées par le cardinal de Bonnechose. On ne sait quelle suite a été donnée à ses sollicitations.

	PENSIONS.	DONS.
Casanelli d'Istria, évêque d'Ajaccio, août 1852, don de 2,000 fr.	»	2,000
Castille (Hippolyte). Pour une *Histoire de soixante ans* qui aura dix volumes, obtient une avance de 2,000 fr. annuels	2,000	
(14 avril 1858) longue correspondance. En 1867, pour une brochure de dix-sept feuilles 5,000 fr.	»	5,000

Le dossier de M. Hippolyte Castille sera prochainement publié

| | PENSIONS. | DONS. |

in extenso ; nous en tirons les indications suivantes : l'Empereur a tout fait pour s'attacher cet écrivain, qui n'a trouvé que déboires dans sa carrière semi-officielle. Sa pension de 6,000 fr., offerte par M. Rouland, a été supprimée en 1863, puis à grand' peine rétablie pour deux ans. 50,000 fr., offerts par l'Empereur pour l'achat du ournal *Le Messager de Paris*, et qui devaient être avancés : 20,000 fr. par un maire de Poitiers, 30,000 fr. par M. de la Guéronnière, sur les fonds alloués à la presse, n'ont jamais été versés. Le maire de Poitiers a fait faillite et s'est enfui ; M. de la Guéronnière n'a fourni que 4,000 fr. M. Hippolyte Castille, ruiné, accablé sous le poids de 100,000 fr. de dettes, a pu méditer, à ses dépens sur la faveur des princes.

Cattaneo, ex-officier de l'Empire, pension de 6,000 fr. . . . 6,000
(Au moins jusqu'en juin 1853).

Césena (A. de), 2,000 fr. pour un travail sur les théâtres. 1852
(fonds secrets) . . . . » 2,000

Chambure (Mme de), 1865, 19,000 fr. . . . . » 19,000

Chandelier, ancien serviteur à Sainte-Hélène (1850), pension
1,200 fr. 1,200

Chanoine aîné, fait valoir diverses créances (105,000 fr. environ), et demande par deux lettres datées du Havre, 24 mars 1849 et 24 janvier 1850 une place de courtier ou son remboursement. Ces pièces, curieuses à plus d'un titre, nous apprennent qu'un sieur Devey, qui fit faillite en 1842 et qui emprunta 10 fr. à M. Bure en 1849 (septembre), fut, en janvier 1841, chargé de réclamer au gouvernement français une somme de 20,335,579 fr. censée due à Louis-Napoléon. La moitié du produit devait appartenir aux intermédiaires. En même temps, deux crédits de 75,000 fr. et de 30,000 fr. celui-ci destiné à retirer des mains de Devey des valeurs souscrites en 1839-40 par le général Montholon, l'autre ouvert par M. Édgard Ney, avec garantie du prince, passèrent en presque totalité à M. Chanoine aîné, qui trouva MM. de Montholon et Devey insolvables. Le sieur Devey cependant parvint encore à soutirer à M. Chanoine, en 1841, 50 £ (1,250 fr.), sur dépôt de certaines pièces. Quant à la créance de 75,000 fr. garantie par une hypothèque sur le domaine d'Arenenberg, M. Chanoine s'abstint de la faire valoir, comptant sur la fortune du prétendant.

Chantepie (mars et juillet 1858), une somme de 30,000 fr. . . » 30,000
M. Chantepie a été employé à l'Élysée. Il a laissé des dettes que l'Empereur refusa de payer.

Charbonnière (Commandant Girard de), 1852, frais de représentation, 250 fr. par trimestre. 1,000

Choppin d'Arnouville, le 22 mai 1861, remercie de l'envoi de
3,000 fr. . . . . » 3,000

Cocteau, solde de prix, comptes Béville, 1859, 101,500 fr. . . » 101,500

Compagny de Courrières, petit-fils du général Laborde, pension
(institution Barbet), 1,544 fr. . . . . »

Conneau (Henri), fidèle ami, médecin et médecin en chef du

	PENSIONS.	DONS.

prince, directeur des dons et secours. Sa vie est trop mêlée à celle de Louis-Napoléon pour que nous la retracions ici. Ses appointements avant 1848, l'acquisition de la clientèle Berrier-Fontaine à Londres, sortent quelque peu de notre cadre.

Comme médecin en chef il reçut quatre ans 6,000 fr. 6,000
un an 12,000 fr 12,000
dix-neuf ans 30,000 fr 30,000

Comme trésorier des dons et secours il disposait d'un budget de 1,200,000 fr. en moyenne.

Enfin une propriété en Corse, dont nous ignorons la valeur.

Contencin (De), à partir de 1864, reçoit fréquemment 4,000 fr. par mois; sans doute une affaire de terrains. 48,000

Corbigny (Brossard de), inspecteur des forêts de la couronne, chargé de l'acquisition et de la mise en valeur de *la Jonchère*, reçoit 6,000 fr. par mois, de juillet 1862 à juillet 1863, et 1,500 fr. mensuels, depuis juillet 1863, mettons un minimum de 12 mois. Ces sommes, environ 90,000 fr. sont pour partie au moins, destinées à l'entretien du domaine de la Jonchère . . . . » 90,000

Corneille (Pierre), descendant du tragique, pension de 600 fr. . 600

Les demoiselles L. M., M. T. et Cath. Corneille, les dames Desmarest et Chabannes, nées Corneille, reçoivent chacune une pension de 400 fr. 2,000

Cotte (Général de), 23 décembre 1851 : « Prière à M. Bure de « payer à M. Crémieux 2,500 fr. « pour un cheval donné à M. le général de Cotte. Le lieutenant-colonel Fleury. » » 2,500

1857, 25,000 fr. » 25,000

Cramatte, ancien commissaire spécial du palais; touchait 250 fr. par mois. Après sa retraite, pension de 1,500 fr. 1,500

Crenne (ancien matelot, ancien serviteur), 900 fr.. 900

Crouy-Chanel (Le prince de) reçoit fréquemment de la caisse des dons et secours 500 fr., 1,000 fr. et plus.

De 1853 à 1859, les sommes données ainsi à M. de Crouy-Chanel s'élèvent au moins à 22,850 fr. . . . . » 22,850

Cuxac (Léon), premier valet de chambre; nombreuses gratifications. L'Empereur lui a donné les maisons anglaises nos 3 et 4 (en quelle ville?) et alloué 14,600 fr. pour l'ameublement (note de M. Faure, architecte, 1865). . . . . » 14,600

D

Dambry (Le général), en 1864, 3,000 fr. par mois × 12=36,000 fr. » 36,000

Dauvin, encouragement littéraire (1852), 250 fr.. . . . . » 250

David (Le baron Jérôme). La commission a donné l'état des dépenses faites pour l'ameublement de M. Jérôme David. Ajoutons à ces libéralités, au moins en 1868-1870, 3,000 fr. mensuels sur la cassette. 36,000

Defodon, capitaine au 10e cuirassiers, 1870, 2,000 fr.. . . . 2,000

Degeorge (Frédéric), rédacteur d'un journal bonapartiste avant

	PENSIONS.	DONS.

1848, a reçu des secours. Sa fille J.-J. Ayraud, née Degcorge, reçoit, les 6 et 7 février 1866, deux sommes de 500 fr. . . . » 1,000

Delage (Le capitaine). Dot de sa femme, 25,000 fr. (1859). . . » 25,000

Delatour (Mme). 1848-1850, pension de 1,600 fr. 1,600

Delcambre (Adrien), 1870, 2,000 fr. . . . . » 2,000

Delvigne, inventeur d'une carabine (1853), pension 1,200 fr. 1,200

Desjardins (Le capitaine), complice dévoué du prince à Strasbourg et à Boulogne; pension, 2,400 fr. 2,400

Le fils du capitaine Desjardins, artiste dramatique, demande en vain à l'Empereur (juillet 1870) une somme de 2,000 fr. pour obtenir la direction d'un théâtre de province.

Devasse, lieutenant de gendarmerie à la Bastide (Bordeaux), 3,000 fr. . . . . » 3,000

Dietfurt (le baron de) rappelle (mai 1857) que l'Empereur serait venu à Constance l'engager, ainsi que sa femme, à dîner chez la reine Hortense en 1836, et lui aurait emprunté son passe-port, circonstance qui aurait amené des suites désagréables pour lui, Dietfurt. Il sollicite un emploi au château d'Arenenberg.

Le 19 février 1861, il obtient une pension de 2,000 fr. . . . 2,000

Drouhot (Mlle), dot de 20,000 fr., dont 862 fr. de rente 5 p. 0/0 achetés 19,980 fr. 60 c. (juin 1860). 20,000

Dufour d'Autirte (Général), 30,000 fr. . . . . » 30,000

Dufresne (Emma) reçoit 1,000 fr., 1867. . . . . . . » 1,000

Dugué-Blanchard (Veuve) 1870, 2,000 fr. . . . . . . » 2,000

Duhesme (veuve d'un général de l'empire), pension 6,000 fr. . 6,000

Dumougeot, ancien serviteur du prince, pension 2,400 fr. . . 2,400

Dumoulin, officier, agent électoral en 1848 (remboursé de 371 fr.); pension, 2,400 fr. 2,400

Dupasquier (John), sollicitor à Londres, a été chargé des affaires de Louis-Napoléon et de M. Bouffet-Montauban. Nous trouvons diverses menues sommes à son nom sur les carnets du prince (1846-47). Plus tard (voir Bouffet-Montauban) la cassette lui rembourse 1,300 fr. d'honoraires arriérés. . . . . . . » 1,300

Dusautoy, fondateur de *L'Époque*, a reçu de l'Empereur (décembre 1867, avril 1868) une subvention (on a les reçus) de 275,000 fr. » 275,000
en 1869-1870, 80,000 fr . . . . » 80,000
agent électoral en 1848, remboursé de 450 fr.

E

Étex, architecte, peintre et sculpteur, demande à l'Empereur, par lettre du 18 mai 1855, une indemnité de voyage pour aller à New-York chercher les œuvres d'art qu'il a envoyées à l'Exposition, et défendre en même temps les intérêts de ses confrères. On lui alloue 5,000. . . . . » 5,000

F

Faletans (Mme de) reçoit, en 1840, 8,000 fr. pour un portrait. . » 8,000

Farquhar, banquier à Londres, en septembre 1847, a payé pour

	PENSIONS.	DONS.

le prince, qui semble avoir eu un compte chez lui, 37,375 fr.

Ferrère (Charles). 1870, 700 fr. mensuels. 8,400

Ferrières (Aristide). Août 1850, 20,000 fr. . . . . » 20,000

Filippi, chevalier de la Légion d'honneur, ancien capitaine, ancien consul, versificateur et agent politique. En 1850, le Prince lui alloue provisoirement 200 fr. par mois 2,400

Dès août 1852, dans une longue pièce de vers, il salue le prince Empereur. Il dénonce en même temps des menées antibonapartistes à la Rochelle, surveille les gendarmes et les autorités.

Il demande, pour retirer ses effets du mont-de-piété, 4,000 fr., pour payer ses dettes 10,000 fr., et une place de 7,000 fr. Le prince, en septembre, lui accorde une pension de 5,000 fr. . . 5,000

En octobre, il n'est pas encore placé, et charge M. Bure de ses réclamations ; son nom figure plusieurs fois sur des notes destinées à être soumises à l'Empereur. Enfin il obtient une place de régisseur (château de Pau ?)

Firino vend à l'Empereur des terrains 95,566 fr. 65 c. (1856) . » 95,566 65

Flaust (Alph.) réclame, en janvier 1870, une somme de 3,500 fr. déboursée à Londres, en 1859, pour le service du prince. Une note dit « pour favoriser l'entrée de portraits du prince. »

Fleury (Commandant, puis général), officier d'ordonnance du Président, premier écuyer, puis grand écuyer et directeur des haras, finalement ambassadeur en Russie, a disposé de sommes énormes. On peut évaluer le total minimum de son budget régulier à une somme de 1,200,000 fr. 1,200,000

Nous avons de lui, entre autres, une lettre de 1849, où il demande à M. Bure de quoi donner au moins des à-compte aux fournisseurs. Il n'ose plus faire de commandes à Ehrler. Mieux vaudrait, dit-il, « croyez que je suis bon juge en pareille matière, « devoir à un seul que de devoir à tout le monde. » La même année, en mai, il réclame, « s'il y a moyen, 15,000 fr. » pour donner des à-compte aux selliers et carrossiers, conformément aux instructions du Président. « En raison du crédit énorme qu'ils ont fait « selon leurs moyens, il estime que 10 p. c. en moyenne serait une « limite suffisante pour les réductions. »

En juillet 1850, Baring est chargé de lui payer à Londres 45,000 fr. . . . . » 45,000

M. Bure endosse, le 10 avril 1851, quatre lettres de change de 1,000 fr. tirées par M. Fleury. . . . . » 4,000

Le 8 décembre 1851, quatre jours après le coup d'État (nous avons la lettre et le reçu), M. Fleury réclame, « pour que tout le monde ait reçu l'*allocation*, » une somme de 4,500 fr. ainsi répartie :

Pour le 3ᵉ léger, venu de Versailles, 1,000 fr. ; les infirmiers, 1,000 fr. ; les ouvriers d'administration qui ont gardé la gare du chemin de fer du Nord, 500 fr.; le train des équipages, 500 fr.; la division des cuirassiers de Versailles, *à raison de 10 fr. par homme*, 500 fr.

Le 9 avril 1852, Fleury reçoit 48,000 fr. pour installation des

	PENSIONS.	DONS.

écuries ; cette somme et beaucoup d'autres ne font pas partie d'une allocation de 400,000 fr. pour le même objet.

(Nous donnerons ailleurs le budget officiel et détaillé du gran écuyer.)

Fontaine (Mlle Agathe), reçoit des gratifications, 1844-1846.

Fontanelle (1853). Pension, 3,000 fr. 3,000

(Receveur-payeur à Versailles, supplément de traitement.)

Foresi (Lucien), fils de Vincent Foresi, de Porto-Ferrajo, qui prêta à Napoléon Ier, le 26 février 1815, 175,000 fr. en or, non remboursés, sans compter des dépenses navales qu'on peut estimer à 400,000 fr., obtient en 1859 7,000 fr. et en 1867 6,000 fr. avec lesquels il ne put . . . . » 13,000

réussir à faire prospérer à Paris un dépôt de vins de l'île d'Elbe. En 1868, ruiné, il sollicite vivement quelque place de régisseur dans les domaines d'Italie, et une somme de 12,000 fr. Refus.

Forestier (Théodore), trésorier sous la présidence, met la main aux élections (plusieurs sommes de 2,000 fr.) 6,000

Reçoit une traite sur Londres de 500 £ (12,500 fr.). . . . . » 12,500

En 1853-1855, il touche sur les fonds de l'intérieur (chiffre officiel) 35,000 fr. . . . . » 35,000

De plus, il possède, ainsi que M. Bure, en Algérie, une concession qui trouvait acquéreur à 100,000 fr. . . . . » 100,000

Fossey (Mme) reçoit en mars, 1861, 1,500 fr. . . . . » 1,500

les mois suivants, 1,400 fr. . . . . » 1,400

et depuis, régulièrement 350 fr. (4,200 fr.) 4,200

Fournier (Marc). 1868, 1,000 fr. . . . . » 1,000

Franceschetti, Corse, ex-propriétaire du domaine de Casabianda, lié, par les Pasqualini et les Sebastiani, avec le docteur Conneau, qui le recommande à l'Empereur. (Lettre datée d'Aleria, 7 juin 1861.) L'entremise et la garantie de l'Empereur lui assurent un emprunt de 530,000 fr. au Crédit foncier, somme sur laquelle l'Empereur verse lui-même 200,000. . . . . » 200,000

D'abord actionnaire principal, puis régisseur à 6,000 fr. . . 6,000

de sa propriété, vendue pour payer ses dettes, il sollicite en janvier 1864, 50,000 fr. qui semblent lui avoir été accordés. . . » 50,000

Une curieuse note du ministère de la Maison (29 janvier 1864), tendant à faire échouer ses demandes de fonds, établit que le domaine de Casabianda, estimé par M. Franceschetti 1,612,000 fr., n'a qu'à grand'peine paru au Crédit foncier une garantie suffisante pour le prêt de 530,000 fr. Lors de cette opération, Casabianda était déjà une société en commandite au capital de 1,500,000 fr. M. Franceschetti avait fixé lui-même la valeur de son apport à 1,200,000 fr., sur lesquels 813 actions étaient déposées chez Me Mocquard pour garantir l'Empereur. La société ne pouvant marcher faute de nouveaux actionnaires, c'est-à-dire faute de fonds de roulement, M. Franceschetti, dans quelques lettres à M. Conneau, cherche à faire affaire avec un ami du docteur ; il propose de rester associé de l'acquéreur jusqu'au remboursement de ses actions : 300,000 fr. suffiraient pour racheter les autres.

C'est alors que le Crédit foncier et la Liste civile, pour rentrer dans leurs avances, ont fait vendre la propriété, qui ne trouvait pas acquéreur à 200,000 fr. L'État, qui l'acheta 528,000 fr. (1852), dut y dépenser 500,000 fr. et devra y dépenser encore le double pour la mettre en valeur.

M. Franceschetti, régisseur avec une pension de 6,000 fr., semble avoir peu fait pour remplir certains engagements relatifs à sa gérance. Selon la note, il se contente de vivre sur Casabianda sans l'améliorer, vendant à son profit chevaux, récoltes et tout l'attirail d'exploitation.

On peut estimer sans crainte les sommes qu'il a touchées de l'Empereur, outre ses appointements, à 250,000 fr.

Fraye, propriétaire, en 1847, du *Crokford-Club*, à Londres, dut rendre à Louis-Napoléon, sur la demande de M. Andrews, secrétaire du prince, 2,000 £ (50,000 fr.) qu'un fripon, habitué de son club, avait voulu extorquer au prince. Ces faits énigmatiques semblent attestés par une lettre d'un sieur L. de Mauny, ancien secrétaire du *Crokford-Club* (3 octobre 1853).

M. Fraye, ruiné par l'abandon des grecs dont il n'avait pas voulu favoriser l'entreprise, demande, le 29 juin 1863, un secours à l'Empereur. En marge de la demande, la réponse : *rien à faire*.

Frère (ancien serviteur de l'impératrice Joséphine). 1853, pension, 3,000 fr. 3,000   »

Friant (Dot de la fille du colonel), juin 1867, 24,000 fr. . . .   »   24,000

Fririon (Baronne), veuve d'un général de l'Empire 1854, pension 3,000 fr. 3,000   »

G

Galliera (Duc de), mandataire du marquis Pallavicino (voir ce nom) pour le remboursement d'un prêt de 324,000 fr. hypothéqué sur Civita-Nova (1) ; intermédiaire pour l'acquisition de l'hôtel Sebastiani et de la Motte-Beuvron.

(1) Gênes, le 18 février 1851.

A M. Mocquard, chef du cabinet particulier de S. A. M. le prince Louis-Napoléon Bonaparte, à Paris.

Monsieur,

M. le marquis E. L. Pallavicino me charge de vous écrire pour vous dire que, d'après les accords pris entre M. le prince Bonaparte et lui, il vient de nommer M. le duc de Galliera son mandataire spécial, pour toucher en son nom, des mains du prince Bonaparte, la somme de 324,000 fr. Veuillez donc, Monsieur, passer chez le duc de Galliera, qui demeure dans la rue d'Astorg, n° 16, pour fixer le jour qui lui conviendra pour régler cette affaire.

M. le duc vous remettra après le remboursement de la somme totale les pièces suivantes :

1° Quittance entière et définitive des 324,000 fr. 324,000

2° Pouvoir spécial à Raphael Defferari, duc de Galliera, de toucher au nom du marquis la somme susdite;

3° Consentement à la radiation de l'hypothèque sur le domaine du prince à Civita-Nova;

Finalement une quittance pour la somme de 1,665 fr. 50 c. due sur la somme totale, soit; pour intérêts depuis le 15 janvier jusqu'au 15 février. . . . . 1,631 fr 06 c.

	PENSIONS.	DONS.
Galvani (veuve d'un commissaire des guerres de l'Empire). 1853, pension 1,200 fr.	1,200	»
Gazan (Mme), pension de 6,000 fr.	6,000	»
Geoffroy. 1853, pension de 1,200 fr.	1,200	»
George (Mlle). 1853, pension de 2,000 fr.	2,000	»
Gillemant (Léon), ancien serviteur, déjà pensionné en 1847. Touche en 1853 une pension de 1,200 fr. payée par la maison Orsi et Armani de Londres.	1,200	
Gillet du Coudray (Veuve). Son mari, filleul du roi de Hollande et de la reine Hortense, fut secrétaire du prince. Situation précaire. Sollicite un secours.		
Girard (Veuve), petite-fille de M. Tauzin, qui aurait favorisé la mise en liberté de Mme de Beauharnais (1794), demande un secours pour payer 3,000 fr. de dettes, et une minime pension.		
Girard (Désirée). 1853. pension de 2,000 fr.	2,000	
Giroud de Villette (Mlle Maria), née Bonneville de Bleschamps, petite-nièce de la princesse douairière Lucien Bonaparte, artiste lyrique, ne cesse de réclamer des secours et au moins une compensation pécuniaire pour les obstacles mis à sa carrière musicale. A force d'envoyer des billets de concert, cette dame obtient de temps à autre, 500 fr., 400 fr.		
Enfin, en 1862, il lui est alloué un secours annuel de 500 fr.	500	
Mais elle ne se tient pas pour battue et revient à la charge, comme le prouve assez un volumineux dossier (1852-1866). On y voit qu'elle se transportait dans toutes les résidences de la cour pour y donner des concerts, et sans se faire faute d'exploiter sur ses affiches sa parenté lointaine avec la famille impériale. Rien n'est plus curieux que la pétition adressée par elle au Sénat, et où elle demande la permission d'actionner le Préfet de police, les maires d'Auxerre, de Boulogne, de Douai, de Compiègne, et le procureur impérial de Vichy, coupables d'avoir, *par ordre supérieur*, interdit ses représentations.		
Gordon (Mme), célèbre complice de Strasbourg, a touché une pension de 4.800 fr. jusqu'à sa mort	4,800	
Sa sépulture a été payée 720 fr.	»	720
Gouvilliez (Mme), parente de l'Empereur, 1853, pension de 6,000 fr.	6,000	
Granier (de Cassagnac) a rédigé, dans le courant de 1851, une brochure publiée au nom du prince et distribuée à 40,000 exemplaires.		
Cette brochure lui a été payée 2,000 fr.	»	2,000

Procuration au vicomte de Casabianca pour la radiation d'hypothèque sur une partie du domaine du prince. 15 00
Frais de procuration expédiée à Paris. 19 80

Total. 1,668 80   1,665,30

Veuillez, je vous prie, m'accuser réception de la présente, et agréez l'assurance de ma considération très-distinguée.

Votre très-humble et très-obéissant serviteur
Félix Anano.

	PENSIONS.	DONS.
par l'intermédiaire de M. Chevalier, trésorier de la présidence (5 août 1851). Le 22 août, le prix du timbre 2,000 fr., a été versé par M. Bure à M. Chevalier, et des mains de M. Granier a passé dans celles de l'éditeur Plon.	»	2,000
Dans les derniers temps M. Granier, comme directeur du *Pays*, a reçu de l'Empereur 176,000 fr.	»	176,000
Gricourt (le marquis de), chambellan et sénateur, a touché 42,000 fr. durant dix-neuf ans (798,000 fr.)	42,000	
plus des indemnités de logement et autres. Mais nous ne rappelons ici les traitements que pour mémoire. Deux notes du ministère de l'intérieur nous le montrent en 1853-1855 recevant 71,000 fr. .	»	71,000
En mars 1857, nous trouvons à son nom 22,000 fr. . . .	»	22,000
Une lettre très-curieuse, de décembre 1857, nous apprend l'existence au ministère de l'intérieur de fonds politiques distribués aux favorisés, et qui s'élevaient, sous l'administration de M. de Persigny, à 300,000 fr. M. de Gricourt écrit à l'Empereur que, ayant cru pouvoir compter sur 60,000 fr. promis par M. de Persigny, il s'est laissé aller à acheter une propriété de 50,000 fr. M. de Persigny, tombé du ministère, refuse de reconnaître sa promesse, ou, du moins, de la recommander à son successeur. De là un grand embarras pour M. de Gricourt, qui ne sait avec quoi payer son immeuble. Aussi reçoit-il, le 1er mars 1858, des mains de M. Thélin, 120,000 fr.	»	120,000
Grimaldi (de), banquier, s'est trouvé mêlé de très-près aux affaires du prince, de 1850 à 1852.		
En 1850 on lui doit 50,700 fr.	»	50,700
Il fournit une traite de 102,000 fr. sur Londres, remise au docteur Conneau. Il écrit à ce dernier : « Voici, sous ce pli, *la lettre offi-cielle convenue entre nous*, au sujet de la remise des 4,000 livres « sterling. ».	»	102,000
En 1851 il est l'intermédiaire pour le prêt Narvaez, remboursé l'année suivante entre ses mains. On lit en marge d'une de ses lettres : *Lui réclamer les pièces originales du payement par M. L. Faucher.*		
Il propose d'ailleurs de compléter, si besoin est, le remboursement. Lui-même a prêté ou procuré une somme de 350,000 fr. dont 150,000 fr. fournis par M. Lebœuf et Montgermon, sénateur.	»	350,000
M. de Grimaldi a proposé au prince ou à son entourage de nombreuses spéculations et en a fait quelques-unes, si l'on s'en rapporte a une note annexée à une pièce d'août 1852 et ainsi conçue : 600,000 fr. *pour Grimaldi, avant le départ du prince*. . . .	»	600,000?
La même année il propose un emploi de 25 millions en chemins de fer (Granville, Cette, Bordeaux, Bayonne, etc.). Il « a vu le « ministre, qui prêche à tous la fusion » (de deux compagnies sans doute, car on lit en marge : 800 kilomètres). Il désire que la concession soit faite avant la session des conseils généraux et confiée aux personnes les plus sérieuses (en marge : Ezpeleta, Granier de Cassagnac, Heeckeren); « que le prince dise *Je veux*, comme il a « fait pour toutes les choses qu'il a voulu faire réussir.»		

	PENSIONS	DONS

Dans une lettre très vive, non datée, où il annonce l'envoi à MM. Baring de 105,000 fr., il s'élève furieusement contre un *juif* qui l'a calomnié, et termine ainsi : « un dévouement de cœur qui « a précédé la fortune de Son Altesse, et qui saurait au besoin y « survivre. »

Guisolphe (Mme), en 1869, pension de 6,000 fr.	6,000	
Guitaut (Mme de), 1857 (échange de terrains ?), 183,075 fr.		183,075

Gwynne (Mary). Le nom de cette dame se trouve déjà dans les comptes de M. Bure durant la captivité de Louis-Napoléon, 1844-1846; ses relations avec lui sont donc antérieures à cette date. Elle reçoit dès cette époque une pension de 6,000 fr., qui n'a cessé d'être payée régulièrement, au moins jusqu'en 1868. — 6,000

En 1852, mariée à un médecin qui n'a ni diplôme ni clientèle, elle demande 25,000 fr. pour l'établir. — » 25,000

Accordé. Dans une pressante lettre à M. Bure, elle appelle l'Empereur son bienfaiteur. Maintenant enceinte et réduite à la misère, elle rappelle à M. Bure (1853) les « preuves d'intérêts, » les « mar-« ques d'amitié » qu'elle lui a données « lorsqu'elle était heureuse. » Elle lui demande, *en échange*, de faire doubler sa pension de 6,000 fr. pour tout le temps que durera la préparation des examens de son mari, médecin.

En 1868, Mme Gwynne continue à demander des secours. L'Empereur, qu'on engageait à refuser, donne un à-compte de 12,500 fr. — » 12,500

H

Haussmann père obtient, par l'intermédiaire de M. Conneau, le 8 avril 1870, une somme de 3,000 fr. — » 3,000

Hautpoul (Marquise d'), veuve du général d'Hautpoul, grand référendaire.

L'Empereur lui fait écrire, le 19 août 1865, qu'elle ne sera pas négligée lors de la promulgation de la nouvelle loi sur les pensions des veuves des grands dignitaires. Le 1er mars 1866, Mme d'Hautpoul remercie de la pension de 10,000 fr. qui lui est allouée sur le Trésor public; elle espère, en outre, qu'elle ne sera pas oubliée quand paraîtra le IIe volume de la *Vie de César*.

Hecquet (Femme), veuve Colon, née Anne Bautron d'Amazy, après avoir habité Clamecy, s'est établie à Alger, où sa maison a été fermée sans rémission pour cause de chants politiques. Elle expose que son premier mari, soldat, honoré de la confiance du prince à Ham, a, depuis, travaillé à la propagande et aux élections bonapartistes. Mais en vain conservait-il avec soin *les débris d'une superbe pipe*, cadeau du prince; il n'a pu obtenir de l'Empereur 14,000 fr. pour relever son commerce. Sa veuve sollicite une avance de 15,000 fr. pour son second mari. Refus poli (1865).

Hippenmayer, serviteur dévoué, reçoit diverses sommes, entre autres 4,000 fr. le 31 janvier 1865, et 4,000 fr. encore le 17 mars. — » 8,000

Hoffe (Enfants), pension 1853, 1,200 fr. — 1,200

	PENSIONS	DONS
Hourseaux. Services en décembre 1848 et décembre 1851, 1,000 fr. (1870).	»	1,000
Howard (Miss), créée par l'Empereur comtesse de Beauregard. La Commission a déjà publié les pièces qui établissent l'énormité des avances que cette dame aurait faites au prince avant le 2 décembre.		
Elle recevait en 1853 400,000 fr. mensuels, jusqu'à acquittement d'une somme de plusieurs millions.	4,800,000	
Hubert de Burgh, chambellan honoraire. Il lui est ouvert, en 1854, sur Baring un crédit de 25,000 fr.	»	25,000

I

Isabelle de Bourbon, ex-reine d'Espagne. Ses dépenses de bouche à Pau (hôtel de France tenu par Gardères se sont élevées à 3,632 fr. du 30 septembre au 2 novembre 1868. La liste civile a obtenu quittance pour 3,000 fr. une fois payés.	»	3,000
Isabey (au château de Versailles). 1853, pension de 6,000 fr.	6,000	
Sa veuve, 3,000 fr.	3,000	

J

Jablonowski (1865). Pension de 6,000 fr. sur la cassette	6,000	
Janvry (Mme de), ancien serviteur, pension de 1,800 fr.	1,800	
Josse, premier vicaire à Fontainebleau, obtient, le 28 février 1854, une somme de 1,560 fr.	»	1,560
pour messes dites depuis 1848 tous les dimanches à la chapelle du château, demeurée sans chapelain.		
Joubert. 1858, 1,200 fr. de rentes 4 1/2 p. 0/0.	1,200	
Juniac (De) reçoit en 1858 20,000 fr.	»	20,000
en 1863-1864 5,000 fr. durant quatorze mois, en tout 90,000 fr. Peut-être s'agit-il de quelque acquisition.	»	70,000

K

Knüssy (Mme), née Laübly, « fille du menuisier Laübly, à Er-
» matingen, près la maison du docteur Dobler, a épousé un sculp-
» teur ; ils ne sont pas heureux et voudraient partir pour l'Amé-
» rique. Elle se dit fille de Sa Majesté. Une lettre a été écrite par
» elle à l'Empereur, il y a huit jours, et lui a été remise par Hip-
» penmayer. » (Note de M. Bure, sans date.)

L

Labarbe (1852). Pension, 6,000 fr.	6,000	»
Laborde (Colonel), ancien officier de l'Empire, gouverneur du Luxembourg, au moins dès 1853 ; touche, outre ses appointements, une pension annuelle de 3,000 fr.	3,000	»
Ajoutez : en 1861, janvier, 26,000 fr.	»	26,000
pour logement, 3,000 fr.	»	3,000

	PENSIONS	DONS.
pour mobilier, en avril, 14,000 fr	»	14,000
en décembre, 7,000 fr	»	7,000

Total égal : 60,000 fr.

Une pension de 2,000 fr. était en outre allouée à son petit-fils en 1853. — 2,000 / »

    Lapeyrouse (Mme). Pension de 6,000 fr. (1865) — 6,000 / »

    Lardier (Mlle). Février 1860, 40,000 fr. — » / 40,000

    Lassalle (Mlle), *de Boulogne*. Juin 1857, dot : 14,000 fr. — » / 14,000

    Latour de Périgny (Mme), ex-dame d'honneur de la reine Hortense ; par an, 2,400 fr. (1853) — 2,400 / »

Mlle de Périgny, fille de la précédente, a part aussi aux libéralités impériales.

    Latour Saint-Ybars, « homme de lettres distingué, » a reçu, le 10 juillet 1860, 2,300 fr. « pour exonérer son fils. » (Reçu signé Mocquard.) — » / 2,300

    Lebregeal (1852), appointements 1,800 fr. — 1,800 / »

    Leconte de Lisle, à partir de juillet 1864, pension de 3,600 fr. — 3,600 / »

    Lefèvre-Deumier, bibliothécaire de la présidence et plus tard de l'empereur, distributeur de secours aux gens de lettres et artistes. Ses appointements étaient de 7,000. — 7,000 / »

    M. J. Lefèvre-Deumier, auteur de poésies assez estimées, avait écrit pour le prince une brochure intitulée : *La province à Paris*, et dont trois cents exemplaires furent payés à l'Imprimerie impériale en 1852, 225 fr. — » / 225

En 1855, Mme A.-Louise Lefèvre-Deumier reçoit 5,000 francs par mois. Nous avons de cette dame six lettres de remerciment, datées de différents mois. Ces sommes sont remises par l'intermédiaire de M. Mocquard. Elles semblent être un secours à M. J. Lefèvre, toujours souffrant — » / 50,000

Après la mort de son mari « dont la dernière pensée a été pour « S. M. (1858) », Mme Lefèvre-Deumier conserve une pension, dont elle demande, en 1863, l'augmentation.

    Léon (Le comte), personnage qui devrait peut-être être rangé parmi les membres de la famille impériale. Il a toujours eu 6,000 fr. de pension. — 6,000 / »

Le 7 juillet 1853, le comte Léon, se fondant sur des décrets impériaux des 30 avril, 8 et 31 mai et 29 juin 1815, annulés par la Restauration, réclame 872,670 fr. qui lui auraient été attribués par Napoléon Ier sur les prix de vente des bois de l'État dans le département de la Moselle.

Il prétend actionner (1857) le ministre des travaux publics en payement de 500,000 fr. qui, dit-il, lui seraient dus pour études préparatoires et démarches relatives au chemin de fer du Nord.

Il devait toucher après la mort de sa mère, Mme de Luxbourg, une rente de 19,000 fr. attribuée à cette dame par Napoléon Ier lors de son mariage avec M. Augier. Déshérité par Mme de Luxbourg, il intente un procès aux légataires (1868), ne cessant d'implorer l'aide et la bienveillance de l'Empereur. Le 10 août 1869, il demande 10,000 fr. ; à diverses dates, 5,000 fr., 7,000 fr. qu'il

PENSIONS. DONS.

doit et ne peut rembourser. Il sollicitait vainement, vers la même époque, la concession des boulevards des Amandiers et Parmentier, et celle du chemin de Tours à Montluçon.

On se contente de payer de temps en temps ses dettes, notamment en juin 1860, 7,202 fr. 50 c. . . . . » 7,202
et, en janvier-juillet 1864, 60,000. . . . . » 60,000

De son côté, la comtesse Léon écrit qu'elle a un besoin urgent de 5 à 6,000 fr. Elle obtient la pension de ses fils à Sainte-Barbe. Elle demande aussi la faveur d'une commande pour une mine belge où elle a des intérêts. Nous ne savons trop ce qu'il est advenu de ces réclamations sans fin et sans mesure ; aussi n'inscrivons-nous en marge que les sommes dont nous possédons les reçus.

Léon (Charles) et Léon (Gaston), élèves ; 1870, prix de leur pension 1,100 fr. 1,100
Leras (1870), 4,000 fr. . . . . » 4,000
Levie (Mme Letizia, née Ramolino), cousine germaine et filleule de Madame Mère, a eu quatorze enfants. Poursuivie pour une dette de 40,000 francs, et encouragée par un acte de munificence de l'Empereur envers ses frères, lors du voyage de leurs Majestés en Corse, elle sollicite des secours, à partir d'avril 1862. Elle obtient en 1863 une pension de 1,200 fr. 1,200
Levillain, employé à la caisse de M. Bure, part avec son camarade Cardon pour la Californie (San-Francisco), à bord du *Ferrières*, navire appartenant à M. de Rothschild. Le président paye leur voyage (1,400 fr.). 1850. . . . . » 1,400
Lombard, nom qui revient souvent dans les listes des subventions, a reçu, le 12 novembre 1853 (fonds de l'intérieur), 20,000 fr. . . . . » 20,000
Lorette (Mme), « veuve *d'un homme mort en volant.* » Pension de 600 fr. 600
Louis-Napoléon. (Même réserve que pour le comte Léon.) Les comptes de M. Bure, 1844-1848, nous présentent souvent, dans les années 1845-1846, cette indication : mois de nourrice de Louis, 32 fr. Divers achats de linge ou de cadeaux pour la nourrice sont aussi mentionnés.

Le 29 avril 1870, un jeune homme qui signe Louis-Napoléon arrive d'Amérique à Paris, et le lendemain écrit à l'Empereur une lettre dont nous détachons les renseignements et les extraits suivants :

Laissé dans l'obscurité et dans l'ignorance de son origine, le jeune Louis s'engagea sans doute et demeura au Mexique, pour y végéter de longues années ; il se maria à Puebla, où la mère de sa femme lui aurait administré du poison.

Il prétend avoir vengé la mort « d'un de ses parents, le duc de « Reichstadt, » en la personne de Maximilien, archiduc d'Autriche. « Il ne nous reste plus, dit-il, que la mort de notre oncle Napo- « léon Ier à venger ! »

Enfin, échappé à la mort « au Mexique et ailleurs, » il est arrivé par son travail à se mettre en mesure de revoir la France et « le

23

père chéri, » qui lui *aura* pardonné. Il revient plein d'ardeur pour le travail.

« Nous aurons beaucoup à causer. Tous mes souvenirs d'en-
« fance, je les ai encore bien présents à la mémoire.

« ... Cher père, je vous en supplie, rendez-moi à moi-même.
« Recevez-moi dans vos bras paternels, que j'aie au moins ce
« bonheur de vous voir, de vivre à vos côtés, comme un homme
« honorable. Si vous m'aimez comme je vous aime, toute froideur
« sera rompue, je désire vous faire oublier le passé et qu'on dise
« de votre Louis : Il fait l'honneur de son père et soutient digne-
« ment son nom.

« ... Je me suis dirigé hier à la maison du notaire Bournet de
« Véron, rue Saint-Honoré, n° 83 ; j'ai vu affichée la vente d'une
« maison à Rueil au prix de 140,000 fr. Je puis y vivre, jusqu'à
« ce que je vous aie prouvé mon aptitude et mon sincère repentir.
« Je crois que vous m'accorderez bien ceci, je suis si content de
« me voir enfin rentrer en grâce...

« Je vais aujourd'hui me retirer à Rueil, voir Édouard Bossu,
« mari d'Alexandrine Vergeot, ma sœur adoptive, à moins que
« vous ne disposiez autrement. Cependant j'ai à remercier Dieu et
« faire une prière sur les tombeaux de mes aïeux ; puisque je suis
« arrivé, c'est le moins que je puisse faire, et c'est mon devoir,
« comme chrétien et fils respectueux. — Louis-Napoléon. »

M

Mancel (Pierre). « Je prie M. Bure de remettre à M. Mancel la « somme de 1,500 fr. Louis-Napoléon Bonaparte. » 4 avril 1849. Suit le reçu de M. P. Mancel . . . . » 1,500

Mangin (Colonel) (1869-1870), 225,000 fr. . . . . . » 225,000

Mantoue (Mme de Gonzague-) a dû engager ses diamants en garantie d'une dette de son mari; elle sollicite un secours de 2,000 ou 3,000 fr. En 1854, elle obtient 1,000 fr. On trouve cette note de la main de l'Empereur : « A Conneau. Lui envoyer 1,000 fr. » . . . . » 1,000

Marco Saint-Hilaire. 1853, pension 2,000 fr. 2,000

Marolle (Mlle de). 1869, pension de 6,000 fr. 6,000

Marpon (de) propose, sur renseignements de M. Roger-Dubos, consul de France au Chihuahua, et du cousin de celui-ci, M. Delille, l'acquisition de 550 lieues carrées, représentant 824,468 hectares, moyennant moins de 460,000 piastres, environ 2,300,000 fr. L'ingénieur, M. Laur, qui a fait les évaluations avec la compétence et le soin nécessaires, est à Paris. Il s'agit de terrains fertiles, et surtout de mines autrefois exploitées avec le plus grand avantage. Secret et rapidité. (La lettre est sans date.)

Marrast mère (Mme) a reçu jusqu'à sa mort une pension de 2,400 fr. 2,400

Marrast (Achille). En 1855, pension de 6,000 fr. En 1856. 6,000
M. Ach. Marrast, qui vient de perdre sa mère et qui n'a pas « de

	PENSIONS.	DONS.

« quoi la faire enterrer, » demande un supplément de secours et reçoit, en mars 1856, 5,000 fr., le 9 janvier 1857, 2,000 fr. . .   »   7,000

Mme Marrast, en 1865, pension de 4,000 fr.   4,000

Mayer, 1,000 fr. pour travail commandé. (Sans date) . . . .   »   1,000

Diverses petites sommes procurées par le général de Montholon pour travaux d'impression ou services électoraux (1848).

Mercier, capitaine en retraite, 1870, 1,000 fr. . . . . .   »   1,000

Mercy-Argenteau (De) occupe gratuitement, en 1858, un logement de 12,560 fr. par an dans une des maisons de l'Empereur, rue d'Albe ou François 1er. Ce détail nous est fourni par un compte de M. de Béville (15 octobre 1858)   12,560

M. de Mercy-Argenteau, en 1869, achète d'un M. le duc (Persigny ?) un hôtel, rue de l'Élysée, avec tapisseries et tableaux, pour une somme de 300,000 fr.

a perte du vendeur est, paraît-il, de plus de 100,000 fr., et l'Empereur devrait *l'indemniser*, car cette vente a eu pour effet de couper court à certaines réclamations de la Ville, relatives aux *caves des petits hôtels*. (Me Lavoignet, notaire.)

Mikowska (Comtesse), née de Rovigo. Un don de 8,000 fr. (1857) . . . .   »   8,000

Miller, capitaliste anglais, demande, pour un prêt de 10,000 liv. (250,000 fr.) à une *illustrious person in France*, une sûreté plus solide que la garantie d'un M. Poictevin, qu'on proposait comme endosseur des traites (fin 1849).

Mirès, propriétaire du *Journal des Chemins de fer*, a dépensé plus de 400,000 fr. dans l'industrie; il invoque la protection de Son Altesse (1851-1852).

Monselet (Ch.) 17 mars 1854, reçoit 500 fr. par l'intermédiaire de M. Albert de Dalmas, sous-chef de cabinet . . . .   »   500

Montholon (Comte de), l'un des plus anciens et des plus aventureux serviteurs de Louis-Napoléon. Nous avons vu, à l'article *Chanoine aîné*, qu'en 1839-40, à l'époque de Boulogne, il avait fait pour 30,000 fr. de traites garanties par le prince. En 1846, après son évasion de Ham, le prince donne aussi sa garantie aux éditeurs Paulin et Ch. Mévil pour la publication du récit de la captivité de l'Empereur à Sainte-Hélène par M. de Montholon. En 1848 et 1849, le général est un des principaux agents électoraux de Louis-Napoléon, il dirige l'armée des afficheurs et des colporteurs, et les paye avec l'argent des comités, avec celui qu'il peut se procurer, et surtout avec son crédit, qu'il exploite jusqu'à épuisement. Nous possédons des cinquantaines de traites signées Montholon et des billets à ordre, toujours acquittés, parfois non sans peine, par la caisse de M. Bure. La pénurie relative du prince, en 1848, ne peut être mieux établie que par des réclamations nombreuses d'afficheurs et d'ouvriers mal payés.

En 1852 (avril), M. de Montholon reçoit 50,000 fr. . . . .   »   50,000

De plus, il jouit d'une pension de 6,000 fr.   6,000

Montholon (Mme de), femme du précédent, reçoit aussi une pension de 6,000 fr.   6,000

	PENSIONS.	DONS.

Montijo (comtesse). Il lui est fourni, en 1861 (janvier), une traite sur Madrid de 600,000 fr. . . . . » 600,000

Mornay (Comtesse de) reçoit, en 1857, un prêt de 50,000 fr. . » 50,000

Morny (Comte, puis duc de). Nous ne trouvons guère de traces de M. de Morny dans les papiers des Tuileries ; on ne pourrait pas affirmer que les quelques centaines de mille francs qui lui sont de temps à autre assignées ne soient pas uniquement le prix d'opérations sur les terrains de l'hôtel d'Albe. Une lettre de M. de la Pierre, sur des acquisitions possibles au Mexique, lui est adressée. (Voir ce nom.)

Morris (Général) touche en 1863 et 1864 une somme de 64,000 francs à raison de 8,000 fr. par trimestre. . . . . » 64,000

Moskowa (Edgard Ney, devenu en 1857 prince de la). Comme organisateur de la vénerie, il a manié régulièrement, en 1852 et années suivantes, environ 200,000 fr. par an. Ses appointements d'aide de camp étaient de 12,000 fr. Nous avons de lui une lettre du 25 février 1852, où il demande 300 fr. et pense bien que M. Bure ne sait pas plus que lui où il en est de son traitement. Vers 1862, ses créanciers devinrent exigeants, et l'Empereur lui paya ses dettes, à raison de 22,000 fr. par mois, d'avril 1862 à octobre 1863. Total 400,000 fr. 12,000 400,000

Muel-Léon, chef d'escadron au 1ᵉʳ spahis, à Médéah, 1870, 6,000 fr. . . . . » 6,000

N

Narvaez, duc de Valence, prête en 1851 une somme de 500,000 francs . . . . » 500,000

O

Ornano (Marquis Cuneo d'). Nous trouvons, à ce nom, la lettre suivante, qui vaut la peine d'être reproduite :

« Sire, je supplie Votre Majesté d'excuser ma franchise et ma
« hardiesse. *Je nourrissais l'espérance d'une position à Paris.* Les
« bonnes dispositions exprimées par Votre Majesté en ma faveur
« m'en avaient presque donné la certitude. J'ai éprouvé depuis de
« cruelles déceptions. Il ne me reste plus qu'à lui faire savoir que
« je ne suis pas si étranger à la famille impériale qu'on s'est plu à
« le manifester.

« Je faisais partie, avec mon père, de la société particulière de
« M. le comte de Saint-Leu pendant son long séjour à Rome. Mon
« oncle le prélat, surtout, avait des relations d'amitié avec lui,
« comme le constatent les lettres du prince que je conserve près
« de moi. M. le général Armandi le sait parfaitement. J'ai suivi
« avec le prince Napoléon, frère de Votre Majesté, le cours de
« physique expérimentale à la Sapienza de Rome. J'ai failli être
« emprisonné, en 1840, lors du débarquement de Boulogne, me
« trouvant alors à Paris, comme Mᵐᵉ Salvage de Faverolles peut
« le confirmer. J'ai été employé par Mᵐᵉ la princesse Pauline

« Borghèse dans ses affaires litigieuses avec son mari ; et mon
« oncle, qu'elle appelait son ami, régla avec succès ces différends
« et la fit rentrer dans ses droits d'épouse et de sœur de l'Empe-
« reur Napoléon. J'ai une liasse de lettres de cette malheureuse
« princesse à cet égard. La reine Caroline, elle-même, s'était fait
« guider par mon oncle dans des questions d'intérêt avec le car-
« dinal Fesch, comme les lettres de cette princesse en font foi. Le
« prince et la princesse de Canino, Lucien et Alexandrine Bona-
« parte, étaient si intimement liés avec mon oncle, qu'ils appe-
« laient leur parent, qu'ils m'offrirent la main de leur fille Jeanne
« que des raisons politiques, la position de mon père et la loi du
« 12 janvier 1816 me forcèrent, malgré moi, à refuser : ce qui
« est attesté par une correspondance suivie. J'ai été moi-même
« en rapport avec M. le comte de Survilliers, dont j'ai des lettres
« qu'il m'adressa à l'égard de la cathédrale d'Ajaccio.

« Je vais donc quitter Paris et la France avec le regret de ne
« pouvoir servir Votre Majesté. Mes vœux la suivront du moins,
« dans tout ce qu'elle fera de grand pour le bonheur de la patrie.

« Je suis avec le plus profond respect, Sire, de Votre Majesté,
« le très-humble et très-fidèle serviteur et sujet.

« Marquis d'Ornano, rue des Beaux-Arts, 10.
« Paris, 19 août 1863. »

Nous ne savons si l'auteur de cette lettre est le même que M. Cuneo d'Ornano président du tribunal d'Ajaccio, qui légalisait en 1852 la signature de Mme Marianne Bonaparte.

Ornano (Napoléon d'), déjà lié avec le prince en 1846 et 1847, en Angleterre.

Il reçoit en 1853, sur les fonds de l'intérieur, 27,850 fr. ; le 11 janvier 1854, 15,000 fr. ; en février-mai, même année, 4,000 francs ; plus tard 6,000 ; total, 52,850 fr. pour payer des dettes criardes. . . . . » 52,850

Ajoutez un traitement de 6,000 fr. 6,000

Un M. d'Ornano meurt en 1865 : c'est le même sans doute, et l'Empereur solde un certain nombre de mémoires insignifiants, qui ont passé sous nos yeux.

Orsay (Le comte d'), lié avec Louis-Napoléon en Angleterre, reçut sous la présidence une pension de 24,000 fr. . . . 24,000

Après sa mort, pour liquider ses dettes en France, que M. Laf-
fitte (août 1852) évalue à 30,484 fr. . . . . » 30,484
sa pension est affectée durant un an à ses créanciers.

Orsi, qualifié « ami du p[r]ince » dans une lettre de M. Bouffet-Montauban (1861), était en eff[et] lié avant 1848 avec le prétendant. Il était, avec son associé, M. Armani, à la tête d'une entreprise industrielle (*metallic lava*) et financière. Leur maison recevait, dès cette époque, certains fonds déposés par le prince et destinés à divers payements, par exemple aux pensions Gwynne, Brunetière, Gillemand, Wezyk.

Le 14 mars 1851, M. Orsi a besoin de 5,000 fr. . . . . » 5,000
et les demande à M. Bure, pour un mois environ. Il est, au moins

	PENSIONS.	DONS.

dès cette époque, représentant à Paris de la maison Orsi et Armani.

En 1852, c'est par ses mains que passent les remboursements Rapallo (250,000 fr.).

En 1854, il lui est alloué, sur les fonds de l'intérieur, 50,000 fr. 50,000

En 1856 et 1857, il touche 5,000 fr. par mois; depuis 1858, régulièrement, par mois, 1,000 fr.; ce qui donne à penser qu'il était pour le prince autre chose et plus qu'un banquier et qu'un dépositaire. 12,000 60,000

Parmi les entreprises où M. Orsi a tenté de mettre à profit la reconnaissance impériale, nous pouvons citer l'ouverture projetée de la rue de l'Impératrice. Nous avons, du 16 novembre 1863, une lettre où il demande à M. Mocquard si, étant donné un capital assuré « de 100 à 120 millions, avec un conseil d'administration et « des demandeurs en concession offrant toute garantie, M. le pré- « fet serait disposé à nous écouter pour le percement de la rue de « l'Impératrice. » Dans un résumé annexé, nous lisons : « M. Moc- « quard demande à l'Empereur si Sa Majesté l'autorise à inter- « roger à ce sujet M. Haussmann; » au-dessous, au crayon : « Oui, l'Empereur consent. » En tête : « Le 24 novembre 1863, « envoi à M. Orsi d'une lettre pour M. Haussmann; classement « particulier. »

P

Pallavicino (Marquis) prête à Louis-Napoléon, en 1848, avec hypothèque sur Civita-Nova une somme de 324,000 fr., remboursée, en 1852, avec intérêts (Voir Galliera). . . . . . . » 324,000

Patté (Général). Dot de sa fille, 24,000 fr. (1) . . . . » 24,000

Peloux (Mme), à partir d'août 1864, pension de 1,000 fr. mensuels. 12,000

Pereire. Cette maison semble avoir de tout temps entretenu des relations financières avec l'empereur. Nous en trouvons, à partir de 1860, des traces nombreuses et importantes. Il y a un compte Pereire auquel sont portées, en 1860, les sommes suivantes, avancées à l'Empereur pour l'acquisition des terrains des rues d'Albe et de l'Élysée, et de l'hôtel Wittgenstein : 120,000 fr., 136,029 fr., 145,000 fr., 167,500 fr., 155,000 fr., 250,000 fr., 128,223 fr.; en tout, 1,101,852 fr. . . . . » 1,101,852

En juillet 1861, M. Pereire reçoit, à valoir sur sa créance, 285,478 fr. 55. . . . . » 285,478.55

En 1861-1862, M. Pereire prête au duc d'Albe 500,000 fr. (remboursés par qui?). . . . . » 500,000

Il avance, en outre, pour les constructions, 1,500,000 fr. dont on lui paye les intérêts. . . . . » 1,500,000

En 1863, il verse le solde du prix de la vente des hôtels, rue de l'Élysée, 442,092 fr. 25. . . . . » 442,092.25

(1) Mme Ch. Delloye, fille aînée du général Patté, a écrit à la commission que cette mention s'applique à sa sœur, mariée à M. Hesling, lieutenant aux Tirailleurs indigènes.

— 339 —

PENSIONS. DONS.

On lui paye des intérêts, qui s'élèvent, par semestre, à 35,000 fr.

Persigny (Fialin, comte, puis duc de). Ses menées et son rôle politiques sont trop connus pour qu'on insiste sur la part qu'il prit aux élections de 1848.

Le 28 août 1849, écrivant de Berlin à M. Bure pour le remercier d'un effet de 2,500 fr., il termine ainsi sa lettre : « Gardez bien la « clef de votre coffre-fort, car vous en aurez bientôt besoin. ». . » 2,500

En 1853, le livre de chèques de l'Empereur porte cette indication à la souche : « Persigny 60,000 fr. dernier payement. ». . . . » 60,000

Pendant son ministère de 1857, il avait promis, sur les *fonds politiques de l'intérieur*, 300,000 fr. à divers personnages, dont était M. le marquis de Gricourt.

En novembre et décembre 1857, dans un compte Mocquard (notaire), on trouve, au nom de M. de Persigny, deux sommes de 40,000 fr. et en 1869-1870. . . . . » 80,000
sept payements de 40,000 fr. et un de 20,000 fr., en tout 300,000 fr. . . . . » 300,000

Nous trouvons dans les papiers de M. Bure une note au crayon, qui laisse à penser. Elle est ainsi conçue :

« Proposition au secret à Persigny de cent mille francs, pour
« l'autorisation du prince pour l'établissement de docks au che-
« min de fer de Rouen. »

Petitpierre, ancien secrétaire du prince Louis en Suisse. A partir de mars 1852, pension de 6,000 fr. 6,000

Peupin, employé, sous Conneau, aux dons et secours, puis directeur-adjoint, reçoit, outre son traitement, 3,000 fr. pour indemnité de logement (1852). 3,000

Pharaon (Florian) reçoit 2,000 fr. par mois depuis 1867. . . 24,000
L'Empereur lui donne, en trois payements, pour son journal *L'Étincelle*, une somme de 150,000 fr. . . . . . . » 150,000

Pieau, maire d'Erdeven (Morbihan), sollicite de l'Empereur (1869) le remboursement de 200,000 fr. que lui a coûté l'exploitation des huîtrières concédées à Mme Baciocchi.

Piemontesi, ancien maire de Montmartre (1866), 7,000 fr. (dépenses électorales en 1848). 2. 7,000

Pierre (Vicomte de la), attaché au corps expéditionnaire, écrit de Mexico, le 10 mars 1865, à M. de Morny, pour lui proposer ainsi qu'à l'Empereur, l'aquisition *des mines d'or et d'argent de Guanajato*. A sa lettre est jointe une note à l'appui, qui doit être de M. Laur, ingénieur, et qui mérite toute confiance.

« Votre Excellence, dit M. de la Serre, n'ignore pas qu'il a été
« question autrefois pour l'Empereur d'acquérir *des mines en Cali-*
« *fornie*, notamment dans le district de Mariposa. L'affaire actuelle
« conviendrait mieux à Sa Majesté, ce me semble, d'abord par la
« discrétion, le secret se trouvant renfermé entre trois personnes,
« chose qui n'a pas eu lieu pour les acquisitions de Californie
« dont on a parlé, même en France et publiquement... Le capital,
« divisé en douze cents actions au porteur de 5,000 piastres chacune,

PENSIONS. DONS.

« suffirait à faire disparaître la personnalité de Sa Majesté et celle
« de Votre Excellence. »

La production annuelle étant de 4,959,727 piastres d'argent et
de 453,041 piastres d'or, le bénéfice net du fabricant, de 25 p. %
(1,353,192 piastres ou 6,765,960 fr.); le capital social (30,000,000)
et le fonds de roulement (3,000,000, dont 1,500,000 immédiatement
nécessaires) pourraient être remboursés en cinq ans, à raison de
6,000,000 annuels.

Il est plus que probable que la mort du prince Maximilien et celle
du duc de Morny firent avorter cette fructueuse opération.

Pierson (Mlle), 1,200 fr. par an, en attendant un bureau de tabac
(1853) 1,200

Pinson (François) sollicite vainement l'intervention de Sa Majesté
« à l'effet d'être remboursé de 6,800 fr. qui lui seraient dus
« par M. Aug. Hyrvoix. »

Poggi (1868, dons et secours), au moins 10,000 fr. . . . . » 10,000

Poggioli (Sylvestre), très-ancien ami, fondé de pouvoir du prince
pour l'emprunt Pallavicino (1848), a été pourvu, à une époque in-
déterminée (1852), d'une recette générale, en Corse sans doute,
puisque le docteur Conneau lui demande s'il en préfère une en
France. Il jouit sous l'Empire d'une pension de 6,000 fr., dont le
tiers est conservé à sa veuve (1859) par l'entremise de
M. Conneau 6,000

Nous avons de M. Poggioli une lettre du 14 août 1852, où il se
plaint à M. Bure que le président lui ait fait répondre par un aide
de camp, et rappelle qu'à Ham on lui écrivait quelquefois deux fois
par jour.

Ponsard (F.) a « reçu de l'Empereur, par les mains de M. Moc-
« quard, la somme de 25,000 fr. » (2 avril 1858. Reçu signé.). . » 25,000

Puységur (Mme de), née Saint-Arnaud ; dot en trois termes,
300,000 fr. Nous avons le reçu de deux de ces termes (juillet-no-
vembre, sans date). . . . . » 300,000

Q

Querelles (Comte de) touche, aux dons et secours, de 1852 à
1868, 4,400 fr. . . . . »

Querelles (Mlle Hermine), sœur du comte de Querelles, complice
de Strasbourg; pension, 2,400 fr. 2,400

R

Rapallo. Ce nom figure, avec ceux des industriels banquiers
Orsi et Armani, sur des documents antérieurs à la présidence.
M. Rapallo, en 1848 ou 1849, a prêté au prince une somme de
230,000 fr. . . . . » 230,000

Le 30 mars 1850, il demande 4,500 fr. arriérés et 1,000 fr.
par mois, ce qui ne fait même pas l'intérêt à 5 %. En octobre
1850, embarrassé par suite d'engagements pris à l'occasion du dé-

PENSIONS. DONS.

part de son fils pour Calcutta, il fait demander par M. Orsi une somme de 7,500 fr. imputable sur le capital et les intérêts de sa créance. On lui doit d'ailleurs 10,000 fr. d'arriéré.

Enfin, avant la fin de 1850, il a été remboursé de 25.000 fr., puis, en 1852, de 210,000 fr. Reste dû, à cette époque, 15,000 fr. Le 14 avril 1856, Rapallo se déclare satisfait de ses avances, et s'en remet à la générosité de l'Empereur pour une pension. Dans la même lettre, il annonce la remise, à un tiers désigné, de sa correspondance avec le prince Louis (1).

Regnault de Saint-Jean d'Angély (Comtesse de), pension 6,000 fr 6,000   »

Reinert, agent électoral bonapartiste, brasseur, se plaint, dans des lettres burlesques, que ses opinions lui aient fait perdre sa clientèle. L'Empereur, de sa main, lui alloue 50,000 fr. sur sa cassette (février 1854) . . . . »   50,000

Richer, reçoit en 1867, 2,750 fr. par mois . . . . . . »   33,000
Rolin (Le général) reçoit, en août 1854, 36,000 fr. . . . »   36,000
Rollet, ancien officier, son cautionnement, 7,900 fr . . »   7,900
Romey (Charles), encouragement littéraire (1852), 500 fr. »   500

Romieu. Une note au crayon trouvée dans les papiers de M. Buré laisse entrevoir le parti que les familles du prince savaient tirer de sa complaisance. Même en ne leur donnant pas d'argent, le maître savait leur en faire gagner. Voici cette note :

« Palais de cristal.
« Véron. . . . . . .
« Drouville. . . . . } Promesse à M. Romieu, s'il obtient
« Callou. . . . . . .} l'adoption du plan Itorf (Hittorf),
« Romieu . . . . . .} 100,000 fr. actions. »
« Itorf . . . .

Rother, Allemand ou Suisse, demande quelque argent pour son terme et pour payer des dettes contractées durant la maladie de sa femme. Il signe « le déjà reconnaissant. » 27 février 1866, 1,250 fr.; 27 avril, 1,000 fr. . . . . »   2,250

Rothschild. Les rapports financiers du prince et de l'Empereur avec la maison Rothschild ont été constants, au moins depuis 1848. Une série de comptes courants, souvent assez chargés, ne nous révèle rien de très-particulier. Nous y relèverons en 1848, 1849 et 1850, trois déficits de 50,000 fr., 25,000 et 64,712 fr.

(1) Monsieur,

Pour prouver à Sa Majesté l'Empereur mon dévouement à sa personne ainsi qu'à sa cause, depuis que j'ai eu l'honneur de le connaître, je désire finir comme j'ai commencé.

Moi Ernest Rapallo, déclare avoir reçu, de Sa Majesté l'Empereur, toute satisfaction pour mes avances, présent, passé et avenir, et laisse à sa générosité de faire pour moi ce qu'elle croira pour rendre le reste de mes jours heureux.

En outre je m'engage à remettre entre vos mains toute la correspondance que j'ai eue avec Sa Majesté.

J'ai l'honneur d'être, Monsieur, votre très-humble et très-obéissant serviteur.

E.-RAPALLO.

Paris, 14 avril 1856.

80 c. La dépense totale pour 1850 s'est élevée à 199,712 fr. 80 c.; le dépôt était de 135,000 fr.

En 1852 (septembre), la maison Rothschild prête 500,000 fr., remboursables 250,000 fr. fin courant, 250,000 fr. fin prochain.

En 1860, la maison Rothschild fournit (à titre d'avance ou de prêt ?) 600,000 fr. destinés sans doute à un achat de 23,400 fr. de rente 3 p. 0/0 (600,530 fr. 45 c.)

En 1861, nouvelle avance de 1,024,212 fr.

La même année, traite fournie sur des banquiers de Madrid (envoyée sans doute à Mme de Montijo), 689,739 fr.

Une vente de rentes, qui produit 1,125,300 fr. semble destinée à rembourser la maison Rothschild. Reste en compte au crédit : 424,212 fr. 05 c.

Sept lettres du baron J. de Rothschild à M. Bure (février-juillet 1869) sont relatives à l'achat pour l'Empereur de 100,000 fr. de rentes sur l'emprunt 1868, et à une somme de 500,000 fr. portée, suivant les instructions de M. Bure, sur le compte de celui-ci.

Roucy (De), à Compiègne, 1868-70, a reçu une somme de 6,000 fr.	»	6,000

S

Sacaley, sous-chef du cabinet de l'Empereur, reçoit, outre ses appointements, en 1869, une somme de 24,000 fr.	»	24,000
Saint-Amand (D^{elle} Adèle de), en 1850, pension de 2,000 fr.	2,000	
Saint-Arnaud (La maréchale), pension de 20,000 fr.	20,000	
Saint-Cricq, pour sa publication (?), 1,600 fr. (1857).	»	1,600
Saint-Félix (Jules de), gratification en juin 1852, 500 fr.	»	500
Saint-Georges (De), 1865. Pension de 6,000 fr. qui lui est servie à Bruxelles.	6,000	
En décembre 1860, M. de Saint-Georges a reçu 25,000 fr.	»	25,000
Saint-Simon (Marquise de), de 1866 à 1869, 9,000 fr. aux dons et secours.	»	9,000
Sandon (Léon), pensionné après sa sortie de Charenton, a reçu de janvier à août 1870, par les mains du docteur Conneau, 4,000 fr.	»	4,000
Santini, gardien du tombeau de l'Empereur, reçoit sur les fonds de l'intérieur un traitement de 3,000 fr.	3,000	
Sari de Saint-Georges (Mme), 1853-1854, 12,000 fr. sur les fonds de l'intérieur.	»	12,000
Sari (Napoléon) sollicite sans résultat, en 1869, l'emploi d'inspecteur général des établissements de bienfaisance.		
Sarrans, septembre 1862, 3,000 fr.	»	3,000
Saurin (Général). 1864, par mois, 3,000 fr.	»	36,000
En 1865, 5,000 fr. par mois	»	60,000
Schaller (De), colonel, complice de Strasbourg, est fréquemment secouru. A partir de janvier 1859, il jouit d'une pension de 12,000 fr.	12,000	

	PENSIONS.	DONS.
En 1862, il avait déjà, sans compter son traitement, reçu par sommes annuelles de 20, 25, 15,000 fr., une allocation de 120,000 francs sur la cassette.	»	120,000
En 1863, une nouvelle somme de 50,000 fr.	»	50,000
est mise à sa disposition; en 1864, c'est encore 28,500 fr. . .	»	28,500

M. de Schaller avait éprouvé de grands malheurs vers 1865. Sa femme, dans une maison de santé, lui coûtait 450 fr. par mois, au moment même où des spéculations malheureuses, entreprises pour sauver son gendre, M. Forel, industriel dans les Vosges, l'avaient mis aux abois; il aurait voulu, outre 40,000 fr. qui lui furent accordés. . . . . » 40,000

le payement mensuel de la pension de sa femme. Sa fille, Mme Marie Forel sollicitait pour lui énergiquement, et M. Conti se chargeait d'aiguillonner la reconnaissance du maître (Lettres de novembre 1865.)

Faut-il confondre avec la libéralité précédente celle qu'obtient, à un autre titre, ce semble, Mme Marie Forel dans cette même année 1865? Cette dame demande à l'Empereur 50,000 fr. ou au moins 40,000 fr. que son père doit encore sur sa dot à M. Forel. On lui donne les 40,000 fr. et elle sollicite encore les 10,000 autres.

En somme, la famille de Schaller a reçu au moins, de 1857 à 1865, 240,000 fr. sans compter la pension.

	PENSIONS.	DONS.
Schuyt de Castricum (1850), ancien écuyer du roi Louis, pension 1,200 fr.	1,200	
Sibuet (Baron), a reçu en 1870 5,000 fr.	»	5,000
Shepard (comptes Mocquard) touche, de juillet à octobre 1867, 100,000 fr. sans doute pour l'affaire des maisons ouvrières de Vincennes.	»	100,000
Smith (G. S.) reçoit de l'Empereur, par MM. Baring, 67,900 fr.	»	67,900
Solaro (Mme la comtesse de), dame d'honneur honoraire, pension 2,400 fr.	2,400	
Soltykoff, pour solde (acquisition de terrains), 205,000 fr. en juillet 1861.	»	205,000
Stadler (Eug. de), homme de lettres, 21 janvier 1868, a reçu 6,000 fr. de M. Pietri (Franceschini).	»	6,000
Ailleurs, 2,000 fr. pour un travail commandé par M. de Persigny.	»	2,000
Strode touche, à titre inconnu, une somme totale de 900,000 fr. par 50,000 fr. mensuels, échelonnés sur le second semestre des années 1862-1863-1864.	»	900,000
Siapuy (père), blessé le 2 décembre, pension de 2,000 fr. . .	2,000	
Sylvestre (Théophile), depuis 1867, 12,000 fr. par an sur la cassette.	12,000	

T

T. (Mme?) Nous trouvons allouées à cette dame inconnue les sommes de 90,000, 30,000 et 80,000 fr. toutes pour l'année 1857.

	PENSIONS.	DONS.

La mention *pour solde* montre qu'il s'agissait d'un payement convenuet une fois fait de 200,000 fr. . . . . » 200,000

Tarente (Duc de), en 1869, reçoit par 2,000 fr. mensuels une somme de 24,000 fr. . . . . » 24,000

Tascher, famille nombreuse alliée aux Beauharnais, et, par suite, aux descendants de la reine Hortense.

Le comte Tascher de la Pagerie, parent et aide de camp d'Eugène, vice-roi d'Italie. Un décret du 21 juin 1852 lui alloue une pension de 6,000 fr. 6,000

Est-ce lui qui, dans une note autographe de l'Empereur, au crayon, devient le duc Tascher?

Tascher (Ch.), chef d'escadron, sollicite, le 10 février 1868, une somme de 1850 fr. pour payer une dette. . . . . . . » 1,850
Il l'obtient.

Tascher, à la Martinique, fils du cousin germain de l'impératrice Joséphine, jouissait d'une pension de 2,400 fr. Il est mort avant 1866. 2,400

Tascher (Théobald), frère du précédent, venu des colonies sans ressources, en 1858, sollicite pour lui la pension de son aîné. Il demande en vain que l'allocation soit élevée à 3,000 fr. Il ne semble pas avoir obtenu non plus la perception d'un sieur Ohier, décédé, ni un secours de 10,000 fr. qu'il demandait pour payer ses dettes. Nous ne savons s'il a été plus heureux pour un emploi de sous-lieutenant dans la légion étrangère.

Mme Tascher, parente de l'Empereur, pension de 600 fr. (21 juillet 1853). 600

Mme la comtesse Henri Tascher de la Pagerie, pension de 600 francs (29 octobre 1853). 600

Tascher de la Pagerie (Henri), pension de 1,200 fr. (28 février 1854). 1,200

Desvergers de Sannois, de la famille Tascher de la Pagerie, 6,000 fr. (28 février 1854). 6,000

Mlle Clémence Tascher de la Pagerie, 1,200 fr. (même date). . 1,200

Mme Barillon, née Tascher de la Pagerie, 1,200 fr. (même date). 1,200

Tascher de la Pagerie (Hortense), 1,200 fr. (7 avril 1855). . 1,200

C'est donc environ 25,000 fr. par an que nous coûtait la famille Tascher.

Temblaire, sous-préfet de Mostaganem, sous la présidence; correspond avec M. Bure, lui dénonce le régisseur de sa concession, le nommé Brasseur, et lui parle en faveur d'un agent nommé Lelorrain. Il reçoit, très-certainement, des secours ou une pension régulière (2,000 fr. ?). . . . . 2,000 »

M. Temblaire, après avoir refusé la préfecture de Constantine, pour raison de santé, fut nommé par l'empereur, en 1852, inspecteur général de la librairie et de l'imprimerie; non admis dans ces fonctions par M. de Persigny, et nommé simplement inspecteur honoraire, il redemande en 1863 la position qui lui avait été promise; il sollicite en 1868 la croix d'officier de la légion d'honneur; che-

| | PENSIONS. | DONS. |

valier depuis seize ans, il est, dit-il, le seul membre du *comité Piat* qui ne soit pas encore officier.

En 1865, M. Temblaire avait reçu 2,500 fr. qu'il restait devoir à l'imprimerie Paul Dupont pour la publication des œuvres de l'empereur. . . . . » . . . 2,500

Son fils, M. Napoléon Temblaire, filleul de Napoléon III, attaché depuis sept ans au ministère de l'intérieur, demande une place d'inspecteur adjoint aux prisons ou à l'assistance (1862-1863) La recommandation de l'Empereur semble avoir été longtemps éludée par la mauvaise volonté de MM. de Persigny et Boudet.

Ternano. Nous trouvons sous cette signature la lettre suivante, qui ne nous paraît pas sans intérêt :

« SIRE,

« En ma qualité de *pensionné* de la cassette de l'Empereur et
« de membre d'une famille dont le dévouement a été éprouvé en
« 1792 et 1815, je crois de mon devoir de faire connaître à Votre
« Majesté ce qui se passe dans ce moment à Ajaccio.
» Des hommes, qui ne sont pas les amis des Bonaparte, ont fait
« croire au prince Pierre, votre cousin, qu'il n'avait qu'à concourir
« pour être nommé député de la Corse. Il les a écoutés et s'est
« mis sur les rangs... Cette manœuvre n'a d'autre but que de faire
« subir un échec au prince Pierre, échec que les malintentionnés
« croient pouvoir atteindre le nom de Bonaparte, qui ne peut être
« atteint que par le bon Dieu. » (Ajaccio, 25 mai 1863.)

Cette affaire se serait résumée pour le prince Pierre en une augmentation de pension.

Theil (Mlle), Mme Lespiau (juin 1858) un titre de rente dont le produit (24,951 fr. 50 c.) est destiné à lui constituer une dot . . » . . 24,951 50

Thélin (Charles), très-ancien serviteur et homme de confiance de Louis-Napoléon, trésorier de la cassette particulière. Ses filles ou sœurs, Mlles Thélin, recevaient une pension (1,800 et 1,200). . » . . 3,000

Theullier. 1864-1870, *passim*, reçoit 5,000 fr. par mois.

Thiérion, gouverneur de Saint-Cloud (1863), 4,000 fr. . . . » . . 4,000

Thouret, de juillet 1863 à 1868 au moins, reçoit 9,000 fr. par an . . . . 9,000 . . »

Treuille de Beaulieu (Colonel). Dot de sa fille, 24,000 fr. . . » . . 24,000

Trolli (Comte de). 12,000 fr. de pension (1853).. . . . . » . . 12,000

V

Valency (Bossu de). 1850, 500 fr. . . . . » . . 500
don du prince pour la remise de la correspondance avec M. Joly (?);
1856, don de 10,000 fr. . . . . » . . 10,000

Vergeot. Ce nom revient fréquemment dans les pièces que nous analysons ; il est porté par un très-ancien serviteur du prince et par une dame ou demoiselle Alexandrine, très-favorisée en tout temps. On n'aura pas oublié que le personnage qui signe Louis-

	PENSIONS.	DONS.

Napoléon et se dit fils de l'Empereur l'appelle sa sœur adoptive. Voici, sans autre commentaire, les renseignements recueillis :

Avril 1865, Alexandrine Vergeot rembourse 200 fr. (?), qu'elle devait sans doute à quelque créancier	»	200
Juillet 1845, vendu au nom de Vergeot 390 fr. de rente 5 p. %, 9,473 fr.	»	9,473
14 octobre 1845, *acte de reconnaissance des enfants Vergeot* (au notaire, 30 fr.).		
Janvier 1847 et mois suivants, Alexandrine Vergeot touche une pension de 1,600 fr.	1,600	
Mars, loyer 1,000 fr., plus une somme de 3,000 fr.	»	4,000
Août, gratification, 500 fr.; une pièce de vin, 200 fr. . . .	»	700
Novembre 1848, loyer un terme et demi, 310 fr.	»	310
Vin, vaisselle, meubles, lingerie, pendule, ustensiles de cuisine; en tout 3,440 fr. 05	»	3,440.05
1er mars 1849, pension mensuelle, 500 fr.	6,000	
De décembre 1850 à juillet 1851, A. Vergeot reçoit en sept payements, une somme de 50,000 fr.	»	50,000
1er août 1852. Alexandrine Vergeot reconnaît avoir reçu de M. Bure pour cinquième et dernier payement, par ordre du prince président, 5,000 fr. A supposer les payements égaux, c'est un don, peut-être une dot, de 25,000 fr.	»	25,000

Alexandrine figure encore, sur la liste des pensions en 1853, pour 6,000 fr. mensuels; mais l'article qui la concerne est rayé au crayon.

Viallet de Coudrieu, membre de sociétés chorales et de secours mutuels dans l'Isère, a fait au prince impérial un legs dont nous ignorons la valeur et que M. Anselme Petetin conseille de rendre public.

Vieillard (Paul), ancien officier de marine et adjudant du palais de Compiègne, frère de M. Narcisse Vieillard, sénateur, ancien gouverneur du frère aîné de Napoléon III, avait quelques menues dettes, payées en 1858; en tout, 10,000 fr. Cette somme ne paraît pas être une pension, car elle est soldée par parties inégales : 5,784 fr. 85 et 4,215 fr. 15 . . . .   »   10,000

Vignon (Claude). Pension 6,000 fr., à partir de septembre 1862.	6,000	
Villaume père (à Nancy). Pension de 1,500 fr. (1853)	1,500	
Vinot (Baron). En 1869, pension de 6,000 fr.	6,000	
Vogt (?). Il lui est remis, en août 1859, 40,000 fr.	»	40,000

W

Waldor (Mme Mélanie) a reçu, en 1858, une somme de 5,000 fr.   »   5,000

En décembre 1856, elle sollicite pour son cousin, M. Moret d'Aiguebelle, une sous-préfecture dans le Midi.

Elle offre, en 1865, une cantate, *Paris au désert*, intercalée dans une pièce de circonstance (Voyage de l'Empereur en Algérie).

Enfin nous la trouvons portée, en 1869, pour une pension de 6,000 fr.   6,000

	PENSIONS.	DONS.

Weynand (Comte). C'est sans doute à titre de directeur intendant de quelque ferme impériale qu'on lui remet (septembre-novembre 1855) 150,000 fr. . . . . » 150,000

Welden (Baronne de), née de Rupplin, reçue avec affection par la reine Hortense, ne cesse d'envoyer à l'Empereur de menus souvenirs et de lui rappeler sa situation précaire et celle de ses filles. Elle va jusqu'à lui demander de faire habiller sa petite-fille, qui va faire sa première communion (1858-1868). Peu de mois se sont passés sans lettre de la famille de Welden.

Wezyk, ancien serviteur. Secours nombreux, bien que modiques, depuis 1847; pension de 800 fr. (1853) 800

Wilson (W.), mars 1858, accuse à M. Mocquard réception d'une traite de 500 liv. (12, 500 fr.) sur Baring . . . . » 12,500

Wohl, constructeur à Strasbourg. En 1866, il a reçu une avance de 40,000 fr., dont il lui est fait remise en 1868.. . . . . . » 40,000

En 1870, il demande 50,000 fr. et éprouve un refus.

Wyse (Sir Thomas), mari de la princesse Letizia Bonaparte-Lucien. On sait, par les comptes Bates (voir ce nom), que le prince Louis lui avait prêté 400,000 fr. sur des garanties insuffisantes.

Sir Th. Wyse et la princesse Letizia ne vécurent pas longtemps ensemble, et, comme il arrive dans ces sortes de situations, ne manquèrent pas de rejeter les torts l'un sur l'autre.

On pourra juger des griefs, vrais ou faux, de Mme Wyse par quelques extraits d'une lettre de la vicomtesse d'Arlincourt, adressée au comte de Survilliers (Joseph Bonaparte).

« Votre infortunée nièce, après avoir été sept ans victime des
« plus indignes traitements de la part de son mari (M. Wyse), se
« décida enfin à y mettre un terme; elle quitta son mari. Elle a
« de lui une pièce bien importante : c'est un écrit par lequel il
« déclare que, sous le rapport de la fidélité conjugale et de la con-
« duite, il n'a pas le moindre reproche à lui faire ; puis il lui per-
« met de vivre où elle voudra, avec qui elle voudra, sans qu'au-
« cune autorité, civile ou religieuse, puisse l'inquiéter. Par cet
« écrit encore, il lui assure une pension de 6,000 livres de rentes.
« Mais ce que ne pouvait prévoir la princesse Letizia,
« M. Wyse, après s'être montré le plus mauvais des maris, a
« encore voulu être un père barbare; il a abandonné à la haine
« d'une malheureuse femme son fils aîné, le jeune Napoléon Wyse.
« Cette femme cruelle, après l'avoir remis aux mains d'un infâme
« médecin, nommé M. Rat, pour faire périr cette innocente créa-
« ture par suite d'horribles traitements, le fit enfermer, quatre
« mois après, à Maréville près Nancy, dans une maison d'aliénés :
« il y avait été placé comme le fils d'un paysan dont la monomanie
« était de se croire le petit-neveu de l'Empereur et le fils d'un
« riche Anglais, lord de la trésorerie. Chaque fois qu'il rappelait
« ses titres de grandeur, il n'excitait que la pitié et se voyait trai-
« ter plus sévèrement encore. Enfin il découvrit le lieu qu'habi-
« tait sa mère et lui fit connaître son sort ; elle accourut le délivrer.
« Cette intéressante histoire, dont nous avons les preuves sous les

« yeux, a tellement touché M. d'Arlincourt, qu'il va en publier le
« récit dans un ouvrage auquel il travaille en ce moment, et dont
« la publicité pourra être utile au jeune Napoléon Wyse et à sa
« mère. »

Suivent des détails sur les démarches et dépenses de Mme Wyse, pour « mettre son pauvre enfant sous la protection du Lord chancelier (ce qu'elle a obtenu). »

« Que demanderait aujourd'hui votre malheureuse nièce, M. le
« comte ? Une chose qui me paraît juste : elle vous supplierait de
« lui prêter 12,000 fr., qu'elle vous rendrait dans trois ans, sur
« la pension de son fils. Il a maintenant dix-huit ans, et, dans
« trois ans, à sa majorité, il aura droit à 15,000 fr. de revenu…

« M. d'Arlincourt, qui porte un vif intérêt à Mme Wyse, et qui
« écrit les malheurs de son fils, se trouverait heureux de pouvoir
« terminer son récit en proclamant hautement la générosité des
« nobles parents qui viendront à son aide.

« Aix-la-Chapelle, ce 2 juillet 1842. »

D'autre part, la famille Wyse n'avait pas pris avec moins de chaleur le parti de sir Thomas. Nous avons sous les yeux une lettre de son frère, sir George Wyse (octobre 1862), qui demande une audience à l'Empereur pour lui exposer les dernières volontés de sir Thomas, « mort victime de chagrins domestiques causés
« par la conduite indigne d'un membre de la famille Bonaparte. »
Le testament de sir Thomas est attaqué devant les tribunaux.
« On espérait que le puissant appui de l'Empereur arrêterait di-
« verses divulgations peu favorables à d'autres membres de la
« famille Bonaparte-Wyse. » Mais l'aîné des fils Wyse, Alfred,
n'a rien épargné pour outrager la mémoire paternelle. 1° Il a ramené sa mère, séparée depuis trente-quatre ans, au domicile conjugal, « peu de semaines après la mort de celui que sa conduite
« scandaleuse et celle de ses deux fils légitimés avaient conduit
« au tombeau. » 2° Il a annoncé à Dublin l'arrivée de Mme de
« Solms, en la qualifiant « princesse Marie de Solms, née Bona-
« parte-Wyse. » 3° Il a annoncé la naissance d'un fils de Mme Jum,
« qu'il désigne comme née Bonaparte-Wyse, bien que lui-même
« eût signé récemment un document légal d'où il résulte que lui
« et son frère William sont les seuls enfants de sir Wyse. » De plus, cet Alfred se dit autorisé par l'Empereur, qui « doit payer
« les frais du procès. » Si tout cela n'est pas démenti, sir George Wyse « pour faire prévaloir les désirs de son frère Thomas, va
« être contraint d'entrer dans les détails de très-pénibles et an-
« ciens faits, » qu'on passerait bien volontiers sous silence.

Y

Yvan (Docteur). Il demande à l'Empereur de quoi marier sa fille et habiller sa femme pour la noce ; il ne fixe pas de chiffre (4 juin 1861).

Z

Zuller (Mme), ancienne directrice des postes à Ham. Services rendus au prince ; bureau de tabac en 1860.

On nous a demandé, de divers côtés, sur quelles pièces et d'après quels documents nous avions établi la liste qui précède. Outre les lettres et requêtes plus ou moins confidentielles tombées aujourd'hui dans le domaine public, un grand nombre de comptes officiels nous ont permis de livrer à une juste publicité quelques noms appartenant au personnel secret et au cortége complaisant de l'Empire. Voici, entre mille autres, un de ces tableaux précieux.

CASSETTE PARTICULIÈRE DE L'EMPEREUR.

APERÇU DU MOIS DE JUIN 1870.

Mourmelon (Marne), 4ᵉ à-compte sur 100,000 fr. . fr.	10,000
M. Granier de Cassagnac, 3ᵉ à-compte sur 100,000 fr.	16,000
M. Bachon, 6ᵉ à-compte sur 72,000 fr.	6,000
Baron David, pour juin.	3,000
Vases antiques pour Saint-Germain, solde de 16,000 fr.	4,000
Annales de l'Empire, solde de 6,000 fr.	1,000
Représentation de Mˡˡᵉ Nilsson au bénéfice des artistes.	1,000
Société des médaillés de Sainte-Hélène d'_____	1,000
M. Torchy, travaux du général Favé	1,000
M. Bulliot, travaux du commandant de B___	3,000
M. Mouchot, *idem*	1,000
M. Ganneron.	5,000
M. Soulié.	24,000
M. Cornu, tableau	20,000
	96,000

Quelques intéressés paraissent avoir mal interprété certaines indications consignées dans notre résumé alphabétique. Ainsi le mot *dot* suivi d'un point d'interrogation a donné lieu aux insinuations les plus maladroites et les plus blessantes pour la personne qui en est l'objet. Un grand nombre de filles de militaires ont reçu en dot, il est facile de s'en convaincre en parcourant les pages qui précèdent, des sommes de 20 ou 25,000 francs. Le point d'interrogation ne suppose donc qu'une destination fort probable et fort avouable. Rien de plus et rien de moins.

Quant aux *puritains* signalés par certains anonymes, ils voient avec plaisir une œuvre éminemment morale soulever les récriminations des complices et des complaisants. Le coup a porté. Où donc serait la responsabilité politique et sociale, si ceux qui ont sollicité ou accepté les faveurs du 2 décembre devaient échapper aux yeux de la génération que leurs capitulations de conscience ont condamnée à l'humiliation et aux désastres?

———

Au dernier moment, nous retrouvons encore les documents suivants qui nous paraissent de nature à être publiés à la suite de notre travail.

1.

Le journal le Peuple français a reçu chez Marcuard-André.

1869. 1er mars . . . . fr.	50,000
1er avril	50,000
27 avril	40,000
29 avril	50,000
2 juin	50,000
14 juin	50,000
1er juillet	50,000
21 juillet	50,000
2 août	50,000
17 août	50,000
2 septembre	50,000
16 septembre	50,000
2 octobre	50,000
13 octobre	50,000
2 novembre	50,000
13 novembre	50,000
23 novembre	30,000
7 décembre	27,000
17 décembre	50,000
1870. 3 janvier	50,000
17 janvier	50,000
5 février	50,000
26 février	50,000
25 mars	50,000
11 avril	50,000
30 avril	50,000
1er juin	50,000
9 juillet	50,000
30 juillet	50,000
TOTAL . . . . fr.	1,417,000

2.

Liste des pensions accordées aux anciens serviteurs de S. M. la reine Hortense, de S. M. l'Empereur et aux hommes (sic) de Boulogne.

Ancel . . . . fr.	300
Bellier	900
Borlini	900
Brunet	900
Buzenet	300
Mme veuve Clère	300
Crenne	900
Demangeot	2,400

Finckbohner	300
Frère	3,000
Gillemand	1,200
Mme Guibout	300
Haumeyer (Georges)	300
Jardein	900
Mme Lefebvre	500
Lemaître	600
Mlle Lob (Anna)	600
La vieille Madeleine	500
Prudhomme	900
Rickembach (Fritz)	700
Singer (Marianne)	500
Thevoz	900
Vitry	600
Weber (Jacob)	300
Wezyck	800
Winher	300
Bernard (Joseph), à Mondragon	600

Nota. Ce dernier nom écrit au crayon.

La simple mention du nom de Lebarbier de Tinan nous a valu, de la part de la famille, la communication suivante

« Parmi les allocations qui figurent au chapitre *Dons et secours*, dans les comptes de la liste civile, une somme de mille francs est portée comme ayant été reçue par *Lebarbier de Tinan*.

» Il résulte d'informations précises à cet égard que cette somme n'a été touchée par aucun des membres qui portent, *de leur chef*, le nom de cette famille. La personne qui l'a reçue est madame Mercédès Lebarbier de Tinan, *née Merlin de Thionville*. Titulaire d'un bureau de tabac et inspectrice des écoles de filles dans le département de la Seine, cette dame pouvait, à ce dernier titre, se trouver chargée de distributions charitables. »

Pour compléter cette note, ajoutons que madame Lebarbier de Tinan a encore reçu, et à titre personnel, 2,300 francs le 11 avril 1863, et 4,000 francs le 9 mai 1870.

Un mot maintenant sur une réclamation récemment adressée au journal *le Temps*. Nous n'entendons pas contester à M. Frédéric Degeorge le titre de républicain; nous regrettons seulement que beaucoup de républicains d'avant 1848 aient été bonapartistes. Nous avons sous les yeux deux reçus de 200 francs datés de décembre 1858 et signés Frédéric Degeorge.

CXXII.

**Note sur le rôle de la Presse dans les élections de 1869
(par M. F. Giraudeau).**

36 mars 1868.

Jusqu'à ce jour, le Ministère de l'Intérieur a cru nécessaire de décourager toutes les candidatures qui pourraient se produire à côté de la candidature officielle, de traiter en *ennemi de l'empire* quiconque n'aurait pas reçu le patronage administratif.

L'opposition en a profité. Elle a excité, circonvenu, choyé toutes ces ambitions contrariées. Sous prétexte *d'union libérale*, elle a peu à peu attiré vers elle tous ces candidats équivoques, dont la plupart eussent accepté, dont beaucoup avaient sollicité l'investiture officielle.

Elle les a fait *siens*, et le Gouvernement sembla battu quand le suffrage universel lui envoyait des hommes qui ne demandaient qu'à le servir.

C'est ce mal qu'il faut éviter. C'est sur ces candidatures équivoques que doit se porter toute l'attention du Gouvernement; car c'est par elles qu'on arrive au second tour; *et c'est au second tour* (on peut en être certain) *que se feront les élections de 1869*. A Paris seulement, l'opposition compte présenter une liste appuyée par la coalition des journaux hostiles. Partout ailleurs elle compte susciter autant de candidatures indépendantes qu'il s'en pourra trouver, afin de concentrer, au second tour, sur un seul nom tous les suffrages disséminés à la première épreuve.

C'est là le point essentiel, l'objectif qu'il ne faut pas perdre de vue.

On pourrait craindre qu'une transaction affaiblît le principe des candidatures officielles, ce qu'il faut soigneusement éviter. La candidature officielle est une nécessité gouvernementale. Habilement, modérément pratiquée, dégagée des maladresses et des excès qui l'ont trop souvent compromise, elle défiera toutes les attaques.

Il y aurait un moyen, selon moi, de concilier ce double intérêt.

C'est ce moyen que vous m'avez demandé de vous exposer. Je vais essayer de le faire.

Élections de Paris.

Les élections de 1863 ont été mauvaises.

Si l'administration suivait les errements classiques, celles de 1869 seraient plus mauvaises encore. Les noms des députés de Paris auraient une couleur bien plus tranchée que ceux des derniers élus. On parle déjà de porter Félix Pyat, Victor Hugo, etc.

Sur quel moyen compte l'opposition pour réussir? Sur le moyen par lequel elle a réussi en 1863 : sur une coalition de journaux.

Il faut empêcher cette coalition de se former, ou plutôt il faut la retourner contre l'opposition : c'est possible.

Le vote de la loi sur la presse et sur le droit de réunion, la présence de tous les ministres à la chambre, transformation libérale du régime de 1852, inspirent à la partie éclairée de l'opposition le regret de s'être engagée dans la voie de l'hostilité dynastique.

Elle comprend que le moment arrive, que le moment est venu où elle pourrait, avec de sérieuses chances de succès, aspirer à la vie politique. Or, il faut bien le dire, la principale cause de l'hostilité de la jeunesse (et c'est la seule hostilité véritablement dangereuse), ce n'était pas une question d'intérêt. Elle regrettait surtout le régime parlementaire, parce qu'il permettait à toutes les capacités de se faire jour, et que l'Empire n'offrait pas aux jeunes talents de plume ou de parole d'assez larges issues.

Mais, l'empire devenant libéral, la vie publique se ranime; la parole reconquiert son influence et son prestige. M. Pinard est porté fort jeune au ministère par sa réputation d'orateur. Le rôle de la presse s'accroît. De plus grandes destinées s'offrent partout à la jeunesse intelligente. On le sent et l'on attend (1). Qu'attend-on? La première occasion d'entrer dans la voie de l'opposition sans arrière-pensée, de l'opposition dynastique, de l'opposition constitutionnelle.

La lettre du 19 janvier devait être cette occasion. Mais les généreuses intentions de l'Empereur furent si gauchement exécutées, que la confiance ne vint pas et que l'élan fut pour ainsi dire arrêté avant de s'être produit.

Une réaction commence à se manifester. On apprécie plus sainement les concessions faites. Que le Gouvernement par ses paroles, que l'administration par sa pratique quotidienne se mette en harmonie avec la situation nouvelle et l'occasion perdue renaîtra d'elle-même.

Le ministre de l'Intérieur, par son dernier discours, a déjà esquissé ce programme. Que le Gouvernement, sous une forme ou sous une autre (Voir l'annexe A), adresse un nouvel appel à l'accord sur le terrain constitutionnel : il sera entendu. L'opposition se scindera en deux parts. La meilleure, la plus intelligente, la plus vivace se séparera des ennemis systématiques.

A *L'Union libérale*, si elle tente encore de grouper ses débris, elle opposera *L'Union dynastique* (2).

L'Union dynastique se formerait par la presse, sans que le Gouvernement dût intervenir. On procéderait de la sorte :

L'administration présenterait, comme de coutume, une liste de candidatures officielles que soutiendraient *La France*, *Le Constitutionnel*, *La Patrie*, *L'Étendard* et *Le Pays*.

L'opposition radicale, légitimiste et républicaine, aurait également ses can-

---

(1) Comme tous les jeunes avocats avaient, il y a six ans, les yeux fixés sur M. Émile Ollivier, prêts à le suivre s'il eût réussi, tous les jeunes écrivains ont aujourd'hui les yeux fixés sur M. C. Duvernois, impatients de savoir s'il sera plus habile ou plus heureux que son devancier de la tribune.

(2) Cette dénomination ne m'appartient pas. Elle a été trouvée par M. Duvernois, qui, de son côté, se préoccupait du second tour et cherchait (par d'autres combinaisons) à opposer à *L'Union libérale*, cette ligue de tous les mécontents, une ligue de conservateurs de toute nuance et d'amis de tous degrés. Il adhérerait à ce programme. Il se ferait l'instigateur et l'organisateur principal de *L'Union* dans la presse de Paris et de province.

didats, qu'elle voudrait fondre en une liste placée sous le patronage éclectique de *L'Union libérale*.

Le pourrait-elle si *L'Union dynastique* s'était assuré les concours des journaux suivants :

L'Époque ;
La Liberté ;
Le Journal des Débats ;
Le Temps ;
La Presse ;
Le Journal de Paris ;
L'Avenir National ;
Le Courrier Français (ou tout autre journal économique populaire, créé ou à créer) ;
L'Univers ;
Le Monde ;
Le Figaro.

Devant un tel faisceau que pourraient faire *Le Siècle* et *L'Opinion nationale*, la *Gazette de France* et *L'Union* ?

Pourraient-ils seulement s'unir ?

Or, pour former ce faisceau, il suffirait de donner à chacun de ces journaux un candidat dont il considérât la réussite comme un succès personnel.

Ainsi on pourrait prendre (je n'ai pas naturellement la prétention de dresser une liste ; j'indique seulement des noms-types) :

Pour *La Liberté*, M. Émile Ollivier.
Pour *L'Époque*, M. C. Duvernois.
Pour *Le Temps*, M. Hébrard.
Pour le *Journal de Paris*, M. Hervé.
Pour *L'Univers*, M. de Melun.
Pour *Le Monde*, M. Cochin (contre M. Guéroult).
Pour le *Journal des Débats*, M. J. Lemoinne.
Pour *La Presse*, M. C. Clarigny.
Pour *L'Avenir national*, M. Pinart.
Pour *Le Courrier Français* (ou tout autre journal ouvrier), un ouvrier.

Il serait facile de vous citer tel ouvrier, très-populaire, qui, par son mérite, serait parfaitement digne de siéger au Corps Législatif et qui, par la modération de ses idées, pourrait inspirer au Gouvernement une entière sécurité.

Le Figaro n'apporterait pas de candidat à la liste. Mais il y aurait bien d'autres moyens de l'intéresser à son succès (1).

Tous ces candidats s'engageraient (sans qu'il leur en coûtât beaucoup) à signer une profession de foi nettement dynastique. Élus, ils siégeraient au centre.

---

(1) *L'Union dynastique* n'offrirait pas seulement aux journaux de Paris des candidatures à Paris: le nombre en est trop restreint. Tous les journalistes importants ont en province une circonscription où ils rêvent de se porter un jour.

« En formant une liste qui réunirait ainsi, depuis M. Cochin jusqu'à un ouvrier, toute la gamme de l'opposition constitutionnelle, on comblerait l'abîme qui sépare aujourd'hui les « amis du premier degré » des ennemis déclarés. Contrairement à la politique qui a prévalu jusqu'à ce jour et qui traitait en ennemi (et par cela seul rendait souvent ennemi) quiconque manifestait quelque velléité d'indépendance, on élargirait assez les cadres de l'armée napoléonienne, on adoucirait assez sa discipline pour que tout ce qui n'est pas radicalement hostile y pût prendre place.

Ce n'est pas tout : pour que cette conversion soit efficace, il faut qu'elle soit préparée de longue date. Dès que le plan de campagne serait arrêté, les journaux coalisés sentiraient eux-mêmes la nécessité de rentrer sur le terrain constitutionnel

Il est permis de penser que la victoire les y maintiendrait.

Mais ce plan est chimérique ?

Mais une telle alliance, facile à combiner sur le papier, ne pourrait s'effectuer ?

N'en croyez rien :

Je ne me serais pas permis de vous exposer un tel système, si je n'avais acquis la *certitude* qu'avec un peu d'adresse, de persévérance et d'activité on le réaliserait aisément.

Des indices nombreux (*que je pourrais vous énumérer de vive voix*) me permettent de vous l'affirmer : si tous les journaux ci-dessus désignés n'adhéraient pas à la ligue, il s'en faudrait de bien peu ; ni *Le Temps* ni le *Journal de Paris* n'y manqueraient, et M. de Girardin, pensant en avoir eu la *première* idée, mènerait la campagne (1).

On conçoit, sans qu'il soit nécessaire de les énumérer, les avantages d'une telle combinaison.

La liste de *L'Union dynastique* passe-t-elle ? c'est pour le gouvernement un faible échec. Comparativement au succès de la liste radicale de 1863, surtout de la liste radicale de 1869, c'est un triomphe.

Est-elle battue ? Elle aura du moins semé la division, empêché les deux tronçons extrêmes de la coalition de s'unir, diminué le nombre de voix des candidatures hostiles.

Et peut-être, à la faveur de cette division, plusieurs des candidats officiels réussiront-ils à passer.

A-t-elle réuni le plus grand nombre de voix sans avoir atteint le chiffre nécessaire pour assurer l'élection au premier tour ? (C'est l'hypothèse la plus

---

(1) Pour *L'Avenir national*, une courte explication est nécessaire. Assurément l'allure radicale que lui ont donnée MM. Peyrat et F. Morin ne le prépare guère à figurer dans cette union dynastique. Mais *L'Avenir national* appartient à M. Pinart, candidat officiel de 1863, que ses opinions modérées désignent naturellement pour une semblable liste. M. Pinart désire vivement être élu. Il a grandement besoin (pour bien des causes) de la bienveillance du Gouvernement. Il se séparerait de MM. Peyrat et Morin sous le prétexte de faire une plus large place, dans son journal, à l'étude des questions économiques et des grands problèmes sociaux. Il donnerait la direction de *L'Avenir*, ainsi réorganisé, à l'un de ses rédacteurs actuels, M. Horn, économiste sans passions politiques, qui écrivit autrefois dans plusieurs feuilles gouvernementales et qui reviendrait aisément à la modération. Tous les autres rédacteurs pourraient également rester.

probable.) Placé, cette fois, entre ceux qui se disent ses amis et ceux qui s'avouent ses ennemis, le Gouvernement soutient les premiers de tous ses efforts. Il convertit ainsi leur victoire en un succès personnel.

Je ne me fais nulle illusion : plusieurs de ceux qu'il aura fait ainsi réussir pourront mal voter ; ils pourront causer des embarras, plus d'embarras peut-être que certains députés radicaux, mais qu'importe ? Pour la masse du public, à qui les nuances échappent, pour la province, pour l'étranger surtout, un seul fait subsistera : *Ceux qui se disent ennemis de la dynastie sont battus ; ceux qui se disent amis de la dynastie sont élus.*

Or, en politique, *l'effet produit est tout.* Un gouvernement n'est malade que si on le croit malade. Il n'est battu que lorsqu'on le dit, lorsqu'il se dit lui-même battu.

Élections des départements.

Dans les départements, je l'ai dit, l'opposition compte multiplier les candidatures de premier tour. Elle tentera d'enrôler tous ceux qui, par leurs relations personnelles, leur influence locale (et le nombre en est grand), pourraient réunir 2,000 voix, 1,000 voix, 500 voix, en leur faisant prendre l'engagement de reporter ces voix, au second tour de scrutin, sur celui d'entre eux qui aura obtenu le plus grand nombre de suffrages. Tactique formidable, irrésistible, si à cette ligue les amis du Gouvernement n'opposent pas une contre-ligue organisée par leurs soins.

L'Union dynastique paraîtra donc partout où *l'Union libérale* essayera de se former. Partout où celle-ci voudra multiplier les candidatures hostiles, prenant les devants, elle multipliera les candidatures sympathiques.

Le candidat officiel est-il bien choisi? Il passera au premier tour, ou bien il obtiendra le plus grand nombre de voix. En ce cas, les voix de *l'Union dynastique* (à qui le candidat officiel aura, en son nom personnel, promis la réciprocité) lui seront presque assurément acquises.

Si c'est, au contraire, un candidat de *l'Union dynastique* qui a réuni le plus grand nombre de voix, le candidat officiel reverse sur lui les siennes, et, si elle le juge convenable, l'administration le soutient.

En agissant ainsi, elle justifierait les candidatures officielles ; car elle montrerait que le Gouvernement cherche sincèrement à traduire le vœu du pays ; qu'il ne met pas ses préférences personnelles au-dessus des manifestations du scrutin. Cette façon d'agir lui permettrait enfin d'attaquer les candidatures hostiles avec une certaine énergie. Tandis qu'il est choquant de la voir combattre ardemment certains candidats se disant dévoués à l'Empereur, nul ne pourrait trouver mauvais qu'elle traitât sans ménagements ceux qui se seraient proclamés les ennemis du trône et de la dynastie.

Un tel programme peut, à première vue, sembler chimérique ; il a du moins l'avantage *de ne rien compromettre.* Il n'enlève pas une voix aux candidats du Gouvernement ; il ne divise *que les forces hostiles.* N'obtiendrait-on que la moitié, que le quart des résultats poursuivis, ce sera toujours autant de pris *sur l'ennemi.* Là où le Gouvernement doit triompher, on lui rendrait le triomphe plus facile; là où il doit être vaincu, on lui donnerait l'apparence du succès en arrachant aux candidats équivoques l'étiquette de l'opposition pour leur mettre une étiquette dynastique.

Que risquerait-on à tenter l'entreprise?

ANNEXE A (p. 373.)

Pour formuler plus nettement ce programme, ne pourrait-on, six mois avant le scrutin, s'adresser aux électeurs par la voie d'une brochure?

Cette brochure rappellerait successivement par des chiffres et par des faits ce que chaque catégorie de citoyens doit à l'Empire.

Elle comparerait la situation politique, morale, économique de la France impériale avec celle des autres pays, avec celle de la France sous les autres régimes; elle en tirerait la preuve évidente qu'aucun pays, qu'aucune date de notre histoire ne saurait nous faire envie.

Ceci posé, elle mentionnerait l'appel adressé tant de fois par l'Empereur aux hommes des anciens partis (1). Elle le renouvellerait. Elle dirait que l'Empire sollicite tous les concours, toutes les intelligences, et que ceux qui voudront se tenir en dehors du large terrain où il vient de se placer ne sont pas seulement les ennemis de l'Empire, mais les ennemis du suffrage universel, les ennemis de la France (2).

Cet écrit serait l'annexe et complément naturel des Titres de la dynastie. Il ferait ressortir la grande pensée contenue dans cette publication et que la mauvaise foi des journaux hostiles comme l'inertie des feuilles gouvernementales ont étouffée.

CXXIII.

Lettre de M. de Persigny et de M. de Heeckeren à M. Mocquard, de M. Pietri à MM. Delangle et de Persigny.

CABINET DU
MINISTRE DE L'INTÉRIEUR.

Paris, le 29 mai 1863.

MON CHER MOCQUARD,

Notre collègue, le baron de Heeckeren, qui revient du Haut-Rhin, m'a remis une requête formée par un grand nombre des habitants de la ville de

---

(1) « Je veux concourir à la conciliation de tous les partis dissidents et ramener dans le courant du grand fleuve populaire toutes les dérivations hostiles qui vont se perdre sans profit pour personne. » (*Discours de Bordeaux.*)

« Je veux inaugurer une ère de paix et de conciliation, et j'appelle sans distinction tous ceux qui veulent franchement concourir avec moi au bien public. » (*Discours d'ouverture, 1852.*)

« Le cercle de notre constitution a été largement tracé. Tout honnête homme peut s'y mouvoir à l'aise, puisque chacun a la faculté d'exprimer sa pensée... Aujourd'hui plus d'exclusion. » (*Réponse au cardinal de Bonnechose.*)

(2) J'ai dans les mains de nombreux documents qui pourraient figurer utilement dans ce tableau récapitulatif. Je pourrais, si vous le désiriez, les remettre à la personne qui serait désignée pour l'écrire.

Thann, qui supplient instamment l'Empereur d'accorder au sieur W.... (C...), instituteur adjoint des écoles primaires, la remise de la peine de huit mois de prison, à laquelle il vient d'être condamné par le tribunal correctionnel de Colmar, pour outrages aux mœurs.

Il résulte d'un grand nombre de certificats joints à cette demande et même d'un lettre spéciale adressée au procureur impérial par les parents des élèves de cet instituteur, que, malgré sa faute, le sieur W...., par ses bons antécédents, ne serait pas indigne de la clémence qu'on sollicite pour lui. J'ajouterai, en outre, que le baron de Heeckeren m'a assuré que, si les habitants de Thann pouvaient espérer et savoir que, dans quelque temps, l'Empereur daignerait accueillir leur requête, la grâce de cet individu produirait le meilleur effet dans la circonscription électorale où le Gouvernement combat la candidature de M. Keller. Je vous serai donc très-obligé de vouloir bien parler très-brièvement de cette affaire à Sa Majesté et de me faire connaître la réponse de l'Empereur.

Agréez, mon cher Mocquard, l'expression de mes sentiments bien dévoués.

Le Ministre de l'Intérieur
F. DE PERSIGNY.

MINISTÈRE DE L'INTÉRIEUR.

CABINET DU MINISTRE.

Paris, le 29 mai 1863.

MON CHER COLLÈGUE,

Il est de la dernière urgence que cette affaire soit expédiée demain matin à M. Delangle, qui la connaît et qui l'attend, afin de lui donner une solution immédiate.

De mon côté, je dois envoyer à Thann une dépêche télégraphique dont l'effet sera très-important.

Je recommande donc cette transmission à tous vos soins obligeants.

Agréez, mon cher collègue, l'assurance de mes sentiments les plus affectueux.

Baron DE HEECKEREN.

A Monsieur Mocquard.

Lettre à son Excellence le Ministre de la Justice.

CABINET DE L'EMPEREUR.

Minute n° 6494.

Palais des Tuileries, le 30 mai 1863.

MON CHER DELANGLE,

Tu attends, me dit-on, pour lui donner une solution immédiate, le recours en grâce ci-joint en faveur du sieur W....., auquel s'intéresse M. de Heeckeren, et qui m'est transmis par M. de Persigny. Je m'empresse de te l'envoyer.

Tout à toi,

Le Chef sans titre.
FR. PIETRI.

A son Excellence le Ministre de l'Intérieur.

MON CHER PERSIGNY,

Suivant l'ordre de l'Empereur, je me suis empressé de transmettre à M. Delangle, qui, d'après la lettre de M. de Heeckeren, doit lui donner une solution immédiate, le recours en grâce en faveur du sieur W....., faisant l'objet de votre lettre du 29 mai.

Votre dévoué,

Le Chef, sans titre.
FR. PIETRI.

CXXIV.

Lettre de M. Louvet, député, à l'empereur, au sujet de la ceinture de la Vierge.

Saumur, 17 novembre 1855.

SIRE,

L'église du Puy-Notre-Dame, près Saumur, possède une des plus précieuses reliques de la chrétienté. C'est une ceinture de la Sainte Vierge, donnée par Guillaume VI, duc d'Aquitaine, qui l'avait rapportée des croisades. La tradition dit qu'elle fut tissée par Marie elle-même. Les archives de l'église du Puy et de nombreux documents historiques attestent l'authenticité de cette relique. Les rois de France ont eu de tout temps une grande foi en cette ceinture. Anne d'Autriche la portait à Saint-Germain-en-Laye dans l'année 1628, quand elle accoucha d'un prince qui fut Louis XIV. S'il vous plaisait, Sire, de placer Sa Majesté l'Impératrice sous la protection de cette relique pendant le grand événement qui va couronner votre bonheur domestique et consolider le repos de la France, je ne doute pas que le curé et Mgr l'Évêque ne s'empressassent de déférer au désir de Votre Majesté.

J'ai l'honneur d'être avec le plus profond respect, Sire, de Votre Majesté, le très-humble et très-obéissant serviteur et sujet.

Le Maire de Saumur, député au Corps Législatif,
LOUVET.

CXXV.

Lettre de M. G. de Saint-Paul à M. Conti.

Ministère
de l'Intérieur.
—
Direction générale
du
personnel et du cabinet.
—

Paris, le 3 août 1865.

Mon cher Monsieur Conti,

M. le Ministre de l'Intérieur me charge de vous prier de vouloir bien placer sous les yeux de l'Empereur le numéro ci-joint du *Phare de la Loire*. Vous savez que ce journal avait pris l'initiative d'une souscription populaire à dix centimes, à l'effet d'offrir à la veuve du président Lincoln une médaille d'or, au nom de *la démocratie française*.

Aujourd'hui, le *Phare de la Loire* annonce la constitution d'un comité de vingt personnes (chiffre adopté afin de paraître respecter le code pénal) « qui » devra propager la souscription indéfiniment prolongée, de telle sorte qu'elle » atteigne un total de cent mille souscripteurs. »

Ce comité se compose exclusivement d'anciens membres du Gouvernement provisoire, d'hommes qui ont joué un rôle en 1848 et de démocrates des plus avancés : Louis Blanc et Victor Hugo y figurent à côté de MM. Albert, Étienne Arago, Pelletan, Charles Thomas, etc.

Nous n'avions pas cru jusqu'ici pouvoir mettre obstacle à une manifestation qui empruntait un caractère tout particulier à la nature de nos rapports avec l'Amérique.

Enhardi par la réserve que le Gouvernement avait observée, le *Phare de la Loire* transforme l'hommage rendu à un grand caractère en une machine de guerre dirigée contre le régime impérial par les hommes de 1848. Nous allons surveiller attentivement cette nouvelle phase. Je ne sais encore si la loi nous fournira des armes, à cause de la précaution prise par le comité de ne pas dépasser le chiffre de vingt membres. J'examinerai attentivement cette question et je prendrai là-dessus les ordres du Ministre; mais Son Excellence a pensé qu'il était désirable, d'ores et déjà, que l'attention de Sa Majesté fût appelée sur une affaire qui peut, d'un jour à l'autre, nécessiter une intervention officielle.

Je joins à ma lettre le dernier rapport du préfet de l'Aisne sur la situation électorale de la quatrième circonscription de son département, laissée vacante par le décès de M. Geoffroy de Villeneuve.

Agréez, mon cher Monsieur Conti, l'assurance de ma haute considération et de mon sincère attachement.

Le Conseiller d'état, Directeur général,

G. DE SAINT-PAUL.

CXXVI.

Lettre de M. Pron, préfet des Basses-Pyrénées, au ministre de l'Intérieur (1).

Préfecture
des Basses-Pyrénées.

Cabinet du Préfet.

Pau, le 2 janvier 1859.

Monsieur le Ministre,

Une dépêche télégraphique privée, arrivée aujourd'hui à Pau, annonce qu'une vacance existe dans le conseil de préfecture des Basses-Pyrénées, par suite sans doute de la nomination de M. Lebaume au poste de secrétaire général dans un autre département.

J'ai hâte de supplier Votre Excellence de vouloir bien ne désigner pour la vacance *aucun des concurrents indigènes* qui aspirent à devenir conseillers et qui ne remplissent aucune des conditions voulues. Ces candidats sont :

1° M. le baron de Saint-Jammes âgé de 55 ans. — *Nullité tracassière et cancanière.* — Ce serait la plaie d'une préfecture.

2° M. le vicomte de Nays. — SOURD. — *Créature de M. le baron de Crouseilhes, dont il serait l'agent et, au besoin, l'espion dans les bureaux.*

3° M. Desclaux de Lescar. — *Autre nullité.* — Parent de M. de Crouseilhes et pire encore que le précédent candidat.

Je suis, avec le plus profond respect, de Votre Excellence, le très-obéissant et très-dévoué serviteur.

Le préfet des Basses-Pyrénées.
A. PRON.

CXXVII.

Lettre de l'Archevêque de Bourges à l'Empereur, sur l'infaillibilité du Pape.

Sire,

Le siège de Lyon est pourvu ; je puis donc parler maintenant, sans crainte d'être soupçonné d'une pensée quelconque d'intérêt.

Un évêque qui a eu l'honneur d'être reçu par Votre Majesté avant de partir pour Rome m'a affirmé qu'on avait dit à l'Empereur que, *seul avec l'évêque de Nîmes*, je m'étais prononcé dans mes *mandements* pour *l'infaillibilité person-*

(1) La suite de la lettre est écrit : A lui-même.

nelle du Pape. On a même ajouté, si je ne me trompe, que j'étais *très exagéré*, que j'étais un ultramontain fanatique.

A cette accusation, dont je n'ai pas besoin de rechercher l'origine ni le but, je réponds simplement que, *jamais*, dans aucun *de mes mandements* ou *lettres pastorales*, je ne me suis prononcé pour *l'infaillibilité personnelle et séparée* du Souverain Pontife. Tous mes mandements sont là pour attester ce que j'avance.

Dans cette question comme dans toutes les autres, j'ai tenu et je tiendrai toujours à ne pas me séparer de la grande majorité des évêques. Par suite, mon langage a toujours été calme et modéré; toujours je suis resté à l'écart des *exagérations*, de quelque côté qu'elles vinssent. Par caractère comme par principe, je ne les aime pas : elles faussent la vérité. Je n'aime pas davantage les partis : je considère qu'il ne devrait pas y en avoir dans l'Église, pas plus que dans l'État.... Dans l'État, je suis avec l'Empereur; dans l'Église, je suis avec le Pape. Voilà, en deux mots, ma profession de foi.

Mgr. Maret a dit à la fin de son ouvrage : « On peut affirmer qu'il n'y a » *jamais eu d'erreur* dans les jugements des Papes qui méritent véritablement » le nom de jugements *ex cathedrâ*. »

Mgr. de Châlons, dans une lettre rendue publique, dit également: « Aujourd'hui *tous* les catholiques admettent l'infaillibilité du Pape. »

Je n'ai rien dit de plus; peut-être même ai-je dit moins, en ce sens que j'ai été moins affirmatif.

Telle est, Sire, l'exacte vérité.

J'aurais dû peut-être faire plus tôt cette démarche : je ne l'ai pas voulu ; je me serai reproché toute ma vie d'avoir cherché, en pareille circonstance, à exercer une influence quelconque sur les décisions de Votre Majesté. Aujourd'hui, que le motif qui me conseillait le silence n'existe plus, il m'a semblé que je devais à la vérité et à moi-même de rétablir les faits et de dissiper les préventions injustes qu'on a tâché d'inspirer à l'Empereur contre moi. Je n'ai pas eu d'autre but : si j'ai réussi, je suis content, je ne désire rien de plus. Je me trompe, Sire, je désire que Votre Majesté me conserve toujours sa bienveillance, et j'espère toujours en être digne, comme toujours j'en serai reconnaissant.

Je suis avec le respect le plus profond, Sire, de Votre Majesté, le très-humble et très-obéissant serviteur et fidèle sujet.

† C. A. (DE LA TOUR-D'AUVERGNE-LAURAGUAIS),
Archevêque de Bourges.

Rome, le 8 mars 1870.

CXXVIII.

Lettres adressées à l'Empereur au sujet de la Vie de César.

§ I.

LETTRES DE SAVANTS ET DE PRINCES ALLEMANDS.

Parmi les milliers de lettres adressées à l'Empereur de tous les points de l'Allemagne pour solliciter son attention ou ses largesses, on peut mettre à part celles, au nombre d'une centaine, qui sont relatives à l'ouvrage de Napoléon III sur la *Vie de César*. Ces lettres contiennent des demandes ou des remerciments. Des commis studieux, des industriels chargés de famille, des étudiants pauvres sollicitent la faveur d'un exemplaire, qu'ils ne peuvent acheter. Une veuve, qui n'a rien, demande le précieux livre pour laisser un héritage à ses enfants. Un rabbin propose sa plume pour le traduire en hébreu (1). Les savants qualifiés et les princes remercient de l'envoi qui leur en a été fait.

Voici quelques-unes de ces lettres.

1.

Lettre du professeur Zumpt.

Votre Majesté Impériale m'a fait la grâce et l'honneur de me faire parvenir le deuxième volume de l'Histoire de Jules César. Je prends la liberté de lui exprimer mes remerciments les plus respectueux.

La première partie de ce deuxième volume est consacrée aux guerres des Gaules. Je n'ai pu que m'y instruire, tout en admirant l'étude la plus exacte des détails jointe à l'appréciation générale des faits militaires et politiques. C'est un monument durable, qui ne pouvait être élevé à la mémoire du plus grand des Romains que par un esprit aussi élevé que le sien.

La deuxième partie raconte l'histoire politique de cette époque. Je suis presque honteux d'y voir cité mon nom, surtout si je compare la mince valeur de mes recherches à la grandeur de cette exposition. Elle s'écarte essentiellement d'un point de vue aujourd'hui adopté. Elle provoquera sans doute les contradictions; mais elle en triomphera, parce que, en appréciant avec justesse les faits, elle poursuit en même temps des tendances vraiment morales et ayant pour objet le bonheur des peuples.

Daigne Votre Majesté me permettre de lui exprimer de nouveau l'expression

---

(1) A côté des traducteurs allemands qui offrent leurs services, on en trouve d'anglais, d'américains, de polonais, de hollandais, de suédois. M. Rangabé pour le grec, A. Calfa Nar Bey pour l'arménien, Baboo Kalee Proshono Sing, de Calcutta, pour le bengali, etc.

de mes sentiments les plus sincères. Je suis avec le plus profond respect, de Votre Majesté Impériale, le plus humble serviteur.

Professeur A. W. ZUMPT (1).

Berlin, 8 juillet 1866.

2.

Lettre de M. le professeur Heller.

Berlin, le 19 février 1843.

SIRE,

Les immenses progrès que les recherches entreprises en personne, ou ordonnées par Votre Majesté, ont fait faire à la meilleure appréciation des opérations militaires racontées par César dans ses *Commentaires*, et les services éminents que Votre Majesté a rendus par là aux lettres, sont justement appréciés, non-seulement en France, mais encore par les savants de l'Allemagne, et l'on admire partout les nobles occupations dont Votre Majesté sait remplir les loisirs que Lui laissent le gouvernement d'une grande nation et la politique du monde.

Quant à moi, j'ai toujours poursuivi avec le plus vif intérêt toutes ces investigations et toutes ces découvertes dues à l'initiative généreuse et éclairée de Votre Majesté, et j'ai trouvé, après mes fonctions, une récréation agréable en étudiant tout ce que les ressources littéraires de Berlin ont pu me procurer pour l'approfondissement des ouvrages d'un écrivain dans la lecture duquel j'ai eu autrefois l'honneur d'introduire Son Altesse Royale le Prince Frédéric-Guillaume de Prusse.

Ayant eu l'occasion de passer en revue dans le Journal philologique de Gœttingue les nouveautés littéraires de tout genre qui se rapportent aux *Commentaires*, j'ose me flatter d'avoir été un des premiers dans ma patrie à mettre sous les yeux de nos érudits un rapport succint de ce que la France a dernièrement contribué à l'éclaircissement des écrits du grand Romain et dont la plus grande partie n'aurait jamais vu la lumière sans l'impulsion ou sans le concours de Votre Majesté.

C'est cette considération même qui m'a encouragé à prendre la liberté d'envoyer à Votre Majesté les pages que je viens de faire imprimer, quelque peu dignes que je doive les juger d'être soumises à ses yeux. L'intention, j'ose avoir cette confiance dans la magnanimité de Votre Majesté, fera pardonner ce qu'il y a de chétif dans la forme prescrite par le cadre étroit d'un périodique.

---

(1) Professeur de littérature latine. L'année précédente il avait remercié du premier volume en écrivant : « Pervenit ad me, Imperator celsissime, beneficio Tuo volumen splendidissimum, quod de Vita Julii Cæsaris elidisti. Quo munere noli existimare quicquam mihi contingere potuisse aut exoptatius aut honorificentius..... Qua in quæstione tanta fuit Tua industria, tanta ingenii magnitudo, tanta rerum maximarum minimarumque cura, ut eorum ipsorum qui per otium doctrinæ totos se dediderunt studia viceris. »

Le 4 mai 1869, M. Zumpt fait hommage de deux volumes de lui sur l'histoire romaine, en disant (à M. Duruy) : « J'espère que ce sujet aura quelque intérêt pour S. M., savant connaisseur de la décadence de la République romaine. »

Peut-être Votre Majesté daignera-t-elle jeter un regard dans mon petit traité pour se convaincre que j'y ai développé ou esquissé plusieurs vues neuves, tant sur le terrain que sur la marche de quelques expéditions et batailles de César. J'ai aussi hasardé un nouvel essai de reconstruire en idée les trirèmes des anciens, et j'espère pouvoir bientôt détailler plus amplement quelques-uns de ces points. Enfin j'ai tâché d'éclaircir la destination des tombelles d'Alaise, question qui a tant occupé il y a quelques ans les savants de la France et qui a failli d'offusquer les droits d'Alise, qui désormais sera redevable à Votre Majesté d'être reconnue sans contredit pour la véritable ville de César.

Votre Majesté saura, sans que j'ajoute un mot, juger si, dans ce que j'ai avancé il y a quelque chose d'utile ou d'intéressant pour ceux qui font une étude approfondie des *Commentaires* : pour moi, j'aurais cru manquer à un devoir, si je n'avais envoyé au plus illustre des commentateurs de l'écrivain romain un traité qui, sans cela, ne serait probablement jamais venu entre ses mains.

Daignez Sire, agréer l'assurance de la plus profonde estime et d'un respect illimité avec lesquels j'ai l'honneur d'être, de Votre Majesté, le plus humble et le plus obéissant serviteur.

H.-J. HELLER, professeur.

3.

Lettre du professeur F. Ritschl (1) *à l'Empereur.*

SIRE,

Votre Majesté Impériale a daigné m'accorder gracieusement un exemplaire de luxe de l'*Histoire de Jules César*. Si le portrait idéal du plus grand Romain ajoute à la valeur d'un tel présent, la dédicace autographe de Votre Majesté le rend inappréciable. Que Votre Majesté veuille bien agréer pour cette distinction honorifique l'expression de ma reconnaissance la plus profonde et la plus respectueuse!

Je prie en même temps Votre Majesté de me faire la grâce d'accepter en retour un exemplaire de la traduction allemande. Le traducteur a cru travailler dans l'esprit de Votre Majesté, en s'étudiant à éviter toute recherche de l'élégance légère qui caractérise le style des feuilletons modernes, à rendre la simplicité et la concision antiques de l'original, et à reproduire sa période architectonique et ses couleurs sévères. Le traducteur était en cela guidé par la conviction qu'il importait avant tout d'arriver à une ressemblance parfaite, où se refléterait la haute individualité de l'auteur, aussi grand penseur que grand écrivain; il s'agissait d'ailleurs d'un ouvrage qui n'était pas écrit pour l'amusement frivole du moment, mais qui était destiné à exercer et qui exercera

---

(1) Un des plus grands philologues de l'Allemagne. La hauteur de sa science et de son caractère est appréciée en ces termes dans une Revue quasi germanique, publiée à Paris (*Revue critique*; 1868, n° 107, p. 357) : « M. Ritschl est essentiellement hardi et même audacieux... On lui reproche, avec quelque raison, « d'avoir des allures trop autoritaires. Pendant longtemps il a trôné comme un Jupiter tonnant..... Les « élèves dociles qui acceptent les théories du maître sont approuvés ; les autres sont traités de retarda-« taires, de réactionnaires, de thyrsophores..... »

nécessairement son influence sur l'éducation historique et politique de plusieurs lustres. Si l'on osait se flatter d'avoir ainsi répondu aux intentions élevées de Votre Majesté, on y trouverait la plus enviée de toutes les récompenses.

L'année dernière, j'ai pris la liberté de soumettre très-humblement à Votre Majesté, au nom de la Société, la trente-sixième livraison des Annales publiées ici par la Société des Antiquaires rhénans. Comme Votre Majesté n'a pas repoussé ce témoignage du plus profond respect, j'y puise l'audace de demander à Votre Majesté la grâce d'accepter aussi les livraisons suivantes, la trente-septième et la trente-huitième, celle-ci publiée en ce moment même. Si Votre Majesté ne juge pas indignes de sa haute attention les tableaux synoptiques de la mosaïque romaine de Nennig, la Société sera peut-être autorisée à se flatter de l'espoir d'oser envoyer également, après leur achèvement, les feuilles coloriées dans la grandeur de l'original, qui sont actuellement sous presse.

Enhardi par la bienveillance indulgente de Votre Majesté, j'ose enfin solliciter d'Elle un accueil gracieux pour quelques petits travaux de moi-même, et je m'estimerais heureux de gagner à mon opinion sur les tessères des gladiateurs l'approbation d'un connaisseur de l'antiquité romaine tel que Votre Majesté.

Je reste avec le plus profond respect, Sire, de Votre Majesté impériale, le plus humble serviteur.   FRIEDRICH RITSCHL.

Bonn, 14 avril 1865.

4.

Lettre du professeur F. Ritschl à Madame.... (1)

TRÈS-CHÈRE PROTECTRICE,

Si j'avais voulu n'être qu'un mercenaire à la solde du commun des libraires, j'aurais pu avoir terminé, il y a quatre semaines déjà, le manuscrit de la traduction. Je sais bien que les libraires donnent la préférence à la traduction la plus négligée et ayant le moindre cachet littéraire, pourvu qu'elle puisse bientôt être publiée, sur le travail le plus consciencieux dont la publication réclame un délai de quelques semaines; mais j'ai travaillé, non pas pour les libraires, qui, en toutes circonstances, sont et restent des commerçants mesquins et cupides, qu'ils se nomment Plon ou Gerold (2), mais pour l'auteur

---

(1) Le nom manque; mais la destinataire est probablement Mme Hortense Cornu, amie d'enfance de Mme Ritschl.

(2) Si le professeur Ritschl maltraite les libraires, de leur côté les libraires ne se louent pas de lui. Karl Gerold écrit à Plon le 14 janvier 1865 : « Cher Monsieur, je n'ai pas encore reçu une ligne de « M. Ritschl. Vous me dites de presser ce Monsieur. Quoique je fasse là tant que je puis, la pression venant « de Paris aura plus de force sur M. Ritschl que la mienne. Du reste, il est de votre devoir, d'après les « stipulations de notre traité, de mettre le manuscrit à ma disposition en son temps, afin que je puisse « donner à mon travail la sollicitude nécessaire. Nous avons eu dans le 1er vol. quelques erreurs bien « désagréables, montrées au doigt malicieusement par la critique et les contrefacteurs, seulement parce qu'il

impérial ; et je l'ai fait, non point parce qu'il est empereur et que, sans aucun doute, au un prince du monde n'a en partage, à un si haut degré que lui, le jugement, l'esprit cultivé, le génie, sans parler de sa puissance et de son influence, mais parce qu'il s'est révélé comme un *savant* profond, intelligent, éloquent, pour lequel j'éprouve autant de sympathie que d'admiration ; car je ne doute pas que l'Histoire romaine de Mommsen, cet exposé mesquin, rempli de fiel, si éloigné de toute impartialité, qui, au moins en Allemagne, a depuis quelques années captivé tous les esprits, sera immédiatement reléguée au second plan par l'œuvre d'un homme qui, tout en régissant les destinées du monde, arrive au point de vue le plus grandiose et le plus équitable dans la juste appréciation d'une organisation politique ancienne sans égale dans l'histoire du monde. On ne citera plus à l'avenir l'Histoire romaine de Niebuhr, ni celle de Mommsen, mais celle de Napoléon, dès qu'il s'agira de reconnaître les ressorts intimes d'un des développements politiques les plus merveilleux, et cela avec l'indication la plus exacte des sources, appuyée sur la plus vaste érudition.

En face d'une production si puissante, ma conscience scientifique, je l'avoue, m'interdisait la négligence et la légèreté. Essayez, à l'occasion, de l'expliquer à l'Empereur ; excepté peut-être le roi de Saxe, il est le seul qui sache apprécier à sa juste valeur des mobiles aussi élevés.

Croyez à mon dévouement inaltérable.

Votre
F. RITSCHL (1).

« fallait presser à la fin tellement le traducteur qu'il ne pouvait plus mettre les soins indispensables à un
« pareil ouvrage. Je ne parle pas des frais énormes et inutiles en même temps que m'a causés l'arrivée
« retardée du manuscrit. Il faut donc tâcher de me donner cette fois meilleure chance, et ce n'est que
« l'Empereur et vous qui puissiez faire cela. »

(1) Voici le texte de cette pièce :

« Theuerste Gönnerin, wenn ich blos ein Lohnarbeiter für die banausischen Buchhändler hätte sein
« wollen, so hätte das Manuscript der Uebersetzung schon vor vier Wochen fertig sein können. Ich weiss
« sher wohl, dass den Buchhändlern die liederlichste Uebersetzung, wenn sie nur, in litteratenhaftester
« Weise abgefasst, recht früh erschienen wäre, lieber war als die gewissenhafteste Arbeit, die einige
« Wochen später erschiene. Aber ich habe nicht geglaubt für die Buchhändlern zu arbeiten, die unter allen
« Umständen mesquine Kaufleute und Geldmacher sind und bleiben (mögen sie nun Plon oder Gerold
« heissen), sondern für den kaiserlichen Verfasser. Und zwar nicht etwa, weil es ein Kaiser, und weil
« er ohne Zweifel der gescheidteste, gebildetste und genialste aller Fürsten der heutigen Erdenwelt ist,
« noch weniger weil er eben so gewiss der mächtigste und einflussreichste aller Regenten der Gegenwart ist,
« sondern weil er sich als gründlichen, geistreichen und stylgewandten *Gelehrten* manifestirt hat, dem ich
« in dieser Eigenschaft eben so viel Sympathie wie Bewunderung zolle. Denn ich zweifle nicht daran, dass
« Mommsen's römische Geschichte, diese kleinlich verbissene, einen einseitigen Parteistandpunkt vertretende
« Darstellung, die seit einigen Jahren, wenigstens in Deutschland, alle Gemüther gefangen genommen hat,
« sogleich in den Hintergrund gedrängt werden wird durch die Arbeit eines Mannes, der, während er die
« Geschicke der Welt regiert, den zugleich grossartigsten und unparteiischten Standpunkt einnimmt für die
« Würdigung eines antiken Staatswesens, das in der Weltgeschichte nicht seines Gleichen gehabt hat. Man
« wird künftig nicht mehr Niebuhr's oder Mommsen's, sondern Napoléon's römische Geschichte citiren,
« wenn es darauf ankommt die innern Triebfedern einer der wundersamsten staatlichen Entwickelungen zu
« erkennen, und zwar mit der exactesten und auf umfassendster Gelehrsamkeit beruhenden Nachweisung
« der Quellen zu erkennen.

« Einer so grossartigen Leistung gegenüber nachlässig oder flüchtig zu verfahren, das, ich gestehe es,
« ging über mein wissenschaftliches Gewissen. Versuchen Sie, wenn Sie Gelegenheit haben, dem Kaiser
« das klar zu machen ; mit einziger Ausnahme vielleicht des Königs von Sachsen, ist er der Einzige, dem
« ich zutraue solche ideale Gesichtspunkte zu würdigen. »

5.

Lettre du prince de Bade.

Carlsruhe, ce 9 août 1865.

Sire,

J'ai l'honneur d'informer Votre Majesté de ce que le ministre de France, M. le marquis de Cadore, a eu la complaisance de me remettre, au nom de son auguste Souverain, le magnifique ouvrage dont Votre Majesté a daigné me faire présent.

J'en suis, Sire, on ne peut plus touché et respectueusement reconnaissant, et cela d'autant plus que j'ai eu le rare avantage d'être témoin oculaire du sérieux travail que Votre Majesté a dû faire pour achever la tâche dont jouit à présent le monde éclairé et qu'admirent tous ceux qui ont eu l'honneur de s'approcher de Votre Majesté.

Que Votre Majesté daigne me permettre de regarder son ouvrage, dont Elle vient de m'honorer, comme un gage des sentiments de bienveillance qu'Elle renferme dans Son cœur pour toute l'humanité, et comme preuve d'affection dont Elle fait jouir celui qui est fier d'en avoir été l'objet et qui a l'honneur de se nommer,

Sire, de Votre Majesté, le très-humble et très-obéissant serviteur,

GUILLAUME, PRINCE DE BADE (1).

6.

Lettre du prince Charles de Hohenzollern.

Dusseldorf, 12 mars.

Sire,

L'impatience avec laquelle on attendait la publication de la Vie de César a été certainement aussi vive en Allemagne qu'elle a pu l'être en France. Tout le monde comprend que cette œuvre, à laquelle on sait que Votre Majesté a consacré pendant des années tous ses moments de loisir, jettera un nouvel éclat sur les grandes choses qu'Elle a su accomplir.

En daignant m'envoyer un magnifique exemplaire de cet ouvrage, vous m'avez pénétré, Sire, d'une bien vive reconnaissance. Je sentais déjà combien il me serait difficile de vous l'exprimer, quand j'ai vu les quelques mots que Votre Majesté a bien voulu écrire de sa propre main à la première page. Si j'ai dû craindre que dans le passé telle circonstance pénible où je me suis trouvé n'ait altéré les sentimens de Votre Majesté à mon égard, aujourd'hui, je trouve avec bonheur la preuve qu'Elle n'a pas cessé de me les conserver tout entiers.

(1) Cette lettre et les lettres suivantes sont en français.

C'est donc un prix inestimable que vous avez donné, Sire, à ce beau livre en y traçant ces mots, qui m'ont si profondément touché, et qui resteront à jamais gravés dans mon cœur.

Que Votre Majesté daigne agréer l'expression très-faible de ma vive et profonde reconnaissance, avec laquelle je reçois ce *souvenir d'amitié*, et l'assurance de tous les sentiments respectueux et d'attachement, — dont je suis aussi l'organe de toute ma famille, — avec lesquels je ne cesserai d'y répondre.

J'ai l'honneur d'être, Sire, de Votre Majesté le très-humble serviteur et très-dévoué cousin,

CHARLES PRINCE DE HOHENZOLLERN.

Nous joignons à ce dossier une lettre du savant M. Mommsen (1), qui n'est point relative, il est vrai, à la Vie de César, mais qui n'est pas moins flatteuse que les précédentes.

7.

Lettre de M. Théodore Mommsen à l'Empereur.

Berlin, 14 juin 1866.

SIRE,

J'ose soumettre à Votre Majesté un ouvrage que je viens de publier et que je crois digne, au moins sous un certain point de vue, que Votre Majesté y jette les yeux. Elle se rappellera sans doute la faveur extraordinaire qu'Elle a bien voulu m'accorder, il y a quelques années, regardant les manuscrits de la Bibliothèque impériale. Grâce à cette mesure exceptionnelle, j'ai pu étudier à mon loisir le beau volume du *Digestum vetus* conservé à ladite Bibliothèque, lequel est sans doute le second en importance parmi les quatre ou cinq cents manuscrits des *Pandectes* qui existent actuellement, et ne cède le pas qu'au célèbre manuscrit de Florence. Mon édition des *Pandectes*, dont voici le commencement, est due en bonne partie à cette grâce, et Votre Majesté, qui l'a accordée, ne dédaignera pas d'en agréer le résultat. Si les sciences et les lettres en général ont un caractère international, et si tout le progrès du genre humain se résume dans le développement de cette belle internationalité, qui n'égalise pas les nations, mais qui leur enseigne de se comprendre, c'est-à-dire de se respecter et de s'aimer, tout ce qui se rattache au peuple romain, souche commune de la civilisation actuelle, porte éminemment ce caractère international. Votre Majesté l'apprécie mieux que personne, et il est bien permis à tous ceux qui s'occupent de ces études de s'en féliciter.

Votre Majesté daigne me continuer sa bienveillance, dont Elle m'a donné déjà tant de marques précieuses, et veuille croire au profond respect que je lui porte.

Th. MOMMSEN.

(1) M. Mommsen, qui témoigne dans ses lettres de sa reconnaissance pour l'accueil qu'il a toujours reçu en France, est l'auteur de cet écrit récent dans lequel il prouve l'absolue nécessité pour l'Allemagne de prendre à la France l'Alsace et la Lorraine, et considère les Français comme devant tomber, suivant son expression, *de la blague dans le désespoir*.

§ II.

Lettres à l'Empereur de MM. É. Augier, Quentin-Bauchard, Beulé, Caro, Doucet, Dupin, Octave Feuillet, Arsène Houssaye, Ponsard, Saint-René Taillandier, J. Sandeau. — Lettres de M. Belmontet et de M. Mathieu, archevêque de Besançon, à M. Conti.

1.

SIRE,

Quand Votre Majesté m'a fait l'honneur (s'en souvient-Elle?) de me lire sa préface, j'en ai été très-frappé : je le suis bien autrement par la lecture de son livre que je viens d'achever.

Au point de vue de la question d'art, qui me touche d'abord, il me paraît avoir un mérite tout nouveau et très-singulier : il donne la vie la plus intense à ses récits sans recourir aux mièvreries de l'anecdote et de ce qu'on a appelé dans ces derniers temps la couleur locale. Il a la sobriété de style et de détails que comporte l'histoire la plus sévère, et il n'en a pas la sécheresse. Il nous initie au mouvement réel de la vie publique chez les anciens, qui était restée pour nous à l'état de légende ; il déroule à nos yeux par grandes vues d'ensemble les destinées logiques du peuple romain ; il nous intéresse passionnément au développement des institutions et des idées, à l'enchaînement fatal des événements. C'est donc une œuvre d'art des plus remarquables.

Mais c'est aussi l'œuvre profonde d'un penseur. Il y a telle page, telle phrase de deux lignes qui ouvrent des perspectives infinies ; le présent et le passé se commentent et s'éclairent l'un par l'autre, se servant réciproquement d'explication et d'enseignement. Pour écrire un livre pareil, la sagacité naturelle et l'élévation de l'esprit ne suffisent pas ; il faut la connaissance intime et la pratique du mécanisme intérieur des événements ; il faut avoir fait de l'histoire en action. L'auteur de la *Vie de César* était seul en état et en position de rendre ce service à la science. La postérité lui saura gré de l'avoir rendu et dédommagera son œuvre des injustices passagères qu'il a prévues et bravées.

Quant à moi, Sire, je remercie vivement Votre Majesté d'avoir bien voulu me comprendre parmi les premiers conviés à cette fête de l'esprit qu'Elle offre aux hommes de bonne volonté, et je La prie d'agréer encore une fois l'expression de profond respect et d'entier dévouement avec lesquels je suis

Son très-obéissant et très-fidèle sujet,

É. AUGIER.

2.

Paris, 27 février 1865.

SIRE,

Votre Majesté a daigné me faire adresser, *comme un souvenir de sa part*, un exemplaire du premier volume de *l'Histoire de César*. Je La remercie du fond de l'âme de cette marque de haute bienveillance.

Sire, vous vous appelez Napoléon III et vous êtes l'Empereur des Français... Il ne vous suffisait donc pas d'illustrer votre règne par les gloires de la guerre et par les merveilles de la paix ; il fallait encore, comme l'immortel fondateur de votre dynastie, vous illustrer par les travaux de l'esprit !... Nous saluons votre livre, Sire, comme un monument de cette infatigable activité et de ce génie patient et élevé que Dieu vous a donnés pour les grands desseins qu'il vous a confiés.

Je mets à vos pieds, Sire, avec l'expression de ma vive gratitude, l'assurance des sentiments de profond respect et de dévouement absolu avec lesquels je suis, de Votre Majesté, le très-humble et très-fidèle serviteur et sujet.

QUENTIN BAUCHARD,
Président du Conseil d'État.

3.

Institut Impérial de France.
Académie des Beaux-Arts.

le 3 mars 1865.

Sire,

Votre Majesté a daigné ordonner qu'un exemplaire de *l'Histoire de Jules César* me fût envoyé. Je prie Votre Majesté d'agréer l'expression de ma profonde gratitude pour un présent dont je sens tout l'éclat et le prix infini.

Une marque d'aussi haute bienveillance m'est doublement précieuse dans la situation où me place mon titre de secrétaire perpétuel de l'Académie des Beaux-Arts ; elle me prouve que Votre Majesté a discerné, avec son équité clairvoyante, les devoirs qui me sont imposés et les sentiments qui me sont personnels. Mon devoir est de défendre l'Académie, de protester contre certains actes de l'Administration des Beaux-Arts, de subir les attaques inqualifiables des journaux qu'elle inspire, et de me tenir dans la retraite ; mes sentiments envers Votre Majesté n'ont point changé ; ils n'ont d'autre source que le dévouement et la reconnaissance.

Je suis, Sire, avec un profond respect, de Votre Majesté le très-obéissant sujet,

BEULÉ.
Secrétaire perpétuel des Beaux-Arts.

4.

Sire,

Que Votre Majesté me permette de La remercier avec empressement du splendide présent qu'Elle a daigné me faire.

Je viens de parcourir ce livre, si profondément empreint de votre pensée, et j'ai un vif plaisir à relire ces belles pages, dont le souvenir est inséparable, pour moi, de la gracieuse hospitalité de Compiègne.

Il ne me siérait guère de louer ici le rare mérite de cette œuvre si substantielle, si méditée, si virile d'accent, et dans laquelle il me semble que Montesquieu a passé.

Mais, s'il est des situations si hautes qu'elles rendent la louange presque impossible, il n'en est pas qui interdisent à la reconnaissance de s'exprimer librement. C'est un devoir de cœur pour moi de remercier Votre Majesté, qui m'a donné une marque illustre de son bienveillant souvenir.

Je suis avec un profond respect, Sire, de Votre Majesté le très-humble et très-obéissant sujet.

E. CARO.
Professeur à la Faculté des lettres de Paris.

Dimanche, 20 février 1864.

5.

Sire (1),

J'ai pensé que le plus sérieux hommage à une œuvre aussi considérable que celle dont Votre Majesté m'a fait présent, c'était d'y consacrer quelques jours de lecture continue et méditée, et que je serais facilement excusé du retard mis à mon remercîment, si ce retard avait pour motif unique le désir de faire une connaissance approfondie avec ce grand et beau travail. Je viens d'en achever la lecture et je m'empresse de remercier Votre Majesté du grave et noble plaisir que je Lui ai dû.

Il me serait impossible (et pour cause, n'étant pas militaire) d'apprécier à sa juste valeur cette vaste exposition de *la Guerre des Gaules d'après les Commentaires*, qui remplit tout le troisième livre. Cependant, sans être du métier, on peut sentir, comme d'instinct, ce qu'il a fallu de persévérance et de sagacité pour arriver à ce résultat de reconstruction historique, si fortement liée dans les détails, si logique et si vraisemblable dans l'ensemble. On devine qu'il y a là, sur les points principaux, un établissement définitif qui portera le nom de l'historien, et que les parties les plus obscures de cette grande épopée militaire, depuis la campagne contre les Helvètes jusqu'à la prise d'Alesia, sont devenues sous votre plume, aidée du compas, une véritable étude de précision.

(1) Cette lettre fut envoyée à M. Piétri avec la lettre ci-jointe :

« Mon cher Monsieur Piétri,

« Je recommande à votre obligeance la lettre ci-incluse, dans laquelle je remercie un peu longuement, je le
« crains, l'Empereur de l'envoi qu'il a daigné me faire du second volume de l'*Histoire de César*. Je me suis
« laissé aller à causer *épistolairement*, comme si, en ces temps politiques, l'Empereur avait le loisir de
« m'écouter.

« J'aurais voulu en même temps vous demander un petit service. Je publie en ce moment un livre sur
« la Philosophie de Gœthe. Bien que le sujet soit fort éloigné des études ordinaires et des préoccupa-
« tions de Sa Majesté, les plus simples convenances me font une loi d'offrir mon livre à l'Empereur. Quelle
« est la forme la plus simple, la plus élémentaire pour cela? C'est celle que je choisirai, si vous avez la
« bonté de me l'indiquer.

« Mille remercîments d'avance et croyez-moi votre très-dévoué.

« E. CARO,
Professeur à la Faculté des lettres,
« 20 rue Saint-Maur-Saint-Germain. »

« Dimanche, 20 mai. »

On admire l'art avec lequel, dans le quatrième livre, l'auteur présente dans un double tableau, et comme dans un parallèle continu, les événements militaires par lesquels grandissent au dehors, et *l'idée romaine*, et César, qui la représente, et d'autre part ces troubles sans cesse renaissants, dans lesquels se consument les tristes restes de la liberté. Il y a là une impression générale, habilement ménagée, et d'un effet presque irrésistible. La conclusion implicite de cette double et parallèle exposition éclate dans ce rapprochement significatif : « A Rome, la vénalité et l'anarchie ; à l'armée, le dévouement et la « gloire. Alors, comme à de certaines époques de notre révolution, on peut « dire que l'honneur national s'était réfugié sous les drapeaux. »

Et quand approche l'heure décisive, quand le dénouement s'entrevoit déjà, on y est comme préparé et secrètement incliné par cet habile contraste, si bien soutenu, entre les grandeurs militaires, où Rome revit tout entière, et l'anarchie intérieure, où elle se dévore et, ce qui est plus triste, où elle s'avilit.

Jamais le caractère de Pompée n'avait été retracé en traits plus énergiques et plus simples que là où l'historien, se plaçant dans l'hypothèse d'une victoire pompéienne, représente ce triste et faux grand homme, faible comme tous les vaniteux, instrument d'une aristocratie corrompue, cruel et vindicatif, pire que Sylla, s'il eût triomphé. César ne pouvait espérer une apologie plus habile, mieux disposée pour entraîner les esprits; et votre illustre client, Sire, doit vous savoir un gré infini, du fond de son immortalité.

En dépit de quelques analogies extérieures, plus on examine avec attention la peinture si précise que vous nous donnez de cette époque, plus on se rassure, Sire, en comparant ces temps violents et dépravés avec les nôtres.

L'impression que l'on retire de ce livre, à mesure qu'on l'étudie plus à fond, c'est un sentiment de patriotisme énergique et délicat (car on a une patrie dans le temps comme dans l'espace) qui nous porte, au nom de notre siècle, à répudier tout rapprochement entre la société romaine et la nôtre. De pareils rapprochements ne sont justes ni pour les peuples ni pour les gouvernements modernes, et la conscience historique les condamne comme le sentiment moral les flétrit. L'auteur de l'*Histoire de César* me paraît expliquer à merveille comment la société romaine a péri en perdant le sens de la justice et du droit, et j'ai recueilli un beau trait, jeté en passant dans ce livre, parmi beaucoup d'autres : « Rien n'indique davantage la décadence d'une société, que « la loi devenant machine de guerre à l'usage des différents partis, au lieu de « rester l'expression sincère des besoins généraux. » Que cela est juste et bien observé! La société romaine était une démocratie matérialiste. La nôtre est une démocratie que spiritualisent la conscience du droit, l'amour d'une juste liberté, l'influence légitime de l'opinion, la plus tendre affection pour le peuple, l'espoir viril et fier du progrès, au lieu de ce sentiment de la décadence universelle qui dégradait l'âme des sociétés païennes, l'idée chrétienne enfin, qui est comme le principe intérieur et secret de ces grandes choses et qui empêchera à tout jamais le retour de ces corruptions antiques. Oui, nous valons mieux que les Romains et nous avons mérité mieux que des Césars.

Que Votre Majesté daigne me pardonner la longueur inaccoutumée de ce remercîment et agréer l'hommage respectueux de son très-humble serviteur et sujet.

É. CARO.
Professeur à la Faculté des lettres de Paris.

Dimanche soir, 20 mai 1866.

6.

Ministère de la Maison de l'Empereur
et des Beaux-Arts.

Surintendance générale des théâtres.

A SA MAJESTÉ L'EMPEREUR.

Palais des Tuileries, le 8 mars 1865.

SIRE,

En daignant me comprendre parmi ses élus, l'auteur de la *Vie de César* m'a fait un honneur dont je suis infiniment heureux, et je supplie l'Empereur de permettre que je dépose à ses pieds mes très-humbles, très-vifs et très-sincères remercîments.

Le respect seul peut m'empêcher d'y joindre l'hommage de mon admiration littéraire pour ce monument magnifique élevé par le second Auguste à la gloire du premier César.

Si depuis longtemps, Sire, rien ne peut plus augmenter mon dévouement pour l'Empereur, ma reconnaissance s'accroît encore envers Sa Majesté de ce nouveau témoignage d'une bienveillance qui est sans prix pour moi, et que je m'efforce de mériter chaque jour davantage.

Je suis heureux de me dire, avec le plus profond respect, Sire, de Votre Majesté, le très-humble serviteur et très-fidèle sujet,

Camille DOUCET.

7.

Paris, le 1er mars 1865.

SIRE,

Je remercie Votre Majesté de l'honneur qu'Elle a daigné me faire en m'adressant le tome premier de son grand ouvrage :

L'*Histoire de Jules César* par L.-Napoléon !

Quel rapprochement que celui de ces deux noms à dix-neuf siècles de distance ! — Quelle source féconde d'études et de réflexions dans la grandeur des faits, l'immensité des résultats, la variété des appréciations !

Cette lecture vient à propos pour distraire et relever un faible *convalescent*. — Et ce titre, qui exprime mon état, me rappelle encore toute la reconnaissance que je dois à Votre Majesté, pour l'intérêt qu'elle a bien voulu prendre à ma santé et à mon rétablissement.

Mais, ce que je déplore le plus dans ma maladie, c'est son *inopportunité*.

Au moment où vont s'agiter les plus graves questions de *notre droit public*, j'aurais voulu (si mes forces me l'avaient permis) donner à Votre Majesté une nouvelle preuve de mon profond dévouement à sa personne et à sa dynastie, en défendant avec vigueur et précision ces *grandes maximes de gouvernement* qui servent de fondement à l'indépendance laïque de la France, et de rempart à ce *pouvoir civil* confié à votre garde, et dont, sous votre règne, il doit être plus vrai que jamais de dire que *l'Empereur des Français ne relève que de Dieu* (et non du prêtre) *et de son épée*, l'épée de Napoléon !...

J'ai l'honneur d'être avec le plus profond respect, Sire, de Votre Majesté, le très-obéissant et très-fidèle serviteur et sujet.

Le Procureur général DUPIN.

8.

SIRE,

Le souvenir que Votre Majesté daigne m'adresser de sa main est un titre d'honneur inappréciable pour moi et pour mes enfants. L'empereur ne pouvait me donner un témoignage d'estime dont je fusse plus fier, une marque de bonté qui me fût plus sensible. Je Lui suis profondément reconnaissant de l'avoir pensé, et d'avoir pensé aussi que j'étais digne de comprendre et d'admirer un des premiers cette œuvre qui ne sera pas seulement l'honneur de l'histoire et des lettres. Elle laissera des traces plus profondes. Car élever les études historiques à cette hauteur, enlever le gouvernement des choses de ce monde au hasard, aux accidents, aux mesquines passions, pour le donner tout entier aux inspirations providentielles du génie, aux vues généreuses et aux vastes desseins des grandes âmes, ce n'est pas seulement ennoblir l'histoire, c'est ennoblir l'humanité.

Que Votre Majesté daigne agréer, Sire, avec l'expression de ma reconnaissance émue, celle de mon respect le plus profond et de mon plus absolu dévouement.

Octave FEUILLET.

Paris, le 4 mars 1865

9.

SIRE,

Je viens demander une grâce à Votre Majesté :
Un exemplaire de l'*Histoire de César !*
De Votre Majesté, Sire, le plus humble des critiques et des sujets.

Arsène HOUSSAYE.

163, avenue Friedland.

10.

SIRE,

La faveur dont Votre Majesté a daigné m'honorer par le don d'un exemplaire revêtu de votre signature me cause tant de joie et me pénètre d'une si profonde reconnaissance, que j'ose adresser à Votre Majesté elle-même mes respectueux remercîments ; c'est l'héritage glorieux que je léguerai à ma famille ; la pensée que j'ai été jugé digne d'un pareil présent me fortifie et me remplit de courage.

S'il m'est permis d'exprimer mon sincère sentiment sur cette grande œuvre, Sire, non-seulement elle répandra de hauts enseignements historiques et philosophiques, mais elle exercera encore une influence salutaire sur les lettres ; notre littérature, entraînée vers l'affectation, semble tourmentée du désir de produire de l'effet ; elle cherche peut-être moins la justesse et la profondeur des idées que l'accumulation des images ; le style de la *Vie de César*, ce style où César reconnaîtrait sa netteté et sa précision, est bien propre à nous ramener au bon goût en montrant que le beau langage vient des fortes pensées.

Toute mon ambition serait de mériter ce témoignage de votre auguste bienveillance par un travail qui obtînt votre approbation. Je fais tout ce que je peux, en me désolant de ne pouvoir faire mieux, et, mille fois plus excité maintenant par la faveur que je reçois, je corrige et tâche d'arranger le moins mal possible une pièce en vers que j'ai achevée, que je lirai au Théâtre-Français au mois de mai, et que je suis bien honteux d'avoir due si longtemps à Votre Majesté.

Je suis avec le plus profond respect, Sire, de Votre Majesté le très-humble et très-dévoué serviteur.

F. PONSARD.

11.

SIRE,

En ouvrant l'exemplaire de l'*Histoire de Jules César* que Votre Majesté a daigné m'envoyer, ma première impression a été une vive joie et une reconnaissance profonde, car les mots que Votre Majesté y a tracés de sa main doublent à mes yeux le prix de ce magnifique présent.

Combien d'autres émotions se sont succédé dans mon esprit lorsque j'ai lu ces pages si belles ! A l'époque où vous avez bien voulu, Sire, vous adresser à moi pour la correction de quelques épreuves, je pouvais me croire sous l'influence de la séduction attachée à votre auguste personne ; comment voir, sans être profondément touché, tant de bonté unie à tant de grandeur ? Mais hier, lisant et relisant ces deux premiers livres dans le silence du cabinet, j'ai bien compris que mon admiration ne s'était pas trompée. Le tableau si complet, si impartial de la politique de Rome et de sa conquête du monde, l'appréciation si nette et si élevée des intérêts nouveaux que l'aristocratie dégénérée ne pouvait pas satisfaire, les symptômes de plus en plus nombreux d'une révolution devenue inévitable, tout cela prépare à larges traits l'apparition de César. Le second livre, dont je ne connaissais pas une seule page, m'a saisi plus vivement encore. *Tous les Marius*, rassemblés en ce jeune homme merveilleusement doué, s'y révèlent l'un après l'autre, mais épurés et agrandis. L'épisode de Catalina est tracé avec une impartialité supérieure, qui renouvelle le sujet et substitue la pensée de l'homme d'État aux déclamations de la routine. Le consulat de César et de Bibulus forme un tableau du plus vif intérêt. On aime à suivre le développement des idées et des actes de César exposé par un génie du même ordre, et on admire ce sentiment des grandes causes, des causes démocratiques et humaines, embrassé avec tant de modération et de persévérance. Les dernières pages sont d'une exquise beauté. La postérité répétera ces paroles : « Ne cherchons pas sans cesse de petites pas- « sions dans de grandes âmes. »

Dieu me garde d'exprimer jamais une pensée qui ne serait point la mienne ! Je transmets sincèrement à l'Empereur les émotions que je viens de ressentir. Je ne sais pas l'art de flatter, mais je suis heureux d'admirer à cœur ouvert tout ce qui est grand, et la grandeur ici est rehaussée encore par la simplicité. Peut-être, dans un monde de lecteurs où le clinquant est à la mode, peut-être, chez certaines écoles littéraires qui demandent le succès à l'éclat violent des couleurs, cette sobriété sera-t-elle matière à critiques pour des hommes qui ont intérêt à rabaisser l'œuvre de Napoléon III ; mais je suis persuadé que le peuple de France comprendra d'instinct cette simplicité si haute, et tous les vrais connaisseurs diront que Votre Majesté a parlé de César dans le style de César.

Daignez agréer, Sire, avec l'expression de ma reconnaissance, l'hommage du profond respect avec lequel j'ai l'honneur d'être, de Votre Majesté, le très-humble et très-dévoué serviteur et sujet.

Saint-René Taillandier.

Paris, 27 février 1865.

12.

Sire,

Je viens très-humblement remercier Votre Majesté de l'honneur qu'elle a daigné me faire en m'envoyant l'*Histoire de Jules César* : ce sera pour moi le plus précieux des souvenirs, et je le transmettrai à mes enfants comme un titre de noblesse.

Ce second volume continuera le succès du premier. L'intérêt y grandit de page en page comme la fortune de César, et l'idée générale de l'œuvre s'y dessine avec autant de simplicité que de vigueur. Tout lecteur impartial admirera ces deux livres si bien divisés, si bien réunis l'un à l'autre, qui se correspondent et se complètent si heureusement : dans le premier, tout le tableau de la guerre des Gaules présenté avec une précision de détails, une abondance de preuves, une richesse de documents qui épuisent la matière et donnent une vie nouvelle au récit même de César ; dans le second, le parallèle des événements de Rome et des campagnes du glorieux capitaine, c'est-à-dire une philosophie de l'histoire irrésistible. Ce plan si neuf éclaire l'époque tout entière d'un jour inattendu. Jamais historien n'avait aussi exactement suivi, aussi clairement indiqué le progrès simultané de l'anarchie romaine et de la grandeur de César, pendant ces dix années qui décidèrent du sort de la civilisation. Quand on embrasse ainsi l'ensemble des événements, on ne saurait douter que César fut véritablement l'homme de l'humanité, le représentant du droit nouveau, le gardien de l'avenir. Le jugement porté par Votre Majesté sur la victoire d'Alesia me paraît la vérité même. Considérer les Celtes comme nos pères, oublier que nous sommes les fils des Gallo-Romains, c'est pure déclamation. Il n'y avait dans cette lutte que deux ennemis en présence, la civilisation et la barbarie. Le triomphe de Vercingétorix eût jeté Gaulois, Helvètes, Germains, tout le monde barbare, sur le monde civilisé ; César a sauvé la civilisation, cette civilisation dont les vaincus eux-mêmes ont profité si largement. Que les intrigues de Rome paraissent mesquines auprès de ces grandes choses !

Le caractère des personnages qui jouent un rôle dans ce drame immense est tracé, à mon avis, avec une parfaite équité. Le génie vaste et humain de César, la vanité et l'égoïsme de Pompée, la légèreté de Cicéron, tout cela se dessine dans le récit même. Les faits parlent, et l'auteur les traduit dans un style lapidaire avec une sincérité irréprochable. Les conclusions du volume sont de la plus grande beauté. Je ne fais que transcrire ici l'impression sommaire que m'a causée une première lecture de ce grand livre ; combien de choses j'aurais à exprimer encore si je ne craignais d'être importun ! Quelle haute simplicité ! Quelle conviction forte ! Quel sentiment des obligations du chef dans les crises où se renouvelle le monde ! On ne peut s'empêcher ici de joindre, aux félicitations respectueuses adressées à l'écrivain, des vœux sincères adressés à l'Empereur. Que Dieu protége Votre Majesté ! Qu'il continue de lui accorder la gloire, la sagesse et la prospérité en toutes choses !

Daignez agréer, Sire, l'hommage du profond respect avec lequel j'ai l'honneur d'être, de Votre Majesté, le très-humble et très-dévoué serviteur et sujet.

SAINT-RENÉ TAILLANDIER.

Paris, 17 mai 1866.

15.

Sire,

Aussitôt après avoir reçu le premier volume de l'*Histoire de César*, j'ai prié le chef de votre cabinet (1) de mettre aux pieds de l'Empereur l'hommage de ma gratitude, mais je n'étais pas quitte envers l'historien. J'hésitais pourtant à vous écrire, tant il me semblait difficile de louer Votre Majesté d'une façon qui fût digne d'elle. Je me suis dit enfin que l'admiration d'un honnête homme, simplement et loyalement exprimée, ne saurait déplaire et même avait des chances pour arriver à votre cœur. On cherchera désormais dans la *Vie de César* la pensée de Napoléon III, et cette grande figure à laquelle il semblait que rien ne pouvait ajouter aura reçu ainsi une grandeur inattendue et un lustre nouveau. Assez d'autres apprécieront l'élévation des vues, la profondeur

---

(1) Le 3 mars précédent, M. Sandeau avait en effet adressé au chef du Cabinet la lettre suivante :

« Monsieur,

« J'ai reçu le premier volume, que l'Empereur a daigné m'adresser. Rien ne pouvait m'être plus
« doux que ce souvenir de Sa Majesté. J'en suis touché comme si j'en étais indigne ; j'en suis fier comme
« si je le méritais.

« Veuillez, Monsieur, mettre aux pieds de Sa Majesté l'hommage de ma respectueuse gratitude, et agréez
« l'assurance de ma haute considération.

« JULES SANDEAU. »

« Sèvres, 3 mars. »

des jugements, la sérénité et la dignité du style ; qu'il me soit permis, à moi, de vous remercier au nom des lettres, de l'honneur que vous leur faites. Les lettres en seront éternellement fières et reconnaissantes. L'Empereur Charles-Quint, pour avoir ramassé le pinceau du Titien, avait bien mérité des arts. Vous, Sire, vous avez mieux fait. Vous avez pris la plume de Montesquieu, et vous vous en êtes servi.

Je mets aux pieds de l'Empereur l'hommage de mon admiration, de mon respect et de mon dévouement.

Jules SANDEAU.

Sèvres, 20 mars.

14.

Lettres de MM. Belmontet et Mathieu, archevêque de Besançon, à M. Conti.

Corps législatif.   Paris, le 18 mai 1866.

MON CHER CONTI,

Je vous prie de vouloir bien présenter à Sa Majesté mes très-respectueux et très-vifs remerciments pour l'envoi, dont elle a daigné m'honorer, du deuxième volume sur J. César.

Je l'ai parcouru à vol d'aigle ; il m'a plus profondément impressionné que le premier volume.

Le grand penseur domine dans ce récit de la guerre des Gaules. Il a fallu un certain courage de philosophe humanitaire pour donner raison à la victoire de César sur Vercingétorix (1). Le vulgaire comprendra-t-il la portée de cette opinion *napoléonienne*? Je crains que non ; mais, comme au *Rubico, alea jacta est.*

Je vous adresse pour vous, pour M. Piétri et pour l'ami Sacaley, trois exemplaires de mes *Nobles.*

Cette satire a paru dans *La Comédie*, il y a six ans. Elle n'a pas donc été faite pour la circonstance de la nomination féodale de M. Monier de la Sizerane. Je me serais bien gardé de juger les actes de l'Empereur.

D'ailleurs, sur cette question, j'ai prononcé dans le sein du Corps législatif, en 1852 ou 53, un discours contre le principe nobiliaire.

Cela m'a fourni l'occasion d'écrire à M. Monier une lettre où je lui rappelais qu'en 1832 j'habitais avec lui une maison à Interlaken, où nous avions pour compagnon d'hôtel le duc de Fitz-James, le comte de Bombelles, ministre d'Autriche, et le comte de Talleyrand, ministre de France en Piémont.

Je lui ai rappelé que lui et ces trois personnages, très-royalistes, luttaient toute la journée avec moi pour mes idées *napoléoniennes*, dont ils riaient cavalièrement.

Ils se moquaient de mes relations intimes avec le prince Louis, aujourd'hui Empereur.

---

(1) Probablement par suite d'un *lapsus calami*, le texte porte *Vincegetorix*.

Eh bien! un de ces rieurs était le sénateur devenu comte par un Bonaparte.

Autre temps, autres opinions!

Voilà ce qui me donne à rire à mon tour, à moi vieux bonapartiste, qui ai épousé la petite-fille d'un conventionnel, laquelle offrit à la reine Hortense de s'exiler avec elle pour aller rejoindre en Amérique le prince son fils, proscrit alors.

M. Monier a fait des vers sur Marie-Antoinette, vers *inconnus et très-médiocres.*

Voilà son mérite.

Moi, j'ai fait toute ma vie des vers très-connus sur le grand Napoléon, sur le Roi de Rome.

Voilà mon crime, car on m'en punit par la préférence accordée à de vieux royalistes.

Ainsi va le monde. Mais les gens de cœur restent fermes dans leur cœur.

C'est votre histoire aussi, celle-là.

Tout à vous et vive l'Empereur (le grand, et l'autre grand aussi)!

L. BELMONTET.

15.

MONSIEUR,

Le second volume de l'*Histoire de Jules César*, que Sa Majesté a daigné me destiner, m'est parvenu avec votre lettre. En lisant ce bel et étonnant ouvrage, j'ai pensé que Jules César était bien heureux d'avoir conquis les Gaules et composé ses Commentaires; car, sans cela, l'Empereur aurait fait l'un et l'autre.

Je vous prie de déposer aux pieds de Sa Majesté, avec mes profonds hommages, l'expression de ma reconnaissance.

Agréez, Monsieur, l'assurance de mes sentiments les plus distingués.

† CÉSAIRE,
Card. arch. de Besançon.

Besançon, le 22 mai 1866.

CXXIX.

Lettres de M. Albéric Second à M. Conti.

1.

Paris, le 15 octobre 1869.

CHER MONSIEUR,

Je me noie en ce moment faute de quatre billets de mille francs.

Ah! si vous pouviez faire parvenir mon cri d'angoisse jusqu'à l'oreille de l'Empereur !

Recevez, cher Monsieur, l'assurance de mes sentiments les plus distingués.

ALBÉRIC SECOND.

2.

CHER MONSIEUR,

L'Empereur a daigné entendre et accueillir mon cri de détresse.

Faites, je vous en prie, que mon cri de joie et de reconnaissance parvienne jusqu'à Sa Majesté.

Et croyez aux sentiments de haute considération de votre dévoué serviteur,

ALBÉRIC SECOND.

CXXX.

Lettres de M. Rouher à M. de Moustier et à l'Empereur.

1.

AU MARQUIS DE MOUSTIER.

Ministère d'État.

Cabinet du Ministre.

Cerçay, le 8 août 1866.

MON CHER AMI

Il y a trois jours, le comte de Goltz vint me voir, me dit que M. de Bismark désirerait obtenir la reconnaissance officielle, immédiate, des annexions acceptées pour la Prusse, jusqu'à concurrence de 4 millions d'habitants, et me prie d'appuyer télégraphiquement auprès de l'Empereur la démarche privée qu'il avait faite, dans ce but, auprès de M. Drouyn de Lhuys.

Je me prêterai à son désir, et j'adresserai à l'Empereur une dépêche télégraphique. Toutefois, je fis observer à M. de Goltz que cette question me semblait solidaire de celle de la rectification de nos frontières, et que, probablement, on lui manifesterait la volonté de les traiter simultanément. Mes prévisions se sont réalisées : hier, l'ambassadeur de Prusse m'a communiqué la réponse de notre collègue; celui-ci expose qu'une communication dans ce sens a été faite par Benedetti à M. de Bismark, et qu'on croit devoir attendre une réponse à cette suggestion avant d'aller plus avant dans les négociations. M. de Goltz trouve notre prétention légitime en principe; il considère que satisfaction doit être donnée au seul vœu de notre pays pour constituer, entre la France et la Prusse, une alliance nécessaire et féconde. Mais il est un peu blessé de ce que les communications qui lui sont faites laissent notre dessein dans le vague le plus complet, et de ce qu'on semble ne pas vouloir lui faire connaître les conditions qu'on pense remplir auprès de M. de Bismark. Je lui ai fait observer que M. de Bismark avait dû l'instruire ; il m'a répliqué que non, et il s'étonne d'autant plus d'être laissé en dehors de cette partie importante des négociations.

Je confesse que je ne vois pas grande utilité à cette réserve de notre part vis-à-vis d'un ambassadeur qui se déclare spontanément favorable à nos idées. Je serais assez d'avis de lui en dire au moins autant qu'à M. de Bismark, sous une forme officieuse, sinon officielle. Toutefois je suis resté muet, et ce filandreux exposé n'a pour objet que de savoir si je dois ou non délier ma langue. Sa Majesté veut-elle que, dans mon rôle officieux, je sois ou non explicite à l'égard de M. de Goltz ? Faut-il ne demander que les frontières de 1814 ? Ne faut-il pas avoir une prétention initiale plus vaste ? Exprimant une opinion purement personnelle, je peux, sans inconvénient sérieux, afficher de grandes exigences. Étant l'écho de la pensée impériale, je dois avoir un langage rigoureux et correct. Éclairez-moi par un télégramme sur l'attitude que j'ai à tenir, après avoir pris les ordres de Sa Majesté.

Et maintenant voici quelques impressions que je crois convenable de vous livrer : 1° Le sentiment public se prononce de plus en plus dans le sens d'un agrandissement à notre profit ; il est chaque jour dirigé, entraîné, égaré par les habiletés des hommes de parti. La presse favorable au Gouvernement ne peut pas modérer ce sentiment, parce qu'elle n'ose le partager dans une mesure quelconque ; or, c'est là une mauvaise position, qu'il faut faire cesser le plus vite possible. Si demain nous pouvions dire officiellement : « La Prusse « consent à ce que nous reprenions les frontières de 1814 et à effacer ainsi les « conséquences de Waterloo, » l'opinion publique aurait un aliment et une direction ; on ne se débattrait plus que sur une question de quotité à laquelle les masses resteraient indifférentes ; 2° Je ne crois pas que cette rectification obtenue vaille quittance pour l'avenir. Sans doute, il faudra que de nouveaux faits se produisent pour que de nouvelles prétentions s'élèvent, mais ces faits se produiront certainement. L'Allemagne n'en est qu'à la première des oscillations nombreuses qu'elle subira avant de trouver sa nouvelle assiette. Tenons-nous plus prêts, à l'avenir, à profiter mieux des événements ; les occasions ne nous manqueront pas. Les États du Sud du Mein, notamment, seront d'ici à peu d'années une pomme de discorde ou une matière à transaction. M. de Goltz ne dissimule pas, dès à présent, des convoitises vis-à-vis de ce groupe de confédérés. Aussi je tiens qu'à l'avenir nous pourrions stipuler pour notre alliance le prix que nous jugerons convenable.

S. M. l'Impératrice vous a écrit et a bien voulu m'exprimer des pensées toutes contraires. Elle voudrait demander beaucoup ou rien, pour ne pas compromettre nos prétentions définitives. Mais, pour demander beaucoup, il faut être au lendemain de grands succès, et ne rien obtenir aujourd'hui, c'est laisser en grande souffrance l'opinion publique.

Je n'entends plus parler de l'acquisition des fusils à aiguille ; or je vous ai dit ma pensée à cet égard ; il est essentiel pour l'armée, soit comme garantie, soit comme expérience, qu'un décret de virement mette à la disposition du Ministre de la guerre une somme considérable pour commencer cette transformation. On ne l'utilisera que dans la mesure du possible, mais l'effet moral sera produit. Voyez en Angleterre : on n'a pas perdu vingt-quatre heures.

Voilà une lettre interminable et dont je me sens honteux. Je vous engage à ne la lire que pendant le loisir des bains.

Donnez-moi des nouvelles de la santé de l'Empereur. Ce malaise prolongé le fera-t-il renoncer à son traitement ou prolonger son séjour? La date du retour est-elle fixée ou prévue?

Mes amitiés à la marquise. Toute la smala de Cerçay est en santé parfaite.

Votre tout dévoué,
E. ROUHER.

2.

A L'EMPEREUR.

Ministère d'État.

Cabinet du Ministre.

(Sans date.)

SIRE,

J'avais commencé la rédaction d'une note relative à la question que nous avons agitée hier. Elle est informe et illisible. Toutefois, à raison de l'urgence et en faisant abstraction de tout amour-propre d'auteur, je la transmets à Votre Majesté, qui pourra se la faire lire par M. de Saint-Vallier, plus familiarisé avec ma mauvaise écriture.

Daignez, Sire, agréer l'assurance de mes sentiments les plus dévoués.

E. ROUHER.

1.

L'Empereur est préoccupé de la fausse position qui lui serait faite par l'acceptation de la Vénétie et serait disposé à déclarer, par un acte officiel, qu'il rend à l'Autriche sa parole.

Cette mesure est-elle commandée par la situation?

Quelle impression ferait-elle sur l'opinion publique en France?

Quels avantages ou quelles complications apporterait-elle aux négociations pendantes?

2.

La note du 5 juillet a sans doute proclamé la cession pure et simple de la Vénétie à la France, et les termes absolus de cette note ont pu autoriser à penser, d'une part, que la transmission était opérée sans conditions, de l'autre, qu'elle était constatée par un document authentique et régulier; mais cela était contraire aux faits et à la nature des choses, car l'Autriche est restée en possession, la France n'a pas pris livraison, et l'Italie a continué contre son ennemi une lutte qu'elle ne pouvait interrompre sans méconnaître ses engagements envers la Prusse. Sans doute ces incidents, que Sa Majesté ne pouvait comprimer par aucune force matérielle disponible, ont pu éveiller de justes susceptibilités, mais enfin la lumière s'est faite; l'opinion publique a compris que la cession de la Vénétie était moins une opération réelle qu'un moyen de négociation, qu'un levier pour l'obtention de l'armistice, et cette interprétation plausible, naturelle, qui dégage l'honneur et la dignité du Gouvernement français, est acceptée par tous les hommes sérieux.

Pourquoi donc agiter de nouveau cette question, délicate sans doute, mais qui est entrée aujourd'hui dans une phase d'apaisement? Nous sommes certains de l'obtention de l'armistice, la suspension des hostilités est signée, les luttes sur ce qu'on appelle *notre territoire* sont interrompues. Loin d'être exposée à des blessures nouvelles, notre susceptibilité a reçu des garanties.

Mais, dit-on, cette situation est absolument fausse; nous sommes propriétaires apparents de la Vénétie, et en réalité l'Autriche ne reconnaît pas notre droit, ou tout au moins en entoure l'existence de conditions inacceptables, pendant que l'Italie déclare ne pas vouloir accepter la Vénétie des mains de la France et ne consent à la recevoir que de celles de l'Autriche. N'est-il pas plus raisonnable de faire cesser l'équivoque qui couvre les positions respectives, de revenir au vrai et de renoncer au funeste présent qui nous a été fait?

Je ne saurais nier que l'équivoque s'est produite au lendemain du 5 juillet, mais je maintiens et répète qu'elle est aujourd'hui dissipée pour ceux qui examinent et se rendent compte de tout. Je ne vois aucun profit à enregistrer officiellement un désaccord qui prêtera à de nombreux commentaires et servira de prétexte aux attaques ennemies. Quant à l'Autriche, quelles conditions oppose-t-elle à la cession de la Vénétie? Ces conditions sont absolument indépendantes et du nom du cessionnaire et de la forme de la cession. En effet, elles s'appliquent au pouvoir temporel du pape, à des restitutions d'argent, au régime du port de Venise, etc. Or ces conditions, l'Autriche peut-elle espérer les faire accepter par la Prusse et l'Italie? Évidemment non. La Prusse est liée sur ce point vis-à-vis du Gouvernement italien, et celui-ci n'est disposé à aucune concession; les maintenir, c'est recommencer la guerre, et alors il est bien surabondant de s'occuper de la Vénétie, puisque la résolution désespérée de l'Autriche de recourir de nouveau aux armes entraînerait du même coup et la cession de la Vénétie, et l'armistice, et la médiation. Si au contraire l'Autriche doit, en définitive, abandonner ces conditions, il n'y a pas lieu de les présenter aujourd'hui comme une raison déterminante de la conduite que nous avons à tenir. La seule observation fondée, à mes yeux, que fasse l'Autriche est celle-ci : « Si l'armistice n'est pas suivi de la paix, je ne puis me trouver alors dans « des conditions plus mauvaises qu'à présent, car la livraison de Vérone « comme gage de l'armistice me dépouille d'une forteresse que j'ai intérêt à « conserver si la guerre continue. » Cette réflexion aurait peut-être dû être faite plus tôt, elle nous aurait évité une fausse démarche vis-à-vis de l'Italie; mais il advient que l'Italie déclare ne pouvoir accepter la remise de Vérone par l'in-

termédiaire d'un commissaire français. Eh ! bien, cette double résistance, loin de compliquer les négociations, les simplifie. En effet, elle permet de dire à l'Italie : « Ne parlons plus de Vérone comme gage de l'armistice ; seule-
« ment, à l'invitation de la Prusse, que le cabinet de Florence demande
« comme préliminaire de paix la stipulation de la remise, lors du traité défi-
« nitif, de toute la Vénétie sans conditions, et le cabinet français négociera
« auprès de Vienne dans ce sens. »

Mais ici l'objection reparaît : comment et dans quelle forme se fera la cession de la Vénétie lors de la signature du traité de paix ? Oh ! je confesse qu'à ce moment cette question de forme me trouvera bien accommodant et bien désintéressé. En effet, lorsque l'Empereur aura fait accepter l'armistice et sera parvenu à faire triompher la paix en Europe, son grand but aura été atteint, son autorité aura reçu une sanction suprême. Dès lors, les questions de forme ne seront plus que des questions puériles, que l'opinion satisfaite envisagera avec la plus suprême indifférence. Il en serait tout autrement aujourd'hui, au milieu des préoccupations et des indécisions qui agitent le public : la renonciation publique à la cession de la Vénétie serait interprétée comme un aveu d'impuissance, une impossibilité d'obtenir l'armistice, une probabilité de reprise de la guerre. En France, on en serait ému et affligé ; les partis hostiles proclameraient brusquement l'avortement des combinaisons de l'Empereur ; en même temps, le parti révolutionnaire en Italie chercherait à voir dans cet abandon une victoire. En effet, si la guerre continuait, il croirait avoir atteint son but ; si, au contraire, il obtenait de la résignation de l'Autriche une cession directe, il présenterait ce résultat comme un succès contre la France.

Toute résolution relative à la Vénétie avant la signature de l'armistice est donc inopportune et entachée d'inconvénients sérieux.

NOTA. Certaines confidences nous autoriseraient à penser que la Prusse pousse à la demande du Tyrol. Est-ce encore là une manœuvre souterraine pour se conserver les apparences de la modération et donner à l'Italie l'attitude de l'opiniâtreté ?

3.

A L'EMPEREUR.

MINISTÈRE D'ÉTAT.

Cabinet du Ministre.

Paris, le 18 septembre 1867.

SIRE,

Je viens compléter les indications que j'ai données, par dépêche télégraphique, à Votre Majesté, sur les affaires du Crédit mobilier. Cette négociation, longue, hérissée de difficultés, pour le succès de laquelle j'ai été obligé de me mettre en relations directes avec la plupart des régents de la Banque, m'a démontré trois choses : 1° l'absence de toute autorité de la part de Rouland ; 2° une hostilité violente, fortement mêlée de spéculation à la Bourse, de la part de tout ce qui est finances, en dehors de la Banque, contre toutes les sociétés constituées ou régies par MM. Pereire ; 3° des maux intérieurs dans les sociétés du Crédit mobilier et de l'Immobilière, beaucoup plus graves que je ne l'avais présumé.

MM. Pereire avaient eu la pensée d'un emprunt de 75 millions remboursable après trois ans. Cette somme et ce temps étaient utilement calculés à leur point de vue. En effet, d'une part, la Société immobilière ne possède plus que des constructions et des terrains vagues. Ses propriétés à Marseille, qui représentent 177 millions, sont invendables ; quant à ses propriétés à Paris, qui valent 144 millions, on ne veut pas en acheter dans l'espoir prochain d'une dépréciation par liquidation judiciaire. Le passif s'élève à plus de 220 millions. Or, les intérêts de ce passif sont supérieurs aux revenus de l'actif. Quant au Crédit mobilier, son portefeuille se compose en presque totalité de valeurs très-difficilement vendables et fortement dépréciées, pendant qu'il est sous le coup d'un passif exigible de 100 millions.

La conversion de son passif en dette payable à terme, jusqu'à concurrence de 75 millions, lui permettrait d'attendre des circonstances meilleures pour la réalisation de son actif. Malheureusement, je l'ai écrit à Votre Majesté, l'opération n'a été possible que jusqu'à concurrence de 37 millions et demi. C'est de ces circonstances que la Bourse a déduit sa propension à la baisse sur les valeurs des sociétés Pereire.

Cependant rien ne périclite pour quelque temps, et j'ai eu hier une longue conférence avec M. de Germiny, qui est disposé à prendre la direction du Crédit mobilier, conférence dans laquelle nous avons ébauché un plan qui donnerait une vie nouvelle à ces affaires. Si j'en reconnais l'exécution difficile, je ne la crois pas impossible. M. de Germiny a demandé à réfléchir aux idées que je lui ai soumises. Aussitôt qu'elles nous seront devenues communes, je les soumettrai à la haute approbation de l'Empereur.

Mon voyage à Nantes s'est exécuté aussi rapidement que possible. Arrivé le dimanche matin, j'en repartais le lundi à 7 heures du matin. J'ai trouvé dans le haut commerce un bon esprit politique et des témoignages très-vifs de dévouement à Votre Majesté.

Nous allons nous réunir, les ministres présents à Paris, dans quelques minutes. Nos préoccupations et notre causerie porteront probablement sur les affaires d'Italie. Je suspends ma lettre pour pouvoir faire connaître à l'Empereur le résultat de notre échange d'idées.

10 septembre 1867.

Garibaldi paraît décidé à faire son expédition. On soutient qu'au lieu de chercher à traverser de vive force les lignes italiennes, il s'introduirait subrepticement à Viterbe, provoquerait une insurrection et se dirigerait sur Rome, dont la garnison ferait, en majeure partie, défection. Cette entreprise a-t-elle quelque chance de succès ? M. de Sartiges, que j'ai vu hier soir, est convaincu que non. Mais il ne saurait y avoir inconvénient à arrêter des résolutions en vue de ces éventualités.

Tout est suspect dans cette malheureuse affaire. Garibaldi n'a-t-il personne derrière lui? N'a-t-il pas reçu de l'argent de M. de Bismark? Cette question de Rome n'est-elle pas destinée, comme en 1866 la Vénétie, à devenir le motif d'une alliance offensive et défensive entre la Prusse et l'Italie? Cette alliance n'est-elle pas en voie de formation, dans l'hypothèse de conflits ultérieurs? Toutes ces circonstances me préoccupent, mais ne sauraient, à mes yeux, modifier la conduite à tenir. Si Garibaldi envahit Viterbe et marche sur Rome, nous devons envoyer immédiatement 10,000 hommes à Civita-Vecchia, poursuivre et expulser Garibaldi, offrir au pape de rentrer à Rome, si par hasard il l'avait déjà quittée, puis ramener notre corps d'armée et, l'insuffisance de la convention du 15 septembre ainsi constatée, offrir aux différentes puissances européennes la constitution d'une garantie collective. Cette attitude me paraît la seule conforme à notre dignité et à nos intérêts. Ne rien faire nous donnerait une apparence de complicité et renouvellerait toutes les accusations dirigées contre nous à propos des Marches et de l'Ombrie. Ce serait pour des élections plus ou moins prochaines une cause assez sérieuse d'affaiblissement. D'ailleurs, les temps actuels veulent que nous fassions énergiquement respecter la foi des traités, et une conduite résolue est plus propre à empêcher des alliances regrettables que les apparences de l'irrésolution.

Les Italiens nous demandent ce qu'ils doivent faire, et s'ils doivent poursuivre Garibaldi au delà de la frontière; leur présence à Viterbe, si nous nous étions réservé l'occupation de Civita-Vecchia et de Rome, ne me paraîtrait pas un inconvénient, en ce sens qu'elle prouverait une communauté de vues. Mais alors les limites de l'occupation et la nécessité d'une évacuation simultanée devraient être nettement convenues par un échange de notes.

Si l'Empereur donnait son adhésion aux idées que je me permets de lui soumettre, d'accord avec MM. de la Valette et Vuitry, il y aurait urgence : 1° à réunir à Toulon les bâtiments nécessaires ; 2° à diriger quelques régiments et des forces combinées de Lyon sur Toulon.

De nouveaux incidents se sont produits hier dans l'affaire du Crédit mobilier. MM. Pereire rencontrent des hésitations de la part de leurs administrateurs à s'engager vis-à-vis de la Banque ; ils sont eux-mêmes peu disposés à s'obliger, et veulent tantôt donner leur démission, tantôt rester à la tête de leurs affaires. Par suite, ils rêvent les combinaisons les plus illusoires et les concours les plus impossibles. On ne saurait être dupe désormais de tous ces mirages qui les ont abusés ; il faut en finir de cette crise, résolûment et le plus tôt possible. Le mal est énorme : ces affaires succombent sous des exigibilités tout à fait hors de proportion avec les ressources disponibles. Aucun allégement ne peut être espéré, si ce n'est celui consenti par la Banque ; il faut donc que MM. Pereire se mettent en mesure, pour l'obtenir et laissent la place à d'autres individualités ne soulevant pas d'hostilités violentes. Ces messieurs auront peut-être recours à Votre Majesté : je la supplie de les décourager nettement, car, si d'ici à huit jours ils ne se résignent pas, ils vont droit à la faillite. Je ne sais même si aujourd'hui, quoi qu'on fasse, on pourra l'éviter.

C'est vraiment quelque chose d'inouï que de voir les administrateurs de ces sociétés disposés à se laver les mains de désastres qui menacent cette masse d'actionnaires. Ils se figurent tout simplement pouvoir rester riches au milieu des ruines qui les entoureraient. C'est certainement la plus folle des illusions : il faut qu'ils demeurent bien convaincus, car c'est une chose juste et morale, que leur fortune et leur honneur sont pleinement engagés dans ces malheureuses entreprises.

Je fais mes excuses à Votre Majesté de cette missive démesurée, mais ce sont, à proprement parler, deux missives dans une seule.

Daignez, Sire, agréer l'assurance de mon profond respect et de mon entier dévouement.

E. ROUHER.

P. S. J'enverrai sous très-peu de jours à l'Empereur une note relative aux élections. L'Empereur ne croit-il pas utile que le maréchal Niel ait un intérimaire au moins désigné, sinon officiel? Il n'est pas inutile de se prémunir contre les incidents les plus invraisemblables.

La polémique relative au maréchal Bazaine me paraît très-regrettable ; elle maintient dans le débat public, fort inutilement, l'affaire du Mexique. Le maréchal ne paraît pas s'en soucier, ou mieux il va demander de l'appui à des journaux de l'opposition. L'Empereur ne croirait-il pas convenable que le Gouvernement doive intervenir officiellement dans ce débat? Le maréchal Bazaine pourrait adresser au Ministre de la guerre un rapport officiel sur l'expédition du Mexique ; ce rapport serait mis sous les yeux de l'Empereur par le Ministre ; il serait approuvé et inséré au *Moniteur*. Si on ne fait rien, le maréchal Bazaine et le Gouvernement continueront à être attaqués sans se défendre. Cette inertie a des inconvénients.

L'Empereur a-t-il pris connaissance de l'article du prince Napoléon sur l'Allemagne inséré dans *Le Siècle*?

4.

A L'EMPEREUR

Ministère d'État.

Cabinet du Ministre.

Cerçay, le 24 septembre 1867.

SIRE,

Votre Majesté a daigné terminer sa lettre par des témoignages de haute bienveillance, dont je lui exprime ma gratitude avec effusion. Je ne saurais dire à l'Empereur tout le bonheur que j'en éprouve. Si un dévouement sans limites suffisait à les mériter, j'oserais croire que j'en suis digne.

Que Votre Majesté me permette aussi de la remercier des félicitations qu'elle a bien voulu m'adresser à propos de la biographie de Billault et de la prier d'être l'interprète de mes remerciments auprès de Sa Majesté l'Impératrice.

Votre Majesté m'avait à peu près donné la permission de remettre la décoration à l'artiste qui a fait la statue de Billault. Je n'en ai point usé, d'abord parce que l'œuvre est d'une grande médiocrité, puis parce que le préfet se montrait trop malheureux de n'avoir pas réussi dans sa demande en faveur du maire, et préférerait, par suite, qu'aucune distinction honorifique ne fût distribuée. Maintenant que cette récompense ne constituera plus un précédent en matière d'inauguration de monument, j'appelle de nouveau l'attention de l'Empereur sur la situation du maire de Nantes. Le préfet, qui est un administrateur distingué, a eu peut-être le tort de faire la petite spéculation de ne pas insister pour l'obtention de cette croix au 15 août, croyant l'obtenir sans difficulté au 15 septembre ; mais, en réalité, il y aurait des inconvénients politiques à ajourner cette récompense à l'égard du magistrat d'une grande cité qui lutte courageusement contre un conseil municipal hostile et porte résolument le drapeau du Gouvernement. Je ne connais pas personnellement M. Dufour ; la mort subite de son frère l'avait éloigné de Nantes le jour où j'y étais ; mais on m'a affirmé qu'indépendamment même de ses fonctions municipales il avait les titres les plus sérieux à la décoration.

J'envoie à Votre Majesté une note sur les élections. Mon sentiment se résume en quelques mots : attendre le terme légal est une imprudence ; une dissolution immédiate a d'incontestables avantages, mais elle est trop utilitaire, un peu équivoque, subreptice et peureuse ; elle viole toutes les bonnes traditions du gouvernement représentatif. Des élections au mois de mai prochain se présentent avec de sérieuses chances de succès, quoique avec certaines difficultés et certains périls de plus. Leur succès, plus chèrement acheté, donnera au Gouvernement une force incontestée, une autorité plus vraie et plus durable.

Garibaldi semble encore hésiter dans son agression contre Rome. Après tant de fanfaronnades, je regretterais presque son abstention. Il serait plus utile à notre politique générale que nous eussions l'occasion immédiate d'assurer l'intégrité des États Pontificaux sur de nouvelles bases. Sinon, la crise pourra éclater dans des circonstances inopportunes et gênantes pour nos bons rapports avec l'Italie.

La circulaire Bismark produit la plus désagréable impression. M. de Moustier se demande quelle attitude diplomatique il doit prendre vis-à-vis de ce document, dont la portée semble devoir être aggravée par l'adresse du parlement fédéral. Il en écrira à Votre Majesté. Il me semble, en ce qui concerne les journaux officieux, qu'ils doivent se borner à dire que cette circulaire est bien plutôt un moyen d'aplanir des difficultés intérieures et de faire voter des impôts nouveaux très-peu populaires, qu'elle n'est un acte d'agression volontaire à l'égard de la France. M. de Bismark se sert du nom de la France vis-à-vis de ses confédérés comme on se sert du nom de Croquemitaine vis-à-vis des enfants pour les rendre obéissants. La presse française ne saurait être dupe de ce jeu-là et contribuer à son succès par une polémique irritée. Elle conservera donc la quiétude la plus parfaite dans ses appréciations sur les affaires d'Allemagne, bien convaincue que les intérêts français n'auront pas à souffrir des événements ultérieurs et que la paix de l'Europe ne saurait être à la merci de telle ou telle expression malencontreuse. Nous sommes d'accord avec M. de Moustier pour faire développer ce thème par les journaux.

L'affaire du Crédit mobilier est entrée dans une phase d'apaisement. Maintenant qu'ils ont échappé au péril du jour, MM. Pereire commencent à se laisser entraîner à des idées de regret et de réaction. Ces sentiments sont dans l'ordre naturel des choses, et, loin de s'effacer, s'accentueront chaque jour davantage, parce que chaque jour leur donnera un peu plus la mesure de leur isolement, de leur chute et de leur responsabilité. Ils sont vraiment à plaindre; ils n'avaient pas mérité les haines féroces qui les ont poursuivis et dont leur témérité a facilité le triomphe. Mais leur abdication personnelle était devenue inévitable, et aujourd'hui tous les efforts doivent se concentrer dans l'étude des moyens propres à éviter de trop grands désastres. A ce point de vue, l'intervention de la Banque ne nous donne qu'un répit et du temps. La direction de M. de Germiny comme président des deux sociétés ne nous donne elle-même qu'une force contestée et un peu compromise par le souvenir des emprunts mexicains; mais nous n'avons pas eu le choix des personnes. M. Fremy a bien voulu, au dernier jour, consentir à accepter la présidence du Crédit mobilier; mais absent de Paris pendant que les négociations étaient en pleine activité, il n'a pu donner signe de vie que lorsque les négociations sur les personnes étaient beaucoup trop avancées. M. Fremy doit être actuellement à Biarritz; il serait bien utile que Votre Majesté l'invitât à nous donner le plus entier concours, car nous aurons grand besoin de tous les bons vouloirs réunis. Au fond, le nœud gordien de toutes ces affaires est dans la liquidation favorable de l'actif de la Société immobilière. Or, la réalisation avantageuse de cet actif demande beaucoup de temps, alors que les embarras du Crédit mobilier, causés par l'imprudente immobilisation de son capital, exigent une prompte réalisation de ressources. Comment sortir de ce cercle vicieux? Voici le moyen que j'ai soumis au préfet de la Seine et qu'au premier abord il n'a pas repoussé.

La vente forcée de l'actif de la Société immobilière, indépendamment de la ruine causée aux actionnaires, produirait une sérieuse dépréciation pour les immeubles dans Paris, causerait ainsi une grande perturbation dans les nombreuses entreprises qui ont pour but des percements de rues et des reventes de terrains, réagirait même d'une manière très-fâcheuse sur les valeurs des immeubles que possède la ville de Paris, porterait enfin une certaine atteinte à la popularité des travaux qui s'exécutent dans la capitale.

A ces divers points de vue, l'intervention de la Ville s'explique et se justifie. Mais en quelle forme pourrait-elle s'exercer? quelles sécurités pourrait-on lui fournir? La Société immobilière est concessionnaire de la rue Impériale, qui va du Théâtre-Français à l'Opéra à travers la butte des Moulins. Cette concession est faite moyennant une subvention de 50 millions. C'est sur ce marché, non encore régularisé, que je voudrais enter ma combinaison. La Société immobilière réorganisée émettrait, sous la garantie de la ville de Paris, des obligations payables en quatre-vingt-dix-neuf ans, pour une somme de 100 millions. Ces obligations auraient un placement action; leur produit servirait à désintéresser le Crédit mobilier, qui dès lors serait sauvé d'une catastrophe. Les propriétés de la Société immobilière reprendraient toute leur valeur, parce que tout le passif de la Société serait converti en une dette à long terme. Quant à la ville de Paris, elle recevrait, à titre de garantie de son cautionnement, une hypothèque générale sur toutes les valeurs immobilières de la Société. Elle conserverait entre ses mains la subvention de 50 millions comme un gage; enfin elle organiserait sur la Société même un système de contrôle destiné à sauvegarder ses intérêts. Cela serait nécessaire pour la validité de cet arrangement. Elle serait sans doute difficile à obtenir; cependant je n'en désespérerais pas, si cette disposition faisait partie d'un ensemble de mesures destinées à régler les finances et l'octroi de la cité.

Cet arrangement ferait, il faut bien l'avouer, entrer deux grandes et malheureuses affaires dans une ère de prospérité. Mais il ne sera possible que si Votre Majesté en fait sa chose propre et insiste vivement pour son adoption; car je ne me dissimule pas qu'on pourra, avec une certaine raison, soutenir que le crédit de la ville de Paris est ainsi détourné de sa destination légitime, et que l'opération en elle-même n'est pas exempte de certains risques. Il est d'ailleurs à désirer que les négociations sur ce sujet soient entamées le plus promptement possible. Daignez, Sire, excuser cette longue lettre et agréer l'assurance de mon profond respect et de mon entier dévouement.

E. ROUHER.

P. S. J'apprends à l'instant que Garibaldi serait entré sur le territoire pontifical. Votre Majesté a été avertie par le télégraphe et a dû donner ses ordres à la marine et à la guerre.

5.
A L'EMPEREUR.

Ministère d'État
Cabinet du Ministre.

Cerçay, le 16 septembre 1867.

SIRE.

Je soumets à Votre Majesté une note confidentielle relative à deux vacances de recettes particulières; je prie l'empereur de me transmettre ses ordres par une simple note à la marge.

Les titres du Crédit mobilier et de la Société immobilière sont toujours l'objet d'une ardente spéculation à la Bourse. Ces dépréciations exagérées n'ont pas d'inconvénient au fond des choses, car elles ne modifient pas l'actif réel; mais elles effrayent considérablement tous les petits porteurs et amènent des déclassements de titres qui sont fâcheux. Les amis de M. Fremy, et notamment M. de Persigny, regrettent vivement tout à la fois que le gouverneur du Crédit foncier n'ait pas été nommé président du Crédit mobilier, et que M. de Germiny ait été désigné pour cette position.

Pas n'était besoin de cet exemple pour savoir combien la critique est aisée. D'abord M. Fremy, après avoir ballotté les pauvres Pereire d'espérances en déceptions pendant plus de quatre mois, les avait définitivement abandonnés, puis M. Fremy, dans les dernières négociations qui ont eu, Dieu merci, une assez grande publicité, s'est tenu à l'écart jusqu'au moment où les choses étaient accomplies ; il n'a paru, à la dernière heure, que pour formuler une condition impossible, sa nomination de président du Crédit mobilier, par décret impérial, nomination qui ne serait régulière qu'après la révision des statuts votée en assemblée générale d'actionnaires. Enfin, je dois dire à l'empereur qu'à tort, sans doute, la Banque avait fait objection à la désignation de M. Fremy. Sa préoccupation était de ne pas venir en aide au maintien ou à la reconstitution de ce qu'elle appelait une maison de jeu. Or, elle apercevait volontiers M. Soubeyran se glissant sous le manteau de M. Fremy et se servant du Crédit mobilier, non pour le sauver, mais pour l'éreinter dans de continuelles spéculations de Bourse. M. de Germiny, dont je ne méconnais pas les inconvénients, leur inspirait une plus grande confiance, parce qu'il est ancien gouverneur de la Banque.

Après tout, ni l'un ni l'autre ne représente un *Deus ex machina* ; le succès est tout entier dans la combinaison que j'ai soumise à Votre Majesté.

Daignez, Sire, agréer l'assurance de mon profond respect et de mon entier dévouement.

E. ROUHER.

P. S. Si M. Fremy se décidait à accepter ce que je lui ai offert, la présidence de la Société immobilière, ce qui est la chose importante, je tâcherais de décider M. de Germiny à l'abandonner, quoique je doive reconnaître combien aujourd'hui la démarche serait tardive.

6.

A L'EMPEREUR.

Ministère d'État
Cabinet du Ministre.

Cerçay, le 29 septembre 1867.

SIRE,

Une nouvelle crise s'est produite dans les affaires dirigées par MM. Pereire. Une note publiée dans les journaux annonce que les intérêts des obligations du chemin du Nord de l'Espagne ne seront pas payés le 1er octobre. Ce sinistre n'a, à aucun degré, pour cause les affaires de la Société immobilière et du Crédit mobilier, et nous n'étions pas en position de le conjurer.

La construction du chemin du Nord de l'Espagne a coûté beaucoup plus d'argent qu'on ne l'avait cru dans le principe ; le capital actions avait été bien vite absorbé, puis il avait fallu émettre des obligations à un taux assez défavorable. La ligne, une fois ouverte, n'a pas donné des produits suffisants pour le service des intérêts des obligations. Le Crédit mobilier espagnol a consenti à faire des avances pour ce dernier pendant plusieurs années, dans l'espoir que le cabinet de Madrid réaliserait les quasi-promesses par lui faites et viendrait en aide aux compagnies de chemins de fer de l'Espagne, qui toutes sont en grande souffrance.

Votre Majesté sait les péripéties auxquelles cette négociation a été soumise et les résistances que nous avons rencontrées pour un acte de réparation légitime.

Le Crédit mobilier espagnol, découragé par ce mauvais vouloir, privé d'ailleurs par la crise financière actuelle de ses principales ressources, a refusé de continuer ses avances et force a été d'annoncer le non-paiement des intérêts des obligations.

J'avais signalé à M. Mon l'imminence de ce nouveau désastre et le nouvel obstacle qui en résulterait pour accorder aux valeurs de l'État espagnol la cote qu'il persiste imperturbablement à réclamer; mais mon avertissement n'a produit aucun bon résultat. J'ai même dû déjouer une petite manœuvre des agents de change, probablement provoquée par quelque agent secondaire et dont le but était d'avoir les bénéfices de la cote officielle sans l'avoir obtenue régulièrement.

J'ai cru devoir transmettre ces détails à Votre Majesté, d'abord pour éviter une confusion sur les causes de cette situation, ensuite pour justifier la prière que je fais à l'empereur de saisir toute occasion favorable pour insister auprès du gouvernement de Madrid dans l'intérêt des porteurs français de titres espagnols.

Daignez, Sire, agréer l'assurance de mon profond respect et de mon entier dévouement.

E. ROUHER.

CXXXI.

Lettre du Premier Président de la Cour de cassation, M. Portalis, au Garde des sceaux.

Paris, ce 18 mai 1852.

MONSIEUR LE GARDE DES SCEAUX,

Les magistrats de la Cour de cassation ont été profondément affectés en lisant hier dans le *Moniteur* un article *communiqué* qui énumère la série des hauts dignitaires et de divers fonctionnaires publics qui seront *seuls* admis aux audiences qu'accorde au palais de l'Élysée le Prince Président de la République, les mardis et samedis de chaque semaine.

Les magistrats de la Cour de Cassation ne sont point compris dans cette nomenclature. Cette exclusion dépouille la Compagnie d'un honneur dont elle a été en possession tant qu'ont duré l'Empire et la Monarchie, c'est-à-dire tant que le Chef de l'État a admis en sa présence les hauts dignitaires et les principaux fonctionnaires publics de l'État.

La Cour de cassation possède un titre qui lui assure la constante possession de cet honneur. Le 6 vendémiaire an XI, M. de Luçay, Préfet du palais, informa, par ordre du Premier Consul, M. Muraire, alors Premier Président du tribunal de cassation, que tous les dimanches, à onze heures et demie du matin, le Premier Consul recevrait les membres de la Cour de cassation. Ce tribunal arrêta que cette lettre serait transcrite sur ses registres et que tous les dimanches un certain nombre de ses membres se rendraient auprès du Premier Consul.

Les magistrats de la Cour de cassation ne peuvent invoquer en leur faveur une plus puissante autorité : ils mettent leurs droits sous la protection du Premier Consul, qui le leur a concédé.

Je suis, par ma position, le représentant de la Compagnie que j'ai l'honneur de présider, son organe naturel auprès du Gouvernement, et je dois vous adresser à cette occasion, Monsieur le Garde des sceaux, ses justes représentations.

Le rang que tient la Cour de cassation dans l'État la place immédiatement après les grands Corps politiques. Elle n'est pas seulement à la tête de l'ordre judiciaire : la loi qui l'a fondée fixe sa résidence auprès du Corps législatif, l'associe à l'esprit de la législation et l'institue comme un appendice et un auxiliaire de la législature, en lui imposant le devoir de signaler chaque année au Corps législatif les imperfections des lois qu'elle est chargée de maintenir et que son expérience lui révèle ; elle exerce un grand pouvoir disciplinaire sur la magistrature tout entière. Comment ses membres pourraient-ils être exclus des audiences du Chef de l'État lorsque les agents de l'administration y sont appelés ? Ne pourraient-ils offrir au Président de la République un tribut de lumières et d'information dignes de lui ? La marche de la justice l'intéresse-t-elle moins que la marche de l'administration ? Le maintien de l'unité de législation, ce grand bienfait de l'Empereur Napoléon, et de l'uniformité de jurisprudence, importeraient-ils moins à l'ordre public et au bon gouvernement de l'État que l'équilibre et la balance des intérêts matériels de la société ?

La faveur dont je réclame le maintien pour la Cour de cassation ne tire pas d'ailleurs à conséquence ; aucune autre Compagnie ni aucun autre ordre de fonctionnaires ne peut lui être assimilé ; elle est unique dans l'organisation de l'État.

Si cette prétérition contre laquelle je m'élève, Monsieur le Garde des sceaux, n'est justifiée par aucune considération tirée de la hiérarchie politique, quel autre motif pourrait l'avoir amenée ? Le dévouement des magistrats de la Cour de cassation à leurs devoirs est constant. L'affliction que leur cause la décision que je vous signale est une preuve du prix qu'ils attachent à être admis auprès de la personne du Prince Président de la République. Pourraient-ils ne pas s'associer à la reconnaissance publique, quand ils sont témoins du consolant spectacle que présente la France pacifiée et florissante en ce moment même dont l'approche inspirait à tous les bons citoyens de si justes et de si profondes inquiétudes ?

Ce serait pour moi, Monsieur le Garde des sceaux, lorsque chaque jour me rapproche du moment où je devrai me séparer d'une compagnie à laquelle je suis attaché depuis si longtemps à tant de titres, par tant de liens, et à laquelle je dois tant de reconnaissance, ce serait, dis-je, pour moi une profonde douleur de la quitter, en quelque sorte amoindrie aux yeux du public par la perte d'un de ses honneurs les plus précieux. J'espère que vous obtiendrez pour elle la rectification d'un article où je me plais encore à croire qu'on n'a commis qu'une omission involontaire. J'ai d'autant plus de confiance dans le succès de ma démarche que je m'adresse à un Ministre, membre de la Cour de cassation lui-même (1), et non moins jaloux que moi-même de la considération de la Compagnie qui s'honore de le compter parmi les siens

Agréez, je vous prie, Monsieur le Garde des sceaux, l'assurance de ma haute et respectueuse considération.

Le Premier Président,
Cte PORTALIS.

CXXXII.

Lettre de M. P. M. Pietri à M. Mocquard.

(Au sujet de l'observation du dimanche.)

Cabinet
du Préfet de police.

Paris, le 21 avril 1855.

MON CHER MOCQUARD,

Je te renvoie, avec la note de l'ex-gendarme Gondal, un rapport sur l'Association pour l'observation du dimanche, que, conformément à son désir, tu voudras bien mettre sous les yeux de l'Empereur.

Tout en tenant compte de l'exagération des craintes qu'a pu concevoir l'esprit peu éclairé du gendarme Gondal, je suis persuadé que cette association est une mauvaise chose, au point de vue politique, et que, loin de l'encourager, il ne faut rien négliger pour en arrêter les progrès et mettre obstacle à son organisation. C'est déjà trop d'avoir les sociétés de Saint-Vincent-de-Paul, Saint-François-Xavier, et autres, sur lesquelles on n'ose pas trop porter la main et qui nous enlacent de toutes parts.

Dans la nouvelle société pour l'observation du dimanche, à côté de quelques chrétiens qui veulent sanctifier le jour du repos, de quelques marchands enchantés de pouvoir aller à la campagne le dimanche, jouant les uns et les autres dans tout cela un rôle secondaire, nous trouvons des meneurs s'efforçant de créer, sur tous les points de la France, des centres d'action d'une propagande hostile au Gouvernement impérial.

---

(1) M. Abbatucci, alors Garde des sceaux, avait été nommé conseiller à la Cour de Cassation le 22 mars 1849.

Au moment où le Gouvernement abdique en partie au profit des autorités locales en décentralisant l'action administrative, on ne peut admettre que des associations, fondées évidemment pour attaquer le Gouvernement et le saper peu à peu, afin d'être prêtes à le battre en brèche au premier jour, soient encouragées à se ranger sous une volonté unique et soient mises à même de lutter avec plus de chances de succès.

Tout à toi.
Piétri.

CXXXIII.

Lettre de M. E. Chesneau à M. Conti, en réponse.

Paris, 4 mars 1869.

Monsieur le Sénateur,

Lorsque vous m'avez fait l'honneur de me recevoir, vous m'avez fait espérer que vous mettriez sous les yeux de Sa Majesté le mémoire intitulé *Réflexions politiques sur la littérature, la presse et l'esprit public*. Bien que j'ignore si mon plus cher désir a pu se réaliser, si l'Empereur a daigné s'intéresser aux idées que j'exposais dans ce mémoire, voulez-vous me permettre de vous entretenir encore de ce projet au moment où va se produire un fait qui me paraît avoir sa gravité? Rédacteur du *Constitutionnel*, j'apprends que décidément ce journal va passer à l'opposition.

En présence de cette défection, je me demande s'il n'y aurait pas lieu (sans renoncer à jamais à la fondation d'une revue) de remplacer ce journal tiède, vieilli et qui nous échappe, par une feuille qui irait à la même classe de lecteurs, mais que nous ferions plus jeune, plus vivante, plus vaillante, plus littéraire et surtout plus dévouée.

Il faudrait arriver le plus tôt possible afin de faire la campagne des élections.

Puis-je espérer que vous voudrez bien arrêter votre esprit à cette idée que je vous expose si sommairement? Voudrez-vous l'examiner avec la bienveillance que vous avez déjà mise à m'écouter, et lui donner, si vous le jugez bon, les mêmes suites?

Daignez agréer, Monsieur le Sénateur, l'hommage de mes sentiments respectueux et profondément dévoués.

Ernest Chesneau,
158, rue de Rivoli.

A M. Chesneau.

Cabinet de l'Empereur.

Minute. Palais des Tuileries, 16 mars 1859.

Monsieur,

Votre mémoire sur la littérature, la presse et l'esprit public a été soumis à l'Empereur. Sa Majesté a donné son approbation aux idées qui y sont exprimées, et Elle verrait avec plaisir la réalisation du projet dont vous m'avez entretenu.

L'adhésion de l'Empereur est, de même, acquise à votre plan de journal; mais je dois vous informer que Sa Majesté ne pourrait s'associer par un concours d'argent à ces deux utiles créations.

Le Chef du Cabinet,
Conti.

CXXXIV.

Lettre du général de la Rue à M. Conti.

Ministère de la Guerre. Paris, le 27 octobre 1865.

Mon cher Monsieur,

J'ai reçu hier au soir de Sa Majesté une lettre qui m'honore grandement. Je vous prie de mettre aux pieds de l'Empereur l'expression de ma reconnaissance et celle d'un dévouement qui ne faiblira jamais.

Les hommes vieillissent et certains gouvernements aussi : la Restauration était vieille en 1830. — Louis-Philippe et son gouvernement avaient bien vieilli en 1848. — l'Empire est condamné à rester toujours jeune, en sachant s'affermir de temps à autre par des actes de vigueur.

Dans le sentiment intime du pays, que je crois bien connaître, l'Empire n'a pas été acclamé pour donner la liberté, mais pour fortifier le principe d'autorité et garantir les intérêts de tous.

En ce moment on tâte le Gouvernement. Si les désordres aux Écoles recommencent demain, il faut absolument qu'un coup de vigueur y mette fin. L'opposition sait qu'il règne un certain malaise dans l'armée. — Les rapports reçus ces jours derniers des départements le signalent; les propos qui se disent au café du Helder par les officiers en résidence et de passage à Paris devraient être adroitement surveillés comme moyen d'appréciation des sentiments des officiers — ce qui n'est pas apparent dans la pratique du service journalier.

Tout à vous,
Général DE LA RUE.

CXXXV.

Note de M. Sainte-Beuve au sujet des encouragements à donner aux gens de lettres.

Cette pièce, écrite de la m... de M. Sainte-Beuve, était accompagnée de la lettre suivante, adressée probablement à M. Mocquart.

Ce 31 mars 1856.

Monsieur,

Voici une note qui est bien informe; elle exprime du moins des vœux sincères et dans lesquels domine avant tout l'appréciation de tout ce qui se fait de grand là où vous êtes et dont nous sommes témoins.

Veuillez, Monsieur, agréer l'expression de mes sentiments respectueux.

SAINTE-BEUVE.

Une note du cabinet résumait ainsi le mémoire de l'auteur des *Causeries*.

5 avril 1856.

M. DE SAINTE-BEUVE. — Nécessité d'exercer une influence sur les hommes de lettres, autres que ceux appartenant à l'Université et aux Académies.

Trois moyens :

1° Soulager les infortunes des écrivains pauvres, au nom de l'Empereur, en ménageant l'amour-propre ;
2° Fondation annuelle pour prix à des sujets désignés par une commission ;
3° Logement au Louvre pour la représentation nouvelle de la littérature, et rapports directs de la Société avec l'Empereur ou son ministre d'État, en dehors de l'Instruction publique.

Ces moyens ne sont que superficiellement indiqués. La question est soumise à Sa Majesté avec prière de vouloir bien la faire étudier.

Le Gouvernement de l'Empereur n'est pas de ceux qui craignent d'avoir affaire à la démocratie, sous quelque forme qu'elle se présente, parce que ce Gouvernement a la puissance et le secret de l'élever et de l'organiser.

La littérature en France est aussi une démocratie, elle l'est devenue. La très-grande majorité des gens de lettres sont des travailleurs, des ouvriers d'une certaine condition, vivant de leur plume.

On n'entend parler ici ni des lettrés qui appartiennent à l'Université, ni de ceux qui font partie des académies, mais de la très-grande majorité des écrivains composant ce qu'on appelle la *Presse littéraire*.

Cette littérature, jusqu'ici, a toujours été abandonnée à elle-même, et elle s'en est mal trouvée ; la société aussi s'en est mal trouvée. Sous la Restauration, cette littérature était encore contenue par des doctrines et des espèces de principes ; sous le régime des dix-huit années, elle n'a plus rien eu qui la continb, et le désir du gain, joint au besoin de faire du bruit, a produit beaucoup d'œuvres qui ont contribué à la dissolution des pouvoirs publics et des idées.

Il s'est établi une sorte de préjugé, qu'on ne peut diriger cette sorte de littérature vague : c'est une *Bohême* qu'on laisse errer.

Au contraire, rien n'est plus facile que d'y influer efficacement, sinon de la diriger.

Dans l'absence totale de parti pris, dans l'état de dissémination et de dispersion complète où en est cette littérature, la moindre attraction venue du centre la ferait rentrer et se mouvoir dans l'orbite des choses régulières, du moins quant à son ensemble.

Cette littérature est assez fidèlement représentée par la Société dite *des Gens de lettres*. Cette société, dans laquelle est admis, moyennant la plus modique cotisation, quiconque a publié un volume, se compose de la presque totalité des gens de lettres en activité.

La Société des gens de lettres est régie par un Comité qui, jusqu'ici, n'a guère eu à s'occuper que des questions d'intérêts matériels, industriels, relatifs à la littérature, et aussi des soins de bienfaisance envers les confrères nécessiteux dont elle vient à connaître le malheur. Par cela seul que ce Comité se compose de gens de lettres plus en renom, ou ayant assez de loisir pour veiller aux intérêts généraux, il offre des garanties, et il en offrirait autant que l'on pourrait désirer.

La Société des auteurs dramatiques, qui diffère par son titre de la Société des gens de lettres, n'en est guère qu'une branche plus spéciale et développée. Les deux sociétés pourraient être considérées comme étant comprises dans la dénomination générale.

Si le regard de l'Empereur se portait sur cette classe de travailleurs appelés les gens de lettres, comme il s'est porté sur d'autres classes d'ouvriers et de travailleurs, cette supériorité souveraine, à qui la France doit tant, trouverait sans nul doute des moyens d'organisation relative et appropriée.

On ne peut que tâtonner en attendant. — Et d'abord, comme dans les infortunes et les misères des gens de lettres l'amour-propre et la mauvaise honte jouent un grand rôle, comme ce sont les plus honteux et les plus fiers de tous les pauvres honteux, on voit combien un intérêt direct, un bienfait direct, régulier, dont l'origine remonterait à l'Empereur et ne remonterait qu'à lui, dont le mode de distribution aurait été réglé ou approuvé par lui, honorerait et relèverait ceux qui en seraient les objets, en même temps que tous les autres membres en ressentiraient une vraie reconnaissance.

Et quant à la direction morale à indiquer aux travaux de l'esprit, il suffirait peut-être d'une fondation annuelle par laquelle on proposerait des sujets à traiter soit pour la poésie, soit pour la prose, des sujets nationaux, actuels, pas trop curieux ni trop érudits, mais conformes à la vie et aux instincts de la société moderne. Une commission nommée chaque année pourrait désigner ces sujets proposés à l'émulation de tous.

Louis XIV logeait son Académie française au Louvre. Pourquoi la représentation nouvelle de la littérature n'aurait-elle pas l'honneur d'une pareille hospitalité et n'obtiendrait-elle pas une des nouvelles salles de ce grand palais? Rien n'avertit une littérature d'être digne, sérieuse, honnête, comme de sentir qu'on a l'œil sur elle et qu'elle est l'objet d'une haute attention.

Les corps académiques actuels, par la manière dont ils sont composés et dont ils se recrutent, sont voués pour longtemps peut-être à la bouderie ou à une médiocre action publique. S'ils s'obstinaient à rester en retard sur la société et à fermer les yeux à ce qui est, une telle institution élevée tout en face les vieillirait vite, et dans tous les cas elle les avertirait.

A un ordre social nouveau il faut des fondations nouvelles et qui en reçoivent l'esprit. Qu'il y ait aussi l'*Académie du suffrage universel*. L'honneur serait non d'y être admis, mais d'y être couronné.

Les beaux esprits pourraient sourir d'abord, comme ils sourient de tout en France; mais la France n'est pas dans quelques salons, et les travailleurs, dans quelque ordre qu'ils soient, sont trop occupés pour sourire : ils sont sérieux et seraient reconnaissants.

L'ancienne Académie ne relevait que du roi; c'était son privilége et sa noblesse; il serait bon que la nouvelle institution ne relevât aussi que de l'Empereur, le plus directement possible et avec le moins d'intermédiaires.

Le Ministère de l'Instruction publique est trop voué à la littérature savante, classique et universitaire pour être un intermédiaire tout à fait approprié.

Le Ministère de l'Intérieur est occupé de trop de choses administratives, politiques.

Ce serait du Ministère même de la Maison de l'Empereur, et, s'il était possible, de la *personne* même du prince, que relèverait l'institution littéraire. Une audience par année suffirait à consacrer et à maintenir le lien d'honneur qui flatterait et attacherait les amours-propres bien placés et toujours voisins du cœur.

On ne fait en tout ceci que balbutier. La pensée napoléonienne, si elle daigne s'arrêter un instant sur cette question, saura y mettre ce cachet qu'elle met à tout. Coordonner en un mot la littérature avec tout l'ensemble des institutions de l'Empire, et faire que cette seule chose ne reste pas livrée au pur hasard, voilà le point précis.

Et le moment est propice entre tous, l'à-propos est unique. Si l'on a attendu jusqu'à ce jour, il semble que ce retard même ait été une sagesse, afin de mieux faire et d'agir en pleine lumière et en toute sérénité. Un enfant désiré de la France vient de naître; une paix qui doit être glorieuse, pour répondre à une si noble guerre, vient couronner tous les souhaits et ouvrir une ère illimitée d'espérances. Il y a comme des soleils de printemps pour les nations. Quelque chose est dans l'air qui adoucit, qui rallie, et oblige tout bon Français à sentir que la France n'a jamais été dans une plus large voie de prospérité et de grandeur. Ce que l'armée, ce que l'industrie, ce que les serviteurs de la France et les travailleurs de tout genre ont obtenu de l'attention magnanime du prince, que la littérature sente qu'elle l'obtient aussi à son tour; et ces gens de lettres, qui hier encore se décourageaient ou se dispersaient au hasard en laissant s'égarer leur talent, deviendront véritablement alors des serviteurs de la France, des travailleurs utiles et dignes.

CXXXVI.

Quelques rapports du préfet de police.

Cabinet
du préfet de police.

Paris, le 15 septembre 1867.

1.

ESPAGNE.

L'insuccès de la dernière insurrection a de nouveau profondément divisé les progressistes et les démocrates espagnols.

Ceux-ci reprochent au général Prim d'avoir été faible et incapable; les progressistes, à leur tour, accusent Castelar, Martos, Orense et Olozaga lui-même d'avoir cherché à perdre le maréchal, dont la prédominance les offusquait.

Le chef catalan Valdrich, qui prolonge encore sa résistance, annonce qu'il va renoncer à la lutte pour ne pas compromettre inutilement la vie de ses compagnons.

Les progressistes approuvent cette résolution; ils comptent sur les déclarations de Valdrich pour innocenter Prim qui justifie lui-même sa conduite dans une lettre à Olozaga, communiquée d'abord à Aguirre, à Becerra, à Zorilla, à Rubio, etc.

La Martinière va tenter des démarches auprès de *La Liberté* et de *L'Époque* pour y défendre la réputation du maréchal.

Celui-ci vit très-retiré à Genève, sous le nom de Got; il affecte de cacher sous les apparences de la résignation l'amertume dont il a le cœur rempli.

Il a repoussé les propositions qui lui venaient de divers corps de troupes offrant de s'insurger, et il a déclaré qu'il ne marcherait qu'après leur soulèvement.

Le Gouvernement belge a résolu de ne donner asile à aucun des insurgés espagnols.

PARIS.

L'adresse en réponse au discours du grand-duc de Bade frappe visiblement l'opinion et fortifie les appréciations des nombreux nouvellistes qui annoncent que l'unification de l'Allemagne est dès aujourd'hui accomplie.

On s'occupe aussi beaucoup de la continuation des préparatifs qui se feraient dans nos arsenaux et dans nos places de la frontière de l'Est, et l'on persiste à s'attendre à la guerre dans un avenir plus ou moins prochain.

De là cette stagnation des affaires, que relèvent avec tant d'amertume les feuilles de l'opposition exploitant la *grève du milliard*.

On ne se montre pas plus rassuré sur la crise alimentaire. Les boulangers annoncent une nouvelle hausse ; les placards séditieux et les inscriptions à la main se multiplient.

Les congrès de Malines, de Lausanne et de Genève ont fourni des enseignements propres à éclairer le pays lui-même sur ses intérêts les plus chers.

A Malines dominaient des adversaires de l'Empire, qui critiquent amèrement la politique suivie vis-à-vis de Rome, et qui ont qualifié de tyrannique la défense de publier en France l'encyclique. Or, la pensée du congrès de Malines n'a été qu'une protestation contre l'encyclique. On a vu les chefs de ce mouvement contester eux-mêmes les doctrines du Souverain Pontife, essayer de limiter son autorité spirituelle et d'infirmer ses déclarations solennelles.

A Lausanne, on a professé le socialisme dans toutes ses exagérations, et l'on y a nié les droits du capital et ceux de la propriété foncière.

A Genève, enfin, les théories les plus anarchiques ont été préconisées. On y a proclamé l'athéisme et la République universelle.

Il pourrait être opportun de faire ressortir dans la presse les contradictions de Malines, les dangereuses erreurs de Lausanne, les détestables folies de Genève.

Le patriotisme a été bafoué dans cette dernière ville. M. Fermé, collaborateur du journal orléaniste *Le Temps*, a demandé que le drapeau français fût enlevé ; un professeur agrégé de notre École de médecine, M. Naquet, que ce rapport a plusieurs fois signalé, a proposé de *flétrir* la mémoire de l'empereur Napoléon Ier.

Les révolutionnaires eux-mêmes s'attendent à la répression de ces scandales, et il importerait de démasquer la tactique des orléanistes, qui ont organisé le congrès dont *Le Temps* a pris l'initiative, et celle de M. J. Favre, qui, dans une lettre des plus vives, avait adhéré par avance aux résolutions de l'assemblée.

L'odieux de ces saturnales doit peser sur le parti qui les a provoquées, et dont les prétentions menacent l'ordre social lui-même.

On ne s'occupe guère, à la Bourse, que des affaires du Crédit mobilier et de l'appui prêté par la Banque à cette institution.

Il est difficile d'imaginer le débordement d'attaques dirigées contre MM. Pereire.

L'esprit de parti se mêle aux rancunes et aux jalousies personnelles, et l'on déblatère à la fois contre ces financiers et contre le gouvernement, qui les soutiendrait. On espérait la chute du Crédit mobilier et le contre-coup qui en résulterait parmi les petits capitalistes compromis et dans les entreprises engagées par cette société.

On prétend que, lorsque le capital en a été doublé, les fonds des premiers actionnaires étaient absorbés par des dettes qui auraient dévoré une partie des capitaux provenant de l'émission nouvelle. On affirme que des dividendes fictifs et exagérés étaient payés sur le fonds social lui-même; que l'on a ainsi trompé le public et déterminé une plus-value mensongère, au moyen de laquelle les administrateurs se seraient démesurément enrichis.

À ce sujet, on réveille d'autres souvenirs, tels que celui des obligations mexicaines et des *pagarès* espagnols.

On accuse le syndicat des banquiers Pinard, Fould et compagnie, d'avoir gagné 13 millions sur la première émission des obligations mexicaines, et 4 millions sur les *pagarès*, alors que les actionnaires eux-mêmes avaient moins de 10 millions sur la première opération, et 210,000 francs à peine sur la seconde, et que les souscripteurs ont à peu près perdu leur mise.

Le Préfet de Police,
J.-M. Piétri.

CABINET
DU PRÉFET DE POLICE.

Paris, le 22 septembre 1867.

2.

BRUXELLES.

Les anciens rédacteurs du journal *La Fraternité* vont fonder à Bruxelles un journal intitulé *Le Pilori*, et dans lequel on se propose de déverser l'outrage sur les diverses personnalités qui servent l'Empire.

PARIS.

Le mécontentement excité par la cherté du pain ne diminue pas, et il règne parmi nos ouvriers, parmi les femmes surtout, une inquiétude réelle. On recueille des lettres de menaces adressées à des boulangers, des affiches séditieuses apposées dans les faubourgs et; dans lesquelles on s'attaque à l'Empereur lui-même, des propos violents qui rappellent la disette de 1847.

Sans se rendre compte des conditions et des causes réelles de la cherté qui pèse en ce moment sur les subsistances, la masse regrette que la taxe du pain ait été supprimée; elle croit à l'agiotage et à des manœuvres qui auraient fait renchérir le blé.

Ces dispositions sont trop générales pour qu'il ne soit pas nécessaire de les signaler avec persistance; elles sont exploitées avec trop de malignité pour qu'il n'y ait pas lieu de les surveiller avec une vigilance soutenue.

Divers correspondants assurent que les ouvriers se voient et se rassemblent plus souvent, et qu'il se glisse au milieu d'eux des agitateurs qui cherchent à les aigrir.

L'opposition espère qu'il sortira de là des désordres. Les journaux de province annoncent mensongèrement des rassemblements, dont ils voudraient ainsi donner le signal.

« Il y a des bornes à la patience parisienne, disait hier M. Brisson; on « croit le peuple des barricades mort; il n'est qu'endormi : son réveil sera « celui du lion. Chez nous, les masses n'avancent que par soubresauts. »

L'incident du Crédit mobilier a ajouté à ce malaise et aux récriminations qui se produisent, et les articles de divers journaux à ce sujet ont soulevé de détestables passions et amené les critiques les plus amères, qui ne s'arrêtent pas aux administrateurs de la caisse en péril.

Enfin on se préoccupe des projets de Garibaldi. On croit à la connivence ou à l'impuissance du ministère italien, dont la dernière notification officielle n'a été connue que par les journaux de ce matin, et dès hier on lisait avec empressement la lettre de l'évêque d'Orléans, et l'on remarquait le rapprochement que fait le prélat de la fin tragique de Maximilien avec le sort qui menace la papauté.

Il a paru hier, dans une feuille hebdomadaire consacrée aux opérations financières, le *Journal des Actionnaires*, un bulletin politique qui a eu, à la Bourse et ailleurs, un retentissement des plus fâcheux.

On a vivement commenté cet article, dont l'audacieuse violence égale, si elle ne les dépasse, les attaques les plus injurieuses qui aient jamais été dirigées, sous un régime quelconque, contre les institutions du pays.

Après avoir fait le tableau le plus sombre de notre situation commerciale et déclaré que l'on n'a même pas eu « la triste excuse d'enrichir Paris en l'avi-« lissant, » l'auteur de l'article dit que notre dette flottante dépasse celle de 1848; que nos budgets se sont accrus d'un milliard en seize ans; que nos recettes ont cessé de progresser; que les budgets des villes et ceux des particuliers ne sont pas moins obérés que celui de l'État.

« Le Mobilier succombe, ajoute-t-il; la ruine frappe à toutes les portes, et « les désastres de Law sont dépassés. »

Quant à la situation même du pays, le journaliste montre la politique impériale « hautaine et provoquante à Auxerre, résignée et satisfaite dans les cir-« culaires de M. de la Valette, toujours agissante et toujours imprévoyante. »

Passant à l'état intellectuel et moral de la France, l'écrivain signale l'infériorité de notre littérature, la dégradation de nos mœurs.

Il signale le socialisme devenu « un dogmatisme farouche, favorisé par « d'étranges connivences, » et il termine en demandant de quel droit un Gouvernement qui a accumulé tant de fautes, épuisé et amoindri le pays. « Pré-« tendrait-il garder à lui tout seul la direction de nos destinées ? » (On joint à ce rapport l'article lui-même.)

Hier, vers cinq heures du soir, un train de voyageurs a déraillé sur la ligne de Vincennes, près des fortifications de Paris.

Deux voyageurs ont été grièvement blessés, huit ou dix autres ont reçu des contusions.

Le Préfet de police,
J.-M. PIÉTRI.

CABINET
DU PRÉFET DE POLICE.

Paris, le 28 septembre 1867.

3.

BRUXELLES.

Le correspondant de Bruxelles signale les réunions fréquentes d'un groupe de *solidaires* et d'adeptes de Blanqui dont voici les noms : Deleau, Brismée, Delessalle, Vuilmet, Benoit et Watteau.

Ce comité révolutionnaire s'excite à attaquer l'Empire, à organiser les ouvriers, à les gagner par des promesses de désarmement et de réduction d'impôts.

D'un autre côté, le mazzinien Igi pousse activement ses menées, et avec ses amis il déclame contre les ministres italiens, contre le roi, contre l'Empereur surtout, « qui doit être désigné à la vengeance de tout patriote italien. »

Ces excitations ne sont pas isolées. De Londres et de Suisse, comme de Bruxelles, arrivent des avis analogues. A Paris même on s'inquiète de ces menaces, et la préfecture reçoit de divers côtés des avis anonymes.

TURIN.

Des lettres d'Italie, que l'on se communique dans les bureaux des feuilles républicaines, affirment qu'à Turin la garde nationale aurait refusé de marcher contre les rassemblements.

Les récriminations contre la France y sont très-vives. On colporte publiquement que l'ordre d'arrêter Garibaldi est venu de Paris et de Biarritz, et, plus que jamais, on y exalte les avantages de l'alliance prussienne.

PARIS.

L'arrestation de Garibaldi, l'émotion qui en est résultée en Italie, la protestation que l'on dit avoir été signée par les députés de la gauche, et notamment par M. Crispi, sont encore les principaux objets des discussions politiques.

On s'attend à une crise ministérielle en Italie; les plus avancés annoncent une révolution à Rome, et, à l'ardeur qu'excite cette affaire dans nos conciliabules républicains, on peut juger des espérances que faisaient naître les complications prévues à Rome et dans la péninsule.

On se préoccupe aussi de nouveau des affaires d'Allemagne et de l'article que la *Correspondance provinciale* de Berlin vient de publier au sujet de la situation générale de l'Europe. Cet article est considéré comme très-agressif, et le bruit courait même hier, qu'au sein du Parlement prussien M. de Bismarck se serait exprimé avec aigreur au sujet de la France. On parlait de *mots injurieux*, et l'on assurait qu'une réponse énergique allait inévitablement paraître dans le *Moniteur*. Quoi qu'il en soit de ces rumeurs, il est certain que les esprits sont à la guerre, que l'on croit à son imminence et qu'on la préférerait même à un d'état d'incertitude qui entretient la stagnation des affaires.

Il se répète que des procès vont s'engager qui révéleront à la charge de MM. Pereire les faits les plus graves; on dit que le comptable désigné par M. de Germiny pour *débrouiller* les comptes déclare tout haut « n'avoir jamais vu un tel amas d'irrégularités et de fraudes. »

On parle de puissants patronages, de connivences coupables, et l'on rappelle la condamnation prononcée il y a quelque temps contre un chroniqueur financier qui dénonçait cette situation. Le public est péniblement impressionné par les violences injurieuses de la presse ; hier encore, deux journaux ont particulièrement attiré l'attention par l'audace de leurs agressions.

L'un, la *Gazette de France*, publie en feuilleton un article qui dénigre l'Empereur Napoléon Ier et le représente sous les couleurs les plus fausses et les plus odieuses. On ne citera ici qu'un seul passage de cet article, d'où il serait facile d'en extraire de tout aussi calomnieux.

« Ambitieux, ingrat, changeant, doux aux forts, rude aux vaincus, tel s'an-
» nonçait le maître futur des destinées françaises. Esprit souple et cœur sec, il
» pouvait prévoir sa fortune, n'ayant ni faiblesse qui pût le perdre, ni scru-
» pule qui pût l'arrêter. »

L'autre journal, signalé plus haut, le *Nain jaune*, donne sous ce titre : *Les deux frères d'Alep*, un article où tout le monde a vu une allusion très-évidente à la crise du crédit mobilier. Dans les cercles politiques, comme à la Bourse, on se passait de main en main et l'on y commentait surtout les deux passages suivants :

« Haroun laisse les deux frères continuer leur commerce. On dit même
» que plus d'une fois il eut recours à eux pour satisfaire ses goûts de magnifi-
» cence. Bien souvent, à la veille de donner une fête splendide, son premier
» trésorier vint lui dire d'un air effaré : Seigneur, les coffres sont vides...
» Haroun alors souriait d'un air singulier, fixait sur le grand trésorier ses
» yeux sans regard, étirait sa longue moustache, et, de sa voix sourde et
» vibrante, lui ordonnait de dépêcher des courriers de Bagdad à Alep. La fête
» avait lieu, et les frères Isaem recevaient des cimeterres d'honneur...
» ... On dut se taire ; les Isaem continuèrent à vivre paisiblement dans les
» splendeurs de leur palais et dans l'intimité du calife, et l'hiver qui suivit, le
» pain étant cher à Alep, quelques boulangers furent dévalisés. On rechercha
» les coupables et ils eurent la tête tranchée sous les fenêtres du somptueux
» palais que les deux frères louèrent aux sultanes favorites pour quelques mil-
» liers de sequins d'or. »

Ces audaces de la presse émeuvent d'autant plus que l'on sent la répression fort difficile, et que le dernier procès du *Courrier français* a prouvé le peu d'efficacité des condamnations judiciaires. M. Vermorel dit lui-même que la décision des juges prouve l'impuissance de l'autorité. « Quand un gouverne-
» ment est fort, ajoutait-il, la loi est appliquée dans toute sa sévérité ; la ré-
» pression est molle lorsque le pouvoir est faible. »

Le pain se vend aujourd'hui presque partout 1 franc le double kilogr. et l'on prévoit même qu'il va tomber à 95 centimes. Les boulangers des quartiers populeux ont conservé plus longtemps que les autres le prix de 1 fr. 05. Cela tient à la dépendance dans laquelle ils tiennent leur clientèle par le crédit qu'ils lui font. On n'a relevé hier qu'une seule inscription séditieuse. Elle était dans le xiv° arrondissement et portait : « Mort aux riches. »

La baisse du pain a amené dans les dispositions de nos ouvriers une amélioration très-sensible.

Il y a eu hier un seul décès cholérique (un enfant en bas-âge).

Le Préfet de police,
J.-M. PIÉTRI.

Cabinet
du Préfet de police
—

Paris, le 30 septembre 1867.

4.

NOTE POUR L'EMPEREUR.

Depuis quelque temps, la tâche quotidienne qu'impose la préparation de ce rapport est des plus pénibles. A quelques sources que l'on s'adresse, quel que soit le correspondant que l'on consulte, quelques renseignements que l'on recueille, la situation actuelle apparaît toujours comme peu satisfaisante ; de quelque côté que l'on regarde, on se heurte à des inquiétudes sincères ou à des défiances qu'inspirent des hostilités ardentes.

On est ainsi condamné à présenter à l'Empereur des appréciations qui peuvent sembler pessimistes ; elles ne font cependant que reproduire les impressions reçues ; elles les atténuent plutôt qu'elles ne les exagèrent, mais le sentiment du devoir et un religieux dévouement aux institutions impériales ne permettent pas de les dissimuler, si amère que soit l'obligation d'en être l'écho fidèle.

La portion agissante de la société, celle qui s'occupe le plus de politique, qui aime les discussions, critique les gouvernements, accentue plus que jamais son opposition radicale et systématique. Elle seconde activement les hommes de parti, elle se complaît dans les attaques de la presse, elle va répétant que l'Empire est atteint dans son prestige extérieur, dans la prospérité matérielle du pays, qu'il avait ramenée, dans les garanties mêmes qu'il donnait à l'ordre social et aux intérêts conservateurs.

Et pourtant les masses ne sont pas gagnées par cette défiance et cette désaffection. Elles restent attachées à l'Empereur et à sa dynastie ; elles aiment sa personne ; elles comptent toujours sur sa sagesse ; mais ne faut-il pas craindre que, mobiles et impressionnables, elles ne risquent, dans un moment donné, de suivre l'entraînement des classes dirigeantes, et de leur prêter, pour une œuvre révolutionnaire, le concours qu'elles ne paraissent nullement disposées à lui donner aujourd'hui ?

Ces populations, qui constituent le nombre et la force, ne se demandent-elles pas, elles-mêmes, quelle est la volonté de l'Empereur ? quelle est son action ? quel est le but poursuivi par son Gouvernement ?

Est-ce la guerre avec les entraînements du patriotisme, avec les chances heureuses que promettrait l'héroïsme de nos soldats ?

Est-ce la paix avec sa sécurité, la réduction des dépenses militaires, celle des contingents annuels et l'abandon d'un projet de réorganisation de l'armée resté peu populaire?

Est-ce une nouvelle révolution libérale telle que l'annonçait la lettre du 19 janvier?

Est-ce, au contraire, une plus grande force rendue, dans l'intérêt du pays, à l'action gouvernementale?

Voilà les questions que l'on se pose partout avec anxiété.

Le choix à faire est grave et difficile; tout le monde sent aussi que, dans l'état d'incertitude et d'engourdissement où se trouve le pays, une affirmation nette et résolue de la politique et de l'action impériales s'impose avec une urgence chaque jour plus grande à la prévoyance et à la sagesse du gouvernement.

Plus qu'aucun autre pays, la France, où se conservent tant de germes révolutionnaires, a besoin d'être gouvernée et conduite.

A cette condition seulement les masses reprendront dans l'avenir leur confiance tout entière.

Cabinet
du Préfet de police.

Paris, 24 novembre 1867.

5.

LONDRES.

. . . .

. . . .

La loge *Les Amitiés* de Lyon vient d'envoyer à celle des *Philadelphes* de Londres son dernier procès-verbal, duquel il résulte qu'il aurait été résolu de chercher à recruter le plus grand nombre possible de militaires, afin de les gagner à la cause démocratique. Le parti n'est pas satisfait de l'esprit de l'armée; il espérait que la nouvelle expédition de Rome soulèverait des résistances de la part des soldats et aboutirait même à un refus d'obéissance.

SUISSE.

Les hommes politiques, en Suisse, discutent s'il convient à la République de prendre part au congrès sur la question romaine.

La majorité paraît résolue de décliner l'invitation, en se fondant sur la neutralité de la Suisse et sur les dispositions formelles de l'article 2 de la constitution fédérale de 1848.

PARIS.

La Bourse a monté hier, par suite de l'impression résultant de la partie de l'exposé de la situation de l'Empire qui traite de nos finances. On croit à l'ajournement d'un emprunt et à la possibilité de suffire aux besoins avec les ressources ordinaires de la trésorerie.

De là une hausse sur la rente française, et les autres valeurs en subissent l'influence.

Cette hausse serait bien plus sensible sans les graves préoccupations qui pèsent sur l'opinion publique.

On est toujours soucieux de l'Italie. Les inquiétudes qui naguère tenaient aux complications allemandes sont aujourd'hui entretenues par les affaires de Rome.

Mais, si vives que soient ces préoccupations, elles le sont moins encore peut-être que celles résultant des dispositions de l'esprit public.

On ne peut, en effet, qu'en être vivement frappé.

Partout c'est un débordement de critiques amères, de défiances injustes, d'appréhensions inquiètes.

Si l'Empereur a conservé son autorité auprès des masses, on ne saurait nier que, dans les classes dirigeantes, on lui fait une guerre aussi acharnée qu'imprévoyante.

Le respect de l'autorité est affaibli, la calomnie s'attaque à tout.

L'Empereur et l'Impératrice sont le but principal vers lequel sont dirigés les traits les plus empoisonnés de la faction orléaniste.

Il y a à Bruxelles des sicaires de mensonge et de calomnie qui, chaque jour, reçoivent d'agents orléanistes le salaire de leur lâcheté.

Le ton de la petite presse a passé dans les conversations et dans les mœurs ; la chronique scandaleuse défraye les cercles et les salons ; les forces conservatrices se divisent et s'abandonnent, et l'on sent au-dessus d'elles les appétits excités, les passions qui fermentent, et une soif immodérée de bien-être et de jouissances matérielles.

L'œuvre des libres penseurs et de la morale indépendante se poursuit au grand jour ; il suffit de vouloir mourir sans prêtre et être inhumé sans aucune cérémonie du culte pour être exalté par certaines feuilles publiques.

Tout récemment, à Bourges, une femme du peuple, à Orange, un docteur en médecine, ont ainsi obtenu les éloges de la presse dite *libérale* et occasionné des manifestations dont le caractère anarchique, en dehors même de toute conviction religieuse, effraye les uns et démoralise les autres.

Dans la réunion qui a eu lieu chez M. Marie, on s'est surtout occupé de l'attitude que devait prendre l'opposition de gauche au prochain renouvellement du Corps législatif.

Il a été posé en principe que l'on devait s'appliquer à faire prévaloir les idées de conciliation.

C'est sur cette base que l'on discutera dans la prochaine réunion la composition même de la liste.

On paraît disposé à appuyer à Paris la candidature de M. Thiers et celle de M. É. Ollivier.

Un seul des députés de Paris, M. Darimon, serait exclu.

Hier de douloureux accidents se sont produits à l'Exposition universelle.

Un homme d'équipe a été broyé sous le poids d'une caisse, deux autres ont été blessés assez grièvement.

Les fourneaux du Prince Impérial ont débité hier 34,430 portions, dont 19,798 rations de pain.

Le préfet de police,
J.-M. PIETRI.

Cabinet
du Préfet de police.

Paris, le 28 septembre 1869.

6.

PARIS.

Au passage de l'Opéra, on escomptait hier en hausse le discours de l'Empereur et les déclarations libérales qu'il doit contenir, d'après tous les bruits qui circulent à ce sujet.

D'un autre côté, il paraît certain que tout projet de manifestation est abandonné pour le 29 novembre, et l'on s'accorde même à croire que le lendemain sera fort calme. On se demande toutefois avec anxiété ce que va faire la Chambre et quelle sera l'attitude, quelle sera la force de la majorité. A entendre la plupart des députés, ceux au moins, et c'est le plus grand nombre, qui n'ont point de préoccupations personnelles et d'arrière-pensée ambitieuse, le besoin de rétablir l'union et de marcher d'accord, malgré des dissentiments réels sur des questions particulières, est généralement senti. En présence des périls qui menacent l'ordre social, on s'excite à les dominer par une loyale et patriotique entente.

Mais sur les questions de personnes, les préférences et les répugnances s'accusent et persistent à s'affirmer. Ce que les journaux disent des réunions particulières des membres du Corps législatif, les détails, plus circonstanciés encore, que colportent les chroniqueurs des salons et des journaux jettent une triste lumière sur ces hésitations et sur ces rivalités.

On espère toutefois que la majorité conservatrice issue du dernier scrutin ne sera pas réduite à l'impuissance, et qu'elle ne rendra pas inévitable une dissolution qui pourrait amener de graves événements.

La gauche parlementaire, quoique moins nombreuse, n'échappe pas à ces divisions intestines, et dans les réunions, qui se succèdent, l'opposition des vues et des principes amène des discussions prolongées qui n'aboutissent toujours pas à une entente. MM. Favre et Picard restent à la tête d'un groupe nettement opposé à la politique du radicalisme.

Les partisans de Blanqui, Tridon et ses amis, continuent leurs préparatifs révolutionnaires. Les meneurs assurent que l'organisation est complète et que le jour de l'action n'est pas éloigné.

Le Rappel a vu baisser de moitié son tirage. *Le Réveil* a augmenté le sien d'un tiers, mais la situation financière de ce journal est toujours précaire.

Le comité électoral de M. Gent, ayant 2,000 francs de dettes, a obtenu que que MM. Bancel, Pelletan et Esquiros feraient à son profit des conférences.

Les réunions privées se multiplient, et, au dire de ceux qui les organisent et les fréquentent, elles produisent tous les effets des anciennes sociétés secrètes, et fournissent les mêmes moyens d'action.

On joint ici un compte rendu des deux réunions électorales tenues rue Saint-Martin et boulevard de la Chapelle.

Dans la première, M. Glais-Bizoin, vivement interpellé, n'a point catégoriquement répondu aux questions qui lui étaient faites sur son radicalisme. On lui a demandé l'engagement de donner sa démission au bout de deux ou trois ans pour remédier à la trop longue durée du mandat. Ces sommations embarrassaient beaucoup le candidat, à qui la patience a fini par échapper et qui a déclaré qu'il serait un trait d'union entre les diverses nuances de la gauche ; qu'il irait s'asseoir près de M. Picard. « M. Picard a trahi, » ont crié de nombreuses voix, « et nous ne voulons pas d'un « député qui lui ressemble. »

La séance a été marquée par un incident orageux. Le président ayant aperçu deux assistants qui prenaient des notes, les a mandés au bureau, où ils ont été traînés. Un sieur Nathan a prétendu les reconnaître pour des agents de la préfecture. L'un d'eux a justifié d'une carte d'électeur, l'autre n'a pu en produire, et le président, en le fouillant, a sorti de sa poche un casse-tête. On crie alors de tous côtés : « Tuez-le, étranglez-le. » Le tumulte est à son comble. L'individu donne au président son nom et son adresse. Le commissaire de police saisit l'arme et dresse contre le délinquant un procès-verbal, qui va être transmis à la justice. Le calme se rétablit enfin, et l'assemblée se sépare à l'heure accoutumée.

On a déjà parlé, dans les rapports antérieurs, de l'agitation qui se produit dans le département du Nord, des passions politiques qui se mêlent aux récriminations intéressées des fabricants et à celles des ouvriers qu'ils excitent. On a signalé l'envoi d'émissaires que le comité belge de l'Association internationale a chargés d'exploiter cette situation. Voici les passages les plus saillants d'une lettre qu'écrit à ce sujet un correspondant, qui subit évidemment l'impression du milieu dont il est entouré, et qui présente les choses comme il les voit et la situation comme il la juge :

« Je suis navré de ce que je vois, de ce que j'entends autour de moi. La
» méfiance et la désaffection croissent d'heure en heure dans ce pays, et l'on
» y parle de la chute de l'Empire comme d'un fait nécessaire, imminent.
» Qu'on vous le dise, d'ailleurs, ou qu'on vous le cache, tenez le fait pour
» certain.

» Tout le monde dit que M. Leroux a eu la main forcée par M. Rouher dans
» cette fatale mesure de la composition de la commission d'enquête. Lui-
» même l'a dit; aussi M. Rouher est-il l'objet des plus violentes attaques
» dans notre presse. Un journal ultra-impérialiste de Roubaix le traite
» aujourd'hui de « Polignac de l'Empire. » Vous avez lu sans doute la lettre
» de la Chambre de commerce de Roubaix, si insolente et si menaçante pour
» le Gouvernement.

» Une coalition formidable s'organise, contre l'Empire, entre les haines
» politiques et les haines économiques.

» Il y a quelques jours à peine, dans un restaurant de Paris, M. de Persi-

» gny (je crois pouvoir garantir le fait) mettait sa main dans celle de Glais-
» Bizoin. L'un contre l'Empire, l'autre contre M. Rouher, je le veux bien;
» mais M. de Persigny s'exprimait sur la situation dans les termes les plus
» alarmants. — N'est-ce point un signe du temps? »

Le Préfet de police,
J.-M. PIETRI.

CXXXVII.

Lettre de M. Walewski, Ministre des Affaires étrangères, à M. Billault, Ministre de l'Intérieur.

30 janvier 1856.

Mon cher Collègue,

Le sieur Garibaldi, que j'ai connu très-particulièrement dans la Plata, s'adresse à moi pour me supplier de lui faire obtenir la permission de traverser la France afin de se rendre en Angleterre, où il a un fils qui est à la mort. Il me donne sa parole d'honneur que son voyage n'a pas d'autre motif, et il s'engage à ne s'arrêter nulle part en France.

Quoique Garibaldi soit une mauvaise tête, je n'hésite pas à vous assurer que c'est un homme d'honneur; je crois donc qu'on pourrait, sans inconvénient, lui accorder ce qu'il demande. Si vous n'avez pas de raison très-sérieuse pour vous opposer à ce que je lui fasse donner un passe-port à l'effet de se rendre en Angleterre, je tiendrais à ne pas le lui refuser. Il propose lui-même de ne pas voyager sous son nom, mais sous le nom qu'on voudra mettre sur le titre de voyage qui lui sera délivré par notre Consul à Nice.

Veuillez, mon cher Collègue, me répondre un mot sans délai, car le fils de Garibaldi n'a, dit-on, que quelques jours à vivre.

Agréez, etc.

CXXXVIII.

Lettre de M. le comte de Lapeyrouse, Préfet du Doubs, au Ministre de l'Intérieur.

Monsieur le Ministre,

Votre Excellence m'a prié de lui faire connaître les fonctionnaires qui m'ont activement secondé pendant les dernières élections et ceux dont le concours m'a fait défaut.

Le rapport que j'ai l'honneur de lui adresser concerne exclusivement messieurs les Sous-Préfets. Je le compléterai par un second travail où j'examinerai la conduite des fonctionnaires des divers ordres.

Je crois devoir, tout d'abord, signaler à Votre Excellence comme ayant fait preuve d'un zèle et d'un dévouement remarquables M. de Bony, sous-préfet de Pontarlier. Déjà, au sujet des affaires de Neuchâtel, j'avais eu l'occasion de reconnaître sa vigilance et son initiative personnelle, mais dans cette circonstance M. de Bony s'est vraiment surpassé ; son arrondissement a voté d'une manière exceptionnelle. J'ose donc, Monsieur le Ministre, recommander ce fonctionnaire à votre bienveillante sollicitude. M. de Bony, qui se trouve depuis cinq ans dans une des sous-préfectures les moins favorisées de France, désire un avancement que Votre Excellence ne peut que trouver juste et mérité.

M. Champin, sous-préfet de Baume, a fait preuve, lui aussi, de beaucoup d'activité ; il a parfaitement réussi, je dois lui rendre ce témoignage ; mais je ne saurais oublier ce que je mandais à Votre Excellence, le 10 janvier 1856 : M. Champin, a très-peu de tenue... et il résulte de cet ensemble mille bruits fâcheux qui portent atteinte à la considération de l'administration. Dans mon opinion, M. Champin a fait son temps à Baume ; il y a rendu des services réels, et je n'hésite pas à proposer à Votre Excellence son déplacement, mais avec avancement.

M. le sous-préfet de Montbéliard a été battu dans trois cantons sur sept, et cet échec, qui ne m'a pas surpris, eût été autrement considérable, si Votre Excellence n'avait eu la sage précaution de modifier sa circonscription. M. Boyer a manqué de sagacité et de jugement ; son tort a été surtout de chercher ses inspirations partout ailleurs qu'auprès de son chef et de consulter ses désirs personnels plutôt que l'opinion de ses administrés. C'est en vain que j'ai cherché à lui ouvrir les yeux.

Aujourd'hui l'arrondissement de Montbéliard est très-divisé, et il n'est pas au pouvoir de ce sous-préfet, qui a dû racheter son imprévoyance par beaucoup d'énergie et de vigueur, de rétablir l'union dans les esprits. M. Boyer ne se fait pas illusion sur les difficultés de sa position, et il désire, autant par ce motif que pour celui de sa santé, qui est très-délabrée, un changement que je considère comme d'absolue nécessité.

Je suis avec respect, Monsieur le Ministre, de Votre Excellence, le très-humble et très-obéissant serviteur.

Cte DE LAPEYROUSE.

Niederbronn, le 11 juillet 1857.

CXXXIX.

Frais de voyage du prince Jérôme Bonaparte, de Saint-Nazaire à Nantes. — Lettre de M. de Mentque, préfet de la Loire-Inférieure, au ministère de l'intérieur.

Nantes, le août 1859.

MONSIEUR LE MINISTRE,

A la date du 6 août, j'ai reçu de Votre Excellence une dépêche télégraphique ainsi conçue :

« Le Prince Jérôme arrive, selon toute probabilité, demain samedi, 7 courant, à Saint-Nazaire.

« Veuillez prendre immédiatement les dispositions nécessaires *pour assurer convenablement le transport de Son Altesse et de sa suite* de Saint-Nazaire à Nantes.

« Mon département se chargera des frais. »

Par une autre dépêche, Votre Excellence me recommandait de recevoir S. A. le Prince Jérôme avec tout l'éclat dû à son rang.

Je pris mes dispositions ; un bateau à vapeur fut frété à prix débattu. Je fis marché avec un restaurateur pour que le Prince et sa suite trouvassent à bord un dîner convenable.

Désirant que la présence du Prince fût environnée d'un certain éclat, comme vous l'aviez ordonné, j'ai fait un arrangement avec un chef d'orchestre pour que vingt musiciens fussent placés sur le bateau ; enfin, j'ai fait élever des arcs de triomphe sur plusieurs points.

Le total de ces dépenses, faites *uniquement pour le voyage du Prince, de Saint-Nazaire à Nantes*, s'est élevé à la somme de *1,828 francs*, que j'ai soldée aux différents fournisseurs.

J'ose espérer, Monsieur le Ministre, que vous voudrez bien m'en faire tenir le montant.

Ci-joint les quittances, sauf celles relatives aux arcs de triomphe, qui se répartissent sur un trop grand nombre d'individus.

Je suis avec un profond respect, Monsieur le Ministre, de Votre Excellence le très-humble et très-obéissant serviteur.

Le Préfet de la Loire-Inférieure,
E. DE MENTQUE.

P. S. Votre Excellence voudra bien remarquer qu'il ne s'agit ici que des dépenses du voyage du Prince, de Saint-Nazaire à Nantes, selon les prescriptions de la dépêche télégraphique.

Quant à la réception qui a eu lieu à la préfecture, il ne peut en être ques tion ici ; c'est un grand honneur, dont je resterai toujours profondément reconnaissant.

État des dépenses du voyage de S. A. le Prince Jérôme, de Saint-Nazaire à Nantes.

(En exécution de la dépêche télégraphique du Ministre de l'intérieur, du 6 août 1852.)

Nantes le   185 .

Location d'un bateau à vapeur	500 fr.
Ornementation de ce bateau par le tapissier	125
Orchestre sur le bateau	580
Au maître de poste de Guérande, pour chevaux conservés pour le Prince	31
Au sous-préfet de Paimbœuf, chargé d'une mission pour le Prince, déboursés en frais de poste	87
Plusieurs arcs de triomphe élevés sur les deux rives du fleuve	355
Repas de vingt personnes, à bord du bateau à vapeur, pour le Prince et sa suite	550
Total	1,828

CXL.

Lettres de curés de campagne à l'Impératrice et au Grand-Aumônier.

Les deux lettres suivantes font partie du dossier de la Grande-Aumônerie. Ce prêtre dénonçant son collègue, et racontant ses excès de zèle électoral, pour l'empêcher d'obtenir une faveur, donne un spectacle des plus édifiants. Les lettres de cette catégorie sont innombrables ; mais cet échantillon suffira.

1.

A SA MAJESTÉ L'IMPÉRATRICE.

Madame,

C'est un pauvre curé de campagne, de l'arrondissement de Dunkerque, qui ose adresser une prière à Votre Majesté.

La vierge que nous honorons dans ma modeste église est, depuis plusieurs siècles, l'objet d'un culte particulier. L'autel occupé par cette vierge était délabré et tombait en ruine. J'ai fait appel à mes paroissiens, et les ressources fournies par leur piété m'ont permis de construire un autel plus convenable et plus digne. Afin d'ajouter, pour ainsi dire, une consécration politique à la consécration religieuse, j'ai intéressé à cette œuvre tous les hommes honorables du canton, à qui l'Empereur a daigné conférer l'ordre de la Légion d'honneur. Aucun d'eux n'a refusé de nous apporter son obole. Il ne nous manque plus, Madame, qu'un souvenir de votre main si libérale et si pieuse. Un souvenir quelconque nous serait infiniment précieux, mais un calice, par exemple (si j'ose exprimer un désir) serait pour mon église un souvenir durable et y demeurerait à jamais. Nous serions bien heureux et bien fiers d'écrire le nom de l'Impératrice Eugénie à la tête de nos bienfaiteurs.

Il se trouvera ici bon nombre d'âmes, Madame, qui prieront sincèrement Dieu pour Votre Majesté, et je suis persuadé que, dans ces prières, la vierge-mère distinguera, avec une tendresse spéciale, celles qui lui recommanderont une mère si noble et si auguste, et un fils bien-aimé dont l'avenir est uni si étroitement à l'avenir de la France.

Daignez agréer les sentiments de profond respect avec lesquels j'ai l'honneur d'être, Madame, de Votre Majesté, le très-humble et très-obéissant serviteur.

L'ABBÉ CORTYL,
Curé de Wylde arrondissement de Dunkerque (Nord).

Ce 23 janvier 1866.

2.

A SON ÉMINENCE LE GRAND-AUMONIER.

Monseigneur,

J'ai appris avec le plus grand étonnement, que M. Cortyl, mon voisin, curé de Wylder, canton de Bergues, département du Nord, a demandé une chasuble à l'Empereur, et qu'on lui a répondu qu'il aura quelque chose de plus solide ; sa demande est donc accordée ? il s'attend à un calice.

Comme je pense que vous aimez à être bien renseigné sur les personnes où vous donnez, je vous dirai qu'il est de notoriété publique ici qu'il a fait, au moment des élections, tout ce qui lui était possible pour la candidature de M. Plichon, candidat de l'opposition ; M. de Clebsattel, candidat du gouvernement, qui a échoué, n'a eu dans cette paroisse que trois voix, et dans la mienne, il a eu la majorité ; puis, il a donné un dîner à M. Plichon, il a fait faire des portes triomphales, des arcs de triomphe parés de guirlandes, tirer des coups de fusil dans les rues où il devait passer ; il y avait des pourboires dans tous les cabarets.

J'ignore par qui sa pétition a été présentée, il dit qu'elle a été remise à Monseigneur Darboy, je suis loin d'en garantir la vérité.

Vous jugerez, Monseigneur, dans votre haute sagesse, s'il convient ou non, d'y donner suite; s'il l'obtient, cela fera un très-mauvais effet dans le pays.

J'ai l'honneur d'être, avec le plus profond respect, Monseigneur, votre très-humble et tout dévoué serviteur,

PUPPÏNCK,
Curé.

Bambecque, le 10 mars 1866.

FIN DE LA PREMIÈRE PARTIE.

TABLE DES MATIÈRES.

		PAGES.
	Préface.	V
I.	Affaires du Mexique. — Lettre de M. Jecker à M. Conti, chef du cabinet de l'Empereur	1
I bis.	*Lettre de M. Conti au *Journal de Bruxelles*.	3
II.	Copie d'une lettre du général Ducrot au général Trochu.	4
III.	Existence du cabinet noir	5
IV.	Extrait d'une lettre de M. de Persigny.	7
V.	Copie d'une lettre de la reine de Hollande à M. d'André	8
VI.	Note anonyme sur l'annexion de la Belgique.	8
VI bis.	*Lettre de M. Conti au *Journal de Bruxelles*	9
VII.	Dépêche de l'Impératrice à Napoléon	9
VIII.	Note sur la mort du colonel Charras	10
IX.	Note sur l'organisation de la presse en vue des élections de 1869.	10
X.	Affaire Sandon, lettre de M. de Persigny à M. Conti	21
XI.	Lettre de M. Sandon.	22
XII.	Dépêches des derniers jours de l'Empire	22
XIII.	Cassette particulière	28
XIV.	Cassette particulière de l'Empereur.	28
XV.	Campagne de 1870.	29
XVI.	Projets de proclamations et décrets.	31
XVII.	Dépêche de l'Impératrice à l'Empereur	33
XVIII.	Lettres de Mlle Marguerite Bellanger.	33
XVIII bis.	*Décret du gouvernement de la défense nationale qui défère M. le premier président Devienne à la Cour de cassation	35
XVIII ter.	*Lettre de M. Devienne à M. le garde des sceaux	35
XVIII quatuor.	*Lettre de M. Devienne à M. Étienne Arago	35
XIX.	Lettres de M. Pierre Bonaparte à Napoléon.	36
XX.	Trois lettres se rapportant au procès de M. Pierre Bonaparte.	39
XXI.	Budget de la Famille impériale.—Lettre de M. A. Murat à Napoléon.	40
XXII.	Subventions annuelles accordées aux membres de la Famille impériale	42
XXIII.	Facture de bonbons payée par Napoléon pour le général de Failly.	43

		PAGES.
XXIV.	Ce que coûte un baptême.—Naissance et baptême du Prince Impérial	44
XV.	Reçus et comptes de la cassette impériale	45
XXV bis.	*Lettre de M. Granier de Cassagnac à l'*Indépendance belge*.	47
XXV ter.	*Lettre de M. Edg. Pothier.	48
XXV quatuor.	*Lettre de Mme Claude Vignon au *Constitutionnel*.	55
XXVI.	Note sur le journal *Le Pays*.	56
XXVII.	Affaires du Mexique. — Lettre de Maximilien à Napoléon.	56
XXVIII.	Conseil de régence constitué en prévision de la mort de l'Empereur.	58
XXIX.	Le Sénat et M. Émile Olivier.	59
XXX.	Décachetage des lettres	60
XXXI.	Les fortifications de Paris jugées par le général Totleben	66
XXXII.	Emploi des fonds secrets.	70
XXXIII.	Lettre de M. Haranchipy de Rostaing à l'Empereur.	70
XXXIV.	Lettre de M. Duruy au général Frossard.	71
XXXV.	Lettre de M. Baroche père à l'Empereur	71
XXXVI.	Lettre confidentielle de M. de Verdière, attaché au général Fleury.	72
XXXVII.	Autre lettre confidentielle de M. de Verdière à M. Amiot sur les événements intérieurs et extérieurs	73
XXXVIII.	Note de M. Rouher sur le choix d'un ministre de l'intérieur	75
XXXIX.	Lettre de M. Rouher au sujet de la promotion de plusieurs sénateurs aux dignités de la Légion d'honneur	83
XL.	Fortune mobilière de l'Empereur à l'étranger	86
XL bis.	*Lettre de M. Max Pol à M. Piétri.	87
XL ter.	*Réponse de M. F. Piétri à la lettre de M. Max Pol	88
XL quatuor.	*Lettre de M. F. Piétri à M. le directeur de l'*Indépendance belge*.	88
XL quinque.	*Lettre de M. Ch. Thélin à M. le directeur de l'*Indépendance belge*.	89
XL sex.	*Lettre de M. F. Piétri à M. le directeur de l'*Indépendance belge*.	91
XLI.	Lettres de M. Théophile Silvestre à M. Piétri et à l'Empereur.	92
XLII.	Lettres de Marie Capelle (Mme Lafarge)	95
XLIII.	Documents relatifs à M. Grégory Ganesco.	96
XLIV.	Comptes des dépenses faites pour l'élection de M. Frédérick Terme.	99
XLV.	Lettres de Miss Howard.	99
XLVI.	Rapport du colonel Espinasse sur une mission accomplie par lui à la suite du coup d'État	101
XLVII.	Lettre de M. Granier de Cassagnac à M. Conti.	103
XLVIII.	Rapport de M. Duvergier sur le décachetage des lettres.	104
XLIX.	Lettres relatives à une dette considérable contractée par le prétendant Louis Bonaparte en 1848.	116
L.	Circulaire du candidat à la présidence, avec note de M. Bésuchet, ancien officier.	118
LI.	Sommes reçues par Mme de Montijo, mère de l'Impératrice	119
LII.	Liste civile. — Note de la main de l'Empereur	120
LIII.	Lettre de MM. Rouher et Fould au directeur de l'Imprimerie Nationale.	123
LIV.	Proscriptions de Décembre.—État des individus qui, après le Deux Décembre, ont été l'objet de mesures pénales	124
LV.	Plan de roman de la main de l'Empereur	125
LVI.	Lettre de l'Impératrice à l'Empereur	126
LVII.	Lettre de M. Jérôme David à M. Conti	127

		PAGES.
LVIII.	Lettre du général Ducrot au général Frossard.	128
LIX.	Lettre du même au même sur les préparatifs de la Prusse en 1869	130
LX.	Lettre de M. de Stoffel à M. Piétri	131
LXI.	Lettre du roi de Prusse à l'Empereur.	134
LXII.	Rapport de M. Magne à l'Empereur	136
LXIII.	Pierre Bonaparte chasseur	139
LXIV.	Lettre du général de Palikao sur une demande de secours adressée à l'Impératrice par une jeune fille blessée à la Ricamarie	141
LXV.	Lettre du général baron Fririon à l'Empereur	143
LXVI.	Lettre de M. d'Auribeau à M. Piétri	145
LXVII.	Formation du cabinet du 2 janvier	146
LXVIII.	Note de M. Delangle	162
LXIX.	Faux billets de banque étrangers fabriqués par ordre de Napoléon Ier.	164
LXIX bis.	Lettre rectificative de M. H. Laran	181
LXX.	Lettre du général de la Ruë sur la gendarmerie.	182
LXXI.	Correspondance télégraphique de l'Empereur et de Mgr Bauer avec l'Impératrice pendant son voyage en Égypte	183
LXXII.	Dépêches de M. Émile Ollivier, de procureurs généraux et de quelques autres personnages, relatives au plébiscite de 1870.	185
LXXIII.	Lettres de M. Clément Duvernois à M. Conti	193
LXXIV.	Plébiscite de 1870. — Lettre du général Lorencez à l'Empereur sur le vote de l'armée.	194
LXXV.	Rapport anonyme sur les élections (1868)	195
LXXVI.	Les États-Unis jugés par un diplomate du second Empire	199
LXXVII.	Rapports de la commission de censure dramatique.	200
LXXVIII.	Lettre de M. Rouher à l'Empereur.	210
LXXIX.	Lettre de M. de Persigny à l'Empereur.	214
LXXX.	Lettre de M. de Parieu à l'Empereur	215
LXXXI.	Succession du maréchal Magnan. — Lettre du fils du maréchal à M. Piétri	216
LXXXII.	Lettre de M. Conti au président Bénoit-Champy.	217
LXXXIII.	Projets d'articles tracés de la main de l'Empereur	218
LXXXIV.	Lettre du prince Napoléon à la reine de Hollande.	219
LXXXV.	Guerre de 1866. — Lettre du prince Napoléon à l'Empereur.	220
LXXXVI.	Lettre du prince Napoléon à l'Empereur sur MM. Renan et Émile de Girardin.	221
LXXXVII.	Liste des décorations du Prince impérial	223
LXXXVIII.	Lettres de M. Magne sur les titres de noblesse	224
LXXXIX.	Note sur l'étiquette à observer avec la reine Victoria.	229
XC.	Affaires de Rome. — Lettre du général Dumont au général Frossard.	231
XCI.	Lettre de M. Pepoli à Napoléon.	232
XCII.	Lettre de Napoléon à M. Conneau.	233
XCIII.	Dépêches sur la guerre de Prusse (1870).	234
XCIV.	Rapports des procureurs généraux sur le plébiscite de 1870	269
XCV.	Lettres de Joséphine Bonaparte au citoyen Botot, secrétaire de Barras.	274
XCVI.	Prêt de cinq cent mille francs fait par le maréchal Narvaez à Louis-Napoléon, président de la République.	275
XCVII.	Notes sur les préfets de la République.	276

		PAGES.
XCVIII.	Lettres de M. de Bouyn, capitaine de gendarmerie, au sujet d'ordres illégaux qui lui avaient été envoyés.	284
XCIX.	Remise de cinq cent mille francs, faite par l'Empereur à M. de Forcade de la Roquette, pour dépenses secrètes.	288
C.	La Compagnie maritime égyptienne et M. Clément Duvernois.	288
CI.	Lettre de la comtesse de*** à l'Empereur.	289
CII.	Lettre de M. Haussman, préfet de la Seine, à l'Empereur, au sujet de la création d'un ministère de Paris.	290
CIII.	Note de l'Empereur sur les affaires d'Espagne.	293
CIV.	Lettre de l'Impératrice à l'Empereur.	294
CV.	Note sur les dépenses de la liste civile de Napoléon III.	295
CV bis.	*Lettre de M. Pierre Bonaparte à l'*Indépendance belge*.	302
CVI.	Lettre de M. Prosper Mérimée, sur les attributions du ministère de l'instruction publique.	303
CVII.	Lettres de MM. Conti et Belmontet.	306
CVIII.	Lettre de M. A. Roussel, avocat général, à M. Conti.	308
CIX.	Lettre à l'Empereur du général Espinasse, donnant sa démission de ministre de l'intérieur.	308
CX.	Lettre de M. Fould à l'Empereur, au sujet de l'expédition du Mexique.	312
CXI.	Rapport de M. de Maupas, ministre de la police, à l'Empereur.	315
CXII.	Lettre du cardinal Cagiano à Mgr Thibault, évêque de Montpellier.	316
CXIII.	Note de M. Latour Du Moulin, énumérant ses titres à une place de conseiller d'État.	31
CXIV.	Lettre de M. le duc de Doudeauville à l'Empereur, sur le préfet de Seine-et-Marne (le baron de Lassus Saint-Geniès).	318
CXV.	Lettre de M. Octave Feuillet à l'Impératrice.	319
CXVI.	Lettre du cardinal Donnet à l'Empereur, sur la mort du prince Jérôme.	320
CXVII.	Lettres de M. G. d'Auribeau, préfet des Basses-Pyrénées, à M. Fr. Piétri.	321
CXVIII.	Lettres de M. Sacaley, sous-chef du cabinet de l'Empereur, à M. Fr. Piétri.	322
CXIX.	Lettre de M. F. Cottau, inspecteur des Beaux-Arts, à M. Conneau, au sujet des bas-reliefs du tombeau de Napoléon Ier aux Invalides.	323
CXX.	Les canons Krupp.	324
CXXI.	Notes sur les dépenses de la liste civile de Napoléon III.	329
CXXII.	Note sur le rôle de la presse dans les élections de 1869 (par M. F. Giraudeau).	372
CXXIII.	Lettres de M. de Persigny et de M. de Heeckeren à M. Mocquard, de M. Piétri à MM. Delangle et de Persigny.	377
CXXIV.	Lettre de M. Louvet, député, à l'Empereur, au sujet de la ceinture de la Vierge.	379
CXXV.	Lettre de M. G. de Saint-Paul à M. Conti.	380
CXXVI.	Lettre de M. Pron, préfet des Basses-Pyrénées, au ministre de l'intérieur.	381
CXXVII.	Lettre de l'archevêque de Bourges à l'Empereur, sur l'infaillibilité du Pape.	381
CXXVIII.	Lettres adressées à l'Empereur au sujet de la *Vie de César*.	383
CXXIX.	Lettres de M. Albéric Second à M. Conti.	400

		PAGES.
CXXX.	Lettres de M. Rouher à M. de Moustier et à l'Empereur.	401
CXXXI.	Lettre du premier président de la Cour de cassation, M. Portalis, au garde des sceaux.	413
CXXXII.	Lettre de M. P.-M. Piétri à M. Mocquard.	415
CXXXIII.	Lettre de M. C. Chesneau à M. Conti, et réponse.	416
CXXXIV.	Lettre du général de La Rue à M. Conti.	417
CXXXV.	Note de M. Sainte-Beuve au sujet des encouragements à donner aux gens de lettres.	418
CXXXVI.	Quelques rapports du préfet de police.	421
CXXXVII.	Lettre de M. Walewski, ministre des affaires étrangères, à M. Billault, ministre de l'intérieur.	432
CXXXVIII.	Lettre de M. le comte de Lapeyrouse, préfet du Doubs, au ministre de l'intérieur.	432
CXXXIX.	Frais de voyage du prince Jérôme Bonaparte, de Saint-Nazaire à Nantes. — Lettre de M. de Mentque, préfet de la Loire-Inférieure, au ministre de l'intérieur.	434
CXL.	Lettres de curés de campagne à l'Impératrice et au Grand-Aumônier.	435

FAC-SIMILE.

Lettre de Mlle Marguerite Bellanger.	34
Lettres patentes.	58
Lettre de l'Impératrice.	126
Lettre de Joséphine Bonaparte.	275
Reconnaissance d'une somme prêtée par le duc de Valence au prince Louis-Napoléon Bonaparte.	275
Récépissé d'une somme de 500,000 francs, remise à M. de Forcade pour dépenses secrètes.	280

FIN DE LA TABLE.

Monsieur

Vous m'avez demandé compte de mes relations avec l'Empereur et quoiqu'il m'en coûte je veux vous dire toute la vérité Il est terrible d'avouer que je l'ai trompé moi qui lui dois tout ou qui il tant fait pour moi que je veux tout vous dire. Je ne suis pas accouchée à 7 mois mais bien à 9 dites lui bien que je lui en demande pardon J'ai abusé monsieur votre parole

1. Fac-similé d'une lettre de Mlle Marguerite Bellanger, publiée page 63.

l'honneur que vous garderez cette lettre

Recevez Monsieur l'assurance de ma considération distinguée

M. Bellanger

Lettre patente

Voulant user du droit qui nous est conféré par le sénatus consulte de 17 Juillet 1856 concernant la régence de l'Empire nous nommons par ces présents les membres du conseil de régence.

1° pour le cas où l'Impératrice serait appelée à exercer la régence

2° pour le cas où à défaut de l'Impératrice la régence serait dévolue au Pce Napoléon (Jérôme)

Dans le 1er cas c'est à dire, celui où l'Impératrice serait régente, le conseil de régence sera composé de Vingt membres et nous nommons pour en faire partie
1° S. A. I. le Prince Napoléon 2 Mr Rouher président du Sénat 3 Le 1er prés.d.t D.mp de la cour de cassation, qui sera en fonction au

III. *Fac-simile* des lettres patentes publiées page 99.

nommés de la 1re classe 4° le ministre
de la guerre en fonction à cette époque
5 l'amiral Rigault de Genouilly, 6. le
Duc de Persigny 7. L'archevêque de
Paris 8. le Marquis de Lavalette.

Dans le second cas, celui où le
Prince Napoléon (Jérôme) aurait régné,
le conseil de régence sera composé
de dix membres et nous terminons
pour en faire partie: 1° Mr Troplong
président du sénat 2. le président de
la cour de cassation   3. Mr le Duc de Persigny
4. L'archevêque de Paris 5. le Mis de Lavalette
6. Le ministre de la guerre 7. L'amiral
Rigault de Genouilly 8. Mr Jérôme David
9. Mr Conti 10. Le commandant de l'armée
de Rome en campagne.

Les membres du conseil privé qui
existent aujourd'hui et dans les divers

sont omis dans le présent acte
ne font pas partie du conseil de régence
a defaunt de la régence de l'Impératrice
la garde du prince Impérial est
proprisoirem[en]t du[e] de l'Empereur mineur
est confiée à M[onsieu]r le G[é]n[é]r[a]l Frossard

Fait au palais de S[ain]t Cloud
le 7 octobre 1869.

Napoléon

Sur le nil
à bord de L'Éspéranza
27 ... 1869.

Mon bien cher Louis

Je t'écris en route d'un
[...] sur le nil [...]
que nous avons [...] ne
serait absolument [...]
la vérité mais la chaleur
est [...] supportable car
il y a de l'air, mais au
soleil c'est autre chose !
D'ailleurs par télégraphe
je te dis l'état de l'[...]

IV. *Fac-Similé* d'une lettre de l'Impératrice, publiée page 220 et suivantes.

J'ai de tes nouvelles et celles
de Louis tous les jours par
télégraphe c'est merveilleux
et bien doux pour moi
puisque je suis toujours
enchaîné à ta rue [illisible] pour
le pied qui me rattache à
toutes mes affections

Je suis dans le ravissement
de votre charmant voyage
et je voudrais bien faire
ta description avec deux
d'autres plus savants
et plus charmants
[illisible] que moi ont
entrepris cette œuvre

qu'il me semble que dans
l'admiration muette
je dois m'enfermer.

J'étais bien tourmenté
de ta journée d'hier
et de te savoir à Paris
sans moi, mais tout
s'est bien passé si ce
que je vois par ta
dépêche. Quand on
voit les autres peuples
on juge et apprécie
bien plus l'injustice
des nôtres. Je pense
malgré tout qu'il faut
ne pas se décourager

et marcher dans te vous
que tu as received, la
bonne foi, dans les concessions
données comme de rente
du le premier abordi, est
une bonne chose, j'espère
donc que ton discours
sera dans ce sens, plus
on aura besoin de force
[illegible], et plus il est
nécessaire de prouver
au pays qu'on a des
idées et non des [illegible]

Je suis bien [illegible], et j[e]
[illegible]

J'espère avant mon départ pour parler ainsi mais je suis intérieurement convaincu ne que la suite. dans les idées c'est la véritable gloire, je n'avance par des à-coups et je suis persuadé qu'on ne fait pas deux fois dans le même règne des coups d'état, je parle à tort et à travers car je prête en convertu qui en sait plus long que moi. mais il faut bien dire quelque chose ne fut-ce que pour prouver

ce que l'on fait, que si mon
cœur est … près de vous
cher, et si dans les jours
de calme … mon esprit
vagabond, vient à se
promener dans les espaces
c'est près de vous cher
que j'aime à être les
jours de soucis et d'inquiétude.

Loin des hommes et des
choses on respire un calme
qui fait du bien et par
un effort d'imagination
je me figure que tout
va bien puisque je ne

sans nuire. Ainsi toi qui
m'es indispensable, ta
distraction il faut te
refaire une nouvel couche
ou de repeint d'une constitution
affaiblie, et une idée contente
frume par venir le cerveau
le mieux organisé. J'en
ai fait l'expérience, et
tout ce qui dans ma vie
a terni les belles couleurs
de mes illusions je ne
veux plus en entretenir
le souvenir, ma vie
est finie mais je

Je rêves dans mon fils
et je crois que ce sont les
vraies joies celles qui
traverseront son cœur pour
venir au mien.

En attendant je jouis de
mon voyage, des couchés
des soleil, de cette nature
sauvage cultivée sur les
rives d'un cours d'argeur
de 50 mètres, et derrière
le désert avec ses dunes
et le tout éclairé par
un soleil ardent.

Au revoir et crois à
l'amitié de ton

    Oncle dévoué
        Eugène

ce 23 floréal an 6

J'ay écrit avant hier citoyen au Directeur
barras pour luy demander une lettre de
recommandation auprès du ministre de la
marine pour mon mary, il l'attend avec
impatience pour se présenter chez luy —
Je vous prie en grace de me rendre le
service de luy en parler, ma niece m'a chargé
de remplir une dette sacré il luy en a bien
couté de partir sans l'avoir acquité, je ne dois
que d'avoir la facilité de remplir ses intentions
une lettre du directeur, qui dise simplement
qu'il prend interret a nous est tout ce qu'il
nous faut
Salut et meilleur santé
                                Lapagerie beauharnais

rue S. honoré n°. où la
Caserne des Grenadiers de
la Convention

II: *Fac-similé d'une lettre de Joséphine Bonaparte au citoyen Botot, publiée page 2.*

Elysée national le 26 avril 1851.

Je reconnais avoir reçu aujourd'hui de Mr le Maréchal Duc de Valence la somme de cinq cent mille francs que je lui rembourserai avec intérêt de cinq pour cent l'an, payables par semestres, dans un délai de cinq ans et par anticipation d'année en année, si je n'ai pas pu le lui rembourser plus tôt.

Louis Napoléon Bonaparte

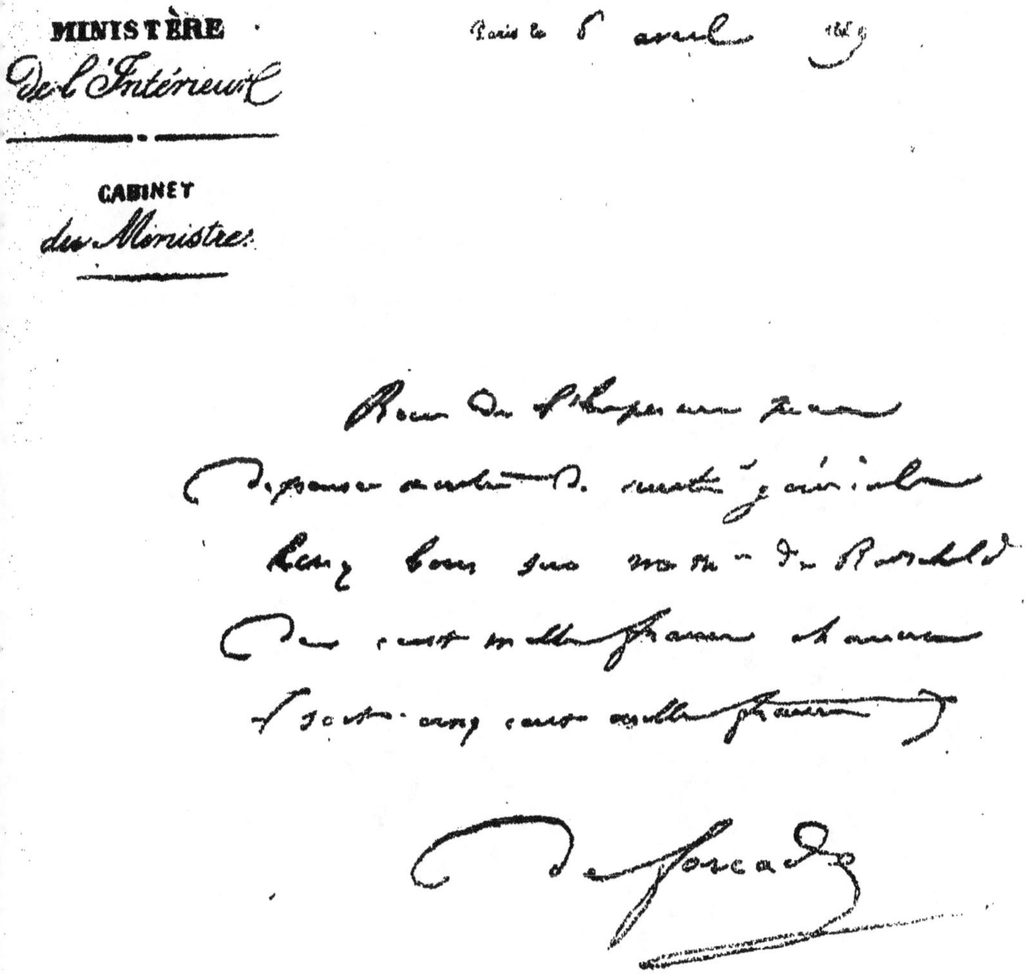

MINISTÈRE
de l'Intérieur

CABINET
du Ministre

Paris le 8 avril 1859

[handwritten note, largely illegible]

Reçu de S. Exc. M. [le Ministre de l'Intérieur] pour dépenses secrètes, j'ai remis chez M. M. de Rothschild cent mille francs et...
[somme] cent mille francs

de Forcade

IV. *Fac-simile* du Récépissé d'une somme de 500,000 francs remise à M. de Forcade, pour dépenses secrètes, publiés page 18.

www.ingramcontent.com/pod-product-compliance
Lightning Source LLC
Chambersburg PA
CBHW070211240426
43671CB00007B/613